Otto Merk
Wissenschaftsgeschichte
und Exegese

Walter de Gruyter · Berlin · New York

Beihefte zur Zeitschrift für die neutestamentliche Wissenschaft

und die Kunde der älteren Kirche

Herausgegeben von
Erich Gräßer

Band 95

Walter de Gruyter · Berlin · New York
1998

Otto Merk

Wissenschaftsgeschichte und Exegese

Gesammelte Aufsätze
zum 65. Geburtstag

Herausgegeben von
Roland Gebauer, Martin Karrer und Martin Meiser

Walter de Gruyter · Berlin · New York
1998

♾ Gedruckt auf säurefreiem Papier,
das die US-ANSI-Norm über Haltbarkeit erfüllt.

Die Deutsche Bibliothek — *CIP-Einheitsaufnahme*

[Zeitschrift für die neutestamentliche Wissenschaft und die Kunde der älteren Kirche / Beihefte]
Beihefte zur Zeitschrift für die neutestamentliche Wissenschaft und die Kunde der älteren Kirche. – Berlin ; New York : de Gruyter
Früher Schriftenreihe
Reihe Beihefte zu: Zeitschrift für die neutestamentliche Wissenschaft und die Kunde der älteren Kirche
Bd. 95. Merk, Otto: Wissenschaftsgeschichte und Exegese. – 1998

Merk, Otto:
Wissenschaftsgeschichte und Exegese : gesammelte Aufsätze zum 65. Geburtstag / Otto Merk. Hrsg. von Roland Gebauer ... – Berlin ; New York : de Gruyter, 1998
(Beihefte zur Zeitschrift für die neutestamentliche Wissenschaft und die Kunde der älteren Kirche ; Bd. 95)
ISBN 3-11-016191-5

ISSN 0171-6441

Printed in Germany
Druck: Werner Hildebrand, Berlin
Buchbinderische Verarbeitung: Lüderitz & Bauer-GmbH, Berlin

Otto Mack

Vorwort

Sehr verehrter, lieber Herr Professor Merk,

Ihnen zur Vollendung Ihres 65. Lebensjahres unsere herzlichsten Glückwünsche zu übermitteln und alles Gute, Gottes Segen und viel weitere Schaffenskraft zu wünschen, ist nicht nur den Unterzeichneten mehr als eine gern wahrgenommene Dankespflicht. Unbestechlichkeit des wissenschaftlichen und Gerechtigkeit des menschlichen Urteils verbinden sich bei Ihnen mit herzlicher, väterlich sorgender Anteilnahme auch an persönlichen Belangen. Ihren Schülern haben Sie den äußeren Freiraum wissenschaftlichen Arbeitens wie die innere Freiheit wissenschaftlichen Urteils und eigener wissenschaftlicher Wege gewährt – eine keineswegs selbstverständliche menschliche Größe.

Ihrer menschlichen Bescheidenheit entspricht es, daß Sie nur zögernd die Einwilligung zur Herausgabe dieses Bandes gegeben haben. Unschwer sind in dieser Sammlung die Schwerpunkte Ihres Forschens zu erkennen. Ein erster speist sich aus der profunden Kenntnis auch verwickelter wissenschaftsgeschichtlicher Zusammenhänge von der Aufklärungszeit bis in die neueste exegetische Forschung hinein. Von der mit ganzem wissenschaftlichem Eros erforschten Aufklärung her gilt Ihnen das unaufgebbare, in jeder Generation neu zu bedenkende Ineinander von historischer Rekonstruktion und theologischer Interpretation als das wesentliche Kennzeichen einer historisch-kritischer Exegese, die sich, unbestechlich fragend, selbst als im Dienst von Theologie und Kirche stehend begreift.

Ihnen ist die Wissenschaftsgeschichte somit Hinführung und Anleitung zu einem verantwortlichen Reden von der in Christus geäußerten Zuwendung Gottes. Diesem verantworteten Reden wollen in einem zweiten Schwerpunkt Ihre exegetischen Beiträge dienen. Sie reichen von Paulus und Lukas bis zu Basisbegriffen der Diakonie. Die Aufsätze zu den Thessalonicherbriefen machen auf einen Kommentar zu diesen Briefen gespannt. Aufklärung und kirchliche Bindung sind für Sie kein Gegensatz, vielmehr ist Aufklärung in kirchlicher Verantwortung der geheime Motor Ihres Arbeitens.

„Alter Marburger" Prägung entspricht Ihre mündlich wie schriftlich in die Diskussion eingebrachte Erinnerung an Ernst Fuchs, nach dessen bekanntem Dictum historisch-kritische Arbeit dann zum Ziel gekommen ist, wenn sie zur Predigt führt. Zu Ihrem Verständnis wissenschaftlicher Exegese gehört, regelmäßig auch die neutestamentlichen Dimensionen kirchlicher und religiöser Vollzüge bedenken – „Gebet im Neuen Testament", „Mission im Neuen Testament", „Seelsorge im Neuen Testament" sind einige der diesbezüglich zu nennenden Themen.

Dankbarer Rückblick verbindet sich mit der Hoffnung, daß wir aus Ihrem Munde wie aus Ihrer Feder noch viele Anregungen und Klärungen im Sinne dieser auf Kirche und die christliche Existenz bezogenen Wissenschaftlichkeit empfangen dürfen.

Die Herausgeber möchten sich für die hervorragende Betreuung des Bandes durch Frau Annelies Aurich und Herrn Klaus Otterburig vom Verlag Walter de Gruyter herzlich bedanken. Ebenso danken wir allen Verlegern und Verlagen für die freundlich gewährte Erlaubnis zum Abdrucken und zur Wiederverwendung der Druckvorlagen.

Im Oktober 1998

Roland Gebauer   Martin Karrer   Martin Meiser

Inhalt

Anfänge neutestamentlicher Wissenschaft im 18. Jahrhundert*

Werner Georg Kümmel zum 75. Geburtstag am 16. Mai 1980

„Den biblischen Disziplinen scheint heute ihre eigene Geschichte wieder bewußt zu werden". Mit dieser kurzen Bemerkung hat der Alttestamentler Rudolf Smend[1] vor einigen Jahren anläßlich der Neuausgabe von Schriften Julius Wellhausens den Neuaufbruch, ja Trend theologischer Arbeit in den Bibelwissenschaften skizziert. Seine Ausführungen bedürfen keiner Rechtfertigung, sie implizieren freilich die Anfrage, worin die biblischen Disziplinen ihre eigene Geschichte sehen. Auf die neutestamentliche Wissenschaft gewandt: Wo liegen die maßgebenden Schwerpunkte, durch welche Fragestellungen wurden die entscheidenden Weichenstellungen ausgelöst, worin sind die Anfänge dieser Disziplin erkennbar? Kann es nach Joseph Ratzinger[2] „vom historischen Denken her zu keinem guten Ende führen . . ., wenn man zwischen sich und der Bibel das Nichts aufrichtet und vergessen will, daß die Bibel durch eine Geschichte hindurch zu uns kommt", und ist nach Gerhard Ebeling[3] die „Geschichtlichkeit der Kirche und ihrer Verkündigung" von eminent theologischer Tragweite, weil die Geschichte der Kirche zugleich die Geschichte des Verstehens und der Auslegung der Schrift ist, dann bedarf es einer Vergangenheit und Gegenwart umschließenden Reflexion. Dann nämlich ist Forschungsgeschichte — wie schon Albert Schweitzer herausstellte[4] — nicht nur Information über einst Ge-

---

* Vortrag am 6. Mai 1977 in Würzburg im Katholischen Arbeitskreis. Der Anmerkungsteil wurde auf einige unentbehrliche Hinweise beschränkt (Abkürzungen nach S. Schwertner, IATG. Internationales Abkürzungsverzeichnis für Theologie und Grenzgebiete, 1974).

1   Vgl. R. Smend, Vorwort zu J. Wellhausen, Grundrisse zum Alten Testament, TB 27, 1965, S. 8.

2   Vgl. J. Ratzinger, Die Bedeutung der Väter für die gegenwärtige Theologie, ThQ 148, 1968, S. 257—282 (Zitat S. 281 f.).

3   Vgl. G. Ebeling, Die Geschichtlichkeit der Kirche und ihrer Verkündigung, SGV 207/208, 1954; ders., Kirchengeschichte als Geschichte der Auslegung der Heiligen Schrift, in: ders., Wort Gottes und Tradition. Studien zu einer Hermeneutik der Konfessionen, KiKonf 7, ²1966, S. 9—27.

4   Vgl. O. Merk, Albert Schweitzer — sein Denken und sein Weg, Nachrichten der Evang.-Luth. Kirche in Bayern 30, 1975, S. 26 ff.; in anderem Zusammenhang

dachtes und Diskutiertes — das ist sie natürlich in hohem Maße —, sondern zugleich ein Beitrag zur Gegenwartsbewältigung. In diesem Sinne ist heute Geschichte der neutestamentlichen Wissenschaft vornehmlich zu sehen: sie ist vorwiegend als Problemgeschichte zu verstehen, in der die ihr in der Vergangenheit gegebenen Anstöße in ihren negativen wie positiven Konsequenzen aufgegriffen werden und diese bedacht und hoffentlich zum Verstehen je eigener Gegenwart eingebracht werden.

Der heutige Beitrag jedoch ist wesentlich bescheidener. In der Themastellung „Anfänge neutestamentlicher Wissenschaft im 18. Jahrhundert" liegt bereits ein Ergebnis, sofern heute nahezu unbestritten ist und mit Werner Georg Kümmel gesagt werden kann: „Von einer wissenschaftlichen Betrachtung des Neuen Testaments kann man erst von dem Augenblick an reden, als das Neue Testament als vom Alten Testament zu trennende selbständige Größe mit geschichtlichem Interesse und ohne eine bestimmte dogmatische oder konfessionelle Bindung zum Gegenstand der Forschung wurde"[5]. Die Anfänge neutestamentlicher Wissenschaft — hier im Plural zu reden, entspricht der Sachlage — aber sind entscheidend eingebettet in das hermeneutische Problem der Schriftauslegung im 18. Jahrhundert. Darüber soll heute vornehmlich gehandelt werden.

Die Herausbildung neutestamentlicher Wissenschaft im Horizont aufbrechenden historischen Denkens im weitgespannten Rahmen der Aufklärung zu sehen, macht es erforderlich, entscheidende Anstöße im 17. Jahrhundert ebenso mitzubedenken wie zu beachten, daß diese Wissenschaft ein vielgefächertes Gebilde ist und darum von neutestamentlicher Wissenschaft erst im Zusammenhang und eigentlich erst nach der Grundlegung der ihr zugehörenden Einzeldisziplinen gesprochen werden kann.

Im folgenden soll ein I. Teil einigen historisch-hermeneutischen Grundüberlegungen hinsichtlich der Schriftauslegung gewidmet sein, in dem in aller notwendigen Kürze und Grobrasterung das Werden neutestamentlicher Wissenschaft verdeutlicht werden soll. Nur einige Namen und Sachverhalte können dabei herausgestellt werden, um den Weg zu skizzieren. In einem II. Teil sollen dann stichwortartig einige Konsequenzen dieses Weges für die Grundlegung der Einzeldisziplinen angeführt werden, wobei ich vier Punkte herausgreife: 1. Textkritik; 2. Einleitungswissenschaft;

---

auch Th. Willi, Herders Beitrag zum Verstehen des Alten Testaments, BGBH 8, 1971, S. V.

5   Vgl. W.G. Kümmel, Das Neue Testament. Geschichte der Erforschung seiner Probleme, OA III, 3 (1958) [2]1970, S. 3; W. Kasch, Studien zum Problem der historisch-kritischen Auslegung des Neuen Testaments, Diss. Kiel 1952, S. 12 ff.; G. Ebeling, Art. Hermeneutik, RGG[3], III, 1959, Sp. 253: „Mit der Verselbständigung der historisch-exegetischen Disziplinen begann erst eine eigentliche Bibelwissenschaft".

3. Geschichte des Urchristentums; 4. Biblische Theologie bzw. Theologie des Neuen Testaments.

I.

Das Zeitalter zwischen Reformation und Aufklärung, genauerhin zwischen 1555 (Augsburger Religionsfrieden) und 1675 (Erscheinen von Johann Philipp Speners ‚Pia Desideria‘), zwischen Tridentinum und Richard Simon war auch für die Schriftauslegung eine durchaus bedeutende Epoche.

Im katholischen Bereich hat man diese Epoche als „das goldene Zeitalter der katholischen Exegese" bezeichnet[6], eine Hochblüte der Exegese unter dem Schutze der Kirche.

Im protestantischen Bereich[7] — soweit er die Orthodoxie betrifft — vollzog sich — im Rückblick gesehen — ein schwieriger Reifungsprozeß. Man tut dieser Epoche sicher Unrecht, wenn man sie hinsichtlich ihres Schriftverständnisses allein am reformatorischen Schriftverständnis mißt. Denn diese Epoche hatte die Folgen unerledigter Probleme in dessen Schriftverständnis zu tragen. Jetzt nämlich zeigte sich im altprotestantischen Schriftverständnis, daß Luther — und in gewissem Sinne gilt dies auch für die übrigen Reformatoren — die Bedeutung des ‚sola scriptura‘ zwar für die exegetische Arbeit in erstaunlich hohem Maße anerkannt, diese aber nicht schon für den Gesamtbereich der Theologie „hinreichend

---

6   Vgl. J.B. Bauer, Der Weg der Exegese des Neuen Testaments, in: J. Schreiner (Hrg.), Einführung in die Methoden der biblischen Exegese, 1971, S. 30. Hier sind u.a. G. Estius und J. Maldonatus mit ihren umfangreichen exegetischen Werken zu nennen (vgl. zum letzteren die Bibliographie bei A. de Backer — C. Sommervogel, Bibliothèque de la Compagnie de Jésu, nouv. éd., 1890 ff., Bd. V, S. 403 ff.).

7   Im folgenden nehme ich weiterführend Erwägungen aus meiner Habil.-Schrift „Biblische Theologie des Neuen Testaments in ihrer Anfangszeit. Ihre methodischen Probleme bei Johann Philipp Gabler und Georg Lorenz Bauer und deren Nachwirkungen", MTSt 9, 1972, S. 8 ff., 13 ff. auf, ohne die dort angeführten Belege und Nachweisungen zu wiederholen; vgl. auch G. Ebeling, „Sola scriptura" und das Problem der Tradition, in: ders., Wort Gottes und Tradition (s. Anm. 3), S. 91–143, bes. S. 101 ff., 106, 109 ff., 119 ff., 133 ff.; G. Gloege, Zur Geschichte des Schriftverständnisses, in: ders., Verkündigung und Verantwortung. Theologische Traktate, Zweiter Band, 1967, bes. S. 274 ff.; J. Roloff, Die Geschichtlichkeit der Schrift und die Bezeugung des einen Evangeliums, in: V. Vajta (Hrg.), Evangelium als Geschichte. Identität und Wandel in der Weitergabe des Evangeliums, 1974, S. 126 ff.; P. Stuhlmacher, Historische Kritik und theologische Schriftauslegung, in: ders., Schriftauslegung auf dem Wege zur biblischen Theologie, 1975, S. 71 ff.; K. Weimar, Historische Einleitung zur literaturwissenschaftlichen Hermeneutik, 1975, S. 28 ff.

durchreflektiert hatte"[8]. Bei Luther führte das ‚sola scriptura‘ zur Vorrangstellung der Exegese, und in diese hinein wurden die systematisch —
theologischen Fragestellungen erheblich miteinbezogen. Dieser Schritt
aber wurde von Luther nicht im einzelnen begründet, so daß die Bestimmung des Verhältnisses von ‚sola scriptura‘ und ‚systematischer Theologie‘
im wesentlichen offen blieb. Damit war die dem ‚sola scriptura‘-Prinzip
inhärente und von Luther auch angestrebte Selbständigkeit der Schriftauslegung noch nicht voll zur Geltung gekommen. So blieb letztlich für
Luther die Schriftauslegung doch im Rahmen der ‚Dogmatik‘, d.h. insbesondere: Die Inspirationslehre wurde von ihm nicht überwunden. Der
altprotestantischen Orthodoxie konnte es deshalb nicht eine Verleugnung
des hochgeehrten Reformators und des reformatorischen Schriftprinzips
sein, wenn sie nun ihrerseits grundlegend die ‚Systematik‘ vor die Exegese
stellte und diese im Geltungsbereich der ‚Systematik‘ ihren Platz hatte.

Man sah in Luthers ohnehin nicht ganz konsequenter Abwendung von
der Scholastik eher eine Sonderanschauung des Reformators, deren Grenzen zu erkennen es der Orthodoxie ohne Abfall vom reformatorischen Ansatz erlaubte, in einer die Exegese einschließenden ‚Systematik‘ sich im
Prinzip mit dem scholastischen System der vorreformatorischen Zeit wieder in Einklang zu befinden[9]. Im Ergebnis besagt dies: Die in ihren Lehren
auf der Schrift beruhen wollende protestantische Orthodoxie hatte besonders durch ihre Lehre vom Worte Gottes, das kraft der Inspiration mit der
Heiligen Schrift identisch ist, das anerkannte Prinzip des ‚sola scriptura‘
undurchsichtig gemacht[10].

---

8   Vgl. auch G. Ebeling, „Sola scriptura" (s. Anm. 7), S. 134 bzw. 134 ff.
9   Nachweise bei O. Merk, Bibl. Theol. (s. Anm. 7), S. 14.
10   Vgl. G. Ebeling, „Sola scriptura" (s. Anm 7), S. 135: „Was man der altprotestanti-
     schen Orthodoxie nicht ohne Recht als Verfälschung des reformatorischen Schrift-
     verständnisses und als Ursache der späteren, bis heute noch nicht allgemein über-
     standenen Krise des Schriftverständnisses zum Vorwurf gemacht hat, will freilich
     auch in seiner positiven Intention gewürdigt sein. Die Lehre von der Verbalinspira-
     tion, die sich sogar auf die masoretische Punktation erstreckte, war nicht so sehr
     als eine ins Absurde getriebene Steigerung des Autoritätsanspruchs zugunsten des
     ‚sola scriptura‘ gemeint, als vielmehr durch das Bemühen motiviert, den hermeneu-
     tischen Sinn der *Particula exclusiva* gegenüber der Autorität von Tradition und
     Kirche durch Sicherstellung absoluter Eindeutigkeit des Schriftbefundes und
     damit auch des Schriftsinnes zur Geltung zu bringen. Das Interesse der ortho-
     doxen Lehre von der Schrift haftete somit vor allem an der Behauptung der
     perspicuitas der Schrift, nahm also die für das reformatorische ‚sola scriptura‘
     fundamentale Lehre von der *claritas* der Schrift auf. Doch verschob sich der
     Akzent von der Klarheit der Sache auf die nicht in Zweifel zu stellende Unan-
     tastbarkeit der Vokabeln und Buchstaben, so daß die dabei entstehenden Ver-
     stehensschwierigkeiten bisweilen gedeckt werden mußten durch Rekurs auf die
     geheimnisvolle Dunkelheit der Sache. Damit hängt zusammen, daß die Einheit
     der Schrift, statt von der Konzentration auf die Einheit der Sache her, aus der

Auf diesen Sachverhalt war in Kürze zu verweisen, zumal einer Bemerkung von Gottfried Hornig in seinem Werk über Semler grundsätzliche Bedeutung zukommt: „An keinem Punkt der Dogmatik" hat die „historisch-kritische Aufklärungstheologie des 18. Jahrhunderts so radikal mit den orthodoxen Traditionen gebrochen wie hinsichtlich der Schriftlehre"[11]. Die schrittweise Herausarbeitung, deren Ergebnis die neutestamentliche Wissenschaft ist, hängt wesentlich an der Überwindung des Schriftverständnisses der Orthodoxie, und die Wegbereiter dieser Wissenschaft befinden sich unmittelbar oder auch mittelbar in der Auseinandersetzung mit der orthodoxen Schriftauffassung, sei es Matthias Flacius, der erste Hermeneutiker des Protestantismus[12], sei es Joachim Camerarius, der klassisische Theologe[13], sei es der Jurist Hugo Grotius[14], schließlich: seien es auf ihre Weise und in einem weiteren Bezugsfeld Baruch Spinoza und Richard Simon[15].

Summation ihrer Vielheit zu einer allerdings als unteilbar dekretierten Ganzheit bestimmt wurde. Und der den Gesichtspunkt der Einheit ausdrückende Begriff des Wortes Gottes wurde weitgehend formalisiert, so daß sich der innere Zusammenhang zwischen dem *‚sola scriptura'* und der reformatorischen Grunderkenntnis, dem *‚solus Christus', ‚solo verbo', ‚sola fide'*, lockerte, wenn nicht gar auflöste, jedenfalls nicht mehr erkennbar war." — Im übrigen vgl. die Erörterung wichtiger Sachfragen bei R. Kirste, Das Zeugnis des Geistes und das Zeugnis der Schrift. Das testimonium spiritus sancti internum als hermeneutisch-polemischer Zentralbegriff bei Johann Gerhard in der Auseinandersetzung mit Robert Bellarmins Schriftverständnis, Göttinger theologische Arbeiten 6, 1976, bes. S. 44 ff., 61 ff., 72 ff. u.ö., K. Weimar (s. Anm. 7), S. 48 ff.

11 Vgl. G. Hornig, Die Anfänge der historisch-kritischen Theologie. Johann Salomo Semlers Schriftverständnis und seine Stellung zu Luther, FSThR 8, 1961, S. 40. Daß Semler den Begriff „historisch-kritisch" kannte, darf als erwiesen gelten (vgl. z.B. sein Schriftchen: „Commentatio I. historico-critica de ministerialibus", Altdorfii 1751), wenngleich dieser erst bei seinen theologischen Erben am Ende des 18. Jahrhunderts in voller Breite in die exegetisch-theologische Arbeit eingebracht wurde. Der mir z.Zt. bekannte früheste Beleg und Gebrauch des Begriffes „historisch-kritisch" findet sich bei H.S. Reimarus, De vita et scriptis Johannis Alberti Fabricii Commentarius. Accedunt argumenta historico-critica ex epistolis viror. claror. ad Fabricium praeterea Christiani Kortholti parentatio Lipsiensis et variorum epicedia, Hamburgi 1737.
12 Vgl. sein Werk: „Clavis Scripturae seu de sermone sacrarum literarum, plurimas generales regulas continentis", 2 Bände, Basel 1567 (verbreitet in einer Reihe von Ausgaben, z.B. 1580; 1628/29; 1685).
13 Z.B. „Commentarius in Novum Foedus: in quo et figurae sermonis, et verborum significatio, et orationis sententia, ad illius Foederis intelligentiam certiorem, tractantur", (Leipzig 1572) Cambridge 1642 und: „Notatio figurarum sermonis in libris IV evangeliorum, et indicata verborum significatio et orationis sententia, ad illorum scriptorum intelligentiam certiorem", Leipzig 1573.
14 Vgl. in unserem Zusammenhang bes.: „Annotationes in libros Evangeliorum", Amsterdam 1641; „Annotationes in Novum Testamentum", Tomus II, Paris 1646.
15 Vgl. z.B. L. Strauß, Die Religionskritik Spinozas als Grundlage seiner Bibelwissenschaft. Untersuchungen zu Spinozas Theologisch-Politischem Traktat, 1930; W.

Gesamteuropäische geistige Einflüsse (Deismus), die weiterwirkende Kraft des Humanismus nicht nur in der klassischen Philologie, die Rückwendung zu reformatorischen Einsichten hinsichtlich der Schriftauslegung und bei Richard Simon wohl auch das Bemühen, seiner Kirche in gewandelter Zeit ein wissenschaftlich vertretbares Gewissen zu verleihen, treffen am Ende des 17. / Anfang des 18. Jahrhunderts zusammen.

In einer hermeneutisch höchst relevanten Schrift des meist nur als Kirchenpolitiker bekannten Genfer Theologen und klassischen Philologen Jean Alphonse Turretini (1671—1737) vereinigen sich die verschiedenen Linien. In seinem aufgrund von Vorlesungen durch seine Schüler veröffentlichten Werk „Über die Methode der Auslegung der heiligen Schrift" (1728)[16] hat Turretini nahezu unfreiwillig eine Grundschrift für das Selbständigwerden der Bibelwissenschaften geliefert. Es sind sicher nicht alles neue Gedanken, wie er selbst andeutet. Die Parallelentwicklung in seiner Zeit ist eindeutig zu berücksichtigen, aber im Ergebnis handelt es sich um eine grundlegende Methodenschrift.

Theologisch ist Turretini durch sein Studium in Leiden, durch wissenschaftlich bedingte Aufenthalte in Frankreich und England von der englischen wie französischen Aufklärung her beeinflußt worden. Er verbindet deren Einsichten mit Grundgedanken humanistischer Schriftauslegung und Grundsätzen der Auslegung, die der Genfer Reformator Calvin in seiner „Institutio" (1536 und verstärkt in weiteren Auflagen) und in seinen exegetischen Werken zur Geltung brachte. In hermeneutischer Hinsicht knüpft er vielfach an Hugo Grotius an und weiß sich — wohl mit ihm — in der Bedeutung des Matthias Flacius für die Schriftauslegung einig[17].

Kasch, a.a.O. (s. Anm. 5), S. 39 ff.; J.v. Kempski (s.u. Anm. 65). — Zu R. Simon vgl. den Beitrag von H. Graf Reventlow in diesem Bande, S. 11—36.

16 De Sacrae Scripturae interpretandae methodo tractatus bipartitus, In quo Falsae Multorum Interpretum Hypotheses Refelluntur, Veraque Interpretandae Sacrae Scripturae Methodus adstruitur. Auctore Joanne Alphonso Turretino, Trajecti Turiorum 1728 (zum Erscheinungsort Dordrecht vgl. die Angaben bei W.G. Kümmel, NT [s. Anm. 5], S. 529 Anm. 58).

17 Turretinis Kommentare (bes. zum Römerbrief und zu den Thessalonicherbriefen) sind ungleich gearbeitet und teilweise erst posthum erschienen (dazu u.a. W. Bornemann, Die Thessalonicherbriefe, KEK X 6, [5]1894, S. 618 f., 628 f. u.ö.). Im übrigen vgl. P. Wernle, Der schweizerische Protestantismus im 18. Jahrhundert I, 1923, S. 494 ff.; H.J. Kraus, Geschichte der historisch-kritischen Erforschung des Alten Testaments, [2]1969, S. 58, 515 f. („Zu § 29"); ders., Calvins exegetische Prinzipien, ZKG 79, 1968, S. 329 ff., bes. S. 341 Anm. 56; W.G. Kümmel, NT (s. Anm. 5), S. 65 ff. Wichtige Hinweise auch bei (L. Thomas), E. Choisy, Art. Turrettini, PRE[3], Bd. 20, 1908, S. 166—171; J. Courvoisier, L'Eglise de Genève de Théodore Bèze à Jean Alphonse Turrettini, 1942; P.-F. Geisendorf, L'Université de Genève 1559—1959, 1959, S. 137 ff.

Das Ergebnis ist nicht ein Konglomerat kaum vereinbarer Ansichten, sondern eine methodische Erörterung, in der unter voller Anerkennung der Vernunft Regeln für eine im besten Sinne historische Auslegung der Bibel in Übereinstimmung mit der Auslegung klassischer Texte der Antike gefordert werden:

> „Zu Anfang behalten wir ganz fest im Auge, daß die (heiligen) Schriften auf keine andere Art zu erklären sind als die übrigen Bücher; man muß auf den Sinn der Worte und Redeweisen bedacht sein, auf das Ziel (scopus) des Verfassers, auf das Vorhergehende und das darauf Folgende und was es noch mehr dieser Art gibt. Das ist deutlich die Art, in der alle Bücher wie auch alle Reden verstanden werden; da uns aber Gott durch Bücher und Reden lehren wollte, nicht aber auf eine andere Weise, so ist es deutlich eben dadurch einleuchtend, daß die heilige Schrift nicht anders zu verstehen ist als die übrigen Bücher (auch) . . ."
>
> „Über die Meinung der heiligen Schriftsteller ist nicht nach heutigen Grundsätzen und Systemen zu urteilen, sondern man muß sich in die Zeiten und Gegenden versetzen, in denen sie geschrieben haben, und man muß sehen, welche (Vorstellungen) in der Seele derer, die damals lebten, entstehen konnten. Zum Verständnis der Schrift ist diese Regel von höchster Bedeutung: . . . Und was geschieht dabei wirklich? Natürlich findet jeder seine Dogmen in der Schrift, ob er ein Päpstlicher, ein Lutheraner oder ein Reformierter sei, und es ist keiner, der sich auf Grund der Lektüre der Schrift von den vorgefaßten Meinungen trennen würde. Wenn wir aber die Ideen aller heutigen Meinungen und Systeme beiseite lassen und uns in jene Zeiten und Gegenden versetzen, in denen die Propheten und Apostel schrieben, so wäre das sicher die wahre Art, in ihren Sinn einzudringen und zu erkennen, was wahre und was falsche christliche Dogmen sind. Auf diese Regel soll man daher beim Lesen der Schrift sorgfältig bedacht sein. Ein leerer Kopf, um mich so auszudrücken, muß der Schrift entgegengebracht werden, er muß gleichsam eine tabula rasa (unbeschriebene Tafel) sein, um den wahren und ursprünglichen Sinn der Schrift zu begreifen."[18]

Dabei ist zu beachten, daß Turretini auch über die Vernunft selbst reflektiert und durchaus nach einem inhärenten, durch die Vernunft vermittelten und uns geradezu auferlegten Vorverständnis fragt. Trotz des „leeren Kopfes" und der „tabula rasa" gibt es keine voraussetzungslose Exegese[19].

18   So die leicht zugängliche Übersetzung bei W.G. Kümmel, NT (s. Anm. 5), S. 65 ff. Insgesamt ist die auch wirkungsgeschichtlich bedeutsame Ausgabe von W.A. Teller heranzuziehen: „Joh. Alph. Turretini de Sacrae Scripturae Interpretatione Tractatus Bipartitus, Restitutus varieque auctus per Guil. Abraham Teller", Francfurti ad Viadrum MDCCLXXI, dort bes. S. 243−284 (= „Caput II, in quo generales de modo Scripturam interpretandi regulae traduntur"); S. 284−296 („Caput III de modo interpretandi certos Scripturae libros, vel certas materias, regulae speciales ac primo de rebus historicis"); S. 38−45 („Excursus primus, de libertate iudicii in scripturarum interpretatione inter Protestantes").

19   Vgl. auch: „Da Gott . . . ganz gewiß der Urheber sowohl der Vernunft wie auch der Offenbarung ist, so ist es unmöglich, daß diese sich gegenseitig bekämpfen" . . . „Wenn es nicht so wäre, so würden wir uns in das Labyrinth der Skeptiker verirren, und weder die Göttlichkeit der Schrift selbst noch ihr Sinn könnte erkannt werden" (Übersetzung nach W.G. Kümmel, vor. Anm., S. 66).

Die entscheidenden Gesichtspunkte für das Werden der neutestamentlichen Wissenschaft hat Turretini bedacht: Die Theopneustie ist bei ihm
durchbrochen, er hat Altes und Neues Testament im Prinzip getrennt und
damit der historischen Einordnung alttestamentlicher und neutestamentlicher Schriften Rechnung getragen. Dennoch ist sein weit über 300 Seiten
umfassendes Werk erst im Laufe des 18. Jahrhunderts, besonders in dessen
2. Hälfte, unmittelbar in die theologische Diskussion über die Schriftauslegung eingebracht worden.

Das hängt wohl vornehmlich mit dem späten Eindringen des englischen
Deismus und seiner Auswertung auch für die Bibelwissenschaft (besonders
durch Siegmund Jacob Baumgarten von 1748 an) in Deutschland zusam-
men und ist vielleicht auch innerprotestantisch konfessionell bedingt.
Jedenfalls lassen sich zunächst im reformierten Westeuropa am ehesten
Hinweise auf Turretinis hermeneutischen Ansatz finden[20].

Hier ist besonders der ebenfalls mit deistischem Gedankengut vertraute
Johann Jakob Wettstein zu nennen. Ist auch nicht völlig geklärt, ob Wettstein auf Turretinis Werk unmittelbar zurückgreift, in seinem „Novum
Testamentum Graecum editionis receptae cum lectionibus variantibus . . .“
(Amsterdam 1751/52) bringt er in einem Abschnitt „Über die Auslegung
des Neuen Testaments“ Gedanken, die in der Sache wie bis in die Formulierungen hinein deutlich an Turretini erinnern[21]:

„Wenn du die Bücher des Neuen Testamentes ganz und gar verstehen willst, versetze
dich in die Person derer, denen sie zuerst von den Aposteln zum Lesen gegeben worden
sind. Versetze dich im Geiste in jene Zeit und jene Gegend, wo sie zuerst gelesen wurden. Sorge, soweit es möglich ist, dafür, daß du die Sitten, Gebräuche, Gewohnheiten,
Meinungen, überkommenen Vorstellungen, Sprichwörter, Bildersprache, täglichen Ausdrucksweisen jener Männer erkennst und die Art und Weise, wie sie andere zu überzeugen versuchen oder Begründungen Glauben verschaffen. Darauf sei vor allem bedacht,
wo du dich einer Stelle zuwendest, wobei du durch kein heutiges System, sei es theologischer, sei es logischer Art, oder durch heute gängige Meinungen vorankommen
kannst.“

Vor allem aber hat der „Germanorum Cicero“, wie man ihn genannt
hat, der klassische Philologe und Theologe Johann August Ernesti (1707—
1781) in seiner „Institutio interpretis Novi Testamenti“ (Leipzig 1761;
⁵1809) so Turretini „gleichgerichte(n) Gedanken“[22] zur grammatisch-
historischen, nicht kirchlich-dogmatisch beeinflußten Schriftauslegung ge-

---

20   Vgl. G.W. Meyer, Geschichte der Schrifterklärung seit der Wiederherstellung der
      Wissenschaften, Bd. IV, Göttingen 1805, S. 357 f.
21   Bd. II, S. 875 ff., bes. S. 878 (Übersetzung nach W.G. Kümmel, NT (s. Anm. 5), S.
      54; vgl.: Joh. Jac. Wetstenii libelli ad crisin atque interpretationem Novi Testamenti.
      Adiecta est recensio introductionis Bengelii ad crisin Novi Testamenti atque
      Glocestrii Ridley dissertatio, de syriacarum Novi Foederis versionum indole atque
      usu. Pleraque observationibus illustravit D. Joh. Salomo Semler, Halae 1766.
22   Vgl. W.G. Kümmel, NT (s. Anm. 5), S. 68.

äußert, daß in ihnen Turretinis Ansatz unmittelbar zur Geltung gebracht wurde.

Der Vergleich zwischen beiden reicht noch weiter: Man hat schon öfter hervorgehoben, daß Ernesti als erster seine Regeln der Auslegung getrennt vom Alten Testament allein für das Neue Testament formuliert habe. Das ist jedoch eine Konsequenz des hermeneutischen Ansatzes, den Turretini nicht nur im ganzen bedacht, sondern auch für die beiden Testamente gesondert und im Hinblick auf Allegorie und Typologie im Alten und Neuen Testament entfaltet hat[23].

In einem Punkte ist Ernesti Turretini nicht gefolgt, und möglicherweise nicht nur aus grundsätzlichen Erwägungen heraus, sondern auch aufgrund eines Mißverstehens des Genfer Gelehrten. Ernesti bestreitet Widersprüche innerhalb der biblischen Schriften und anerkennt damit weiterhin die Theopneustie. Turretini aber hatte geäußert: „Da also die Schrift . . . allgemeine(n) Vorstellungen voraussetzt, so folgt daraus, daß sie nichts im Widerspruch zu ihnen überliefert"[24]. Turretini hat die Theopneustie im ganzen durchbrochen, und die angeführte Stelle steht im Rahmen der Erörterung der durch die Vernunft geforderten Frage voraussetzungsloser Schriftauslegung. Allerdings hat sich hier Turretini sehr geschickt des Vokabulars zur Charakterisierung der Theopneustie bedient und dieses seinem Verstehen der Vernunft dienstbar gemacht.

Ernestis Rang als Wegbereiter und an der Schwelle neutestamentlicher Wissenschaft Stehender ist dennoch heute unbestritten.

Bezeichnend ist Folgendes: Erst nach Siegmund Jacob Baumgartens Wirken und nach Johann Salomo Semlers entscheidenden Untersuchungen über den ‚Canon' (1771—1775) erschien, durch Wilhelm Abraham Teller herausgegeben, im Jahre 1776 eine 2. Auflage von Turretinis Werk[25]. Jetzt war es sinnvoll, jetzt waren — zumindest nach den beigegebenen Erklärungen Tellers — Turretinis Gedanken im Ansatz verwirklicht. Am Ende des 18. Jahrhunderts wußte man um Turretinis Bedeutung für die Schriftauslegung und für das Selbständigwerden der Bibelwissenschaft. In einer Abhandlung von Carl August Gottlieb Keil aus dem Jahre 1788, die 1793 auch in deutscher Übersetzung erschien: „Ueber die historische Erklärungsart der heiligen Schrift und deren Nothwendigkeit" wird das Auslegungsproblem im 18. Jahrhundert nachgezeichnet und der Weg von Turretinis Zeit über Wettstein und Ernesti markiert[26], ohne damit andere,

---

23 Vgl. auch H.-J. Kraus, Geschichte der historisch-kritischen Erforschung (s. Anm. 17), S. 516 f. („Zu § 29").

24 Zitat nach der Übersetzung von W.G. Kümmel, NT (s. Anm. 5), S. 66.

25 Siehe Tellers Ausgabe (s. Anm 18), S. 381—408 u.ö.

26 C.A.G. Keil, De historica librorum sacrorum interpretatione ejusque necessitate (1788); deutsche Fassung „aus dem Lateinischen übersetzt" von C.A. Hempel, Leipzig 1793, danach S. 18 ff., bes. S. 21, 32 und Anm. 10 ebdt.

vielfältig verschlungene und auch parallele Wege außer acht zu lassen. Und Georg Lorenz Bauer läßt in seinem „Entwurf einer Hermeneutik Alten und Neuen Testaments" (Leipzig 1799) keinen Zweifel daran, wie vielseitig und vielfältig die Wege zu hermeneutisch reflektierter, freier, kritischer und historischer Bibelauslegung waren.

Es ist ein Merkmal der verschlungenen Diskussion im Blick auf das Werden der neutestamentlichen Wissenschaft im 18. Jahrhundert, daß auf vielfach ähnlichem Wege und doch oft unabhängig voneinander oder nur lose sich berührend und auch Umwege beschreitend letztendlich das gleiche Ziel angestrebt und zu Ende des 18. Jahrhunderts auch zu einem wesentlichen Teil erreicht wurde, nämlich so weit, daß daran anknüpfend im 19. Jahrhundert die Einzeldisziplinen neutestamentlicher Wissenschaft ihre volle Ausgestaltung finden konnten.

Es ist darum berechtigt, jetzt eine zweite Linie im 18. Jahrhundert kurz zu kennzeichnen, die mit den Namen Siegmund Jacob Baumgarten und Johann Salomo Semler verbunden ist.

Nach verbreiteter und auch in dem Werk von Martin Schloemann über „Siegmund Jacob Baumgarten"[27] erneut herausgearbeiteter Ansicht gilt dieser als Wegbereiter historischer und kritischer Theologie in Deutschland, der dann sein Schüler Semler, weit über seinen Lehrer hinausgehend, zum entscheidenden Durchbruch verhalf[28].

Daß Baumgarten dem Gedankengut der englischen Deisten in einer von ihm herausgegebenen Zeitschrift, besonders seit 1748, im damaligen Deutschland Resonanz verschaffte, ohne sich selbst zum Deismus zu bekennen, darf als gesichert gelten; desgleichen, daß sein Bemühen um historische Akribie zugleich der kritischen Sichtung und als „Faktenprüfung" der Vergewisserung des Gewesenen dienen sollte[29]. Bei dem Schüler Christian Wolffs darf für seine historischen und theologischen Arbeiten das apologetische Moment des vom Halleschen Pietismus (Spener/Freylinghausen) Geprägten nicht verkannt werden, wenngleich gilt: „Die von Baumgarten in Halle eingeleitete historische Orientierung der Theologie überlebte den späteren Wegfall des ursprünglichen apologetischen Zwecks"[30]. Obwohl er historischer Fragestellung vorarbeitete, kommt Baumgarten für

27 M. Schloemann, Siegmund Jacob Baumgarten. System und Geschichte in der Theologie des Übergangs zum Neuprotestantismus, FKDG 26, 1974 (dazu H.-E. Heß, s. Anm. 28, S. 466; W. v. Loewenich, ThLZ 101, 1976, Sp. 687–689); weiter Heß, a.a.O., S. 26 ff.
28 Vgl. u.a. G. Hornig, a.a.O. (s. Anm 11); H.-E. Heß, Theologie und Religion bei Johann Salomo Semler. Ein Beitrag zur Theologiegeschichte des 18. Jahrhunderts, Diss. theol. Kirchl. Hochschule Berlin 1974.
29 M. Schloemann, a.a.O., S. 160 ff., 180.
30 M. Schloemann, a.a.O., S. 213.

die neutestamentliche Wissenschaft nur indirekte Bedeutung zu. Seine zahlreichen neutestamentlichen und auch speziell hermeneutischen Werke zeigen seine dogmatische Bindung, die nur eine Relativierung, nicht aber eine Preisgabe der Theopneustie zuließen. So wird z.B. nicht mehr das Inspiriertsein der hebräischen Punktation verteidigt, und durch die Einführung der Unterscheidung von Offenbarung und Inspiration wird eine ‚Erweichung‘ der letzteren dergestalt herbeigeführt, daß — so Baumgarten — die Inspiration zur selbständigen Tätigkeit der neutestamentlichen Verfasser herzutrete[31]. Immerhin wird hier eine Unterscheidung von Wort Gottes und Heiliger Schrift zur Geltung gebracht, die dann Semler zum durchgreifenden historischen Ansatz theologischer Arbeit verhilft. In seiner Hermeneutik „Unterricht von der Auslegung der Schrift“ (Leipzig 1742) wird Baumgarten die Theopneustie geradezu zum Verhängnis. Er anerkennt grundsätzlich die allgemeinen Auslegungsregeln, für die Bibel aber nur aus ihnen abgeleitete, nämlich mit der Theopneustie zu vereinbarende[32]. Unter diesem Gesichtspunkt stehen auch seine Bemerkungen über die bei der Auslegung zu beachtenden „historischen Umstände“ bei der Abfassung der einzelnen Schriften. Bis in die Gegenwart — und auch bei Schloemann[33] — wird in der Betonung jener ‚historischen Umstände‘ ein ‚zukunftsweisender‘ Ansatz gesehen, in Wirklichkeit werden Grundgedanken J.A. Turretinis aufgegriffen — ob mittelbar oder unmittelbar für diese Schrift übernommen, sei jetzt einmal dahingestellt —; für eine Kenntnis von Turretinis Arbeiten durch Baumgarten lassen sich gewichtige Argumente anführen, und auch die genannte Schrift bietet zumindest Hinweise dafür[34]. Aber die Sachlage ist eine andere: Schon 1809 hat Gottlob Wilhelm Meyer in seiner „Geschichte der Schrifterklärung“[35] in einem allerdings weiteren Zusammenhang und Bezugsfeld im grundsätzlichen herausgearbeitet, was auch „in der Baumgartenschen Theorie“ gilt: Es wird auch bei „Beobachtung der historischen Umstände auszulegender Schriftstellen ... die Unterordnung der speziellen hermeneutischen Prinzipien unter ihre dogmatischen Voraussetzungen“ beibehalten.

---

31 Einzelnachweise bei M. Schloemann, a.a.O., S. 218 ff.
32 Vgl. S.J. Baumgarten, Unterricht, S. 37 ff., 40, 89 ff.
33 Vgl. M. Schloemann, a.a.O., S. 227.
34 Vgl. S.J. Baumgarten, Unterricht, S. 3: Die westeuropäische Hermeneutik sei eingearbeitet, wofür B. auch auf die „regles pour l'intelligence des saintes écritures“ des Abbé d'Asfeld, von Bachstrom ins Deutsche übersetzt, verweist. W. Dilthey, Leben Schleiermachers, Bd. II, 2: Schleiermachers System als Philosophie und Theologie. Aus dem Nachlaß von Wilhelm Dilthey mit einer Einleitung hrg. v. M. Redeker, 1966, S. 615 ff. macht bereits auf die Einflüsse westeuropäischen Denkens bei S.J. Baumgarten aufmerksam, und E. Choisy, a.a.O. (s. Anm. 17), S. 166 f. zeigt für die Dogmatik B.s die unmittelbare Kenntnis Turretinis.
35 Bd. V, S. 493.

Die Gewichtung des Faktischen als Hinwendung zur Historie darf man auch in Baumgartens Hermeneutik gewiß nicht unterschätzen, aber man wird hier eher Semlers Urteil zustimmen, daß seine Hermeneutik den „eigentlichen historischen kritischen Teil" vermissen lasse[36], als mit W. Dilthey weiterhin zu sagen: „Derselbe Baumgarten, der die kirchliche Hermeneutik vollendete, ward der Vater der historischen Schule"[37].

Baumgartens Hermeneutik hat zweifellos erheblich nachgewirkt, und derselbe Semler konnte feststellen: „Es ist hinreichend bekannt, daß dies kleine Buch der erste teutsche wissenschaftliche Entwurf einer Hermeneutik ist"[38]. Nach dem Tode des Verfassers erschien 1759 eine 2. Auflage mit einer kurzen Vorrede Semlers[39], und 1769 gab Joachim Christoph Bertram die aus Manuskripten und Nachschriften zusammengestellten Vorlesungen „Ausführlicher Vortrag der biblischen Hermeneutic" heraus. Diese nachgelassenen Werke bestätigen die gegebene Skizze und zeigen, daß Baumgartens Insistieren auf der Historie in Analogie zu seiner dogmatischen Grundeinstellung zu sehen ist. J.A. Turretini wurde von Baumgarten, im Hinblick auf die neutestamentliche Wissenschaft gesehen, nicht überholt, und dennoch war mit Baumgartens Forschungen der Punkt erreicht, an den sein maßgebender Schüler, Johann Salomo Semler, unmittelbar anknüpfen und von dem aus er radikalisieren und in neue Bahnen lenken konnte[40].

Es schmälert die Bedeutung J.S. Semlers für die neutestamentliche Wissenschaft nicht, wenn ich seinen Beitrag nur mit einigen Strichen kennzeichne. Ich kann dies um so eher tun, als weitreichende Übereinstimmung in verschiedenen uns betreffenden Punkten in der neueren Semlerforschung besteht[41]: a) Anerkannt ist der auf den frühen Semler maßgebende Einfluß Baumgartens, über dessen Lebenswerk er selbst zum eigenständigen kritischen Forscher wird. Es besteht weiterhin darin weitgehender Konsens b), daß die Bestimmung „des Verhältnisses von Theologie und

---

36 So D. Joh. Salomo Semlers Lebensbeschreibung von ihm selbst abgefaßt. Erster Theil, Halle 1781, S. 288; vgl. auch D. Joh. Salomo Semlers Lebensbeschreibung von ihm selbst abgefaßt. Zweiter Theil, Halle 1782, S. 220 und weitere Materialien bei M. Schloemann, a.a.O., S. 198, Anm. 140.

37 W. Dilthey, Leben Schleiermachers II, 2, S. 625 (im Orig. gesperrt).

38 Lebensbeschreibung (Erster Theil), S. 208.

39 Siegm. Jac. Baumgartens Unterricht von Auslegung der heil. Schrift ehemals für seine Zuhörer ausgefertiget. Neue und mit des sel. Verfassers hinterlassenen eigenhändigen Zusätzen und Anmerkungen vermehrte Auflage, Halle 1759.

40 Vgl. auch M. Schloemann, a.a.O., 228 ff. u.ö.; H.-E. Heß, a.a.O., S. 132 ff.

41 Vgl. nur G. Hornig, a.a.O. (s. Anm. 11); T. Rendtorff, Kirche und Theologie. Die systematische Funktion des Kirchenbegriffs in der neueren Theologie, 1966, bes. Kap. II: „Kirche und Protestantismus bei J.S. Semler", S. 27–61; H.-E. Heß, a.a.O.; K. Weimar, a.a.O. (s. Anm. 7), S. 61 ff.

Religion ... das hermeneutische Prinzip" darstellt, das am stärksten Semlers „theologische Entwicklung" durch Jahrzehnte hindurch charakterisiert[42]. Es ist schließlich c) heute anerkannt, daß nach Semler Hermeneutik „die erheblichste Wissenschaft für einen Theologen" ist. Die seiner Hermeneutik inhärenten Intentionen sind es, die ihn zum Begründer neutestamentlicher Wissenschaft gemacht haben[43].

Der weitgespannte Rahmen der hermeneutischen Überlegungen Semlers umfaßt ebenso „die allgemeingültigen Regeln wissenschaftlicher Textauslegung" wie auch diejenigen, „die sich aus der besonderen Beschaffenheit der biblischen Texte und ihres Inhalts ergeben", einschließlich Textkritik, Übersetzung des Textes, insgesamt: sowohl grammatische (Ernesti) wie historische Textauslegung[44].

Einige Gesichtspunkte sind unter besonderer Berücksichtigung der „Abhandlung von freier Untersuchung des Canon" (1771—1775) anzuführen: Zwei Grundthesen treten hervor: a) Das Wort Gottes und die Heilige Schrift sind nicht identisch. Die Begründung ist im folgenden gegeben: Die Heilige Schrift enthält Teile, die nur für eine vergangene Zeit von Belang waren. Daraus ergibt sich als Konsequenz: Nicht alle Teile des Kanon können inspiriert sein. Das Ziel der Ausführungen ist damit im Blick: die Preisgabe der Inspirationslehre. Man hat gefragt, ob Semler dieses Ziel wirklich erreicht und auch nur geradlinig verfolgt habe, da er gleichzeitig von der „Eingebung" der Schriften rede, und man hat gelegentlich vermutet, hier hafte ein Stück Inspirationslehre[45]. Das wäre für einen Schüler Baumgartens vielleicht nicht verwunderlich, doch der Sachverhalt ist vermutlich nicht im Zusammenhang der Inspirationslehre zu deuten, sondern unter dem Gesichtspunkt der Klärung des Vorverständnisses. Wie schon Turretini hat auch Semler erkannt, daß historische Interpretation sich der Frage voraussetzungsloser oder nicht voraussetzungsloser Exegese stellen muß. Die Frage, die Ernesti mit zur Beibehaltung der Theopneustie führte, hat Semler zur völligen Preisgabe der Inspirationslehre gelenkt. Es ist die kon-

---

42 So H.-E. Heß, a.a.O., S. 7.

43 So J.S. Semler, Erster Anhang zu dem Versuch einer Anleitung zur Gottesgelersamkeit, enthaltend eine historische und theol. Erleuterung des alten Ausspruchs oratio, meditatio, tentatio faciunt theologum, in einer Zuschrift an seine Zuhörer, worin er seine Vorlesungen anzeigt, Halle 1758, S. 130 u.ö.; in gleichgerichtetem Sinne auch ders., Versuch einer näheren Anleitung zu nützlichem Fleisse in der ganzen Gottesgelersamkeit für angehende Studiosos Theologiae, Halle 1757, weiteres bei G. Hornig, a.a.O. (s. Anm. 11), S. 78 ff.

44 Vgl. auch G. Hornig, a.a.O. (s. Anm. 11), S. 79 f.; W.G. Kümmel, NT (s. Anm. 5), S. 73—81 mit zentralen Textauszügen.

45 Vgl. auch G. Hornig, a.a.O., S. 68, 74 f.; H.-E. Heß, a.a.O., S. 174 (und Anmerkungen); und die Diskussion bei C.W.F. Walch, Neue Religions-Geschichte, 7. Teil, 1779, S. 291 ff.

geniale radikale Weiterführung und Neuaufnahme der Fragestellung von J.A. Turretini. Es wird eben — auf die Frage des Kanons bei Semler zugespitzt — nicht „alles relativ"[46]. Vielmehr gilt: In den Schriften des Kanons begegnet uns Gottes Wort im Menschenwort[47].

b) Die zweite Grundthese resultiert für Semler aus der ersten: Die Zugehörigkeit einer Schrift zum Kanon ist für ihn eine rein historische Frage. Denn — so lautet die Begründung: Der Kanon repräsentiert die Übereinkunft der einzelnen Kirchenprovinzen, nämlich: welche Schriften zur Verbreitung und zum Vorlesen zugelassen sind. In der von Semler daraus gezogenen Folgerung liegt zugleich das Gesamtergebnis: Jeder einzelne Christ kann die historischen Umstände überprüfen[48]. Die religiöse Weiterbildung aufgrund dieser Schriften ist ihm freigestellt. Die bleibende Bedeutung der einzelnen Schriften ist ihm nicht kirchlich vorgeschrieben, eben: „Abhandlung von freier Untersuchung des Canon". „Namentlich ist die ganz gemeine Vorstellung von dem Canone und dem gleichen göttlichen Ursprunge und Wehrt aller darin enthaltenen Bücher und Theile gar nicht ein wesentlicher Theil der christlichen Religion. Man kann ein rechtschaffener Christ seyn, ohne allen Büchern, die man zum alten und neuen Testamente rechnet . . ."[49]. Aus der Einsicht, daß die biblischen Bücher nicht inspiriert und darum rein historisch betrachtet werden müssen, zieht Semler die Konsequenzen für die Methodik der Schriftauslegung. Was er bereits 1760 in seiner Schrift: „Vorbereitung zur theologischen Hermeneutik zu weiterer Beförderung des Fleisses angehender Gottesgelerten" und in weiteren Schriften zur Hermeneutik zwischen 1760 und 1769 erkannt und gefordert hat, wird darum sachgemäß in die „Abhandlung von freier Untersuchung des Canon" (I—IV) aufgenommen.

Semler geht zu seiner Zeit weit über Ernestis grammatische Auslegung hinaus, indem er grammatische und historische Auslegung fordert. Er geht

---

46 Entgegen F.C. Baur, Die Einleitung in das Neue Testament als theologische Wissenschaft. Ihr Begriff und ihre Aufgabe, ihr Entwicklungsgang und ihr innerer Organismus, ThJb(T) (= Theolog. Jahrbücher [Tübingen]) 9, 1850, S. 463 ff., bes. 519 ff. (Zitat S. 525).

47 J.S. Semler, Abhandlung von freier Untersuchung des Canon; nebst Antwort auf die tübingische Vertheidigung der Apocalypsis, Halle 1771, §§ 15—23 (passim) [jetzt leicht zugänglich in: TKTG 5, hrg. v. H. Scheible, 1967]; vgl. auch W.G. Kümmel, NT (s. Anm. 5), S. 80: „Die Bibel ist ihm nicht mehr als *Buch* inspiriert und kann darum ohne Gefahr für das Wort Gottes, das er unbedingt wahren will, unbefangen mit den Augen des Geschichtsforschers betrachtet werden".

48 Vgl. Canon I, § 15 (bes. 2. Hälfte). Die seit Turretini (und evtl. Vorläufern) bekannte Begrifflichkeit wird über J.S. Baumgarten von Semler in die historische Kritik überführt.

49 Vgl. auch W.G. Kümmel, NT (s. Anm. 5), S. 77, im übrigen J.S. Semler, Canon I, § 21 (im Orig. teilweise gesperrt).

über Baumgartens Theorie von den ‚historischen Umständen' ebenfalls weit hinaus, da diese hermeneutisch in eine rein historische Auslegung überführt wird. Semler wird damit in seinem hermeneutischen Ansatz zum Vollstrecker J.A. Turretinis[50].

Diese historische Auslegung Semlers ist nach zwei Seiten hin zu spezifizieren: α) Semler vergleicht die verschiedenen biblischen Schriften und deckt „sachliche(r) Differenzen" auf, „um durch solchen biblisch-theologischen Vergleich die historische und damit" (die theologische und) „auch die religiöse Stellung eines Textes herauszufinden"[51]. Die seiner Hermeneutik inhärente Unterscheidung von Theologie und Religion zielt auch auf die historische und kritische Schriftauslegung.

β) Durch die Einsicht in die verschiedenen Schriften des Kanons kommt Semler zur Einordnung dieser Schriften in die Geschichte des Urchristentums. Es gab, wie er meint, einen Gegensatz zwischen judenchristlicher und heidenchristlicher Seite. Im Urchristentum habe es eine Partei von Christen gegeben, „die zu der Diöces von Palästina gehöret" (Jakobus, Petrus. Judas), und eine andere Partei von Christen, „welche zu Pauli Diöces gehöreten". Beide Gruppen aber zeichneten sich durch eine „Abgeneigtheit" gegeneinander aus[52]. In diese zwei sachlich gegeneinander stehenden Richtungen seien die Schriften des Urchristentums einzuordnen. Damit ist von Semler grundlegend anerkannt, daß die historische Schriftauslegung die Geschichte des Urchristentums zu bedenken hat, wenn sie den neutestamentlichen Schriften als Zeugnissen vergangener Zeit und Epochen in je ihrer Situation gerecht werden will.

Semler ist für alle in seiner Nachfolge sich entfaltenden neutestamentlichen Einzeldisziplinen der große Anreger geworden, der seine Gedanken

---

50 U.a. bietet die angeführte Schrift über „Vorbereitung zur theologischen Hermeneutik" manchen Hinweis dafür (z.B. S. 6 ff., 15 ff., 145 ff., 155 ff.), und verschiedene Gedanken weisen eine erstaunliche Ähnlichkeit zu Ausführungen Turretinis auf: „Die allermeisten wurden unter dem Namen, Erklärer und Ausleger der biblischen Verfasser, wirklich eigene Schriftsteller und Urheber eigener Abhandlungen, nicht aber Dolmetscher der biblischen Bücher in einer anderen Sprache. Ein Kopf der schon vol ist von so und so bestimten Begriffen und Gedanken über moralische Säze, die GOtt oder die Geisterwelt, oder unsre Beschaffenheit betreffen: hat bey unternommener Auslegung eines biblischen Buches eben so wenig es eigentlich erkläret, als ein ungelerter und so genannter einfältiger Christ, der die Bibel auf eine ihm nüzliche Weise gebrauchet". „Ein Ausleger *solte* nichts in die *Schrift*, so er auslegen wil, von seinen Gedanken *hineintragen;* sondern alles aus derselben zu seinen nunmehrigen Gedanken erst machen, und sich aus ihr allein von ihrem Inhalt und Verstand hinlänglich versichern" (aus S. 6—8). Auch auf Erasmus, J. Camerarius, R. Simon und J.J. Wettstein greift Semler direkt zurück.
51 Vgl. W.G. Kümmel, NT (s. Anm. 5), S. 79.
52 Abhandlung von freier Untersuchung des Canon. Vierter Theil, Halle 1775, Vorrede, Text leicht zugänglich bei W.G. Kümmel, NT (s. Anm. 5), S. 80 (im Orig. teilweise gesperrt).

sehr verstreut und nur gelegentlich auch zusammenfassend dargestellt hat. Aber gerade als der Anreger ist er der Begründer neutestamentlicher Wissenschaft geworden[53]. Seine Gedanken haben andere zu den Einzeldisziplinen neutestamentlicher Wissenschaft ausgebaut.

II.

Es zeigte sich ein Ringen um historische und kritische Schriftauslegung, und man könnte als Fazit sagen: Die Hermeneutik ist die Mutter der neutestamentlichen Wissenschaft im 18. Jahrhundert. Die Einzeldisziplinen sind letztendlich das Ergebnis dieses hermeneutischen Ringens. Von welch verschiedenen Seiten und Richtungen auch die Anstöße kamen, in der Herausbildung der Einzeldisziplinen stehen sie im Banne der hermeneutischen Grundsatzerwägungen.

1. Das gilt auch für die Textkritik. Denn schon das für den Bibelwissenschaftler höchst bedeutsame Lebenswerk von Richard Simon für die Textkritik hat wesentliche hermeneutische Implikationen, wenn über Zuverlässigkeit und Echtheit allein die reine Kritik entscheidet.

Das gestern von Henning Graf Reventlow so eindrücklich Dargestellte ist nicht zu wiederholen[54]. Herauszuheben sind nur zwei für die spätere neutestamentliche Wissenschaft sehr wichtige Sachverhalte:

a) Die Forschungen von R. Simon laufen auf eine völlige Trennung von Altem und Neuem Testament hinaus, wobei seitens einer zu erhebenden Textkritik die Voraussetzungen durch die verschiedenen Sprachen Hebräisch-Griechisch sich anboten.

b) Die hermeneutische Fragestellung wird durch die „Kritische Geschichte der hauptsächlichen Ausleger des Neuen Testaments" (1693) ganz offenkundig. Das Zusammenspiel von Textkritik und Hermeneutik und darin das Bemühen, den besten erreichbaren Text mit historisch im Neuen Testament nachweisbaren Sachverhalten zu kombinieren wie auch zu konfrontieren, machte R. Simon nicht nur zum „Begründer der neutestamentlichen Einleitungswissenschaft"[55] und zum ersten zu beachten-

---

53 Vgl. auch H. Scheible, in: Johann Salomo Semler, Abhandlung von freier Untersuchung des Canon, TKTG 5, 1967, S. 5 ff.

54 In diesem Band, S. 11–36.

55 Der genannte Titel: Histoire critique des principaux commentateurs du Nouveau Testament, depuis le commencement du Christianisme jusques à notre temps: avec une Dissertation Critique sur les principaux Actes Manuscrits qui ont été citez dans les trois Parties de cet Ouvrage, Par Richard Simon, Amsterdam MDCXCIII (Nachdruck Frankfurt 1969). Das Zitat bei Th. Zahn, Art. Einleitung in das Neue Testament: I. Geschichte der Disziplin, PRE[3], Bd. 5, 1898, S. 263; vgl. auch W.G. Kümmel, NT (s. Anm. 5), S. 41 ff.

den Textkritiker der Neuzeit, sondern zugleich zu dem Mann, von dem Johann David Michaelis in seiner „Einleitung in die göttlichen Schriften des Neuen Bundes" (³1777) sagte: Mit R. Simon „hört die Kindheit der Kritik auf, und ihr erwachsenes Alter fängt an" (Vorwort).

Seine Anstöße zur „empirisch-kritischen Methode"[56] auch in der Textkritik wirkten über John Mill (1645—1707), der sich ausdrücklich auf R. Simon bezog, besonders auf Johann Jakob Wettstein. In seiner Textausgabe (Novum Testamentum Graecum . . ., 1751/52)[57] konnte er ohne die dogmatischen Bindungen, denen Simon noch unterlag, zu einer wirklich geschichtlichen Fragestellung in der Textkritik vordringen und unter gleichzeitiger mutmaßlicher Aufnahme von Turretini entsprechenden Gedanken Grundfragen der Schriftauslegung verbinden.

Das Werden neutestamentlicher Wissenschaft im 18. Jahrhundert ist maßgeblich mit der Gewinnung der biblischen Textgrundlage verbunden. Diese ist letztlich ein Beitrag zum historischen Verstehen-Wollen, so verschiedenartig auch Motive, Voraussetzungen und Ziel, kurz: das jeweils hermeneutische Anliegen etwa bei Johann Albrecht Bengel[58], J.J. Wettstein, J.S. Semler, Johann Jakob Griesbach u.a. war. Daß am Ende des 18. Jahrhunderts besonders durch den Schüler Semlers, J.J. Griesbach, die Vorherrschaft des ‚Textus receptus' im Zerbrechen war, darf als eine historische und kritische Großtat gewürdigt werden[59].

2. Der zweite hier anzuführende Bereich ist mit dem Beginn der ‚Einleitungswissenschaft' gegeben.

Das erste grundlegende Werk dieser Art ist das schon erwähnte von Johann David Michaelis „Einleitung in die göttlichen Schriften des neuen Bundes" (1750). Michaelis versteht — gemäß Vorwort — sein Werk ausdrücklich als Weiterführung der Untersuchungen von R. Simon. Dieses Werk, das erst in seiner 4. Auflage 1788 eine wirkliche ‚Einleitung' in kritischer Auseinandersetzung mit der bisherigen Forschung und Literatur war, zeigt im Spiegel seiner Auflagen zugleich die ganze Schwierigkeit, die mit dem Selbständigwerden des Gebildes ‚neutestamentliche Wissenschaft' verbunden ist. So gewiß Gottlob Wilhelm Meyer 1809 erklären konnte: Michaelis hat „den Grund zu dem Gebäude einer vollständigen kritischen

---

56 So J.B. Bauer, a.a.O. (s. Anm. 6), S. 31.
57 Vgl. im Überblick B.M. Metzger, Der Text des Neuen Testaments. Eine Einführung in die neutestamentliche Textkritik, 1966, S. 32 f., 114 ff.
58 Vgl. z.B. E. Ludwig, Schriftverständnis und Schriftauslegung bei Johann Albrecht Bengel, BWKG. S. 9, 1952; M. Brecht, Johann Albrecht Bengels Theologie der Schrift, ZThK 64, 1967, S. 99 ff.; H. Stroh, Hermeneutik im Pietismus, ZThK 74, 1977, S. 38 ff.
59 W.G. Kümmel, NT (s. Anm. 5), S. 41—54; G. Delling, Johann Jakob Griesbach. Seine Zeit, sein Leben, sein Werk, ThZ 33, 1977, S. 81 ff.

Einleitung ins Neue Testament glücklich gelegt"[60], die wirkliche Bedeutung dieses Werkes liegt in seiner problematischen Grundthese über den Kanon der neutestamentlichen Schriften.

Das historische Gewordensein des Kanons wird von Michaelis „übergangen", da nur „diejenigen Schriften kanonisch" und „damit inspiriert" sind, die von einem Apostel verfaßt wurden[61].

Kanonisch = inspiriert = apostolisch lautet die Gleichsetzung. Nun aber ergibt sich durch die historische Untersuchung der einzelnen neutestamentlichen Schriften, daß ein Teil derselben nicht inspiriert, weil nicht apostolisch sein kann: Das Markusevangelium, das Lukasevangelium, die Apostelgeschichte gehören nicht zum Kanon, weil sie nicht apostolisch sind; beim Jakobusbrief, dem Judasbrief und dem Hebräerbrief bleibt die Frage des Apostolischen offen; beim Matthäusevangelium ist die griechische Fassung nicht von einem Apostel verfaßt. Die Glaubwürdigkeit dieser nicht kanonischen, nicht inspirierten Schriften nachzuweisen, ist Aufgabe der historischen Untersuchung im Rahmen der ‚Einleitung in das Neue Testament'.

Ein durchaus gefährliches und bedenkliches Problem zeigt sich hier in der Genese der Einzeldisziplin ‚Einleitung in das Neue Testament': Einerseits wird die Rückkehr über die Reformatoren und die Humanisten zu altkirchlichen Grundsätzen der Apostolizität und Kanonizität der einzelnen Schriften sichtbar. Andererseits wird gleichzeitig mit dem Bemühen um historische Erfassung und Einordnung nicht nur einzelner Perikopen, sondern auch der einzelnen Schriften im Neuen Testament die historische Untersuchung „zum Kriterium" für die Inspiration neutestamentlicher Schriften. Damit wird die richtig erkannte Notwendigkeit historischer Untersuchung neutestamentlicher Schriften einem dogmatischen Interesse unterstellt.

J.S. Semlers schon genannter Beitrag zur neutestamentlichen Einleitungswissenschaft tritt demgegenüber umso deutlicher hervor: Die Zugehörigkeit einer Schrift zum neutestamentlichen Kanon ist eine rein historische, keine dogmatische Frage. Michaelis ist auf Semler nicht eingegangen, aber seine 4. Auflage der „Einleitung in die göttlichen Schriften des Neuen Bundes" (1788) zeigt Semlers Einsichten in erheblichem Maße[62].

---

60 Geschichte der Schrifterklärung . . . , Bd. V, 1809, S. 453.

61 Hierzu und zum Folgenden s. W.G. Kümmel, NT (s. Anm. 5), S. 82; ders., „Einleitung in das Neue Testament" als theologische Aufgabe, in: ders., Heilsgeschehen und Geschichte. Gesammelte Aufsätze 1933—1964, MThSt 3, 1965, S. 340 ff.; Th. Zahn (s. Anm. 55), S. 264 f.

62 J.D. Michaelis hat Semlers Abhandlung von freier Untersuchung des Canon (I) besprochen: Orientalische und exegetische Bibliothek 3, 1773, S. 26 ff. (Hinweis bei W.G. Kümmel, NT [s. Anm. 5], S. 530 Anm. 78).

Insgesamt gesehen ist diese — vielleicht von R. Simon für die Einleitungswissenschaft ausgelöste — jedenfalls von J.D. Michaelis wissenschaftlich letztlich geförderte Fehleinschätzung und -entwicklung historischer Arbeit in der aufkommenden Bibelwissenschaft in dessen 4. Auflage (1788) erheblich gemildert und ganz erst zu Ende des 18. Jahrhunderts, ja im Grunde erst vollständig in Johann Gottfried Eichhorns „Einleitung in das Neue Testament" (1812—1827) überwunden. Daß die Einleitungswissenschaft selbst dann im 19. Jahrhundert durch die Lösung der quellenkritischen Fragen und die Verankerung ihrer Ergebnisse in der Geschichte des Urchristentums die größten Umbrüche erfahren hat, sei anmerkungsweise erwähnt[63].

3. Damit komme ich zum dritten Bereich, der Geschichte des Urchristentums. Mit der Einleitungswissenschaft war notwendig die Frage nach der Einordnung der einzelnen Schriften in die Geschichte des Urchristentums verbunden. Diese Frage aber wurde besonders im Bereich der Evangelienforschung brisant.

Eine erste Rekonstruktion der urchristlichen Geschichte wurde mit Hilfe der Thesen radikaler englischer Deisten vorgenommen. Sie liegt in dem Werk von Hermann Samuel Reimarus vor: „Apologie oder Schutzschrift für die vernünftigen Verehrer Gottes", insbesondere in dem Abschnitt: „Vom Zwecke Jesu und seiner Jünger", den Lessing als letztes der „Wolfenbütteler Fragmente eines Unbekannten" 1778 veröffentlichte[64]. Ich dränge aufs äußerste zusammen und verweise auf den aufschlußreichen Vortrag von Henning Graf Reventlow: „Das Arsenal der Bibelkritik des Reimarus: Die Auslegung der Bibel, insbesondere des Alten Testaments, bei den englischen Deisten"[65].

Der eigentliche Anlaß war, „dasjenige, was die Apostel in ihren Schriften vorbringen, von dem, was Jesus in seinem Leben wirklich selbst ausgesprochen und gelehrt hat, gänzlich abzusondern". Wenn auch in der neu-

---

63 Vgl. F.C. Baur, Einleitung (s. Anm. 46), ThJb (T) 9, 1850, S. 463—566; ebdt. 10, 1851, S. 70 -94, 222—253, 291—329; H.J. Holtzmann, Lehrbuch der historisch-kritischen Einleitung in das Neue Testament, [3]1892, S. 1 ff.; Th. Zahn (s. Anm. 55), S. 264 ff.; W.G. Kümmel, „Einleitung . . . " (s. Anm. 61), S. 340 ff.

64 Vgl. H.S. Reimarus, Apologie oder Schutzschrift für die vernünftigen Verehrer Gottes. Im Auftrag der Joachim-Jungius-Gesellschaft der Wissenschaften Hamburg hrg. v. G. Alexander, Bd. I. II, Frankfurt 1972. [Nachtrag: vgl. dazu jetzt H. Schultze, Religionskritik in der deutschen Aufklärung. Das Hauptwerk des Reimarus im 200. Jahre des Fragmentenstreites, ThLZ 103, 1978, Sp. 705—713].

65 In: Hermann Samuel Reimarus (1694—1768), ein „bekannter Unbekannter" der Aufklärung. Vorträge gehalten auf der Tagung der Joachim-Jungius-Gesellschaft der Wissenschaften Hamburg am 12. und 13. Oktober 1972, 1973, S. 44—65; J. v. Kempski, Spinoza, Reimarus, Bruno Bauer — drei Paradigmen radikaler Bibelkritik, ebdt., S. 96—112.

testamentlichen Wissenschaft heute Reimarus wegen seiner erwiesenen Abhängigkeit von den englischen Deisten nicht mehr als ‚Begründer' der historischen Jesusforschung angesehen wird[66], hinter seinen Ausführungen über das Verhältnis des geschichtlichen Jesus zur Theologie der Apostel steht — wie nach David Friedrich Strauß Albert Schweitzer klar erkannt hat — das grundlegend theologisch wie historisch zu bewältigende Problem der künftigen Leben-Jesu-Forschung. Reimarus hat mit der genannten ‚Absonderung' fast gegen seinen Willen eine historische Fragestellung inauguriert, die eine Rekonstruktion der Geschichte des Urchristentums unausweichlich machte.

An diesem Punkt seines eigenen Entwurfs setzt zunächst die kritische Auseinandersetzung ein. Bereits über Jahresfrist nach der Veröffentlichung des entscheidenden Fragments durch Lessing liegt Johann Salomo Semlers „Beantwortung der Fragmente eines Ungenannten insbesondere vom Zweck Jesu und seiner Jünger" (Halle 1779) vor. Semler erweist des Reimarus Rekonstruktion als nicht haltbare Konstruktion, die auf der falschen Voraussetzung beruhe, daß jedes Evangelium in gleicher Weise wahr sein müsse[67]. In Wirklichkeit müsse man auch historisch die verschiedenen Evangelienverfasser beachten und durch historische Quellenkritik der Rekonstruktion eine Grundlage geben. Im übrigen kann Semler auf seine grundsätzlichen Äußerungen in der „Abhandlung von freier Untersuchung des Canon" verweisen, die selbst Grundvoraussetzungen für die Konzeption einer Geschichte des Urchristentums bieten.

Fast wichtiger ist, daß sich Semler durch des Reimarus Theorien über Jesu und der Apostel Anschauungen zu einer eigenen, hermeneutisch relevanten Lösung anregen läßt, indem er in Anlehnung an die Akkomodationstheorien seiner Zeit eine „doppelte Lehrart" erwägt: a) die sinnlich wahrnehmbare bilderreiche Lehrart, die zum Verstehen der Lehre Jesu bei den Juden beitragen soll, und b) die „andere Lehrart", die den reinen Inhalt der Lehre Jesu zur Geltung bringe. Man hat gefragt, ob hier nicht die Unterscheidung zwischen äußerer Wortbedeutung und innerem, eigentlichem Sinn einen geradezu doppelten sensus literalis enthalte und damit die Überwindung der Thesen des Reimarus von den Betrügereien der Jünger hinsichtlich der Person und der Lehre Jesu teuer erkaufe. Die Lösung führt in eine andere Richtung: Semler hat sich durch Reimarus der Sache nach in seinen Überlegungen zur „doppelten Lehrart" zu einer Fragestellung anleiten lassen, die Rekonstruktion und Interpretation und deren hermeneutische Relevanz für die Erhellung der Geschichte des Urchristen-

---

66 Vgl. W.G. Kümmel, NT (s. Anm. 5), S. 105 ff.; A. Schweitzer, Geschichte der Leben-Jesu-Forschung, [2]1913, S. 13 ff., 79 ff. (passim); A.Chr. Lundsteen, H.S. Reimarus und die Anfänge der Leben-Jesu-Forschung, 1939.

67 J.S. Semler, Beantwortung, S. 280 (u.ö.).

tums bedenkt. Die historische Rekonstruktion muß die Interpretation vor-
gegebenen Materials stets mitberücksichtigen. Statt vom Betrug durch Jünger und Apostel zu reden, ist interpretatorisch die Absonderung Jesus—
Apostel zu bewältigen.

So wurde im 18. Jahrhundert die methodische Voraussetzung für die
Erfassung einer Einzeldisziplin neutestamentlicher Wissenschaft geschaffen
und ein Ansatz geboten, der in der Folgezeit einerseits für die Geschichte
der Leben-Jesu-Forschung und andererseits für die spezielle Erforschung
der Geschichte des Urchristentums von weitreichender Bedeutung werden
sollte.

4. Der abschließend anzuführende vierte Bereich ist wissenschaftsgeschichtlich gesehen die Konsequenz der drei genannten Einzeldisziplinen:
Es ist die Theologie des Neuen Testaments, die ihrerseits als selbständige
Disziplin das Ergebnis der hermeneutischen Bemühungen von zwei Jahrhunderten ist[68]. Das Schicksal der ‚Biblischen Theologie‘ war die Umklammerung durch die Dogmatik, in deren Diensten die theologia biblica trotz
gelegentlich geäußerter Bedenken in Orthodoxie und Pietismus stand. Im
Zeitalter der Aufklärung wurden grundsätzliche Bedenken laut. Aber erst
mit Johann Philipp Gablers Antrittsrede in Altdorf vom 30. März 1787[69]
wird die ‚Biblische Theologie‘ als eigene Disziplin begründet. In seiner
Rede: „De iusto discrimine theologiae biblicae et dogmaticae regundisque
recte utriusque finibus“ (= „Von der richtigen Unterscheidung der biblischen und der dogmatischen Theologie und der rechten Bestimmung ihrer
beider Ziele“) arbeitet Gabler den historischen Charakter der Biblischen
Theologie heraus und stellt ihn in allerdings bestimmter Absicht dem
didaktisch-lehrhaften Charakter der Dogmatik gegenüber. Unter Umgehung aller Einzelheiten sind jetzt nur Absicht und Ziel der Rede zu nennen:

Gablers Antrittsrede dient ihrer Intention nach der Gewinnung einer
brauchbaren Gegenwartsdogmatik. Diese aber kann nur über den Weg
einer in ihrer Methode und in ihren Ergebnissen von der Dogmatik unabhängigen Biblischen Theologie erreicht werden, die ihrerseits aus einem
komplizierten, gleichsam „doppelten Filtrierungsprozeß“[70] gewonnen

---

68 Vgl. O. Merk, Bibl, Theol. (s. Anm. 7), S. 7—28, 29 ff., 141 ff.; G. Strecker, Das
    Problem der Theologie des Neuen Testaments, in: ders., Das Problem der Theolo-
    gie des Neuen Testaments, WdF CCCLXVII, 1975, S. 1 ff.
69 Vollständige Übersetzung der Rede bei O. Merk, vor. Anm., S. 273—284 (im Wie-
    derabdruck bis auf Schlußbemerkungen bei G. Strecker, vor. Anm., S. 32—44);
    zur Diskussion s. O. Merk, Bibl. Theol., bes. S. 31 ff.; H.-J. Dohmeier, Die Grund-
    züge der Theologie Johann Philipp Gablers, Diss. Münster 1976, S. 145 ff. (passim).
70 So K. Leder, Universität Altdorf. Zur Theologie der Aufklärung in Franken. Die
    theologische Fakultät in Altdorf 1750—1809, Schriften der Altnürnberger Land-
    schaft Bd. XIV, 1965, S. 289.

wird, indem einerseits die dicta classica und andererseits eine „Biblische Theologie im engeren Sinn des Wortgebrauchs" eruiert werden. Damit ist für Gabler die Notwendigkeit dieser Disziplin im Rahmen der Theologie als Wissenschaft erwiesen. Sie bildet das unaufgebbare Gegenüber zur dogmatischen Theologie und ist doch zugleich deren unwandelbares Fundament.

Die sich an dieses Programm anschließende entscheidende Methodendiskussion mit Gablers Altdorfer Kollegen Georg Lorenz Bauer führte zu dem Ergebnis, daß Bauer die Interpretation in den Gesamtrahmen der historisch-kritisch auf Rekonstruktion bedachten Theologie Alten wie Neuen Testaments einbezieht, während Gabler unter stärkerer Betonung der Interpretation die Rekonstruktion nicht ausschließt.

Während Gabler eine ‚Theologie des Neuen Testaments' mehrfach ankündigte, hat G.L. Bauer sowohl eine „Theologie des alten Testaments oder Abriß der religiösen Begriffe der alten Hebräer" (Leipzig 1796) wie eine „Biblische Theologie des Neuen Testaments" (1800—1802) vorgelegt und in beiden Werken wie in verschiedenen Untersuchungen zur Hermeneutik der Einzeldisziplin Theologie des Alten Testaments / Theologie des Neuen Testaments die historisch-kritische Grundlegung gegeben[71]. Das wichtigste Ergebnis der Methodendiskussion ist die Einsicht in das unabdingbare Ineinander von Rekonstruktion und Interpretation, eine Einsicht, der sich die Disziplin ‚Theologie des Neuen Testaments' bewußt oder auch unbewußt im gesamten 19. Jahrhundert und bis in unsere Tage hinein verpflichtet wußte und weiß. So stellt Rudolf Bultmann in seiner „Theologie des Neuen Testaments" fest[72]: Die Arbeit an einer neutestamentlichen Theologie „kann nun von einem zweifachen Interesse geleitet sein, entweder von dem der Rekonstruktion oder dem der Interpretation . . . Es gibt freilich nicht das eine ohne das andere, und beides steht stets in Wechselwirkung: Aber es fragt sich, welches von beiden im Dienst des anderen steht."

Gabler und Bauer haben in ihrem Bemühen um die Disziplin ‚Theologie des Neuen Testaments' in selbständiger kritischer Weise die methodischen Einsichten des 18. Jahrhunderts bis zur beginnenden Mythenerforschung[73] umfassend aufgegriffen und damit diese Einzeldisziplin in den Gesamthorizont historisch-kritischer Arbeit gestellt.

---

71 Einzelnachweise bei O. Merk, Bibl. Theol. (s. Anm. 7), S. 141 ff., 152 ff.
72 So R. Bultmann, Theologie des Neuen Testaments, hrg. v. O. Merk, UTB 630, [7]1977, S. 599.
73 Nachweise bei Chr. Hartlich-W. Sachs, Der Ursprung des Mythosbegriffs in der modernen Bibelwissenschaft, Schriften der Studiengemeinschaft der evangelischen Akademien 2, 1952; O. Merk, Bibl. Theol. (s. Anm. 7), S. 52 ff., 189 ff.

Mit G.L. Bauer aber ist auch als Begriff die ‚historisch-kritische Methode' Allgemeingut neutestamentlicher Forschung geworden[74]. In die dieser Methode inhärenten Sachanliegen mündet die wechselvolle Geschichte der Anfänge neutestamentlicher Wissenschaft im 18. Jahrhundert. Diese historisch-kritische Methode aber kommt in dem unabdingbaren Gefüge des genannten Ineinanders von Rekonstruktion und Interpretation zur Geltung. In diesem Ineinander liegt beschlossen, daß die historisch-kritische Methode nie am Ziel ist und auch neutestamentliche Wissenschaft darum nie ein endgültig abgeschlossenes Ergebnis in Exegese und Auslegungsgeschichte vorlegen kann. Jede Generation hat neu über dieses Ineinander zu reflektieren und diese Zuordnung von Rekonstruktion und Interpretation neu zu bestimmen. Die Geschichte der neutestamentlichen Wissenschaft bestätigt dies bis heute mannigfach. Die historisch-kritische Forschung ist seit ihren Anfängen im 18. Jahrhundert (Anfang 19. Jahrhundert) die unbequeme Wächterin darüber, daß auch die neutestamentliche Wissenschaft bei ihrem einzig entscheidenden Gegenstand, der Selbsterschließung Gottes in Jesus Christus uns zum Heil, bleibt.

Und darum gilt im übertragenen Sinne auch von der Geschichte dieser Wissenschaft, was Luther in den Scholien zu Jesaja 1534 sagt[75]:

> Hic historiarum usus est,
> quod docent conscientias.

---

74 S.o. Anm. 11.
75 WA 25, S. 142 (zu Kap. 13); vgl. auch R. Wittram, Das Interesse an der Geschichte. Zwölf Vorlesungen über Fragen des zeitgenössischen Geschichtsverständnisses, KVR 59–61, 1958 (S. 4 [nicht numeriert]).

Das Problem des Mythos zwischen Neologie und »religionsgeschichtlicher Schule« in der neutestamentlichen Wissenschaft

Die im Rahmen unserer Fragestellung erbetenen Randbemerkungen zur Wissenschaftsgeschichte unseres Faches geben Anlaß, dem »Problem des Mythos zwischen Neologie und ›religionsgeschichtlicher Schule‹ in der neutestamentlichen Wissenschaft« nachzugehen. Mit jener Spätphase der deutschen Aufklärungsepoche einen thematischen Schwerpunkt zu setzen ist geboten, weil dadurch — auch im Kontrast zu dieser Epoche — die Umbrüche der Mythenerforschung im 19. Jahrhundert ebenso deutlich werden wie auch — in einem weiteren Kontrast gegenüber manchen Strömungen in eben diesem 19. Jahrhundert — zu erkennen ist, daß die »religionsgeschichtliche Schule« neue Akzente nicht ohne alte Einsichten der Neologie bietet. Im Hinblick auf die Erforschung dessen, was »Mythos« ist, ist das 19. Jahrhundert nicht nur, aber auch gelehrige Aufarbeiterin des vergangenen, so aufgeklärten Jahrhunderts, um es zu überwinden und doch neu an dieses anzuknüpfen. Schließlich ist festzuhalten, daß erst vornehmlich in der zweiten Hälfte des 19. Jahrhunderts fachspezifische Lehrstühle für Neues Testament eingerichtet wurden und daß schon von daher sich die Mythenerforschung nicht nur im Bereich der Theologie, sondern darüber hinausgehend interdisziplinär auch auf die exegetisch-theologische Arbeit auswirkte.

I.

1. Nicht die wenigen ntl. Belege (1 Tim 1,4; 4,7; 2 Tim 4,4; Tit 1,14; 2 Petr 1,16) konnten den Ausschlag geben, sich etwa bibelwissenschaftlich mit der Erscheinungsform des »Mythos« zu befassen, so sorgfältig und allgemeinverständlich auch besonders *Johann Lorenz von Mosheim* 1755 in seiner Auslegung von 1 und 2 Tim alle ihm damals bekannten Deutungen und Bedeutungen zu 1 Tim 1,4; 4,7 erörtert[1]. » Μῦθος, eine Fabel, ist im eigentlichen Verstande eine erdichtete Geschichte. Das Wort ist in sich unschuldig.« Aber »kein vernünftiger Christ(,) darf dergleichen Gedichte hochschätzen und lieben, die den Namen ungeistlicher und altvetterlicher Fabeln verdienen«; »Religions- und Glaubensgedichte(n)« sind zu prüfen[2]. Damit war durchaus die Durchschnittsmeinung über

---

1. *J. L. von Mosheim:* Erklärung der beyden Briefe des Apostels Pauli an den Timotheum, Hamburg 1755, S. 94 ff., 390 ff., 736.
2. A.a.O., S. 94, 96, 736.

»Mythos« in der MItte des 18. Jahrhunderts getroffen und gezeigt, daß Ausleger der Schrift sich der Behandlung der »Mythen« stellen müssen.

2. Was war in dieser Hinsicht bisher geschehen?

Das Wort »Mythos« ist erstmals im deutschen Sprachgebrauch 1536 nachgewiesen im Lexikon des in Straßburg lebenden Schweizer Gelehrten *Dasypodius,* »Dictionarium Germanico-Latinum« (Straßburg 1536): Mythos = »erdichte Märe, Mythos, latine fabula«. (Die Geschichte der Übersetzung der Pastoralbriefe weist im 15. Jahrhundert auf »lügmere«; Luther: »ungeistliche aber und altvettesche Fabeln«[3].) »Fabula« aber war schon festgefügter in ihrer Sinndeutung. So bezeichnet *Simon Rot,* Teutscher Dictionarius, 1571 »fabula« als »Fabel/Meer/ein sag/sie sey war oder nit«. Die durch sachgemäße Auslegung und Übersetzung eindeutig negative Akzentuierung der einschlägigen Belege in den Pastoralbriefen im 17. Jahrhundert trug sicher dazu bei, daß erst 1712 in dem Werk »Die teutsche Mythologie oder Beschreibung heidnischer Götter« (Nürnberg 1712) Begriff und Sache mit deutlichem Blick auf die heidnische Götterwelt aufgegriffen werden. – In Zedlers vollständigem Universallexikon[4] wird bereits in ganzer Breite das Spektrum mythologischer Anschauungen entfaltet. Jeder Wissenschaftsbereich und jede Kunstfertigkeit hat sich mit Mythologie zu befassen: Theologie und Philosophie, Politik, Geschichte, Philologie, Medizin, Botanik, Künstler jedweder Art. Eine gewisse Ausnahme machen die Juristen (sie »möchten sie am ersten entbehren können«)[5]. Das Entscheidende aber ist: »Mythologie(,) ist eine Nachricht von den Fabeln welche bei den Heyden denjenigen Zeiten angedichtet worden, die von Anfang der Welt bis auf den Anfang Griechischen Olympiadum verlauffen.«[6] Mythologie betrifft die *vor-historische* Phase[7], die der Auslegung bedarf: »Man ist demnach diesen Fabeln eine vernünftige Gestalt zu geben, auf allerhand Auslegungen bedacht gewesen.«[8] Mythologie bedarf der Auslegung auf ihren Wahrheitsgehalt hin. Es wundert darum nicht, wenn sich im selben Lexikon erstmals das Stichwort »Mythologische Methode« findet, wenn auch dieser Artikel im Vergleich zum Hauptartikel

---

3. Vgl. zu einzelnen Hinweisen, auch zum Folgenden, *W. Betz:* Zur Wortgeschichte von ›Mythos‹, in: *H. Moser/H. Rupp/H. Steger (Hg.):* Deutsche Sprache: Geschichte und Gegenwart. Festschrift für Friedrich Maurer zum 80. Geburtstag, 1978, S. 21–31; *ders.:* Vom ›Götterwort‹ zum ›Massentraumbild‹. Zur Wortgeschichte von ›Mythos‹, in: *H. Koopmann (Hg.):* Mythos und Mythologie in der Literatur des 19. Jahrhunderts, Studien zur Philosophie und Literatur des neunzehnten Jahrhunderts Bd. 36, 1979, S. 11–24; *B. Feldman/R. D. Richardson:* The Rise of Modern Mythology, 1680–1860, 1972 (passim).
4. A.a.O., Bd. 22, 1739, Sp. 1761 ff.
5. A.a.O., Sp. 1764.
6. A.a.O., Sp. 1761.
7. A.a.O., Sp. 1763.
8. A.a.O., Sp. 1763.

Mythologie wesentlich weniger austrägt und sich darin mit *Adam Friedrich Kirschs* »Cornucopia linguae latinae et germanicae selectum ...« (Ratisbonae 1741; »Editio Novissima«, 1746) trifft, daß Mythos und Fabel in engster Beziehung zueinander stehen[9]. So gewiß in Zedlers Lexikon Mythos und Fabel noch weithin identifiziert werden, es wird in diesem Werk »Mythologie« als universale Wissenschaft aufgedeckt. Damit hatte sich der unbekannte Verfasser des einschlägigen Artikels weit vorgewagt und die *Anknüpfungsbreite* markiert, die für die Erforschung der Mythologie folgenreich werden sollte. Der »universal-mythischen Betrachtungsweise«[10] eines Lowth, Heyne und anderer war zumindest ein Seitenstück gegeben.

3. Es ist offensichtlich Geist der Zeit, wenn fast gleichzeitig mit jenem Artikel in Zedlers Lexikon 1738−1748 der zur englischen Präromantik gerechnete *Robert Lowth* seine bahnbrechenden Vorlesungen »De Sacra Poesia Hebraeorum«[11] hält, die *J. D. Michaelis* mit Anmerkungen versehen herausgibt (Pars I,1758; Pars II,1761; 2. Aufl. Pars. I.II,1770). Diese Vorlesungen, »Praelectiones«, in ihrer Bedeutung für die Mythenerforschung im Hinblick auf die Bibelwissenschaft hinreichend untersucht − aber in der sonstigen Wissenschafts- und Geistesgeschichte abgesehen von *F. Meineckes* Studien zum Historismus sträflich vernachlässigt[12] −, sind für die anstehende Fragestellung nur in einem Punkte zu bedenken: Die für Lowth unbestrittene Höherschätzung der hebräischen Poesie vor anderer führt den Verfasser zur *vergleichenden* Poesiebetrachtung unter deutlichem Einbezug auch der Mythen der antiken Welt. Vergleichen geht ihm über stilistische Elemente hinaus (Entdeckung des *parallelismus membrorum* im Hebräischen). Es wird ihm zur Basis des Interpretierens, zur Scheidung von Einkleidung und Kern, von poetischer Form und gemeiner Sache, wie Lowth nicht zuletzt unter häufigem Verweis auf Quintillian[13] und Shakespeares Dramen erläutert[14]. Daß sich vorsichtig bei ihm auch die Fragestellung auf das Neue Testament, die Lazarusgeschichte in Joh 11 [Vers 38] richtet[15], ist in Umrissen erkennbar und vielleicht sogar

---

9. Bd. 20 (1739), Sp. 304 f. In *Kirschs* Cornucopia, 2. Aufl., 1746, bes. S. 779 (Art. ›Mythos‹) und S. 483 (Art. ›Fabula‹).

10. *Chr. Hartlich/W. Sachs:* Der Ursprung des Mythosbegriffes in der modernen Bibelwissenschaft, Schriften der Studiengemeinschaft der evangelischen Akademien 2, 1952, S. 6.

11. *R. Lowth:* De sacra Poesia Hebraeorum Praelectiones, Oxonii 1753; 3. Aufl., 1775.

12. *F. Meinecke:* Die Entstehung des Historismus, in: *ders.:* Werke Bd. III, 1959, S. 249 ff.

13. *R. Lowth:* De sacra poesi Hebraeorum praelectiones academicae Oxonii habitae: subjicitur metriae Harianae brevis confutatio et creatio Grewiana. Notes adjecit Johann David Michaelis, 2. Aufl., Gottingae 1770, z. B. S. 23, 87, 95, 327.

14. A.a.O., S. 11.

15. A.a.O., S. 131.

der von *J. G. Eichhorn* nicht genannte, aber entscheidende Anknüpfungs-
punkt dafür, ob man Mythendeutung auf das Neue Testament übertragen
dürfe.

Lowths Einfluß auf Göttinger Gelehrte der Zeit ist bekannt[16], wie überhaupt
seine Bedeutung auf das damalige Geistesleben in Deutschland weitreichend war. Goethes anschauliche Darstellung von J. G. Herders Beeinflus-
sung durch Lowth trifft durchaus den Sachverhalt[17], zumal wenn man den
gleich näher anzuführenden Christian Gottlob Heyne in seiner vielfältigen
Freundschaft zu Herder in die Überlegungen mit einbezieht. Heynes Bio-
graph *A. H. L. Heeren* faßt es 1813 so zusammen: »Wenige Menschen hat
Heyne so geliebt und geachtet wie *Herdern.* Sie waren zu nahe Geistesver-
wandte, als daß sie sich fremd geblieben wären. Die Bildung beider war auf
alte Poesie gegründet«.[18] Ob auch *Moses Mendelsson* als Vermittler von
Lowths Gedanken (an J. G. Hamann und Herder) zu nennen ist, steht zur
Klärung an.

Während *J. D. Michaelis* ganz im Sinne von Lowth über Mythos spricht[19],
verwendet *J. S. Semler* — in kritischer Konsequenz aus 1 Tim 1,4; 4,7; Tit
1,14 (unter Einbezug von 2 Tim 3) — gelegentlich »Mythos«, um die
Nichtinspiriertheit der Schrift aufzudecken[20]. Jedenfalls ist *A. Tholucks*
Bemerkung: »Der scharfsinnige Semler ist wohl der erste unter den deutschen Theologen gewesen, welcher den Begriff des Mythos in die jüdisch-
christliche Theologie einführte«, so nicht zutreffend[21]. Aber man wird
kaum bestreiten können, daß Semler auch den Begriff »Mythos« mit der
Notwendigkeit freierer Schriftauslegung verband.

4. Zum eigentlichen Durchbruch — und damit auch folgenreich für die sich
bildende neutestamentliche Wissenschaft — war *Christian Gottlob Heynes*
(1729–1812) Beitrag zur Mythenerforschung. Beginnend mit seiner Göttinger Antrittsvorlesung in der Akademie der Wissenschaften (1763), hat er bis
zu seinem Tode dieses Grundthema seiner Lebensarbeit bedacht[22].

---

16. *H. Hecht:* T. Peray, R. Wood und I. D. Michaelis, Göttinger Forschungen 3, (1933) bes. S. 10 ff.
17. *J. W. von Goethe:* Aus meinem Leben. Dichtung und Wahrheit. Zweiter Teil. 10. Buch, in:
Goethes Werke. Autobiographische Schriften. Erster Band; Hamburger Ausgabe, Bd. 9, 1955,
S. 407 ff.
18. *A. H. L. Heeren:* Christian Gottlob Heyne. Biographisch dargestellt, Göttingen 1813, S. 174
(Zitat) und S. 174 ff.
19. Siehe Anm. 13, a.a.O., »Notae Editoris« unter S. 128 ff. u. weitere Belege.
20. *Chr. Hartlich/W. Sachs,* a.a.O., S. 165 ff.; *G. Hornig:* Die Anfänge der historisch-kritischen
Theologie. Johann Salomo Semlers Schriftverständnis und seine Stellung zu Luther (Forschungen zur Systematischen Theologie und Religionsphilosophie 8), 1961 (passim).
21. *A. Tholuck:* Die Glaubwürdigkeit der evangelischen Geschichte, 2. Aufl., 1838, S. 14.
22. Vgl. *C. G. Heyne:* »Temporum mythicorum memoria a corruptelis nonnullis vindicata« (1763);
»Proluduntur nonnulla ad quaestionem de caussis fabularum seu mythorum veterum physicis«
(1764); Apollodori Atheniensis Bibliothecae Libri tres ad codd.Mss. fidem recensiti a *Chr. G.*

Chr. Hartlich und *W. Sachs* haben mit Recht in ihrer Untersuchung »Der Ursprung des Mythosbegriffes in der modernen Bibelwissenschaft« (1952) von Heynes »Entdeckung der Eigenständigkeit und Universalität des Mythischen als einer notwendigen Entwicklungsstufe des menschlichen Geistes« gesprochen[23]. Nicht der Nachweis von Mythen an sich, sondern die notwendige Interpretation des Mythos und die daraus sich ergebende Einteilung in verschiedene Klassen von Mythen ist die Basis, Mythos als eigenständige Größe gegenüber »Dichtung, Rhetorik und Allegorie« abzuheben[24] und so den Sachgehalt des Mythos als historischen oder philosophischen *und* Einkleidung, »Factum vom Philosophem«[25] zu scheiden und somit Denken und Ausdrucksgestaltung in einer Frühstufe der Menschheit zu eruieren. Durch Heyne ist Mythenerforschung zur interpretatorischen, zur hermeneutischen Aufgabe geworden, die weit über die Ablehnung der Allegorie hinausgeht, die Mythos und Fabel scheidet und Rhetorik und Dichtung auf die verhandelte Sache hin durchdringt.

Heynes Bedeutung für seine Zeit kann kaum überschätzt werden[26]. Er selbst wandte sich zwar bewußt nur profanen antiken Bereichen zu und übertrug seine hermeneutische Sicht nicht auf die bibelwissenschaftliche Schriftauslegung, aber er vermochte seine theologischen Schüler metho-

---

Heyne, Goettingae 1782; Ad Apollodori Atheniensis Bibliothecam notae auctore *Chr. G. Heyne* cum commentatione de Apollodoro argumento et consilio operis et cum Apollodori Fragmentis, Pars I–III, Goettingae 1783; zu weiteren Titeln vgl. *A. H. L. Heeren:* a.a.O., S. 489–522: »Verzeichnis von Heynes Schriften«; *F. Leo:* Heyne, in: Festschrift zur Feier des hundertfünfzigjährigen Bestehens der Königlichen Gesellschaft der Wissenschaften zu Göttingen. Beiträge zur Gelehrtengeschichte Göttingens, 1901, S. 153 ff., bes. S. 213 ff.; *K. O. Müller:* Prolegomena zu einer wissenschaftlichen Mythologie, Göttingen 1825, S. 317 ff.; *Chr. Hartlich/W. Sachs,* a.a.O., S. 11 (nicht vollständig in der Titelerfassung). Am Ende seines Lebens faßt *Heyne* noch einmal zusammen (zitiert bei *A. H. L. Heeren,* a.a.O., S. 197): »Die Mythen haben ihren Werth und Rang wieder erhalten; sie sind als alte Sagen, als die ersten Quellen und Anfänge der Völkergeschichte zu betrachten; andere als die ersten Versuche der Kinderwelt zu philosphieren, in ihnen versuchte sich das Genie zur Poesie, durch sie bildete sich der Geschichtsstyl, von ihnen ging überhaupt die Bildung der Schrift, Sprache, zunächst der Dichtersprache, aus, aus welcher die Redekunst mit ihrem Schmuck, den Vergleichungen, Figuren und Tropen, hervorging. Die Kunst aber mit ihren Idealen, vermittelst der Götternaturen, und des Göttersystems, hatte ihre erste ganze Anlage in den Mythen und mythischen Bildern.« Vgl. auch *B. Feldman/R. D. Richardson,* a.a.O., S. 215 ff.
23. *Chr. Hartlich/W. Sachs,* a.a.O., S. 11.
24. *W. Burkert:* Griechische Mythologie und die Geistesgeschichte der Moderne, in: Les Études classiques aux XIXe et XXe Siècles: Leur Place dans l'Histoire des Idées, Fondation Hardt pour l'Étude de l'Antiquitè classique, Entriens Tome XXVI, 1980, S. 159–199 (Diskussion S. 200–207), hier: S. 162.
25. *Chr. Hartlich/W. Sachs,* a.a.O., S. 19.
26. Vgl. *J. W. von Goethe:* Aus meinem Leben. Dichtung und Wahrheit, Zweiter Teil. 6. Buch, a.a.O., S. 241: »Bei diesen Gesinnungen hatte ich immer Göttingen im Auge. Auf Männern wie Heyne, Michaelis und so manchem anderen ruhte mein ganzes Vertrauen; mein sehnlichster Wunsch war, zu ihren Füßen zu sitzen und auf ihre Lehren zu merken. Aber mein Vater blieb unbeweglich«; *F. Leo:* Heyne, a.a.O., S. 224: »Eine Reihe von Jahrzehnten hindurch war er [sc. Heyne] nicht nur der erste, er war der philologische Lehrer in Deutschland.«

disch entscheidend zu beeinflussen[27]. Sein unmittelbarer Schüler *Johann Gottfried Eichhorn* (1770–1773 bei Heyne studierend) und späterer Göttinger Kollege (von 1788 an) übertrug Heynes Grundsätze zunächst auf alttestamentliche und dann auch auf neutestamentliche Mythen[28]. Das, was wir heute wissenschaftsgeschichtlich als »die mythische Schule« bezeichnen *(J. G. Eichhorn* [1752–1827]; *J. Ph. Gabler* [1753–1827]; *G. L. Bauer* [1755–1806])[29], gründet auf den methodischen Einsichten Heynes, wobei besonders G. L. Bauer auf Lowths Erkenntnisse unmittelbarer als seine theologischen Zeitgenossen zurückgreift.

Für die ohnehin bekannten Sachverhalte genügen Stichworte: Der 23jährige Eichhorn übertrug zunächst Heynes Grundsätze auf die Urgeschichte und ließ erst 4 Jahre später seine umfangreiche Abhandlung anonym 1779 in einer Zeitschrift erscheinen. Erst Eichhorns unmittelbarer Schüler *J. Ph. Gabler* gab dann 1790–1793 mit ausdrücklicher Genehmigung seines ehemaligen Lehrers dieses Werk, mit Einleitung und Anmerkungen reich versehen, mehrbändig heraus[30]. »Mythen sind nicht Fabeln, wozu man sie sonst machte, und wodurch man ihren wahren Gesichtspunkt ganz verrückte, bis endlich ein Heyne aufstand, und die wahre Beschaffenheit und Absicht der Mythen richtiger entwickelte und bestimmte«, bemerkt dort Gabler[31]. Nicht die Einzelheiten der Mythenbestimmung und -deutung sind jetzt erneut in den Blick zu nehmen, sondern die Konsequenz ist zu nennen, die sich auch aus der Mythenerforschung für die freiere Schriftauslegung ergibt. So schreibt Gabler ebd.: »Auch der große Mann wird in meinen Augen klein, sobald ihn dogmatisches Interesse in seinen Untersuchungen leitet. Dogmatik muß von Exegese, und nicht umgekehrt Exegese von Dogmatik abhängen.«[32]

Das Ergebnis für die Schriftauslegung war einschneidend: Die historisch-kritische Exegese in C. G. Heynes Sinne ist für Gabler die Voraussetzung jeder Schriftauslegung[33]. Durch die Mythenerforschung wird der Blick dahin gewandt, *wie* historische und theologische Exegese zueinander stehen.

---

27. In seiner »Vorrede« zum Handbuch der Mythologie aus Homer und Hesiod, als Grundlage zu einer richtigen Fabellehre des Alterthums mit erläuternden Anmerkungen begleitet von Martin Gottfried Hermann. Nebst einer Vorrede des Herrn Hofrath Heyne, Bd. I, Berlin/Stettin 1787, geht C. G. Heyne allerdings auch auf die Genesis ein (14 Seiten, unnumeriert).
28. O. Merk: Biblische Theologie des Neuen Testaments in ihrer Anfangszeit. Ihre methodischen Probleme bei Johann Philipp Gabler und Georg Lorenz Bauer und deren Nachwirkungen (Marburger Theologische Studien 9), 1972, S. 54 ff., 69 ff.
29. Chr. Hartlich/W. Sachs, a.a.O., S. 20 ff.; O. Merk: Biblische Theologie, a.a.O.
30. J. Ph. Gabler (Hg.): J. G. Eichhorns Urgeschichte I (1790); II,1 (1792); II,2 (1793), Altdorf/Nürnberg 1790–1793. – Über Gablers Beziehungen zu Heyne, der ihm Gönner und Freund war, vgl. die Belege bei O. Merk: Biblische Theologie, a.a.O., S. 46.
31. Eichhorns Urgeschichte II,1, a.a.O., S. 260 f.; vgl. ebd. S. XIX,53,260 ff., 482 f., 487 u. ö.
32. Eichhorns Urgeschichte I, a.a.O., Vorrede, S. XV.
33. Vgl. O. Merk: Biblische Theologie, a.a.O., S. 68.

Noch während der Bearbeitung von Eichhorns Urgeschichte durch Gabler erschien *J. G. Eichhorns* Abhandlung »Ueber die Engels-Erscheinungen in der Apostelgeschichte (Apostelgesch. XII,3—11)«[34], worin der Verfasser ausführt, daß man hier »Sache« und »Einkleidung« »sorgfältig von einander absondern« muß[35].

Daran anschließend weist Gabler selbst an einigen lukanischen Perikopen diesen Sachverhalt nach, um dann einen methodisch durchdachten Höhepunkt in der Untersuchung »Ueber den Unterschied zwischen Auslegung und Erklärung, erläutert durch die verschiedene Behandlungsart der Versuchungsgeschichte Jesu« zu bieten[36], dahin zusammengefaßt: Es geht um Auslegen *und* Erklären, wie er gegenüber Ernestis Institutio (1761) feststellt: »Den Philologen interessirt nur die *Auslegung,* den Theologen hauptsächlich die *Erklärung* der Bibel.« »Der ächte *Exegete verbindet beides: von Auslegung geht er aus, und Erklärung ist sein Ziel.*«[37] Was die Interpretation des Mythos ausmacht, ist Schlüssel für das Verstehen der Bibel überhaupt.

Diese Einsicht war es, die Eichhorn und Gabler zunächst nur im vorsichtigen Vorwärtstasten im Hinblick auch auf neutestamentliche Perikopen bedachten, aber *G. L. Bauer* dann gezielt angeht in seinem Werk: »Hebräische Mythologie des Alten und Neuen Testaments mit Parallelen aus der Mythologie anderer Völker, vornemlich der Griechen und Römer«, Bd. I.II., Leipzig 1802. Die gesamte bisherige Mythenerforschung einschließlich der Mythenvergleichung wird hier zusammengefaßt und ganz offen festgestellt: Es gibt im Neuen Testament Mythen[38], allerdings nicht jene im Alten Testament anzutreffende (mehr durchgängige) »mythische Geschichte«, sondern eine erhebliche Anzahl von Einzelmythen[39]. Diese kann man in Weiterführung der Klassifizierung Heynes (und Gablers) in vornehmlich »historische«, ganz gelegentlich in »historisch-philosophische« Mythen einteilen[40]. Hinzu kommen zahlreiche als mythisch zu bezeichnende Vorstellungen in weiten Bereichen der neutestamentlichen Schriften (z. B. 1 Petr 3,19 ff.; 2 Petr 3,10). Ich übergehe die vielfältigen Auswirkungen von

---

34. *J. G. Eichhorn:* Ueber die Engels-Erscheinungen in der Apostelgeschichte (Apostelgesch. XII,3—11), Allgemeine Bibliothek der biblischen Literatur III (1791), S. 381—408.

35. *J. G. Eichhorn,* a.a.O., S. 398.

36. *J. Ph. Gabler:* Ueber den Unterschied zwischen Auslegung und Erklärung, erläutert durch die verschiedene Behandlungsart der Versuchungsgeschichte Jesu (NthJ 17, 1800, S. 224 ff.), in: *ders.:* Kleinere theologische Schriften, hg. von Th. A. Gabler/J. G. Gabler, Bd. I, Ulm 1831, S. 201—214 (danach zitiert).

37. *J. Ph. Gabler,* a.a.O., S. 214.

38. *G. L. Bauer:* Hebräische Mythologie des alten und neuen Testaments mit Parallelen aus der Mythologie anderer Völker, vornemlich der Griechen und Römer, Bd. I.II, Leipzig 1802, hier: Bd. I, S. 29 ff.

39. Zusammenstellung bei *O. Merk:* Biblische Theologie, a.a.O., S. 190.

40. *G. L. Bauer:* Hebräische Mythologie, a.a.O., Bd. II, S. 216 ff.

Bauers Mythenerforschung auf sein eigenes Werk und auch auf die von ihm vertretene Form råtionalistischen Denkens[41] und halte nur drei Sachverhalte fest.

a) Bauers Feststellung ist zunächst anzuführen, »daß sich niemand an die Erklärung der Biblischen Mythen wagen sollte, der sich nicht vorher mit der richtigen Auslegungsart der griechischen und römischen Mythen bekannt gemacht, und studiret hat, wie sie anzusehen und das Wahre vom Falschen, das reine Factum vom Zusatz geschieden werden. *Heyne,* dieser geschmackvolle Ausleger der Alten, hat das wahre Verdienst, die rechte Behandlung der verachteten und mit dem falschen Titel der Fabellehre herabgewürdigten Mythologie gezeigt, und die Bahn gebrochen zu haben, auf welcher man allein zum Ziel der Wahrheit kommen kann.«[42]

b) Die außerordentlich positive Aufnahme des Bauerschen Mythologie-Werkes durch J. Ph. Gabler: »Ist es erlaubt, in der Bibel, und sogar im N. T. Mythen anzunehmen?«[43]. »Sehr lobenswerth ist daher die Methode des Hrn. Prof. *Bauer,* daß er bei jedem aufgenommenen Mythen erstlich zeigt, *warum* eine Erzählung für einen Mythus zu halten sey, und dann erst untersucht, wie wohl die mythisch erzählte Sache natürlich zu erklären sey. Durch die *erste* Operation wird das *Mythische* einer Erzählung gesichert, und durch die *zweite* das wahrscheinlich *reine* Factum gewonnen. So wird aller Willkühr in der Erklärung der Bibel möglichst vorgebeugt.«[44] – Es ergibt sich jedoch nach Gabler im Hinblick auf manchen besorgten Zeitgenossen die »Frage: *ob man auch im N. T. Mythen annehmen dürfe*«[45]. Aufgrund von G. L. Bauers Werk sollte eine solche Frage überflüssig sein. Ohne Grund werde eingewendet, »der Ausdruck *Mythe,* von Erzählungen des N. T. gebraucht, *befremdet,* und *macht ohne Noth Aufsehen*«. Man meine, der »Ausdruck klinge verdächtig«. Gabler erwidert: »Solche Einwürfe hätten wir in der That in unseren Tagen nicht mehr erwartet.« »Den gebildeten Zeitgenossen sollte man in der That mehr Verstand zutrauen, als daß sie an einem passenden Ausdruck, der die Sache bei ihrem rechten Namen nennt, Anstoß nehmen sollten. Was hilft denn das Heimlichthun. Man verderbt dadurch weit mehr, als der geheimnißvolle Schriftsteller wirklich in Petto behält. Ueberdieß wird durch den mythischen Gesichtspunkt mancher unnatürlich geschraubten, sogenannten Erklärungsart glücklich vorgebeugt. Dem strengen Supernaturalisten und Offenbarungs-

---

41. *O. Merk:* Biblische Theologie, a.a.O., S. 190 ff.
42. *G. L. Bauer:* Hebräische Mythologie, a.a.O., Bd. I, S. 34.
43. *J. Ph. Gabler:* Ist es erlaubt, in der Bibel und sogar im N. T. Mythen anzunehmen? (JathL 2,1805/06, S. 39–59); ohne die Einzelbesprechung ist die grundsätzliche Behandlung der Fragestellung wiederabgedruckt, in: *ders.:* Kleinere theologische Schriften, a.a.O., Bd. 1, S. 698–706 (danach zitiert).
44. *J. Ph. Gabler,* a.a.O., S. 700.
45. *J. Ph. Gabler,* a.a.O., S. 701 f.

gläubigen wird freilich diese Benennung anstößig seyn; aber auch die ganze mythische Behandlungsart der Bibel, man mag ihr einen Namen geben, welchen man will, und die neue Ansicht der Bibel noch so· behutsam einhüllen. Hat man aber schon über die *Bedingungen* einer göttlichen Offenbarung unbefangen nachgedacht und Offenbarung und Offenbarungsurkunde unterscheiden gelernt, so wird weder der Name *Neutestamentliche Mythe,* noch die Sache auffallen.«[46]

c) Heyne nahm an, daß von Mythen im vorliterarischen Stadium zu sprechen sei, ihr Wachsen und Gestaltwerden also der mündlichen Stufe zugehöre. Gabler wie G. L. Bauer stimmen dem voll zu, gehen aber dann einen wichtigen Schritt weiter: Die in der Bibel enthaltenen Mythen wurden verschriftlicht. »Die Zeit war längst vorbey, wo man blos durch mündliche Sagen Begebenheiten der Nachwelt überlieferte« (G. L. Bauer)[47]. Auf die mündliche Phase folgt die literarische und damit die schriftstellerische Leistung des einzelnen Autors etwa der neutestamentlichen Schriften. Die Einkleidung des Faktums wird auf der Basis der literarischen Ebene in den nun vorliegenden *Offenbarungsurkunden* als theologische Leistung von einzelnen gewertet, die die mündliche Überlieferung in schriftliche Form gebracht haben. Nach Gablers Entwürfen zu einer »Einleitung in das Neue Testament« bestehen die Evangelien nach Mt, Mk, Lk aus von Evangelisten gestalteten und zusammengeordneten Einzel-»Mythen« und verbindenden Abschnitten, so daß er in seiner Vorlesung über »Einleitung in's N. T.« von 1815/16[48] festhalten kann: Man dürfe die einzelnen Evangelisten nicht nur als Sammler von Materialien werten, sondern man müsse sie als eigenständige Theologen und Schriftsteller würdigen[49], um dann die noch weitreichendere Konsequenz zu ziehen: Es müsse »erst in den Evangelien alles das abgesondert werden, was bloß ... späteres ... Einschiebsel ist; und so getrauen wir uns evident darzuthun, daß Jesus manches gar nicht gesagt haben könne, was ihm doch in den Evangelien entweder aus dem *Erfolge* oder aus dem *späteren Glauben* in den Mund gelegt worden ist«[50]. Die richtig angewandte Mythenerforschung im Bereich der Evangelien entschlüsselt von der mündlichen Phase über die Verschriftlichung hinweg zugleich die Rückfrage nach dem − modern gesagt − »historischen« Jesus.

Es gilt innezuhalten: Die »mythische Schule« − Eichhorn, Gabler, G. L.

---

46. *J. Ph. Gabler,* a.a.O., S. 704 ff.
47. *G. L. Bauer:* Hebräische Mythologie, a.a.O., Bd. I, S. 30, 52 ff.
48. *J. Ph. Gabler:* Einleitung in's Neue Testament. Nachschrift von *E. F. C. A. H. Netto,* Jena 1815/16, 626 gez. S. (Ms in der Universitätsbibliothek Jena).
49. *J. Ph. Gabler,* a.a.O., S. 361 ff., 373 ff., 381 ff. Weitere Nachweisungen bei *O. Merk:* Biblische Theologie, a.a.O., S. 47 ff.
50. *J. Ph. Gabler:* Wann ist eine vollendete Einleitung in das Neue Testament zu erwarten? (JthL 23. Bd., 1803, S. 292 ff.), in: *ders.:* Kleinere theologische Schriften, a.a.O., Bd. I, S. 315 f.

Bauer – im eigenständigen Gefolge Heynes hat die Anfänge neutestamentlicher Wissenschaft im 18. Jahrhundert[51] grundlegend durch die Mythenerforschung vertieft und Einsichten vermittelt, die im weiteren 19. Jahrhundert in nur begrenztem Maße aufgenommen und nur selten – und dann meist in andere Richtung weisend – weitergeführt wurden. Gablers Warnung zur Sachfrage aus dem Jahre 1816: »Dieß nur vorläufig, um unser theologisches Zeitalter vor einer trägen Ruhe auf den Lorbeern ... zu warnen«, blieb weithin ungehört[52].

II.

1. Das 19. Jahrhundert brachte entscheidende Umbrüche auch im Verstehen des Mythos. Mehrere Sachverhalte treffen zusammen. Schon Gabler und G. L. Bauer wiesen bei Anerkennung mancher Ausführungen auf die Problematik in *J. Schellings* spekulativer Mythendeutung trotz deren deutlicher Bezugnahme auf Heyne und Herder als letztlich unvereinbar mit Heynes und der »mythischen Schule« Grundsätze[53]. Seit seiner Untersuchung »Ueber Mythen, historische Sagen und Philosopheme der ältesten Welt« (1793)[54] geht es Schelling in deutlich erkennbaren Wandlungen bis in späte Vorlesungen hinein um eine metaphysisch-spekulative, im Idealismus gründende und darin um ein neues[55], »Mythologie und Offenbarung« einigendes System, so daß man von einer »philosophische(n) Respektabilität des Mythos« bei Schelling sprechen konnte[56].

2. »Von Mythen hebt die Geschichte aller Völker an«, schreibt G. L. Bauer[57]. Er gibt darum seinem einschlägigen Werk den Untertitel »mit Parallelen aus der Mythologie anderer Völker, vornehmlich der Griechen und Römer«, um dann bis hin zu indischen und mexikanischen Zeugnissen Parallelen aufzuspüren. Die vergleichende Mythenerforschung in den ersten Jahr-

---

51. Vgl. *O. Merk:* Anfänge neutestamentlicher Wissenschaft im 18. Jahrhundert, in: *G. Schwaiger (Hg.):* Historische Kritik in der Theologie. Beiträge zu ihrer Geschichte, Studien zur Theologie- und Geistesgeschichte des Neunzehnten Jahrhunderts, Bd. 32, 1980, S. 37–59.
52. *J. Ph. Gabler,* a.a.O., S. 316.
53. *G. L. Bauer:* Hebräische Mythologie, a.a.O., Bd. I, S. 5 ff.; über Schelling weitere Belege bei *O. Merk:* Biblische Theologie, a.a.O., S. 132 f., 136, 190, 226, 287.
54. In: *F. W. J. Schelling:* Historisch-kritische Ausgabe. Werke 1, Stuttgart 1976, S. 183–246; vgl. in dieser Ausgabe auch die anmerkenden Hinweise zu Heyne (S. 205 f., 225,228,234 f., 241) und zu Herder (S. 211).
55. Vgl. auch *F. W. J. Schelling:* Einleitung in die Philosophie der Mythologie, in: *M. Schröter (Hg.):* Schellings Werke. Nach der Originalausgabe in neuer Ordnung, 5. Hauptband: Schriften zur geschichtlichen Philosophie 1821–1854, München 1928; zum Ganzen vgl. u. a. *H. Gockel:* Mythologie als Ontologie. Zum Mythosbegriff im 19. Jahrhundert, in: *M. Koopmann (Hg.):* Mythos und Mythologie in der Literatur des 19. Jahrhunderts, a.a.O., S. 25 ff.
56. *W. Burkert,* a.a.O., S. 163; vgl. auch *D. F. Strauß:* Das Leben Jesu, kritisch bearbeitet, Bd. 1, Tübingen 1835, S. 28 ff., 61.
57. *G. L. Bauer:* Hebräische Mythologie, a.a.O., Bd. I, S. 15.

zehnten des 19. Jahrhunderts, die über die klassische Antike hinaus in die neue Welt vordringt, die nordische (Edda) und deutsche mittelalterliche Sagen (z. B. Nibelungenlied) aufdeckt[58], verändert das Forschungsfeld und -bild seit Heyne erheblich.

Noch bedeutungsvoller aber wirkte sich das Zusammentreffen von romantischer Mythensammlung und -forschung mit der in besonderer Weise im Zusammenhang der Interpretation des Mythos erwachten historisch-kritischen Methodik und Arbeit aus. »Es ist kein Zufall, dass gerade auf dem Gebiet der Mythologie rationale Wissenschaft und romantisch-theologische Spekulation aneinandergerieten«, bemerkt zutreffend der Altphilologe W. Burkert[59]. J. Görres und vor allem der Streit um und die Nachwirkung von G. F. Creuzers »Symbolik und Mythologie der alten Völker, besonders der Griechen« (Bd. I–IV, 1810–1812)[60] zeigen ebenso wie Schellings und später J. Bachofens Erwägungen die große, nicht selten durch unkontrollierte Assoziationen herbeigeführte Mixtura mythologica, die der methodischen Bearbeitung der einzelnen Mythen entglitt, gleichwohl aber religiöse, säkulare und nationale Bezüge im je Besonderen erheischen ließ[61].

3. Auch aus dieser Situation erklärt sich die Abwendung der altphilologischen Forschung von romantischen Tendenzen hin zur reinen philologischen Arbeit. Darin eingeschlossen ist die Abwendung von der Mythosforschung auch in Heynes Sinne. Es wird der klassischen Philologie zugleich die durch Heyne vermittelte inhärente hermeneutische Aufgabe entzogen. Chr. A. Lobeck mit seinem Werk »Agloaphamus sive de theologiae mysticae Graecorum causis libri tres« (Königsberg 1829) und mit ihm andere setzten den neuen Maßstab in der Altphilologie und damit zugleich den Gegenpol und Abgesang auf Heyne – ein Nein zur Hermeneutik über-

---

58. Die wichtigsten Herausgeber: *Wilhelm/Jacob Grimm; Karl Lachmann;* vgl. *K. Simrock:* Handbuch der deutschen Mythologie mit Einschluß der nordischen, 1853; *B. Feldman/R. D. Richardson,* a.a.O., S. 297 ff., 302 ff., 408 ff.

59. *W. Burkert,* a.a.O., S. 162.

60. *G. F. Creuzer:* Symbolik und Mythologie der alten Völker, besonders der Griechen, Bd. I–IV, 1810–1812; dazu die wichtigen Analysen und Darlegungen von *M. M. Münch:* La ›Symbolique‹ de Friedrich Creuzer. Associations des Publications près les Universités de Strasbourg, Fasc. 155, 1976; s. auch *W. P. Sohnle:* Georg Friedrich Creuzers »Symbolik und Mythologie« in Frankreich. Eine Untersuchung ihres Einflusses auf Victor Cousin, Edgar Quinet, Jules Michelet und Gustave Flaubert (Göppinger akademische Beiträge 55), 1972, bes. S. 4 ff., 16 ff. – *J. W. von Goethe* hat in Faust II,2. Akt (nach Hamburger Ausgabe Bd. 3, 1949, bes. S. 245 [Zeile 8070 ff.] und in weiteren Abschnitten ebd.) die durch Schelling und Creuzer entfachte Mythendiskussion in Dichtung und Kritik bedacht.

61. Vgl. *W. Burkert,* a.a.O., S. 164: »das Prinzip der nationalen Identität«; »Mythos als Stammessage«, wobei sich – nicht nur für die griechische Welt – die »methodische Aufgabe« stellte, Mythen und »Frühgeschichte« eines Volkes zur Deckung zu bringen.

haupt[62]. Der Preis war hoch. Sache und Sprache waren auseinandergeris-
sen. »Lobeck hat nur zerstört – aus den Trümmern wieder auch noch so
bescheidene Bauten aufzurichten, dazu fühlte er kein Bedürfnis
...; er
kündigt mit anderen Erscheinungen den Sieg des Rationalismus über die
Romantik an, der die klassische Philologie aus dem Kreise der lebendigen
und auf die Gesamtkultur wirkenden Wissenschaft gerissen hat.«[63]

III.

Wie ist die Bibelwissenschaft nach glänzendem Aufschwung der Mythoserfor-
schung zu Beginn des 19. Jahrhunderts in dessen weiterer Verlauf mit dem
»Mythos« umgegangen und wie ist sie den gerade dargelegten Herausforderungen begegnet? Wieder können nur Umrisse, kaum eine vollständige
Skizze geboten werden.

1. Daß Gablers und G. L. Bauers Beiträge zur Mythenerforschung im Rahmen
von Konzeptionen, die eine biblische oder auch neutestamentliche Theologie im Blick haben, nachwirkten, darf hier pauschal genannt werden[64]. Die
in diesem Zusammenhang gelegentlich erfolgende religionsgeschichtliche
Vergleichung war für *F. C. Baur* der Anlaß, sich seinerseits kritisch mit der
Mythologie zu befassen, zugleich aber, um methodische Klarheit in ein
ausuferndes Feld zu bringen.
In einer Besprechung von Kaisers »Biblischer Theologie« (1813) geht Baur
(1818) auf dessen willkürliche Behandlung mythischer Vorstellungen ein[65].
Fast wichtiger als die der »mythischen Schule« nahestehenden Einwen-
dungen ist die Kritik des Rezensenten daran, daß Kaiser Mythologie durch
Literarkritik erkläre und Mythen durch literarkritische Sachverhalte erläu-
tere[66]. Dieser methodenkritische Nachweis sollte für die Mythenerforschung im 19. Jahrhundert – auch ohne unmittelbare Berufung auf F. C.
Baur – noch zu einiger Bedeutung gelangen.
Trotz seiner verwirrenden Fülle von Bezügen und Belegen dient auch *F. C.
Baurs* umfassendes Werk »Symbolik und Mythologie oder Naturreligion
des Alterthums« (Bd. I, Stuttgart 1824; Bd. II, Stuttgart 1825) symptoma-

---

62. Vgl. auch *F. Leo:* Heyne, a.a.O., S. 233; *H. Dörrie:* Sinn und Funktion des Mythos in der
griechischen und römischen Dichtung (Rheinisch-Westfälische Akademie der Wissenschaften,
Vorträge G 230), 1978; *W. Burkert,* a.a.O., S. 163.
63. *E. Howald (Hg.):* Der Kampf um Creuzers Symbolik. Eine Auswahl von Dokumenten, 1926,
S. 22; vgl. ebd., S. 77 ff., und zur Heyne-Kritik, ebd., S. 8. Zur weiteren Entwicklung der klassischen
Philologie im 19. Jahrhundert vgl. *W. Burkert,* a.a.O., S. 165–199 im Überblick.
64. Nachweise bei *O. Merk:* Biblische Theologie, a.a.O., S. 205 ff.
65. *F. C. Baur:* Rezension von G. Ph. Chr. Kaiser, Die biblische Theologie ..., Theil I.II, Erlangen
1813. 1814 (das Werk wurde erst 1821 vollendet), in: *E. G. Bengel (Hg.):* Archiv für die Theologie
und ihre neueste Literatur, Bd. 2, 1818, S. 656–717, hier: S. 711; vgl. S. 666 f., 670 f.
66. *F. C. Baur,* a.a.O., S. 702 ff. u. ö.

tisch der Methodik der Mythenerforschung. Es will philosophisch, religionsgeschichtlich und historisch auf der Basis der Mythenklassifizierung dialektisch den »allgemeine(n) Gegensaz des Symbols und des Mythus« erfassen[67],
um dialektisch die Einheit in der Vielfalt, die Vielfalt in der Einheit aus dem
»Princip«, das in einer »Naturreligion« besteht[68], zu betonen: jene in
philosophischer Dialektik Symbolik und Mythologie umschließenden »bei-
de(n) Systeme, das Orientalische und das Christliche, zwischen welchen das
Griechische und das Jüdische nur den vermittelnden Uebergang bilden.«[69]
Baur bezieht die Breite der Mythensammlung und -forschung seiner Zeit ein
und setzt in besonderem das monumentale Werk Creuzers in kritischer
Aufnahme voraus[70] und gibt in seiner Deutung etwa der Mythencharakterisie-
rung des Apollodor Kenntnis und Weiterführung von Heynes Ausführungen
zu erkennen[71], auf den er ebenso verweist[72], wie er klassische Philologen
(bes. *K. O. Müller*)[73] und Althistoriker (bes. *B. G. Niebuhr*) einbezieht[74]. Neben
Creuzer wird auf *Schlegel* (Heyne-Schüler) verwiesen[75] und vornehmlich der
katholische Exeget *J. L. Hug* hervorgehoben: »Wir tragen kein Bedenken,
hier der scharfsinnigen, mit unserer Ideenreihe ganz zusammenstimmenden
Deutung zu folgen, welche Hug in seinen noch nicht gehörig gewürdigten
und benützten Untersuchungen über den Mythos der berühmten Völker der
alten Welt, vorzüglich der Griechen ...« geltend gemacht hat[76]. Was Heyne
und die »mythische Schule« unterschieden und doch unter dem Generellen
des Mythos historisch und hermeneutisch verbanden, wird bei Baur nach
einem halben Jahrhundert Mythenerforschung und im vielfachen Spektrum
philosophischer Strömungen der Zeit zum Gegensätzlichen: »Wie wir es bei

---

67. *F. C. Baur:* Symbolik und Mythologie oder die Naturreligion des Althertums, Bd. I.II, Stuttgart
1824. 1825, hier: Bd. I, S. 300.
68. *F. C. Baur:* Symbolik, a.a.O., Bd. I, S. 165 f.; vgl. ebd., S. 218, 279, 300 f. u. ö.
69. *F. C. Baur:* Symbolik, a.a.O., Bd. II, S. 454.
70. Zu Baurs Beziehung zu G. F. Creuzer vgl. *M. M. Münch*, a.a.O., S. 36,120; zur Bedeutung Heynes
für Creuzer, ebd. S. 10, 54 f. u. ö.; s. auch *G. F. Creuzer:* Symbolik und Mythologie, a.a.O., Bd. I,
Vorwort; *F. C. Baur:* Symbolik, a.a.O., Bd. I, S. IV.
71. *F. C. Baur:* Symbolik, a.a.O., Bd. I, S. 364, 369 f.; vgl. Bd. II, S. 95.
72. *F. C. Baur:* Symbolik, a.a.O., Bd. I, S. 364; Bd. II, S. 275.
73. *F. C. Baur:* Symbolik, a.a.O., z. B. Bd. I, S. 237 u. ö.; Bd. II, S. 40.
74. *F. C. Baur:* Symbolik, a.a.O., Bd. I, S. 295; Bd. II, S. 21 Anm.[+] (unter S. 22); S. 317 Anm.[+] (unter
S. 318).
75. *F. C. Baur:* Symbolik, a.a.O., Bd. II, S. 147.
76. *J. L. Hug:* Untersuchungen über den Mythos der berühmtern Völker der Alten Welt bezüglich der
Griechen, dessen Entstehen, Veränderungen und Innhalt, Freyburg/Konstanz 1812. Es ist ein Werk,
das Baurs Untersuchung in Materialdichte und -wertung erheblich nahesteht, nicht zuletzt, da Heyne
und Creuzer aufgenommen und weitergeführt werden; vgl. S. 12, 16, 19, 82 ff., 194 (Heyne »ein
Gelehrter von ausgebreitetem Verdienste und Ruhme«, was wissenschaftlich begründete Kritik nicht
ausschließt, ebd.), 279 ff., 319 ff.; vgl. auch *M. M. Münch*, a.a.O., S. 120. Noch in späten Jahren hat *F. C.
Baur* Hug hoch geschätzt (vgl. seine »Kirchengeschichte des neunzehnten Jahrhunderts«. Nach dem
Tode des Verfassers hrg. v. E. Zeller, 1862, S. 27).

dem Symbol bemerkt haben, so sind auch hier [sc. beim Mythos] die beiden Gegensäze des Nothwendigen und Freien auf jeder dieser Stufen in einem umgekehrten Verhältniß zueinander.«[77] Die Mythenerforschung in ihrer Einheit bricht auseinander. Nicht Interpretation des Mythos, sondern das Kräftespiel philosophischer Paradigmen dient der Erfassung des Mythischen, um dialektisch den »große(n) Gegensaz zwischen Seyn und Werden, zwischen Natur und Freiheit ... als eine von der Einheit des Natur-Seyns ausgehende nach ethischer Individualität fortstrebende, und das ethisch-individuell Gesonderte an die göttliche Allheit wiederum anknüpfende Entwicklung« zu begreifen[78].

Das Creuzer vorgeworfene Fehlen von »dialectisch entwickelte(r) Definition der beiden Hauptbegriffe Symbol und Mythos«[79] verlangt nach Baur nicht nur nach einer »nachfolgenden philosophischen Behandlung« des Gesamtkomplexes[80]. Dabei hält er fest: »Den bekannten Vorwurf der Vermengung der Philosophie mit der Geschichte fürchte ich dabei nicht: ohne Philosophie bleibt mir die Geschichte ewig todt und stumm: ob aber bei der Construction eines einzelnen Mythus oder ganzen Religionssystems irgend eine subjektive willkührlich beschränkte philosophische Ansicht eingemischt worden sey, kann natürlich nur an Ort und Stelle mit historischen Gründen dargethan werden.«[81] Es geht um das dialektische und darin sich bekundende gegensätzliche Verhältnis von philosophischem und historischem Mythos zueinander[82].

Die philosophischen Implikationen, besonders die Überbietung von Schleiermacher, Schelling und Creuzer und die möglicherweise im Bezug von »Mythologie« und »Ethik« teilweise Anknüpfung an Kant[83], können hier nicht weiter verfolgt werden[84]. Festzuhalten aber ist: Die Mythendeutung der Neologie, repräsentiert durch die »mythische Schule«, und die der Romantik ist — mit Baurs philosophischen Vorläufern — in die Sicht des spekulativen Idealismus überführt und damit wesentlich der bibelwissenschaftlichen Mythenerforschung enthoben.

---

77. *F. C. Baur:* Symbolik, a.a.O., Bd. I, S. 65.

78. *F. C. Baur:* Symbolik, a.a.O., Bd. II, S. 454.

79. *F. C. Baur:* Symbolik, a.a.O., Bd. I, S. VIII.

80. *F. C. Baur:* Symbolik, a.a.O., Bd. I, S. VIII.

81. *F. C. Baur:* Symbolik, a.a.O., Bd. I, S. XI f.

82. *F. C. Baur:* Symbolik, a.a.O., Bd. I, S. 64 f.

83. *F. C. Baur:* Symbolik, a.a.O., Bd. I, S. 300; Bd. II, S. 223, 265, 271, 279, 281 (Anm.[+]), 429 (Anm.[+]), 454 u. ö., womit sich Baur, sofern die möglicherweise vorliegenden Anspielungen so zu deuten sind, hier im Gegensatz zur ›mythischen Schule‹ befindet; vgl. *O. Merk:* Biblische Theologie, a.a.O., S. 54 ff., 84 ff., 130 ff., 287 u. ö.; vgl. auch *R. Verneaux:* Le vocabulaire de Kant, Bd. I.II, Philosophie de l'Esprit, 1967. 1973 (passim).

84. Vgl. *P. Friedrich:* Ferdinand Christian Baur als Symboliker (Studien zur Theologie und Geistesgeschichte des Neunzehnten Jahrhunderts, Bd. 12), 1975, S. 41 ff.; *K. Berger:* Exegese und Philosophie (Stuttgarter Bibelstudien 123/124), 1986, S. 28 ff.

2. Die Lage zwischen Baurs Hauptwerk zur Mythologie und dem Erscheinen von D. F. Strauß' »Leben Jesu, kritisch bearbeitet« (Stuttgart 1835/36) und der beginnenden Diskussion über dieses Werk läßt sich mehrfach charakterisieren:

a) Die (schon genannte) altphilologische Kritik an der »mythischen Schule« mit ihren Konsequenzen hat gleichwohl die Bearbeitung antiker Mythen anhand der literarischen Zeugnisse nicht ausgelöscht. K. O. Müllers Werk »Prolegomena zu einer wissenschaftlichen Mythologie« (Göttingen 1825)[85] bleibt eine bedenkenswerte Grundlage[86]. Wichtiger wirkte sich aus, daß der Philosoph *Christian Hermann Weiße* in einer Abhandlung über die griechische Mythologie (1828) in kritischer Auseinandersetzung mit der altphilologischen Forschung seiner Zeit und mit Creuzers Werk die Untersuchung des Mythos allein religionsphilosophisch, nicht bibelwissenschaftlich oder speziell altphilologisch zu behandeln ansieht[87]. Auch die herbe Kritik des Philosophen *J. F. L. George* in seinem Werk »Mythus und Sage. Versuch einer wissenschaftlichen Entwickelung dieser Begriffe und ihres Verhältnisses zum christlichen Glauben« (Berlin 1837), die Gabler und Heyne gilt, blieb nicht wirkungslos: »So verkennt ... Gabler vollkommen den Charakter des Mythos«, und Heyne wird insgesamt eine schwache Leistung vorgehalten[88].

b) Die Kritik an der Mythenerforschung überhaupt, die schon zur Zeit der »mythischen Schule« durchaus lebhaft war, fand in *Johann Jacob Heß* ihren ersten nachwirkenden Vertreter durch dessen Abhandlung »Gränzenbestimmung dessen, was in der Bibel Mythos ... ist« (1792)[89]. Allseitig deutliche, aber auch versteckte Kritik an Heyne, Eichhorn und Gabler[90] gipfelt in der Gesamtfeststellung: »Ich stehe an, ob ich das alte *typische Allegorisieren* nicht noch fast lieber wollte, als dieß neue *Mythologisieren*.« Denn Untersuchungen zur Mythenerforschung auf biblischem Felde »dürften in Kurzem auf Resultate führen, die dem Ansehn der Bibel, ja selbst ihrem wichtigsten Innhalt ... vollends den Stoß gäben«[91].

---

85. *K. O. Müller*, a.a.O., bes. S. 124 ff., 317 ff., 331 ff.

86. Bes. für *D. F. Strauß:* Das Leben Jesu, kritisch bearbeitet, Bd. I.II, 2. Aufl., Tübingen 1837.

87. *Chr. H. Weiße:* Ueber den Begriff, die Behandlung und die Quellen der Mythologie. Als Einleitung in die Darstellung der griechischen Mythologie. Erster Theil: Darstellung der griechischen Mythologien, Leipzig 1828, S. 20; S. VIII ff. u. ö.

88. *J. F. L. George:* Mythus und Sage. Versuch einer wissenschaftlichen Entwickelung dieser Begriffe und ihres Verhältnisses zum christlichen Glauben, Berlin 1837, S. 100 f.

89. *J. J. Heß:* Gränzenbestimmung dessen, was in der Bibel Mythos, Anthropopathie, personificierte Darstellung, Poesie, Vision, und was wirkliche Geschichte ist. Erster Abschnitt, welcher sich auf den Mythos bezieht, in: Bibliothek der heiligen Geschichte. Beiträge zur Beföderung (sic!) des biblischen Geschichtstudiums mit Hinsicht auf die Apologie des Christenthums. Von Johann Jacob Heß, Zweyter Theil, Frankfurt und Leipzig 1792, S. 153–254.

90. *J. J. Heß*, a.a.O., S. 176, 182, 211, 244, 251.

91. *J. J. Heß*, a.a.O., S. 253 f.

Das folgenreichste Werk in dieser Richtung legte *August Ludwig Christian Heydenreich* vor: »Ueber die Unzulässigkeit der mythischen Auffassung des Historischen im neuen Testament und im Christenthume« (3 Bde, Herborn 1831; 1833; 1835). Es handelt sich um eine der gründlichsten Untersuchungen der Argumente der »mythischen Schule«, um deren Unhaltbarkeit und Unnützlichkeit zu erweisen. Nicht die völlig unkritische Meinung des Verfassers ist hier anzuführen[92], sondern der Sachverhalt, daß Heydenreich Mythenerforschung angesichts literarkritischer Überlegungen im Neuen Testament für überflüssig und unbegründet hält. Breite Überlegungen zum Verhältnis und zur Abhängigkeit der Evangelien untereinander kennzeichnen das Werk[93]. Die vielfältige Kritik im 19. Jahrhundert daran, daß das Neue Testament Mythen enthalte, bediente sich unmittelbar und mittelbar dieses Kompendiums der Mythenkritik. Nur wenige – auch in der Auseinandersetzung mit D. F. Strauß – haben es zugegeben – wie etwa *L. F. O. Baumgarten-Crusius*[94] –, durch dieses Werk beeinflußt zu sein. Nicht nur in der literarkritischen, einleitungswissenschaftlichen Entgegensetzung gegen die Mythenerforschung überhaupt, sondern auch in einem theologisch höchst brisanten Punkt hat Heydenreichs Kritik nachgewirkt: Heilsgeschichte und Mythologie schließen sich aus[95].
Die »Erlanger Schule« des 19. Jahrhunderts konnte hier anknüpfen. *J. Chr. K. von Hofmann*[96], selbst nicht als Heilsgeschichtler einzuordnen, hat es aufgegriffen und gleichgerichtet wie Heydenreich gegen die Mythenerforschung – die ganze Epoche der Schriftauslegung seit Semler charakterisierend – gewandt: »Weil man keines Heiles bedurfte, das nicht aus der Selbstentfaltung des genuin menschlichen Wesens hervorgegangen, sondern wunderbaren Ursprungs war, so durfte die Schrift für die Wirklichkeit einer wunderbaren, aus dem Gesetze sonstigen Geschehens unerklärlichen Geschichte nicht zeugen. Was sie derartiges berichtete, mußte Mythus sein«[97], um dann auf die nunmehr »wieder christliche Sinnesweise« der »Schriftauslegung« einzugehen[98]. Im übrigen spricht von Hofmann nahezu durchgehend überhaupt nicht von »Mythos«. Ebenso gibt es – ich greife hier bewußt zeitlich voraus – in der nachbaurschen konserva-

---

92. *A. L. Chr. Heydenreich:* Ueber die Unzulässigkeit der mythischen Auffassung des Historischen im neuen Testament und im Christenthume, Erste Abtheilung, Herborn 1831; Zweites Stück, Herborn 1833; Drittes und letztes Stück, Herborn 1835, hier: Bd. I, S. 46 ff.
93. *A. L. Chr. Heydenreich,* a.a.O., Bd. I, S. 98 ff.; Bd. II, S. 48.
94. *L. F. O. Baumgarten-Crusius:* De mythicae evangeliorum interpretationis indole atque finibus, in: *ders.:* Opuscula theologica pleraque nondum edita, Jenae 1836, S. 243–264.
95. *A. L. Chr. Heydenreich,* a.a.O., Bd. I, S. 49, 59; Bd. III, S. 89 ff.
96. Zu diesem zuletzt *F. Mildenberger:* Art. Johann Christian Konrad von Hofmann (1810–1877), in: TRE 15 (1986), S. 477–479.
97. *J. Chr. K. von Hofmann:* Biblische Hermeneutik. Nach Manuskripten und Vorlesungen hg. von W. Volck, 1880, S. 22.
98. *J. Chr. K. von Hofmann,* a.a.O., S. 23; vgl. ebd., S. 28 f., 30 ff.

tiven Ära, der der sehr eigenständige von Hofmann ebenfalls nicht zuzuordnen ist, keine Diskussion über »Mythos«. Er existiert als Problem und Forschungsgegenstand nicht, und er konnte nicht vorhanden sein, wenn man sich der Persönlichkeit Jesu und der der Evangelisten bewußt ist, wie schon Heydenreich betonte[99]. Im übrigen scheint, so der recht oberflächliche Artikel »Mythus« in RE[1] (1858), um die Mitte des 19. Jahrhunderts die schlimmste Gefahr gebannt, denn die »Persönlichkeit« Jesu ist im Kampf gegen den Mythos erfolgreich herausgearbeitet: »Damit ist die mythische Auffassung der gesammten neutestamentlichen Geschichte wohl zurückgewiesen«, wofür auch Paulus als Kenner und Kronzeuge des Evangeliums spreche[100].

c) *M. L. de Wette* mit seiner Position, in der im Unterschied zur »mythischen Schule« hermeneutisch die Ansicht vertreten wird, es sei nicht das historische Faktum eines Mythologems zu eruieren, da das Historische im Mythos aufgehe, formuliert: »Jede Relation ist ein Ganzes und als Ganzes gegeben und als Ganzes zu nehmen: wir können nicht willkührlich hineingreifen und uns davon wählen, was uns beliebt.«[101] Darauf hat die »mythische Schule« durch einen jüngeren Vertreter, *G. W. Meyer*, »Apologie der geschichtlichen Auffassung der historischen Bücher des Alten Testaments, besonders des Pentateuchs, im Gegensatz gegen die bloß mythische Deutung des Letzten. Ein Beitrag zur Hermeneutik des Alten Testaments« (Sulzbach 1811), gezielt antworten lassen mit dem Ergebnis (und auch Eingeständnis?), daß »das Verhältnis Mythos und Historie ... zum unvermeidlichen Problem« für die Bibelwissenschaft werden mußte[102]. Auf »de Wettes philosophisch-anthropologische Begründung des Mythos« und ebenso auf seine Auffassung, »aus dem Wesen des Mythos« seine »resultierende ideal-ästhetische Auslegungsweise« zu erheben, muß ich hier verzichten[103]. Wohl aber ist festzuhalten, daß gerade durch de Wettes Bestimmung »*des Verhältnisses von Mythos und Geschichte*« der Mythos selbst eine »geschichtenerzeugende« Eigenmächtigkeit erhält, die die seit Heyne gültige Mytheneinteilung praktisch außer Kurs setzte. Das hatte weitreichende Konsequenzen: Es öffnete der

---

99. *A. L. Chr. Heydenreich*, a.a.O., Bd. II, S. 111 u. ö.

100. *L. Pelt:* Art. Mythus, mit Beziehung auf die heilige Schrift, in: Protestantische Realencyklopädie, Bd. 10 (1858), S. 171–176 (Zitat S. 175).

101. *W. M. L. de Wette:* Beiträge zur Einleitung in das Alte Testament, Bd. II, Berlin 1807, S. 16; vgl. ebd., S. III, IV, 214, 407 (Anm.[+]) u. ö.; dazu *Chr. Hartlich/W. Sachs,* a.a.O., S. 91 ff.; *R. Smend:* De Wette und das Verhältnis zwischen historischer Bibelkritik und philosophischem System im 19. Jahrhundert, in: Theologische Zeitschrift 14 (1958), S. 107–119.

102. *Chr. Hartlich/W. Sachs,* a.a.O., S. 102; vgl. S. 98 ff.

103. *Chr. Hartlich/W. Sachs,* a.a.O., S. 102 ff., 111 ff.

kantisch-friesschen Philosophie für die Bestimmung des und Einsicht in
den Mythos die Tore[104].

d) Leonhard Usteri bot 1832 in einem Aufsatz »Beitrag zur Erklärung der
Versuchungsgeschichte«[105] eine Skizze, die zusammengefaßt das Grund-
gerüst von D. F. Strauß' Konzeption zeigte. Strauß hat das selbst voll
anerkannt. Ich verkürze die Argumentation auf den entscheidenden Satz:
»Diese drei nun, die religiöse Idee, die geschichtliche Form, die vorge-
schichtliche Zeit, wozu noch die Dunkelheit der Entstehung als Sage
hinzukommt, charakterisieren die Erzählungen von der Versuchung Christi
als Mythos.«[106]

3. Auf diesem breit gefächerten Hintergrund ist D. F. Strauß, »Das Leben
Jesu, kritisch bearbeitet« (Band I.II, Tübingen 1835/36), zu sehen. Auch auf
dem Hintergrund der Mythenerforschung seit Heyne wird deutlich, daß
»das Strauss'sche Leben Jesu ... durch die Nothwendigkeit der Sache
selbst hervorgerufen« wurde[107] und »der schon lange zusammengehäufte
Brennstoff in lichterlohe Flammen gerieth«[108], wenngleich speziell seiner
Mythen*deutung* im übertragenen Sinne Baurs Bemerkung gilt: »Die Sache
hat ohnedies für mich nichts Neues.«[109]

Da *Hartlich/Sachs* und die neuere/neueste Straußforschung das Wesentliche zum anstehenden Werk dargelegt haben, können hier einige Striche
genügen:

a) Strauß faßt in Bd. I, S. 1–76, in einer erstaunlich konsequenten Weise

---

104. Vgl. zusammenfassend *Chr. Hartlich/W. Sachs*, a.a.O., S. 120: »So sehr bei deWette der
Mythos als notwendige und bleibende religiöse Ausdruckskategorie in der anthropologischen
Struktur des menschlichen Erkenntnisvermögens verankert erscheint, so kennt doch deWette
grundsätzliche Unterschiede im Verhältnis zum Mythos: es gibt einen naiven, einen dogmatischen
und einen kritischen Gebrauch des Mythos. Naiv gebraucht ist der Mythos in der religiösen Poesie,
die unbewußt dichtend sich im Medium der Bildlichkeit bewegt. Dogmatisch ist der falsche
Gebrauch der mythischen Bilder, worin sie für die Sache selbst genommen werden. Kritisch ist
das ideal-ästhetische Verständnis der mythischen Bildlichkeit auf Grund der philosophischen
Einsicht in ihren Ursprung und ihre Grenzen«; vgl. zum Hintergrund auch *R. Smend*, a.a.O.

105. *L. Usteri*: Beiträge zur Erklärung der Versuchungsgeschichte, in: Theologische Studien und
Kritiken 5 (1832), S. 768–791.

106. *L. Usteri*, a.a.O., S. 790f.; vgl. ebd., S. 781 ff. (zur Bestimmung des Mythos), 786 f.; *D. F.
Strauß*: Das Leben Jesu, kritisch bearbeitet, Bd. I, Tübingen 1835, S. 66, 69 ff.

107. *F. C. Baur*: Kirchengeschichte des Neunzehnten Jahrhunderts, a.a.O., S. 359.

108. *F. C. Baur*: Kirchengeschichte des Neunzehnten Jahrhunderts, a.a.O., S. 363; vgl. *A. Schweitzer*: Geschichte der Leben-Jesu-Forschung, 2. Aufl., 1913, Anhang I, S. 643–646; *F. Courth*: Die
Evangelienkritik des D. Fr. Strauß im Echo seiner Zeitgenossen. Zur Breitenwirkung seines
Werkes, in: *G. Schwaiger* (Hg.): Historische Kritik in der Theologie. Beiträge zu ihrer Geschichte,
a.a.O., S. 60–98; *E. G. Lawler*: David Friedrich Strauss and His Critics. The Life of Jesus Debate in
Early Nineteenth-Century, in: German Journals. American University Studies, Ser. VII, Vol. 16,
1986, bes. S. 47 ff., 65 ff., 99 ff.

109. *F. C. Baur*: Kirchengeschichte des Neunzehnten Jahrhunderts, a.a.O., S. 397.

die bisherige Mythenerforschung radikalisierend und zielgerichtet zusammen. Sowohl die »rationalistische« als auch die »konservative Deutung« der Evangelienauslegung ständig gegeneinander ausspielend[110], zeigt er deren beider Unhaltbarkeit, indem er mit innerer Stringenz die mythische Deutung auf den Plan hebt: »Der neue Standpunkt, der an die Stelle der bezeichneten treten soll, ist der mythische.«[111]

b) Strauß greift sowohl die Einsichten und Ergebnisse der »mythischen Schule« als auch die Breite der Mythenerörterung der spekulativen Philosophie wie auch der Altphilologie, ja im Grunde alles, was an Mythenerforschung seiner Zeit diskutiert wurde, auf, ohne ein Mixtum mythologicum zu fertigen. Daß erstaunlicherweise *nicht* Hegel ein Motor seiner Mythenkritik ist, hat bereits sein Lehrer F. C. Baur betont und ist seitdem vielfach aufgezeigt worden. Bei Baur heißt es: »Allein den kritischen Geist, aus welchem das Werk hervorging, hatte Strauss nicht aus der Hegelschen Schule, die schon lange existierte, ohne ein kritisches Element dieser Art aus sich zu entwickeln.«[112]

c) Strauß radikalisiert die Ansichten der »mythischen Schule« *und* die der philosophischen Mythologie und läßt beide in der Weise aufeinandertreffen, daß er besonders G. L. Bauers Ansatz auf den ganzen evangelischen Stoff überträgt: Nicht eine Reihe von Mythen sind in den Evangelien zu finden, sondern der gesamte Stoff ist mythisch. Eine Konsequenz, die schon Gabler mehr als nur angedeutet hatte, ist jetzt voll gezogen. Aber damit verbindet Strauß die Kritik − und hier die philosophische Mythenerforschung aufnehmend −, die »mythische Schule« habe »den Begriff des Mythos nicht rein als Einkleidung urchristlicher Ideen oder als absichtslos dichtende Sage verstanden«[113]. »Nimmt man dieß Alles zusammen, so wird die Annahme der Mythen in allen Theilen der evangelischen Geschichte wenig mehr im Wege stehen. Die Benennung, Mythen, selbst aber wird bei Verständigen ebenso wenig Anstoß erregen, als jemals ein bloßes Wort

---

110. So mit Recht *W. G. Kümmel:* Das Neue Testament. Geschichte der Erforschung seiner Probleme (Orbis Academicus III/3), 2. Aufl. 1970, S. 147 f.

111. *D. F. Strauß:* Das Leben Jesu, kritisch bearbeitet, Bd. I.II, Tübingen 1835/1836, hier: Bd. I, S. IV; vgl. − auch zum Folgenden − Bd. I, S. 36, 40 f., 44 f., 46 ff.

112. *F. C. Baur:* Kirchengeschichte des Neunzehnten Jahrhunderts, a.a.O., S. 359, 375 (Die Hegelianer »wollten von der von Strauss behaupteten Verwandtschaft mit der Hegelschen Philosophie nichts wissen«); *O. Kühler:* Sinn, Bedeutung und Auslegung der Heiligen Schrift in Hegels Philosophie. Mit Beiträgen zur Bibliographie über die Stellung Hegels (und der Hegelianer zur Theologie, insbesondere) zur Heiligen Schrift (Studien und Bibliographien zur Gegenwartsphilosophie 8), 1934, bes. S. 35 ff., S. 97 Anm. 361; S. 98 Anm. 368; *Chr. Hartlich/W. Sachs,* a.a.O., S. 125, 138 f.; *W. G. Kümmel:* Das Neue Testament, a.a.O., S. 538 Anm. 160 a; S. 539 Anm. 164 a.; *O. Merk:* Über David Friedrich Strauß, in: Zeitschrift für Religions- und Geistesgeschichte 23 (1971), S. 143 ff.; *K. Berger,* a.a.O., S. 48 ff. (passim). Auch *H. Glockner:* Hegel-Lexikon, Bd. 2, 2. Aufl., 1957, S. 1603−1605 weist den Sachverhalt aus.

113. *W. G. Kümmel:* Das Neue Testament, a.a.O., S. 148.

einen solchen hervorbringen sollte. Denn Alles, was durch die Erinnerung an die heidnische Mythologie jenem Worte Zweideutiges anklebt, schwindet ja durch die bisherige Ausführung, welcher zufolge unter neutestamentlichen Mythen nichts Andres, als geschichtartige Einkleidungen urchristlicher Ideen, gebildet in der absichtslos dichtenden Sage, zu verstehen sind.«[114]

d) »Immer aber wird die Gränzlinie zwischen dem Geschichtlichen und Ungeschichtlichen in Berichten, welche, wie die evangelischen, dieses letztere Element in sich aufgenommen haben, eine schwankende und fließende bleiben.« Das »Auslöschen aller dafür gehaltenen historischen Lichter«, wie Strauß schreibt und seinem Werk eine so starke negative Wirkung aufprägte[115], aber heißt nicht, daß er in seinem »Leben Jesu« das historische Element völlig eliminiert habe. Es ist durchaus ein Gerippe zu erkennen, das mehr aus der evangelischen Geschichte erheben läßt als das Daß des Gekommenseins Jesu, für Strauß gebündelt darin, daß sich Jesus in seinem Wirken zunehmend stärker für den Messias hielt.

Was Strauß — ohne selbst Exeget oder Historiker sein zu wollen — mit seiner Radikalisierung der mythischen Fragestellung der neutestamentlichen Wissenschaft aufdrängte, war, »die geschichtliche Erforschung des Neuen Testaments in voller Konsequenz in Angriff zu nehmen«[116]. Er selbst hat freilich in seinem Werk die dazu notwendige quellenkritische Frage sträflich vernachlässigt und der Interpretation ein solches Übergewicht gegeben, daß sich ihm die zu rekonstruierende Basis verflüchtigte.

F. C. Baur hat dies scharfsinnig so charakterisiert: »1) Die größte Eigenthümlichkeit des Werks ist, daß es eine Kritik der evangelischen Geschichte ohne eine Kritik der Evangelien gibt«; »2) Eine solche Trennung der Kritik der Geschichte von der Kritik der Schriften war nur auf der damaligen Entwicklungsstufe der neutestamentlichen Kritik möglich.«[117] Strauß hatte durchaus die Mythenerforschung der »mythischen Schule« im Blick, aber er hat den Zusammenhang, in dem deren Diskussion gezielt stand, ausgeblendet, nämlich jene Methodendiskussion über das sich bedingende Verhältnis von Interpretation und Rekonstruktion zueinander.

e) Die eigentliche Antwort auf Strauß' Mythenerfassung konnte darum im kritischen Lager nur die Rekonstruktion im weitesten Sinne sein. So gewiß manche literarkritischen Beobachtungen der Zeit zusammentrafen, etwa des Lobeck-Schülers Carl Lachmanns Begründung der Markus-Priorität

---

114. *D. F. Strauß,* a.a.O., Bd. I, S. 74 f.
115. *D. F. Strauß:* Das Leben Jesu, kritisch bearbeitet, 4. Aufl., 1840, Bd. I, S. 107 f.
116. *W. G. Kümmel:* Das Neue Testament, a.a.O., S. 155.
117. *F. C. Baur:* Kritische Untersuchungen über die kanonischen Evangelien, ihr Verhältniß zueinander, ihren Charakter und Ursprung, 1847, S. 141.

(1835)[118], des Philosophen *C. G. Wilcke* in die zwanziger Jahre reichenden ersten Darlegungen zur Zweiquellentheorie und des Philosophen *Christian Hermann Weiße*s schon in die gleiche Richtung gehenden Überlegungen, die eigentliche Antwort auf Strauß war die gezielte Hinwendung zur Literarkritik. Chr. H. Weiße hat in umfassender Kritik an Strauß in weitgespannten Rezensionsaufsätzen und in seinem Werk »Die evangelische Geschichte kritisch und philosophisch bearbeitet« (Bd. I.II, Leipzig 1838)[119] die entsprechende Durchführung – ebenfalls gezielt gegen Strauß – angezeigt. Wiederum ist es *F. C. Baur,* der dies methodisch bündig ausspricht: »3) Wie jene Trennung der Kritik der Geschichte von der Kritik der Schriften die größte Einseitigkeit der Strauß'schen Kritik ist, so ist sie auch der Punkt, von welchem aus diese Kritik mit dem innern Triebe einer weitern Entwicklung über sich selbst hinausführt.«[120]

Die literarkritischen Lösungen hinsichtlich der Evangelien, die klare Abtrennung des Johannesevangeliums von den Synoptikern und das Verhältnis der Synoptiker untereinander sind hier nicht darzustellen. Festzuhalten ist allein dies: Strauß hat durch sein »Leben Jesu« wesentlich die literarkritische Forschung mit der endgültigen Lösung der Quellenfrage – als kritische Antwort auf sein Werk – intensiviert. Daß die Literarkritik des 19. Jahrhunderts, in *H. J. Holtzmann*s Werk über die »Synoptiker« (1863)[121] kulminierend, zugleich auf der Markusgrundlage das nicht durch Mythenerforschung zu hinterfragende »Leben Jesu« zur Folge hatte und darum auch für die »liberale Theologie« das Problem des Mythos in der neutestamentlichen Wissenschaft nicht existierte, ist offenkundig.

Somit ergibt sich: Von etwa 1840–1890 fällt die Mythenerforschung als Problemfeld neutestamentlicher Wissenschaft aus[122], wobei vor allem durch die kritische historische Forschung eine zwar durchaus anstehende Fragestellung weitergeführt wurde, die aber zugleich eine deutliche Ant-

---

118. *C. Lachmann:* De ordine narrationum in evangeliis synopticis, in: Theologische Studien und Kritiken 8 (1835), S. 570–590.
119. *Chr. H. Weiße:* Die evangelische Geschichte kritisch und philosophisch bearbeitet, Bd. I.II, Leipzig 1838; vgl. ebd. Bd. I, S. 4 ff.; *ders.:* Ueber den Begriff des Mythus und seine Anwendung auf die neutestamentliche Geschichte, in: Zeitschrift für Philosophie und speculative Theologie 4 (1839), S. 74–102, 211–254; 5 (1840), S. 114–141, bes. S. 114 ff., 126 ff., 135: »Für uns dagegen fallen beide Untersuchungen, die welche die Mythendichtung, und jene, welche die historische Ueberlieferung betrifft, auseinander«; vgl. auch *F. C. Baur:* Kirchengeschichte des Neunzehnten Jahrhunderts, a.a.O., S. 373 f.; *C. G. Wilcke:* Der Urevangelist oder exegetisch kritische Untersuchung über das Verwandtschaftsverhältniß der drei ersten Evangelien, Dresden/Leipzig 1838.
120. *F. C. Baur,* a.a.O., S. 41 und S. 41 ff.; *ders.:* Kirchengeschichte des Neunzehnten Jahrhunderts, a.a.O., S. 359 ff., 397.
121. *H. J. Holtzmann:* Die synoptischen Evangelien, ihr Ursprung und geschichtlicher Charakter, 1863.
122. *Chr. Hartlich/W. Sachs,* a.a.O., enden ihre Untersuchung zutreffend mit Strauß' Mythendeutung.

wort auf die Straußsche Mythenkonzeption war. Die Überführung der von Strauß gestellten Fragen in die Literarkritik bahnte zwar den Weg in eine konsequent historisch ausgerichtete neutestamentliche Forschung, aber sie war letztlich nur eine Teilantwort auf Strauß, weil die Interpretation des Mythos in ihrem Verhältnis zur Rekonstruktion im Rahmen der Geschichte des Urchristentums offenblieb.

Natürlich war die Mythenerforschung als solche im genannten Zeitraum nicht einfach ausgeschaltet. Schon die intensive Gnosisforschung im 19. Jahrhundert sorgte dafür, und die seit den 50er Jahren des vorigen Jahrhunderts lebhaft wiedererwachende religionsgeschichtliche Arbeit bietet − auch in der Exegese von biblischen Belegen − manchen Hinweis auf Mythen.

4. Dennoch konnte *W. Wrede* (1897) festhalten: »Wichtiger ... scheint mir die Einsicht, daß man der Literarkritik in der neutestamentlichen Theologie ... eine Rolle zuweist, die ihr einfach nicht zukommt.« »Auch wo es sich um richtige literarkritische Beobachtungen handelt, ist damit ... noch gar nichts ausgesagt über ihre *Bedeutung*.«[123]
Die von ihm angestrebte »urchristliche Religionsgeschichte« und darin − weiter gefaßt − die Entfaltung der Religion des Urchristentums war zugleich auch eine Wiederentdeckung des Mythos als eines Grundbereichs neutestamentlicher Arbeit. Jene Forschergruppe der Individualisten und doch gebunden durch ein *gemeinsames* neues Fragen nach der Religion, die wir »Religionsgeschichtliche Schule« nennen[124], konnte wieder ungezwungener vom Mythos reden. Die religionsgeschichtliche Methode, die ja nur sekundär − aber darin publikumswirksamer − dem Aufspüren religionsgeschichtlichen Vergleichsmaterials diente, ist in Wirklichkeit primär dem Verstehen der Religion verpflichtet. Das aber deckt auch die Frage der Mythenerforschung der »Religionsgeschichtlichen Schule« auf. Eine Aussage *H. Gunkel*s in seinem Werk »Zum religionsgeschichtlichen Verständnis des Neuen Testaments« (FRLANT 1, Göttingen 1903) kann verdeutlichen: »Mehrfach wird im folgenden gezeigt werden, dass Neutestamentliches an *Mythen* und *Mythisches* anklingt. Aber es ist davor zu warnen, dass man mit diesem Worte ohne weiteres den üblen

---

123. *W. Wrede:* Aufgabe und Methode der sogenannten Neutestamentlichen Theologie (1897), in: *G. Strecker (Hg.):* Das Problem der Theologie des Neuen Testaments (Wege der Forschung, Bd. CCCLXVII), 1975, S. 101.
124. Im Überblick jetzt *G. Lüdemann:* Die Religionsgeschichtliche Schule, in: *B. Moeller (Hg.):* Theologie in Göttingen. Eine Vorlesungsreihe, 1987, S. 325−361; *G. Lüdemann/M. Schröder:* Die Religionsgeschichtliche Schule. Eine Dokumentation (mit 80 Abbildungen), 1987; *G. Sinn:* Christologie und Existenz. Interpretation und Konzeption der paulinischen Christologie in der Theologie Rudolf Bultmanns und deren Voraussetzungen in der Religionsgeschichtlichen Schule, Diss.theol., Erlangen 1987, S. 5−151.

Nebenbegriff des Heidnischen, Wüst-Phantastischen, Verworrenen ver-
binde ... Das Mythische ist also an sich keineswegs eine Verirrung, sondern
eine notwendige Phase des religiösen Denkens. In mythischer Form aber
können sich die *köstlichsten Schätze der Religion* verbergen. Werfen wir
also nicht unbesehen das Mythische weg«, Schale und Kern dürfen nicht
ausgewechselt werden[125]. *P. Wernle* aber hält fest: »Was Paulus von Jesus
aussagte, das war im Grunde ein Mythus und ein Drama, zu dem Jesus den
Namen hergab.«[126] So gewiß dem Eindringen in die religionsgeschichtliche Forschung und damit auch dem Eruieren von Mythen ein deutlicher
Durchbruch gelingt, letztlich bleibt hinsichtlich der Mythenfrage die »Religionsgeschichtliche Schule« bei vorsichtigen, in verschiedene Richtungen
weisenden Ansätzen (etwa »Jesus-Paulus-Debatte«). Das hängt mit ihrer
starken inneren Bindung an das Verständnis der Religion zusammen, wie
es durch die liberale Theologie ihr eingeprägt war. Das Ineinander von
Rekonstruktion und Interpretation ist hier noch nicht bewältigt[127] und mit
Recht von einer späteren Generation neuen und auch anderen Lösungen
zugeführt worden. Aber man wird im Hinblick auf Mythos *und* Religion
zumindest einigen Vertretern der »Religionsgeschichtlichen Schule« (z. B.
W. Bousset) bescheinigen dürfen, was *R. Bultmann* so zusammenfaßte:
»Denn wenn (sc. in der ›Religionsgeschichtlichen Schule‹) nach der Religion gefragt wurde, so wurde im Grunde nach dem existentiellen Sinn der
theologischen Aussagen des Neuen Testaments gefragt.«[128]
Gilt dies, dann öffnete sich in Abgrenzung und in kritischer Weiterführung
der Arbeit der »Religionsgeschichtlichen Schule« – genaugenommen der
Mythenerforschung seit der »Neologie« – die Frage nach dem Mythos und
seinem Verstehen als grundlegende hermeneutische Aufgabe auch unseres Jahrhunderts, in die wir als Neutestamentler – ob wir es wollen oder
nicht – eingebunden sind, weil die Auslegung der biblischen Zeugnisse
unsere uns vordringlichst angehende Aufgabe bleibt.

---

125. *H. Gunkel:* Zum religionsgeschichtlichen Verständnis des Neuen Testaments, in: Forschungen zur Religion und Literatur des Alten und Neuen Testaments, 1. Heft, 1903, S. 14 f.
126. *P. Wernle:* Die Anfänge unserer Religion, 1901, S. 329.
127. Die wichtigsten Belege sind zusammengestellt bei *G. Sinn,* a.a.O., bes. S. 38 ff.; einzelne
Aspekte auch bei *T. Koch:* Theologie unter den Bedingungen der Moderne: Wilhelm Herrmann.
Die ›Religionsgeschichtliche Schule‹ und die Genese der Theologie Rudolf Bultmanns, Habil.
Schr. Evang.-theol. Fak. Univ. München 1970, S. 82–146.
128. *R. Bultmann:* ›Geleitwort zur fünften Auflage‹ zu *W. Bousset:* Kyrios Christos. Geschichte des
Christusglaubens von den Anfängen des Christentums bis Irenaeus, 5. Aufl., 1965, S. VI.

Von Jean–Alphonse Turretini zu Johann Jakob Wettstein*

Professor Dr. phil. Hans Martin Kümmel
(30. Dezember 1937 – 30. Juli 1986)
in dankbarem Gedenken

Unter dem weitgefaßten Titel möchte ich eine Frage aufgreifen und ihr ein Stück weit nachgehen: Kann die vielfach festzustellende Übereinstimmung von J. A. Turretini und J. J. Wettstein hinsichtlich ihrer Auffassung der Schriftauslegung geklärt werden?

I.

Die bisherige Forschung hat, was auch die Lebensläufe beider nahelegt, darauf verwiesen, daß gesamteuropäische geistige Einflüsse, besonders des englischen Deismus und der französischen Aufklärung, dazu die weiterwirkende Kraft des humanistischen Gedankengutes und die steigende Bedeutung der klassischen Philologie der Zeit im Werke sowohl Turretinis als auch Wettsteins ihren Niederschlag gefunden hatten[1]. Offen aber blieb

---

* Leicht gekürzter Vortrag in der Herzog August Bibliothek im Rahmen des Symposions "Historische Kritik und biblischer Kanon in Deutschland im 18. Jahrhundert", gehalten am 11. Dezember 1985. Um den Umfang der Veröffentlichung zu begrenzen, wird der Anmerkungsteil auf einige Hinweise beschränkt. Für freundliche Unterstützung bei der Beschaffung der Quellen und Literatur danke ich der Direktion der Herzog August Bibliothek und der Universitätsbibliothek Erlangen-Nürnberg.
1 Vgl. im Überblick Henning Graf Reventlow: Bibelautorität und Geist der Moderne. Die Bedeutung des Bibelverständnisses für die geistesgeschichtliche und politische Entwicklung in England von der Reformation bis zur Aufklärung, Göttingen 1980 (Forschungen zur Kirchen- und Dogmengeschichte, Bd. 30). – Gottfried Hornig: Lehre und Bekenntnis im Protestantismus, in: Handbuch der Dogmengeschichte, Bd. 3, hrsg. von Carl Andresen, Göttingen 1984, S. 70 – 287, bes. S. 89 – 94, 115 – 125, 126 – 131. – Speziell für die Schweiz: Paul Wernle: Der schweizerische Protestantismus im XVIII. Jahrhundert, Bd. 2, Tübingen 1924, bes. S. 24 – 43, 156 – 164, 404 – 412, 479 – 483. – Carl Rudolph Hagenbach: Johann Jacob Wettstein, der Kritiker, und seine Gegner, in: Zeitschrift für die historische Theologie 9 (1839), S. 73 – 152, bes. "§ 1. Die Protestantische Theologie zu Ende des 17ten und zu Anfange des 18ten Jahrhunderts, mit

die Frage, ob die so vielfach gleichgerichteten Ausführungen über die Schriftauslegung bei beiden lediglich im weitgespannten geistigen Horizont ihrer Zeit und im vielfach ähnlich umschriebenen Verhältnis von Vernunft und Offenbarung jener Jahre oder darüber hinaus auch aus der unmittelbaren persönlichen Begegnung und gegenseitigen wissenschaftlichen Wertschätzung erhoben werden können.

Immerhin bleibt es auffällig, wenn J. A. Turretini (1728) formuliert[2]:

> Zu Anfang halten wir ganz fest im Auge, daß die (heiligen) Schriften auf keine andere Art zu erklären sind als alle übrigen Bücher; man muß auf den Sinn der Worte und Redeweisen bedacht sein, auf das Ziel (scopus) des Verfassers, auf das Vorhergehende und das darauf Folgende und was es noch mehr dieser Art gibt. Das ist deutlich die Art, in der alle Bücher wie auch alle Reden verstanden werden; da uns aber Gott durch Bücher und Reden lehren wollte, nicht aber auf eine andere Weise, so ist es deutlich eben dadurch einleuchtend, daß die heilige Schrift nicht anders zu verstehen ist als die übrigen Bücher (auch) .... .
> Über die Meinung der heiligen Schriftsteller ist nicht nach heutigen Grundsätzen und Systemen zu urteilen, sondern man muß sich in die Zeiten und Gegenden versetzen, in denen sie geschrieben haben, und man muß sehen, welche (Vorstellungen) in der Seele derer, die damals lebten, entstehen konnten.... .

Wettstein aber schreibt (1752):

> Wenn du die Bücher des Neuen Testaments ganz und gar verstehen willst, versetze dich in die Person derer, denen sie zuerst von den Aposteln zum Lesen gegeben worden sind. Versetze dich im Geiste in jene Zeit und jene Gegend, wo sie zuerst gelesen wurden. Sorge, soweit es möglich ist, dafür, daß du die Sitten, Gebräuche, Gewohnheiten, Meinungen, überkommenen Vorstellungen, Sprichwörter, Bildersprache, tägliche Ausdrucksweisen jener Männer erkennst und die Art und Weise, wie sie andere zu überzeugen versuchen oder Begründungen Glauben verschaffen. Darauf sei vor allem bedacht, wo du dich einer Stelle zuwendest, wobei du durch kein heutiges System, sei es theologischer, sei es logischer Art, oder durch heutige gängige Meinungen vorankommen kannst[3].

Rücksicht auf die Reformirte Schweiz", S. 77 – 86. – Karl Barth: Samuel Werenfels (1657 – 1740) und die Theologie seiner Zeit, in: Evangelische Theologie, 3. Jahrgang, München 1936, S. 180 – 203.

2 De Sacrae Scripturae interpretandae methodo tractatus bipartitus, In quo Falsae Multorum Interpretum Hypotheses Refelluntur, Veraque Interpretandae Sacrae Scripturae Methodus adstruitur. Auctore Joanne Alphonso Turretino, Trajecti Thuriorum 1728, S. 196. 322; zitiert nach der leicht zugänglichen Übersetzung von Werner Georg Kümmel: Das Neue Testament. Geschichte der Erforschung seiner Probleme, 2. Aufl., Freiburg/München 1970, S. 65 f.

3 ΚΑΙΝΗ ΔΙΑΘΗΚΗ. Novum Testamentum Graecum editionis receptae cum lectionibus variantibus codicum MSS., editionum aliarum, versionum et patrum nec non commentario pleniore Ex Scriptoribus veteribus Hebraeis, Graecis et Latinis Historiam et vim verborum illustrante opera et studio Joannis Jacobi Wetstenii,

Die vor einigen Jahren ausgesprochene Vermutung, J. A. Turretini und J. J. Wettstein müßten wohl engere Kontakte gehabt haben[4], zumal sich auch ein Zusammengehen beider in kirchenpolitischen Fragen nachweisen läßt, ist hinsichtlich einer literarischen Berührung nicht so einfach zu verifizieren. Hier zeigt sich eine Vielschichtigkeit, die letztlich aus dem jeweils verschiedenen Ansatz zu erklären ist, der J. A. Turretini und J. J. Wettstein zu Darlegungen über die Methodik der Schriftauslegung geführt hat.

II.

1) Jean-Alphonse Turretini[5], geb. am 13. August 1671 in Genf als Sohn des reformiert-orthodoxen Pfarrers und Professors François Turretini, wurde mit nahezu 20 Jahren als vollkommenster Gelehrter gehalten, allein es fehlte ihm noch die "sattsame(n) Erfahrung". Sein theologischer

---

Bd. II, Amstelaedami 1752, S. 878 (abgek.: Novum Testamentum Graecum u. Bandzahl); Übersetzung bei W. G. Kümmel: NT (s. Anm. 2), S. 54.

4 Otto Merk: Anfänge neutestamentlicher Wissenschaft im 18. Jahrhundert, in: Historische Kritik in der Theologie. Beiträge zu ihrer Geschichte, hrsg. von Georg Schwaiger, Göttingen 1980 (Studien zur Theologie und Geistesgeschichte des Neunzehnten Jahrhunderts, Bd. 32), S. 37 - 59, bes. S. 43 f.

5 Die wichtigsten Überblicke zu Leben und Werk von J. A. Turretini vermitteln: Art. Turretinus (Johann Alphonsus), in: Grosses vollständiges Universal-Lexikon Aller Wissenschaften und Künste ..., Bd. 45, Leipzig und Halle 1745, Sp. 1990 - 2202 (abgek.: Zedlers Univ.Lex., Bd. 45). - Art. Turretin (Joh. Alphonsus), in: Allgemeines Gelehrten-Lexicon, hrsg. von Christian Gottlieb Jöcher, Vierter Th., Leipzig 1751, Sp. 1365 f. (abgek.: Jöcher). - F. Schaller: Essai sur Turrettini, Colmar 1861. - E. de Budé: Vie de J.-A. Turrettini: Théologien Genevois 1671 - 1737, Lausanne 1880. - (L. Thomas †) - E. Choisy: Art. Turrettini, in: Realencyklopädie für protestantische Theologie und Kirche, 3. Aufl., Bd. 20, 1908, S. 165 - 171 (bes. S. 166 - 171). - Paul Wernle: Der schweizerische Protestantismus im XVIII. Jahrhundert, Bd. 1, Tübingen 1923, S. 494 - 496. - Leopold Zscharnack: Art. Turrettini, Jean Alphons, in: Die Religion in Geschichte und Gegenwart, 2. Aufl., Bd. V, 1931, Sp. 1328. - Jacques Courvoisier: L'Eglise de Genève, de Théodore de Bèze à Jean-Alphonse Turrettini, in: Université de Genève. Recueil de la Faculté de Théologie Protestante VIII, Genève 1942, S. 23 - 47 (bes. S. 41 ff.). - Emanuel Hirsch: Geschichte der neuern evangelischen Theologie im Zusammenhang mit den allgemeinen Bewegungen des europäischen Denkens, Bd. 2, Gütersloh 1951, S. 389 f. - Paul-F. Geisendorf: L'Université de Genève 1559 - 1959, Genève 1959, S. 137 ff, vgl. auch S. 106. - Rudolf Pfister: Art. Turretini, in: Die Religion in Geschichte und Gegenwart, 3. Aufl., Bd. VI, 1962, Sp. 1089 f. - W. G. Kümmel: NT (s. Anm. 2), S. 65 - 67, 596. - Robert M. Kingdon: Art. Genf, in: Theologische Realenzyklopädie, Bd. XII, 1984, S. 368 - 375 (bes. S. 372). Schreibweise des Namens: Turrettini und (meist) Turretini.

Hauptlehrer L. Tronchinus drückte es sachgemäß so aus: Er fängt dort an, wo andere aufhören[6].

Sofort nach dem Studium in Genf begab er sich 1691 nach Holland, befreundete sich in Rotterdam mit Pierre Bayle[7] und verfaßte in Leyden 1692 unter Friedrich Spanheim eine Dissertation gegen Bischof Bossuet[8]. – In unmittelbarem Anschluß daran ging er nach England. London, Oxford, Cambridge waren wichtigste Stationen. Die in Cambridge geschlossene Freundschaft mit Newton und die ihm verschaffte Audienz bei König Wilhelm III. von England wußte er geistig und kirchenpolitisch auch in späteren Jahren durch aufrecht erhaltene Verbindung zu würdigen und zu nutzen.

Wegen einer Brustkrankheit – die ihn auch sein ganzes weiteres Leben stark belästigte – verließ er den Inselstaat und ging zu weiteren Studien nach Frankreich. Bischof Bossuet nahm ihn (trotz der gegen ihn gerichteten Dissertation) freundlich auf. – 1694 kehrte J. A. Turretini nach Genf zurück. Er wurde sofort in den Stand der Prediger seiner Heimatstadt aufgenommen.

1697 erhielt er eine eigens vom Rat der Stadt Genf eingerichtete "Profeßion der Kirchen-Historie"[9]. 1705 wurde ihm zusätzlich die "Profeßion der Theologie" (als Nachfolger seines Lehrers Trochinus)[10] übertragen. J. A. Turretini machte bei dieser zweiten ihm zugekommenen Professur eine ausdrückliche Einschränkung: Er werde niemals "einen cursum theologicum" lesen, "weil er sich an kein systematisches Buch" zu "binden" gedenke und auf "die unnützen Fragen" keinen Bezug nehmen wolle[11]. – Von 1701 an war er zehn Jahre lang Rektor der Akademie (der Universität) Genf. – Sein Einfluß auf das kirchliche Leben der Stadt war gewaltig: Er gestaltete die Liturgie des Gottesdienstes neu. Die Einführung der Konfirmation, die Abschaffung des Bekenntniszwangs (1725) und die Einführung einer einheitlichen Übersetzung des Neuen Testaments in Genf (1726) gehen auf ihn zurück[12].

---

6 Vgl. Nachweis: Zedlers Univ. Lex., Bd. 45 (s. Anm. 5), Sp. 1990; dort auch zum Folgenden.

7 Vgl. auch P. Bayles Briefe in: Lettres inédites adressées de 1686 à 1737 à J. A. Turrettini Théologien Genevois, publiées et annotées par E. de Budé, T. 1, Genève 1887, S. 221 – 237.

8 Pyrrhonismus Pontificius, sive Theses historico-Theologicae, de variationibus ecclesiae Romanae, Leyden (schon 1691?) 1692; auch unter dem Titel wohl von Disputationsthesen: Dissertatio de variationibus Ponteficiorum circa Ecclesiae infallibilitatem (Leyden 1692); vgl. auch Zedlers Univ. Lex., Bd. 45 (s. Anm. 5), Sp. 1991.1999.

9 Zedlers Univ. Lex., Bd. 45 (s. Anm. 5), Sp. 1991.

10 Ebd.

11 Jöcher (s. Anm. 5), Sp. 1365.

12 Ebd., Sp. 1365 f.; Paul Wernle (s. Anm. 5), S. 476, 566; J. Schweizer: Zur Neuordnung der Konfirmation in den reformierten Kirchen der Schweiz, Basel 1938, S. 32 ff. (passim).

Am 1. Mai 1737 starb der rastlos tätige Gelehrte und Vorsteher der Genfer Kirche an einer Lungenentzündung[13].

J. A. Turretini hat sich als Kirchenhistoriker und Kirchenpolitiker verstanden, im wissenschaftlichen Dienst und im praktischen Kirchenamt stehend. Seine Aufgabe sah er nicht als Exeget, seine Überlegungen zur Methodik der Schriftauslegung haben – im Rückblick gesehen – einen kirchengeschichtlichen, – aus seiner Zeit heraus verstanden – einen kirchenpolitischen Ansatz.

Den weitreichenden theologischen Einfluß, den J. A. Turretini als Inhaber zweier Professuren und als aktiver Kirchenmann hatte, machte er geltend, um bis in die praktischen Konsequenzen hinein zu zeigen, daß "Gott … ganz gewiß der Urheber sowohl der Vernunft wie auch der Offenbarung ist" und daß es darum "unmöglich" ist, "daß diese sich gegenseitig bekämpfen"[14]. Diese methodische Grundlegung auch seiner Schriftauslegung ist de facto die Voraussetzung seines kirchlich höchst relevanten Einigungswerkes.

2) Ganz im Gegensatz zu seinem Vater François Turretini[15] ist der Sohn der Meinung, daß die Beschlüsse der Synode zu Dordrecht (1618/19)[16] und in deren weiterem Gefolge die helvetische Konsensformel (1675)[17], die die Prädestinationslehre exzessiv zu kirchentrennender Ausschließlichkeit verdichtete, einen der Vernunft widersprechenden Schlag gegen den Protestantismus darstellten. In seiner Rede *De Scientiarum Vanitate et Praestantia* (Genevae 1706) kann er geradezu von einem "europäischen Kollaps" angesichts dieser Situation sprechen[18].

Die Abschaffung der helvetischen Konsensformel ist die äußere Voraussetzung, daß wenigstens die protestantischen Kirchen zur Einheit finden. Zahlreiche Reden und Schreiben J. A. Turretinis kreisen um dieses Anliegen[19]. Mit großer Intensität und in Verbindung mit dem damals preußischen Neuenburg (Neuchâtel) gelingt es Turretini in Genf (und unter Einschluß weiterer Schweizer Kantone), dem preußischen König in einem umfangreichen Schreiben die Vereinigung unter den protestantischen Kir-

---

13 Der Genealogisch = Historische Archivarius, Auf das Jahr 1737 …, Leipzig 1737, S. 708.

14 J. A. Turrettini (s. Anm. 2), S. 311 f. (Übersetzung bei W. G. Kümmel: NT (s. Anm. 2), S. 66)

15 Über diesen noch heute am umfassendsten: E. de Budé: Vie de François Turrettini, Lausanne 1871.

16 Dazu im Überblick: Johannes Pieter van Dooren: Art. Dordrechter Synode (1618/19), in: Theologische Realenzyklopädie, Bd. IX, 1982, S. 140 – 147.

17 Vgl. dazu F. Trechsel † (Egli): Art. Helvetische Konsensformel, in: Realencyklopädie für protestantische Theologie und Kirche, 3. Aufl., Bd. 7, 1908, S. 647 – 654.

18 S. 28.

19 Zu den wichtigsten Sammlungen siehe unten Anm. 20. 28. 34.

chen als politische und theologische Aufgabe, als das der Zeit und Europa Gemäße aufzuzeigen[20]. Daß er gleichzeitig den englischen König Georg III. in selbiger Sachfrage anging – eine protestantische Einigung einschließlich Anglikaner anstrebend –, daß er Leibniz in intensivem Gedankenaustausch für diese Sache gewinnen konnte, zeigt nur, wie hier im besten Sinne 'Aufklärung' kirchenpolitisch positiv von Turretini eingebracht wird. Heißt es auch in Zedlers *Universal-Lexikon*, Bd. 45, 1745 – längst nach dem Tode Turretinis: "wiewohl er aber auch selbst im Anfange gezweifelt, daß ein so wichtiges Geschäffte annoch bei seinem Leben zu Stande gebracht werden könnte; so glaubte er doch, daß man bey Zeyten den Grund dazu legen müßte"[21]. Nun: den Grund hat für seine Zeit Turretini gelegt (und seine Aufnahme in die Berliner Akademie der Wissenschaften durch den preußischen König war letztlich auch eine Frucht seiner Bemühungen). Aber das ist nur eine Seite. (Ich bin hier etliche Jahre vorangeeilt, ohne den Schriften im einzelnen nachzugehen.)

Seinen genannten Bemühungen einher geht gleichzeitig eine sich damit verbindende zweite Linie der Überlegungen: In seiner Genfer Antrittsrede bei Übernahme der theologischen Professur (Systematik) spricht er es aus (*De Theologo veritatis et pacis studioso. Oratio inauguralis*, Genevae 1706): Religion darf sich keine Fesseln auferlegen. Das ist an der Schriftauslegung zu verdeutlichen. Auch die Bibel ist im Kontext zu lesen, die (hl.) Schrift ist zu verbinden mit heidnischer Weisheit, was so viel heißt: Was man von den Autoren der Antike lernen kann für das Verstehen der Schrift, ist einzubringen (mit deutlichem Verweis auf Plutarch). Wird Turretini später (1728) von der tabula rasa bzw. vom 'leeren Kopf' sprechen[22],

---

20 Die wichtigsten Schreiben sind in der Sammlung "De Pace Protestantium Ecclesiastica" (S. 3 – 38) zu finden, die, verbunden mit der Rede J. A. Turrettinis: "Oratio de Componendis Protestantium dissidiis" (S. 1 – 37), in einem Band in "Genevae MDCCVII" erschienen ist (Übersetzung der Rede: "An Oration of composing the differences among protestants ... by John Alphonsum Turretin", London 1709); vgl. auch J. A. Turrettini: Oratio seu Votum pro Pace Europae, Genevae 1710 (und ders.: De Theologo veritatis et pacis studioso, Oratio inauguralis, Genevae MDCCVI).

21 S. Anm. 5 a. O., Sp. 1992; ebd. Einzelheiten; vgl. auch E. de Budé: J. A. Turretini (s. Anm. 5), S. 128 ff.; Max Geiger: Die Unionsbestrebungen der schweizerischen Theologie unter Führung des helvetischen Triumvirates, in: Theologische Zeitschrift 9 (1953), S. 117 – 136 (bes. S. 129 ff.); Martin Schmidt: Art. Einigungsbestrebungen, kirchliche, II. Einigungsbestrebungen in Europa vom 16.–18. Jahrhundert, in: Die Religion in Geschichte und Gegenwart, 3. Aufl., Bd. II, 1958, Sp. 381 – 386, bes. Sp. 384: "Das Schweizer Triumvirat S. Werenfels, Ostervald und Turrettini hielt die christliche Lehre für entwicklungsfähig, die Fundamentalartikel für veränderlich und wollte durch ihre Anpassung an die lebendige geistig fortschreitende Frömmigkeit alle Christen einen."

22 In: De Sacrae Scripturae (s. Anm. 2), S. 322 f.

die für die Schriftauslegung notwendig sind, so heißt es in dieser Rede[23]:
Man braucht eine von Frömmigkeit freie Brust (vacuum pietate pectus).
Aber damit ist es nicht allein getan: es bedarf bestimmter Regeln der Aus-
legung, z. B. der Textkritik, der Interpretatio.

Was hat dies mit den protestantischen Vereinigungsbestrebungen zwischen Reformierten, Anglikanern und Lutheranern zu tun? Kirchenver-
einigung bedarf einer auf gemeinsamem Boden stehenden
Schriftauslegung.

Ein Jahr später verdeutlicht es Turretini in einer weiteren Rede: *Oratio
de Componendis Protestantium dissidiis (1707)*[24] am Marburger Religions-
gespräch von 1529. Daß man sich über das Abendmahlsverständnis zer-
stritt und damit die protestantische Einigung verhindert wurde, liegt an
der mangelnden Interpretatio. Unter der Voraussetzung und Anwendung
vernünftiger Exegese, die nicht von gegenseitigen Vorbehalten bestimmt
ist, wäre die Einigung damals in Marburg zustande gekommen. Mag hier
der aufgeklärte Theologe auch zu kühn gedacht haben, was 1728 von methodischer Schriftauslegung gesagt und an abusus getadelt wird, bringt er
schon in dieser Rede sachgemäß zur Geltung:

> Und was geschieht dabei wirklich? Natürlich findet jeder seine Dogmen in
> der Schrift, ob er ein Päpstlicher, ein Lutheraner oder ein Reformierter sei,
> und es ist keiner, der sich auf Grund der Lektüre der Schrift von den vorge-
> faßten Meinungen trennen würde[25].

So sehr der Exeget von vorgefaßten Meinungen frei sein muß, es geht
bei dem vacuum pietate pectus nicht um Preisgabe der Frömmigkeit. Das
ist der dritte Aspekt, den J. A. Turretini einbringt. In seiner Untersuchung
Solutio quaestionis: Utrum ἀσύστατα *in contradictoria, proprie loquendo
credi possint* (Genevae 1716) kommt er in Beantwortung von Fragen des
Tübingers Chr. M. Pfaff auf die Kernfrage: Können in sich widerspre-
chende Dinge geglaubt werden? Ausgangspunkt der Überlegungen ist wieder der Streit um das Abendmahl. Kann die Gegenwart des Leibes und
Blutes Christi, weil sie etwas in sich Widersprechendes fasse, geglaubt werden? Unterschiede zwischen reformierter und lutherischer Abendmahls-
auffassung seiner Zeit sind nicht zugunsten einer theologisch zweifelhaften Harmonie preiszugeben, denn Unionsbestrebungen auf einem solchen
Fundament sind schon von ihren Voraussetzungen her brüchig. Wohl aber
kommt es – und hier ist die Schriftauslegung unabdingbar – auf das Verhältnis von Wort und Glaube an. Ist einmal durch sachgemäße Schriftauslegung erwiesen, daß Gottes Wort im Menschenwort begegnet, dann bedarf es keines sacrificium intellectus, dann ist – und hier meldet sich der

---

23 S. 19.
24 Vgl. Nachweis (s. Anm. 20), bes. S. 6 ff. u. ö.
25 In: De Sacrae Scripturae (s. Anm. 2), S. 322 f. (Übersetzung bei W. G. Kümmel:
NT [s. Anm. 2], S. 66 f.)

aufgeklärte Theologe – auf dem Weg der Vernunft auch bei verschiedener Auffassung des Abendmahls eine Union der Protestanten möglich.

Gerade die Bestimmung des Verhältnisses von Wort und Glaube beruht auf entscheidenden Überlegungen zur Schriftauslegung. In der Methodenschrift von 1728 wird es noch klarer ausgesprochen:

> Die heilige Schrift setzt voraus, daß diejenigen, die sie anredet, Menschen sind, d. h. daß sie von ihrer Vernunft Gebrauch machen und damit begabt sind, darüber hinaus (setzt sie voraus) allgemeine oder der Vernunft eigene Begriffe ... Zugleich (setzt die Schrift voraus) die Fähigkeit zu folgern, mittels deren wir aus bestimmten Prinzipien Folgerungen ableiten. Sonst würde die Schrift mit uns nicht folgern und nicht auf Grund des Lichtes der natürlichen Vernunft eine Behauptung aufstellen, was sie doch immer tut. Da also die Schrift die allgemeinen Vorstellungen voraussetzt, so folgt daraus, daß sie nichts im Widerspruch zu ihnen überliefert. Und da Gott ... ganz gewiß der Urheber sowohl der Vernunft wie auch der Offenbarung ist, so ist es unmöglich, daß diese sich gegenseitig bekämpfen[26].

Gott als Urheber von Vernunft und Offenbarung läßt die "Göttlichkeit der Schrift" als Gotteswort im Menschenwort erkennen.

> Wenn darum durch bestimmte Stellen ein Sinn überliefert zu werden scheint, der allen Vorstellungen offen widerspricht, so muß eher alles versucht und unterstellt werden, als daß dieses Dogma angenommen würde. Daher sind jene Stellen entweder anders oder, wenn das nicht geht, als unecht zu erklären, oder das Buch ist keineswegs göttlich zu beurteilen. Ein Beispiel dafür ist die Transsubstantiation[27].

Das Verhältnis von Wort und Glaube erweist sich nach den Kriterien der Schriftauslegung Turretinis in einer Zuordnung von Vernunft und Wort. Dem Gotteswort im Menschenwort begegnet der Glaube in der Zuordnung von Vernunft und Glaube. Vernunft und Wort und Vernunft und Glaube ermöglichen eine Verhältnisbestimmung, die Gott als den Urheber von Vernunft und Offenbarung akzeptieren kann[28].

Daß – noch weitergehend – allein auf der Basis der Vernunft eine solche Kirchenunion möglich sei, bestätigt J. A. Turretini in seinem Werk *Nubes Testium ...* (Genevae 1719[29]; deutsch: *... Untersuchung der Grund-*

---

26 Ebd., S. 311 f. (Übersetzung bei W. G. Kümmel: NT [s. Anm. 2], S. 65 f.).
27 Ebd., S. 312 f. (Übersetzung vgl. Anm. 26).
28 Vgl. auch J. A. Turrettini: Cogitationes & Dissertationes Theologicae, quibus principia religionis cum naturalis, tum revelatae adstruuntur & defenduntur, animique ad veritatis pacis & pietatis studium excitantur, T. I, Genevae 1737; dazu: Neue Zeitungen von Gelehrten Sachen, N. XXXVIII. Auf das Jahr 1738, Leipzig den 12. May, S. 339 – 342; Zedlers Univ. Lex., Bd. 45 (s. Anm. 5), Sp. 1996 f.
29 J. A. Turrettini: Nubes Testium et Pacifico de Rebus Theologicis Judicio, et instituenda inter Protestantes Concordia. Praemissa est Brevis et Pacifica de Arti-

Articul [gelegentlich: *Grund–Artickel*] *des Glaubens*..., o. O. 1719; Frankfurt 1720[30]). Er muß letztlich aus Schrift und Dogmen einige Grund–Artikel herausdestillieren und das betreiben, was Jahrzehnte später Johann Philipp Gabler in seiner Altdorfer Antrittsrede von 1787 hinsichtlich der biblischen Theologie getan hat[31]. Ging es Gabler in einem komplizierten Prozeß um die Filtrierung einer Biblischen Theologie "im engeren Sinn des Wortgebrauchs" als eines eigenständigen und unwandelbaren Fundaments im unaufgebbaren Gegenüber zur stets im Wandel begriffenen Dogmatik, so sah J. A. Turretini seine Aufgabe darin, die Grund–Artikel als die Basis der angestrebten Kirchenunion zu eruieren. Es geht nicht weiter an, daß Lutheraner und Reformierte "ihre Dogmen nicht so sehr an der Norm der Schrift" als "vielmehr die Schrift ihren Dogmen angleichen"[32]. Doch zugleich ist deutlich, "daß die fundamentalen Artikel nicht für alle Menschen" gleich sind, sondern "dem Maß der Offenbarung und nach den ungleichen Fähigkeiten und Lebensumständen der Einzelnen" angemessen[33]. Es bedarf also in Sachen Kirchenunion der Vernunft, da Gott durch diese "wie durch seine Offenbarung wirkt". Daß hier in Ansätzen bereits vom *lumen naturae* her begründet wird, wird man mit Otto

---

culis Fundamentalibus Disquisitio; qua ad Protestantium Pacem, mutuamque Tolerantiam, via sternitur, Genevae 1719 (abgek.: Nubes Testium).

30 Weitere Ausgaben: Zürich 1720, deutsch: Kurtze und friedfertige Untersuchung der Grund–Articul des Glaubens, das zu dem Frieden der Protestierenden u. zu beydseitiger Verträglichkeit der Weg gebahnt wird; samt einer Sammlung der Zeugnisse, In welchen ein bescheidenes ... Urtheil in Theologischen Sachen zu gebrauchen angerathen ... wird. Aus dem Lat. ins Teutsch übers., (o. O.) 1719 (Frankfurt 1720). Zu einzelnen Gesichtspunkten vgl. Giovanni Miegge: Il problema degli articoli fondamentali nel 'Nubes testium' di Giovanni Alphonso Turrettini, in: Gineva e l'Italia, Florenz 1959 (Biblioteca storica Sansoni, N. S. 34), S. 505 – 538. Eine holländische Ausgabe erschien unter dem Titel "Wolke van Getuigen voor de Gematheit en Vredeliebentheit in het Bordelen over Godgeleerde Zaken en te Bevordering von Entracht onder de Protestanten", Delft 1724.

31 Zu Ph. Gablers Altdorfer Antrittsrede und deren Interpretation vgl. Otto Merk: Biblische Theologie des Neuen Testaments in ihrer Anfangszeit. Ihre methodischen Probleme bei Johann Philipp Gabler und Georg Lorenz Bauer und deren Nachwirkungen, Marburg 1972 (Marburger Theologische Studien, Bd. 9) [Übersetzung der Rede, S. 273 – 284; Interpretation, S. 31 ff.]; Weiteres ders.: Art. Johann Philipp Gabler (1753 – 1826), in: Theologische Realenzyklopädie, Bd. XII, 1984, S. 1 – 3.

32 In: De Sacrae Scripturae (s. Anm 2), S. 322 (Übersetzung bei W. G. Kümmel: NT [s. Anm. 2], S. 66).

33 Vgl. Otto Ritschl: Dogmengeschichte des Protestantismus, IV. Bd. Orthodoxie und Synkretismus in der altprotestantischen Theologie, Göttingen 1927, S. 470; J. A. Turrettini: Nubes Testium (s. Anm. 29), S. 19 ff.; G. Miegge: Il problema (s. Anm. 30), S. 511 (u. Anm. 2, ebd.), S. 524 ff. (pass.).

Ritschl gelten lassen dürfen[34]. Ebenso wütend wie empört reagierten Rezensenten auf die lateinische und deutsche Ausgabe der Schrift *Nubes Testium* z. B. in den *Unschuldigen Nachrichten* über die methodische Haltlosigkeit der "Synkretistischen Union", wonach über Schrift und Bekenntnis von J. A. Turretini "falsch Zeugnüß" abgelegt als auch Auslegung und Anwendung der Schrift "zu seinem Vortheil" gewendet werde[35]. Dagegen hat der reformierte Marburger Theologe Johann Heinrich Schramm (1676 - 1753)[36] in seinem Werk *Theologischer Beweiß der Kirchen–Vereinigung* (Marpurg 1722) die Unionsbestrebungen als "heylsame Unternehmung" befürwortet und Turretini als "helleuchtendes Gestirn" bezeichnet[37]. Darin traf sich dieser Autor mit vielen Zeitgenossen. Gleichwohl waren Turretinis Bestrebungen heftig umstritten – nicht zuletzt in den reformierten Stammlanden selbst und bei orthodoxen Lutheranern[38].

J. A. Turretinis Werke liegen in zwei eigenen (das muß betont werden) Sammlungen vor: *Joh. Alphonsi Turretini opuscula varii generis*, T. I.II (Braunschweig 1725/1726) und: *Cogitationes & Dissertationes Theologicae* ..., T. I – III (Genevae 1737)[39]. In ihnen geht es vornehmlich nicht um Schriftauslegung, doch eine Fülle mehr zufälliger Einzelhinweise lassen Turretinis grundsätzliche Meinung immer wieder hervortreten.

In Bd. I der *Cogitationes & Dissertationes* wird eingehend das Verhältnis von Vernunft und Glaube behandelt und das Verhältnis von Offenbarung und Schrift berührt. Im II. Bd., der besonders gesammelte Reden von Turretini enthält, wird die Verbindung von "Frömmigkeit und Gelehrsamkeit" ebenso betont wie auch Gefahren und Einseitigkeiten zur Sprache kommen (*Von der Gelehrsamkeit des 17. Jahrhunderts und der jetzigen Gefahr der Gelehrsamkeit; Von der Beförderung und Verbesserung der Studien; Von der Eitelkeit und Vortrefflichkeit der Wissenschaften*). In allem erweist sich Turretini hinsichtlich der angestrebten Union, hinsichtlich des gegenwärtigen Standes und des Erreichbaren in Wissenschaft und Kirchenpolitik seiner Zeit und nicht zuletzt in Beobachtungen und Äußerungen zur Schriftaus-

---

34 Ebd. und J. A. Turrettini: Disquisitio theologica de articulis fundamentalibus, in: Cogitationes & Dissertationes (s. Anm. 28), T. 2, Genevae 1737, S. 442 u. ö.

35 Unschuldige Nachrichten oder Sammlung von alten und neuen theologischen Sachen, Büchern, Urkunden ..., Leipzig 1720, S. 60; 1721, S. 92.

36 Über Johann Heinrich Schramm vgl. Catalogus Professorum Academiae Marburgensis. Die akademischen Lehrer der Philipps–Universität in Marburg von 1527 bis 1910, bearbeitet von Franz Gundlach, Marburg 1927 (Veröffentlichungen der Historischen Kommission für Hessen und Waldeck, Bd. XV), Nr. 45 (S. 29 f.).

37 S. 8, 13.

38 Zeitgenössische Darstellung in Zedlers Univ.Lex., Bd. 45 (s. Anm. 5), Sp. 1995 ff.

39 Volle Titelangabe s. Anm. 28.

legung als ein vorwärts drängender, aber 'moderater', der 'Vernünftigkeit' einen breiten Raum gewährender Theologe und Kirchenmann[40].

Über die Schriftauslegung selbst hat sich Turretini nur an wenigen Stellen geäußert. In seiner Schrift anläßlich des Züricher Reformationsjubiläums 1719 behandelt er u. a. Joh 12,35.36: Reformation zu bedenken heißt für die Schriftauslegung "vom Verstand des Textes" auszugehen, erst dann können die Konsequenzen gezogen werden[41]. Auch unter diesem Gesichtspunkt ist – wie schon erwähnt – zu sehen, daß zumindest unter seiner Oberaufsicht 1726 eine Übersetzung des Neuen Testaments für den Kanton Genf vorgelegt und eingeführt wurde.

Als "Opus Posthumum" erschien J. A. Turretinis *Commentarius Theoretico–Practicus in Epistolas Divi Pauli ad Thessalonicenses* (Basilea 1739). Dieses Werk – Vorlesungen der Jahre 1722 – 24 – ist sicher in Einzelheiten ungleich gearbeitet, es läßt in jedem Fall die letzte Hand des Autors vermissen, doch in den Prolegomena wird alles Wesentliche zur Schriftauslegung in Kürze aufgeführt, was in *De Sacrae Scripturae interpretandae methodo tractatus bipartitus ...* (1728)[42] ausführlich dargelegt ist. Ebenfalls posthum erschien eine Auslegung des Römerbriefs (bis Kap. XI; Genf/Lausanne 1741). Sie zeigt deutlich humanistischen Einfluß, besonders den des Erasmus[43]. Schließlich ist auf J. A. Turretinis Buch *Tres dissertationes Theologicae de Veritate Religionis Christianae* (Genevae 1721) zu verwei-

---

40 Vgl. auch die Sammlung der Reden in: Cogitationes & Dissertationes (s. Anm. 28), T. III, Genevae 1737 (darunter die oben Anm. 20 angeführten Veröffentlichungen). Das weist auch eine in der Diskussion weithin übergangene Rede aus: Johannis Alphonsi Turretini sacrarum Antiquitatum Professoris de multiplici sacrarum Antiquitatum usu ac praestantia, dicta in Academia Geneviensi a. d. XIII, Kal. Jun. MDCCVII. quo die recens erectam, sibique publica auctoritate demandatam Historiae Ecclesiasticae professionem auspicaretur, in: Clarissimorum virorum Orationes selectae ... collegit Io. Erhardus Kappius, Lipsiae MDCCXII, S. 88 – 113 (S. 106: Theologia kann nicht ohne methodischen Plan sinnvoll betrieben werden).

41 Sermon sur le jubilé de la reformation de la Republique de Zürich, sur S. Jean XII.35.36, Genève 1719.

42 Vollständiger Titel s. Anm. 2; vgl. E. de Budé: J. A. Turrettini (s. Anm. 5), S. 180 ff. und die allerdings die methodischen Hinweise nicht beachtenden Feststellungen von Wilhelm Bornemann: Die Thessalonicherbriefe, Göttingen 1894, S. 618 f., 628 f. (Kritisch–exegetischer Kommentar über das Neue Testament, begründet von Heinr. Aug. Wilh. Meyer, 5. und 6. Aufl.).

43 Vollständiger Titel: In Pauli Apostoli ad Romanos Epistolae Capita XI. Praelectiones criticae, theologicae et concionatoriae. Opus posthumum Joh. Alphonsi Turrettini, olim in Academia Genevensi S. Theologiae, nec non historiae ecclesiasticae professoris, Lausannae et Genevae 1741; dazu E. de Budé: J. A. Turrettini (s. Anm. 5), S. 192 ff.; P. Wernle (s. Anm. 5), S. 495.

sen. Dieses Werk hat Turretinis Schüler Jacob Vernet[44] mit Genehmigung des Autors in die französische Sprache übersetzt und es dabei nicht unwesentlich ausgestaltet (Genève 1730 und nochmals erweiterte Auflagen in Folgejahren).

Die von Turretini gebilligte Absicht des Unternehmens ist deutlich: Vernet

> hat damit der Kirche einen besonderen Dienst zu thun vermeynet, zumahl zu einer Zeit, da die Deisterey mehr als jemals, in dem Schwange gehet, da man den Unglauben mit den stärksten Waffen angreiffen, und da man denenjenigen, die nur bloß mit einer natürlichen Religion sich befriedigen und die geoffenbarte auf die Seite zu setzen pflegen, ihre schlechten Gründe vorhalten, und sie nach Gebühr abweisen muß[45].

Section V und VI erschienen 1745 in einem Band mit fortlaufender Seitenzählung und den Untertiteln: 1°. "De l'authenticité des Livres du Nouveau Testament"; "Et 2°". "Du Caractère des Fondateurs du Christianisme". Hier wird vielfach auf Johann Jakob Wettsteins zunächst anonym veröffentlichte *Prolegomena* (1730)[46] Bezug genommen, die zentrale Bedeutung der Textkritik bei Wettstein, John Mill, Richard Bentley u. a. als unaufgebbare Voraussetzung der richtigen Einschätzung der neutestamentlichen Bücher angeführt[47]. Hinsichtlich der Einleitungswissenschaft wird wesentlich im Sinne der Zeit argumentiert, so daß – durch Anregung und in Nachwirkung Richard Simons – Johann David Michaelis' *Einleitung in die göttlichen Schriften des Neuen Bundes* (Göttingen 1750) doch das erste wirklich so zu kennzeichnende Buch bleibt. Noch immer ungelöst ist die Frage, inwieweit J. Vernet – besonders in den Bänden, die nach J. A. Turretinis Tod erschienen, – durchaus eigenständig erweitert hat und inwieweit Turretini selbst vor dem Erscheinen der französischen Übersetzung Hinweise für Erweiterungen gegeben hat[48]. Im ganzen läßt sich feststellen:

---

44 Über Person und Werk vgl. (noch zu Lebzeiten erschienen): Art. Vernet (Jacob), in: Grosses vollständiges Universal-Lexikon Aller Wissenschaften und Künste ..., Bd. 47, Leipzig und Halle 1746, Sp. 1355 f. (abgek.: Zedlers Univ-.Lex., Bd. 47).

45 Zedlers Univ.Lex., Bd. 45 (s. Anm. 5), Sp. 2000. Die erste von J. Vernet besorgte Ausgabe trägt den Titel: Traité de la Vérité de la Religion Chrétienne, Tiré du Latin de Mr. J. Alphonse Turrettin Section I.II. de la necessité & de charactères de révélation, Genève 1730; die späteren Auflagen unter dem Gesamttitel: Traité de la vérité de la religion chrétienne. Tiré principalement du Latin de feu Mr. J. Alphonse Turrettin, Section I – VIII, Genève 1730 – 1755.

46 Siehe unten Anm. 79

47 Section V, S. 39 Anm.; S. 62 ff.

48 In Zedlers Univ. Lex., Bd. 47 (s. Anm. 44), wird folgende, aber auch nicht in jeder Hinsicht überzeugende Erklärung noch zu Lebzeiten Vernets wiedergegeben: "Sonst hat sich Herr Vernet auch dadurch, daß er unterschiedene von des Turretini Schrifften theils überhaupt theils nur bloß herausgegeben, berühmt

Diese von J. Vernet vorgelegten Ausführungen unterscheiden sich hinsichtlich der Methodik der Schriftauslegung nicht von dem, was wir von J. A. Turretini an diesbezüglichen Äußerungen haben.

Die zusammenfassende und umfassendste Darlegung über die Methode der Schriftauslegung zeigt das Werk *De Sacrae Scripturae interpretandae methodo tractatus bipartitus, In quo Falsae Multorum Interpretum Hypotheses Refelluntur, Veraque Interpretandae Sacrae Scripturae Methodus adstruitur. Auctore Alphonso Turetino*, Trajecti Thuriorum (= Dordrecht), 1728. Turretini hat hier geradezu unfreiwillig eine Grundschrift für das Selbständigwerden der Bibelwissenschaften geliefert. Geradezu unfreiwillig, denn es handelt sich um Nachschriften aus seiner öffentlichen Vorlesung über Methoden der Schriftauslegung[49], die ein (vielleicht mehrere) Schüler unter Turretinis Namen mit einer Fülle von Fehlern im Hebräischen und Griechischen herausbrachte. Öffentlich hat sich Turretini zwar von diesem Werk distanziert, in Wirklichkeit aber war die Veröffentlichung sehr überlegt: In Dordrecht war 1618/19 das Unheil der Abkapselung der calvinistisch orientierten Reformierten besiegelt, in Dordrecht erschien 1728 das Buch, das die Gemeinsamkeit aller Protestanten in der Schriftauslegung darlegen sollte und wollte (und darum schärfstens gegen das tridentinische Schriftverständnis ausgerichtet ist).

Hier ist jetzt nur zusammenfassend festzustellen: Turretinis Ausführungen sind sicher nicht frei von Gedanken der englischen und französischen Aufklärung, aber zugespitzt und darauf ausgerichtet, daß Gott der Urheber der Vernunft als auch der Offenbarung ist. Turretini verbindet diese Gedanken der Zeit mit Einsichten und Grundgedanken humanistischer Schriftauslegung und Grundsätzen auch reformatorischen Schriftver-

---

gemacht". Bezüglich des Anm. 45 genannten Werkes ("Sect. I.II") heißt es: "Es ist bey diesen (sic!) Buche anzumercken, daß es von gantz besonderer Art sey. Es ist nicht gantz übersetzt, und nicht ganz von dem Autore selbst ausgedacht, sondern beydes ... Turretin faste den Vorsatz kurtze Abhandlungen der jüdischen und christlichen Religion auszuarbeiten. Weil Herr Turretin also nur Academische Sätze abgefasset hat, so hat Herr Vernet demselben (sc. Werk) eine gantz andere Gestalt geben müssen" (Sp. 1356). Vgl. auch J. Vernet, in: Traité de la Vérité (s. Anm. 45), Section I, S. III – VIII; ferner: Neue Zeitungen von Gelehrten Sachen, N. XXXVII. auf das Jahr 1737. Leipzig den 13. May, S. 331 f. Zur Bedeutung J. Vernets für das Werk Turretinis vgl. auch: Joh. Alph. Turretini de Sacrae Scripturae Interpretatione Tractatus Bipartitus, Restitutus varieque auctus per Guil. Abraham Teller, Francfurti ad Viadrum MDCCXXVI, S. 1 f. u. ö. (abgek.: Tellers Ausgabe). L. Zscharnack: Art. Turrettini (s. Anm. 5), Sp. 1328: "Der von Vernet hrsg. Traité de la vérité ... bietet schon in seiner Erstauflage ... kein ganz zuverlässiges Bild der Theologie T. s., noch weniger in der zweiten (1748 – 1751)".

49 Zedlers Univ. Lex., Bd. 45 (s. Anm. 5), Sp. 2000.

ständnisses – etwa Calvin, *Institutio*, 1536 (und weitere Auflagen)[50], ohne auf diesen Reformator festgelegt zu sein. In hermeneutischer Hinsicht knüpft er vielfach an Hugo Grotius an und erkennt mit ihm die Bedeutung der Schriftauslegung des Matthias Flacius[51].

Die Hauptlinien der Ausführungen: a) Die hl. Schriften sind ebenso auszulegen wie alle anderen (profanen) Bücher auch. b) Der Erklärer muß auf die Interpretation der einzelnen Worte und Redewendungen achten. c) Der scopus ist im Kontext der jeweiligen Schrift zu erarbeiten, wobei die Meinung des ursprünglichen Autors so klar wie möglich zu erheben ist. d) Es kann nichts im Widerspruch zu allgemeinen Vorstellungen überliefert sein; um das zu erkennen, muß der Interpret das lumen naturale der Vernunft voll einsetzen. e) Die Meinungen der biblischen Autoren dürfen in nichts heutigen Vorstellungen angeglichen oder aus diesen erhoben werden. f) Die Theopneustie ist bei Turretini durchbrochen. g) Altes und Neues Testament sind im Prinzip getrennt, und der historischen Einordnung von alttestamentlichen und neutestamentlichen Schriften ist Rechnung getragen. h) Schließlich hat Turretini über die Frage einer voraussetzungslosen Schriftauslegung nachgedacht: Trotz vacuum pectus, trotz des 'leeren Kopfes' und der 'tabula rasa' gibt es keine voraussetzungslose Exegese: "Da Gott ... ganz gewiß der Urheber sowohl der Vernunft wie auch der Offenbarung ist, so ist es unmöglich, daß diese sich gegenseitig bekämpfen." ... "Wenn es nicht so wäre, so würden wir uns in das Labyrinth der Skeptiker verirren, und weder die Göttlichkeit der Schrift selbst noch ihr Sinn könnte erkannt werden"[52].

Es ist wissenschaftsgeschichtlich bekannt, daß sich seine methodischen Erwägungen erst Jahrzehnte später wirklich durchsetzen konnten, obwohl J. A. Turretinis Werke in Europa weit gestreut nachgedruckt und übersetzt wurden (Gesamtausgabe: Leuwarden 1775) und J. J. Wettstein gleichgerichtete Gedanken verfolgt und Joh. Aug. Ernesti seine Ansätze aufgegriffen und weitergeführt hat[53]. Erst nachdem Joh. Sal. Semler Wettsteins methodische Gesichtspunkte erläuternd herausgebracht (1766) und durch seine eigenen Untersuchungen zum *Canon* (1771 – 75) weiterführende Wege gezeigt hat[54], legte Wilhelm Abraham Teller 1776 eine erweiterte 2. Auflage von Turretinis Vorlesungen vor: *Joh. Alph. Turretini de Sacrae Scripturae Interpretatione Tractatus Bipartitus, Restitutus varieque auctus per*

---

50 Vgl. auch Hans-Joachim Kraus: Calvins exegetische Prinzipien, in: Zeitschrift für Kirchengeschichte 79 (1968), S. 329 ff., bes. S. 341 Anm. 56.

51 Hierzu und zum Folgenden die Belege bei Otto Merk: Anfänge (s. Anm. 4), S. 42 ff. und die dort Genannten.

52 In: De Sacrae Scripturae (s. Anm. 2), S. 311 ff. (Übersetzung bei W. G. Kümmel: NT [s. Anm. 2], S. 66).

53 Vgl. beispielhaft Jo. Augusti Ernesti Institutio Interpretis Novi Testamenti ad usus Lectionum, Lipsiae 1761, S. 171 u. ö.

54 Nachweise bei Otto Merk: Anfänge (s. Anm. 4), S. 44 – 47.

Guil. Abraham Teller, Frankfurti ad Viadrum MDCCLXXVI. Jetzt waren Turretinis Gedanken im Ansatz verwirklicht, jetzt konnte umso deutlicher geradezu forschungsgeschichtlich nachgewiesen werden, daß im Gegenüber zur Auffassung des Tridentinums eine den Protestantismus verbindende, methodisch einheitliche Schriftauslegung erforderlich sei[55]. Jetzt gelingt es, z. B. Verbindungslinien von Turretini zu J. A. Ernesti aufzuzeigen[56]. Jetzt kann – weit gefaßt – die Mythenerforschung des 18. Jahrhunderts aufgegriffen werden, die Bedeutung von R. Lowth für die exegetische Arbeit genannt werden[57]. Insgesamt sind Kap. II und III die für die Methodik der Schriftauslegung tragenden Teile des Buches (= "Caput II, in quo generales de modo Scripturam interpretandi regulae traduntur"; "Caput III, de modo interpretandi certos Scripturae libros, vel certas materias, regulae speciales ac primo de rebus historicis")[58]. G. (= W.) A. Teller schließt mit der Feststellung und dem Aufruf: Wir müssen mit den Augen des Turretini studieren[59]. Noch einige Jahre später markiert C. A. G. Keil in seiner Schrift *De historica librorum sacrorum interpretatione ejusque necessitate* (Lipsiae 1788; deutsch: *Ueber die historische Erklärungsart der heiligen Schrift und deren Nothwendigkeit* (Leipzig 1793)) den Weg der Schriftauslegung im 18. Jahrhundert von Turretini über Wettstein und Ernesti bis in seine Tage. Und G. L. Bauer in seinem *Entwurf einer Hermeneutik des Alten und Neuen Testaments* (Leipzig 1799) nimmt ausdrücklich auf beide Ausgaben von Turretinis Methodenbuch Bezug, um die Hermeneutik des 18. Jahrhunderts zu erfassen[60].

Mit diesen Bemerkungen zur Wirkungsgeschichte ist einerseits der Grenzbereich des Themas bewußt überschritten, um andererseits gezielter im Horizont einer Epoche den engeren Gesichtspunkt 'von Turretini zu Wettstein' in ein paar Fragestellungen kurz anzugehen.

III.

1) Der Lebensweg des am 5. März 1693 zu Basel geborenen Johann Jakob Wettstein[61] verlief, was Bildungs- und Werdegang betrifft, nicht unähnlich dem J. A. Turretinis. Dem ebenso klassisch-philologisch (durch seinen

---

55 Tellers Ausgabe (s. Anm. 48), S. 2 ff. 38 ff.
56 Ebd., S. 177.
57 Ebd., S. 187 ff.
58 Ebd., S. 243 – 284 und S. 284 – 296; zentral S. 371 f. (vgl. De Sacrae Scripturae [s. Anm. 2], S. 322 f.).
59 Tellers Ausgabe (s. Anm. 48): S. 408.
60 S. 7 ff., 19, 23. Im 19. Jahrhundert hat vor allem Eduard Reuß: Die Geschichte der Heiligen Schriften Neuen Testaments, 6. Aufl., Braunschweig 1887, die Bedeutung Turretinis für die Hermeneutik betont (§ 568, S. 639).
61 Vgl. hierzu und zum Folgenden Art. Wetstein (Johann Jacob), in: Grosses vollständiges Universal-Lexikon Aller Wissenschaften und Künste ..., Bd. 55, Leip-

Onkel Rudolf Wettstein) wie theologisch (besonders durch Samuel Werenfels[62]) Ausgebildeten bieten sich Möglichkeiten zu Reisen in der
Schweiz, nach Paris und England. Doch zuvor, durch weitere Basler Verwandtschaft vermittelt, legt er aufgrund in der Universitäts-Bibliothek Basel befindlicher Handschriften eine Dissertation vor: *De variis Novi Testamenti lectionibus*, Basilea 1713, mit der Grundthese: "integritatem Scripturae per lectionum diversitatem non labefactari"[63]. Es gibt keinen integren
neutestamentlichen Text, die orthodoxe Lehre von der Inspiriertheit der
Schrift ist unhaltbar. Diese These sollte sich ihm durch seine Reisen vertiefen, die textkritisch reichste Funde und Einsichten bieten. Sein geistiger
Ahnherr in Sachen Textkritik ist Richard Simon[64], der englische Textkriti-

zig und Halle 1748, Sp. 1002 - 1022 (abgek.: Zedlers Univ. Lex., Bd. 55) - C. R.
Hagenbach: Johann Jacob Wettstein (s. Anm. 1), S. 73 - 152. - Ders.: Die
Theologische Schule Basels und ihre Lehrer von Stiftung der Hochschule 1460
bis zu DeWettes Tod 1849. Zur vierten Säcularfeier der Universität Basel im
Auftrag der Theologischen Fakultät verfasst von K. R. Hagenbach, Basel 1860,
bes. S. 36 ff. - Das am 28. October 1834 gefeierte Jubelfest des Seminars der
Remonstranten zu Amsterdam ... Erste Abtheilung. Historisch-biographische
Nachrichten über jeden der Professoren, die am Seminar der Remonstranten
gewirkt haben, in: Zeitschrift für die historische Theologie 13 (1843),
S. 92 - 145, bes. S. 115 - 127. - Heinrich Böttger: Johann Jakob Wetstein's wid-
rige Schicksale während der ersten Zeit seiner Anstellung am remonstranti-
schen Seminarium zu Amsterdam, nach den Mittheilungen des Remonstranten
Adrian Stolker ..., in: Zeitschrift für die historische Theologie 40 (1870),
S. 475 - 515. - Eduard Reuß (s. Anm. 60), § 408 (S. 465 f.). - W. J. Lente: Het
Leven en Werken van Johan. Jakob Wettstein, Leiden 1902. - Carl Bertheau:
Art. Wettstein, Johann Jakob, in: Realencyklopädie für protestantische Theolo-
gie und Kirche, 3. Aufl., Bd. 21, 1908, S. 198 - 203. - P. Wernle (s. Anm. 5),
S. 525 f. - Hans v. Soden: Art. Wettstein, Johann Jakob (1693 - 1754), in: Die
Religion in Geschichte und Gegenwart, 2. Aufl., Bd. V, 1931, Sp. 1894. - C. L.
Hulbert-Powell: John James Wettstein 1693 - 1754, An Account of His Life,
Work and Some of His Contemporaries, London 1938. - Hans-Otto Metzger:
Art. Wettstein, Johann Jakob (1693 - 1754), in: Die Religion in Geschichte und
Gegenwart, 3. Aufl., Bd. VI, 1962, Sp. 1671. - W. G. Kümmel: NT (s. Anm. 2),
S. 52 - 54, 65, 73, 88, 599.

62 Vgl. Art. Werenfels (Samuel), in: Grosses vollständiges Universal-Lexikon Aller Wissenschaften und Künste ..., Bd. 55, Leipzig und Halle 1748,
Sp. 355 - 358 (abgek.: Zedlers Univ. Lex., Bd. 55); Rudolf Hanhart: Erinnerungen an Samuel Werenfels, in: Wissenschaftliche Zeitschrift, hrsg. von Lehrern
der Baseler Hochschule, 2. Jahrgang, Basel 1824, H.1.2, S. 23 - 51, 83 - 109. -
K. Barth (s. Anm. 1), S. 180 ff. - M. Geiger (s. Anm. 21), S. 117 ff.
63 Tag der öffentlichen Verteidigung und Promotion zum Dr. der Philosophie:
17. März 1713; vgl. H. Böttger (s. Anm. 61), S. 477; C. L. Hulbert-Powell (s.
Anm. 61), S. 15.
64 C. L. Hulbert-Powell (s. Anm. 61), S. 16, Anm. 1.

ker Richard Bentley wird ihm für einige Jahre Vertrauter (Bruch wahrscheinlich 1721). 1729 ist es Wettstein unwiderruflich klar: 30.000 neutestamentliche Textvarianten stehen gegen das orthodoxe System[65]. Es kann durch die textkritische Arbeit nur der Zusammenbruch des orthodoxen Schriftverständnisses konstatiert werden.

Wettstein war unvorsichtig genug, weitreichendere Konsequenzen seiner textkritischen Arbeit mündlich (und indirekt) zu verbreiten: Die Lesart ὅς statt der bisher gültigen ϑεός in 1 Tim 3,16 war nur die Spitze des Eisbergs, aber insofern auch ein Gipfel, als nunmehr seine orthodoxe–dogmatische Aufrichtigkeit von seinen Lehrern Johann Ludwig Frey und Jacob Christoph Iselin und weiteren in Basel öffentlich in Frage gestellt und Wettstein angeklagt wurde[66].

2) Ehe der Streit von 1729 im Hinblick auf die Schriftauslegung kurz zu skizzieren ist, sind Hintergründe als vermutlich tiefergreifende Ursachen desselben zu nennen. Wettstein läßt sich in die helvetischen Consensuskämpfe verwickeln, ergreift deutlich Partei für J. A. Turretini, reist mehrfach nach Genf und sieht sich in diesem Einsatz auch als Vollstrecker der Ansichten seines Onkels Rudolf Wettstein. Dabei trifft er sich mit Intentionen seines Basler Lehrers Samuel Werenfels (1657 – 1740; seit 1711 Neutestamentler), der mit J. A. Turretini und J. F. Ostervald (Bern) das "helvetische Triumvirat" bildete, mit J. A. Turretini menschlich, wissenschaftlich und kirchenpolitisch verbunden war und über Wettsteins Familienbekanntschaft mit J. A. Turretini hinaus[67] dem jungen J. J. Wettstein wichtige Einsichten Turretinis vermittelte. Werenfels förderte wie J. A. Turretini ausdrücklich die Kirchenunion und die Aufhebung der "Konsensusformel"[68]. Seine Übergangsposition[69] vom altreformierten Denken weg hin zu einer 'vernünftigen Orthodoxie', die es ihm gestattete, auf humanistischer Grundlage – neuen Einsichten der Schriftauslegung offen – die Verbalinspiration abzulehnen, berührt sich in vielfacher Hinsicht mit Turretinis methodischen Ausführungen, ohne dessen Tiefenschärfe und

---

65 Vgl. zur zeitgenössischen Erforschung der Textkritik: A. Fox: John Mill and Richard Bentley: a Study of the Textual Criticism in the New Testament 1675 – 1729, Oxford 1954.

66 Vgl. C. R. Hagenbach: Johann Jacob Wettstein (s. Anm. 1), S. 103 ff. (auch zum Folgenden).

67 Vgl. J. J. Wettstein: Novum Testamentum Graecum (s. Anm. 3), Bd. I (Prolegomena), Amstelaedami 1751, S. 209 f.

68 Vgl. die Anm. 62 Genannten; dazu Erich Beyreuther: Art. Werenfels, Samuel (1657 – 1740), in: Die Religion in Geschichte und Gegenwart, 3. Aufl., Bd. VI, 1962, Sp. 1640; C. L. Hulbert–Powell (s. Anm. 61), S. 286 ff.

69 Dazu G. Hornig (s. Anm. 1), S. 129; E. Beyreuther (s. Anm. 68); Max Geiger: Die Basler Kirche und Theologie im Zeitalter der Hochorthodoxie, Zollikon–Zürich 1952, S. VII, 351 ff. u. ö.

Konsequenz zu erreichen[70]. Sein diesbezüglicher Hauptbeitrag *De scopo, quem scripturae Interpres sibi proponere debet* zeigt den auf grammatisch-historische Auslegung bedachten Gelehrten (und Philologen)[71]. Daß auch er "als ein Vorgänger Ernesti's" bezeichnet werden konnte, wundert nicht[72]. Unter der Überschrift "Sacrae scripturae abusus" lautet sein Dictum über die Bibel: "Hic liber est, in quo quisque sua dogmata quaerit. Invenit et iterum dogmata quisque sua" ("Dies ist das Buch, darin ein jeglicher sucht seine Meinung, Und seine Meinung sofort findet ein jeglicher darin")[73]. Es ist jener abusus, den J. A. Turretini eindeutig bekämpfte.

Samuel Werenfels war zweifellos wesentlicher Vermittler Turretinischen Gedankengutes an Wettstein. Als Wettstein 1730 wegen (angeblich) dogmatischer Gefährlichkeit, vor allem aber aus persönlichen Intrigen Pfarramt und Dozentur in Basel verlor, hat sich Werenfels nicht nur im wesentlichen neutral verhalten, sondern auch als Vermittler zwischen den Streitenden fungiert. Auch hat er – wie der Briefwechsel belegt – Turretini über Wettsteins Ergehen in Basel bestens informiert[74]. Daß er sich von Wettsteins "dogmatischer Pietätlosigkeit" abgewandt habe[75], ist so nicht zu belegen, auch wenn Werenfels dem Heißsporn J. J. Wettstein keineswegs in allem gefolgt ist[76]. In einem Brief Turretinis an J. J. Wettstein vom 15. Mai 1733 schreibt der Genfer ausdrücklich von den Querelen und Schikanen, die Wettstein widerfahren sind – und er nimmt ebenso ausdrücklich auf das ihm sehr zusagende Werk der *Prolegomena* Bezug[77].

---

70 Tellers Ausgabe (s. Anm. 48), S. 167 f.
71 In der Gesamtausgabe seiner Schriften: Opuscula theologica, philosophica et philologica, Bd. I – III, Basilea 1782; zu Einzelheiten Zedlers Univ. Lex., Bd. 55 (s. Anm. 62), Sp. 356 ff.; R. Hanhart (s. Anm. 62), passim.
72 K. R. Hagenbach: Die Theologische Schule Basels (s. Anm. 61), S. 39.
73 Ebd.
74 Die Briefe S. Werenfels' an J. A. Turretini sind noch kaum ausgewertet. Doch vgl. Lettres inédites adressées de 1686 à 1737 à J.-A. Turrettini, Théologien Genevois, publiées et annotées par E. de Budé, T. III, Paris/Genève 1887, S. 408 – 432. Im Privatbesitz der Familie de Budé (Genf) befinden sich 137 weithin nicht veröffentlichte Briefe von S. Werenfels an J. A. Turretini, wie durch sehr freundliches Entgegenkommen der Familie de Budé bekannt wurde und die – wie M. Geiger (s. Anm. 21), S. 117 ff., 135, mit Recht hervorhebt – reichen Aufschluß gewähren. Zur ungewöhnlichen Hochschätzung vgl. die Widmung an Samuel Werenfels in: Joh. Alphonsi Turretini: De Scientiarum Vanitate et Praestantia. Oratio academica, Genevae MDCCVI.
75 So E. Beyreuther (s. Anm. 68).
76 Vgl. auch C. R. Hagenbach: Johann Jacob Wettstein (s. Anm. 1), S. 109 ff., 138 ff. (passim). – K. Barth (s. Anm. 1), S. 190, Anm. 17; S. 193, Anm. 25.
77 Vgl. J. J. Wettstein: Novum Testamentum Graecum (s. Anm. 3), Bd. I (Prolegomena), Amstelaedami 1751, S. 210.

3) Was aber war inzwischen geschehen?[78] Das zur Beurteilung von Wettsteins Thesen einberufene Basler Comité erhebt Anklage, weil Wettstein offen gegen das orthodoxe System angehe. Seine These: 'Jeder könne (und solle) frei über den richtigen zu lesenden Text entscheiden', war ein Totalangriff auf das Schriftverständnis der Orthodoxie. Wettstein war zu seinen Feststellungen besonders aufgrund seiner Untersuchungen des Codex A (Alexandrinus) gekommen, dessen annähernd 30.000 Varianten gegenüber dem Textus receptus dieses Ergebnis zwingend machten. Daß durch weitreichende textkritische Untersuchungen zugleich dogmatische Grundfesten ins Wanken kamen (1 Tim 3,16: ὅς statt bisher θεός zu lesen), wurde auch von Wettstein betont. Allerdings berief er sich darauf, nichts anderes zu tun als der große Basler Erasmus tat und Hugo Grotius, der "praestantissimus" aller Interpreten des Neuen Testaments, forderte, Richard Simon ins Werk setzte und Descartes Gedankengut nicht fernstehe. – Das Basler Comité dagegen witterte in Wettstein einen Sozinianer (bezüglich seines Verstehens von Gottheit und Trinität). Seit der Reformation – so die geistliche Gerichtsbehörde – habe niemand derart gefährliche Gedanken geäußert wie er. Abschließend dankt das Comité Gott für den inspirierten Textus receptus. Das Ergebnis: Wettstein mußte Pfarramt und Dozentur in seiner Heimatstadt verlassen. Er lebte seitdem in Amsterdam, lehrte unter wechselnd schwierigen Bedingungen in der Akademie der Remonstranten, blieb aber stets dem Schweizer Reformiertentum verpflichtet. Eine Rückkehr nach Basel und selbst eine offizielle Berufung dorthin scheiterten an den alten Intrigen, obwohl sich Werenfels u. a. energisch für Wettstein einsetzten. Lebensschicksal und Kampf um freies Schriftverständnis greifen in ungewöhnlicher Weise ineinander.

Das bisher Ausgeführte ist in den anonym erschienenen *Prolegomena* (1730) zusammengefaßt[79]. Die Textkritik erweist sich als der Motor eines neuen Schriftverstehens, denn sie zeigt: Die Apostel schrieben in der Art des gemeinen Volkes. Nichts ist inspiriert. Und darum wendet sich Wettstein mit Schärfe gegen diejenigen, die aufgrund der handschriftlichen Bezeugungen zwar das Richtige sahen, dann aber das Richtige als "Ver-

---

78 Zum Folgenden bes. der zeitgenössische Bericht in: Zedlers Univ. Lex., Bd. 55 (s. Anm. 61), Sp. 1006 – 1014; C. R. Hagenbach: Johann Jacob Wettstein (s. Anm. 2), S. 103 ff., 109 – 134.

79 Vollständiger Titel: Prolegomena ad Novi Testamenti Graeci editionem accuratissimam, e vetustissimis Codicibus manuscriptis denuo procurandam, in quibus agitur de Codicibus manuscriptis novi Testamenti, scriptoribus Graecis, qui novo Testamento uti sunt, versionibus veteribus, editionibus prioribus & claris interpretibus & proponuntur animadversiones & cautiones ad examen variarum lectionum novi Testamenti, Amstelaedami 1730. Zur Beurteilung des Werkes in den zeitgenössischen Rezensionen vgl. die Nachweise in Zedlers Univ.Lex., Bd. 55 (s. Anm. 61), Sp. 1015 f. Neuere Gesamtwürdigung: C. L. Hulbert-Powell (s. Anm. 61), S. 96 – 123.

schreibung" harmonisierend an den Textus receptus anglichen. Hier liegt der Grund, warum in den nachfolgenden Jahrzehnten die Kritiker gern vom "frommen Bengel" im Unterschied zum "profanen Wettstein" sprachen[80]. Die Hochschätzung der Väter kritischer Schriftauslegung (Grotius, R. Simon) kommt in den *Prolegomena* ebenso zur Geltung wie anhand des johanneischen Prologs eine Einführung in die protestantischen Kommentare gegeben wird (Cap. XV). In Cap. XVI folgen 19 Regeln für die Textkritik (darunter Regel 3: der Textus receptus sollte keine Autorität haben; Regel 12 behandelt 1 Tim 3,16; Regel 14: Das Zeugnis der [Kirchen-] Väter hat großes Gewicht). Joh. Sal. Semlers Neuausgabe der *Prolegomena* von 1730 im Jahre 1764 (mit Ergänzungen) zeigt die Wirkung dieser Schrift auch über Wettsteins berühmte textkritische Ausgabe des Neuen Testaments von 1751/52 hinaus[81].

4) Wettsteins Amsterdamer Tätigkeit am Remonstranten-Seminar stand immer wieder auch unter dem Druck seiner Vorgesetzten, die geplante Ausgabe des Neuen Testaments fallenzulassen[82]. Damit äußerten die Amsterdamer nichts anderes als die conditio sine qua non, ohne die eine Rückkehr Wettsteins nach Basel unmöglich war. Wettstein blieb beharrlich bei seiner Absicht. Fast vierzig Jahre dieser Lebensaufgabe verpflichtet, erschien 1751/52 seine berühmt gewordene Ausgabe des Neuen Testaments *Novum Testamentum Graecum editionis receptae cum lectionibus variantibus ... nec non commentario pleniore ... opera et studio Joannis Jacobi Wetstenii* I.II Amstelaedami 1751/52. Auf ihr beruht Wettsteins Nachruhm, aber wichtiger noch: In diesem Werk ist der konsequente Weg der freieren Schriftauslegung seit Hugo Grotius vollzogen. Wettstein selbst war in reiferen Jahren vorsichtiger geworden, seine wirkliche Meinung öf-

---

80 Belege bei C. L. Hulbert-Powell (s. Anm. 61), S. 259 f. Vorbereitet ist diese Sicht bei Joh. Sal. Semler in: Ioh. Iac. Wetstenii Libelli ad Crisin (s. Anm. 81), bes. in dem Teil Ioh. Salom. Semleri Spicilegium observationum de variantibus Novi Testamenti lectionibus in quo praecipua etiam ex Ioh. Alb. Bengelii introductione in crisin Novi Testamenti recensuntur, S. 170 ff.

81 Ioh. Iac. Wetstenii Prolegomena in Novum Testamentum notas adiecit atque appendicem de vetustioribus latinis recensionibus quae in variis codicibus supersunt Ioh. Sal. Semler cum quibusdam characterum graecorum et latinorum in libris manuscriptis exempli, Halae Magdeburgicae MDCCLXIV (vgl. ebd., S. III - XXIV, 456 ff.). - Ioh. Iac. Wetstenii Libelli ad Crisin atque interpretationem Novi Testamenti adiecta est Recensio introductionis Bengelii ad Crisin Novi Testamenti atque Glocestrii Ridley Dissertatio de Syriacarum novi foederis versionum indole atque usv. e Bibliotheca et cum quibusdam notis viri cel. I. D. Michaelis in academicorum usus edidit et pleraque observationibus illustravit D. Ioh. Salomo Semler ..., Halae Magdeburgicae MDCCLXVI, S. 110 ff., 161 ff.

82 Vgl. C. R. Hagenbach: Johann Jacob Wettstein (s. Anm. 1), S. 135 ff.; Heinrich Böttger (s. Anm. 61).

fentlich hervorzuheben.Sein lebenslanger Protest gegen die Orthodoxie ist in dieses Buch hineingeschrieben. Noch zwei Jahrzehnte nach Erscheinen heißt es: "opus omnibus piis horribile, scandalosum et pravum"[83].

Wettstein druckt im Obertext den Textus receptus (Elzevier, 1624). So taten es auch nach ihm, außer William Bowyer (der 1763 Wettsteins eigentlich geplanten Text der Textausgabe [aber auch hier mit Einschränkungen] druckte), alle bis Johann Jakob Griesbach[84]. Im Apparatus criticus zeigt sich die Orientierung am Codex A (Alexandrinus, der, was Wettstein unterschätzt hat, in den Evangelien den byzantinischen Text hat). Die bevorzugte Lesart wird durch den Apparat hinreichend deutlich gekennzeichnet[85]. Das reiche textkritische Material wird gesichtet und rubriziert: Die Einteilung und Kennzeichnung von Uncialen und Minuskeln geht auf Wettstein in dieser Ausgabe zurück. Gleichzeitig erfolgt eine beispiellos reichhaltige Aufzeichnung der religionsgeschichtlichen Parallelen und Bezüge aus der klassischen Antike, dem Judentum und der Kirchengeschichte (und Profangeschichte). "Zu Anfang behalten wir ganz fest im Auge, daß die (heiligen) Schriften auf keine andere Art zu erklären sind als die übrigen Bücher" (Turretini)[86]. Das hat Wettstein mustergültig durch den Aufweis der Parallelen aufgezeigt.

> Wie wir mit denselben Augen die heiligen Bücher und die fürstlichen Gesetze sowie alle alten und neuen Bücher lesen, so sind auch bei der Auslegung jener (Bücher) dieselben Regeln anzuwenden, deren wir uns zum Verständnis dieser bedienen ... Die Bedeutung der Worte oder Sätze entnehmen wir zuerst aus anderen Stellen desselben Schriftstellers, dann aus den übrigen heiligen Schriften sowie aus der Übersetzung der siebzig Übersetzer, weiter aus Schriftstellern, die etwa zur gleichen Zeit und am selben Ort gelebt haben, schließlich aus dem allgemeinen Gebrauch ... Und da die heiligen Schriftsteller keine neue Sprache erfunden haben, sondern sich deren bedienten, die sie von den Zeitgenossen gelernt hatten, so gilt dasselbe auch von deren Schriften. Unter 'allgemeinem Gebrauch' verstehe ich die allge-

---

83 So in: Bibliotheca Hagana 1770 (zit. nach C. L. Hulbert-Powell [s. Anm. 61], S. 252 und Anm. 2, ebd.).

84 J. J. Wettstein: Novum Testamentum Graecum (s. Anm. 3), Bd. I, Amstelaedami 1751, S. 23. Zu Einzelheiten vgl. Johann David Michaelis: Einleitung in die göttlichen Schriften des Neuen Bundes. Erster Theil, 4. Aufl., Göttingen 1788, S. 805 – 840 (bes. S. 813 f.); C. R. Hagenbach: Johann Jacob Wettstein (s. Anm. 1), S. 147; E. Reuß (s. Anm. 60), § 408 (S. 466).

85 Lk 11,2 f.: es wird die heutige lukanische Form des Vaterunser geboten; Joh 7,53 – 8,11 wird als nichtjohanneische Einfügung in das Johannesevangelium erkannt; Mt 7,35b und 1 Joh 5,7 werden als textkritisch nicht haltbar gestrichen; 1 Tim 3,16 – wie angeführt – verändert usw.; vgl. auch W. G. Kümmel: NT (s. Anm. 2), S. 528, Anm. 48; wichtigste Auflistung bei J. D. Michaelis (s. Anm. 84), S. 813 ff.

86 In: De Sacrae Scripturae (s. Anm. 2), S. 196 (Übersetzung bei W. G. Kümmel: NT [s. Anm. 2], S. 65).

meine Sprache im apostolischen Zeitalter, nicht aber den Sprachgebrauch der Schriftsteller des Mittelalters und noch viel weniger den Sprachgebrauch der scholastischen und neuen Theologen[87].

Es geht um profane Auslegung der Schrift, weil es zunächst um nichts anderes als den Text geht[88]. Seine Gegner haben ihm auch deswegen religiöse Indifferenz vorgeworfen, doch trifft dies in keiner Weise: Methodisches Verstehen ist besseres Verstehen, ist Sich–hineinnehmen–Lassen in die Fülle der Weisheit und der Erkenntnis, die Gott gewährt[89]. Wettsteins Textausgabe ist eingeleitet von Prolegomena, in denen die einzelnen textkritischen Zeugen sorgfältigst erklärt werden und ihr Wert begründet wird. Zugleich wird des Autors Schicksal auf dem Weg zur freieren Schriftauslegung in Schwerpunkten nachgezeichnet[90]. Und das Werk wird beschlossen von einem Abschnitt "De Interpretatione Novi Testamenti"[91]. Gerade in diesem Schlußteil wird noch einmal deutlich, was der umfangreiche kritische Apparat bereits anzeigt: Diese Editio Novi Testamenti dient der Interpretatio. Sie ist der Aufweis kritischer Schriftauslegung, hinter die es kein Zurück mehr geben darf:

> Wenn du die Bücher des Neuen Testament ganz und gar verstehen willst, versetze dich in die Person derer, denen sie zuerst von den Aposteln zum Lesen gegeben worden sind. Versetze dich im Geiste in jene Zeit und jene Gegend, wo sie zuerst gelesen wurden[92].

Die Nachwirkung dieses Werkes war für den Verfasser persönlich und wissenschaftlich erheblich: Am 15. Juni 1752 wurde Wettstein durch den preußischen König Friedrich den Großen in die Berliner Akademie der Wisssenschaften aufgenommen; am 5. April 1753 in die Royal Society in London. – Am 9. April 1754 starb Wettstein. Nach seinem Tode heißt es: "London vermißt ihn schmerzlich, Berlin beklagt ihn", Amsterdam ist bestürzt – doch seine Feinde ruhten nicht[93]. Semler hat die Bedeutung Wettsteins für die kritische Bibelauslegung gesehen. Seine zahlreichen, teils sehr breiten Anmerkungen zu Wettsteins textkritischer Arbeit deuten aber auch in kritischer Würdigung deren Grenzen an – und andere sind ihm,

---

87 J. J. Wettstein: Novum Testamentum Graecum (s. Anm. 3), Bd. II, S. 875 f. (Übersetzung bei W. G. Kümmel: NT [s. Anm. 2], S. 53 f.).
88 Vgl. J. A. Turrettini (s. Anm. 41) zu Joh 12,35.36.
89 J. J. Wettstein: Novum Testamentum Graecum (s. Anm. 3), Bd. II, S. 883 f. mit Verweis auf Eph 3,10.
90 J. J. Wettstein: Novum Testamentum Graecum (s. Anm. 3), Bd. I, Amstelaedami 1751.
91 Ebd., Bd. II, S. 874 – 884.
92 Ebd., S. 874 (Übersetzung bei W. G. Kümmel: NT [s. Anm. 2], S. 54).
93 Einzelnachweis bei C. L. Hulbert-Powell (s. Anm. 61), S. 214 ff.; vgl. C. R. Hagenbach: Johann Jacob Wettstein (s. Anm. 1), S. 148.

darin teilweise schärfer urteilend, gefolgt[94]. Gleichwohl sind Wettsteins Einsichten in die textkritische Erforschung des Neuen Testaments bis heute von tragender Bedeutung geblieben[95]. – Ein Nachdruck des Bd. I (*Prolegomena*) erschien in Rotterdam 1831, ein Gesamtnachdruck von Wettsteins Ausgabe in Graz 1962.

Seit Anfang des 20. Jahrhunderts besteht "der Plan eines Neuen Wettstein", "um dann das ganze Material in einer Neuausgabe des Neuen Testaments mit Kommentar nach Art des alten, bisher noch immer unentbehrlichen, ja vielfach unausgeschöpften Joh. Jak. Wettstein ... gesammelt und geordnet darzubieten"[96]. Ansätze dazu sind in Forschungseinrichtungen in Halle und Utrecht gegeben[97].

IV.

Von J. A. Turretini zu J. J. Wettstein kann gesprochen werden, aber nicht im engeren Sinne eines Lehrer–Schüler–Verhältnisses. Beide Gelehrte trafen sich – über familiäre Bekanntschaft, ohne besondere Betonung derselben – in gleichgerichteter Aufnahme der Gedanken ihrer Zeit. Beide waren für die geistigen Ströme freieren Denkens offen, für eine vernünftige Orthodoxie und schon auch über diese hinaus, jedenfalls aber für eine

---

94 Vgl. die von Semler neu herausgegebenen und erweiterten Werke Wettsteins (s. Anm. 81); J. A. Ernesti (s. Anm. 53), S. 139, und ders.: Specimen castigationum in Jo. Jac. Wettstenii Editionem Novi Testameniti. Prolusio acad., in: Opuscula philologica et critica, Lipsiae (1764), 2. Aufl., 1776, S. 326 ff.; J. D. Michaelis (s. Anm. 84), bes. S. 823 ff.

95 Vgl. H. v. Soden (s. Anm. 61), Sp. 1894; W. G. Kümmel: NT (s. Anm. 2), S. 52 f.; Kurt Aland – Barbara Aland: Der Text des Neuen Testaments. Einführung in die wissenschaftlichen Ausgaben sowie in Theorie und Praxis der modernen Textkritik, Stuttgart 1982, S. 19; Leonhard Hug: Einleitung in die Schriften des Neuen Testaments. Erster Theil, Stuttgart und Tübingen, 4. Aufl., 1847: "Ist es vielleicht eine Wiedervergeltung für einige harte Urtheile, die er (sc. J. J. Wettstein) sich über Andere erlaubt hat, daß er zuweilen von jenen getadelt werden mußte, die ihn am emsigsten ausschrieben? Ein trauriges Loos eines talentvollen und ungemein unterrichteten Mannes, daß ihn seine Vaterstadt, deren Zierde er war, im Leben verkannte und jene nach seinem Tode ihn schulmeistern, welche die Früchte seines Fleißes genießen".

96 So Ernst v. Dobschütz: Der Plan eines Neuen Wettstein, in: Zeitschrift für die neutestamentliche Wissenschaft und die Kunde der älteren Kirche 21 (1922), S. 146 – 148 (Zitat S. 146).

97 Zu gegenwärtigem Stand und dringenden Aufgaben vgl. Georg Strecker: Der Stand der neutestamentlichen Wissenschaft in Deutschland, in: Schriftauslegung als theologische Aufklärung. Aspekte gegenwärtiger Fragestellungen in der neutestamentlichen Wissenschaft, hrsg. von Otto Merk, Gütersloh 1984, S. 10 – 19 (bes. S. 15).

Schriftauslegung jenseits des orthodoxen Systems. So gewiß Samuel Werenfels eine nicht unwichtige Vermittlungsrolle – wenigstens für Wettstein – zukommt, J. A. Turretini und J. J. Wettstein gingen nicht nur gelegentlich persönlich, sondern auch in ihren Veröffentlichungen darin aufeinander zu, daß kritischer Schriftauslegung – ungebunden von den Fesseln des orthodoxen Systems – die theologische Zukunft gehören müsse. Darin sind sie beide Wegbereiter im Umbruch des 18. Jahrhunderts geworden. In ihrer beider Werk aber liegen über das zeitgeschichtlich Bedingte hinaus wirkungsgeschichtlich inhärente Aufgaben und Fragestellungen, die der Unabgeschlossenheit aller kritischen theologischen Forschung würdig geblieben sind.

Erwägungen zum Paulusbild in der deutschen Aufklärung

Paulusforschung bei Johann Salomo Semler
und in seinem Umkreis*

Die Bedeutung und das Ansehen Jesu als eines weisen Lehrers der Menschheit in der Zeit der deutschen Aufklärung gehören zu den heute unbestrittenen Ergebnissen der Leben-Jesu-Forschung. Albert Schweitzers Darstellung hat hier ebenso ihre Gültigkeit behalten[1] wie Begrifflichkeit der Aufklärung zur Charakterisierung Jesu bewußt wie unbewußt in der ersten wissenschaftlichen Darstellung des Lebens Jesu weiterwirkt. So betont Karl Hase in seinem einschlägigen Werk: „In einzelnen Fällen hat Jesus große Menschenkenntniss, Beredsamkeit und Geistesgegenwart bewährt", um dann aber auch festzuhalten, daß es weitaus gebildetere Menschen in Jesu Umfeld gegeben habe[2]. - Als Gotthold Ephraim Lessing des Reimarus Thesen „Vom Zwecke Jesu und seiner Jünger" herausgab[3], enthielten diese zwar deutliche Hiebe auf die Jünger Jesu und schlossen dabei Paulus nicht aus, aber in den heute insgesamt bekannten Ausführungen konnte kein Beitrag zu Leben und Werk dieses Apostels gesehen werden[4]. |

Paulus war, so darf als gängiges forschungsgeschichtliches Ergebnis formuliert werden, natürlich bekannt. Er wurde im akademischen Unterricht theolo-

---

*   Für vielfache freundliche Unterstützung bei der Beschaffung der notwendigen Werke für die nachfolgenden Ausführungen danke ich der Universitätsbibliothek Erlangen-Nürnberg, Herrn Dr. Hartmut H. R. Schulz, Bochum, und meinen Mitarbeitern.

1   A. Schweitzer, Geschichte der Leben-Jesu-Forschung, ²1913; vgl. z.B. die bis heute anhaltende Wirkung in dem Sammelband „II »Gesù Storico«. Problema della modernità". A cura di Giuseppe Pirola e Francesco Coppellotti. Casale Monferrato (AL) 1988.

2   K. Hase, Das Leben Jesu. Ein Lehrbuch, zunächst für akademische Vorlesungen, Leipzig 1829, 52f.; vgl. auch ebd. § 70 über „Geist und Lehre Jesu" (90f.); § 105 über „Toleranz und Intoleranz" (136).

3   Vgl. die wichtige Zusammenstellung von Quellen und Gegenschriften in: Allgemeine deutsche Bibliothek 40/II, 1780, 356-428 (u.a. mit Voten und Beiträgen von F.W. Mascho, M.F.C. Göze, J.C. Blasche; J.S. Semler).

4   H.S. Reimarus, Apologie oder Schutzschrift für die vernünftigen Verehrer Gottes. Im Auftrag der Joachim-Jungius-Gesellschaft der Wissenschaften Hamburg, hrsg. v. G. Alexander, Bd. II, 1972, 338ff. 354f. 546ff. 557f.

gischer Fakultäten bedacht, Kommentare zu seinen Briefen erschienen, gelegentliche Einzeluntersuchungen dienten nicht nur zur Erlangung der Doktorwürde, aber dieser Apostel war keine herausragende Persönlichkeit für das Kirchenvolk und das allgemein gebildete Publikum. Johann Christoph Gottscheds Verdikt, das auch Paulus von den schönen Künsten ausschloß, mag ein Übriges getan haben[5]. So war er kein Lehrer in der Epoche der Aufklärung, auch wenn seine Briefe als »Gegenstand« damaliger Forschung hermeneutische Fragestellungen wie exegetisch-historische Folgerungen zuließen. Albert Schweitzer hat in seiner „Geschichte der paulinischen Forschung" (1911) eine noch heute beachtenswerte Skizze dazu geliefert[6]. Unter den wenigen Studien, die sich überhaupt mit der anstehenden Thematik befaßt haben, hat wenige Jahre später vor allem Karl Aner in seinem Aufsatz „Zum Paulusbild der deutschen Aufklärung" (1921)[7] zeigen können, daß „die geschichtliche Bedeutung des Apostels"[8] in dieser Epoche durchaus erkannt wurde, auch wenn zu konstatieren ist: „An die Tiefe und Urkraft des religiösen Genius ist die Aufklärung (scil. bzgl. Paulus) freilich nicht herangekommen"[9], aber es bleibe das Verdienst damaliger theologischer Forschung, „daß das Paulusbild jener Zeit nicht in den Zügen des Tugendpredigers stecken geblieben ist"[10]. Aners eigener, besonderer Forschungsbeitrag besteht darin, die heute erneut völlig vergessene, zu ihrer Zeit eine reiche Wirkungsgeschichte auslösende Leipziger Dissertation von | Christian Wilhelm Thalemann „De eruditione Paulli apostoli Iudaica, non Graeca" (Lipsiae 1769) wiederentdeckt und für das Verständnis des Paulus ausgewertet zu haben. - Auch andere Themen haben einen breiteren Raum eingenommen als weithin vermutet wird, so etwa Fragen zur Christologie oder zu Anfängen der Jesus-Paulus-Debatte[11], auch wenn die damit

---

5   J.C. Gottsched, Zufällige Gedanken über Herrn Adam Daniel Richters, Rect. zu Annaberg Regeln und Anmerkungen über die lustige Schaubühne, in: Beyträge zur Critischen Historie Der Deutschen Sprache, Poesie und Beredsamkeit, herausgegeben von einigen Liebhabern der deutschen Litteratur, 7. Bd. 28. Stück, 1741, 572ff. bes. 582ff; vgl. auch W. Emrich, Paulus im Drama, Stoff- und Motivgeschichte der deutschen Literatur Bd. 13, 1934, 90ff., wonach „Paulus in der Aufklärung" von materialgeschichtlicher Wertung her keinen Stoff für das Drama aufweise.

6   A. Schweitzer, Geschichte der Paulinischen Forschung von der Reformation bis auf die Gegenwart, 1911, 2ff.

7   K. Aner, Zum Paulusbild der deutschen Aufklärung, in: Harnack-Ehrung. Beiträge zur Kirchengeschichte ihrem Lehrer Adolf von Harnack zu seinem siebzigsten Geburtstage (7. Mai 1921) dargebracht von einer Reihe seiner Schüler, 1921, 366-376; vgl. ders., Die Theologie der Lessingzeit, 1929, 321ff. (passim).

8   K. Aner, Paulusbild, 373 (dort Hervorhebung im Druck).

9   K. Aner, Paulusbild, 375.

10   K. Aner, Paulusbild, 375 (Im Orig. Hervorhebung im Druck).

11   Vgl. K. Aner, Paulusbild, 374f. mit Belegen; mit anderen Argumenten und Autoren F. Regner, „Paulus und Jesus" im neunzehnten Jahrhundert. Beiträge zur Geschichte des

verbundene (wohl doch zu moderne) Fragestellung nach einem Antipaulinismus in der Aufklärungsepoche[12] durchaus kontrovers ist und diese nach dem Befund der Quellenlage noch nicht in jener Zeit ansteht[13].

I.

Es darf heute als gesichert gelten, daß mit Johann Salomo Semler (1725-1791) das Paulus-Verständnis im 18. Jahrhundert maßgeblich an Profil gewonnen hat[14]. Dies beruht, wie schon Johann Gottfried | Eichhorn im kritischen Rückblick auf Leben und Werk Semlers festhielt, auf dessen „historischer Interpretation"[15]. Kann man den vielseitigen Gelehrten durchaus

---

Themas „Paulus und Jesus" in der neutestamentlichen Theologie, Studien zur Theologie und Geistesgeschichte 30, 1977, 23 u.ö.

12   So K. Scholder, Paulus und die Aufklärung, in: De dertiende apostel en het elfde gebod. Onder redactie van G.C. Berkouwer, H.A. Oberman, 1971, 124-134.

13   Vgl. W. Wiefel, Zur Würdigung William Wredes, ZRGG 23, 1971, 60ff. 69: „Der Aufklärung... war die Paulusgegnerschaft noch fremd."

14   Die breit gefächerte Semlerforschung ist vor allem vom Jubilar dieser Festschrift aufgearbeitet worden: G. Hornig, Die Anfänge der historisch-kritischen Theologie. Johann Salomo Semlers Schriftverständnis und seine Stellung zu Luther, FSThR 8, 1961; ders., Johann Salomo Semler, in: M. Greschat (Hrsg.), Die Aufklärung. Gestalten der Kirchengeschichte Bd. 8, 1983, 267-279; ders., Hermeneutik und Bibelkritik bei Johann Salomo Semler, in: Historische Kritik und biblischer Kanon in der deutschen Aufklärung, hrsg. v. H. Graf Reventlow, W. Sparn und J. Woodbridge, Wolfenbütteler Forschungen Bd. 41, 1988, 219-236. Diese Forschungen sind im umfassenden »Kontext« zu sehen, den G. Hornig in „Lehre und Bekenntnis im Protestantismus" entfaltet hat, in: Handbuch der Dogmen- und Theologiegeschichte, hrsg. v. C. Andresen, Band 3: Die Lehrentwicklung im Rahmen der Ökumenizität, 1984, 71-287, bes. 97ff. 115ff. 125ff. Aus der Fülle weiterer Untersuchungen nenne ich hier nur: W.G. Kümmel, Das Neue Testament. Geschichte der Erforschung seiner Probleme, OA III/3, (1958) ²1970, 73ff.; H.-E. Heß, Theologie und Religion bei Johann Salomo Semler. Ein Beitrag zur Theologiegeschichte des 18. Jahrhunderts, Diss. Kirchliche Hochschule Berlin 1974 (Fotodruck Augsburg o.J. [1974]); O. Kaiser, Johann Salomo Semler als Bahnbrecher der modernen Bibelwissenschaft (1979), in: ders., Von der Gegenwartsbedeutung des Alten Testaments. Gesammelte Aufsätze, 1984, 79ff.; Ph. Schäfer, Johann Salomo Semler (1725-1791), in: Klassiker der Theologie II. Von Richard Simon bis Dietrich Bonhoeffer, hrsg. v. H. Fries und G. Kretschmar, 1983, 39ff.; Hartmut H.R. Schulz, Johann Salomo Semlers Wesensbestimmung des Christentums. Ein Beitrag zur Erforschung der Theologie Semlers, 1988; J.C. O'Neill, Semler, in: ders., The Bibles Authority. A Portrait Gallery of Thinkers from Lessing to Bultmann, 1991, 39ff.

15   J.G. Eichhorn, Johann Salomo Semler, geb. am 18ten Dec. 1725, gest. am 14ten März 1791, in: Eichhorns Allgemeine Bibliothek der biblischen Literatur 5, 1793, 1-202, hier: 37.

als „Vater der neuen kritischen Theologie..., aber ohne Konsequenz" bezeichnen[16], so gilt für die wissenschaftliche Blütezeit Semlers und auch für seine Paulusforschung das Urteil J.G. Eichhorns: Es „zeichnen sich seine exegetischen Arbeiten durch die beständige Befolgung der historischen Interpretation ... aus". Dabei war es nicht allein damit getan, des Paulus Briefe aus ihrer Zeit heraus zu verstehen. „Dieses (war) noch nichts Neues, oder andern Interpreten Ungewöhnliches." „Absicht und Bestimmung" eines Briefes zu beachten, gehörte zu den Grundregeln. Jedoch: „Historische Interpretation mußte noch viel weiter gehen"[17]. Und Semlers Absichtserklärung ging nicht immer der eigenen exegetischen Einzeldurchführung konform[18]. „Nur zum Schwersten, wozu gewöhnliche Kräfte selten hinreichen, war er geschickt. Nur den Riß konnte Er entwerfen, Er nur das Gebäude aufschlagen und es in seinem vollständigen Fachwerk hinstellen: zum Ausfüllen des Fachwerks, zum Ausmauern, zum Nachhelfen, wo die Einrichtung vielleicht noch bequemer und solider werden könnte, dazu hatte er nicht die nöthige Stätigkeit und Geduld"[19]. Und dennoch war es keine Einzelstimme, die im „Compendium Historiae Litterariae Novissimae Oder Erlangische gelehrte Anmerkungen und Nachrichten auf das Jahr 1767" festgehalten hat: | „Von einem Manne wie H.(err) D.(oktor) Semler ist, erwartet man ohne unser Erinnern, daß er aus den Quellen schöpft und mit eigenen Augen siehet".[20]

Es ist öfter beobachtet und von Semler selbst in seinen Lebenserinnerungen beschrieben worden, in welch desolatem Zustand sich exegetische Arbeit zu seiner eigenen Studienzeit befand[21]. Gerade aufgrund von Rezensionen dieser Lebensbeschreibung wird mehrfach über das Bibelstudium im 18. Jahrhundert und zu Semler angemerkt: „Überaus unterrichtend ist die Geschichte von der fortschreitenden Aufklärung und allmähligen Entwickelung der Kenntnisse des Verfassers; besonders der Kirchenhistorie und Kritik des N. Test., wo er Epoche machte"[22]. Dem entspricht in der Sache eine Äußerung Semlers im „Programma zur Inauguraldissertation des Hrn. D.(oktor) Gruner (1766)": „Die Absicht ist, zu beweisen, daß ein Doktor der h.(eiligen) Schrift die Freiheit habe, in seinen Meinungen von dem ordentlichen Lehrbegriffe abzugehen" - allerdings mit der zusätzlichen, einschränkenden Bemerkung, daß „er sich

---

16   So W.G. Kümmel, Das Neue Testament (Anm. 14), 594.

17   J.G. Eichhorn, Johann Salomo Semler (Anm. 15), 37-39.

18   Vgl. Neue Theologische Bibliothek 8, 1767, 387-401; ebd. 393: J.A. Turretini (De Sacrae Scripturae interpretandae methodo tractatus bipartitus..., Dordrecht 1728) habe die Auslegungsart der Exegese schärfer gefaßt als Semler.

19   J.G. Eichhorn, Johann Salomo Semler (Anm. 15), 53.

20   (= 22. Jahrgang), 326.

21   D. Joh. Salomo Semlers Lebensbeschreibung, von ihm selbst abgefaßt. Zweiter Theil. Halle 1782, 121ff.278ff.306ff.325ff. u.ö.

22   Erlangische gelehrte Anmerkungen und Nachrichten auf das Jahr 1781 (= 36. Jahrgang), 459f.; vgl. ebd. 37, 1782, 523ff.

gleich nicht heraus nehmen könne, seine Meinungen öffentlich auszubreiten, welches eine Sünde wider den Staat sey".[23] Es mindert die Bedeutung Semlers für die Bibelwissenschaft nicht, daß sich verschiedene Aspekte und Strömungen der Zeit günstig für ihn auswirken konnten und ihm - lebensgeschichtlich gesehen - zudem die Breite seines Studiums, das klassische Philologie und Geschichtswissenschaft unter weiteren Fächern mit einschloß, zugute kam. Hinzu kommt die zunächst außertheologische Lehrtätigkeit und Forschung, die ihn Theologie und Exegese mit neuem Blick sehen ließ. In diese Zeit - in die knapp zwei Jahre der Altdorfer Professur für Historie (1751-1753) - fällt seine erste, von profanhistorischer Seite geprägte Verwendung des Begriffs »historisch-kritischer« Arbeit[24] und damit eine Fragestellung, die vom Wortge|brauch her nicht auf ihn zurückgeht, aber die in der Sache auch bibelwissenschaftlich für ihn von hohem Belang werden sollte.[25]

Mit diesen mehr Momenteindrücken mag zunächst ein äußerer Rahmen gesteckt sein, um nunmehr zu skizzieren, in welchem Umkreis und in welcher Zeitgenossenschaft Semlers Erwägungen und Anregungen zu Paulus und zu seinen Briefen zu sehen sind.

II.

1. Das umfassendste Paulusbild der Zeit bieten Heinrich Zedlers über hundert Spalten sich erstreckende Artikel „Paulinische Briefe" und „Paulus" in seinem

---

23   Zitiert nach „Compendium Historiae Litterariae Novissimae Oder Erlangische gelehrte Anmerkungen und Nachrichten auf das Jahr 1767" (= 22. Jahrgang), 3.

24   J.S. Semler, Commentatio I. historico-critica de ministerialibus, Altdorfii 1751, worüber das „Compendium Historiae... Oder Erlangische gelehrte Anmerkungen und Nachrichten auf das Jahr 1752" (= 7. Jahrgang) sofort seine Leser ohne einschränkende Bemerkung offensichtlich positiv informierte (dort Abt. „Beytrag", 136). Überhaupt ist die Beurteilung Semlers in der genannten Erlanger gelehrten Zeitschrift außerordentlich freundlich und zustimmend, wie zahlreiche Beispiele belegen. Das läßt sich nicht nur mit freundschaftlichen und verwandtschaftlichen Verbindungen Semlers zu Erlangen erklären (Dazu: D. Joh. Salomo Semlers Lebensbeschreibung von ihm selbst abgefaßt. Erster Theil, Halle 1781, 151ff.), sondern weist ebenso auf die für kritische Forschung offene Haltung der Erlanger Universität und theologischen Fakultät in den ersten Jahrzehnten ihres Bestehens.

25   Zum Aufkommen des Begriffs „historisch-kritisch" durch H.S. Reimarus vgl. O. Merk, Anfänge neutestamentlicher Wissenschaft im 18. Jahrhundert, in: Historische Kritik in der Theologie. Beiträge zu ihrer Geschichte, hrsg. v. G. Schwaiger, Studien zur Theologie und Geistesgeschichte im Neunzehnten Jahrhundert 32, 1980, 37ff., hier: 41 Anm. 11.

„Grossen vollständigen Universal-Lexikon" (1740) [26]. Das Leben Pauli wird hier - ganz im Sinne der Zeit - unter Einschluß aller unter dem Namen des Paulus stehenden oder diskutierten Briefe und der Apostelgeschichte nacherzählt, jedoch nicht ohne Besonderheiten. Einen Angelpunkt der Darstellung bildet 2. Kor. 12,1ff. mit der daran geknüpften Erörterung, daß Paulus von seiner Bekehrung an den Gesamtaufriß seiner Theologie gehabt und diesen mit Beginn seiner Missionstätigkeit zur Geltung gebracht habe[27]. - Bei den paulinischen Briefen komme es wesentlich darauf an, ihren jeweiligen „Endzweck", „Hauptzweck", ihre Gesamtausrichtung zu erkennen[28], deren bibelkundliche Nachweisung der Aufteilung eines Briefes nahekommen kann (2 Kor) [29] und zumindest dem Sachverhalt der »Zergliederung« entspricht. Das Wichtigste aber ist, nicht die Briefe selbst sind Gottes Wort, sondern in ihnen ist dieses „enthalten", | wie am Römerbrief und seinen theologischen Schwerpunkten verdeutlicht wird[30]. - Die bei den Verfassern dieses Lexikons wenige Jahre später offen zutage tretende Sympathie für Jean-Alphonse Turretini[31] ist auch schon für die Paulus-Artikel nicht auszuschließen.

Darf man bibelwissenschaftlich und exegesengeschichtlich für unsere Fragestellung in der Mitte des 18. Jahrhunderts einen Einschnitt markieren, so steht für das damalige gelehrte Deutschland das verbreitete Universal-Lexikon von Zedler durchaus, wenn auch nicht immer berücksichtigt, im Blick.

2. Der zweite mittelbar und unmittelbar sich auswirkende, hier nur für die Paulusforschung zu berücksichtigende Bereich ist mit der Bibelauslegung der englischen Aufklärung gegeben. Der Einfluß auf wie die Vermittlung durch Siegmund Jacob Baumgarten (1706-1757) in der theologischen Wissenschaft, sicher von 1748 an, ist bekannt[32], ebenso, welche vielschichtige Bedeutung die Bibelwissenschaft des englischen Deismus und ihre Nachwirkungen auf Göttinger Theologen wie z.B. Johann David Michaelis (1717-1791) hatte[33].

---

26 Grosses vollständiges Universal-Lexikon... von Johann Heinrich Zedler, Bd. 26, Leipzig / Halle 1740, Art. „Paulinische Briefe" (Sp. 1469-1557); Art. „Paulus" (Sp. 1575-1599).
27 AaO, Sp 1588-1594 u.ö.
28 AaO, Sp. 1483.1489.1498.
29 AaO, Sp. 1499.
30 AaO, Sp. 1485-1487.
31 Vgl. Art. „Turretinus (Johann Alphonsus)", in: Grosses vollständiges Universal-Lexikon... von Johann Heinrich Zedler, Bd. 45. Leipzig/Halle 1745, Sp. 1990-2002.
32 Vgl. zu Nachweisen J.G. Hofmann in seiner „Vorrede des Übersetzers" in Johann Locks Paraphrastischer Erklärung (Anm. 35), Bd. II., S. (I). (X) (sic!).
33 Vgl. H. Hecht, T. Percy, R. Wood und J.D. Michaelis. Ein Beitrag zur Literaturgeschichte der Genieperiode, Göttinger Forschungen 3, 1933, zuletzt mit Belegen R. Smend, Lowth in Deutschland, in: ders., Epochen der Bibelkritik. Gesammelte Studien Bd. 3, BEvTh 109, 1991, 43ff.

Hier ist zu bündeln auf die Paraphrasierung paulinischer Briefe durch John Locke, die längst, ehe sie in deutscher Übersetzung erschien, vielfach herangezogen wurde. Im schon mehrfach angeführten „Grosse(n) Universal-Lexikon" wird bereits auf die europäische Nachwirkung dieses Werkes im frühen 18. Jahrhundert verwiesen[34]. Läßt | auch die deutsche Ausgabe[35] von ihrem Erscheinungsjahr her nicht die schon tiefgreifende Wirkung des Gedankengutes erkennen, so hat sie doch innerhalb der Diskussion um freiere Schriftauslegung und zum Verständnis der paulinischen Briefe in Deutschland auch in innertheologischen Auseinandersetzungen erhebliches Gewicht gehabt.

„In der That", so führt J.D. Michaelis in seiner Vorrede aus[36], „ist es für Pauli Briefe kein geringes Compliment, daß ein so einsichtsvoller Philosophe sie gerade von der Seite so lieb gewonnen hat: und wenn tausend gemeine Schriftsteller, oder blosse Philologen, sich in seine Schlüsse nicht finden können, und ihn bald wie einen verwirrt denkenden Rabbinen ansehen, bald aus einer Art von Güte mit ihm als Apostel es so genau nicht nehmen wollen, oder wenn auch Lockes Freund, Clericus, den niemand unter die gemeinen Schriftsteller und blossen Philologen rech-

---

34   Art. Johann Locke, in: Grosses vollständiges Universal-Lexikon... von Johann Heinrich Zedler, Bd. 18, Leipzig 1738, Sp. 107-113, vgl. auch A.W. Wainwright, in: J. Locke, A Paraphrase and Notes (Anm. 35), 59ff.; und - weiter gefaßt - H. Graf Reventlow, Bibelautorität und Geist der Moderne. Die Bedeutung des Bibelverständnisses für die geistesgeschichtliche und politische Entwicklung in England von der Reformation bis zur Aufklärung, Forschungen zur Kirchen- und Dogmengeschichte 30, 1980, 444ff.

35   Johann Locks Paraphrastische Erklärung und Anmerkungen über S. Pauli Briefe an die Galater, Korinther, Römer, Epheser, Erster Band, worinnen enthalten sind der Brief Pauli an die Galater und die beyden der Korinther, nebst vorgesetztem Versuche wie nach S. Pauli eigener Anleitung zum Verstand der paulinischen Briefe zu gelangen sey. Aus dem Englischen übersetzt und mit Anmerkungen zur Erläuterung, Beurteilung, und Widerlegung versehen von D. Johann Georg Hofmann, der Theologie ausserordentlichem, der orientalischen Sprachen ordentlichem Lehrer zu Giessen. Nebst einer Vorrede von Johann David Michaelis, Frankfurt am Mayn, in der Andreäischen Buchhandlung, 1768. - Zweiter Band, worinnen enthalten sind die Briefe Pauli an die Römer, und Epheser... Nebst einer Vorrede den genauen historischen Verstand der Briefe Pauli, und der heiligen Schrift überhaupt betreffend, Frankfurt am Mayn... 1769. - Die vorzügliche neue Edition: John Locke, A Paraphrase and Notes on the Epistels of St. Paul to the Galatians, 1 and 2 Corinthians, Romans, Ephesians. Ed. by A.W. Wainwright, Vol. I. II., 1987 (vgl. u.a. H. Hübner, Theologische Revue 85, 1989, Sp. 304-306), ist für die weitere Forschung grundlegend, aber sie läßt naturgemäß nicht erkennen, welche Bedeutung die Übersetzung von 1768/69 mit ihren Vorreden für das Verständnis des Paulus im Zeitraum der deutschen Aufklärung hatte.

36   Johann Locks Paraphrastische Erklärung (Anm. 35), Bd. I (Vorrede von J.D. Michaelis), IV. V.

nen wird, und der doch auch nicht unter die von dem ersten Range gehört, so oft mit Pauli Denkungsart und Schlüssen misvergnügt ist: so ist
das einzige Urtheil wirklich | für Paulum eine grosse Rechtfertigung. Ich
will damit nicht sagen, daß Locke überall Pauli Gedanken richtig einge-
sehen habe: es begegnete ihm vielmehr aus Ursachen, die ich hernach
anzeigen werde, daß er bisweilen seine eigenen Gedanken und Schlüsse
Paulo liehe: und in solchem Fall ist es nicht Wunder, wenn einer das
richtig und schön findet, was in der That sein eigen ist. Allein dis waren
doch nur einzelne Stellen: und wenn Locke nach Abzug derer den ganzen Schriftsteller als genau, richtig denkend, und zusammenhängend,
rühmet, oder vielmehr bewundert, wenn er sich in die Denkungsart desselben so verliebte, daß er seine ruhigen Jahre blos mit Pauli Schriften
zubrachte, und aus Zuneigung sein Paraphrast ward: so bleibt dis immer
eine grosse Ehrenrettung."

Das gilt auch dann, wenn Michaelis festhält:

> „Am Ende kommt freilich die göttliche Sendung Pauli und seine Inspira-
> tion auf diese Vorzüge, die Locke an ihm verehrete, nicht an: denn von
> GOtt eingegebene Wahrheiten müssen auf GOttes Zeugniß, und nicht
> wegen der logicalischen Beweise, mit welchen sie vorgetragen sind, ge-
> glaubet werden"[37].

Im weiteren rühmt Michaelis die von ihm selbst öfter angewendete paraphrastische Erklärungsweise Lockes:

> „Locke wählet den Weg der Erklärung, den Sinn und Zusammenhang
> der Rede in einer kurzen Umschreibung vorzustellen, und dem Anmer-
> kungen darunter zu setzen; welcher den Vortheil vor den gewöhnlichen
> Commentariis hat, daß man vieles, so von einem andern Erklärer weit-
> läufiger gesagt werden muß, auf einmal in der Paraphrasi übersehen
> kann, und diese öfters ihren eigenen Beweiß enthält. Denn eine Ausle-
> gung, die dem Zusammenhang nicht gemäß wäre, müßte sich hier bald
> selbst verrathen, oder man würde nöthig haben, viel hineinzurücken, und
> die zerrissene Rede an einander zu knüpfen. So bald aber die Paraphra-
> sis etwas vernünftiges und ungezwungen zusammenhängendes sagt, so
> ist die Erklärung schon zur einen Hälfte erwiesen, und sie ist richtig,
> wenn nur die Bedeutungen, die man den einzelnen Worten und Redens-
> arten gibt, nicht willkührlich angenommen, sondern dem Sprachge-
> brauch gemäß sind. Diese Art zu erklären hat in England so viel Beyfall

---

37   Ebd., 5.

gefunden, daß einige der besten Schriftsteller, die sich mit Auslegung des Neuen Testaments beschäftigten, Locken nicht | allein hierin nachahmeten, sondern auch auf den Titel ihrer Bücher setzen, in imitation of Mr. Lockes Manner."[38] Man muß nicht blos Worte erklären, sondern mit dem Schriftsteller denken und raisonnieren, um den Sinn heraus zu bringen, den der Zusammenhang erfordert; und dis war es, was Locke zu thun sich hauptsächlich bemühete."[39]

Theologische Sachverhalte werden dabei von Locke durchaus nicht immer wirklich erfaßt oder zumindest eigenwillig gedeutet, was nach Michaelis zum Teil auf nicht hinreichenden Sprachkenntnissen des Autors beruht:

„Dazu kam noch ein Lieblingssatz, den Locke zu oft anwendet, daß Paulus vielen Griechischen Wörtern eine blos ihm eigene, und sonst ungewöhnliche Bedeutung gegeben habe, die er dann aus dem Zusammenhange errathen wollte. Dis blose Errathen ist gefährlich, und wenn denn nun Locke für Paulum dachte, so rieth er, was sich zum Zusammenhang seiner eigenen Gedanken schickte, da der Zusammenhang der Gedanken Pauli wol mit einer andern, aus Exempeln erweißlichen, Bedeutung des Worts zufrieden gewesen wäre."[40] |

Locke selbst sah seine Aufgabe in dem „Versuch, wie nach S. Pauli eigener Anleitung zum Verstande der paulinischen Briefe zu gelangen sey"[41], darin,

---

38 Ebd., VI. VII. - Schon bevor die Übersetzung von Lockes Werk (Anm. 35) herauskam, wurde eine ganz im Sinne Lockes verfaßte und nachgeahmte »Paraphrastische Erklärung« ins Deutsche übersetzt und weit verbreitet: D. George Bensons paraphrastische Erklärung und Anmerkungen über einige Bücher des neuen Testaments. Erster Band, worinnen enthalten sind die beyden Briefe an die Thessalonicher, und der erste Brief an den Timotheum, nebst einigen critischen Abhandlungen. Aus dem Englischen übersetzt, und mit einer Nachricht von dem Leben und Schriften des Verfassers vermehret, von Johann Peter Bamberger, Predigern zu Berlin. Nebst einer Vorrede Hrn. August Friedrich Wilhelm Sacks, königl. Preußischen Hofpredigers, Leipzig 1761; Zweyter Band, worinnen enthalten sind der Brief an Philemon, der Brief an den Titum, und der zweyte Brief an den Timotheum, ebd. 1761.
39 Johann Locks Paraphrastische Erklärung (Anm. 35) (Vorrede von J.D. Michaelis), X.
40 Ebd., XI; vgl. auch J.G. Hofmann, „Vorrede des Übersetzers", ebd. Bd. I, (X) (sic!): „Ich muß... also wieder an die Worte des sel. Baumgarten erinnern, da er saget, Locke folge manchmal seinen Vorurtheilen, und gehöre, diese angenommen, unter die besten Ausleger". Dem Übersetzer ist es dabei wichtig festzuhalten, Locke sei „selbst in seinen Irrthümern unbeständig" und rede „manchmal besser..., als er gedacht haben mag".
41 J. Locks Paraphrastische Erklärung (Anm. 35), Bd. I („Versuch, wie nach S. Pauli eigener Anleitung..."), 1-26.

nicht der „Mode-Orthodoxie" zu folgen[42], sondern dies ist der Leitsatz des Autors. „Nun wenigstens wird dieß, wie ich hoffe, mich rechtfertigen, daß ich mich bemühet habe, S. Paulum zum Ausleger seiner eigenen Briefe für mich zu machen"[43]. Jede Zeit hat ihr eigenes Verständnis der Schrift, und so lehrten auch die neutestamentlichen Autoren im Verständnis ihrer Zeit; auch des Paulus Briefe sind darum aus ihrer Entstehungssituation heraus zu erfassen[44]. Durchaus moderat resümiert Locke am Ende seiner „Anleitung": „Ich verlange, in Ansehung des Verstandes, den ich meinen Umschreibungen und Erklärungen dieser, oder jener, Stelle gegeben habe, gar nicht, für untrüglich gehalten zu werden. Dieß wäre so viel, als mich selbst zu einem Apostel machen zu wollen". „Wenn ich für mich selbst glauben soll, so muß ich nothwendig die Schrift für mich selbst verstehen."[45]

Überrascht ist man demgegenüber von der Sicht des Übersetzers. Während J.G. Hofmann schon im I. Band in seiner „Vorrede des Übersetzers" zwar auf zahlreiche dogmatische Irrtümer Lockes verweist[46], hat er ihm anstößige, verdächtige Stellen doch mit Sorgfalt übersetzt, sie aber in Anmerkungen (mit Sternchen gekennzeichnet) kritisch beleuchtet. Im II. Band sieht es anders aus. Des Übersetzers „Vorrede von der Briefe Pauli genauem historischen Verstande"[47]bietet eine ungewöhnlich scharfe Auseinandersetzung mit J.S. Semler: Semler habe ihn an seiner Übersetzungsarbeit irre gemacht, der Hallenser habe Lockes Paraphrasen der Paulusbriefe in seiner Ergänzung von „Siegmund Jacob Baumgartens Auslegung der Briefe Pauli" (1767) maßlos historisch-aufklärerisch mißbraucht[48]: |

„Man muß sich", so J.G. Hofmann, „billig wundern, daß unter den <u>lutherischen</u> Gottesgelehrten ein Vertheidiger der heidnisch-philosophischen Moral aufstehet, der Moral, welche die Pflichten gegen GOtt nicht recht lehren kann, weil sie den wahren GOtt nicht erkennet, welche keine andern, als bürgerliche, oder zu dem gesellschaftlichen Leben der Menschen in dieser Welt gehörige Pflichten lehret, welche das Verderben der menschlichen Natur nicht kennet,

---

42   Ebd., 9.

43   Ebd., 19.

44   Ebd., 21f.

45   Ebd., 23.

46   J. Locks Paraphrastische Erklärung (Anm. 35), Bd. I („Vorrede des Übersetzers") (II)-(X) (sic!).

47   J. Locks Paraphrastische Erklärung (Anm. 35), Bd. II (J.G. Hofmann, Vorrede von der Briefe Pauli genauem historischen Verstande), III-XXVIII.

48   Gemeint ist: D. Siegmund Jacob Baumgartens Auslegung der Briefe Pauli an die Galater, Epheser, Philipper, Colosser, Philemon und Thessalonicher. Mit einigen Beyträgen herausgegeben von D. Johann Salomo Semler, Halle 1767 mit bes. Kritik an Semlers Ausführungen, 906ff.; J.G. Hofmann, aaO (Anm. 47), IV ff.

und daher offenbar eine unzählige Menge Fehler selbst da hat, wo sie recht zu lehren scheinet"[49].

Polemisch zugespitzt: „Die Universitäten sind nicht da, um neue Wunder zu schaffen, um täglich etwas hervor zu bringen, womit unwissende, oder müssige, Menschen zur Verkleinerung der Ehre Gottes, und zur Vertilgung der Religion spielen können...". Semler rechnet er unter „Gelehrte, welche nur neu denken wollen, wenn sie auch nicht gründlich, noch fromm, sondern übereilt denken. Denn unsern Zeiten ist es ein Eigenthum, neu zu denken"[50].

Der erregte Übersetzer treibt es so weit, daß er abschließend eine gegen ihn selbst gerichtete Rezension anführt (den I. Band der Übersetzung betreffend), die ihn folgendermaßen charakterisiert:

> „Er ist ein wahrer Antipode vom Lock, abergläubisch-orthodox, schwört auf ein System, und auf seine gelernte Vorstellungen, und wo er die nicht findet, da findet er gleich Ketzerey und Irrthum... Warum mag er sich doch mit einem Schriftsteller bemengt haben, den er so oft für leichtsinnig und unwissend ausschreyet? Aufrichtig gesagt, wir wünschten, daß Lock in bessere Hände gefallen wäre."[51]

Semler hatte - ohne unmittelbare Bezugnahme auf Locke - allein die Konsequenzen freier Schriftauslegung bedacht. Es ging ihm - über Siegmund Jacob Baumgarten hinaus - um „Untersuchung des richtigen historischen Verstandes"[52], was er dann in seinen „Beiträge(n) zum genauern Verstande des Briefes an die Galater"[53] metho|disch voranstellt: „Ich will in diesen Beiträgen mich bemühen, die genauere Einsicht dieses Briefes, und die gewissere Bestimmung des damaligen ersten historischen Verstandes zu erleichtern."[54] Paulus aus seinen Briefen selbst zu verstehen, Situationen aus dem Briefinhalt und -gehalt zu erheben, wird beispielhaft vorgeführt, wobei Semler - wohl erstmals - die These von der „Dioces" Pauli entfaltet[55] und somit zeigt, daß die paulinischen Briefe im Zusammenhang der Geschichte des Urchristentums gesehen werden müssen[56]. Nicht Locke speziell, sondern bibelkritische Grundgedanken des englischen Deismus in ihrer schon europäischen Breiten-

49 J.G. Hofmann, aaO (Anm. 47), X.
50 J.G. Hofmann, aaO (Anm. 47), XXVI.
51 Zitiert bei J.G. Hofmann, aaO (Anm. 47), XXVII.
52 J.S. Semler, Vorrede, in: Siegm. Jac. Baumgartens Auslegung der Briefe Pauli an die Galater... (Anm. 48), 4; vgl. 7.
53 J.S. Semler, Beiträge zum genauern Verstande des Briefes an die Galater, in: Siegm. Jac. Baumgartens Auslegung der Briefe Pauli an die Galater... (Anm. 48), 883ff.
54 Ebd., 888.
55 Ebd., 886; 919 Anmerkung (unter 920).
56 Der spätere »klassische« Hinweis darauf: J.S. Semler, Abhandlung von freier Untersuchung des Canon, Bd. IV, Halle 1775, Vorrede (unnumeriert).

wirkung finden hier gezielte Aufnahme und Anwendung, dahin zusammengefaßt: Was Siegmund Jacob Baumgarten zwar durchaus sachgemäß, doch ohne Bevorzugung eines einzelnen englischen Deisten vermittelte und mit seiner eigenen, sich nur begrenzt und langsam vom orthodoxen System lösenden Denkungsart verband, wird von Semler für die Paulusforschung konsequent im Bedenken historischer Interpretation eingebracht.

Die Bedeutung Siemund Jacob Baumgartens für seine Zeit[57], für die Bibelwissenschaft überhaupt, für seine Schüler - Semler im besonderen - darf heute als ebenso allgemein anerkannt gelten[58] wie der Sachverhalt, daß er für die Aufnahme historisch-kritischer Forschung als „Wegbereiter wider Willen" angesehen werden muß[59]. Für | unsere Fragestellung von herausragendem Belang bleibt seine exegetische Grundthese, daß der biblische Text das allgemein Maßgebende ist und aus ihm die „historischen Umstände" zu erheben sind. Er hat dies in seiner „Auslegung des Briefes Pauli an die Römer" (1749 [in Vorlesungen seit 1738] erprobt[60] und damit einen Grundsatz u.a. Lockes, den Semler von seinem Lehrer bewußt aufgreift: „Denn, daß die wahre Auslegung der Bücher der heiligen Schrift (,) an den historischen Umständen derselben vornehmlich hänget" [61], führt notwendig zu einer Analyse der paulinischen Briefe[62] und weist auf „den <u>historischen</u> Inhalt der Bibel" [63]. Nur die Heraus-

---

57 Vgl. Art. „Siegmund Jacob Baumgarten", in: Nöthige Supplemente zu dem Großen vollständigen Universal Lexikon aller Wissenschaften und Künste. Welche bishero durch menschlichen Verstand und Witz erfunden und verbessert wurden. Dritter Band, Leipzig 1752, Sp. 264-270, hier Sp. 270: „Das Leben des um Kirche und gelehrte Welt unsterblich verdienten Herrn Baumgartens".

58 Vgl. M. Schloemann, Siegmund Jacob Baumgarten. System und Geschichte in der Theologie des Überganges zum Neuprotestantismus. Forschungen zur Kirchen- und Dogmengeschichte 26, 1974; mit Recht verweist Schl. auf die verschiedenen Phasen, in denen sich Semler zeit seines Lebens gegenüber Baumgarten befand und empfand, die ganze Spannweite zwischen »lähmender Bewunderung« und kritischer, über den Lehrer hinauswachsender Distanz ausschöpfend (z.B. aaO., 200).

59 So M. Schloemann, Wegbereiter wider Willen. Siegmund Jacob Baumgarten und die historisch-kritische Bibelforschung, in: Historische Kritik und biblischer Kanon in der deutschen Aufklärung, hrsg. v. H. Graf Reventlow, W. Sparn und J. Woodbridge, Wolfenbütteler Forschungen Bd. 41, 1988, 149-155.

60 D. Siegmund Jacob Baumgartens Auslegung des Briefes Pauli an die Römer, Halle 1749, Vorrede. - Lockes Paraphrase zum Römerbrief hat Baumgarten nach einer Ausgabe von 1709 für seine eigene Auslegung herangezogen, aber auch Überlegungen von J.A. Turretini, bes. zu Römer 9-11 (vgl. im übrigen die Nachweise im Register des genannten Werkes).

61 J.S. Semler, in: D. Siegmund Jacob Baumgartens Untersuchung Theologischer Streitigkeiten. Erster Band. Mit einigen Anmerkungen, Vorrede und fortgesetzten Geschichte der christlichen Glaubenslehre, herausgegeben von D. Johann Salomo Semler, Halle 1762, 17.

62 Ebd., 84-100.

63 Ebd., 312.

arbeitung „des historischen hermeneutischen wahren Inhalts der h. Schrift" bewahrt den Ausleger vor „subjectivischen moralischen Beschaffenheiten" und davor, „eine selbstgemachte Kraft- und Safttheologie vorziehen (zu) wollen, die freilich viel leichter ist"[64].

Dies alles hätte dem Übersetzer von Lockes Paraphrasen bei seinem polemischen Ausfall gegen Semler bekannt sein können, doch die kritisierten Ausführungen des Hallenser Gelehrten in den ergänzenden Beiträgen zu Baumgartens „Auslegung der Briefe Pauli an die Galater..." (1767)[65] gehen insofern weiter, als nicht nur die historische Eruierung exemplarisch erörtert wird, sondern theologische Fragestellungen innerhalb der paulinischen Briefe auf ihren historischen Hintergrund und ihren historischen Bezug geprüft werden. Darum gilt J.G. Hofmanns schärfste Kritik dem Abschnitt Semlers „III. Von was für einem Gesetz Paulus in diesem Briefe redet"[66]. Hier erst wird mit Hilfe historischer Kritik das orthodoxe System geradezu »aufgespießt«. |

Doch ehe auf Semlers Paulusverständnis noch etwas näher einzugehen ist, sollen einige weitere Beiträge zur Paulusforschung vor und neben ihm herangezogen werden.

3.   Johann David Michaelis (1717-1791) brachte in seiner „Einleitung in die göttlichen Schriften des Neuen Bundes". Zweiter Theil, Göttingen [4]1788, den Stand der »Einleitungswissenschaft« seiner Zeit zu den Paulusbriefen[67], indem er gleichzeitig insofern dem orthodoxen System zuarbeitete, als er die Schriften des Neuen Testament einem dogmatischen, nicht einem historischen Verständnis unterordnete und »kanonisch« = »inspiriert« = »apostolisch« zur Norm erhob[68]. Aber gerade dieses Verständnis des Kanonischen führte ihn notwendig zum Vergleichen von Schriften innerhalb des Neuen Testaments, da diese nicht alle inspiriert seien[69]. Das gibt Michaelis die Freiheit, aus den verschiedenen paulinischen Briefen Aussagen zu „Pauli Lebensart und Gewerbe" zusammenzutragen[70] und so Hinweise auf dessen Leben zu geben. Auffallend ist das „Register der merkwürdigen Sachen", denn dieses ist unter

---

64   Ebd., 313.

65   AaO (Anm. 48), 883ff.

66   AaO (Anm. 48), 906ff.; vgl. auch Semlers Erklärung des Epheserbriefs, ebd., 964ff. - Zu J.G. Hofmanns Kritik vgl.: Johann Locks Paraphrastische Erklärung (Anm. 35), Bd. II, IV u.ö.

67   J.D. Michaelis, Einleitung in die göttlichen Schriften des Neuen Bundes, Zweiter Theil, Göttingen [4]1788, 1188-1403.

68   Vgl. die zusammenfassenden Nachweise bei O. Merk. Anfänge ntl. Wissenschaft (Anm. 25), 53f.; im weiteren A.-R. Löwenbrück, Johann David Michaelis Verdienst um die philologisch-historische Bibelkritik, in: Historische Kritik und biblischer Kanon in der deutschen Aufklärung, hrsg. v. H. Graf Reventlow, W. Sparn und J. Woodbridge, Wolfenbütteler Forschungen Bd. 41, 1988, 157ff.

69   J.D. Michaelis, Einleitung, Bd. II, 1402f. u.ö.

70   Ebd., 1336ff.

dem Stichwort „Paulus" fast zu einem Ablauf seines Lebens ausgestaltet[71]. Man wird nicht bestreiten können, daß Michaelis auf seine Weise - und er war hier nicht alleinstehend - historisch arbeitete, aber für ihn war „historisch-philologische Bibelkritik vor allem ein glaubwürdiges Mittel, den Rationalismus mit seinen eigenen Waffen zu schlagen und das Dogma mit dem neuen Anspruch auf Wissenschaftlichkeit zu versöhnen"[72].

4.   Hatte J.D. Michaelis in vier Auflagen seines Werkes gleichwohl von 1750 an häufig Hinweise auf die Paulusforschung gegeben, so sind für etwa diesen Zeitraum einige Kommentare zur „Lehrart Pauli" anzuführen. Mit diesem Stichwort ist bereits das Charakteristikum | genannt. In den Kommentaren der Zeit zu den paulinischen Briefen geht es weitgehend nicht um die historische Eruierung, sondern um jene »Lehrart«, die das orthodoxe System exegetisch stützt. Exegesengeschichtlich gesehen ähneln sich diese Erklärungen bei durchaus auch vorhandenen Unterschieden. Philologisch-grammatische Sorgfalt und darin Überprüfung der Begriffe in meist paraphrastischem Durchgang durch die einzelnen Briefe ist ihr Kennzeichen.

Immerhin konnte Johann August Ernesti (1707-1781) in der von ihm herausgegebenen Zeitschrift „Neue Theologische Bibliothek" im Jahre 1769 anläßlich des Erscheinens der oben besprochenen Übersetzung von Lockes Paraphrasen über die Kommentare seines Jahrhunderts rückblickend äußern: Diese Übersetzung „würde wohl eher geschehen seyn, wenn der bessere Geschmack in der Auslegung, und das jezige Studium exegeticum selbst eher aufgekommen wäre. Noch in dem ersten Viertel dieses Seculi war die Auslegung des N. T. nur dogmatisch für das Compendium und die Postille...; da konnte man sich nach diesem Werke nicht sehnen; man furchte sich wohl gar dafür."[73]

Einige auffallende Beispiele sollen genannt werden:

a) In mancher Hinsicht eine Ausnahme ist „Johann Lorenz Mosheims Erklärung Des Ersten Briefes Des Heiligen Apostels Pauli An Die Gemeine zu Corinthus"[74]: Paulus ist ein „göttlicher Lehrer", der „vieles mit wenigen Worten saget" und darum eingehender in seinen Briefen für Pfarrer und Prediger ausgelegt werden müsse[75]. Um die Funktion dieses göttlichen Lehrers und seines Schreibens zu erfassen, sind alle notwendigen „Uemstände in Erwegung (zu)

---

71   Angeschlossen an J.D. Michaelis, Einl., Bd. II, mit gesonderter Seitenzählung, hier: 103f.

72   So A.-R. Löwenbrück (Anm. 68), 170; statt vom „Rationalismus" wäre besser vom »Geist der Aufklärung in der Bibelwissenschaft« zu sprechen.

73   J.A. Ernesti, in: Neue Theologische Bibliothek 10, 1769, 881.

74   Johann Lorenz Mosheims Erklärung Des Ersten Briefes Des Heiligen Apostels Pauli An Die Gemeine zu Corinthus, Altona und Flenßburg 1741.

75   Ebd., Vorrede (unnumeriert).

ziehen", die Gemeinde und Briefschreiber betreffen[76]. Mißstände in Korinth und Gemeindebrief der Korinther sind aufeinander bezogen[77]. Die Weitläufigkeit der Auslegung, die der Verfasser selbst eingesteht[78], kreist um die Belehrung durch den göttlichen Lehrer Paulus zur Hilfestellung seiner Gemeinde. Ein aufklärerisches Moment ist dieser Auslegung nicht abzusprechen[79], ohne daß bereits von einem exegetischen | Beitrag zu einem Paulusbild der Aufklärung gesprochen werden könnte.

b)   Auch „D. Christoph August Heumanns Erklärung des Neuen Testaments", die in mehreren Bänden den paulinischen Briefen gewidmet ist, kann trotz sorgfältiger Darlegung der damals diskutierten exegetischen Literatur noch nicht in diesem Sinne gewertet werden, denn es gelingt dem Verfasser noch nicht, historische Einsicht und dogmatische Vorgabe zu differenzieren[80].

c)   Exegetisch C.A. Heumanns Kommentar zur Grundlage nehmend geht Friedrich Witting in seiner „Erläuterung der Lehrart Pauli, durch eine tabellarische Uebersetzung des Briefes an die Philipper, und eine ungezwungene Zergliederung des andern Briefes an die Corinthier in Paragraphen und Anmerkungen"[81], stilistischen Besonderheiten in diesen Briefen nach, um dann überpointiert die Parenthese als auch theologisches Ausdrucksmittel des Apostels herauszustellen. Damit war ein neues, in dieser Form in der Paulusforschung bisher so nicht berücksichtigtes Moment eingebracht, aber der Verfasser - der freilich durch frühen Tod im 38. Lebensjahr sein Gesamtwerk nicht | vollenden

---

76   Ebd., 2.

77   Ebd., 20ff. 312ff.

78   Vgl. ebd., 907 u.ö.; das Werk umfaßt 1068 Seiten und Vorrede.

79   Auch eine zweite, dieses Moment noch etwas stärker hervorhebende Aufl. fand deutlich Beachtung: D. Johann Lorenz von Mosheim Erklärung des ersten Briefs Pauli an die Gemeinde zu Corinth, Zweyte Ausgabe, vom neuen übersehen und verbessert, und nebst des andern Briefs, ausgeführt und zum Druck übergeben von Christian Ernst von Windheim, der Philosophie und der heil. Sprachen ordentl. Professor zu Erlangen, Flensburg 1762; vgl. dazu: Neue Theologische Bibliothek 3, 1762, 395-410.

80   Zum Beispiel: D. Christoph August Heumanns Erklärung des Neuen Testaments. Siebender Theil, in welchem die Epistel an die Römischen Christen betrachtet und erläutert wird, Hannover 1755 (7f. 539ff. wird erwogen, von Kap. 12 an einen neuen Brief beginnen zu lassen); ders., Erklärung des Neuen Testaments, zwölfter Theil, in welchem das zwölfte und dreyzehnte Capitel der andern Epistel Pauli an die Christen zu Corinth erläutert wird. Nebst einem Anhange, Hannover 1763. - Vgl. auch: Neue Theologische Bibliothek 2, 1761, 493-505; W. Sparn, Philosophische Historie und dogmatische Heterodoxie. Der Fall des Exegeten Christoph August Heumann, in: Historische Kritik und biblischer Kanon in der deutschen Aufklärung, hrsg. v. H. Graf Reventlow, W. Sparn und J. Woodbridge, Wolfenbütteler Forschungen Bd. 41, 1988, 171ff. bes. 182ff.

81   Friedrich Witting, Erläuterung der Lehrart Pauli, durch eine tabellarische Uebersetzung des Briefes an die Philipper, und eine ungezwungene Zergliederung des andern Briefes an die Corinthier in Paragraphen und Anmerkungen, Braunschweig und Hildesheim 1761.

konnte[82] - mußte sich sogleich sagen lassen, daß Parenthesen zum einen im Neuen Testament insgesamt nachweisbar sind und daß zum anderen diese Stilform in den Schriften des Judentums der Umwelt Pauli verbreitet war. Diese Hinweise veranlaßten unter anderem Johann August Ernesti zu der vorsichtigen Anfrage, ob nicht der gelehrte Verfasser durch die Stilform der Parenthese die „Lehrart Pauli" der Dogmatik der Zeit dienstbar mache[83]. Das sollte ein zweiter, posthum erschienener Band des Autors voll bestätigen[84].

d)   Herausragend als Kommentar der Zeit ist die „Erklärung des Briefes an die Galater, welche auf der Königlichpreußis. Friedrichsuniversität zu Halle seinen akademischen Zuhörern ehedem vorgetragen hat D. Adam Struensee" (1764)[85]. Schon dieser Titel zeigt das örtliche und theologische Umfeld an. In der Umgebung von Siegmund Jacob Baumgarten (und bei dessen Nachfolge 1757 in engste Wahl gezogen)[86] und auch als Zeit- und Gesprächsgenosse Semlers in Halle | gestaltet der Autor seinen Kommentar. Er steht unter dem Stichwort: Paulus sah die Gemeinde „an als Kranke, und wollte, als ein weiser Arzt, sie curiren"[87]. Paulus wird hier unter der Hand zum weisen Lehrer, dessen theologische Begriffe und Denkungsart sorgfältigst zu entfalten sind. Hi-

---

82   Zur Biographie F. Wittings s. J.C. Koken, in: Fortgesetzte Erläuterungen (Anm. 84), 16.

83   Vgl. Neue Theologische Bibliothek 3, 1762, 621-637.

84   F. Witting, Fortgesetzte Erläuterung der Lehrart Pauli durch eine ungezwungene Zergliederung des Briefes an die Römer in Paragraphen und Anmerkungen nebst D. Johann Carl Kokens Vorrede von der Vortreflichkeit der heiligen Schrift in Ansehung ihrer Lehrart wider die alten und neuen Freydenker, Hildesheim 1764, 4ff.8ff.

85   Adam Struensee, Erklärung des Briefes an die Galater, welche auf der Königlichpreußis. Friedrichsuniversität zu Halle seinen akademischen Zuhörern ehedem vorgetragen hat D. Adam Struensee, Flensburg 1764.

86   Adam Struensee (1708-1791), ursprünglich ganz vom Pietismus geprägt, aber schon während des Studiums in Halle und besonders bei Franz Buddeus in Jena zunehmend zurückhaltender geworden, war kein unmittelbarer Schüler Baumgartens, jedoch durch Pfarrstellen in Halle von 1732-1757 und nebenamtliche Professur der Theologie ebendort stärker im Sinne Baumgartens und freier Denkungsart ausgerichtet, als seine frühen Veröffentlichungen erkennen lassen (zur Frühzeit vgl. Art. „Struensee, (Adam)" in: Grosses vollständiges Universal-Lexikon... von Johann Heinrich Zedler, Bd. 40, Leipzig/Halle 1744, Sp. 1087f.). Daß Semler ihn nicht als Baumgartens Nachfolger haben wollte, beruht nicht auf wissenschaftlicher Kritik an ihm, sondern darauf, daß er keinen »Praktiker« auf diesen Lehrstuhl berufen sehen wollte (vgl. J.S. Semler, Lebensbeschreibung, Bd. I (Anm. 24), 236ff.; M. Schloemann, Siegmund Jacob Baumgarten (Anm. 58), 23 Anm. 41). Die 1764 veröffentlichten Vorlesungen von A. Struensee (es erschien im gleichen Jahr neben der genannten eine ebenfalls gewichtige über den Hebräerbrief) lassen jedoch erschließen, daß bei einer Berufung Semler möglicherweise ein theologisch (nicht im historischen Bereich) überlegener Kollege zur Seite gestanden hätte; vgl. zuletzt S.C. Bech, Art. Struensee, Adam, in: Schleswig-Holsteinisches Biographisches Lexikon, Bd. 5, 1979, 257-259.

87   A. Struensee, Erklärung des Briefes an die Galater (Anm. 85), 32.

storische und theologische Sachverhalte kommen in innerem Bezug zur Sprache. Einzelne Begriffe sind derart klar theologisch gezeichnet, daß man noch heute daraus lernen kann. Einige Beispiele müssen für das Ganze stehen: Die »Bekehrung des Paulus« ist als Gottes Tat zu interpretieren[88]; die Aussage des Apostels in Gal. 1,22, er sei den Gemeinden in Judäa unbekannt, ist ernstzunehmen und der Darstellung in der Apostelgeschichte vorzuziehen[89]; Gal. 2,11-21 steht in theologisch sachlicher Verklammerung[90]; aus Gal. 5,25 ist das Verhältnis von gegebenem Heil/Heilsgeschehen und daraus sich ableitendem Imperativ zu sehen[91]. Hier sind Ansätze gegeben, die einem gewandelten Paulusbild einer neuen exegetisch-theologischen Epoche den Weg bahnen, eruiert aus einem Paulusbrief, aber verglichen mit manchen Aspekten in den anderen Schreiben des Apostels und weiterer neutestamentlicher Schriften. Paulus, der weise Arzt, tritt als weiser Lehrer wie eine Vision in die exegetisch-theologische wie die aufgeklärte Welt. Das war möglich, weil A. Struensee die Zusammengehörigkeit historischer und theologischer Bezüge im paulinischen Denken und Werk herausarbeitete und so jeden einseitigen Zugriff, die Vereinnahmung des Apostels durch die kirchliche Lehre verhinderte. Das gilt, auch wenn gelegentlich noch in diesem Kommentar Struensee's Herkunft aus dem Pietismus rudimentär zu erkennen ist.[92] Durch seinen eigenen weiteren Lebensweg blieb freilich der | Vermittler dieser neuen Sicht ein akademischer Außenseiter[93].

Natürlich bieten die Kommentare zu den einzelnen paulinischen Briefen - ihrer Aufgabe gemäß - aufgrund des jeweiligen Schreibens Teilaspekte, sie

---

88   Ebd., 80ff.
89   Ebd., 98ff.
90   Ebd., 130ff.
91   Ebd., 132ff.
92   In einem „Beytrag zu den Erlangischen gelehrten Anmerkungen" (= 19. Jahrgang 1764), 39. Woche vom 29. September 1764, 609ff. wird mit Recht und positiv auf das Werk Bezug genommen (was darüber hinaus erneut bestätigt, daß in Erlangen in den ersten Jahrzehnten nach der Universitätsgründung (1743) in der theologischen Einschätzung der Zeit ein sehr offener, dem Neuen zugewandter Geist herrschte). - Mit Struensee's Kommentar nicht anfreunden kann sich dagegen der Rezensent in: Neue Theologische Bibliothek 5, 1764, 306-320 (der aber auch zu den zentralen Stellen nicht vordringt).
93   A. Struensee ging ca. 1757 (das genaue Datum variiert in der Forschung, jedoch nicht später als 1757) nach Altona als Hauptpastor und stieg schnell in hohe Kirchenämter auf. Auf dem Titelblatt seiner „Erklärung des Briefes an die Galater" sind für 1764 folgende Ämter und Amtsbezeichnungen aufgeführt: „Sr. Königl. Majest. zu Dänemark, Norwegen... bestallter Oberconsistorialrath, Generalsuperintendent der Kirchen und Schulen in den beyden Herzogthümern Schleswig und Holstein, Kirchenprobst in den Probsteyen Gottdorf, Hütten, Schleswigischen Domcapitels Districten, Rendsburg, Husum, Schwabstädt und der Landschaft Stapelholm, wie auch des Königlichen Consistorii zu Rendsburg Präses, und der Christkirche daselbst Director".

lassen nicht Lebenswerk und -bild, ja das Gesamtgefüge paulinischer Theologie erkennen, sofern nicht, wie noch weithin in der ersten Hälfte des 18. Jahrhunderts, ohnehin der einzelne Kommentar im verbindenden und umschließenden Gesamtgebäude des orthodoxen Systems seinen Platz hatte und so die Einzelkommentierung durch dieses am Ganzen teilhatte.

    4. Die Suche nach dem möglichst einheitlichen Ganzen der Denkungsart des Paulus steht darum in anderer Weise im Hintergrund, wenn in den zur Debatte stehenden Jahrzehnten in fast steter Regelmäßigkeit nach der griechischen oder jüdischen Bildung des Apostels gefragt wird, wobei für beide Ansichten die Apostelgeschichte als wichtigster Beleg herangezogen wird.

    So berichtet die „Jenaische Gelehrte Zeitungen auf das Jahr 1753" [94] von dem großen Redner Paulus anhand einer Untersuchung von Johannes Matthäus Unoldo „Prudentia Paulli oratoria succincta commentatio..." (Jena 1753): Dieser Paulus wisse sich je nach Lage und Gegebenheit auszudrücken, so daß der Rezensent mit dem Autor „den göttlich erleuchteten Paullus... als das unstreitig vorzüglichste Muster eines klugen Redners" bewundern kann[95].|

    Solche Thesen und Beobachtungen stellen die Frage nach der Bildung des Apostels. Johann August Ernesti gibt darum in seiner Zeitschrift zu bedenken[96]:

> „Ob es wohl überhaupt allzeit sehr gewöhnlich gewesen zu sagen, daß die Apostel Leute, ohne menschliche Gelehrsamkeit, Weisheit, Beredsamkeit gewesen, und daher einen Beweis für die Göttlichkeit ihrer Lehre zu nehmen; so hat es doch in den neuern Zeiten verschiedenen beliebt, bey Paulo eine Ausnahme zu machen, und ihm auch große menschliche Gelehrsamkeit, in der griechischen Sprache, Philosophie und Beredsamkeit, zuzuschreiben: wobey man sich darauf gegründet, daß er als der Heyden Apostel diese Gelehrsamkeit nöthig gehabt. Man hat gar vorgegeben, er sey um derselben willen eben von Gott zum Heydenapostel verordnet worden. Man hat auch angegeben, wo er das alles gelernt habe, nemlich zu Tarsen, wo er gebohren worden, und wo es, nach Strabonis Zeugnisse, viel Lehrer dieser Künste und Wissenschaften gegeben hat. Einige sind zwar so gar weit nicht gegangen; haben ihm aber doch eine ziemliche Kenntniß der griechischen Sprache eingestanden, die er aus heydnischen Schriftstellern erlangt gehabt."

In diesem Zusammenhang ist die schon eingangs erwähnte Untersuchung von Christian Wilhelm Thalemann „De Eruditione Paulli Iudaica, non Graeca"

---

94   Jenaische Gelehrte Zeitungen auf das Jahr 1753, 721ff.
95   Ebd., 722; vgl. 723.
96   In: Neue Theologische Bibliothek 10, 1769, 853.

(Lipsiae 1769) zu sehen, in der die jüdische Wurzel des Denkens und der Gelehrsamkeit des Paulus ganz in den Vordergrund gerückt wird. Daß Paulus sich auch in griechischer Sprache ausdrücken mußte und dies de facto, wie seine Briefe belegen, auch tat, wird dabei nicht in Abrede gestellt, aber die Art seines Argumentierens verweise auf seine geistige und theologische Herkunft im Judentum.

Diese nicht unbestritten gebliebene, aber einen in seinem Denken »einheitlichen« Paulus darstellende Abhandlung[97] hatte wenige Jahre zuvor in Eberhard Andreas Frommanns Altdorfer Dissertation „Disputatio Topices Paullinae in fide salvifica e V. T. probanda Specimen" (1762) einen gewissen Vorläufer, da die von Paulus angewandte Topik methodisch, nämlich in des Apostels Bezugnahme auf das Alte Testament im Neuen, erkennen lasse, daß dieser von den Voraussetzungen jüdischer Ausbildung (und Bildung) her argumentiere[98]. Wenige Jahre später kommt M.A. Grulich „Betrachtungen über die griechische Gelehrsamkeit des Apostels Paulus" (Wittenberg 1774) zu dem | durchaus moderaten Ergebnis, daß sich der Heidenapostel in der Welt, in der er missionierte, also in dem geistigen Gefüge seiner griechischen Umwelt auskennen mußte. In einem „Beytrag zu den Erlangischen gelehrten Anmerkungen" zum 30. April 1774 wird darum erwägenswert festgehalten: „Man muß die Gelehrsamkeit eines Paulus nicht dahin versetzen, daß er ein heutiger griechischer Gelehrter gewesen, sondern ein solcher, wie es sein Zeitalter und der Beruf eines Heydenlehrers verlangte"[99]. Fast gleichzeitig hat C. Ludwig Bauer in seiner Untersuchung „Philologia Thucydideo-Paullina vel notatio figurarum dictionis Paullinae cum Thucydidea comparatae in usum exegeseos sacrae vulgata a Carolo Ludovico Bauero" (Halae 1777) vornehmlich griechischen Bezug in der paulinischen »Schreibart« ermitteln wollen und dafür vielfach Beachtung gefunden[100]. In einem weiteren Werk hat derselbe Verfasser gängige Regeln der Logik an Beispielen aus den paulinischen Briefen vorgeführt: „Logica Paullina seu notatio rationis, qua utitur Paullus Apostolus in verbis adhibendis, interpretando, definiendo, enuntiando, argumentando, et methodo universa in usum exegeseos et doctrinae sacrae" (Halae 1774).

Die Diskussion hält an: So spricht sich etwa Johann Friedrich Jacobi in seiner „Abhandlung über wichtige Gegenstände der Religion"[101] allgemein für

---

97   Vgl. dazu auch J.A. Ernesti, Neue Theologische Bibliothek 10, 1769, 852ff.; K. Aner, Zum Paulusbild der deutschen Aufklärung (Anm. 7), betont nur „den durchschlagenden Erfolg" (368ff.).
98   Vgl. auch: Neue Theologische Bibliothek 4, 1763, 189-192.
99   Beytrag zu den Erlangischen gelehrten Anmerkungen (= 29. Jahrgang 1774) zum 30. April 1774, 257f.
100 Vgl. Georg Lorenz Bauer, Entwurf einer Hermeneutik des Alten und Neuen Testaments. Zu Vorlesungen, Leipzig 1799, 180f.
101 Allgemeine deutsche Bibliothek 25, 1775, 62-75, hier: 74.

die jüdische Grundlegung paulinischen Denkens aus, und noch 1790 wird in einer Besprechung das Problem erneut vorgestellt. Nachdem Anlaß war, die wichtigsten Belege zu nennen, nach denen Paulus von griechischen Dichtern beeinflußt sei, hält ein Rezensent fest:

> „Solche Stellen griechischer Dichter, wie Paulus anführt, wußte der gemeinste Grieche, wie bei uns der gemeinste Christ biblische Stellen. Verschen aus Liedern u. dgl. m. auswendig weiß. Wer wird daraus Uebung in den schönen Wissenschaften schließen? Und kannte denn der Verf. gar nicht die schöne Abhandlung des seel. Thalemann, de eruditione Pauli Iudaica. Non Graeca, durch welche jene alte, auf gar keinem Beweise beruhende, der eigenen Meinung des Apostels widersprechende Meinung, so gut als zerstört worden ist?" [102]

Solche, leicht zu vermehrende Belege zeigen, daß zum Paulusbild in der deutschen Aufklärung die „eruditio Pauli" als maßgebender Faktor gesehen und eingebracht wurde. Aber auch diese Erörterung | wirkte sich nur als partielle Fragestellung aus. Woran lag es, daß es in jenen Jahrzehnten nicht zu einer - wissenschaftlich wie populär - Gesamtdarstellung kam, die Paulus zu einem gängigen Lehrer und Zeugen aufgeklärter Gegenwart werden ließ?

III

Derartige Erwägung lenkt abschließend den Blick zu Semler selbst zurück.

Der Inaugurator der neueren Semlerforschung, Gottfried Hornig, hat mit Recht Semlers Bevorzugung paulinischer Briefe herausgearbeitet und gezeigt, daß dies in der Konsequenz der Hinwendung des Hallensers zur reformatorischen Theologie begründet ist. Denn „Semler will der paulinischen Heilsbotschaft eine zentrale Stellung im Ganzen der Theologie sichern und das Abgleiten in einen diese Heilsbotschaft nivellierenden Biblizismus verhindern" [103]. Noch in seinen letzten Stunden vor dem Tode hat Semler seinen einstigen

---

102 Allgemeine deutsche Bibliothek 43, 1790, 3-16; Zitat 15.
103 So G. Hornig. Die Anfänge historisch-kritischer Theologie (Anm. 14), 196; vgl. ebd., 96.114.162 u.ö. Daß für Semler neben den grossen paulinischen Briefen (Röm.; 1.2. Kor., Gal.) auch das Johannesevangelium ganz im Sinne Luthers von großem Belang war, ist hier nicht zu erörtern.

Lehrern zum Vorwurf gemacht, „den Christen die schönen Briefe Pauli vorenthalten" zu haben[104].

Es kann und braucht nach den Untersuchungen der letzten dreißig Jahre[105]
das Grundsätzliche nicht noch einmal vorgestellt zu werden: Festzuhalten aber
ist, daß Semlers Kritik vornehmlich die unerledigte Seite des Historischen
betont und hier auch die eigentliche Auseinandersetzung mit dem Lehrer
Siegmund Jacob Baumgarten einsetzt. In seiner Lebensbeschreibung faßt es
Semler noch einmal im Blick auf Baumgartens „Unterricht von der Auslegung
der heiligen | Schrift für seine Zuhörer ausgefertigt" (Halle 1742) zusammen:
„Den eigentlichen <u>historischen</u> <u>kritischen</u> Theil, der hier viel zu wenig mitge-
nommen worden, fing ich so gleich an viel deutlicher und volständiger einzu-
schieben; da ich aus humanioribus noch guten Beistand hatte. Bey einzeln
Stellen hatte ich auch viel gelerten Vorrat; und ich fiel selbst für mich auf die
<u>Unterscheidung</u> der <u>historischen</u> Auslegung, die wirklich in jene Zeiten, des
ersten Jahrhunderts, als <u>damaliger</u> Inhalt und Umfang der Vorstellungen dieser
Zeitgenossen gehört; und der jezigen wirklichen <u>Anwendung</u> <u>zur</u> <u>Belehrung</u>
unserer Christen, aus den richtig erklärten Stellen, welche Anwendung der
Lehrer nach den Umständen seiner Zeit... und seines Ortes, mit <u>jeziger</u> Lehr-
geschicklichkeit zu befördern hat. Diese <u>Unterscheidung</u> hat mir sehr vieles
erleichtert"[106].

Semler macht seine methodisch gewonnenen Einsichten im Bereich profan-
historischer Forschung zum Maßstab auch an seiner Arbeit an den biblischen
Texten[107], und das wirkt sich grundlegend für sein Paulusverständnis aus.
Mehrere historisch relevante Sachverhalte treffen dabei für ihn zusammen:

---

104 Nachgewiesen und zitiert bei G. Hornig, ebd., 196 mit Bezug auf A.H.D. Niemeyer,
     D. Joh. Sal. Semlers letzte Äußerungen über religiöse Gegenstände zwey Tage vor
     seinem Tode, Halle 1791, 23.
105 Vgl. insgesamt die Anm. 14 genannten Autoren und Werke; dazu M. Schloemann,
     Siegmund Jacob Baumgarten (Anm. 58), passim; O. Merk, Anfänge neutestamentli-
     cher Wissenschaft (Anm. 25), 48ff.; H. Paulsen, Sola Scriptura und das Kanonpro-
     blem, in: Sola Scriptura. Das reformatorische Schriftprinzip in der säkularen Welt,
     hrsg. v. H.H. Schmid und J. Mehlhausen, 1991, 61ff. (passim); für die ältere For-
     schung bleibt wichtig: J.G. Eichhorn, Johann Salomo Semler (Anm. 15).
106 J.S. Semler, Lebensbeschreibung Erster Theil (Anm. 24), 208f.; vgl. auch ders., in:
     Siegmund Jacob Baumgartens Untersuchungen Theologischer Streitigkeiten. Erster
     Band (Anm. 61), 312ff.; M. Schloemann, Siegmund Jacob Baumgarten (Anm. 58),
     171ff.178ff.197ff.202ff.; H.-E. Heß, Theologie und Religion (Anm. 14), 132ff.
107 Vgl. mit Recht G. Hornig, Hermeneutik und Bibelkritik (Anm. 14), 235 Anm. 39 mit
     Verweis auf J.S. Semler, Versuch den Gebrauch der Quellen in der Staats- und
     Kirchengeschichte der mittlern Zeiten zu erleichtern, Halle 1761. Treffend G. Hornig
     in der genannten Untersuchung 235: „Unter dem formalen und methodischen Aspekt
     wird man von Semlers Bibelkritik sagen können, daß sie zu einem erheblichen Teil
     eine Anwendung jener Grundsätze historischer Kritik gewesen ist, die der Hallenser
     auch gegenüber profanen Quellen zur Geltung gebracht hat."

Die Textkritik wird ihm zum Muster historischer Kritik in der Überwindung der orthodoxen Anschauung vom inspirierten Text[108], die von Siegmund Jacob Baumgarten durchgeführte „Zergliederung" in neutestamentlichen Schriften[109] gestaltet und vertieft Semler zur historisch begründeten Teilung von Paulusbriefen[110], seine Untersu|chungen zum »Canon« lassen ihn die Zugehörigkeit einer Schrift zum Kanon zur rein historischen Frage werden. Das Resultat aller dieser Beiträge ist die „Unterscheidung von Gotteswort und Schrifttext", Gotteswort im Menschenwort. [111]

Seine Erwägungen zu Paulus stehen in diesem breiteren Rahmen, auch wenn sich im Vergleich zu seinem ungewöhnlich umfangreichen literarischen Werk seine Ausführungen zu Paulus eher wie Randbemerkungen ausnehmen.

Ein kurzer Durchgang genügt: Den paulinischen Briefen, die für Semler und seine Zeit noch selbstverständlich die »Pastoralbriefe«[112] einschließen, gilt bereits seine theologische Dissertation, von der sofort das „Compendium Historiae Litterariae Novissimae Oder Erlangische gelehrte Anmerkungen und Nachrichten Auf das Jahr 1753" [= 8. Jahrgang] berichtet: „Vor des Hrn. D. Semlers Abreise nach Halle hat er zu Altdorf am 5. März seine Inauguraldissertation vertheidiget, welche Observationes exegetico-criticas & miscellas praecipue super 2. Tim. III & IV enthält." [113]

Im Weihnachtsprogramm von 1758 stellt J.S. Semler mit einer Untersuchung „Commentatio ad 2 Corinth. VIII. 9" (Halae 1758) eindeutig die Menschwerdung Christi heraus. Es stellt einen für das Verständnis der Präexistenzvorstellung zur Zeit der Aufklärung aufschlußreichen Beitrag dar und vermittelt dogmengeschichtlich relevante Beobachtungen über die Sozinianer.

Wirklich virulent aber wird Semlers Paulusforschung erst Mitte der 60er Jahre, wobei nicht ganz auszuschließen ist, daß die Veröffentlichung von A. Struensees oben angeführtem Galaterkommentar von 1764 mit dazu beigetragen hat. Denn im Jahre 1765 erscheint Semlers "Versuch einiger neuen Beobachtungen über einige Stellen des Briefes an die Galater" [114]. Die dort zu-

---

108 Vgl. zusammenfassend O. Merk, Anfänge ntl. Wissenschaft (Anm. 25), 52ff. u.ö.

109 Siegmund Jacob Baumgarten, Unterricht von Auslegung der heiligen Schrift für seine Zuhörer ausgefertiget, Halle 1742, 54.61ff. u.ö.

110 Nachweise zuletzt: O. Merk, Art. Literarkritik II. Neues Testament, TRE, Bd. 21, 1991, 224f.

111 Vgl. G. Hornig, Hermeneutik und Bibelkritik (Anm. 14), 219ff.227ff. 235.

112 Zu Aufkommen und Geschichte des Begriffs „Pastoralbriefe" seit bereits 1726 vgl. Besprechungshinweise in „Compendium Historiae Litterariae Novissimae Oder Erlangische gelehrte Anmerkungen und Nachrichten Auf das Jahr 1755 (= 10. Jahrgang), 51 und ebd., 1754 (= 9. Jahrgang), 419f.

113 498; zum bibliographisch genauen Titel: „Observationes exegetico-criticae et miscellae praecipue super 2. Timoth. III et IV", Altdorfii 1753.

114 J.S. Semler, „Versuch einiger neuen Beobachtungen...", in: Wöchentliche Hallische Anzeigen vom Jahr MDCCLXV, Sp. 41-51. 65-75. 81-90. Anhalts- und Berührungs-

nächst skizzierte herme|neutische Grundlegung freier Schriftauslegung zielt in ihrer Präzisierung historischer Interpretation einerseits darauf, die Unterscheidung von Damals und Heute und die daraus sich ergebende Einsicht, Temporelles und Bleibendes zu unterscheiden, de facto für die Gegenwart zu erheben (Semler spricht hier unmittelbar den Pfarrerstand seiner Zeit an) [115], andererseits das Wirken des Paulus im Rahmen einer Geschichte des frühesten Christentums zu sehen. „Denn" „Paulus" „unterscheidet... diese ausländischen Christen [scil. Heidenchristen] von den in Palästina und Jerusalem lebenden" [116]. Schließlich wird vom Autor historische Interpretation als auch dann nicht fragwürdig bezeichnet, wenn gerade durch dieses methodische Vorgehen historische Sachverhalte nicht voll aufgedeckt werden können, wie an Gal. 1.2 verdeutlicht wird [117]. Die Unabgeschlossenheit historisch-kritischer Arbeit wird bereits hier reflektiert.

Folgerichtig und sachbezogen schließen sich die oben skizzierten „Beiträge zum genauern Verstande des Briefes an die Galater" (1767) an [118], gipfelnd in Semlers Nachweis der Zeitgebundenheit des jüdischen Gesetzes [119]: „Es ist also auch der Inhalt der Bücher Mosis nicht zu der algemein verbindlichen Offenbarung Gottes geradehin zu rechnen; und wenn Paulus so wenig Nutzen und Gebrauch von diesem Gesetz ferner gehoft und gemacht hat, ausser bey gebornen Juden..., so haben wir gewis es auch nicht zur Verbindlichkeit, das mosaische Gesetz mit der christlichen Lehre in eine wirkliche, genaue und immerwärende Verbindung zu setzen. Die historische und hermeneutische Brauchbarkeit dieser Bücher Mosis bleibt übrigens ungeschwächt; und kann nicht wissentlich von uns hintangesetzt werden; nur mit dem Unterschied, daß nicht alle jüdische Vorstellungen, wozu man ehedem einheimische Veranlassungen hatte, zugleich für Theile der algemeinen unveränderlichen Lehre angesehen werden müssen."

Es folgt 1769 „Io. Sal. Semleri Paraphrasis Epistolae ad Romanos cum Notis, Translatione Vetusta et Dissertatione de Appendice Cap. XV. XVI" (Halae 1769) [120], Johann August Ernesti, dem „prae|ceptori Germaniae" ge-

---

punkt mit A. Struensee ist die von jenem theologisch geforderte einheitliche Argumentation in Gal. 2,11-21, die Semler sachlich aufgreift (Sp. 84f.).

115 Ebd., Sp. 43f. 41f.

116 Ebd., Sp. 71; vgl. dazu schon J.S. Semler, in: D. Siegmund Jacob Baumgartens Evangelische Glaubenslehre. Dritter Band. Mit einigen Anmerkungen, Vorrede und historischen Einleitung herausgegeben von D. Johann Salomon Semler, Halle 1760, 24.

117 Ebd., (Anm. 114), Sp. 44f.

118 J.S. Semler, Beiträge zum genauern Verstande..., in: Siegmund Jacob Baumgartens Auslegung des Briefes Pauli... (Anm. 48), 883ff.

119 Ebd., 906ff. 915 (Zitat).

120 Io. Sal. Semleri Paraphrasis Epistolae ad Romanos cum Notis, Translatione Vetusta et Dissertatione de Appendice Cap. XV. XVI, Halae 1769; die kleine Abhandlung

widmet: Der Römerbrief ist bisher nicht historisch genug ausgelegt worden (Vorrede). Die Sachlage, die hinsichtlich des Gesetzes für den Galaterbrief zu ermitteln war, gilt exemplarisch für das Verstehen des jüdischen Volkes. Der Brief ist als Dokument der Zeit Pauli auszulegen; historische Interpretationen verlangen dabei ebenso die textkritische Prüfung als <u>historischen</u> Beitrag[121] wie die Abtrennung der Kapitel 15. 16[122]. Semlers in diesem Kommentar angewandte Form der Paraphrase wurde - mit gelegentlichen Hinweisen zur Verbesserung - für gut erachtet[123]. Neben mancher akzeptierten richtigen Beurteilung, z.B. hinsichtlich der „Erbsündenlehre", wurde heftige Kritik an Semlers Bezug von Röm. 9,5 ὁ ὤν ἐπὶ πάντων θεός auf Gott geübt[124], so daß in dem Streit über den »Häretiker« Semler in den „Göttingische(n) Anzeigen von gelehrten Sachen 1770", 27. Stück (vom 3. März 1770), J.D. Michaelis zugunsten des Autors dessen folgende Erklärung abzudrucken sich genötigt sah: [125] „Ich bejahe selbst, glaube und lehre, diesen algemeinen Lehrsatz aller catholischen Kirchen: Christus ist ewiger wesentlicher Gott; aber ich bejahe, | gläube und lehre nicht: daß Paulus hier Christum nenne, den Gott über alles, damit wir aus diesem Zeugniß an Christum, als ewigen Gott, glauben, und also den Unterschied zwischen Gott, dem Vater, und Christus, Gott, verlieren sollten."

Flankiert werden die Ausführungen zum Galater- und Römerbrief durch zwei von Semler angeregte Dissertationen: Christian Ernestus Kühze, De Tempore quo Scripta fuerit Epistola Paulli ad Romanos (Halae 1767), und Johann Gotthard Augustin Letsch, De Tempore quo Scripta fuerit Epistola

---

Semlers „Commentatio brevis ad Rom. VIII.3" (Halae 1768) geht nicht über das im Kommentar z. St. Ausgeführte hinaus (Kommentar, 90f.).

121 Vgl. schon: Io. Sal. Semleri Apparatus ad liberalem Novi Testamenti Interpretationem. Illustrationis Exempla multa ex Epistola ad Romanos petita sunt, Halae 1767, 28ff.82ff.

122 Vgl. Io. Sal. Semleri Paraphrasis (Anm. 120), „Appendice", 277ff.; ob J. Locke hierfür Hinweise gab, darf gefragt werden, da dieser selbst für den Röm 15 oder 16 Kap. erwog (vgl. Johann Locks Paraphrastische Erklärung [Anm. 35] Bd. I., Abschn. „Versuch, wie nach S. Pauli eigener Anleitung...", 13).

123 Vgl.: Neue Theologische Bibliothek 10, 1769, 497-521; „Göttingische Anzeigen von Gelehrten Sachen. Der erste Band auf das Jahr 1769", Sp. 873-876; Jenaische Zeitungen von gelehrten Sachen auf das Jahr 1769, 820-864, hier 821: Es handele sich um „eine solche Art von Paraphrase..., die wegen ihrer Einrichtung sich von mehr als einer Seite empfiehlt. Nicht durch schwatzhafte Weitläufigkeit ermüdend, erscheint sie in einer nervigten Kürze und in einer solchen Einkleidung, bei welcher die eigenthümlichen Ausdrücke der heil. Schrift nicht ganz unkenntbar werden."

124 Es handelt sich um eine Stelle, zu der sich bereits Siegmund Jacob Baumgarten in „Commentatio ad difficiliora verba Rom. VII-II, V" (sic!), 1746 geäußert hatte, in: Anhang zu seiner „Auslegung des Briefes Pauli an die Römer", Halle 1749, XVII-XXXXIV (bes. XXXXIIff.).

125 Dort 217-221; 221 (Zitat).

Paulli ad Galatos (Halae 1768). Die Verfasser beider Arbeiten gelangen methodisch zu Semlers historischem Interpretationsansatz zur Beurteilung von Paulusbriefen. In der Dissertation von Letsch wird eine leichte, aber betonte Kritik an der Paulusdarstellung in der Apostelgeschichte geübt.

Die 1770 erschienene „Paraphrasis in primam Pauli ad Corinthios Epistolam. Cum notis et Latinarum translationum excerptis" (Halae 1770) entspricht methodisch dem dargestellten Anliegen Semlers; die „Paraphrasis" zum 2. Korintherbrief[126] hat ihr historisch ausgerichtetes Interesse an der bekannten Aufteilung dieses Schreibens[127]. Solche Aufteilung ist für Semler nicht nur eine auf der literarischen Ebene zu erfassende, sondern zugleich eine historisch zu eruierende, weitergeführte Differenzierung von Gruppierungen im Urchristentum, die sich ergibt, nachdem einmal die unterschiedlichen „Diöces" erkannt waren. [128]

In einer hier auch chronologisch letzten heranzuziehenden Untersuchung „Das Christentum des Paulus", Antworten auf einen Semler anonym übermittelten Beitrag, den er in seinem „Magazin für die Religion. Erster Theil. Mit Zusätzen und einer Vorrede" (Halle 1780) herausgab[129], gilt es, einem scharfen Kritiker des Christentums[130] ebenso deutliche Aufklärung wie Zurechtweisung zuteil werden zu | lassen. Dabei wird Paulus selbst zu einem wichtigen Lehrer für die aufgeklärte Gegenwart: Natürlich ist es eine „historische Frage", „ob Paulus und die Apostel selbst... blos... Zusätze (,) erfunden haben zu der Lehre Christi"[131], aber Semler betont zugleich: „Ich wüste keinen Satz, den Paulus als <u>neu</u> erfunden hätte."[132] Der Frage des Bezugs Jesus - Paulus zueinander ist die andere inhärent, ob auch Paulus ein weiser Lehrer der Aufklärung sein kann. - Man muß dabei im Blick behalten, daß Semler längst Jesus im Sinne seiner Zeit als aufgeklärte Persönlichkeit zum Segen der

---

126 D. Io. Sal. Semleri Paraphrasis II. Epistolae ad Corinthios. Accessit Latina vetus translatio et lectionum Varietas, Halae 1776.

127 Ebd., Praefatio, 238 Anm. 264; 321 Anm. 366; zur nachfolgenden Diskussion über Semlers Abtrennung von Kap. 10-13 vgl. O. Merk, (Anm. 110).

128 Diese seit Mitte der 60er Jahre von ihm konsequent weiterverfolgte Fragestellung findet sich in wichtigster, mehr hingeworfene Feststellung in der Vorrede zur „Abhandlung von freier Untersuchung des Canon", Vierter Teil, Halle 1775, unnumeriert.

129 J.S. Semler, „Das Christentum des Paulus, entwickelt bey Gelegenheit des Eybelischen Processes", in: Magazin für die Religion. Erster Theil. Mit Zusätzen und einer Vorrede herausgegeben von D. Johann Salomo Semler, Halle 1780, 321-400.

130 „Es ist seit Abschaffung des guten Heidentums nichts unseligeres gesehen worden, als das Christentum" (ebd., 321).

131 Ebd., 326.

132 Ebd., 326. Im Blick steht, daß für Semler Jesus Lehrer der Aufklärung ist.

Menschheit ansah[133] und daß es „wirklich der weisen Aufsicht und Gnade Gottes über das menschliche Geschlecht allein zu danken ist, daß die gesunde Lehre des wahren Heilandes, und göttlichen Seelenarztes endlich wieder erforschet, und zur innerlichen Religion und Genesung der sehr verlassenen Seele angewendet werden können" [134]. So kann er jetzt festhalten: „Christus ist und bleibt die Quelle, der Weinstock; seine Apostel sind die Reben an ihm, welche freilich vom Weinstock selbst unterschieden sind." [135] Damit sind Stellung und Funktion des Paulus klargestellt, mag auch offenbleiben, ob er „den wahren Begrif von der Lehre des Jesus auf einmal erhalten habe" [136]. Paulus selbst formulierte „klare Lehrsätze" [137], - wobei im Hintergrund die Unterscheidung von Temporellem und Bleibendem steht[138] -, denn „die Wahrheiten selbst sind es, auf deren Wirkung er alles rechnet" [139]. „Listig betrügen wollte Paulus nicht" [140], denn der Apostel „empfielet": „Wer in Christo Jesu oder sein Schüler seyn will, der muß Christum oder einen neuen Menschen gleichsam anziehen, der ist recht nach GOtt geschaffen, in wirklicher Gerechtigkeit und Heiligkeit." [141] Die Basis aber, daß auch Paulus Lehrer ist, ist allein die Auferstehung Jesu Christi. [142] |

Wir können hier abbrechen. Diese aus verschiedenen Einzelantworten sich ergebenden Sachverhalte lassen erkennen, daß für Semler in der kritischen Auseinandersetzung Paulus ein zwar eigenständiger, aber ein nur von Christus her sich verstehender Lehrer sein kann. Erste Überlegungen zu einer »Jesus-Paulus-Debatte« stehen in diesen Ausführungen an, in der des Paulus Stellung in der »Aufklärung« umrissen wird.

Auch in dieser Abhandlung bleibt Semler der bedeutende Anreger, so wie er durch eine Vielzahl wichtiger Beobachtungen Grundlagen für eine Paulusdarstellung schuf, diese aber nicht im ganzen zu einem Paulusbild für seine Zeit rundete (oder zu runden vermochte). Berührte er sich darin mit der Paulusforschung in seinem Umkreis, so erhob er sich doch durch seine klar konzipierte -

---

133 Vgl. D. Johann Sal. Semlers Versuch einiger moralischen Betrachtungen über die vielen Wundercuren und Mirackel in den ältern Zeiten; zur Beförderung des immer bessern Gebrauchs der Kirchenhistorie, Halle 1767.

134 Ebd. (Anm. 133), 8.

135 J.S. Semler, Das Christentum des Paulus (Anm. 129), 325.

136 Ebd., 331; vgl. dazu auch J.S. Semler, Abhandlung von freier Untersuchung des Canon, Dritter Theil, Halle 1773, 350. - Jedenfalls gilt nicht die Meinung des Kritikers, „das Christentum des Paulus" sei „himmelweit von der Lehre des JEsus verschieden" (in: Das Christentum des Paulus (Anm. 129), 350).

137 J.S. Semler, Das Christentum des Paulus (Anm. 129), 334f.

138 Ebd., 338.

139 Ebd., 335.

140 Ebd., 335 (mit Verweis auf Locke).

141 Ebd., 338.

142 Ebd., 344.

wenn mehrfach durch zu viele nebenbei behandelte Fragestellungen auch nicht konsequent genug erscheinende - historische Interpretation weit über seine theologischen Zeitgenossen[143]. Er war und blieb durch das Fragmentarische auch seiner Pauluskonzeption Wegbereiter für die weitere Forschung. In der faktischen Kraft des Historischen, die Semler umtrieb, die er in historisch-kritischer Arbeit zur Geltung brachte und zu deren Unabgeschlossenheit im Ergebnis er sich bekannte, sah er offensichtlich die größere Aufgabe für seine Zeit als in einer notwendig der Kraft und dem Sog des Systematischen sich aussetzenden Gesamtdarstellung paulinischer Theologie.

Wenige Jahre nach Semlers Tod (14.3.1791) hat Georg Lorenz Bauer (1755-1806) in seinem „Entwurf einer Hermeneutik des Alten und Neuen Testaments" (1799) auf die ungelösten Aufgaben der Paulusforschung im 18. Jahrhundert vorsichtig Bezug genommen[144] und jedenfalls selbst die Konsequenzen in seiner „Biblischen Theologie des Neuen Testaments" gezogen, indem er in ihr erstmals eine Gesamtdarstellung paulinischer Theologie vorlegte (1802)[145]. |

Damit war die Grenze vom 18. zum 19. Jahrhundert überschritten und die Paulusforschung in der Zeit der Aufklärung einer neuen Phase der von Johann Salomo Semler so entscheidend inaugurierten historisch-kritischen Arbeit überantwortet[146].

---

143 Vgl. auch G.W. Meyer, Geschichte der Schrifterklärung seit der Wiederherstellung der Wissenschaften, Bd. V, Göttingen 1809, 687ff. 730f.

144 Vgl. G.L. Bauer, Entwurf einer Hermeneutik (Anm. 100), 74f.

145 G.L. Bauer, Biblische Theologie des Neuen Testaments, Bd. IV: „Lehrbegriff Pauli", Leipzig 1802: vgl. O. Merk, Biblische Theologie des Neuen Testaments in ihrer Anfangszeit. Ihre methodischen Probleme bei Johann Philipp Gabler und Georg Lorenz Bauer und deren Nachwirkungen, MThSt 9, 1972, 178ff. 184ff.

146 Während der Drucklegung erschienen: D. Kemper, Art. Semler, Johann Salomo, in: Literatur Lexikon. Autoren und Werke deutscher Sprache. Hrsg. v. Walter Killy, Bd. 11, 1991, 9-11 (zu Anm. 14); A. Wechsler, Geschichtsbild und Apostelstreit. Eine forschungsgeschichtliche und exegetische Studie über den antiochenischen Zwischenfall (Gal. 2,11-14), Beihefte zur Zeitschrift für die neutestamentliche Wissenschaft und die Kunde der älteren Kirche, Bd. 62, 1991, 37ff. (zu Anm. 114ff.).

Theologie des Neuen Testaments
und Biblische Theologie

Geht es in dem zu gebenden Überblick auch um Bilanz und Perspektiven gegenwärtiger Arbeit am Neuen Testament, so ist doch in wenigen Strichen themarelevant auf die Geschichte der Forschung zu verweisen und damit an Anstöße und entscheidende Einsichten zu erinnern, die zur Themabewältigung vor etwa 200 Jahren zur Diskussion standen.

I.

Im Zeitalter des Selbstständigwerdens, der Herausarbeitung der Einzeldisziplinen im Laufe des 18. Jahrhunderts[1] ist nach der Grundlegung kritischer Schriftauslegung, nach den Bemühungen um die Textkritik und die Einleitungswissenschaft und nach Einsichten in eine differenziertere Geschichte des Urchristentums als letzter großer Bereich gleichsam als Konsequenz der Einzeldisziplinen die 'Theologie des Neuen Testaments' als selbständige Disziplin erwachsen. Der hermeneutischen Bemühungen zweier Jahrhunderte - seit der Reformation - bedurfte es, die 'biblische Theologie' der Umklammerung durch die Dogmatik zu entreißen, in deren Diensten sie als *Theologia biblica'* stand. Sie lieferte die *dicta probantia*, die einschlägigen biblischen Belege für das da-

---

[1] Vgl. zu Quellen und Einzelnachweisungen W.G. Kümmel, Das Neue Testament. Geschichte der Erforschung seiner Probleme, OA III/3, [2]1970, bes. "Drittes Kapitel: Die Grundlegung der Hauptdisziplinen der neutestamentlichen Wissenschaft", S. 71-143; O. Merk, Anfänge neutestamentlicher Wissenschaft im 18. Jahrhundert, in: Historische Kritik. Beiträge zu ihrer Geschichte, hrg. v. G. Schwaiger, Studien zur Theologie und Geistesgeschichte des Neunzehnten Jahrhunderts Bd. 32, 1980, S. 37-59; R. Smend, Über die Epochen der Bibelkritik, in: ders., Epochen der Bibelkritik. Ges. Studien Bd. 3, 1991, S. 11 ff. (und weitere Beiträge in diesem Band, bes. S. 43 ff., 74 ff., 104 ff.). Für den weiteren Hintergrund vermitteln wichtige Überblicke u.a. W. Sparn, Vernünftiges Christentum. Über die geschichtliche Aufgabe der theologischen Aufklärung in Deutschland, in: Wissenschaften im Zeitalter der Aufklärung. Aus Anlaß des 250jährigen Bestehens des Verlages Vandenhoeck & Ruprecht hrg. von R. Vierhaus, 1985, S. 18 ff.; G. Hornig, Über Semlers theologische Hermeneutik, in: Unzeitgemäße Hermeneutik. Verstehen und Interpretation im Denken der Aufklärung, hrg. v. A. Bühler, 1994, S. 192 ff.

mals herrschende orthodoxe dogmatische System. Trotz gelegentlich geäußerter Bedenken in der Orthodoxie wie im Pietismus gelang es doch erst in
der Spätphase der deutschen Aufklärung, bahnbrechend für neue Wege die
althergebrachte Verkoppelung mit der Dogmatik zu lösen[2]. Eine Weichenstellung nimmt hier die Antrittsrede von Johann Philipp Gabler (1753 - 1826) in
der Universität der alten Reichsstadt Nürnberg in Altdorf am 30. März 1787
ein: *"De iusto discrimine theologiae biblicae et dogmaticae regundisque
recte utriusque finibus"* ("Von der richtigen Unterscheidung der biblischen
und der dogmatischen Theologie und der rechten Bestimmung ihrer beider
Ziele")[3]. Hier arbeitet Gabler den historischen Charakter der 'Biblischen
Theologie' heraus und stellt ihn in einer bestimmten Absicht dem didaktisch-
lehrhaften Charakter der Dogmatik gegenüber. Unter Umgehung aller
Einzelheiten sind - im Blick auf die gegenwärtige Fragestellung - jetzt lediglich
Absicht und Ziel der Rede zu skizzieren. Gablers Rede dient der Gewinnung
einer brauchbaren Gegenwartsdogmatik. Diese aber kann nur über den Weg
einer in ihrer Methode und in ihren Ergebnissen von der Dogmatik
unabhängigen Biblischen Theologie erreicht werden. Ein in begründeter
Differenzierung von Religion und Theologie vollzogener hermeneutisch
komplizierter, gleichsam "doppelter Filtrierungsprozeß" (K. Leder) dient der
Herausarbeitung einer "Biblischen Theologie im engeren Sinn des
Wortgebrauchs" als eigenständiges und unwandelbares Fundament im unaufgebbaren Gegenüber zur stets im Wandel begriffenen Dogmatik. Wie der
Durchbruch zu einer eigenständigen 'Biblischen Theologie' und zeitverhaftete
Ausführungen in dieser Rede ineinandergreifen, kann und soll jetzt nicht
aufgezeigt werden. Es ist jedoch dieses festzuhalten, daß Gabler selbst zwar

---

[2]   Hierzu wie zum Folgenden vgl. die Belege und Nachweisungen bei O. Merk, Biblische
      Theologie in ihrer Anfangszeit. Ihre methodischen Probleme bei Johann Philipp
      Gabler und Georg Lorenz Bauer und deren Nachwirkungen, MThSt 9, 1972, S. 13 ff.
      21 ff. 29 ff., 141 ff., 208-262 (Lit.); ders., Art. Gabler, Johann Philipp, TRE XII, 1984,
      S. 1-3 (Lit.) und die dort jeweils Genannten; Zur weiteren Diskussion: M. Saebø,
      Johann Philipp Gablers Bedeutung für die Biblische Theologie. Zum 200-jährigen
      Jubiläum seiner Antrittsrede vom 30. März 1787, ZAW 99, 1987, S. 1 ff.; W. Baird,
      History of New Testament Research. Vol. I: From Deism to Tübingen, 1992, S. 183 ff.

[3]   J. Ph. Gabler, Kleinere theologische Schriften, hrg. v. Th. A. Gabler u. J.G. Gabler,
      Bd. II, Ulm 1831, S. 179-198; Übersetzung bei O. Merk, Biblische Theologie (s. Anm.
      2), S. 273-284; Wiederabdruck meiner Übersetzung [mit leichter Kürzung bei den
      speziell Altdorfer Belangen in der Rede] in: Das Problem der Theologie des Neuen
      Testaments, hrg. v. G. Strecker, WdF Bd. CCCLXVII, 1975, S. 32-44; zur englischen
      Übersetzung vgl. J. Sandys-Wunsch - L. Eldredge, J.P. Gabler and the Distinction
      between Biblical and Dogmatic Theology: Translation, Commentary, and Discussion
      of his Originality, SJTh 33, 1980, S. 133-158.

keine 'Biblische Theologie' vorgelegt hat, aber daß er in weiteren methodischen Überlegungen lebenslang 'Biblische Theologie' im einzelnen akzentuiert und darin historisch-kritische Arbeit maßgebend eruiert hat. 'Biblische Theologie' dient der Methodik des Auslegens, "denn Dogmatik muß von Exegese und nicht umgekehrt, Exegese von Dogmatik abhängen".[4]

Die an dieses Programm der 'Biblischen Theologie' anschließende Methodendiskussion mit Gablers Altdorfer Kollegen Georg Lorenz Bauer (1755 - 1806) führte zu dem Ergebnis, daß Bauer die Interpretation in den Gesamtrahmen der historisch-kritisch auf Rekonstruktion bedachten Theologie Alten wie Neuen Testaments einbezieht, während Gabler unter stärkerer Betonung der Interpretation die Rekonstruktion nicht ausschließt.

In diesem Sinne hat G.L. Bauer als erster zunächst eine selbständige "Theologie des alten Testaments oder Abriß der religiösen Begriffe der alten Hebräer" (Leipzig 1796) vorgelegt und wenige Jahre später eine "Biblische Theologie des Neuen Testaments" (Leipzig 1800-1802). Schon der Untertitel der "Theologie des alten Testaments" ist bezeichnend genug: "Von den ältesten Zeiten bis auf den Anfang der christlichen Epoche". In der Vorrede wird das Anliegen verdeutlicht: alttestamentliche Theologie "bereitet auf die biblische Theologie Neuen Test. vor, lehrt ältere und neuere Begriffe im Christentum scheiden, und zeigt, von welchem Punct ... der Stifter des Evangeliums ausgegangen ist, und bis zu welchem Punct er sie fortgeführt hat" (S. III.IV). Auch dieses Buch zeigt, "was Spreu und Stoppeln war", und es wird in diesem Werk "so gut weggeräumt werden, als wir in unsern Zeiten so viele theologische Spreu und Stoppeln voriger Tage wegzuräumen fanden" (S. VI). Grenzen und Aufgaben, Gefahren und Möglichkeiten einer 'Biblischen Theologie' nach heutigem Verständnis sind in dieser "Theologie des alten Testaments" behandelt, und zahlreiche gegenwärtige Fragestellungen kommen einem wie eine Repristination nach 200 Jahren vor. - In der "Biblischen Theologie des Neuen Testaments" werden die verschiedenen Epochen und Schriften der neutestamentlichen Zeugen - wenn auch in Anlehnung an die Loci der Dogmatik - zur Geltung gebracht: "Biblische Theologie soll seyn eine reine und von allen fremdartigen Vorstellungen gesäuberte Entwicklung der Religionstheorie der Juden vor Christo, und Jesu und seiner Apostel, nach den verschiedenen Zeitaltern und nach den verschiedenen Kenntnissen und Ansichten der heil. Schriftsteller, aus ihren Schriften hergeleitet" (Bd. I, S. 6). Das weit-

---

4   Ph. Gabler, in: J.G. Eichhorns Urgeschichte, hrg. mit Einleitung und Anmerkungen von J.Ph. Gabler, Bd. I, Nürnberg/Altdorf 1790, S. XV.

reichendste Ergebnis der Methodendiskussion aufgrund der genannten und weiterer Werke zwischen J. Ph. Gabler und G.L. Bauer ist die Einsicht in das unabdingbare Ineinander von Rekonstruktion und Interpretation, eine Einsicht, die sich auch in der alttestamentlichen Forschung, zumindest aber in der Disziplin 'Theologie des Neuen Testaments' im gesamten 19. Jahrhundert bis in unsere Tage bestimmend auch in der Weise durchgehalten hat, daß ein Abgleiten von ihr sich eindeutig als Schaden an der Sache erwies. So stellt Rudolf Bultmann in seiner "Theologie des Neuen Testaments" fest: Die Arbeit an einer Theologie des Neuen Testaments "kann nun von einem zweifachen Interesse geleitet sein, entweder von dem der Rekonstruktion oder dem der Interpretation. Es gibt freilich nicht das eine ohne das andere, und beides steht stets in Wechselwirkung. Aber es fragt sich, welches von beiden im Dienst des anderen steht" ([1]1953; zitiert nach [9]1984, S. 600)[5]. Dieser Sprung über auch in der ntl. Forschung bewegte und an Umbrüchen reiche Zeit und Epochen hinweg ist statthaft, denn unter dem methodischen Gesichtspunkt von Rekonstruktion und Interpretation lassen sich rückblickend auch gegenwärtige Probleme 'Biblischer Theologie' erhellen. So sei im Rückgriff nur erwähnt, daß Ferdinand Christian Baur (1792 - 1860) mit seiner Konzeption einer 'Neutestamentlichen Theologie' Gablers und G.L. Bauers programmatischen Gesichtspunkte auf den damaligen Höhepunkt historisch-kritischer Forschung geführt hat, zusammengefaßt in dogmengeschichtlichen Untersuchungen und in den (posthum erschienenen) "Vorlesungen über neutestamentliche Theologie" (Leipzig 1864). Das methodisch bedingte Ineinander von Rekonstruktion und Interpretation verbindet den Tübinger über den Einfluß Hegels hinweg mit den Altdorfern, allerdings mit dem gewichtigen Unterschied, daß für F.C. Baur der Jesusteil in die bleibend gültige Vorgeschichte einer 'Neutestamentlichen Theologie' gehört, während er für G.L. Bauer unverzichtbarer Bestandteil derselben ist.

Die nachbaur'sche Ära hat diesen methodischen Ansatz nicht in gleicher Weise durchgehalten, was sicher auch durch die notwendige Kritik an F.C. Baurs und seiner Schüler Rekonstruktion des Urchristentums mitveranlaßt wurde. Im forschungsgeschichtlichen Ergebnis: Weder die Abwendung von F.C. Baurs Konstruktion (und des ihr inhärenten Geschichtsbildes) noch die Aufgabe der über Jahrzehnte beherrschenden Lehrbegriffsmethode (etwa eines B. Weiß u.a.) haben es vermocht, eine genetisch in der Geschichte des

---

[5]   Zu seinem Verständnis der Rekonstruktion vgl. auch R. Bultmann, Die Bedeutung der 'dialektischen Theologie' für die neutestamentliche Wissenschaft (1928), in: ders., Glauben und Verstehen, Bd. I, (1933) [4]1961, S. 114 ff., bes. 123 f.

Urchristentums verwurzelte 'Theologie des Neuen Testaments' zu erarbeiten. Es fehlte, obwohl W. Wrede, W. Bousset, H. Weinel und auch A. Schlatter von je ihren Positionen her wichtige Ansätze zeigten und tiefer gesehen haben, weithin die Einheit von Rekonstruktion und Interpretation in ihrem bedingenden Zueinander. Methodische Grundprobleme der 'Theologie des Neuen Testaments' waren auch im Umbruch theologischen Denkens vor und nach dem 1. Weltkrieg unerledigt.

Man wird dies auch für die Folgezeit bedenken müssen: Die dialektische Theologie hat in ihrer Blütezeit keine 'Theologie des Neuen Testaments' hervorgebracht, bis zu R. Bultmanns "Theologie des Neuen Testaments" (in Lieferungen 1948 - 1953) gab es in der anstehenden Disziplin kein Werk, das diesbezügliche Erwartungen auch nur annähernd erfüllte. Man muß es sich rückblickend vor Augen stellen: Die gesamte Zeit des Kirchenkampfes war ohne ein methodisch und materialiter die Sachfragen bewältigende, orientierende 'Theologie des Alten Testaments', 'Theologie des Neuen Testaments'. In diese Situation hinein ist - beispielsweise und repräsentativ - Julius Schniewinds Vortrag gehalten: "Die Eine Botschaft des Alten und Neuen Testaments" (1936). Es war der dringende Ruf Schniewinds nach einer theologisch die beiden Testamente umgreifenden, anredenden Aussage, gespannt in den Horizont: "Die Botschaft der beiden Testamente ist nur Eine: die Botschaft des lebendigen Gottes" (These 1); und: "das alte Testament (kann) nie unumschränkt in der christlichen Kirche gelten. Er (Gott) redet zu uns nur durch Christus hindurch" (These 6)[6]

Dieser forschungsgeschichtliche Durchgang kann hier abgebrochen werden. Denn mit R. Bultmanns "Theologie des Neuen Testaments" - so wird man heute über 40 Jahre nach der Erstpublikation sagen dürfen - ist das Werk erschienen, in dem sein Verfasser am konsequentesten methodisch seit den Anfängen der Disziplin, über F.C. Baur hinweg und der religionsgeschichtlichen Schule verpflichtet neutestamentliche Theologie historisch-kritisch aufgearbeitet hat. Bultmanns Werk bedeutet einen maßgebenden Einschnitt für die Disziplin in unserem Jahrhundert, und gerade mit betonter Kritik an diesem

---

[6]   Vgl. J. Schniewind, Die Eine Botschaft des Alten und des Neuen Testaments, in: ders., Nachgelassene Reden und Aufsätze, mit einem Vorwort v. G. Heinzelmann hrg. v. E. Kähler, 1952, S. 58 ff., hier S. 58.69 (Zitate im Orig. gesperrt).

setzt der Ruf nach einer gesamtbiblischen Theologie ein. Hier schließt sich der skizzierte forschungsgeschichtliche Kreis und öffnet sich zugleich ein neuer, der ohne den ersten sich nicht schließen kann.

II.

Theologie des Neuen Testaments erschöpft sich natürlich nicht in Lehr- und Lernbüchern, die diesen Titel tragen. Doch im Rahmen des hier Vorzutragenden kann nur auf einige zusammenfassende Werke dieser Teildisziplin neutestamentlicher Wissenschaft verwiesen werden. Literaturüberblicke vermitteln den Stand der Forschung in den letzten Jahrzehnten, teilweise fortgeführt bis in die Gegenwart, unter denen hier nur die von R. Schnackenburg[7], W.G. Kümmel[8], R.H. Fuller[9] und G. Strecker[10] erwähnt seien. Präzise formuliert Strecker: "Die 'Theologie des Neuen Testaments' befaßt sich mit der Frage nach der Einheit der Theologie im NT angesichts der verschiedenen theologischen Konzeptionen, die aus den neutestamentlichen Schriften durch historische Analyse zu rekonstruieren und in ihrem eschatologischen Anspruch für die Gegenwart zu bedenken sind".[11]

Nach R. Bultmanns Theologie des Neuen Testaments ([1]1953)[12] erschien annähernd 15 Jahre kein weiteres derartiges Werk protestantischer Forschung im deutschen Sprachbereich. Erst 1967 folgte H. Conzelmanns Lehrbuch[13],

---

[7] R. Schnackenburg, Neutestamentliche Theologie. Der Stand der Forschung, BiH I, (1963) [2]1965.

[8] W.G. Kümmel, Das Neue Testament im 20. Jahrhundert, SBS 50, 1970, S. 123 ff.; ders., L' exégèse scientifique au XXe siècle: le Nouveau Testament, in: Le monde contemporain et la Bible sous la direction de C. Savart - J.-N. Aletti, Bible de tous temps 8, 1985, S. 473-515, bes. 503 ff.

[9] R.H. Fuller, New Testament Theology, in: The New Testament and Its Modern Interpreters, ed. E.J. Epp and G.W. MacRae, 1989, S. 565 ff.

[10] G. Strecker - J.Maier, Neues Testament - Antikes Judentum, Grundkurs Theologie 2, 1989, S. 100 ff.

[11] G. Strecker, vor. Anm., S. 101. Zu den folgenden, in Anm. 12-17 genannten Werken vgl. zur Charakterisierung O. Merk, Art. Biblische Theologie II. Neues Testament, TRE VI, 1980, S. 455 ff., bes. S. 464 ff.

[12] R. Bultmann, Theologie des Neuen Testaments, [1]1953; [9]1984; zu diesem Werk vgl. die in [9]1984, S. 627-629 in "Anhang II" angeführten Rezensionen und S. VIII ff.

[13] H. Conzelmann, Grundriß der Theologie des Neuen Testaments, Einführung in die evangelische Theologie 2, 1967; seit [4]1987 bearbeitet v. A. Lindemann; [5]1992 (= UTB 1446).

1969 W.G. Kümmels Darstellung[14]; 1971 J. Jeremias unvollendete Ausführungen[15]; 1974 E. Lohses Grundriß[16], 1975/76 L. Goppelts nachgelassenes Werk[17]. Unter der spezifischen Fragestellung einer 'Biblischen Theologie des Neuen Testaments' schlossen sich in den letzten Jahren an (teilweise noch im Erscheinen begriffen) H. Hübner, Biblische Theologie des Neuen Testaments, Bd. I.II, 1990.1993[18]; P. Stuhlmacher, Biblische Theologie des Neuen Testaments, Bd. I, 1992[19]. Hinzu kommen die beiden besonders in die Gemeinden hineinwirkenden Darstellungen von G. Kittel, Der Name über alle Namen II. Biblische Theologie/NT, 1990[20] und H. Klein, Leben neu entdecken. Entwurf einer Biblischen Theologie, 1991[21].

Soeben bei Redaktionsschluß des vorliegenden Bandes erscheint K. Berger, Theologiegeschichte des Urchristentums. Theologie des Neuen Testaments, 1994. Deshalb kann nur noch anmerkungsweise darauf verwiesen werden: In XIX Teilen und 569 Paragraphen (XXIII + 746 Seiten) wird der Versuch unternommen, das Urchristentum im Rahmen ntl. und darüber hinaus frühchristlicher Schriften neu zu bestimmen und die bisherige Forschung zur ntl. Theologie wie zur Geschichte des Urchristentums, soweit sie in spärlichen Hinwei-

---

14   W.G. Kümmel, Die Theologie des Neuen Testaments nach seinen Hauptzeugen, GNT, Erg.Reihe 3, 1969; [4]1980 [mit sachlichen Änderungen S. 19.62f.75.129.154.167f. 218]; [5]1987.

15   J. Jeremias, Neutestamentliche Theologie. Erster Teil: Die Verkündigung Jesu, 1971.

16   E. Lohse, Grundriß der neutestamentlichen Theologie, ThW 5,1974; [4]1989.

17   L. Goppelt, Theologie des Neuen Testaments, hrg. v. J. Roloff, Bd. 1.2, 1975/76 (und Nachdrucke).

18   Zu H. Hübner s. unten Teil III.

19   Zu P. Stuhlmacher s. unten Teil III.

20   Hinzuzunehmen ist auch der erste Band, unter gleichem Obertitel die "Biblische Theologie/AT" (1989) behandelnd. In einer verständlichen, die Probleme nicht verwischenden Darstellung verweist die Verf. auf ursächliche Zusammenhänge zwischen AT/NT und damit auf gesamtbiblische Bezüge, wobei Überlegungen dazu von H. Gese und P. Stuhlmacher (auch O. Hofius) aus den letzten Jahrzehnten vornehmlich Leitgedanken für die Ausführungen geben. Durch den Obertitel des Werkes wird der breitest mögliche Zusammenhang der Testamente in den Blick genommen, für 'darunter liegende' Differenzierungen will die Verf. jedoch moderat bleiben. Die inhaltliche Durchführung läßt die Vielfalt der gegenwärtigen, teilweise erheblich kontroversen ntl. Forschung erkennen.

21   H. Kleins Darstellung ist eine der wichtigsten und lesenswertesten, die wir zur anstehenden Fragestellung haben (vgl. dazu H. Hübner, ThLZ 119, 1994, Sp. 513-516). Vorangegangen ist Kleins Grundlagenaufsatz "Leben - neues Leben - Möglichkeit und Grenze einer gesamtbiblischen Theologie des Alten und Neuen Testaments", in: Schriftauslegung als theologische Aufklärung. Aspekte gegenwärtiger Fragestellungen in der neutestamentlichen Wissenschaft, hrg. v. O. Merk, 1984, S. 76-93, der ebenfalls große Beachtung fand (vgl. dazu u.a. meine Hinweise in VuF 33/1, 1988, S. 37).

sen überhaupt berücksichtigt wird, als revisionsbedürftig zu erweisen[22]. "'Theologie' ist im Urchristentum etwas anderes als heute bei uns. Bei uns ist Theologie die tunlichst nüchterne Beschreibung und das Zuendedenken religiöser Phänomene, für das Urchristentum nennen wir dagegen 'Theologie' in sehr viel weiterem Zugriff die Summe der sprachlichen Zeichen, in denen diese Religion sich widerspiegelt". "Daß es bisher ein Werk unter dem Titel 'Theologiegeschichte des Urchristentums' nicht gibt, hat besondere sachliche und methodische Gründe". Es gab bisher "allenfalls 'neutestamentliche Theologien', eine Gattung systematisch-theologischen Ursprungs (Opposition zur 'biblischen Theologie', die die Einheit des Alten und Neuen Testaments betonte)" (S. 3). Bergers eigene, hier nicht darzustellende Konzeptionen der Formgeschichte und der Hermeneutik bilden die wesentliche Basis des Buches (vgl. Teil I "Einführung").

Unter "Generelles" (= Teil II, §§ 9-46) wird die "frühchristliche Theologie als Schriftbeweis" erörtert, woran sich als Teil III die Entfaltung der "früheste(n) palästinische(n) Theologie" anschließt und "Der Anfang der neutestamentlichen Theologie bei Jesus" (§ 47), die "Geschichte der Taufe im frühen Christentum" (§§ 48 ff.), "Das theologische Programm des Zwölferkreises" (§§ 67 ff.), "Die Hellenisten" und weitere Überlegungen "vor der Abzweigung nach Antiochien" (S. 150 ff.) zur Sprache kommen. Teil IV behandelt "Abseits von Antiochien" (§§ 88 ff.) u.a. Simon Magus, Jakobusbrief und den "Standort" des Hirten des Hermas. Teil V gilt "Typische(n) Positionen" in "Antiochien": "Hier ist darzustellen, was allen antiochenischen Theologien, also den vier Evangelien und dem Corpus Petrinum, Corpus Paulinum und Corpus Johanneum nebst ApkJoh gemeinsam ist". Doch "diese Gemeinsamkeiten sind nicht immer in gleicher Weise präsent, oft handelt es sich um konkurrierende Linien" (S. 178). Genauerhin geht es im folgenden um eine erste antiochenische Bestandsaufnahme, einen ersten 'Impuls'. Dies wird in den Teilen VII-XIII entfaltet, etwa in der Herausarbeitung eines Antiochia zugehörendem paulinisch-johanneischen Kreises (§§ 123 ff.), der "frühe(n) Heidenmission" (§§ 152 ff.), "Antiochenische(n) Briefe" im Bezug zur synoptischen Tradition, schließlich wird Paulus in

---

22 Dazu heißt es in Bergers Vorwort: "Daß es bisher einen vergleichbaren Versuch, die Geschichte frühchristlicher Theologie im Ganzen darzustellen, nicht gibt, hatte ... gute Gründe. Es waren nicht nur die Willkürakte von literarkritischen Quellenscheidungen und Teilungshypothesen an Briefen, die das Feld zugunsten einer unüberschaubaren Anzahl von Teil-Rekonstruktionen verdorben hatten. Es war auch das Postulat R. Bultmanns, eine Theologiegeschichte des frühen Christentums könne es aus sachlichen Gründen nicht geben. Und es ist schließlich eine kuriose Konservativität, die die neutestamentliche Wissenschaft (nicht nur in Deutschland) seit Ende der 70er Jahre hat erstarren lassen und die dazu beiträgt, daß von dieser Wissenschaft kaum noch Impulse ausgehen können" (S. III).

verschiedenen Phasen seiner Theologie bedacht. Vorangestellte Übersichten über "den weiteren Verlauf" vermitteln des Verf.s nicht selten eigenwillige Sicht (z.B. zu §§ 98.123.152.161.202.234.253.292). Zu Paulus hält Verf. fest: "Eine Gesamtdarstellung der paulinischen Theologie konnte hier nicht geleistet werden, vor allem da das meiste ja schon in den früheren Abschnitten über die Gemeinsamkeiten, die Paulus mit anderen teilt, darin steckt. - Auch bei dem, was verbleibt, mußten besondere Akzente gesetzt werden. Diese liegen stets an der Nahtstelle zwischen Geschichte (Biographie, Gemeindegeschichte) und Theologie" (S. 434 ff.; zur antiochenischen Theologie auch § 455 als Art Resüme, S. 580). Nachdem Verf. in Teil XIV (§§ 362-454) "Judenchristliche Richtung"; "heidenchristliche Richtung" und "Versuche der Versöhnung von Juden- und Heidenchristen" in Ephesus aufgedeckt hat, geht es beim 'zweiten antiochenischen Impuls' (Teil XV) wesentlich um "die Bildung der Evangelien und ihre Gemeinsamkeiten", wobei nach Teil XIV §§ 486 ff. als die frühen Evangelien Mk und Joh gesehen werden: "Im folgenden wird ... die These vertreten, daß das JohEv vor das Jahr 70 n. Chr. zu datieren sei, und zwar in der Zeit zwischen dem Tod des Petrus (Joh 21,18) und der Zerstörung Jerusalems", ca. 66 n. Chr. (S. 653).

In den letzten Teilen des Werkes werden die spätere antiochenische Theologie und die entsprechende in Ephesus jeweils nach 70 n. Chr. erörtert, wobei 'Antiochia' die Kindheitsgeschichten bei Mt/Lk und die 'Standorte' von Mt, Did, ThomEv, 2Clem, des Doketismus und der Ignatianen zugeordnet werden und 'Ephesus' das lukanische Werk (in Aufarbeitung u.a. antiochenischer Traditionen). Teil XIX gilt den "Anfänge(n) des Christentums in Ägypten", ein "Ausblick" skizziert "Auf dem Weg zur Bildung des christlichen Kanons" und "Generelle Entwicklungstendenzen" (S. 718=1 Seite) mit folgendem Ergebnis: "1) Die Theologiegeschichte des 1. Jh. n. Chr. stellt sich dar als eine ununterbrochene Auseinandersetzung um das Problem, wie jüdisch das Christentum sein müsse"; 2) "Zunehmend ist eine Christologisierung von Traditionen" festzustellen; 3) "Das Problem von Einheit und Verschiedenheit stellt sich auf verschiedenen Ebenen und unter verschiedensten Aspekten dar": der "gemeinsame Grundstock", die unterschiedlichen Entfaltungen, Integration verschiedener Ansätze in Spätschriften wie Mt/Lk. "Schließlich... wird offenkundig", daß "bei Paulus ... von einer theologisch einheitlichen Systematik keine Rede sein kann"; 4) herausragend sind die Städte Antiochien und Ephesus, Rom und Alexandrien werden gemäß Darstellung zu Randerscheinungen (vgl. § 91); 5) "epochemachende Einschnitte" (z.B. Verdrängung der älteren Märtyrer-Konzeption, "'christologische Kehre' in der Pneumatologie"; 6) "die 'historische Wende' im Autoritätsbegriff".

Die Fülle sicher bedenkenswerter Beobachtungen, neben zahlreichen bekannten viele bisher unbekannte, ist einem Übermaß an Vermutungen ausgesetzt. Auch ein rascher Durchblick läßt erkennen: Die notwendige Rekonstruktion erfährt nicht das kritische Korrektiv der ebenso notwendigen Interpretation, so daß die Geschichte des Urchristentums trotz der betonten Bedeutung und Ausstrahlungskraft von Antiochia und Ephesus kaum entfaltet wird und die theologischen Impulse in ihrem Zueinander noch zu wenig zum Tragen kommen. Motive werden häufig aus ihrem Zusammenhang herausgelöst und isoliert anderen Bezügen zugeordnet oder auch in der Weise nebeneinandergestellt, daß sie historisierend verwertet den Eindruck von Bausteinen einer Geschichte des Urchristentums erwecken. Analogien werden unter der Hand zu Genealogien im schwankend unerforschten Bereich des Urchristentums. So enthält dieses umfangreiche Werk mehr zur Diskussion anleitende Vorarbeiten und Materialien, als daß es schon zu einer "Theologie des Neuen Testaments" in Gestalt einer "Theologiegeschichte des Urchristentums" vorgeschritten wäre.

Diskussion und Durchführung, theologische Konzeption und Anlage von Werken zur 'Theologie des Neuen Testaments" oder auch zur 'Biblischen Theologie' sind voll im Gange[23]; verschiedene weitere einschlägige Lehrbücher sind angekündigt.

Hatte J.Ph. Gabler einst gemeint, 'Biblische Theologie' sei eine Sache des Protestantismus, so ist heute festzuhalten, daß der röm.-kath. Forschung Standardwerke verdankt werden. Nicht nur war R. Schnackenburgs schon genannter Forschungsbericht von nachhaltiger Wirkung, sondern auch die Darstellungen von M. Meinertz und K.H. Schelkle - so verschieden in ihrer Ausrichtung und ihrer kritisch zu hinterfragenden Zielsetzung - haben als Wegbereiter dazu beigetragen, führende Werke in der Gegenwart nennen zu können[24].

J. Gnilka, Neutestamentliche Theologie. Ein Überblick, 1989, ist ein Musterbeispiel für verständliche, theologisch tiefgreifende Orientierung: Jesus, die Spruchquelle; "ein alter Passionsbericht"; die einzelnen Synoptiker; dann die Voraussetzungen paulinischer Theo-

---

[23]   Einen durchaus eigenen Ansatz aus linguistischer Perspektive vertritt E. Güttgemanns, Gegenstand, Methode und Inhalt einer Theologie des Neuen Testaments, LingBibl 66, 1992, S. 55-113.

[24]   Vgl. O. Merk, Biblische Theologie des NT (s. Anm. 2), S. 268 ff. Zu wichtigen Kriterien, ausgehend von röm.-kath. Fragestellung, s. W. Thüsing, Die neutestamentlichen Theologien und Jesus Christus, Bd. 1: Kriterien auf Grund der Rückfrage nach Jesus und des Glaubens an seine Auferweckung, 1981; ders., zwischen Jahweglaube und christologischem Dogma. Zu Position und Funktion der neutestamentlichen Exegese innerhalb der Theologie, TThZ 93, 1984, S. 118-137.

logie auf der Basis "bekenntnismäßige(r) und hymnische(r) Glaubensaussagen"; dann
Paulus; die Deuteropaulinen; "das johanneische Schrifttum"; die Apokalypse werden in
sinnvollem Nacheinander und, soweit erforderlich, auch die Geschichte des Urchristentums
in Andeutungen erkennen lassend behandelt (wobei möglicherweise für den Verf. auch
Verstehensvorgaben für den Leserkreis der 'Neuen Echterbibel' zu berücksichtigen waren[25]). Wichtig sind die Leitgedanken, unter denen die zentralen Aussagen erschlossen
werden: Denn "Theologie als Aussage von Gott, von Gottes Handeln in Jesus Christus,
kann als ein umgreifendes Thema des Neuen Testaments angesehen werden". Die sämtlich
an Gemeinden gerichteten ntl. Schriften in ihrer je verschiedenen Ausrichtung treffen sich
hierin, so daß gilt: "Die neutestamentliche Theologie wird nicht anders faßbar als in den
Fragestellungen der Theologie, das heißt im Aufweis christologischer, anthropologischer,
soteriologischer, eschatologischer, ekklesiologischer Ansätze" (S. 7 f.).

Nach diesem Vorläufer legt J. Gnilka ein umfassendes Werk "Theologie des Neuen Testaments", 1994, vor, in der der Verf. bei aller "Offenheit" "gegenüber den Bezeugungen
Gottes im Alten Bund und damit ... gegenüber den Schriften des Alten Testament" bewußt
"darauf verzichtet, eine Biblische Theologie des Neuen Testaments zu schreiben, und damit
darauf, nach einer konkreten Mitte beider Testamente, der gesamten Bibel zu suchen. In
dem Versuch, eine solche Mitte zu bestimmen, kommt man wahrscheinlich auch zu keinem
anderen und präziseren Ergebnis als der angegebenen Identität Gottes. Weiter hin-
ausgreifende Synthesen entbehren nicht des Eindrucks der Künstlichkeit" (S. 10). - Deutlich abgelehnt wird es weiter, Jesus von Nazareth in einer 'Theologie des Neuen Testaments' zu behandeln. "Denn in den Evangelien haben wir den Zugang zu ihm in der theologischen Reflexion der Evangelisten". "Ich habe ein Jesus-Buch vorgelegt, das man - wenn
man will - als Hinführung zur Theologie lesen kann" (S. 11)[26]. - Ebenso verzichtet Gnilka
darauf, eine Theologie der Geschichte des Urchristentums zu schreiben (S. 11 f.). Ihm geht
es darum, innerhalb der 27 Schriften des Neuen Testament und "damit in der
Anerkennung des Umstandes, daß in ihnen die Kirche ihren Glauben wiederfand" (S. 12),
durch Aufbau und Akzentuierung "chronologische wie sachliche Gesichtspunkte zu berücksichtigen" (S. 14), die darauf hinweisen, daß wir es im Neuen Testament mit der Vereinigung einer Vielzahl von Theologien zu tun haben (S. 14 f.), deren Ineinandergreifen
ebenso in der Einzeldurchführung zur Geltung kommt wie die christologische Grund-Ori-
entierung das die einzelnen Schriften Verbindende zeigt.

---

25   Vgl. ebd.: "Ob Jesus in eine solche Darstellung mitaufzunehmen ist, mag umstritten
      sein. Hier ist es geschehen" (S. 8).
26   J. Gnilka, Jesus von Nazaret. Botschaft und Geschichte, HThK. Suppl. III, 1990; vgl.
      zur Konzeption R. Schnackenburg, Die Person Jesu Christi im Spiegel der vier Evan-
      gelien, HThK. Suppl. IV, 1993 Schn.s Werk ist selbst ein wesentlicher Beitrag zu ei-
      nem Teilbereich 'Neutestamentlicher Theologie'.

Der Aufbau setzt ein mit der "Theologie des Apostel Paulus", beginnend mit den von Paulus bereits übernommenen Traditionen (S. 16 ff.); es folgen "die Synoptiker und ihre theologischen Konzepte", auch hier das 'Vorfeld' durch die Spruchquelle und die "Urpassion" als Basis für die eigenständige theologische Konzeption der einzelnen Evangelisten herausarbeitend (S. 133 ff.). Es schließt sich an "Die Theologie des johanneischen Schrifttums", auch hier zunächst die "Vorgaben" auslotend (S. 227 ff.). Die sich anschließende "Nachpaulinische Theologie", repräsentiert durch Kol/Eph, Pastoralbriefe und Hebr, wird ebenfalls auf die "Vorgaben" hin durchleuchtet (S. 326 ff. 350 ff. 368 ff.). Der 2Thess wird zwar als deuteropaulinisch, doch als "Unikum" "innerhalb des Neuen Testaments" gesondert behandelt (S. 393 ff.). Auf die 'Nachpaulinen' folgt "Die Theologie der Apokalypse", wiederum die "Vorgaben" für die weiteren Ausführungen voranstellend (S. 398 ff.). Abschließend wird "Die Theologie der Kirchenbriefe", 1Petr, Jud, 2Petr, basierend ebenfalls auf "Vorgaben" (S. 422 ff. 437 f.), dargestellt, mit anschließendem Exkurs zum 'Jakobusbrief', dessen "Vorgaben" (S. 495 ff.) ihn so sehr in einen jüdischen Kontext stellen, daß er innerhalb vorliegender 'Theologie des Neuen Testaments' eine betonte Randstellung erhält. Einschließlich der abrundenden "Schlußbetrachtung" wird deutlich, wie stark bei allen Unterschieden und auch begrenzten Ausführungen und Ansätzen bei den einzelnen ntl. Zeugen doch die christologische Grundlage als ein einigendes Band vorhanden ist. Wir "können... davon ausgehen, daß die Ausformulierung des Kerygmas variabel, jedoch stets auf Tod und Auferweckung, Erhöhung Jesu zurückzuführen ist". "Die Dominanz des Kerygmas" ist unverkennbar, ebenso aber, wie theologisch weiterführend "spätere Schriften Traditionen aufnehmen, die schon Vorgängern zur Verfügung standen" (S. 462 f.). Einzelheiten können hier weder vorgestellt noch diskutiert werden, doch schon jetzt kann auch ohne Prophetengabe gesagt werden: J. Gnilka hat in nüchterner Bestandsaufnahme und in kritischer exegetisch-theologischer Durchdringung des Stoffes eine ökumenisch verantwortbare 'Theologie des Neuen Testaments' vorgelegt, die Maßstäbe für die weitere Erforschung dieser Teildisziplin setzt.

A. Weiser, Theologie des Neuen Testaments II. Die Theologie der Evangelien, 1993 (in der neuen von kath. Kollegen betreuten Reihe "Kohlhammer Studienbücher") geht bewußt von den uns vorliegenden Evangelien und damit von der redaktionell theologischen Komposition der Evangelisten aus, nachdem einmal die Notwendigkeit einer "Theologie der synoptischen Evangelien"[27] erkannt war. Den einzelnen Evangelisten vorangestellt wird "Die Theologie der Redenquelle" (S. 21 ff.), um dann die jeweils eigene Theologie der Synoptiker folgen zu lassen (Markus, S. 44 ff.; Matthäus, S. 79 ff.; Lukas unter Einbezug der Apg, S. 117 ff.). Darauf wird "Die Theologie des Johannesevangeliums und der Johan-

---

27   Dazu vgl. die wichtigen Überlegungen bei A. Lindemann, Erwägungen zum Problem einer 'Theologie der synoptischen Evangelien', ZNW 77, 1986, S. 1-33.

nesbriefe" dargelegt (S. 153 ff.) und - nicht ganz verständlich - "Die Theologie der Offenbarung des Johannes" angeschlossen (S. 203 ff.). Präzise wird der Einsatz bei der Synchronie durchgehalten, zugleich aber wird berechtigt das Zueinander von Tradition und Redaktion bedacht und abschließend der entscheidende diachrone Durchbruch gewagt: "Der tragende Einheitsgrund: Jesus von Nazareth" (S. 217 ff.). Mit ihm ist die Basis gegeben, die die Endgestalt der Evangelien zur Voraussetzung hat. Das irdische Wirken Jesu führt den "Weg in den Tod" (S. 223 f.) und wird durch die "Grunderfahrungen mit dem auferweckten Christus" gemeinde- und evangelienrelevant (S. 224 ff.). Ohne daß Verf. eigene Akzentuierungen verleugnet, wird eine reich die Literatur anführende Bilanz gezogen, die bei aller Divergenz der Meinungen das jeweilige Ganze der einzelnen Schrift/Schriftengruppe im Blick behält[28].

Eine Besonderheit, ja herausragende Bedeutung 'neutestamentlicher Theologie' zeigt sich u.a. auch darin, daß gegenwärtig im angelsächsischen Bereich unter dem Durhamer Neutestamentler J.D.G. Dunn eine Reihe herausgegeben wird, in der speziell die jeweilige 'Theologie' der einzelnen neutestamentlichen Autoren bearbeitet wird. Ebenso verdient Beachtung, daß E. Schweizer eine "Theologische Einleitung in das Neue Testament" (1989) vorlegte[29].

III.

Bilanz und Perspektiven zur 'Theologie des Neuen Testaments' schließen notwendig die Diskussion um eine '(Gesamt-)Biblische Theologie' ein. Freilich kann es nicht die Aufgabe dieses kurzen Überblicks sein, die Fülle der Fragestellungen seit Ende der 60er Jahre noch einmal zu rekapitulieren, zumal die zentralen und oft kontrovers eingebrachten Punkte seither mehrfach erörtert sind.[30]

Deshalb sei im Rückblick nur dieses festgehalten: Die 70er Jahre brachten zunächst die Fragen und Anfragen, die u.a. ein Unbefriedigtsein an bisheriger

---

[28] Geschickter Aufbau in den einzelnen Kapiteln und bibelkundliche Vertiefung tragen sachgemäß einem Studienbuch Rechnung. Einzelheiten können hier jedoch weder aufgenommen noch diskutiert werden.

[29] Vgl. u.a. dazu O. Merk, Theologische Einleitung in das Neue Testament, ThLZ 118, 1993, Sp. 195-202.

[30] Zusammenfassend für die Phase bis 1980: O. Merk, Art. Biblische Theologie (s. Anm. 11), bes. S. 469 ff. (Lit.); für die 80er Jahre ders., Gesamtbiblische Theologie. Zum Fortgang der Diskussion in den 80er Jahren, VuF 33/1. Neues Testament, 1988, S. 19-40 (Lit.).

exegetisch-theologischer, insbesondere historisch-kritischer Arbeit signalisier-
ten. Es wurde in hermeneutischer wie methodenkritischer Erörterung und in
der Sorge um den Stand der Schriftauslegung überhaupt nach Ergänzungen
bisheriger Arbeit an einer 'neutestamentlichen Theologie' ebenso gefragt, wie
Forderung und Wunsch nach sie ablösenden Neuentwürfen in den Blick traten
und dabei interdisziplinär Alt- wie Neutestamentler, Systematiker und 'Praktische' Theologen auf den Plan riefen. Die Vielzahl von Ansätzen und Lösungsversuchen ist der Schwierigkeit der Sachfragen angemessen. Die Divergenzen
sind nicht schon Gradmesser für die Verfehlung eines gemeinsamen Zieles,
sondern Spiegelbild der Methodendiskussion der letzten Jahrzehnte.[31]

Zu den einst lebhaft diskutierten Prämissen des Programms gehörte, was
heute wegen zu vieler erwiesener forschungsgeschichtlicher Fehlurteile nur
noch gedämpft geäußert wird, eine These von H.J. Kraus: 'Biblische Theologie' sei die notwendige Antwort auf eine wissenschaftliche Fehlentwicklung
seit den Begründern der Disziplin. Der arbeitstechnischen Aufteilung in eine
'Theologie des Alten Testaments' und eine 'Theologie des Neuen Testaments'
sei eine "das Judentum abwertende(n), deklassierende(n) und nicht selten per-
horreszierende(n) Gesamteinstellung" inhärent, "die in der alttestamentlichen
Wissenschaft, ja der gesamten Theologie, nicht ohne Folgen geblieben ist".[32]

---

[31] Aus heutiger Sicht sind unter neueren Beiträgen in Aufarbeitung und Standortbestimmung bisheriger Diskussion in Auswahl zu nennen: Die Positionen im "Jahrbuch für
Biblische Theologie" (JBTh), "Band 1: Einheit und Vielfalt Biblischer Theologie",
1986; M. Oeming, Gesamtbiblische Theologien der Gegenwart. Das Verhältnis von
AT und NT in der hermeneutischen Diskussion seit Gerhard von Rad. Zweite, verbes-
serte und mit einem Nachwort versehene Auflage, 1987; U. Luck, Der Weg zu einer
Biblischen Theologie des Neuen Testaments, DPfrBl 88, 1988, S. 343-346; C. Dohmen, Gesamtbiblische Theologie, Pastoralblatt für die Diözese Aachen 41, 1989, S.
354-361; F. Mildenberger, Biblische Dogmatik. Eine Biblische Theologie in dogmati-
scher Perspektive, Band 1. Prolegomena: Verstehen und Geltung der Bibel, 1991, bes.
S. 34 f. 46 f. 95. 101. 103 ff. 249 ff. 253. 255 f. 263; ders., Biblische Theologie versus
Dogmatik?, JBTh 6, 1991, S. 269-281; B.S. Childs, Biblical Theology of the Old and
New Testaments, 1992, bes. S. 3 ff. 11 ff. 97 ff. 211 ff. (dazu instruktiv M.G. Brett,
Modern Theology 10, 1994, S. 281-287); C. Dohmen-F. Mußner, Nur die halbe
Wahrheit? Für die Einheit der ganzen Bibel, 1993; A.H.J. Gunneweg, Biblische
Theologie des Alten Testaments. Eine Religionsgeschichte Israels in biblisch-theolo-
gischer Sicht, 1993, bes. Kap. I. "Forschungsgeschichtliche und hermeneutische Vor-
überlegungen", S. 9-36; H.-C. Schmitt, Die Einheit der Schrift und die Mitte des Alten
Testaments, in: Einfach von Gott reden. Ein theologischer Diskurs. FS für F. Milden-
berger zum 65. Geburtstag, hrg. v. J. Roloff, H.G. Ulrich, 1994, S. 48-66. Zu den
ausgeführten Entwürfen einer Biblischen Theologie des Neuen Testaments von H.
Hübner und P. Stuhlmacher s.u.

[32] H.-J. Kraus, Probleme und Perspektiven Biblischer Theologie, in: K. Haacker u.a.,

Dem steht die schon eindeutige Widerlegung durch die Begründer der Teildisziplin entgegen: Nach G.L. Bauer erfüllt die historisch-kritisch bearbeitete 'Biblische Theologie' die ganze Aufgabe einer 'Biblischen Theologie': 'Theologie des Alten Testaments' und 'Theologie des Neuen Testaments' erhalten ihr Eigenrecht in ihrer frei von dogmatischer Bevormundung historisch eruierten Unterscheidung, die zugleich ihr Bindeglied ist. Der Begriff 'Biblische Theologie' wird mit der historisch-kritischen Eruierung atl. und ntl. Theologie, der Herausarbeitung ihrer Epochen, Gestalten, Bezugnahmen und Strukturvergleichungen gleichgesetzt. Darum kann der Begriff 'biblisch' entfallen, er ist eingebettet, historisch-kritisch bedacht und methodisch in den jeweils erfolgten Bearbeitungen der 'Theologie des Alten Testaments'/'Theologie des Neuen Testaments', sofern, wie G.L. Bauer und F.C. Baur betonen, die Grenze des Kanons Alten wie Neuen Testaments eingehalten wird.[33]

Die Geschichte der Disziplin 'Theologie des Alten Testaments' und 'Theologie des Neuen Testaments' ist die der Auflösung der 'Biblischen Theologie' und damit der durch die Dogmatik gegebenen übergeordneten Einheit von Altem und Neuen Testament. Doch weder diese Trennung selbst noch die ihr dienende historisch-kritische Methode haben zu einer Abwertung oder gar Deklassierung des Alten Testaments beigetragen und den Begriff 'biblisch' entwertet. Dieser Begriff ist vielmehr in den Verstehenshorizont historisch-kritischer Methodik überführt.

Ebenfalls durch H.-J. Kraus[34] deutlich in die Diskussion gebracht, wurde und wird von verschiedenen Vertretern einer 'Biblischen Theologie' die Bedeutung der historisch-kritischen Methode infragegestellt, zumindest aber geht die Neigung dahin, ihre Vorrangstellung zugunsten weit gefaßt kirchlicher Schriftauslegung zurückzudrängen.[35] Hier werden Sinn und Aufgabe hi-

---

Biblische Theologie heute, BSt 1, 1976, S. 97 ff., hier S. 103 f. - Im folgenden greife ich auch auf schon früher geäußerte Überlegungen zurück (Nachweise bei Anm. 30).

[33]   Einzelheiten können jetzt nicht nachgezeichnet werden. Nur dies: B. Weiß hat die Herauslösung der 'Biblischen Theologie' aus dem Zusammenhang der Methodik historisch-kritischer Wissenschaft in eine "historisch-beschreibende" mit der Preisgabe des inneren Sachgefüges von Altem und Neuem Testament teuer erkauft (vgl. "Lehrbuch der Biblischen Theologie des Neuen Testaments", Berlin 1868, S. 1-16).

[34]   H.-J. Kraus, s. Anm. 32, S. 110.

[35]   Vgl. z.B. schon F. Mildenberger, Die Gegenläufigkeit von historischer Methode und kirchlicher Anwendung als Problem der Bibelauslegung, TheolBeitr 3, 1972, S. 57ff.; ders; Biblische Dogmatik I (s. Anm. 31); ders., Biblische Theologie versus Dogmatik? (s. Anm. 31), 269 ff. 273 ff.; P. Stuhlmacher, Geistliche Schriftauslegung?, in: Einfach von Gott reden. FS F. Mildenberger (s. Anm. 31), S. 67 ff.; J. Roloff, Exegese als Sprachhilfe zur einfachen Gottesrede, ebd., S. 33 ff., der zwar Mildenbergers Beden-

storisch-kritischer Forschung zu einseitig gesehen und zu punktuell auf die historistische Überspitzung dieses methodischen Zugangs zur Bibel[36] bei E. Troeltsch ausgerichtet. Es entfällt, was E. Käsemann zutreffend vom "theologischen Recht historisch-kritischer Forschung" reden ließ[37], und ebenso tritt die Einsicht zurück, daß ihrem Vollzug die Unabgeschlossenheit aller exegetischen Arbeit eigen ist. Die historisch-kritische Methode ist von ihren Anfängen her eine verkürzte Ausdrucksweise für das Sich-Einlassen auf immer wieder fremde Texte als ein Sich-Einlassen auf Vergangenheit, in dem sich selbst ein Lebensakt für die Gegenwart vollzieht. Mit Recht betont F. Hahn: "Die enge Verklammerung der historisch-kritischen Exegese mit anderen Arbeitsbereichen der Theologie (zeigt) ... vor allem, daß die historisch-kritische Methode in keiner Weise Selbstzweck ist, sondern der Gesamtaufgabe der Theologie dienen will"[38]. Es läßt sich auch unter methodischem Zugang eine legitime Linie ziehen, die in der Zuordnung von Rekonstruktion und Interpretation konkret die exegetisch zu verantwortende Grundentscheidung für das Selbständigwerden der 'Biblischen Theologie' in eine 'Theologie des

---

ken teilt, gleichwohl aber als Exeget auch für die historisch-kritische Forschung festhält: "Es geht darum, sich dessen bewußt zu bleiben, daß die Schrift nicht einfach eine Funktion der Kirche ist, sondern der Kirche wesenhaft vorgeordnet bleibt und ihr ein Wort sagen will, das sie sich nicht selbst sagen kann. Es läßt sich schwerlich bestreiten, daß die historische Exegese, insofern sie der 'Sicherung der Fremdheit des Evangeliums gegenüber seiner vorschnellen Einverleibung durch die Kirche' dient, eine theologische Funktion hat, die speziell für die Predigt unentbehrlich ist" (S. 36).

36   Weitere Überlegungen zu neuen/neueren Zugängen zur Schrift sind in unserem Zusammenhang zurückzustellen.

37   E. Käsemann, Vom theologischen Recht historisch-kritischer Exegese, ZThK 64, 1967, S. 259 ff.

38   F. Hahn, Die historisch-kritische Methode - Voraussetzung, Aporien und Anwendungsmöglichkeiten, in: H. Riedlinger (Hrg.), Die historisch-kritische Methode und die heutige Suche nach einem lebendigen Verständnis der Bibel, 1985, S. 54-71, hier: 69; ders., Der Ertrag der historisch-kritischen Bibelauslegung für Glauben und Kirche, in: A. Raffelt (Hrg.), Begegnung mit Jesus? Was die historisch-kritische Methode leistet, 1991, S. 67-84; E. Gräßer, Die historisch-kritische Methode als Verstehenshilfe. Beispiel: Die Leben-Jesu-Forschung, ebd., S. 29 ff, bes. 29-31.40: "Wenn der historisch-kritisch arbeitende Theologe seine Arbeit gewissenhaft getan hat, dann verläßt er das Katheder nicht, um nach Hause, sondern um auf die Kanzel zu gehen"; vgl. auch Th. Söding, Geschichtlicher Text und Heilige Schrift - Fragen zur theologischen Legitimität historisch-kritischer Exegese, in: Neue Formen der Schriftauslegung?, hrg. von Th. Sternberg, QD 140, 1992, S. 75 ff.; K. Kertelge, Historisch-kritische Schriftauslegung. Methoden und theologischer Stellenwert, in: H.-J. Fabry u.a., Bibel und Bibelauslegung. Das immer neue Bemühen um die Botschaft Gottes, 1993, S. 62 ff.

Alten Testaments' und eine 'Theologie des Neuen Testaments' gegenüber der Dogmatik beinhaltet.

Daß die Diskussion zu den genannten Punkten besonders in den 80er Jahren bis heute sehr viel differenzierter geworden ist, bleibt für den gegenwärtigen Stand der Fragestellung festzuhalten. Allerdings je weniger das o.g. Ineinander von Rekonstruktion und Interpretation im Sinne der Begründer der Disziplin 'Theologie des Neuen Testaments' weiterführend bedacht wird, desto stärker erschallt der Ruf nach einer 'nachkritischen Schriftauslegung' (deren ihr inhärente Beliebigkeit zwischen 'kritisch deskriptiv' und nivellierend 'unkritisch' einer sachkritisch orientierten Interpretation im Wege steht).

Zur Klärung der Positionen und weiterer Ausarbeitung einer 'Biblischen Theologie' haben vor allem drei Modelle beigetragen, deren Intentionen verschieden liegen.

A) Das Tübinger Modell

Für dieses stehen vor allem H. Gese und (ihm weithin folgend) P. Stuhlmacher ein. Ihnen sind die Grundintentionen zu verdanken, die, obwohl schon öfter angeführt, hier zur Verdeutlichung noch einmal genannt werden sollen:

a) Es ist eine in Fortbewegung auf das Neue Testament zugehende, dieses einschließende und sich in der Einheit des atl. und ntl. Kanons dokumentierende Offenbarungsgeschichte Gottes zu konstatieren. Dabei ist der "traditionsgeschichtlich unlösbare(n) Zusammenhang(s) von Altem und Neuem Testament unüberhörbar" und bestätigt die "prinzipielle(n) Unabgeschlossenheit und Offenheit des Alten Testaments"[39].

b)   Wenn dies zutrifft - so die Folgerung - "muß" bzgl. einer 'Theologie des Neuen Testaments' "die Frage neu geprüft werden ..., *inwiefern eine solche Theologie nicht wieder als Biblische Theologie zu entwerfen sei, d.h. als eine neutestamentliche Theologie, welche zum Alten Testament hin offen ist und*

---

39   P. Stuhlmacher, Das Bekenntnis zur Auferweckung Jesu von den Toten und die Biblische Theologie, in: ders., Schriftauslegung auf dem Wege zur biblischen Theologie, 1975, S. 138; H. Gese, Vom Sinai zum Zion. Alttestamentliche Beiträge zur biblischen Theologie, BEvTh 64, 1974, S. 11 ff.

den Traditions- und Interpretationszusammenhang von alt- und neutesta-
mentlichen Überlieferungen aufzuarbeiten sucht"[40].

Diese beiden Intentionen eines "traditionsgeschichtlichen Ansatz(es)"[41] sind
bestimmt durch den Nachweis von Defiziten existentialer Interpretation, die
besonders in der Kritik an R. Bultmanns Konzeption zur Geltung kommen.[42]
In einer die bisherige historisch-kritische Forschung ergänzen, vielleicht
deutlicher noch überwinden wollenden Weise wird mit Paul Ricoeur eine
"Hermeneutik des Einverständnisses mit den biblischen Texten" gefordert.[43]
Diese von P. Stuhlmacher in seiner Hermeneutik in den 70er Jahren erhobenen
Forderungen sind in sein Werk über die "Biblische Theologie des Neuen
Testaments" eingegangen.

c) Ein dritter Aspekt ist mit den beiden genannten eng verbunden: Aus "dem
(für eine Biblische Theologie konstitutiven) Phänomen des kirchlichen Kanons
aus Altem und Neuem Testament"[44] wird die Warnung vor der Orientierung
am verengten Kanon des nachbiblischen Judentums erhoben und Kritik am
reformatorischen Kanonverständnis geübt. Dabei wird vor allem gefolgert,
daß "das neue Testament ... den Abschluß eines Traditionsprozesses" "bildet",
"der wesentlich eine Einheit, ein Kontinuum ist".[45] Die hier von den Motiven
der ntl. Kanonbildung besonders notwendige Kritik ist seit den 70er Jahren
häufig zur Geltung gekommen, da sich deutlich herauskristallisierte: Aus den
Bedürfnisses des Urchristentums und der sich konsolidierenden Alten Kirche
ist der ntl. Kanon erwachsen, der in seiner Zweiteilung in Evangelien und
Apostelteil das unüberbietbare Neue des Christusgeschehens und seiner
Bezeugung in der Korrelation von Norm und Schrift herausstellte und in der
Auseinandersetzung mit Marcion zugleich gesamtbiblische Verantwortung
erkannte.[46] Die Sicht des Kanons unter gesamtbiblischem Aspekt ist auch in

---

40 So hat es P. Stuhlmacher, ebd. (s. Anm. 39), in der Sache gleichlautend jetzt in seiner
"Biblischen Theologie des Neuen Testaments", Bd. I, 1992, S. 1-39 entfaltet.
41 So H. Graf Reventlow, Hauptprobleme der Biblischen Theologie im 20. Jahrhundert,
EdF 203, 1983, S. 141.
42 Stuhlmachers häufige Kritik in dieser Richtung ist zusammengefaßt in seiner "Biblischen Theologie des Neuen Testaments", (s. Anm. 40), S. 19 ff.
43 P. Stuhlmacher, Vom Verstehen des Neuen Testaments. Eine Hermeneutik, GNT 6,
1979, S. 205 ff.
44 P. Stuhlmacher, Zum Thema: Biblische Theologie des Neuen Testaments, in: K.
Haacker u.a., Biblische Theologie heute (s. Anm. 32), S. 26; H. Gese, s. Anm. 39, S.
11-30.
45 H. Gese, s. Anm. 39, S. 14.
46 Vgl. die Diskussion und die dort genannten bei O. Merk, Art. Biblische Theologie (s.
Anm. 11), S. 470 f.

den 80er Jahren bis heute kontrovers geblieben. Dazu gehört ebenso die Diskussion über den Abschluß des atl. Kanons wie die an den Zusammenhang von atl./ntl. Kanon sich knüpfenden systematischen Fragen.[47] So kann B.S. Childs feststellen: "Die Form Biblischer Theologie, wie sie in brillanter Weise in Tübingen betrieben wird, halte ich deshalb für besonders problematisch, weil sie das Alte Testament als eine geschichtliche Größe der Vergangenheit zu betrachten scheint",[48] während P. Stuhlmacher vom ntl. Kanon "als *maß-gebendem Zusatz zum Alten Testament"* spricht.[49]

Damit ist der Punkt erreicht, P. Stuhlmachers schon mehrfach genannte "Biblische Theologie des Neuen Testaments", Bd. I: Grundlegung. Von Jesus zu Paulus, 1992 mit kurzen Hinweisen vorzustellen. Unter "Aufgabe und Aufbau einer Biblischen Theologie des Neuen Testaments" (S. 1-39) kommt sein zuvor in vielen Einzelstudien und in seiner "Hermeneutik"[50] erarbeitetes Grundsatzanliegen zusammengefaßt, im einzelnen entfaltet und zu einem Lehrbuch aufbereitet zur Geltung. Ist - hier sein Grundanliegen zum wiederholten Male betonend - *"die Theologie des Neuen Testaments ... als eine vom Alten Testament herkommende und zu ihm hin offene Biblische Theologie des Neuen Testaments zu entwerfen und als Teildisziplin einer Altes und Neues Testament gemeinsam betrachtenden Biblischen Theologie zu begreifen"* (S. 5), dann bedarf es nicht nur der Herausarbeitung der Traditionslinien vom Alten Testament her über das (vornehmlich hellenistische) Judentum in das Neue Testament hinein im allgemeinen, sondern es geht um eine "Traditionskontinuität" und "Bekenntniskontinuität", die in der *"hebräischen Bibel"* und in dem *"Schriftbestand der Septuaginta"* wurzelt (S. 8). Methodisch ergibt sich daraus für St. eine historische wie systematisch-theologische Aufgabe: *"Die Biblische Theologie des Neuen Testaments bearbeitet die Bücher des Neuen Testaments, sie hat dabei den zweiteiligen kirch-*

---

47   Vgl. z.B. als instruktiven Überblick die Beiträge im "Jahrbuch für Biblische Theologie" (JBTh), Bd. 3; Zum Problem des biblischen Kanons, 1988.

48   B.S. Childs, Biblische Theologie und christlicher Kanon, JBTh 3 (s. Anm. 47), S. 11 ff., hier: 24.

49   Biblische Theologie des Neuen Testaments, Bd. I, S. 4. Zur ntl. Kanonbildung vgl. aus neuerer Diskussion B.M. Metzger, Der Kanon des Neuen Testaments. Entstehung, Entwicklung, Bedeutung, 1993, bes. S. 238 ff. (dazu lehrreich zur amerik. Ausgabe von 1987: E. Dassmann, JBTh 3 [s. Anm. 47], S. 275 ff., bes. 281-283); zu wichtigen Hinweisen insgesamt C. Dohmen-M. Oeming, Biblischer Kanon warum und wozu? Eine Kanontheologie, QD 137, 1992, S. 11 ff. 91 ff. u.ö.

50   S. Anm. 43; eine 2. Aufl. erschien 1986; vgl. auch P. Stuhlmacher, Schriftauslegung auf dem Wege zur biblischen Theologie, 1975; ders., Versöhnung, Gesetz und Gerechtigkeit. Aufsätze zur biblischen Theologie, 1981.

lichen Kanon aus Altem und Neuem Testament im Blick und bemüht sich darum, die Bedeutung der neutestamentlichen Christusbotschaft für Glaube und Leben der Kirche(n) herauszustellen" (S. 12), freilich bei einem nicht nur historische Sachverhalte bedenkenden Kanonverständnis, bei dem der neutestamentliche Kanon zum *"maßgebenden Zusatz zum Alten Testament"* erklärt wird (S. 4; vgl. 5 f. 34 ff.).

Die Gliederung seines ersten Teils ist nicht ungewöhnlich, wie der Autor meint ("I. Entstehung und Eigenart der neutestamentlichen Verkündigung" mit den Abschnitten: Jesus; Urgemeinde; Paulus; nachpaulinische Zeit; synoptische Evangelien; Johanneische Schriften [S. 13]), sondern wird es erst durch die inhaltliche Ausarbeitung als *"ein zum Alten Testament hin offener geschichtlicher Aufriß"* (S. 12), der im zweiten Teil ("II. Das Problem des Kanons und die Mitte der Schrift" (S. 13) *"in eine dogmatische Stellungnahme und Wertung der 'Mitte der Schrift' ausmündet"* (S. 12). Die seiner Meinung nach bisher unerledigte Aufgabe veranlaßt St. zu einem teilweise die vorliegenden Entwürfe scharf beurteilenden und verurteilenden Durchgang durch die gegenwärtig einschlägigen Werke der 'Theologie des Neuen Testaments' (R. Bultmann; H. Conzelmann; J. Jeremias; W.G. Kümmel; E. Lohse; L. Goppelt; bes. S. 15-30), wobei durchaus nicht so gesicherte Prämissen der eigenen Konzeption den Maßstab der Beurteilung abgeben. Im Ergebnis: L. Goppelts Entwurf hält St. seinem eigenen am adäquatesten, denn hier werde *"eine entscheidende Hilfe für die Ausarbeitung einer den neutestamentlichen Texten wirklich entsprechenden Biblischen Theologie des Neuen Testaments"* geboten (S. 29).

Schließlich möchte St. möglichen Einwänden (die vornehmlich aus der Diskussion der letzten 20 Jahre erwachsen sind) im Voraus begegnen: (1) Die von J.Ph. Gabler und G.L. Bauer erarbeitete Position der Trennung beider Testamente dürfe nicht das angeführte Aufeinander-Bezogensein der beiden Testamente verdecken. Der "verhängnisvollen" "Trennung von biblischer und dogmatischer Theologie" sei in der Weise entgegenzusteuern, "daß man die biblische Exegese wieder behutsam an den kirchlichen Lebenszusammenhang heranführt und ihr gleichzeitig zumutet, die historisch-kritische Methode nicht absolut zu setzen, sondern die ihr inhärenten erkenntnistheoretischen und dogmatischen Probleme zu erkennen" (S. 31). Ob St. hier wirklich das notwendig hermeneutisch zur Sachkritik vorstoßende Ineinander von Rekonstruktion und Interpretation im Sinne Gablers und G.L. Bauers als Grundgefüge historisch-kritischer Forschung meint, bleibt im Hinblick auf sein weiteres Werk nicht so eindeutig, ja eher fraglich. Denn maßgebend geht es ihm um die traditionsgeschichtlich abzusichernde Rekonstruktion, die es im übrigen nicht zwingend erscheinen läßt, ob er sich sachrelevant eindeutig auf L. Goppelts Konzeption berufen kann, und auch, ob nicht die Interpretation im Sinne der Begründer der Disziplin vernachlässigt wird. (2) Die 'religionsgeschichtliche' Sonderstellung der biblischen Schriften wird betont, wobei Ungleiches einander zugeordnet wird: Die Selbigkeit Gottes im atl. wie ntl. Zeugnis/Kerygma stellt doch nicht grundsätzlich eruierbare Analogien im 'weiten Feld' der Religionsgeschichte in Frage. Es fehlt die präzise Verhältnisbestimmung von Analogie zur Genealogie. (3) Die Anfrage nach dem Proprium des Neuen Testaments wird fast nebenbei berührt. Es hat den Anschein, daß dieses in den herauszuarbeitenden Traditionslinien zum Alten Testament und Judentum selbst liege.[51] (4) Die Anfrage nach der Berechtigung, die "Rede von der 'Versöhnung' (Versühnung)" in den Mittelpunkt einer 'Biblischen Theologie des Neuen Testaments' zu stellen, behandelt St. in Stichworten mit Verweis auf die weiteren Ausführungen in seinem Werk. Daß im hier (re)konstruierten Überbau ein Grundproblem seiner Darstellung liegt, soll im Vorgriff abgewehrt werden. (5) Einen "vorerst letzten Einwand" (S. 33) sieht St. in H. Räisänens Entwurf "Beyond New Testament Theology" (1990), da hier W. Wredes Konzept (1897) modifiziert, somit aber weder dem "zweiteiligen Kanon der Kirche" Rechnung getragen werde noch die von diesem Autor angestrebte Differenzierung der Traditionslinien und -ebenen die notwendigen "theologischen Einheitslinien im Kerygma" erkennen lasse (S. 34 f.). Hier geht es in der Tat um Tiefgreifendes, da Räisänen, dessen Entwurf aus einem wichtigen forschungsgeschichtlichen Durchgang erwachsen und in diesem fundiert ist, im sachgemäßen Bedenken von Kontinuität und Diskontinuität, eingebettet in die Breite der Vielschichtigkeit theologischer Konzeptionen im Urchristentum, dem Konzept St.s deutlich entgegensteht.[52]

---

[51]   Vgl. auch "Bibl. Theol.", Bd. I, S. 38 f.: "Die Neuartigkeit und Einzigartigkeit des Christusevangeliums zeigt sich gerade darin, daß es das alttestamentliche Zeugnis von der Einzigkeit Gottes in der Proklamation Jesu von Nazareth als messianischen 'Sohn' dieses einen Gottes aufnimmt und weiterführt, und zwar in einer kerygmatischen Sprache, die bewußt den Hl. Schriften und ihrer frühjüdischen Interpretation entlehnt ist".

[52]   H. Räisänen, Beyond New Testament Theology. A story and a Programme, 1990, z.B. S. 3 ff. 35 ff. 62 ff. 80 ff. 89 f. 93 ff. 122 ff. 120: "I have opted for Wrede's vision in a modified form". Im übrigen ist hier nur die Leitkonzeption R.s zu nennen und nicht auf im einzelnen an sich notwendig zu diskutierende Defizite in den Ausführungen einzugehen; kritisch z.B. auch H. Hübner, Bibl. Theol. I, 1990, S. 27 Anm. 60.

Gegenüber den *"Fundamentalfragen exegetischer Theologie überhaupt"* (S. 34) betreffenden kritischen Einwänden verweist St. auf bisher vorliegende, positiv einzuschätzende Entwürfe, besonders auf die o.g. von H. Klein und G. Kittel,[53] während er H. Hübners "Biblische Theologie des Neuen Testaments, Bd. 1: Prolegomena", 1990 mit erheblicher Kritik belegt: Über das bereits Angeführte hinaus gilt St.s Kritik vor allem der Tatsache, daß Hübner nicht eo ipso von einliniger Traditionskontinuität vom Alten zum Neuen Testament ausgeht, sondern daß er das Wechselverhältnis von Kontinuität und Diskontinuität hermeneutisch bedenkt, mit dem (vorerst abschließenden) Urteil St.s: "Wer sich - wie wir - die Inhalte und Fragestellungen der Biblischen Theologie vom Neuen Testament selbst her vorgeben lassen will, wird jedenfalls zögern, H. Hübner auf seinem riskanten Weg der Verschränkung von Rekonstruktion und kritischer theologischer Intepretation (nach dem Vorbild von Bultmanns existentialer Interpretation) zu folgen" (S. 37)[54]. Mit einer nochmaligen Bündelung seines Anliegens beschließt St. seine Grundlegung.

Die Einzeldurchführung im I. Hauptteil, beginnend mit der Verkündigung Jesu, kann im Rahmen des hier notwendigen kurzen Überblicks nicht hinreichend gewürdigt werden. Bei vielem, was Verf. als Allgemeingut der Forschung zur abrundenden Darstellung aufzugreifen hat, und über dieses hinaus fällt insgesamt die deutliche Reserve, ja Absage an die formgeschichtliche Arbeit auf, damit verbunden ein nahezu 'unkontrolliertes' Vertrauen in die Überlieferung der Synoptiker, das über eine "kritische Sympathie"[55] weit hinausgeht. Auf die Deskription des synoptischen Bestandes folgt sachgemäß ein Abschnitt über Ostern (S. 162-179).[56] Aber: Bei der notwendigen und legitimen Rückfrage nach Jesus führt der Weg einlinig von der atl.-jüdischen Tradition auf Ostern hin, eine Rückfrage von 'Ostern' her auf die Überlieferung, die sicher je und dann - und vielleicht sogar mehr - auf Worte und

---

53   Zu H. Seebaß, Der Gott der ganzen Bibel. Biblische Orientierung im Glauben, 1982 vgl. P. Stuhlmacher, JBTh 1, 1986, S. 91 ff.; aber auch H. Seebaß, ebd., S. 115 ff.; O. Merk, VuF 33/1 (s. Anm. 30), S. 24 ff.

54   Unabhängig davon, ob H. Hübners Ansatz tragfähig ist: Verrät hier St. nicht indirekt seine eigene Absage bei den hermeneutischen Grundaussagen bei den Begründern der eigenständigen Disziplin 'Theologie des Neuen Testaments'?

55   Vgl. die noch immer wichtigen Überlegungen von H.-J. Marrou, Über die historische Erkenntnis, deutsch von C. Beumann, 1973, S. 162 u.ö.

56   Die Grundorientierung der Darstellung an Apg 10,34-43 als maßgebendem Inhalt des Kerygmas ('Evangeliums', vgl. S. 50.163 f.) hat allerdings stärker zu berücksichtigen, daß hier eine stilisierte Zusammenfassung des Lukasevangeliums geboten wird.

Taten des irdischen Jesus verweist, entfällt in ihrer Relevanz. Daß eine vom Ostergeschehen ausgehende 'Theologie des Neuen Testaments' zu einem grundlegenden Teil der Verkündigung Jesu in der Darstellung gelangen kann, bleibt als Sachanliegen und Anfrage bestehen.[57]

St.s Konzeption spitzt sich zu im Blick auf das Todesverständnis, ja Heilstodesverständnis Jesu und damit auf die von den Synoptikern überlieferte Christologie im besonderen.[58] Weder Mk 10,45 (zumindest V.45b) noch die liturgische Formulierung in Mk 14,24 können die Beweislast für eine Rückführung auf den irdischen Jesus tragen, so daß mit J. Becker (und in der Sache auch mit anderen) festzuhalten ist: "ob Jesus seinen Tod als Heilstod verstand, muß negativ beantwortet werden. Solches Todesverständnis gehört erst zur nachösterlichen Gemeinde. Damit scheidet die Möglichkeit aus, das urgemeindliche Verständnis des Todes Jesu als Heilstod von Jesu eigenem Todesverständnis her zu verstehen".[59] Hinsichtlich der Rückführung der christologischen Titulaturen ("Hoheitstitel") auf Jesus selbst erheben sich in der von St. gebotenen Pauschalität ebenfalls größte Bedenken, und daß ein Verzicht auf diese Titel "ein geschichtlich unwirkliches (und nur aus den Aporien der gegenwärtigen Evangeliumsexegese erwachsenes) Abstraktum" hinterlasse (S. 111), ist mit Fug bestreitbar, sobald man der nachösterlichen Gemeinde zentrale christologische Deutung und Bekenntnisbildung aufgrund des Heilsgeschehens in Kreuz und Auferweckung zutraut und hier nicht nur (begrenzte) nachösterliche Weiterbildung vorösterlicher Konzeption sieht (S. 179 ff.).[60] Der informative und dichte Abschnitt "2. Die Verkündigung der Urgemeinde" (S. 162-221) gipfelt in der Feststellung: "Ohne die Kenntnis der Jesusüberlieferung und der schon vor Paulus von den Jerusalemer Aposteln, vom Stephanuskreis und den Antiochenern gelegten theologischen Fundamente zerfällt die (Biblische) Theologie des Neuen Testament in lauter unverbundene Einzelpositionen" (S. 221). Doch die Vielfalt darf nicht

---

[57] Vgl. die Diskussion bei O. Merk, Art. Biblische Theologie (s. Anm. 11), S. 472 f.

[58] Vgl. zur weiteren Orientierung etwa J. Becker, Die neutestamentliche Rede vom Sühnetod Jesu, in: ZThK. Beih. 8: Die Heilsbedeutung des Kreuzes für Glaube und Hoffnung der Christen, hrg. v. G. Müller, 1990, S. 29 ff.

[59] J. Becker, s. Anm. 58, S. 35.

[60] Vgl. aus der neueren Forschung die Werke von J. Gnilka u. R. Schnackenburg (s. Anm. 26); A. Vögtle, Die 'Gretchenfrage' des Menschensohnproblems. Bilanz und Perspektive, QD 152, 1994; hinsichtlich kritischer Rückfragen zu oft zu selbstverständlich beurteilter Traditionslinien christologischer Bezüge auch M. Karrer, Der Gesalbte. Die Grundlagen des Christustitels, FRLANT 151, 1991 (dazu mit teilweise kritischen Anfragen K.-W. Niebuhr, Jesus Christus und die vielfältigen messianischen Erwartungen Israels. Ein Forschungsbericht, JBTh 8, 1993, S. 337 ff., bes. 343 ff.).

übersehen oder gar unterbewertet werden.[61] Schon die vorpaulinischen Ge-
meinden sind vielschichtig auch in ihren Glaubensaussagen, und mannigfache
Traditionsstränge sind eruierbar, die die Heilsbedeutung des *einen* zentralen
Christusgeschehens umreißen und spiegeln. Das freilich umfassender gemeinte
Urteil von J. Becker gilt weiterhin und ist auch in den Paulusteil der
Darstellung St.s hinein zu bedenken: "Sühneaussagen im Neuen Testament
sind ... immer auch zu befragen, inwieweit noch der primäre kultische Sitz im
Leben und das damit gesetzte Wirklichkeitsverständnis sinnkonstituierend
wirken. Es geht methodisch nicht an, die priesterliche Sühneanschauung durch
Überspringen von einigen Jahrhunderten direkt für Paulus vorauszusetzen,
ohne zu klären, ob und inwiefern sich die in den Texten zugrundeliegenden
Deutemuster geändert haben".[62] "Sühne und Versöhnung sind zu unterscheiden".[63] Kontinuität und Diskontinuität bzgl. der Traditionen, die
Vielschichtigkeit in Beschreibung und Akzentuierung der Soteriologie "mit
verschiedenen Mitteln und anderen Präferenzen"[64] sind bei Paulus erkennbar.
Zu dem sehr gebündelten Paulusteil "3. Die Verkündigung des Paulus" (S.
221-392), der in unserer Tagung einem anderen 'Ressort' zugehört, sei über
das zur Christologie Skizzierte hinaus nur dies erwähnt, daß St. der Annahme
einer Entwicklung im paulinischen Denken mit wichtigen Gründen widerrät[65]
und daß er der theologischen Aufarbeitung des Paulus erhebliches Gewicht
einer nahezu ungebrochenen Tradition zur Jesusüberlieferung und deren
Weitervermittlung einräumt. Er ist es, *"der das Werk Jesu in einzigartiger
Weise theologisch durchdrungen und zur Grundlage seiner Missionstheologie
gemacht hat"* (S. 391; vgl. 221 u.o.). Das besagt für St. weitaus mehr, als daß
das Daß des Gekommenseins Jesu durch Tod und Auferweckung hindurch in
seiner Heilsbedeutung bedacht wird. Es geht St. offenbar verstärkt auch um
innerneutestamentliche Einlinigkeit, und damit ist die Anfrage berechtigt, ob er
jener "Flächigkeit", die er mit Recht als Gefahr sieht, in seiner Darbietung des
Stoffes wirklich entgangen ist.[66]

---

61 Die von St. immer wieder erwähnte "traditionsgeschichtlich mehrschichtige(n) Über-
    lieferung" (z.B. S. 221) kommt in Durchführung und Eruierung letztlich zu kurz.
62 J. Becker, s. Anm. 58, S. 42.
63 J. Becker, s. Anm. 58, S. 42.
64 J. Becker, s. Anm. 58, S. 47.
65 Aus der Reihe der Forscher, die im Gefolge W. Wredes die 'Rechtfertigung' erst vom
    Gal an zum pln. Theologumenon werden lassen (St., Bibl. Theol., Bd. I, S. 333), ist H.
    Hübner auszunehmen. Zur Gesamtproblematik vgl. jetzt wichtig F. Hahn, Gibt es eine
    Entwicklung in den Aussagen über die Rechtfertigung des Paulus?, EvTh 53, 1993, S.
    342-366.
66 St.s diskussionswürdiges und -wichtiges Werk hat über die begeistert zustimmende

B) Hans Hübner

In vielfach kritischer Distanz zum 'Tübinger Modell' - wenngleich ebenso engagiert - vertritt H. Hübner eine eigene Position zur Biblischen Theologie, die gleichzeitig das Anliegen existentialer Interpretation des Neuen Testaments berücksichtigen möchte. Er geht von der tatsächlichen Bezeugung des 'Alten Testaments' im 'Neuen Testament' aus und hat zunächst in zahlreichen Vorarbeiten versucht, durch den Nachweis des Schriftbezuges im Neuen Testament die Basis für eine 'Minimal'-Biblische Theologie des Neuen Testaments als methodisch mögliches und darum vorerst gestecktes Ziel zu erarbeiten. Die Frucht seiner Bemühungen ist ein bisher zweibändiges Werk: "Biblische Theologie des Neuen Testaments", (1990, 1993).[67] Bereits 1981 hatte er das Grundsätzliche formuliert: "Mögen auch nicht alle neutestamentlichen Autoren das Alte Testament theologisch reflektieren - und insofern wird einiges, was in einer üblichen 'Theologie des Neuen Testaments' steht, in einer 'Biblischen Theologie des Neuen Testaments' nicht erscheinen -, so liegt doch heute schon klar auf der Hand, daß der theologische Umgang mit dem Alten Testament zum Kern des theologischen Bemühens im Neuen Testament gehört".[68] Genau dies ist Leitgedanke in seinem Hauptwerk zur 'Biblischen Theologie'. Seine Sorge ist eine doppelte: Kurzschlüssig traditionsgeschichtlich ausgezogene Linien vom Alten Testament hin zum Neuen Testament,

---

Besprechung seines eigenen Schülers (G. Schimanowski, TheolBeitr 25, 1994, S. 49-51 bereits notwendige und weiterführende Besprechungen erhalten: z.B. R. Schnackenburg, BZ, NF 37, 1993, S. 292-294: "Damit entsteht ein in sich geschlossener Entwurf der Ntl. Theologie, der überzeugen kann, wenn man den hermeneutischen Grundansatz des Verf. und seine historische Beurteilung der Jesusüberlieferung und der Paulustexte bejaht" (S. 292). Auffallend in der Tat und darum festzuhalten ist: "Die katholische Literatur ist nur recht begrenzt beigezogen" (ebd., S. 294); J. Roloff, ThLZ 119, 1994, Sp. 241-245, dort u.a. um die Sache besorgt sehr deutlich: "Kann es denn wirklich sein, daß die Einheit des Neuen Testaments nur um den Preis einer historische Spannungen und Aporien nivellierenden Apologetik zu haben ist? Wird diese Einheit in ihrer theologischen Eigenart, nämlich als eine vom Geist gewirkte, nicht vielmehr erst vor dem Hintergrund der historischen Brüche und der situationsbedingten Vielfalt innerhalb des Urchristentums wahrnehmbar?" (Sp. 245); vgl. im übrigen aus der neueren Diskussion: M. Kalusche, 'Das Gesetz als Thema biblischer Theologie'? Anmerkungen zu einem Entwurf Peter Stuhlmachers, ZNW 77, 1986, S. 194 ff.; G. Theobald, Von der Biblischen Theologie zur Buch-Theologie. Das Hiobbuch als Vorspiel zu einer christlichen Hermeneutik, NZSTh 35, 1993, S. 276 ff.

[67]   H. Hübner, Biblische Theologie des Neuen Testaments, Bd. 1: Prolegomena, 1990; Bd. 2: Die Theologie des Paulus und ihre neutestamentliche Wirkungsgeschichte, 1993.

[68]   H. Hübner, Biblische Theologie und Theologie des Neuen Testaments, KuD 27, 1981, S. 2 ff., hier: 18; Hübners zahlreiche Untersuchungen zur Sache sind in dessen 'Bibl. Theol. d. NT', Bd. 2, S. 423 f. verzeichnet.

vom Neuen Testament hin zum Alten Testament schaden nur einer dem historischen und theologischen Befund angemessenen Beurteilung von Differenz
und Zusammengehörigkeit der beiden Testamente. Sie können zudem dem
Nachweis sehr verschiedenartiger Theologien innerhalb des Neuen Testaments
nur hinderlich sein.

Dies gibt Anlaß, auf einige Punkte in seiner 'Biblischen Theologie des
Neuen Testaments' hinzuweisen. Im einzelnen entfaltet Hübner sein Anliegen
bereits in dem Kapitel "Aufgabe der Prolegomena" (Bd. 1, S. 13 ff.)[69], dort
weitgespannt die verschiedenen methodischen Zugänge und Überlieferungen
zu einer 'Biblischen Theologie' bedenkend, um der *"Aufarbeitung des
theologischen Umgangs der neutestamentlichen Autoren mit dem Alten Testament die primäre und fundierende Aufgabe einer Biblischen Theologie"*
zuzuweisen. Ihm liegt daran, dadurch "das theologische Verhältnis beider
Testamente zueinander" zu erfassen (S. 28; vgl. 33 Anm. 73), zumal er im
Aufdecken des *Vetus Testamentum in Novo receptum* notwendigerweise zur
Erhellung theologischer Sachverhalte im verstärkten Maße der Rekonstruktion Rechnung tragen muß. - In der der Problemstellung folgenden
Kapiteln wird unter dem Gesichtspunkt der "Heiligen Schrift der neutestamentlichen Autoren" zunächst der ihnen zugrundeliegende Kanon behandelt
mit der für Hübner maßgebenden Unterscheidung von "Vetus Testamentum"
und "Vetus Testamentum in Novo receptum" (vgl. z.B. S. 67 f.) mit der ihr
inhärenten Konsequenz des sachgemäßen Scheidens zwischen Altem und Neuem Bund (S. 77 ff.) und der daraus resultierenden Verhältnisbestimmung von
Kontinuität und Diskontinuität der beiden Testamente (vgl. z.B. S. 95). In den
sich anschließenden Kapiteln "Der Begriff der Offenbarung" (S. 101 ff.) und
"Der eine Gott der beiden Testamente" (S. 240 ff.)[70] wird dies - schon weit
über 'Prolegomena' hinausführend - exegetisch, systematisch und mit philosophischen Implikationen entfaltet, oft mit auffallenden und überra-

---

[69] Vgl. auch H. Hübner, Bibl. Theol., Bd. 1: In dem Band der 'Prolegomena' "geht" es
       dem Verf. "nicht um bloß 'formale' Zusammenhänge", sondern daß "im Abstecken des
       für die Mesolegomena [sc.=Bd. 2] gegebenen Horizontes selbst schon theologische
       Sachverhalte von hoher Relevanz zur Sprache kommen" (S. 173).

[70] Zur Entfaltung in diesem Abschnitt ist erhebliche Kritik geübt worden. Etwa: F. Mil-
       denberger, Bibl. Dogmatik, Bd. I (s. Anm. 31), S. 47 Anm. 47; P. Stuhlmacher, Bibl.
       Theol., Bd. I, S. 37, der hier nicht näher nachgegangen werden kann. Die Replik von
       H. Hübner, Metaphysik - gemeinsames Anliegen von Philosophie und Theologie? Zu
       Ernst Topitschs Buch "Heil und Zeit", ThLZ 117, 1992, Sp. 481 ff., hier: 490 u. 492
       Anm. 30 verdient Berücksichtigung.

schenden Beobachtungen (vgl. etwa S. 193 zum Offenbarungsverständnis im Joh; S. 255 u.ö.).

Band 2: "Die Theologie des Paulus und ihre neutestamentliche Wirkungsgeschichte" ist im Rahmen der anstehenden spezielleren Berichterstattung nur unter dem Gesichtspunkt der hier vorliegenden, auch hermeneutisch relevanten Konzeption aufzugreifen: "Die neutestamentlichen Autoren schöpften in grandioser selbständiger *Unmittelbarkeit* aus dem Alten Testament als ihrem religiösen und theologischen Fundus. Haben sie in den Zitaten dadurch, daß sie sie als Mittel der theologischen Reflexion einsetzen, eine gewisse Distanz zwischen der Schrift und sich geschaffen, also eine gewisse Verobjektivierung des Alten Testaments vorgenommen, so sind gerade die Anspielungen, weil sie ja direkter in den jeweiligen Duktus der neutestamentlichen Schriften einflossen, viel unmittelbarer auf das Alte Testament bezogen. Und genau hier ist der Punkt, an dem wir, mögen wir auch noch so sehr mit dem Alten Testament vertraut sein, nicht mehr in dieser Weise an der Unmittelbarkeit partizipieren können" (S. 18 f.). Dieses schon in Band 1 Vorbereitete wird jetzt auf den Punkt gebracht: "Behauptet nun das Neue Testament die Identität Jahwähs, des Gottes Israels, mit dem Vater Jesu Christi, ... so stellt sich die für eine Biblische Theologie drängende Frage ...: *Greift das Neue Testament das im Alten Testament ausgesprochene Ich Gottes als uns anredendes Ich Gottes auf?"* (S. 21 f.). In der Einzeldurchführung geht es dann sehr viel stärker um eine 'Theologie des Neuen Testaments', streckenweise besser noch 'Theologische Einleitung in das Neue Testament', indem die Bedeutung der Rhetorischen Analyse für die paulinischen Briefe und ihren Aufbau oder die Abfolge der paulinischen Briefe im Hinblick auf die Frage einer Entwicklung im Denken des Apostels wichtig werden. Die für die vorliegende 'Biblische Theologie' über die atl. Bezüge selbst eigentlich notwendige Fragestellung, ob Paulus in seiner Bezugnahme auf die 'Heilige Schrift' Wandlungen in seiner Theologie erkennen läßt, steht nicht an. Gleichwohl aber ist die Grundfragestellung des Autors als Sachanliegen der gleichsam 'rote Faden' durch die Darstellung. Es bleibt Band 2 als "Mesolegomena" im Horizont der Prolegomena, er enthält demgemäß zahlreiche Bezugspunkte zu einer ausgeführten 'Theologie des Neuen Testaments' nicht. Die zentrale Bedeutung, ja Funktion der paulinischen Theologie für das Neue Testament steht dem Autor außer Frage: "Von ihm [sc. Paulus] aus" lassen sich "wesenhafte Strukturen gesamtbiblischen Denkens erschließen" (S. 338), wie Verf. als Bündelung der "Theologie des Paulus" feststellt (S. 338 ff.). Damit aber bleibt das Problem: Ist 'Biblische Theologie' im von H. Hübner erhobenen Sinne nur unter eklektischer Verkürzung ntl. Aussagen zu haben? Hier liegt eine bisher nicht weggeräumte Belastung seines Programms. Das führt notwendig zur weiteren Anfrage: Ist der auf den ersten Blick hin beachtliche Versuch, die atl.-ntl. Verklammerung aufgrund von atl. Zitaten/Anspielungen etc. in ihrer Kontinuität und Diskontinuität spiegelnden hermeneutischen Reflexion auszugehen, nicht nur als eine (nicht auszuklammernde) Teilfrage zu bezeichnen, die die Last des Übergreifenden als 'gesamtbiblisch' unter ihren begrenzten Aspekten so für eine 'Biblische Theologie des Neuen Testaments' nicht zu tragen vermag? In dieser Schwierigkeit könnte auch der Kern für Hübners Unterscheidung von 'Vetus Testamentum per se' und 'Vetus Testamentum in Novo receptum' liegen. So richtig der eigenständige Umgang der einzelnen ntl. 'Autoren' mit 'ihrer' 'Heiligen Schrift' gesehen ist und wie zentral sich hier die 'Septuaginta' als Schriftgrundlage erweist[71], die von Hübner getroffene Unterscheidung ist eine moderne und nicht eine, die schon im Bewußtsein, in der Glaubensüberzeugung und im Bekenntnis ntl. Zeugen lag. Die diesbezüglichen kritischen Anfragen fordern weitere Klärung heraus[72], auch wenn die betreffenden Stellungnahmen selbst auf zu hinterfragenden Positionen beruhen. Zur weiteren Klärung erweisen sich im gegenwärtigen Gespräch besonders die von D.-A. Koch erarbeiteten Gesichtspunkte zur "Überlieferung und Verwendung der Septuaginta im ersten nachchristlichen Jahrhundert" mit den wichtigen Überlegungen zur "Einbeziehung der Möglichkeit einer mündlichen Verwendung der Schrift" (sc. 'Septuaginta') als besonders hilfreich mit dem auch für eine 'Biblische Theologie' folgenreich zu bedenkenden Hinweis: "Es geschieht nichts weniger als die Neuaneignung des längst ergangenen und längst bekannten Gotteswortes aufgrund der jetzt ergehenden Verkündigung eines neuen eschatologischen Heilshandeln Gottes".[73]

Versucht man ein Fazit aus den Vorarbeiten und dem noch nicht abgeschlossenen Werk zu ziehen, dann ergibt sich: Durch die spezielle Fragestellung, der Aufnahme der 'Heiligen Schrift' im Neuen Testament, ist zwar die

---

[71]   Vgl. grundlegend D.-A. Koch, Die Schrift als Zeuge des Evangeliums. Untersuchungen zur Verwendung und zum Verständnis der Schrift bei Paulus, BHTh 69, 1986; s. auch U. Luz, Paulinische Theologie als Biblische Theologie, in: Mitte der Schrift. Ein jüdisch-christliches Gespräch. Texte des Berner Symposions vom 6. - 12. Januar 1985, hrg. v. M. Klopfenstein u.a., Judaica et christiana, Bd. 11, 1987, S. 119 ff.; bes. 126 ff.

[72]   Vgl. etwa P. Stuhlmacher, Bibl. Theol., Bd. I, S. 37; B.S. Childs, Die Bedeutung der Hebräischen Bibel für die biblische Theologie, ThZ 48, 1992, S. 382 ff.; C. Dohmen, Nur die halbe Wahrheit? (s. Anm. 31), S. 41 f.

[73]   D.-A. Koch, Die Überlieferung und Verwendung der Septuaginta im ersten nachchristlichen Jahrhundert. Aspekte der neueren Septuagintaforschung und deren Bedeutung für die neutestamentliche Exegese, in: Begegnung zwischen Christentum und Judentum in Antike und Mittelalter. FS für H. Schreckenberg unter Mitarbeit von K. u. Th. Lehnhardt, hrg. v. D.-A. Koch u. H. Lichtenberger, 1993, S. 216 ff. (Zitat: 243 f.). - Unter dem Gesichtspunkt, daß sich die Bemühung um eine 'Biblische Theologie' notwendigerweise "dem Apokryphenproblem zu stellen" habe, vgl. die Hübner zustimmenden Hinweise von N. Walter, "Bücher: so nicht der heiligen Schrift gleich gehalten ...?" Karlstadt, Luther und die Folgen, in: Tragende Tradition. FS für M. Seils zum 65. Geburtstag, hrg. v. A. Freund, U. Kern, A. Radler, 1992, S. 173 ff., bes. S. 175 u. Anm. 11; S. 194 u. Anm. 99 ebd.

(gesamt-)biblische Verklammerung beider Testamente ansatzweise verdeutlicht worden, aber die Entfaltung und volle Breite der ntl. Aussagen und Sachbezüge sind in diesem Entwurf zurückgetreten bzw. eingeschränkt worden. Mit Recht betont Hübner, daß nach seiner Konzeption eine 'Biblische Theologie des Neuen Testaments' nur vom Neuen Testament her entfaltet werden kann. Diese innere Leitlinie bestimmt sein Kanonverständnis, und diese ist ebenso bestimmend für die eigentliche Relevanz der bis in inner-alttestamentliche Bezüge hinein vielfach aufgedeckten Dialektik von Kontinuität und Diskontinuität. In deren Tiefenschärfe liegt es, nach möglicher wie nichtmöglicher Strukturverwandtschaft der beiden Testamente zu fragen (Bd. 1, S. 254 ff.) und auch das Nacheinander und das sich darin vollziehende Ablösen und Verändern biblischer Fragestellungen zu bedenken und in der Sache theologisch durchzuhalten.[74]

C) Das Betheler Modell

Am Rande ist auf das einst 'Betheler Modell' zu verweisen, repräsentiert von H.H. Schmid, E. Brandenburger und U. Luck und deshalb so bezeichnet, weil die Genannten zur gleichen Zeit in Bethel wirkten. Nachwirkungen der Sicht dieser Forscher besonders aus den 70er Jahren gehören in Bilanz und Perspektiven gegenwärtiger Bestandsaufnahme. Zwei Fragestellungen seien herausgegriffen: H.H. Schmid geht von einem 'Weltordnungsgedanken' aus, der für den Orient in seiner Verbreitung maßgebend gewesen sei, so daß durch ihn Grundvoraussetzungen auch für Denken und Theologie Alten und Neuen Testaments gegeben seien. Zugespitzt liegt Schmid daran "'Schöpfungstheologie' als Gesamthorizont biblischer Theologie" zu erheben und diese Fragestellung in der Weise in die Gegenwart zu verlängern, daß er Einsichten, die er anhand der Eruierung biblischer Überlieferungsprozesse gewann, mit R. Bultmanns hermeneutischem Ansatz verbindend für heutiges menschliches Dasein als relevant aufdecken möchte.[75] Anthropologische Bezüge als Erfahrung von

---

[74]   Zur bisherigen Diskussion über H. Hübners Ansatz und Durchführung vgl. neben den in Anm. 70 und 72 Genannten etwa K. Niederwimmer, ThLZ 116, 1991, Sp. 830-832; ders., ebd. 119, 1994, Sp. 318-322; J. Gnilka, BZ NF 36, 1992, S. 281-283; R. Schnackenburg, ebd. 38, 1994, S. 151-153; G. Schimanowski, TheolBeitr 25, 1994, S. 45-49; N. Walter, s. Anm. 73; die Äußerung E. Güttgemanns, s. Anm. 23, S. 62 Anm. 24a, ist nicht in die wissenschaftliche Erörterung einzubeziehen.

[75]   Vgl. etwa: H.H. Schmid, Gerechtigkeit als Weltordnung, BHTh 40, 1968; ders., Schöpfung, Gerechtigkeit und Heil. 'Schöpfungstheologie' als Gesamthorizont biblischer Theologie, ZThK 70, 1973, S. 1 ff. 12 ff. 16 f.; ders., Unterwegs zu einer neuen

Welt erweisen sich als zentral. So hält U. Luck fest: "Die verbindende Einheit der biblischen Überlieferung Alten und Neuen Testaments ist die Auseinandersetzung mit der spezifischen Erfahrung, die der Mensch als Mensch in der Welt macht ... Die biblische Überlieferung erschließt sich unter der Frage nach der Bewältigung dieser Welterfahrung. Von daher verstehen sich alle positiven Aussagen in Sachen Schöpfung, Anthropologie, Christologie, Soteriologie und Eschatologie".[76] Implizit und explizit hat Luck diesen Ansatz bis heute durchgehalten.[77] "Das bedeutet aber, daß man das Alte Testament und seine Überlieferungen nicht einfach als Vorgeschichte ansehen kann. Die Reflexion der alttestamentlichen Grundproblematik muß ständig gegenwärtig sein". "Eine biblische Theologie des Neuen Testaments, die über die Apokalyptik", "aber auch über die hellenistisch-jüdische Literatur den Zugang zum Thema des alttestamentlich-jüdischen Überlieferungszusammenhangs findet, erfaßt damit die Grundfrage des Menschen".[78]

IV.

Seit der Diskussion um eine (Gesamt-) Biblische Theologie stand und steht notwendig die Frage an, welches Eigengewicht, welches theologische Proprium die Botschaft der neutestamentlichen Zeugen in Anspruch nehmen darf.[79] Es kann und soll nicht gesagt werden, daß unter denen, die wieder auf dem Weg zu einer Biblischen Theologie im erörterten Sinne sich befinden, diese Frage ganz ohne Belang wäre. Besonders H. Hübner hat sie differenziert aufgenommen und bewußt das Neue des Christusgeschehens in seinen Überlegungen bedacht. Auch nach 20jähriger Diskussion, die hier nicht noch einmal vorgestellt werden kann, ist erneut das Entscheidende als Frage, These und

---

Biblischen Theologie, in: K. Haacker u.a., Biblische Theologie heute (s. Anm. 32), S. 75 ff. Zur Diskussion auch H. Graf Reventlow, Hauptprobleme der Biblischen Theologie, s. Anm. 41, S. 157 f.

[76] So U. Luck, Welterfahrung und Glaube als Grundproblem biblischer Theologie, TEH 191, 1976, S. 15.

[77] Vgl. u.a. U. Luck, Weisheitsüberlieferungen vom Alten zum Neuen Testament, in: Biblische und außerbiblische Spruchweisheit, hrg. v. H.-J. Klimkeit, 1991, S. 7 ff; zuletzt ders., Das Evangelium nach Matthäus, ZüB 1, 1993. - Zu einer konkreten Fragestellung E. Brandenburger, Grundlinien des Friedensverständnisses im Neuen Testament, in: Wort und Dienst, N.F. 11, 1971, S. 21 ff.

[78] U. Luck, Der Weg zu einer Biblischen Theologie des Neuen Testaments (s. Anm. 31), S. 343 ff., hier: 344 f. 346.

[79] Vgl. den Überblick bei O. Merk, Art. Bibl. Theologie (s. Anm. 11), S. 471 f.; ders., VuF 33/1 (s. Anm. 30), S. 37 ff., worauf u.a. im folgenden Bezug genommen wird.

Herausforderung in das Bewußtsein zu rufen, daß nur vom neutestamentlichen Zeugnis her sich die alttestamentliche Botschaft erschließt. Daß Gott zuletzt in seinem Sohn geredet hat (Hebr 1,1 f.) und daß das Alte vergangen und eschatologisch Neues geworden ist (vgl. 2 Kor 5,17), bleiben Grundaussagen einer 'Theologie des Neuen Testaments', die ihrerseits im grundstürzend Neuen des Heilshandelns Gottes in Kreuz und Auferwekung seines in die Welt gesandten Sohnes ihren bleibenden Grund haben. Das Neue Testament bildet nicht lediglich einen wie immer gearteten Abschluß eines Traditionsprozesses vom Alten Testament her, was schon selbst, wenn dem so wäre, durch die Vielfalt der 'Theologien' innerhalb des Neuen Testaments gründlich in Frage gestellt wird.[80] Gottes barmherziges Eingreifen in diese Welt in seinem Sohn ist keine Ergänzung seines bisherigen Handelns, sondern neues und endgültiges, von dem her er uns sein Handeln seit eh und je bleibend biblisch erschließt. 'Neutestamentliche Theologie' erst ermöglicht 'Biblische Theologie'. Es geht dabei durchaus um den 'Alten Bund im Neuen',[81] was theologisch, christologisch, soteriologisch immer wieder neu zu durchdenken ist.[82] Dies schließt ein, daß "das Wissen um den qualifizierten Unterschied bzw. die qualitative Neuheit selbstverständlich keine Fundamentalopposition gegen das Alte Testament" ist. "Wie hätte es das auch sein können, wo doch die Selbigkeit Gottes, seiner Verheißung und Erwählung, seiner Gnade und seines Gerichts ganz unstreitig zum Glaubenswissen der neutestamentlichen Zeugen gehört".[83] Darauf zielen auch R. Smend und U. Luz mit ihrem Votum: "Eine 'biblische Theologie', die vom Proprium des Neuen Testaments ausgeht, nämlich von der "Christologie", "wird dies unbefangener würdigen können als eine solche, die, vom Alten Testament ausgehend, genötigt ist, die von dort ins Neue Testament führende Entwicklungslinie als die dominierende zu erweisen. Sie ist in der Lage, das Alte Testament sein zu lassen, was es ist - nicht zuletzt darum, weil ja das Neue Testament bleiben soll, was es ist... Erst wenn wir die Ferne der Testamente, die uns zwei Jahrhunderte kritischer Forschung

---

[80]   Das ist öfter in den letzten beiden Jahrzehnten betont worden; vgl. z.B. A.H.J. Gunneweg, Biblische Theologie (s. Anm. 31), S. 34 ff.

[81]   In Anlehnung an den Titel: E. Gräßer, Der Alte Bund im Neuen. Exegetische Studien zur Israelfrage im Neuen Testament, WUNT 35, 1985.

[82]   Vgl. z.B. U. Schnelle, Gerechtigkeit und Christusgegenwart. Vorpaulinische und paulinische Tauftheologie, GTA 24, [2]1986, S. 96 f. 200 Anm. 600 ff.; U. Luz, Paulinische Theologie als Biblische Theologie (s. Anm. 71), S. 121: "Für Paulus ist das Christusgeschehen der Schlüssel zur Bibel"; doch vgl. ebd., S. 141 ff.; M. Karrer, Der Gesalbte (s. Anm. 60), passim.

[83]   So E. Gräßer, s. Anm. 81, S. 131.

vor Augen geführt haben, rückhaltlos anerkennen, dürfen wir auch von ihrer Nähe reden".[84]

Nicht das Ergebnis einer (Gesamt-) Biblischen Theologie steht in der Bilanz gegenwärtiger Perspektiven im Raum, wohl aber der geschärfte Blick für eine 'Theologie des Neuen Testaments' und ihrer vom erfahrenen eschatologischen Heilshandeln Gottes her gesehenen 'biblischen' Grundlage. Das haben auch frühere Forscher deutlich betont, wobei nicht zuletzt noch einmal auf die in dieser Hinsicht so manches Mal verkannten Begründer der Disziplin ausdrücklich zu verweisen ist.

Sie haben durch ihre historisch-kritische Arbeit zugleich gesamtbiblische Verantwortung geweckt, die für uns - damals wie heute - nicht anders als in kritischer Theologie, im Hören auf das uns immer wieder fremde Wort Gottes in der Vielfalt der biblischen Zeugen, in deren Glaubens- wie Selbstverständnis zu haben ist. Es gilt, dieses Wort auch in seiner Vielfalt und deren Widersprüchlichkeit auszuhalten und auszulegen und darin Gottes endgültiges, heilschaffendes Handeln an dieser Welt zu bezeugen.

---

[84]   So R. Smend-U. Luz, Gesetz, Bibl. Konfrontationen. Kohlhammer Taschenbücher Bd. 1015, 1981, S. 142.

Aus (unveröffentlichten) Aufzeichnungen
Rudolf Bultmanns zur Synoptikerforschung

Das unverminderte Interesse an Rudolf Bultmanns Lebenswerk[1] hat in den letzten Jahren auch zur verstärkten Beachtung seiner wissenschaftlichen Anfänge geführt. *Martin Evang* hat dafür in seinem Werk »Rudolf Bultmann in seiner Frühzeit« eindrückliche Nachweisungen gegeben und mit Recht die Bedeutsamkeit der Forschungen des Marburger Privatdozenten und Breslauer Extraordinarius aufgedeckt und dies parallel dem »akademisch-theologische(n) Werdegang Rudolf Bultmanns bis in die beginnenden 1920er Jahre«[2] auch unter stärkerer Berücksichtigung unveröffentlichten Materials, vornehmlich des Tübinger Nachlaßbestandes, gezeigt. Ebenso erörtert *Gunnar Sinn*, wenn auch unter anderer Gesamtfragestellung, zentrale Aspekte der Frühzeit Bultmanns[3].

Da dieses Frühwerk nur aus vielen Einzelstücken zusammengesetzt in seiner Bedeutsamkeit erkannt werden kann[4] und da hier der nicht in Tübingen befindliche, verstreute Nachlaßbestand vielleicht noch Ergänzungen zu bisher Bekanntem zu bieten vermag, seien im folgenden einige Hinweise auf die Synoptiker betreffende Aufzeichnungen gegeben, die mir Rudolf Bultmann im September 1975 zur Betreuung und gegebenenfalls weiterer Auswertung übergab.

M. Evang selbst skizziert, daß Bultmann recht bald nach seiner Habilitation mit den Vorarbeiten zur »Geschichte der synoptischen Tradition« (1921) begonnen habe[5], und zeigt gerafft das Werden dieses Werkes, um dann aber festzuhalten:

---

1. Vgl. z. B. aus den letzten Jahren *B. Jaspert (Hg.)*: Rudolf Bultmanns Werk und Wirkung, Darmstadt 1984; *ders.*: Sackgassen im Streit mit Rudolf Bultmann. Hermeneutische Probleme der Bultmannrezeption in Theologie und Kirche, St. Ottilien 1985; *E. Jüngel*: Glauben und Verstehen. Zum Theologiebegriff Rudolf Bultmanns (SHAW. PH 1985/1), Heidelberg; s. im übrigen die Überblicke bei *H. Hübner*: Rückblick auf das Bultmann-Gedenkjahr 1984, in: ThLZ 110 (1985), Sp. 641-652; *W. Schmithals*: Zu Rudolf Bultmanns 100. Geburtstag, in: ThR 51 (1986), S. 79-91.
2. *M. Evang*: Rudolf Bultmann in seiner Frühzeit (BHTh 74), Tübingen 1988; dort die zitierte Überschrift des ersten Kapitels, S. 5.
3. *G. Sinn*: Interpretation und Konzeption der paulinischen Christologie in der Theologie Rudolf Bultmanns und deren Voraussetzungen in der Religionsgeschichtlichen Schule, Diss. theol. Erlangen 1987 (z. B. masch.schr. S. 152-186).
4. Wie auch M. Evang, a. a. O., S. 1f. u. ö. treffend feststellt; vgl. W. Schmithals, a. a. O., S. 80: »Der Nachlaß (kann) auch denen die überzeugende Persönlichkeit Bultmanns nahebringen, die ihn nicht persönlich gekannt haben, und die sich öffnenden Einblicke in die Ursprünge und Anfänge der Theologie Bultmanns werfen bezeichnende Lichter auch auf wesentliche Aspekte seines bekannten Werkes.«
5. M. Evang, a. a. O., S. 52f., 70ff.

»Leider kann ich im Rahmen dieser Untersuchung auf die Entstehungsgeschichte und den forschungsgeschichtlichen Rang dieses Buches nur ganz am Rande einge- hen.«[6] Letzteres ist auch hier nicht beabsichtigt, wohl aber soll auf den Bestand der genannten Aufzeichnungen insgesamt (I. Teil) verwiesen, sollen einige Anmerkun- gen zur Exegese des Lukasevangeliums (II. Teil) angeschlossen werden, um dann abschließend (III. Teil) aus unveröffentlichten Äußerungen die Aufgabe der Syn- optiker-Vorlesung aus der Sicht Bultmanns anhand einiger Zitate zu beleuchten.

I.

Das Gewicht der Exegese vom Beginn der wissenschaftlichen Arbeit Bultmanns an kann kaum bestritten werden[7]. Die 1984 erfolgte Veröffentlichung seiner Habilita- tionsschrift »Die Exegese des Theodor von Mopsuestia« aus dem Jahre 1912 bestä- tigt dies ebenso wie zahlreiche im ersten akademischen Jahrzehnt verfaßte Rezen- sionen und Unveröffentlichtes im Nachlaß[8].

Das ist auch im Hinblick auf Bultmanns Synoptiker-Forschung herauszustellen, denn seine eigene Einschätzung im Vorwort zur 1. Auflage der »Geschichte der synoptischen Tradition« sowie Anlage und Durchführung dieses Werkes lassen dies nicht auf den ersten Blick hervortreten: »Ich glaube es meiner Sache schuldig zu sein, zu betonen, daß mich der Zwang zu knapper Fassung oft auf ausführliche Begründung, ja mitunter auf Begründung überhaupt verzichten ließ, und daß ich hoffe, der Eindruck des Gesamtbildes ersetze bis zu einem gewissen Grade, was an Begründung im einzelnen oft fehlt.«[9]

Bultmanns hinterlassene handschriftliche Aufzeichungen aus dem Bereich der Synoptiker-Forschung[10] sind eine ›gewachsene‹ Größe. Einerseits ist die Vorberei- tung der »Geschichte der synoptischen Tradition« zu sehen, andererseits die not- wendige Lehrverpflichtung auch im Hinblick auf die damals klassische Vorlesung

6. M. Evang, a.a.O., S. 52.
7. Vgl. M. Evang, a.a.O., S. 176-248 (»Drittes Kapitel. Das Exegese-Verständnis des jungen Rudolf Bultmann in Grundzügen«); O. Merk: Die Apostelgeschichte im Frühwerk Rudolf Bultmanns, in: B. Jaspert (Hg.), a.a.O. (s. Anm. 1), S. 303 ff.; ders.: Zu Rudolf Bultmanns Auslegung des 1. Thessalo- nicherbriefes, in: E. Gräßer und O. Merk (Hg.): Glaube und Eschatologie (FS W.G. Kümmel), Tübin- gen 1985, S. 189 ff.; G. Sinn, a.a.O., S. 169 ff., 174 ff.
8. R. Bultmann: Die Exegese des Theodor von Mopsuestia (posthum hg. von H. Feld u. K. H. Schelkle), Stuttgart 1984 (dazu die wichtige Besprechung von B. Jaspert, RegBenSt [1985/86], 1988, S. 347 f.). Daß auch Bultmanns Predigten ein hohes Maß exegetischer Vorarbeit spiegeln, zeigt R. Bultmann: Das verkündigte Wort. Predigten – Andachten – Ansprachen 1906-1941, hg. von E. Gräßer und M. Evang, Tübingen 1984; vgl. auch M. Evang, a.a.O. (s. Anm. 2), S. 133 ff., und im übrigen o. Anm. 7.
9. R. Bultmann: Die Geschichte der synoptischen Tradition (FRLANT [NF 12] 29), Göttingen 1921, Vorwort (unnummeriert).
10. Für ihre Verwendung gilt erneut der Dank Frau Prof. Antje Bultmann-Lemke; im übrigen vgl. die Hinweise bei Merk, Apostelgeschichte (s. Anm. 7), S. 306 A 12, und ders., Bultmanns Auslegung (s. Anm. 7), S. 192 A 18.

»Erklärung der Synoptiker«, die Bultmann erstmals im Sommersemester 1918 in Breslau gehalten hat. Daß bereits in nicht näher gekennzeichneten Übungen und auch im Rahmen der Marburger Repetentenzeit synoptische Stoffe in stärkerem Maße von ihm herangezogen und bearbeitet wurden, läßt sich wahrscheinlich machen.

Steht diese Vorlesung vom Sommersemester 1918 unter der von Bultmann gegebenen Überschrift »Erklärung der Synoptiker«[11] und ist diese zunächst seitenmäßig numeriert, so ist dieses Manuskript nur ein Teilstück, das außer grundsätzlichen Hinweisen zur Synoptikervorlesung vornehmlich eine Auslegung der Bergpredigt bietet und in einem kürzeren Teil der Gleichnisforschung gewidmet ist. Dazu kommt, gesondert numeriert, die Erklärung zahlreicher Perikopen aus dem Markusevangelium, die äußerst stark überarbeitet ist und sowohl nachgetragene Seitenangaben aus der »Geschichte der synoptischen Tradition« (1. Aufl.) als auch ausführliche Ergänzungen aus und Auseinandersetzungen mit dem Werk von *M. Dibelius*, »Die Formgeschichte des Evangeliums« (1919), aufweist. Weitere Nachträge betreffen dann die Forschung der 1920er Jahre (besonders das Erscheinen des ›Strack-Billerbeck‹ [1922 ff.] führt zur Ausweitung der Anführung religionsgeschichtlich relevanter Belege). Ein dritter Bereich behandelt zentrale Perikopen aus dem Lukasevangelium (s. unten II).

Bultmann hat die Synoptikervorlesung auch nach Erscheinen der 2. Auflage der »Geschichte der synoptischen Tradition« (1931) ständig weiter ergänzt und offenbar nicht nur im Hinblick auf die von ihm selbst vorbereiteten Ergänzungshefte (seit 1957). Letzte Einfügungen lassen sich aus dem Jahr 1970 erkennen[12].

Bereits die Erstfassung der Vorlesung aus dem Sommer 1918 zeigt im Verlauf der Lehrveranstaltung erfolgte Zusätze, wie datierte Vorderseiten der rückseitig beschriebenen Blätter aus Frühjahr und Frühsommer 1918 und die Schrift erkennen lassen. Diese Erstfassung ist nicht das zur Vorlesung aufbereitete Buchmanuskript, sondern auf etwa 250 Blättern (einschließlich der eingelegten und kleineren Notizzettel) wird im Bereich der behandelten Perikopen die exegetische Basis gelegt, die in der Veröffentlichung so oft fehlende »Begründung« (vgl. das o. angeführte Vorwort), deren Quintessenz und formgeschichtlicher Ertrag in die »Geschichte der synoptischen Tradition« eingegangen ist. So verhält es sich auch mit den erweiterten Fassungen der Vorlesung. In einem allerdings erst im Jahre 1923 einsetzenden

---

11. So die Überschrift über das Vorlesungsmanuskript; im offiziellen Vorlesungsverzeichnis lautet die Lehrveranstaltung »Erklärung der synoptischen Evangelien (4 stdg.)«; vgl. M. Evang, a.a.O. (s. Anm. 2), S. 64.

12. Vgl. auch seine letzte diesbzgl. Veröffentlichung: *R. Bultmann*: Die Interpretation von Mk 4,3-9 seit Jülicher, in: *E. E. Ellis und E. Gräßer (Hg.)*: Jesus und Paulus (FS W. G. Kümmel), Göttingen 1975, S. 30-34. – Daß Bultmann für seine Manuskripte auch freie Rückseiten von Briefen, Umschlägen etc. verwandte, ist bekannt. So findet sich ein wichtiger Brief E. Lohmeyers aus dem Jahre 1933 über den Einbruch der ›Deutschen Christen‹ in Schlesien als Manuskriptblatt wie etwa Briefe von H. von Soden (1928), R. Asting (1935), Fr. Böhm (1941), P. Tillich (1950), G. H. Booober (1951), P. Vielhauer (1969).

Verzeichnis hat Bultmann sämtliche Perikopen aufgeführt, die er in der Synoptikervorlesung, die Auswahl erheblich variierend, behandelt hat. Seine Liste bietet die Perikopenaufstellung für die Synoptikervorlesungen in den Jahren 1923; 1928; 1933; 1935; 1937 und 1941[13]. Dabei zeigt sich, wie schon bei der ersten Synoptikervorlesung, daß in ganz überwiegendem Maße der Redestoff des synoptischen Materials berücksichtigt wird, erst in zweiter Linie zentrale Abschnitte, die Jesu Wirken in Wundern zeigen. In der Einführung der Erstfassung der Vorlesung (1918) wird unter »Methode der Erklärung« zugleich die beabsichtigte Abfolge des zu Behandelnden vorgestellt: »1. Reden bzw. Logien; dazu Gleichnisse aus den 3 Synoptikern; 2. Geschichten: a) Apophthegmata; b) Wundergeschichten; c) biographische Geschichten wie Leidensgeschichte; d) spätere Legenden; 3. Gesamtkomposition der Evangelien.«[14] Man erkennt bereits wesentlich den Aufbau der »Geschichte der synoptischen Tradition«. Die schon genannte, in der Vorlesung von 1918 im Vordergrund stehende Auslegung der Bergpredigt wird erst in den einschlägigen Vorlesungen der Jahre 1933; 1935; 1941 wieder besonders in die Erklärung einbezogen[15].

Dieser Bestand der Synoptiker-Aufzeichnungen ist allerdings zu ergänzen und im Detail für die »Geschichte der synoptischen Tradition« zu präzisieren. Denn Bultmann hat dem Manuskript seiner Synoptikervorlesung umfassende Materialsammlungen (einschließlich Literaturexzerpten) und Exegesen zum »Leben Jesu« von fast 200 Blättern, überwiegend doppelseitig beschrieben, beigeordnet, die nach Schrift und weiteren Kriterien vorwiegend auf Niederschrift in der Breslauer Zeit verweisen. Offensichtlich waren sie auch in Auswahl Vorlesungsmanuskript für die in Gießen im Sommersemester 1922 angezeigte Lehrveranstaltung »Leben Jesu« (2stdg.), und da das Manuskript auch forschungsgeschichtlich relevante Exzerpte enthält, auch für das im gleichen Semester stattgefundene Seminar »Probleme der Leben-Jesu-Forschung«[16]. Auch diese handschriftlichen Ausführungen sind in den 1920er und 1930er und gelegentlich noch in den 1940er Jahren ergänzt worden[17] und

---

13. Diese Auflistung findet sich auf zwei dem Bestand beiliegenden Blättern (eines eine datierte Breslauer Buchbinderrechnung vom 28. August 1920).

14. Skriptum »Erklärung der Synoptiker«, S. 2. Für diese Vorlesung ist implizit auch Bultmanns Beurteilung von J. Weiß: Literaturgeschichte des NT, in: RGG III, 1912, Sp. 2175 ff., zu beachten, wie sie in »Geschichte der synoptischen Tradition« (1921), S. 38 f., begegnet: »Die bisherigen Versuche einer Gliederung der Logien nach dem Gesichtspunkte der Form, wie der von J. Weiß (RGG III, Sp. 2176-78), scheinen mir trotz vieler guter Beobachtungen nicht durchschlagend zu sein.« Sowohl W. Schmithals: Johannes Weiß als Wegbereiter der Formgeschichte, in: ZThK 80 (1983), S. 389-410, hier: S. 408 f., als auch M. Evang, a. a. O. (Anm. 2), S. 52 f., sind hier zu ergänzen und in ihren Ausführungen zu differenzieren.

15. Vgl. auch R. Bultmann: Die Bergpredigt und das Recht des Staates (FuF 12), Berlin 1936, S. 101 f.; ders.: Rezension von H. Windisch, Der Sinn der Bergpredigt (1929), in: DLZ 50 (1929), Sp. 985-994. Überhaupt ist die Auslegung der Bergpredigt einschließlich der von Bultmann bedachten Auslegungs- und Wirkungsgeschichte und der damals neuen/neuesten Diskussion auch als Zeitdokument von erheblicher Relevanz.

16. Nachweise für diese Lehrveranstaltungen bei M. Evang, a. a. O. (s. Anm. 2), S. 94 f.

17. Letzte erkennbare Ergänzung auf der Rückseite eines vom 9. November 1946 datierten Schreibens;

durch kleinere Druckbeilagen (meist Rezensionen von *Bultmann, M. Dibelius, W. G. Kümmel* und *von Soden*) bereichert worden. Durch ein nachträglich beigefügtes Inhaltsverzeichnis wird der Aufbau klar erkennbar (und das Zurechtfinden im nur teilweise mit Seitenzahlen versehenen Manuskript erleichtert), aber es wird auch deutlich, daß Bultmann Umgestaltungen in der Anordnung vorgenommen hat[18]: »*Leben Jesu*«: »§ 1: Die Quellen, a) heidnische, b) jüdische, c) christliche« (zusätzlich als »Einleitung« bezeichnet); »§ 2: Bestreitung der Geschichtlichkeit Jesu«; »§ 3: Chronologie Jesu«; »§ 4: Heimat Jesu«. Die weiteren Paragraphen sind durch eine neue Überschrift gekennzeichnet: »*Das Berufsbewußtsein Jesu*«. »§ 5: Die jüdischen Messiasvorstellungen«; »§ 6: Moderne Auffassungen von (sic!) Messiasbewußtsein Jesu«; »§ 7: Wrede«[19]; »§ 8: Messiastitel in den synoptischen Evangelien«; »§ 9: Der Menschensohntitel«; »§ 10: Die Parusie- und Leidensweissagungen«; »§ 11: Das Messiasbekenntnis des Petrus«; »§ 12: Die Verklärung«; »§ 13: Die Taufe«; »§ 14: Die Versuchung«; »§ 15: Die Passion«; »§ 16: Die Ostergeschichten«; »§ 17: Die Entstehung des Messiasglaubens der Gemeinde«! »§ 18: Jesu prophetisches Selbstbewußtsein«; »§ 19: Jesus der Rabbi«.

II.

Bietet das skizzierte handschriftliche Material weithin die exegetische Basis für die beiden Hauptteile der »Geschichte der synoptischen Tradition« (1. Aufl.): »I. Die Überlieferung der Worte Jesu« und »II. Die Überlieferung des Erzählungsstoffes«[20], so soll mit einigen Randbemerkungen«zum noch nicht charakterisierten Bestand, der Ausführungen zum Lukasevangelium enthält, beispielhaft auch auf den verbliebenen Teil des Werkes verwiesen werden: »III. Die Redaktion des Traditionsstoffes«[21].

Gesondert vom vorgestellten Material und doch diesem beigefügt und – wie die angeführten Auflistungen zeigen – im festen Verbund mit der Gesamtvorlesung »Erklärung der Synoptiker« stehend, hat Bultmann auf 227 Blättern[22] Perikopen des Lukasevangeliums exegesiert. Die Einzelexegesen, ausnahmslos auf noch nicht

---

auch in diesen Aufzeichnungen sind vielfach freie Rückseiten von Briefen verwendet, u. a. der von *B. Jaspert (Hg.)*: Karl Barth – Rudolf Bultmann. Briefwechsel 1922-1966 (GA, Abt. V: Briefe, Bd. 1), Zürich 1971, S. 97 Anm. 3, genannte und gesuchte Brief K. Barths vom 23. November 1929.

18. Auf der Rückseite eines Schreibens vom »22.VII.27« notiert. Auf einzelnen Blättern hat Bultmann mehrfach Paragraphen-Nummern geändert und auch Umstellungen vorgenommen.

19. Ergänzend nachgetragen und die weiteren Paragraphen durch Überschreibung neu numeriert. Das Manuskript des »§ 7« liegt den Ausführungen nicht bei, wohl aber finden sich im Gesamtmanuskript zahlreiche, teilweise umfangreiche Ausführungen zu Wredes Schriften. In bezug auf die Forschungen von J. Weiß gilt Ähnliches.

20. 1. Aufl.: S. 4-129 und 129-193; 2. Aufl. (1931): S. 8-222 und 223-346.

21. 1. Aufl.: S. 194-225; 2. Aufl.: S. 347-400.

22. Die Blätter sind nicht durchgehend numeriert; jede behandelte Perikope weist eine eigene Zählung

anderweitig verwendeten Bogen niedergeschrieben, müssen nach Schrift und Papier in die frühe Marburger Privatdozentenzeit fallen[23]. Ist zunächst noch die Grammatik des ntl. Griechisch von *F. Blaß* verwendet, so werden unter der Abkürzung »BlD« die Paragraphen der 1913 erschienenen (ersten) Neuauflage von *A. Debrunner* nachgetragen. Im übrigen ist die Literaturanführung – wie auch später für Bultmann – charakteristisch knapp[24]: *Jülichers* Gleichniswerk, die Kommentare von *B. Weiß* und *J. Weiß*, vor allem *J. Wellhausens* Beiträge zu den Synoptikern werden häufiger genannt; weitere öfter herangezogene Autoren sind *W. Bousset, A. Merx* und *A. Deißmann*[25]. Religionsgeschichtliche Parallelen werden vielfach *J.J. Wettsteins* ›Novum Testamentum‹ (1751/52) entnommen; dazu erfolgen erstaunlich viele Hinweise auf Epiktet[26]. Ein weiterer Anhaltspunkt für die ungefähre Datierung ist die noch nicht benutzte Literatur: Zu Lk 16,19-31 wird erst später auf gesondertem ›Zettel‹ die Untersuchung von *H. Greßmann*, »Vom reichen Mann und armen Lazarus«, APAW.PH Nr. 7, 1918, erörtert; *E. Klostermann*, Das Lukasevangelium, HNT 5, 1919, ist noch nicht erschienen.

Folgende Abschnitte liegen vor: Lk 1,1-4; 2,1-20[27]; 3,1-20; 4,16-30; 5,1-11; 7,36-50; 10,25-37; 10,38-42; 14,7-11; 14,12-14; 14,16-24; 14,25-35; 15,1-10; 15,11-32; 16,1-13; 16,14.15; 16,16-18; 16,19-31; 17,1-2; 17,3-4; 17,5-6; 17,7-10; 17,11-19; 17,20-37. Es kann hier nicht die exegetische Einzelarbeit Bultmanns im Detail vorgeführt werden[28], und ebensowenig wäre es vertretbar, diese Exegesen an dem gegenwärtigen Stand der Lukasforschung messen zu wollen, wohl aber ist auf einige Charakteristika zu verweisen, da die angeführten Abschnitte weithin in ihrem exegetischen Resultat in der »Geschichte der synoptischen Tradition« aufgegriffen werden. Auch dieses Manuskript hat Bultmann ergänzt, in stärkerem Maße nicht

---

auf; zusätzliche 8 Blätter betreffen Fragen des synoptischen Vergleichs zwischen Mt/Lk (= Q) und beziehen sich auf die mt. Parallele (z.B. 4 Blätter auf den Vergleich Lk 16,16-18 mit Mt 11,12f.).

23. Es ist dieselbe Papierart verwendet wie für das Manuskript der Vorlesung »Erklärung der Pastoralbriefe« im Wintersemester 1913/14; vgl. zur Ansetzung dieser 2stdg. Vorlesung auch M. Evang, a.a.O. (s. Anm. 2), S. 39.

24. Skriptum »Erklärung der Synoptiker«, S. 1, findet sich eine Gesamtaufstellung der von Bultmann herangezogenen Kommentarliteratur zu den Synoptikern.

25. Z.B. *A. Jülicher:* Die Gleichnisreden Jesu I.II, Tübingen, 2. Aufl., 1910; *A. Merx:* Die vier kanonischen Evangelien nach ihrem ältesten bekannten Texte, Bd. II/2, Berlin 1905; *B. Weiß:* Die Evangelien des Markus und Lukas (KEK I,2.3), Göttingen, 9. Aufl. 1901; *J. Weiß:* Die drei älteren Evangelien, in: SNT, Göttingen 1906 (3. Aufl. 1917); *J. Wellhausen:* Das Evangelium Lucae übersetzt und erklärt, Berlin 1904; *ders.:* Einleitung in die drei ersten Evangelien, Berlin, 2. Aufl. 1911; *W. Bousset:* Die Religion des Judentums im neutestamentlichen Zeitalter (1903), 2. Aufl., Berlin 1906; *A. Deißmann:* Bibelstudien: Beiträge zumeist aus den Papyri und Inschriften zur Geschichte und Sprache, des Schrifttums und der Religion des hellenistischen Judentums und des Urchristentums, Marburg 1895.

26. Vgl. auch *R. Bultmann:* Das religiöse Moment in der ethischen Unterweisung des Epiktet und das Neue Testament, in: ZNW 13 (1912), S. 97-110, 177-191.

27. Lk 2,1-20 ist *hier* unvollständig (nur 5 Blätter umfassend), das entsprechende Skriptum aus »Leben Jesu« (s.o.) ist zur Ergänzung heranzuziehen.

28. Einzelne Zitate bei O. Merk, Apostelgeschichte (s. Anm. 7), S. 312 Anm. 25.

auf den ursprünglichen Seiten, sondern auf beigefügten Blättern zur Synoptikervorlesung in kleinerem Format (meist zerschnittene Briefumschläge verwendend und
in einem Wachstuchhüllenumschlag gesammelt).

Was die Exegese zum Lukasevangelium exemplarisch für Bultmanns Synoptiker-
forschung auszeichnet, ist dieses:

1. Bultmann selbst macht in einer Rezension 1925 auf einen wichtigen Sachverhalt aufmerksam: »Es mußte zunächst mit den bekannten Größen gerechnet werden, soweit es ging; vor der Lösung des synoptischen Problems konnte man sich
nicht auf das X der vorsynoptischen Tradition einlassen, und wo man es doch tat,
geriet man in Phantasien.«[29] D. h., Bultmann geht von der Zweiquellentheorie aus,
hier im wesentlichen von *H. J. Holtzmanns* Nachweisen[30]. Auf die literarkritischen
Überlegungen folgt die Einzelexegese, Vers für Vers den Duktus einer Perikope
erfassend. Man kann von einem »Primat« der Einzelexegese sprechen[31], denn dieser exegetische Befund ist Basis für die dann vorgenommene und in der »Geschichte
der synoptischen Tradition« (1. Aufl.) aufgezeigte formgeschichtliche Analyse und
Einordnung.

2. »Ich habe in meinem Buche versucht, die Tendenzen der Tradition an ihrer
Entwicklung in der durch die vorliegenden Quellen erkennbaren Strecke aufzuweisen, um durch Rückschlüsse den Weg hinter die Quellen zu gewinnen; dazu dient
mir die Formgeschichte.«[32] Das ist möglich, nachdem exegetisch die »Nachweise
von Redaktion und Kombinationsarbeit diskutiert« sind[33]. So gewiß auf diese Fragestellung für die Bearbeitung des Markus- und Matthäusevangeliums in der »Geschichte der synoptischen Tradition« eingegangen wird[34], in dieser Hinsicht kann
Bultmann erhebliche Nachweise gerade im Lukasevangelium beibringen, und möglicherweise ist er – aber hier nur als Mutmaßung zu äußern – von der diesbezüglichen Bearbeitung des Lk[35] zu seinen grundlegenden Einsichten bei Mk/Mt gekommen. Nicht nur der ›Reisebericht‹ wird insgesamt als ›lukanische‹ Komposition
erhoben, auch in Einzelperikopen wird eine solche sichtbar (etwa Lk 7,36-50)[36].

29. *R. Bultmann:* Rezension von E. Fascher, Die formgeschichtliche Methode (1924), in: ThLZ 50 (1925),
Sp. 313-318 (Zitat Sp. 313); sachlich entsprechend Skriptum »Erklärung der Synoptiker«, S. 1 u. ö.

30. Skriptum »Erklärung der Synoptiker«, S. 1, mit Verweis auf *H. J. Holtzmann:* Die Synoptiker (HC I,1),
Tübingen, 3. Aufl. 1901 (vgl. dort, ohne daß Bultmann mit Seitenzahlen darauf Bezug nimmt, S. 1-20;
zu Lk ebd., S. 18ff.: »Schriftstellerischer Charakter und Komposition des Lukas«).

31. Vgl. *R. Bultmann* rückblickend: »Die Charakteristik meiner Arbeiten, die er [sc. Dinkler] in seiner
Einleitung gibt, betont mit Recht, daß es mir entscheidend daran gelegen hat, die Einheit von Exegese
und Theologie zu erstreben, und zwar in der Weise, daß der Exegese der Primat zukommt«, in: *ders.:*
Exegetica. Aufsätze zur Erforschung des Neuen Testaments, hg. von E. Dinkler, Tübingen 1967
(»Vorwort des Verfassers«). Dem entspricht, daß Bultmann fast den gesamten synoptischen Stoff in
Einzelexegesen behandelt hat, wie die nachgelassenen Manuskripte zeigen.

32. R. Bultmann (Anm. 29), Sp. 316.

33. R. Bultmann (Anm. 29), Sp. 316.

34. 1. Aufl.: S. 200ff., bes. S. 204ff., 214ff.

35. 1. Aufl.: S. 219ff.

36. Skriptum »Lukas« (Lk 7,36-50, S. 1-15).

Das Thema ›arm und reich‹ wie auch die Auseinandersetzung mit den ›Pharisäern‹ ist durch Komposition und Redaktion der ursprünglichen Einzelüberlieferung des Stoffes rahmend und gestaltend aufgeprägt worden. In Lk 15 erweist sich das ganze Kapitel als Komposition, wofür der Verf. des dritten Evangeliums die Einführung in 15,1-3 gebildet hat; auch 15,7 und 10 gehen auf seine Redaktion zurück[37], und exegetisch ergibt sich für Bultmann, daß der Parabel vom ›verlorenen Sohn‹ in ursprünglicher Fassung allein die Verse 15,11-24 zugrunde liegen[38].

»Welchen Sinn aber hat die Erzählung für den weiter denkenden Zuhörer?

Nach Lk gibt sie wie die Gleichnisse V. 4-10 die Antwort auf das Murren der Pharisäer: wie ein menschlicher Vater sich herzlich freut über die Umkehr eines verlorenen Sohnes, und seine Freude keine Ungerechtigkeit ist; vielmehr das Murren des korrekten Bruders Unrecht ist, so handelt auch Jesus recht, wenn er sich der Verworfenen annimmt, und die murrenden Pharisäer haben Unrecht.

In den Zusammenhang von Kap. 15,1-10 paßt [V.] 11-32 also unter diesem Gesichtspunkt ausgezeichnet und zu 15,1-3 fast noch besser als 15,4-10, da in [V.] 11-32 ausdrücklich der Murrende zurückgewiesen wird. Aber doch entstehen Schwierigkeiten.

1. Zu den Gleichnissen 15,4-10 paßt 15,11-32 nicht genau. In ihnen ist überhaupt vom Interesse am Verlorenen die Rede, das sich im Suchen und in der Freude am Finden äußert. Das Suchen fehlt in 15,11-32 ganz. Statt dessen enthält 15,11-32 eine Schilderung der Schuld und Umkehr, die in 15,4-10 fehlt. – Außerdem stehen 15,4-10 und [V.] 11-32 auf einer etwas anderen Stufe. Die Schafe und Groschen spielen nur in der Bildhälfte, nicht in der Anwendung eine Rolle. 15,11-32 ist also in dem Zusammenhang 15,4-10 kaum ursprünglich. 2. Wird 15,11-32 dem Zusammenhang 15,1-10 angepaßt, so wird es wesentlich apologetisch verstanden und der Ton ruht auf der 2. Hälfte V. 25-32. Es scheint aber der 1. Teil V. 11-24 durchaus gleichwertig zu sein. In ihm ist nur davon die Rede, daß ein bußfertiger Sünder herzliche Aufnahme findet. Eine polemische Spitze fehlt, die Adresse richtet sich nicht gegen außerhalb stehende Murrende, sondern gegen den Verlorenen selbst. Es fragt sich also [,] ob das Gleichnis einheitlich ist, oder ob [V.] 25-32 ursprünglich nicht zu V. 11-24 gehört hat und ihm erst nachträglich angehängt ist, um den Anschluß an 15,1-10 herzustellen. V. 25-32 kann nicht V. 11-24 untergeordnet werden als Beschreibung der Liebe des Vaters, sondern V. 25-32 ist eine Verteidigung, bei der der Blick und Ton von V. 11-24 sich ändert. Ebensowenig kann [V.] 11-24 den VV. 25-32 untergeordnet sein; dazu ist die Schilderung in [V.] 11-24 viel zu ausführlich und warm.

Das Gleichnis 15,11-32 zerfällt also in 2 Teile, von denen nur [V.] 11-24 ursprünglich ist. Und zwar ist der Sinn von 15,11-24: wie ein menschlicher Vater

---

37. Vielleicht sogar Lk 15,8f. späterer Zusatz (Skriptum »Lukas« [Lk 15,1-10, S. 6ff.]); eindeutiger in ders.: Geschichte (s. Anm. 9), 1. Aufl., S. 122.

38. Skriptum »Lukas« (Lk 15,11-32, S. 1ff.).

seinen verlorenen und reuigen Sohn mit offenen Armen und herzlicher Freude aufnimmt, so nimmt auch Gott den bußfertigen Sünder an. Gottes Sünderliebe wird also verdeutlicht. Denn daß es sich um Gott handelt, ist selbstverständlich. Das Verhältnis des Kindes zu Gott ist ausschlaggebend; dies zu verdeutlichen, darauf kam es an. Das Verhältnis zu seiner Person war nur insoweit von Wichtigkeit, als es das Verhältnis zu Gott ermöglichte.«[39]

Daß die exegetischen Ergebnisse zu Lk 15 unmittelbar in die »Geschichte der synoptischen Tradition« eingegangen sind, ist leicht zu sehen[40].

Zu Lk 16,19-31 wird festgehalten:»V. 27-31 haben also eine völlig andere Pointe als V. 19-25. Sie stammen von einem späteren Christen und sind an V. 19-25 resp. [V.] 26 angehängt.«[41]

Sicher ist mancher Hinweis auch schon in der vorangegangenen Forschungsliteratur zu finden, aber Bultmann zieht die Konsequenzen: Exegetisch wird begründet, was hinsichtlich der »Redaktion des Traditionsstoffes« für »das Lukas-Evangelium« zu erheben ist[42].

3. Auffallend ist, wie stark in den Exegesen aus dem Lk für Bultmann der »Hörer«/ »Zuhörer« in den Blick tritt, der sich angesichts des »Gehörten« zu entscheiden habe. »An ihm«, Jesus, »entscheidet sich das Geschick«[43]. Nicht nur gelegentliche Bemerkungen lassen bereits den ›Bultmann‹ des Jesus-Buches (1926) erkennen[44].

III.

Welche Aufgabe hat die Synoptikervorlesung? Bultmann hat den stets ergänzten Fassungen eine ebenfalls mehrfach überarbeitete Einführung in diese Vorlesung gegeben, deren Letztgestalt in die dreißiger Jahre weist[45]: »*Gesichtspunkte der Synoptiker-Lektüre und -Interpretation*«.

»[1.] Die Synoptiker *erzählen*, erstatten Bericht über Jesu Leben und Lehre. Da sie keine Dichtung sind und sein wollen (cf Homer, Vergil), wollen sie offenbar den Leser zu dem Berichteten führen, zu der *Geschichte*[,] von der sie berichten.

---

39. Skriptum »Lukas« (Lk 15,11-32, S. 12-14); theologisch weitgreifende, umfassende Ergänzungen finden sich in Nachträgen aus der Mitte der 1920er Jahre (mit weiteren Ergänzungen zwischen ca. 1930-1948) zu dieser »Parabel«.

40. 1. Aufl.: S. 32, 122, 199, 203 (vgl. auch S. 121, 204, 219, 224), zu Lk 15,11-32 bes. S. 108f., 113f., 117, 123.

41. Skriptum »Lukas« (Lk 16,19-31, S. 15); vgl. ders.: Geschichte (s. Anm. 9), 1. Aufl., S. 111, 120.

42. Geschichte (s. Anm. 9), 1. Aufl., S. 219ff.; vgl. in weiter gefaßtem Sinne auch M. Evang, a. a. O. (s. Anm. 2), S. 204ff.

43. Skriptum »Lukas« (Lk 14,7-11, S. 10f.).

44. *R. Bultmann:* Jesus (Die Unsterblichen. Die geistigen Heroen der Menschheit in ihrem Leben und Wirken, Bd. 1), Berlin 1926.

45. Zunächst als S. (2)a in das Skriptum »Erklärung der Synoptiker« von 1918 eingefügt, dann weitere nicht mehr numerierte Blätter in Fortsetzung der genannten Seite.

Ihre Interpretation hätte also nach historisch-kritischer Methode zu erfolgen, und sie hätte zum Ziel die Rekonstruktion des Lebens und der Lehre Jesu. Natürlich berichten die Synoptiker mit bestimmter *Tendenz*, geben die Geschichte in bestimmter Sicht, in bestimmter *Interpretation*[46]. Der Historiker, der sie liest, hat diese Tendenz nur ins Auge zu fassen, um von ihr zu abstrahieren, wenn er die Geschichte Jesu rekonstruieren will; er hat das Geschichtsbild gerade in eigener, neutraler Sicht zu sehen. Oder aber er interessiert sich für die Tendenz der Synoptiker, indem diese ihm nicht als Quellen für die Geschichte dienen, von der sie berichteten, sondern als Quellen für ihre *eigene* Zeit (F. C. Baur).

Nun beansprucht freilich die Tendenz der Synoptiker, nicht als zeitgeschichtliches Phänomen des 1./2. Jahrhunderts wahrgenommen zu werden, sondern aktuell zu sein für jede Gegenwart. Und dieser ihr Anspruch wird von der Kirche jederzeit vertreten. Die Synoptiker sind *Evangelien*; ihr Inhalt ist *Verkündigung*[47]. Die Exegese kann freilich nicht diese Verkündigung als solche reproduzieren, sondern hat sie zu verstehen und verständlich zu machen; die Exegese ist keine Bewegung des Glaubens, sondern hat, indem sie die Tendenz der Synoptiker verständlich macht, vor die Frage des Glaubens zu führen. Sie hat die eigentümliche Doppelaufgabe, die Synoptiker – nach ihrer eigenen Anweisung – als Quellen für die Geschichte Jesu zu verstehen, und diese Geschichte in ihrer Interpretation zu verstehen[48].

2. Verhältnis der 3 Texte[49]. Zweck der Erklärung [ist] nicht die Feststellung des literarischen Verhältnisses, Begründung oder Bestätigung einer Quellentheorie, sondern Verständnis der Texte selbst. Freilich kann die Erklärung nicht die Augen verschließen vor der Parallelität der Texte und nicht den einen erklären, als seien die anderen nicht da. Ihr Verhältnis ist zunächst ungeklärt; wenn nun etwa der eine vom andern abhängig ist, so ist der andere zum Verständnis des einen nicht zu entbehren. Und wenn man schon zum Verständnis alter Literatur, das

---

46. Mit Bleistift am Rande parallel hinzugefügt (ohne genau die Einfügungsstelle zu markieren): »Wiederum nicht so, als wollten sie die Geschichte berichten, so daß der Historiker gerade von ihrer Sicht abstrahieren könnte und müßte, um die Geschichte in eigenem Verständnis zu sehen. Sondern ihre Absicht ist gerade die, die erzählte Geschichte in ihrer Bedeutsamkeit als Heilsgeschichte zu erzählen.« (Zur ›technischen‹ Durchführung auch längerer Einfügungen ist zu erwähnen, daß Bultmann größere Bogen nur halbseitig zu beschreiben pflegte, um genügend Platz für Ergänzungen zu haben.)

47. Ebenfalls mit Bleistift parallel ohne nähere Kennzeichnung am Rand verzeichnet: »Und zwar verkünden sie ein Stück Geschichte; ihre Tendenz ist gerade, die Geschichte Jesu in einer bestimmten Sicht zu vermitteln. Die Exegese muß also nach beidem fragen, nach der Geschichte und nach ihrer Deutung. Nach *beidem*, denn frägt sie nur nach der Interpretation, so wäre Gegenstand der Exegese die Geschichtsphilosophie oder Geschichtstheologie der Evangelisten, und die Geschichte Jesu wäre als Mythos verstanden.«

48. Am Rande mit Tinte vermerkt: »cf. Robert Henry *Lightfoot*, History and Interpretation in the Gospel, 1934.«

49. Am Rande: »Joh. Jak. *Griesbach* in der Vorrede zu seiner Ausgabe des NT 1774: man müsse eine σύνοψις der 3 Evangelien für die Exegese herstellen (›Synopse‹ also die die Art der Betrachtung, nicht ihr Gegenstand [σύνοψις = Übersicht, συνοπτός = übersehbar, συνοπτικός = übersehend]).«

durch ihre Fremdheit erschwert ist, alles Mögliche andere aus der Umgebung heranzieht, so doch erst recht die parallelen Texte. Also ist die Klärung der Quellenverhältnisse nicht Zweck, aber Voraussetzung.

3. Verhältnis der Evangelien zur Vorgeschichte. Die Evangelien berichten über das Wirken Jesu, also über vergangene Geschichte; und zwar nicht jeder Evangelist aus seinem Miterleben dieser Geschichte, sondern auf Grund der *Tradition*, die sich schon gebildet hat, und zwar so, daß Mt und Lk einen Teil dieser Tradition in der Form des Mk übernehmen, anderes aus der Traditions-Sammlung Q, anderes aus unkontrollierbaren Quellen. Aber auch dem Mk geht schon ein Stück Traditionsgeschichte voraus. Die *traditions-* bzw. *formgeschichtliche Untersuchung* sucht diesen *Prozeß der Tradition*sbildung zu erhellen und auf seinen Ursprung zurückzuführen. Ihr sicheres Ergebnis ist, daß die Tradition ursprünglich aus Einzelstücken bestand, die in der mündlichen Überlieferung geformt und überliefert wurden. Möglichst deutliche Erkenntnis der Vorgeschichte der Tradition ist Voraussetzung für die Erklärung der Evangelien[50].

4. Die Aufgabe der Exegese. Was ist das eigentliche Ziel der Erklärung? Die Erkenntnis der Vorgeschichte oder das Verständnis der Evangelien als solches? Das erste würde bedeuten, die Evangelien als *Quellen* [zu] betrachten. Was ihnen eigentümlich ist, ihre Anschauungen und schriftstellerischen Eigentümlichkeiten nur zu dem Zweck zu erkennen, um sie vom tradierten Stoff zu subtrahieren, ihn in möglichst ursprünglicher Form zu erkennen und aus seinem Ursprung zu verstehen und so zurückzugelangen zum historischen Jesus. Das Ziel wäre also die historische Rekonstruktion des geschichtlichen Jesus, seines Lebens und seiner Verkündigung.

Von dem, was die Evangelisten wollen, wäre damit abgesehen; denn sie wollen nicht Geschichte schreiben, sondern das Evangelium verkündigen; d.h. sie reproduzieren nicht einfach Jesu Leben und die Verkündigung Jesu, sondern verkündigen ihn selbst als gegenwärtigen und zukünftigen König, jedoch so, daß sie in diese Christus-Verkündigung[51] sein Leben und seine eigene Verkündigung einbeziehen.

Damit 2 Probleme: (1) in welchem Sinn gehört das Leben Jesu in die Verkündigung?, (2) in welchem Sinn gehört die Verkündigung Jesu in die Verkündigung?

---

50. Bultmann kann auch bei eindeutigem Primat der Einzelexegese in den hinterlassenen Manuskripten so formulieren, um in äußerster Verdichtung und verkürzender Konzentrierung zu betonen, daß die Erklärung der Synoptiker ohne das in der »Geschichte der synoptischen Tradition« aufgezeigte und ausgewiesene methodische Vorgehen nicht zu bewältigen ist; vgl. auch Skriptum »Erklärung der Synoptiker«, S. 1 (Rückseite), und das dort (ohne Numerierung) beigefügte Blatt »Zur formgeschichtlichen Methode« (auf datiertem Schreiben vom 19. März 1935); weitere methodische Hinweise u.a. bei *R. Bultmann* (Anm. 29), Sp. 313ff.; *ders.: Urchristliche Religion* (1915-1925), in: ARW 24 (1926), S. 83-164, bes. S. 118ff.; *ders.:* Rezension von L. Köhler, Das formgeschichtliche Problem des Neuen Testamentes (1927), in: ThLZ 52 (1927), Sp. 578-580; *ders.: Geschichte* (s. Anm. 9), 2. Aufl. 1931, S. 1-8.
51. Bultmann schrieb abgekürzt »Xρ-Verkündigung«.

Damit ist das eigentümliche *Problem der doppelten Verkündigung* gegeben[52]: die Verkündigung Jesu, die Christus-Verkündigung der Gemeinde. Was ist die eigentliche christliche Verkündigung? Ist es Jesu eigene Verkündigung?, ist es die Botschaft der Kirche, die den Verkündiger selbst verkündigt? cf die populäre Formulierung: gehört Jesus in das Evangelium oder nicht?

Was ist damit geschehen, daß der Verkündiger in der Gemeinde alsbald zum Verkündigten wurde? ist es sachgemäß oder ist es eine Verfälschung seiner Absicht? Ist das, was er sagte, einfach wiederholbar? ist es in bloßer Wiederholung noch das Gleiche wie als er es selbst sagte? oder gehört zu dem von ihm Gesprochenen er selbst als der Sprecher hinzu? Ist es sachgemäß, ihn in die Verkündigung einzubeziehen?

Das Problem wird vollends deutlich im Blick auf Paulus und Johannes, die auf die Wiederholung der Verkündigung des historischen Jesus überhaupt verzichten und einfach ihn verkündigen, bzw. ihn sich selbst verkündigen lassen. Daß diese Christus-Verkündigung die eigentliche christliche Botschaft sei, ist jedenfalls die Meinung der Kirche bis in die neue Zeit. Ist das richtig, so entsteht angesichts der Synoptiker die Frage: welchen Sinn die Wiederholung seiner Verkündigung überhaupt hat, bzw. welchen Charakter sie gewinnt, wenn im Grunde nicht er in sie einbezogen ist, sondern sie in die Verkündigung seiner einbezogen ist.

Damit sind die Fragen für die Exegese gewonnen, die nicht vorher entschieden werden dürfen. Die Exegese wird allerdings zurückgehen auf die Verkündigung des geschichtlichen Jesus; aber nicht so, als ob ihre Rekonstruktion das eigentliche Ziel wäre, sondern um zu fragen, wie diese Verkündigung in die Christus-Verkündung, die die eigentliche Absicht des Evangelisten ist, aufgenommen ist.«

Auf der Rückseite zweier datierter Rechnungsbelege[53] schließt Bultmann eine grundsätzliche Bemerkung an, die wohl für die Synoptikervorlesung 1933 niedergeschrieben wurde:

»Bezugnahme auf kirchliche Situation naheliegend, jedoch abgewiesen. Nicht weil verboten! Leicht kann die Situation kommen, in der kein Verbot eine Äußerung zur kirchlichen Lage hindern kann. Vielmehr um den eigentümlichen Charakter unserer Arbeit nicht zu gefährden.«

---

52. Am Rande Verweis auf M. Luthers Galaterbriefvorlesungen mit Zitaten aus: Luthers Vorlesung über den Galaterbrief 1516/17, hg. von H. von Schubert (AHAW.PH 1918/5), S. 36 Z. 4 ff., und WA 40, I, S. 568 Z. 9 ff.

53. Marburger Rechnungsbelege vom 1. 2. 1932 und Juni 1932. Vgl. in ähnliche Richtung weisend *R. Bultmann*: Zur Frage der Reform des theologischen Studiums, Montag-Morgenblatt der Frankfurter Zeitung vom 2. Januar 1933, S. 6, Sp. 1-3 (vgl. *ders.*: Glauben und Verstehen, Bd. II, 5. Aufl., Tübingen 1968, S. 294 ff., bes. S. 295 ff.); *ders.*: Die Aufgabe der Theologie in der gegenwärtigen Situation, in: ThBl 12 (1933), Sp. 161-166.

Unsere wissenschaftliche Arbeit hat bei aller Motivierung für die Kirche und aller Abzweckung für die Kirche keinen *direkten* kirchlichen Charakter, sondern ist Arbeit der Wissenschaft. Die *indirekte* Bedeutung dieser wissenschaftlichen Arbeit wird sich von selbst oft genug bezeugen.

Das Eigentümliche unserer Arbeit ist die *Vorbereitung* auf die direkte kirchliche Arbeit. Wir arbeiten nicht an anderen, sondern für uns selbst, damit wir dereinst auch an anderen arbeiten können. Wir suchen eigenen Besitz, um dereinst verschenken zu können. Wir fragen nicht: wie legen wir die Schrift aus in Kirche und Schule, sondern wie verstehen wir selbst. Nicht: wie missionieren wir, wie beantworten wir zweifelnde Fragen, wie bekämpfen wir falsche Lehren draußen in der Welt, sondern: wie beantworten wir zweifelnde Fragen, bekämpfen wir falsche Meinungen bei uns selbst; nicht: wie zeigen wir anderen einen Weg, sondern wie finden wir selbst unseren Weg. Diese Vorbereitung mag von der größten Leidenschaft für die Kirche und gerade für die Aufgabe der Kirche in der Gegenwart getragen sein, – ja sie muß es! Aber je mehr sie es ist, desto mehr bedarf es auch der Selbstzucht, der ruhigen Besinnung, die sich, um für die Aktualität reif zu werden, der Aktualität vorläufig für eine Weile verschließt. Ich habe stets die ungeduldige Frage abgewehrt: was kann ich mit dem, was wir hier treiben, anfangen? – nämlich später in der Praxis. Die Praxis wird wie der morgende Tag für sich selber sorgen, – nämlich dann, wenn ich am heutigen Tag mit vollem Ernst nichts getrieben habe als Theorie.

Ob und wieweit Sie außerhalb des Hörsaals in Ihrem studentischen Leben Anlaß und Pflicht haben, sich am aktuellen kirchlichen Leben zu beteiligen, – das ist damit nicht entschieden. Der Schwerpunkt des akademischen Lebens sollte freilich in der Arbeit des Hörsaals und der damit verbundenen eigenen Arbeit liegen.

Ich meine das Gleiche, was K. Barth in Theologische Existenz heute! [1933] sagte: wir treiben unsere Arbeit im Hörsaal, ›als wäre nichts geschehen‹, – und nach allem, was K. Barth seitdem gesagt und getan hat, ist ja wohl kein Mißverständnis dieses Satzes möglich, als schlösse er die leidenschaftliche Teilnahme an allem aus, was geschehen ist und geschieht. Aber gerade diese Teilnahme fordert die strenge Disziplin in der theologischen Arbeit. Nur diese Beschränkung auf diese theologische Arbeit kann uns das Recht geben, dann ein direktes Wort zur kirchlichen Lage zu sagen, wann und wo es sein muß.«

Auch die Synoptikerforschung Rudolf Bultmanns in ihrem unerbittlichen Ringen um die exegetische Arbeit ist dafür ein beredtes existentielles Zeugnis.

JUDENTUM UND CHRISTENTUM BEI LEO BAECK*

Als am 2. November 1956 *Leo Baeck* in London starb, waren sich Juden und Christen in unserem Lande, in Europa und in der Welt dessen bewußt, daß mit diesem Mentor des deutschen Judentums eine bewegende und kaum zu bewältigende Epoche zu Ende gegangen ist.

Wenn wir heute seines 100. Geburtstages gedenken, so läßt es sich nicht verhehlen: Es ist still um ihn geworden. Wie Baeck nach übereinstimmender Auskunft derer, die ihn kannten, von selbstloser Bescheidenheit und vornehmer Hintanstellung seiner eigenen Person war, so scheint er heute ein weithin Vergessener zu sein, und es bleibt abzuwarten, ob das heutige Jubiläum dazu beiträgt, ihn wieder für einen größeren Kreis bedeutsam werden zu lassen. Zwar wurde noch zu seinen Lebzeiten das Leo Baeck-Institut in New York gegründet und Zweigniederlassungen in London und anderswo, zwar erscheinen Jahr für Jahr das Jahrbuch und das Bulletin des Leo Baeck-Instituts, aber außer einigen Nachdrucken von Einzelschriften ist am Ende der sechziger Jahre nur eine kleinere Biographie in englischer Sprache erschienen, die jetzt wesentlich erweitert in deutscher Fassung zum 100. Geburtstag vorgelegt wurde[1]. Eine Gesamtausgabe seiner Werke fehlt bis heute.

Unter den verschiedenen Möglichkeiten, des vielseitigen und vielschichtigen Lebenswerkes Leo Baecks gerecht zu werden, möchte ich die unerledigte und stets neu zu behandelnde Bezugsbestimmung von Judentum und Christentum zueinander herausgreifen, da diese Leben und Denken Leo Baecks tief geprägt hat.

Von dieser Frage zu sprechen heißt auch, auf das Leben dieses Mannes an einigen Stellen einzugehen, denn diese Fragestellung ist keine nur theoretisch-akademische, sondern ist ihm im wahren Sinn des Wortes eine Lebensfrage geworden. Doch soll heute insgesamt die anstehende Sachfrage vor dem curriculum vitae stehen.

Leo Baeck wurde am 23. Mai 1873 in Lissa bei Posen geboren, in jener Stadt, die 250 Jahre zuvor zur Lebens- und Schicksalsstadt des Johann Amos Comenius geworden war. So wundert es nicht, wenn Baeck ihn – den praeceptor humanitatis –

---

* Gedenkvortrag anläßlich des 100. Geburtstages von Leo Baeck in der „Gesellschaft für christlich-jüdische Zusammenarbeit" am 23. Mai 1973 in Marburg/Lahn (vgl.: Allgemeine jüdische Wochenzeitung XXVIII. Jhrg., Nr. 25 vom 22. Juni 1973, S. 9). – Die für eine breitere Öffentlichkeit bestimmten Ausführungen wurden leicht gekürzt und im Hinblick auf den Umfang des Einzelbeitrags in dieser Festschrift nur um die wichtigsten Quellen- und Literaturhinweise vermehrt.

[1] A. H. Friedlander, *Leo Baeck – Teacher of Theresienstadt*, 1968; ders., *Leo Baeck. Leben und Lehre,* 1973 (Zitate und Hinweise im folgenden nach dieser Ausgabe).

als seinen geistigen Ahnherrn bezeichnet und wenn er ihm wesentliche Gesichtspunkte seines eigenen Denkens zuschreibt. Vor allem sein Verständnis des Protestantismus war von früher Jugend an von diesem mährischen Reformierten geprägt. Der Einfluß des Calvinismus in Lissa war die Form des Protestantismus, die Baeck von Kindheit an vertraut war. Er selbst weist darauf hin, welchen Beitrag für sein eigenes Verständnis des Humanum es bedeutet habe, daß sein Vater, der Rabbiner des Städtchens, mit seiner Familie im Hause des reformierten Pfarrers von Lissa wohnte[2].

Aber noch ein weiterer, mit seiner Geburtsstadt verbundener und für Baecks geistigen Weg bestimmender Gesichtspunkt ist zu nennen, den Baeck wenige Tage vor seinem Tode schriftlich niedergelegt hat: Er stammt aus dem „Posener Lande, in welchem damals Ost und West einander unmittelbar ins Auge blickten"[3]. Durch die Grenzstadt Lissa wurden ihm politische und religiöse Probleme gegenwärtig, die ihn sein Leben lang beschäftigt haben, besonders die Probleme des Ost- und Westjudentums als des religiös *einen* Volkes, das seine jüdische Existenz auch bei der Gefahr äußeren Auseinanderfallens zu bewahren habe.

Die vielfältigen Verflechtungen eines reichen Lebens nehmen in Lissa ihren Ausgang: So der Besuch des humanistischen Gymnasiums[4] mit seinen drei Sprachen: Latein, Griechisch, Hebräisch, die nach Baeck die Grundlage der Kultur sind und die die Voraussetzung darstellen, jüdisches Denken und jüdische Existenz in den Spannungen deutschen und europäischen Denkens zu bewältigen.

Nicht Episoden, sondern Grundlagen seines Lebens sind damit berührt, deren Gehalt der 17jährige von 1891 an in das Studium auf dem jüdischen Seminar zu Breslau einbringt. Das Breslauer Seminar, streng traditionsgebunden und die „Wissenschaft des Judentums" im Sinne eines einseitigen Historismus lehrend, war trotz der Begegnung mit Heinrich Graetz, dem bedeutenden Erforscher jüdischer Geschichte, nicht das, was Baeck zusagte[5].

Schon durch sein Elternhaus einem mehr liberalen Judentum verbunden, ging er 1894 nach Berlin an das dortige jüdische Seminar, doch ohne „den Geist(e) von Breslau" – das ist eine entscheidende methodische Einsicht für sein späteres Werk – aufzugeben: nämlich die „Notwendigkeit, von den Traditionen jüdischer Erfahrung auszugehen"[6]. Aber was Baeck in Breslau störte, war, daß die historische Erforschung der Traditionen über die Theologie des Judentums gestellt wurde. Der junge Baeck erahnte bereits einen Zusammenhang von Tradition und Theologie, von Geschichte und Leben zu einer sinnvollen Daseinsgestaltung und Daseinsbewältigung, ohne schon die Lösung selbst zu kennen.

Es kann darum gesagt werden: Das Wichtigste der Berliner Jahre war trotz hervorragender Ausbildung im jüdischen Seminar nicht das Theologiestudium, sondern das freie Studium an der Berliner Universität. Denn hier fand er seinen entscheidenden Lehrer: *Wilhelm Dilthey.*

---

[2] Vgl. L. Bäck (sic!), *Spinozas erste Einwirkungen auf Deutschland,* Diss. phil. Berlin 1895, (ohne Numerierung, S. 92) „Vita"; A. H. Friedlander, a. a. O., S. 24 ff.

[3] Vgl. L. Baeck, *Dieses Volk. Jüdische Existenz II,* 1957, S. 281.

[4] Vgl. L. Baeck, s. Anm. 2.

[5] Vgl. neben A. H. Friedlander, a. a. O., S. 27 ff, die späte Würdigung der Großen des Breslauer Seminars durch L. Baeck, s. Anm. 3, S. 281 ff.

[6] Treffend erkannt von A. H. Friedlander, a. a. O., S. 28.

Diltheys *Einleitung in die Geisteswissenschaften*[7] erschloß Baeck, Strukturzu-sammenhänge des Lebens zu sehen, und darin wurde ihm eine neue „Dimension des Verständnisses" in „der Begegnung mit der Vergangenheit" eröffnet. Dilthey legte das Gewicht darauf, Gesamtzusammenhänge in einer analytischen und zugleich be-schreibend verstehenden Psychologie aufzudecken und durch diese Methode das Wesen der Geschehnisse, weniger aber deren isolierte Einzelzüge zu deuten. Diese Lehre des Verstehens, die in der Fachsprache als die Hermeneutik Diltheys bezeich-net wird, macht sich Baeck zu eigen.

Er greift sie auf, um nun seinerseits die innere Struktur des jüdischen Menschen und seines Glaubens zu deuten. Seine beiden Hauptwerke: Das *Wesen des Juden-tums* und *Dieses Volk. Jüdische Existenz* beruhen methodisch auf Diltheys Ein-sichten: Mit Hilfe einer beschreibenden und zergliedernden Psychologie, wie sie geistesverwandt und doch letztlich ihr entgegengesetzt in der psychologischen Er-forschung der Natur angewandt wurde, werden die „religiösen Lehren" durchleuch-tet, wobei Baeck nicht bei der Glaubenslehre bzw. den Glaubenslehren des Juden-tums einsetzt, sondern er arbeitet heraus, daß und „wie der Glaube aus einer Sorge um den Sinn des Lebens" erwächst. Es ist – gewiß leicht vergröbernd, aber viel-leicht dadurch auch einsichtiger –, wenn man sagt: es ist eine durchaus existentiale Interpretation, die Baeck in der Umsetzung und Anwendung der Hermeneutik Dil-theys zur Deutung jüdischer Existenz führt[8].

Diltheys Lehre des Verstehens ermöglicht es Baeck, sowohl das Wesen der Tradi-tionen einer überreichen, bewegten Geschichte seines Volkes zu erfassen, als auch – und das ist noch gewichtiger für ihn – dieses Wesen sachgemäß im eigenen Leben und d.h. für ihn, im tätigen Dasein für andere existentiell zu bewähren. So kann Baeck in einem späteren Rückblick äußern, was für ihn seit seiner Begegnung mit Dilthey bestimmend gewesen ist: „Der Rabbiner muß ein Mensch jüdischer Le-bensform sein". Und er erläutert diese Feststellung dahingehend, daß der moderne Rabbiner, für den er sich selbst zeitlebens gehalten hat, die Wesensmerkmale der Tradition, aus der er kommt, in das eigene Leben umsetzt: „Der neue Rabbiner be-deutet nicht modischer Rabbiner. Seine Predigten müssen Teil seines Lebens sein. Der Rabbiner muß das jüdische Leben leben, und dann wieder nicht nur Predigten und Vorträge halten, sondern er wird sich selbst geben"[9].

Die kritische Erforschung des Lebenswerkes Leo Baecks führt dahin, daß die wenigen Jahre des Studiums bei Dilthey Baecks Gesamtverständnis des Judentums geprägt haben. Seine eigene Konzeption für die Erfassung des jüdischen Denkens und Lebens war in methodischer Hinsicht abgeschlossen, als für Baeck nach Abschluß

---

[7] *Einleitung in die Geisteswissenschaften. Versuch einer Grundlegung für das Studium der Gesellschaft und der Geschichte*, Ges. Schr. I, [5]1962 (Erstausgabe 1883).
[8] Vgl. zu dieser notgedrungen verkürzten Darstellung A. Altmann, *Theology in Twen-tieth Century German Jewry*, Publications of the Leo Baeck Institute of Jews from Germany, Year Book 1 (1956) 200ff, 228ff; A.H.Friedlander, a.a.O., S. 31ff (jedoch wird der existen-tielle Bezug im Hinblick auf L.Baeck unterschätzt); zu Dilthey selbst vgl.: G.Misch, in: W.Dilthey, *Die geistige Welt. Einleitung in die Philosophie des Lebens I. Abhandlungen zur Grundlegung der Geisteswissenschaften*, Ges. Schr. V; O.F.Bollnow, *Dilthey. Eine Einführung in seine Philosophie*, [3]1967, bes. S. 167ff; ders., *Die Methode der Geistes-wissenschaften*, Mainzer Univ. Reden 16/17, 1950, S. 6ff, 12ff, 17ff.
[9] So L.Baeck in einem mir nicht zugänglichen Vortrag (zitiert nach A.H.Friedlander, a.a.O., S. 28).

seiner Dissertation über Spinoza, die er unter Diltheys Anleitung schrieb[10], das Lehrer-Schüler-Verhältnis ein Ende fand und Baeck als gestandener Rabbiner Berlin 1897 verließ.

Aber nicht nur für das Verständnis des Judentums, sondern auch für sein Verständnis des Christentums verdankt Baeck wesentliche Gesichtspunkte seinem Lehrer Dilthey. Besonders dessen Verständnis der Reformation und ihrer Nachwirkungen hatte schon in der *Einleitung in die Geisteswissenschaften* und in *Weltanschauung und Analyse des Menschen seit Renaissance und Reformation* darin beredten Ausdruck gefunden, daß Dilthey im Protestantismus der reformatorischen Bewegung einen übersteigerten Dogmatismus sah, was später Baecks Kritik am Christentum und seiner dagegenstehenden These eines dogmenlosen Judentums erheblich beeinflussen sollte. – Und auch darin ist Baeck Dilthey gefolgt, daß dieser Calvin und dem Calvinismus den Vorzug gibt mit der Begründung: Hier werde über die dogmatischen Fesseln das soziale und ethische Denken gestellt und in den Lebensvollzug einbezogen. Erfahrungen aus seinem Elternhaus und seiner Geburtsstadt fand hier Baeck bei Dilthey bestätigt[11].

Als Baeck im Jahre 1897 Rabbiner der liberalen Gemeinde zu Oppeln in Schlesien wurde, waren die Grundzüge seines Denkens voll ausgeprägt, die für sein ganzes weiteres Leben bestimmend waren. Aber es wäre falsch anzunehmen, daß Baeck sich nun mit dem einmal Erkannten als bleibendem Besitz begnügt hätte. Baeck ist stets und ständig ein Lernender, neu Aufnehmender gewesen. Und wenn er in seinem letzten Werk: *Dieses Volk. Jüdische Existenz II* (1957) wieder ganz bei Dilthey steht, dann deshalb, weil sich die von ihm empfangenen Einsichten in seinem eigenen, ungewöhnlich bewegten und unter dauerndem Verantwortungsstreß stehenden Leben in Oppeln, Düsseldorf, Berlin und schließlich Theresienstadt als Verstehenshilfe für jüdische Existenzbewältigung bewährt haben.

Die erste und zugleich grundlegende Präzisierung[12] des Verhältnisses Judentum und Christentum in der Sicht Leo Baecks wurde durch einen äußeren Anlaß gegeben: Im Winter-Semester der Jahrhundertwende hielt *Adolf Harnack* in Berlin seine nachmals weltbekannt gewordenen Vorlesungen für Hörer aller Fakultäten über *Das Wesen des Christentums*[13].

Harnack unternahm es, in diesen Vorlesungen, um nur den zentralen Punkt für Baecks Auseinandersetzung mit Harnack hervorzuheben, den liberalen Protestantismus darzustellen. Dabei kommt das Wesen des Protestantismus in zwei Sachverhalten der Lehre Jesu zur Geltung: Sie sind gegeben in der Vaterschaft Gottes und in dem Brudersein der Menschen untereinander. Diese beiden Gesichtspunkte werden in der Weise in den Mittelpunkt gerückt, daß Harnack die alttestamentlich-jüdische Vergangenheit wie das christliche Denken späterer Jahrhunderte nahezu

[10] Siehe Anm. 2.

[11] Vgl. W. Dilthey, *Einleitung in die Geisteswissenschaften*, S. 351 ff, 356 ff (passim); ders., *Weltanschauung und Analyse des Menschen seit Renaissance und Reformation*, ⁶1960, S. 211 ff, 228 ff (Erstausgabe 1895).

[12] Bereits L. Baecks Dissertation zeigt eine eingehende Kenntnis der Theologiegeschichte u. a. unter Bezugnahme auf W. Dilthey, *Das Leben Schleiermachers I*, 1870, und A. Harnack, *Lehrbuch der Dogmengeschichte I*, ²1888.

[13] A. Harnack, *Das Wesen des Christentums*, 1900 (= „Neuauflage zum fünfzigsten Jahrestag des ersten Erscheinens mit einem Geleitwort von Rudolf Bultmann", 1950 [danach zitiert]).

vollständig als nicht belangvoll ausspart, um auf diese Weise den Zeiten über-
dauernden Jesus nur um so eindrücklicher ins Licht zu stellen. Damit aber wird das
von Harnack gezeichnete Evangelium aus seinem Überlieferungszusammenhang gerissen. Das wußte der Historiker Harnack natürlich auch, doch die Berechtigung
dieses Schrittes war durch die von ihm aufgestellte These gegeben, daß sowohl die
alttestamentliche-jüdische Seite wie die spätere Entwicklung der Dogmen nur eine
Überfremdung des reinen Evangeliums darstellen. Im *Wesen des Christentums* ist,
wie heute allgemein in der theologischen Forschung anerkannt wird, die systematisch-
durchdachte Konsequenz des Harnackschen dogmengeschichtlichen Ansatzes dargestellt und auf das Leben übertragen.

Diesem Anliegen zu genügen, mußte folglich dieses reine Evangelium dargestellt
werden, das die zentrale Stellung Jesu in ihrer Bedeutung für die religiöse Entwicklung der Menschheit zeigt und die, worauf es Harnack ankommt, ohne Substanz-
verlust in eine andere, nämlich in seine eigene Zeit der liberalen Theologie um die
Jahrhundertwende transponiert werden konnte[14].

In der dritten Vorlesung fallen in diesem Zusammenhang besonders kritische
Worte, mit denen Harnack den Gegensatz zwischen Jesus und seinen jüdischen
Zeitgenossen herausstellt. Er zeichnet dort ein Bild von den Pharisäern und den
„offiziellen Führern" des jüdischen Volkes insgesamt, abschließend mit der Bemerkung: „Sie hatten aus der Religion ein irdisches Gewerbe gemacht – es gab
nichts abscheulicheres –, (Jesus) verkündete den lebendigen Gott und den Adel der
Seele"[15].

In dieser Bemerkung ist der äußere Anlaß und Einstieg dafür gegeben, daß ein
unbekannter Rabbiner es wagte, einer anerkannten wissenschaftlichen Autorität
zu widersprechen: In der „Monatsschrift für Geschichte und Wissenschaft des Judentums" 45 (1901) 97–120 gibt er eine eingehende Kritik der im Jahr zuvor im
Buchhandel erschienenen Vorlesungen Harnacks. Seine in polemischer Sachlichkeit – auch das gibt es – vorgetragene Kritik ist mehr als eine Rezension, sie ist ein
eigener Entwurf, der darauf zielt, in der Kritik am Christentum das Wesen des Judentums herauszuarbeiten.

In Deutlichkeit weist Baeck nach, daß Harnack Jesus und seine Umwelt, ja, daß
er Jesus als Mann seiner Zeit überhaupt mißverstanden hat. Baeck weist weiter
nach – was er Jahrzehnte später noch einmal in einer kleinen Monographie behandelt –, daß Harnack die Pharisäer in einem durchaus landläufigen Sinne verkennt[16].
Was Baeck später in bekannt gewordene Worte gefaßt hat, ist bereits in der Kritik
an Harnack zur Sprache gekommen: Das „Pharisäertum" „ist der großartige Versuch…, die Religion ganz zur Religion des Lebens zu machen, des Lebens des Einzelnen und der Gesamtheit, damit die Religion nicht nur neben dem Menschen,
neben der Gemeinschaft, neben dem Staate hergehe. Mit dem Gedanken der Heilig-

---

[14] Vgl. auch A. Schweitzer, *Geschichte der Leben-Jesu Forschung*, ²1913, S. 246: „In
seinem ‚Wesen des Christentums' läßt Harnack die zeitgeschichtliche Bedingtheit der Lehre
Jesu fast ganz zurücktreten und geht nur auf ein Evangelium aus, mit dem er ohne Schwierigkeit bis ins Jahr 1899 kommt". „Das Widerhistorisch-Gewalttätige dieses Verfahrens"
wird deshalb von Schweitzer deutlich der Kritik unterzogen (ebd.).
[15] A.a.O., S. 31.
[16] Vgl. MGWJ 45 (1901) 99, 101f, 105ff, 108–113, 116, 118: Den „Mutterboden der Persönlichkeit Jesu hat Harnack nicht in den Blick genommen".

keit ist hier Ernst gemacht worden, unbedingter Ernst ... mit der Forderung, in der
die Pharisäer ihre Aufgabe und ihr Recht fanden: ,ihr sollt euch heiligen und heilig
sein' ... Der heroische Versuch ist hier unternommen worden, dem Gottesreiche
den Boden zu bereiten. Der Name gehört einer Vergangenheit an" – darin können sich Harnack und Baeck durchaus treffen –, aber: was der Name „in seinem
Gebote ... enthält" und „bezeichnen wollte, ist ideale Wirklichkeit geblieben"[17].
Die zahlreichen Einzelheiten der Kritik, die durchaus auch von anderen Kritikern
Harnacks gesehen wurden, sind hier nicht anzuführen[18].

Aber zwei Sachverhalte müssen genannt werden: 1. Das Besondere dieser Auseinandersetzung mit Harnack besteht darin, daß sich in ihr Baeck erstmals als ein
Repräsentant des liberalen Judentums ausweist. Denn Baeck sieht sich in seiner
Gegendarstellung dazu veranlaßt, nicht nur das Christentum, sondern Jesus selbst
und seine Botschaft gegenüber dem Vertreter protestantisch-theologischer Wissenschaft in Schutz zu nehmen[19]. Baeck läßt sich durchaus auf den Nachvollzug der
Fragestellung Harnacks ein, um ihn dann bei dessen ureigenem Anliegen, dem der
historisch-kritischen Methode und dem durch diese Methode gewonnenen theo-
logie- und geistesgeschichtlichen Ansatz seiner Ausführungen, zu behaften. Um so
niederschmetternder mußte darum sein Urteil lauten: Es ist aus Harnacks Vorträgen, „die eine vortreffliche apologetische Schrift hätten sein können, ... eine
sehr angreifbare historische Skizze geworden. Der Titel, der ,meine Religion' und
,mein Christentum' hätte heißen sollen, stellt ungenauerweise ,das Wesen des
Christentums' als Inhalt hin. Hierin besteht die Atopie (sic!) des Buches"[20].

2. Der zweite Sachverhalt ergibt sich aus dem bereits Ausgeführten. Die Kritik
an Harnack ist offensichtlich deshalb so eingehend begründet und führt unter anderem auch deshalb zu einem Gegenentwurf, weil Baeck in Harnack einen Geistesverwandten vermutet hatte. Wenn man aus dem Abstand von nun immerhin über
70 Jahren seit jener Auseinandersetzung die Position des Kirchenhistorikers auf der
einen und die des Rabbiners auf der anderen Seite überdenkt, so zeigen sich erstaunliche Parallelen in den allgemeinen Voraussetzungen ihres Denkens. Beide
nämlich treffen sich in dem, worin sie die Aufgabe der Religion, ihre Bedeutung im
alltäglichen Leben und ihre Verwirklichung ganz allgemein im Leben der Menschheit sehen. Beide betonen eine enge Verknüpfung von „Religion und Humanität"

---

[17] So L.Baeck, *Die Pharisäer,* in ders., *Paulus, die Pharisäer und das Neue Testament,*
1961, S. 90; vgl. ebd. S. 50.
[18] Vgl. statt vieler Einzelhinweise: W.Bousset, *Das Wesen des Christentums,* ThR 4
(1901) 89ff; H. von Soden, Art. *A.v.Harnack,* RGG², II (1928) 1635; R.Bultmann, s. Anm.
13, S. VIIff; A.Schweitzer, s. Anm. 14, S. 237, 246, 325. Die sehr umfangreiche zweite Besprechung von Harnacks Vorlesungen in MGWJ 46 (1902) und 47 (1903) von J.Eschel-
bacher ist in der weiteren Forschung kaum beachtet worden.
[19] Das hat nicht zuletzt von A.H.Friedlander, a.a.O., S. 70ff, 139 Baeck den Vorwurf eingebracht, er habe noch zu unbefangen und „ganz im Geiste des neunzehnten Jahrhunderts"
(S. 139) das Verhältnis von Judentum und Christentum bestimmt; vgl. auch L.Baeck,
MGWJ 45 (1901) 119: „fern liegt es zumal dem jüdischen Theologen, eine Religion, die
eine gewaltige weltgeschichtliche Sendung erfüllt hat und noch erfüllt, einen Glauben, der
die Gemüter von Millionen beseligt, getröstet und aufgerichtet hat, etwa nicht anzuerkennen oder gar zu verletzen und herabzusetzen. Auch der jüdische Theologe wird es für
ein gutes, edles Werk halten, dass ein Christ eine Apologie, eine Verherrlichungsschrift für
seine Religion schreibt".
[20] So L.Baeck, MGWJ 45 (1901) 100; vgl. ebd. S. 97ff, 119f.

und sehen in der Verwirklichung dieser Verbindung „das eigentliche Ziel der Menschheit"[21].

Es muß jedoch wenigstens erwähnt werden, daß die Ähnlichkeit der Voraussetzungen in sehr verschiedenen Wurzeln ihren Ursprung hat. Kann für beide noch in einem weiteren Rahmen die neukantianische Philosophie im letzten Jahrzehnt des 19. Jahrhunderts und besonders um die Jahrhundertwende als gemeinsame Voraussetzung genannt werden, so trennen sich doch bereits hier die Wege, wenn man geistesgeschichtlich Ahnenforschung betreibt: Für Harnack wird man den Einfluß des bedeutenden Systematikers Albrecht Ritschl nicht verkennen dürfen[22], für Baeck aber tritt für sein Verständnis des liberalen Judentums, dessen Position er in der Kritik an Harnack entfaltet, neben Dilthey[23] das Denken Hermann Cohens.

So ähnlich Begriffe und Vorstellungen eines liberalen Denkens bei beiden Zeitgenossen auch sind, die Verschiedenartigkeit wird offenkundig, wenn wir das bleibende und weiterführende Ergebnis der Auseinandersetzung Harnack-Baeck in den Blick nehmen: Wenige Jahre nach der genannten Rezension hat Baeck seinen Gegenentwurf in ausgeführter Fassung vorgelegt und den Titel sehr bewußt gesetzt: Dem *Wesen des Christentums* stellt er sein: *Das Wesen des Judentums* gegenüber. Seine Kritik an Harnack ist, wie wir heute mit Recht sagen müssen, zur klassisch gewordenen Darstellung des liberalen Judentums gereift. Dieses Werk, 1905 erstmals erschienen und in späteren Auflagen erweitert und präzisiert, zeigt die Unterschiede zu Harnack und deckt die Verschiedenartigkeit der beiden auf den ersten Blick so gemeinsam scheinenden Traditionen auf. Vor allem aber zeigt dieses Werk, daß Baeck an der implizit geführten Auseinandersetzung mit dem Christentum das jüdische Selbstverständnis aufzeigt[24].

Wieder scheint es mir sinnvoll, einige Gesichtspunkte herauszugreifen: a) Baeck gelingt es, das Sachgespräch zwischen Judentum und Christentum als bleibend notwendige Grundlage für die Selbstfindung des Judentums wie des Christentums herauszustellen[25]. Er legt dabei das Gewicht darauf, nichts verwischen zu wollen. Der Christ ist nicht Jude dem Glauben nach, und der Jude ist kein Christ, aber beide finden jeweils am anderen und durch den anderen zum Wesen der eigenen Religionsgemeinschaft, sofern *ein* Sachverhalt unverrückt feststeht: Christentum wie Kirche können sich nur dann treu bleiben und ihre vielfältigen Aufgaben in der Kirche und in der Welt erfüllen, wenn sie ihrer jüdischen Vergangenheit und damit ihrem jüdischen Erbe treu bleiben. Eine Christenheit, die diese Grundlage vergißt, entwurzelt sich selbst, wenn sie die „hebräische Wurzel", „der sie ihr Dasein verdankt",

---

[21] Vgl. die Nachweise bei H. Liebeschütz, *Judentum und Religionsgeschichte in Leo Baecks Werk*, in: *Worte des Gedenkens für Leo Baeck*, hg. v. E. G. Reichmann, 1959, S. 105 ff, bes. 107 (Zitat).

[22] Wie L. Baeck treffend herausgearbeitet hat: MGWJ 45 (1901) 99 u. ö.; vgl. auch H. Liebeschütz, s. Anm. 21, S. 107 (Lit.).

[23] Hierin mag die in vieler Hinsicht erstaunliche Parallelität in der Beurteilung von Harnacks Vorlesungen bei L. Baeck und (Jahrzehnte später) bei R. Bultmann (s. Anm. 13) begründet sein.

[24] Dieses Hauptwerk L. Baecks ist in neuerer Zeit mehrfach gewürdigt worden: vgl. z. B. H. Liebeschütz, s. Anm. 21, S. 105 ff; K. H. Rengstorf, *Leo Baeck als Theologe und im theologischen Gespräch*, in: *Worte des Gedenkens für Leo Baeck*, a. a. O., S. 128 ff; A. H. Friedlander, a. a. O., S. 75–106.

[25] Vgl. zum Folgenden L. Baeck, *Das Wesen des Judentums*, [2]1922, S. 46 ff, 50, 124, 225, 233, 240, 263 ff, 267 f, 273 f, 279 ff, 287 f (abgekürzt im folgenden: *Wesen*[2]).

preisgibt. Damit aber verliert die Christenheit „ihren geschichtlichen Charakter und ihr geschichtliches Bewußtsein"[26].

b) Trotz der gleichen Grundlage von Judentum und Christentum liegt der entscheidende Unterschied darin, daß das Christentum in einer Person, in Jesus Christus, den Mittelpunkt des Neuen Testamentes wie natürlich des christlichen Glaubens überhaupt sieht. Das Judentum aber vermag nicht die Einzigartigkeit eines einzelnen Propheten zu betonen, es vermag darum auch nicht, in Jesus den letzten der Propheten zu sehen und ihn als solchen anzuerkennen. In der jüdischen Tradition – so Baeck – gibt es keinen Meister, der zusammenfassend für das Ganze steht. Denn das Ganze, die Tradition, besteht in der Kette der Tradition, in der Generationenabfolge, in die eingeschlossen der Einzelne zu Gott hingeführt wird[27].

c) Da nicht der einzelne Prophet und der einzelne Lehrer maßgebend ist, kann es nach Baeck im Judentum nicht das zu dogmatischer Verbindlichkeit erhobene Wort des Meisters geben. Baecks bekannte, aber sehr umstrittene These, es gebe im Judentum keine Dogmen, hat hier ihren Ursprung[28]. Genau genommen ist es die Antithese zu Harnacks Verständnis des Evangeliums[29]. Denn Harnack behauptete, die Rückgewinnung des reinen Evangeliums geschieht in der durch die Reformatoren eingeleiteten Befreiung des Evangeliums von allem ihm Fremden, das durch die dogmengeschichtliche Entfremdung wie durch das Alte Testament ihm zugekommen war. Damit aber hatte Harnack unversehens das von ihm als rein postulierte Evangelium selbst zum Dogma erhoben und aus diesem Evangelium = Dogma Konsequenzen für seine eigene Zeit des Liberalismus gezogen. Baeck erkannte, daß Harnacks Darstellung letzthin die Folge einer – wie er meint – für das Christentum typischen Fehlentwicklung sei: Das Christentum sei nämlich auf Dogmen aufgebaut, während das Judentum seinem Wesen nach keine Dogmen habe. Die Kontinuität der Tradition schließe im Judentum die Dogmenbildung aus. Das ist zunächst sehr pointiert gegen Harnack gesagt. Es zielt darauf zu zeigen, daß die genannte Fehlentwicklung im Christentum gar nicht hätte aufkommen können, wenn das Evangelium in seinen Traditionen, nämlich in seiner Verbindung zum Alten Testament gesehen worden wäre[30].

Aber Baecks These ist noch umfassender zu sehen: Es gibt keine Erlösung, die im Fürwahrhalten von Glaubenssätzen sich kundtut, es gibt keinen Besitzstand religiöser Kenntnisse im Judentum. Und daran knüpft Baeck das für ihn Entscheidende: Selbstverständlich kennt das Judentum religiöse Prinzipien, die für jeden Juden unaufgebbar sind. Aber nicht deren theoretische Anerkenntnis, sondern deren Übersetzung in das Leben, in die Praxis macht das Wesen des Judentums aus[31].

---

[26] Vgl. zu Letzterem auch K.H.Rengstorf, s. Anm. 24, S. 129 (Zitat).

[27] Vgl. L.Baeck, *Wesen*², S. 247, 263 ff, 300 u.ö.

[28] Vgl. L.Baeck, *Wesen*², S. 1 ff, 5 ff, 263 ff u.ö.

[29] Vgl. auch H.Liebeschütz, s. Anm. 21, S. 109, und L.Baeck, *Hat das überlieferte Judentum Dogmen?* (1926), in: ders., *Aus drei Jahrtausenden. Wissenschaftliche Untersuchungen und Abhandlungen zur Geschichte des jüdischen Glaubens*. Mit einer Einführung von H.Liebeschütz, 1958, S. 12–27.

[30] L.Baecks spätere Bemerkung in: *Hat das überlieferte Judentum Dogmen?*, S. 25: „So ist das Dogma etwas spezifisch Christlich-Kirchliches. Aber nicht nur historisch, sondern wesentlich. Das Dogma gehört der Kirche als solcher zu...", ist nur die Zusammenfassung dessen, was in seiner Dissertation (s. Anm. 2) bereits angedeutet ist und in *Das Wesen des Judentums* implizit behandelt wird.

[31] Vgl. z.B. L.Baeck, *Wesen*², S. 1, 12, 39, 42, 51 ff, 105, 131, 185, 193 f, 218, 283, 289.

Damit bringt Baeck einen existentiellen Bezug in seine Deutung des Wesens des Judentums, wie ihn auf anderer Ebene und für einen anderen Bereich Wilhelm Dilthey hinsichtlich des Wesens der Philosophie als auch für die Erforschung der Geistesgeschichte überhaupt aufgezeigt hat.

Daraus ergibt sich: Die Entstehung des Werkes *Das Wesen des Judentums* hat ihren äußeren Anlaß in der Auseinandersetzung mit Harnacks *Wesen des Christentums*. In seinen geistesgeschichtlich bedeutsamsten Partien ist es Wilhelm Dilthey verpflichtet[32].

Ein letzter Gesichtspunkt ist in diesem Zusammenhang hervorzuheben, der für das innerjüdische Gespräch von Bedeutung werden sollte: Baeck leugnet strikt, daß es eine Entwicklung im Judentum gebe[33]. Daß auch hier zumindest mittelbar eine Entgegnung auf Harnack vorliegt, der eine Entwicklung im Christentum stark betont hatte, ist sicher, ist aber für Baeck nicht der ausschlaggebende Gesichtspunkt. Zur Begründung führt er vielmehr an: In keiner der geistigen Perioden des Judentums habe es den Willen zur Kodifikation im Sinne dogmatisch-verbindlicher Festschreibung gegeben. Entwicklung setzt Baeck mit Dogmenbildung gleich, und so ist es nicht verwunderlich, wenn er ohne Abstriche die Dieselbigkeit der Tradition in der Abfolge der Traditionen in den Generationen betont. Man hat zutreffend von der „Gleichförmigkeit" in Baecks Sicht der jüdischen Geschichte gesprochen[34]. Aber diese Gleichförmigkeit meint nicht orthodoxe Gesetzestreue, wie überhaupt Baecks Anschauung nicht mit Anschauungen des orthodoxen Judentums verwechselt werden wollen. Hier meldet sich vielmehr der liberale Rabbiner zu Wort, der in dieser Gleichförmigkeit, in der die bruch- und nahtlose Dieselbigkeit der Tradition sich manifestiert, die existentiell zu bewältigende Vergegenwärtigung der Tradition fordert. Es gibt keine Entwicklung, aber es gibt die in jeder Generation neu ins Leben zu übersetzende Unaufgebbarkeit und Wirklichkeit der Tradition. Damit hatte Baeck einen Weg gewiesen, das Wesen des Judentums gegenwartsnah und nie veraltend existentiell zu verwirklichen, ohne Abstriche und Umformungen der Überlieferungen vorzunehmen.

Daß hier eine unter dem Einfluß Diltheys stehende Konstruktion vorliegt, wird man mit einiger Wahrscheinlichkeit behaupten dürfen, daß diese Konstruktion durch das jüdisch-christliche Gespräch herausgefordert wurde, darf als sicher gelten. Daß aber diese Konstruktion dem Judentum nur bedingt gerecht wird, muß wenigstens konstatiert werden. Kein Geringerer als Franz Rosenzweig hat stellvertretend für die gesamte innerjüdische Auseinandersetzung mit Baeck in dieser Frage betont, daß das Judentum sehr wohl Dogmen kenne, aber keine Dogmatik aufzuweisen habe. Und Leo Baeck selbst hat in einem wichtigen Aufsatz mit dem Titel: *Hat das überlieferte Judentum Dogmen?* (1926) keineswegs alle kritischen Anfragen seiner jüdischen Glaubensbrüder entkräften können. Insbesondere seine These: Wo andere von Dogmen im Judentum sprechen, handle es sich um „volkstümliche

---

[32] Vgl. auch A.H. Friedlander, a.a.O., S. 77 ff.: „Die Methode stammt von Dilthey, die Konzeption von Hermann Cohen" (S. 77).
[33] Vgl. L. Baeck, *Wesen*², Vorwort, S. 1 ff, 14 ff u.ö. und seine spätere Untersuchung: *Hat das überlieferte Judentum Dogmen?*, S. 12 ff.
[34] Vgl. H. Liebeschütz, s. Anm. 21, S. 110.

Zusammenfassung des Ergebnisses der Religionsphilosophie", hat keineswegs allgemeine Zustimmung gefunden[35].

Aber das ändert nichts daran, daß Baecks Sachanliegen auch von seinen Kritikern gesehen und als sein Beitrag gewürdigt wurde: Das Judentum ist nicht die „Gesetzesreligion", wie man es gerne pauschal bezeichnet, sondern bringt in seinem Wesen einen ethischen Monotheismus zur Geltung. Und dieser ethische Monotheismus wird für Baeck greifbar in der Geschichte Israels, und zwar in deren Beginn beim Auszug aus Ägypten. Freilich: Nicht das Volk Israel ist ausgezogen, sondern „der Ewige hat es herausgeführt, daß es Ihm zum Volke wurde". Hier beginnt die Geschichte eines Volkes, die bis heute fortdauert, eine Geschichte, in der Gott stets erfahren wird als der Sich-Offenbarende. Hier beginnt eine Geschichte, in der Gott „nicht der offenbarte Gott" ist („wie im Christentum"), sondern hier beginnt die Geschichte eines Volkes ohne Dogma, hier beginnt der ethische Monotheismus. Und diesem Gott gegenüber steht der Mensch – und Baeck legt Wert darauf, hier nicht zu eng allein den Juden zu meinen –, denn Baeck möchte die Geschichte des Volkes Israel immer dahingehend verstehen, daß in diesem Volke Gottes die Menschheit miteingeschlossen ist. Diesem Gott also steht der Mensch gegenüber, dem sich offenbarenden Gott steht der antwortende Mensch gegenüber, nie der, der fertige, endgültige Antworten bereits vorgelegt hat. Hier schließt sich der Kreis: Dem Wesen des Judentums entspricht nicht das Dogma, sondern die gegenwartsbewältigende Existenz, in der „das Einst der Vergangenheit", der nie aufgebbaren Geschichte des Volkes Gottes, zugleich auch zum Dereinst der Zukunft wird[36].

Es ist jetzt nicht zu untersuchen, ob Baeck damit zu einer Judentum und Christentum übergreifenden Sicht menschlicher Existenz gelangt ist, in der das Humanum schlechthin sich verwirklichen kann und es im Sinne Baecks auch tut. Es bleibt jedoch festzuhalten: Diese Sicht hat sich für ihn am christlich-jüdischen Gespräch herausgebildet. Vor allem aber: Das Wesen des Judentums als gegenwartsbewältigende Existenz zu verstehen, ist keine These geblieben, sondern sie ist im Leben des Menschen Leo Baeck ebenso schicksalsschwer erprobt und bewährt worden wie unzählige Male von den ihm anvertrauten Menschen. Der Mentor des deutschen Judentums hat mit dieser Auffassung vom Wesen des Judentums unzählig vielen in der schwersten Stunde geholfen. Und wenn Leo Baeck von denen, die ihm nahe standen, in ergreifender Weise als der bedeutendste Seelsorger des Judentums

[35] So in: Hat das überlieferte Judentum Dogmen?, S. 26; vgl. kritisch F. Rosenzweig, in seiner Besprechung: Apologetisches Denken, in: ders., Kleine Schriften, 1937, S. 40 f.
[36] Vgl. L. Baeck, Wesen², S. 244 ff, 263 ff und G. Jasper, Leo Baeck und das Wesen des Judentums, DtPfBl 55 (1955) 172 f. (unter Verwendung von Zitaten der 4. Aufl. von Das Wesen des Judentums [1926]. Dazu die weiterführenden Gedanken in: L. Baeck, Theologie und Geschichte, in: ders., Aus drei Jahrtausenden, 1958, S. 28 ff, 36 ff. – Baeck hat seine Rezension der Vorlesungen Harnacks nicht mehr neu erscheinen lassen, wohl deshalb – wie H. Liebeschütz mit einigem Recht vermutet –, weil seine Ausführungen positiv in Das Wesen des Judentums eingegangen sind (a. a. O., s. Anm. 21, S. 109, Anm. 1). Aber die Fragestellung blieb ihm wichtig, und er hat sie weiterführend unter Aufnahme der gewandelten theologischen Diskussion nach dem 1. Weltkrieg und mit lebhaftem Interesse an der Abwendung von Harnack im Kreise der „dialektischen Theologie" behandelt in: Theologie und Geschichte, S. 29 ff. – Harnack selbst ist auf die Kritik Baecks nicht näher eingegangen, doch hat er in einer Anm. zur „Dritten Vorlesung" in der dritten Ausgabe seiner Vorlesungen (1908) sich ausdrücklich zu den angegriffenen Passagen unter Verweis auf andere Stellen in seinen Ausführungen bekannt (a. a. O., S. 181).

im 20. Jahrhundert bezeichnet wird, dann gründet dies nicht zuletzt in seiner These vom Wesen des Judentums.

In ihr liegt Baecks Bekenntnis zum Judentum. Es ist bezeichnend, daß dieses Anliegen ihn seit dem Anfang unseres Jahrhunderts bis zu seinem Tode von zentraler Bedeutung war. Denn von dieser These handelt auch sein Alterswerk, das er in der bedrängendsten Situation seiner Glaubensgemeinschaft inmitten des Krieges in seiner Berliner Wohnung zu schreiben begann, das er auf jedem Fetzen Papier, dessen er in Theresienstadt habhaft werden konnte, fortsetzte und das er nach der Befreiung in England noch wenige Tage vor seinem Tode vollendete: *Dieses Volk. Jüdische Existenz I. II (1955/1957)*[37]. In diesem Alterswerk findet das Werk des jungen Baeck seine Vollendung, hier haben viele Gesichtspunkte äußerlich und innerlich letzte Gestaltung gefunden. Auch in diesem letzten Werk bleibt das Gespräch mit dem Christentum, bleibt das jüdisch-christliche Gespräch als die Folie, auf der viele Gedanken erst voll einsichtig werden. So reizvoll ein Vergleich zwischen dem *Wesen des Judentums* und dem letzten Werk wäre, es soll jetzt das heute zu behandelnde Thema noch von einer anderen Seite her im Werk Leo Baecks beleuchtet werden, die ebenfalls Jahrzehnte hindurch Baecks Denken bewegt hat.

Unter den bedeutenden jüdischen Gelehrten in diesem Jahrhundert, die sich mit dem Christentum eingehend befaßt haben – etwa C.G. Montefiore, M. Buber, F. Rosenzweig, Sch. Ben-Chorin – dürfte Leo Baeck der kritischste gewesen sein, jedenfalls ist er der schärfste Gegner einer Vermischung jüdischen und christlichen Gedankengutes. Ein Hinweis etwa auf den „großen Bruder Jesus" ist ihm unvorstellbar und unvollziehbar. Zugleich aber kann Baeck neben Montefiore als der beste Kenner der neutestamentlichen Botschaft gelten, und seine Kenntnis des Christentums in seinen verschiedenen Konfessionen ist bei dem langjährigen Dozenten der vergleichenden Religionsgeschichte am jüdischen Seminar in Berlin ebenso umfassend wie selbstverständlich[38].

Seit seinen frühesten Veröffentlichungen ist Baeck nicht müde geworden zu zeigen, daß das Alte Testament Bibel der Juden und der Christen ist. Hierin liegt eine unaufgebbare Gemeinsamkeit, woraus sich grundlegende Folgerungen ziehen lassen: Juden wie Christen rufen den gleichen Gott an und leiten von demselben Gott ihr „Einzigkeitsbewußtsein" ab und sind doch darin unterschieden, daß die Christen im Neuen Testament die Urkunde sehen, in der ihnen Rettung, Heil und Erlösung durch das in ihr behauptete Gekommensein des Messias zugesagt ist[39]. Darin aber kann Baeck nur einen Abfall sehen, ein Weggehen des Kindes von der Mutter – wie er es bildlich sagt. Aber wie eine Mutter nicht hassen kann, so gilt dem

---

[37] Vgl. dazu M. Wittenberg, *Jüdische Existenz nach Leo Baeck*, 1955; ders., *Dieses Volk. Jüdische Existenz nach Leo Baeck*, ELKZ 9 (1955) 250ff; A.H. Friedlander, a.a.O., S. 212ff, 230ff (auf beide Deutungen kann hier nicht näher eingegangen werden).
[38] Vgl. zusammenfassend H. Liebeschütz, s. Anm. 21, S. 104ff, bes. S. 111ff. Zur jüdischen Jesusdeutung insgesamt vgl. G. Lindeskog, *Die Jesusfrage im neuzeitlichen Judentum. Ein Beitrag zur Geschichte der Leben-Jesu-Forschung*, 1938; ders., *Jesus als religionsgeschichtliches und religiöses Problem in der modernen jüdischen Theologie*, Judaica 6 (1950) 190ff, 241ff.
[39] Vgl. hierzu und zum Folgenden K.H. Rengstorf, s. Anm. 24, S. 125ff; R. Mayer, *Christentum und Judentum in der Schau Leo Baecks*, Studia Delitzschiana 6 (1961) 50ff u.ö.; A.H. Friedlander, a.a.O., S. 107ff, 111ff, 121ff.

entlaufenen Kind weiterhin die werbende Liebe der Mutter[40]. Denn ein Kind bleibt mit seiner Mutter verwandt, auch wenn es sie verläßt. Und so kann – das Bild wieder verlassend – Baeck es für berechtigt ansehen, nach dem jüdischen Gehalt des Neuen Testamentes zu fragen. Sein schon genannter Nachweis, daß das Neue Testament auf dem Mutterboden des Alten Testamentes steht, veranlaßt ihn, Folgerungen daraus zu ziehen. Er tut dies auf einer Grundlage, die er sich selbst geschaffen hat: Er übersetzte das gesamte Neue Testament ins Hebräische, um von der Sprachgestalt her zu sehen, inwieweit alttestamentlich-jüdisches Denken unmittelbar und mittelbar sich im Neuen Testament auswirkte und insbesondere die Verkündigung Jesu bestimmt habe.

Schon in seiner Auseinandersetzung mit Harnack stellt Baeck heraus, daß Jesus nur auf dem Boden des Judentums verstanden werden kann, ja „daß Jesus in jedem seiner Züge durchaus ein *echt jüdischer* Charakter ist, dass ein Mann wie er nur auf dem Boden des Judenthums, nur dort und nirgends anders, erwachsen konnte. Jesus ist eine echt jüdische Persönlichkeit, all sein Streben und Thun, sein Fragen und Fühlen, ... es trägt den Stempel jüdischer Art, das Gepräge des jüdischen Idealismus, des Besten, was es im Judenthum gab und giebt, aber nur im Judenthum damals gab. Er war ein Jude unter Juden"[41].

Diese Sicht hat Baeck lebenslang vertreten, jedoch in präzisierter Form im Jahre 1938 in *Das Evangelium als Urkunde der jüdischen Glaubensgeschichte* vorgelegt. In diesem Büchlein, das 4 Wochen vor der Kristallnacht erstmals erschien, greift Baeck moderne Forschungsmethoden und Fragestellungen der Evangelien-Forschung auf, um zu zeigen, daß in den Evangelien verschiedene Schichten übereinandergelagert sind, daß das Interesse der christlichen Gemeinden und schließlich auch der Evangelisten das ursprüngliche Bild Jesu verdeckt habe. Dieses freizulegen, sieht Baeck als seine Aufgabe an.

Bleiben sowohl hinsichtlich der Durchführung wie der Ergebnisse manche Fragen offen, so hat Baeck doch eine Reihe von Gesichtspunkten geltend gemacht, die heute Allgemeingut in der neutestamentlichen Forschung sind: So hat er z.B. schon in den dreißiger Jahren gezeigt, welche Bedeutung bei der Ausarbeitung der Evangelien dem einzelnen Evangelisten zukommt, und er hat weiter gesehen, daß das Ausbleiben des nah erwarteten Endes ein wesentliches Motiv für die Evangelienbildung darstellt[42].

Die methodisch richtig erkannte Überlagerung durch vielfältige, dem Glauben entsprungene Anschauungen zwingt dazu, historisch-kritisch die Gestalt Jesu von Nazareth und seiner Verkündigung wieder zu eruieren und in ihrer Ursprünglichkeit dem heutigen Menschen vor Augen zu stellen. Das Ergebnis ist im wesentlichen kein anderes als das, was Baeck schon in der Auseinandersetzung mit Harnack formuliert hatte, aber es wird jetzt noch deutlicher hervorgehoben: In Jesus ist „so klar das Reine und Gute des Judentums offenbart", daß er auch für den Juden nicht

---

[40] So bereits L.Baecks Kritik an Harnack, MGWJ 45 (1901) 119.

[41] MGWJ 45 (1901) 118.

[42] Vgl. L.Baeck, *Das Evangelium als Urkunde der jüdischen Geschichte*, in: ders., *Paulus, die Pharisäer und das Neue Testament*, 1961, S. 101ff, 123ff, 131; vgl. auch die Bespr. von Baecks Schrift in: MGWJ 82 (N.F. 46) (1938) 353f; K.Stendahl, s. Anm. 48, S. XX u.ö.; H.-J.Schoeps, *Paulus. Die Theologie des Apostels im Lichte der jüdischen Religionsgeschichte*, 1959, S. 110f.

übersehbar ist. Darum gilt jetzt für Baeck: „Die jüdische Geschichte, das jüdische Nachdenken darf an ihm nicht vorüberschreiten noch an ihm vorbeisehen. Seit er gewesen, gibt es keine Zeiten, die ohne ihn gewesen sind, an die nicht die Epoche herankommt, die von ihm den Ausgang nehmen will"[43].

Kurz: In seinem Büchlein über die Evangelien erfolgt die Heimholung Jesu ins Judentum[44]. Aber dieses exegetisch-theologische Ergebnis bedarf nach Baeck der systematisch-theologischen Auswertung im Horizont des „gesamten modern-religiösen Judentums", wie es letztmalig bei Baeck in *Dieses Volk. Jüdische Existenz I. II.* zur Geltung kommt, aber bereits in *Das Wesen des Judentums* klar erkannt ist. „Denn der ‚ethischen Unmittelbarkeit' als Weg des Judentums widerspricht es, ‚daß ein Mensch aus der Menschheit herausgehoben sein soll, um für sie alles zu bedeuten... Das Wort von dem einen Mann'" – Jesus von Nazareth – „‚tritt darum mehr und mehr zurück hinter das von der einen Zeit, das Wort vom Messias tritt zurück hinter das von den ‚Tagen des Messias'. Und daneben steht dann ein anderes, bedeutenderes Wort, das Wort von ‚Gottes Reich'". Dieses aber versteht Baeck „als die ‚Welt des Menschen', wie sie vor Gott sein soll". Und er zieht die Konsequenz daraus in dem lapidaren Satz: „Das Soziale und das Messianische gehören zusammen"[45].

Die Heimholung Jesu aber hat noch eine andere Seite: Die Einzeluntersuchungen Baecks zur Jesusforschung zielen nämlich darauf, folgende These zu stützen: Das Judentum ist die klassische Religion, während das Christentum die romantische Religion darstellt. An dieser religionsgeschichtlich, religionsphilosophisch und historisch von Baeck begründeten These wird auch das Neue Testament gemessen, und es ist nur folgerichtig, wenn auch Paulus und seine Botschaft daran orientiert werden.

Im Unterschied zu Jesus sieht Baeck zunächst in Paulus keinen Geistesverwandten. Seine frühesten Äußerungen über Paulus sind im Zusammenhang der Kritik an Harnack und im *Wesen des Judentums* zu finden: Paulus stammt aus Tarsus, aus der Stadt eines Gebietes, das vom hellenistisch-orientalischen Synkretismus beherrscht ist. Zwar trat Paulus zum Lernen ins Judentum ein, aber er ist dort nie heimisch geworden. Die jüdische und die christliche Linie stehen beim Apostel unverbunden nebeneinander. Und weil er sie nicht zu verbinden wußte, mußte ein Gegeneinander daraus werden[46]. Jahre später in seinem Aufsatz über die *Romantische Religion* hat Baeck dann Paulus ob seiner schwankenden und widersprüch-

---

[43] Vgl. L.Baeck, s. Anm. 42, S. 161.

[44] Es geht L.Baeck darum zu zeigen, daß „das Evangelium als ein Stück jüdischer Geschichte, und kein geringes, als ein Zeugnis jüdischen Glaubens hervortritt" (s. Anm. 42, S. 101).

[45] So L.Baeck, *Wesen²*, S. 263f, mit G.Jasper, s. Anm. 36, S. 172f.

[46] Zwar heißt es bei L.Baeck, MGWJ 45 (1901) 110: „*Sowohl* die Lehrweise des Paulus als *auch* die Predigt Jesu war bei den Rabbinen heimisch und wurde von ihm gepflegt; Jesus sowohl wie Paulus war ein Rabbi", aber in dieser hinsichtlich Paulus überspitzten Bemerkung ist keine positive Beurteilung des Apostels zu sehen, wie die übrige Rezension und *Das Wesen des Judentums* (*Wesen²*, z.B. S. 272, 286ff) zeigen; vgl. auch die Zusammenfassung bei L.Baeck, s. Anm. 42, S. 131ff und ders., in: *Die Lehren des Judentums, V. Teil: Judentum und Umwelt*, 1929, S. 67ff („Der grundsätzliche Unterschied zwischen Judentum und Christentum, wie er von der paulinischen Theologie herkommt, hat seinen entscheidenden Ausgangspunkt in der Lehre vom Menschen" [S. 67]). S. auch R.Mayer, s. Anm. 39, S. 58ff.

lichen Art als den Urtyp des Romantikers charakterisiert: „Er kann nur der Romantiker heißen. Zug für Zug tritt in seiner seelischen Art das hervor, was den Romantiker kennzeichnet"[47].

Die Anschauung vom Romantischen bei Baeck ist außerordentlich konstruktiv an Ansichten einiger weniger extremer Romantiker gewonnen. Zutreffend hat darum Reinhold Mayer zusammengefaßt, was jüdischer- und christlicherseits gegen Baecks Romantikerthese angeführt wurde[48]. An einem „engen Begriff, der von wenigen, einseitigen Anschauungen von Romantikern abgezogen ist, hängte Leo Baeck alles auf, was seinem Liberalismus mit der ebenfalls einseitigen Betonung des Ethischen als fremd und falsch erschien. Ohne nach Grund und Ziel einzelner Phänomene zu fragen, hat er Vieles zum Romantischen gestellt, was wesensmäßig nicht dazu gehört. So errichtete Leo Baeck künstlich ein Gegenbild zu seinem Bild des Judentums, indem er das christliche mit dieser Konstruktion des Romantischen identifizierte".

Daß auch Paulus unter die so verstandenen „Romantiker" gerechnet wurde, läßt sich bei Baeck daraus erklären, daß er theologie- und geistesgeschichtlich den Einfluß des Paulus auf die Reformatoren konstatieren mußte, aber gleichzeitig im deutschen Luthertum eine Fehlentwicklung größten Stils sah. In Luthers reformatorischer Wende, in Luthers Theologie und schließlich vor allem in Luthers Verständnis der Obrigkeit sah Baeck den Beginn des Polizeistaates, und er scheute sich nicht, Luthertum und Polizeistaat zu identifizieren. Diltheys gebrochenes Verhältnis zum Luthertum und auch Diltheys Verständnis Schleiermachers wirken hier zweifellos nach und gaben das Vorverständnis für Baecks Kennzeichnung des Christentums als romantischer Religion. Dagegen verehrt er mit Dilthey, in Wiederaufnahme früher Jugenderfahrungen, den Calvinismus als die eigentlich reformatorische Kirche, in der das Humanum im weitesten Sinne Geltung gefunden habe und sich im sozialen Denken und Handeln auswirke[49].

Daß hier Fehlurteile vorliegen, hat Baeck in späten Jahren selbst erkannt. Es läßt sich diese Wendung mit einiger Wahrscheinlichkeit darauf zurückführen, daß das Gesamtwerk Hermann Cohens auf Baeck gerade auch in seiner geistesgeschichtlichen Dimension immer stärkeren Einfluß gewann[50].

Zurück zum Paulus-Verständnis Baecks: Hier ist, mehr als noch bei seinem Verständnis der Reformation, ein wirklicher Wandel erfolgt. In einem Aufsatz *Der Glaube bei Paulus*, der 1952 erschien, zeichnet Baeck einen Paulus, der in der Grundstruktur seines Denkens nie das Judentums verlassen hat: „Was Paulus vom jüdischen Volk unterschied, war eine Tatsachenfrage", nämlich die, „ob der Messias sich endgültig offenbart habe, ob sein Reich wirklich gekommen sei". Und Baeck fügt ausdrücklich hinzu: Nie hat Paulus das jüdische Volk verworfen. „Das elfte Kapitel im Römerbrief ist erschütternd. Es offenbart die Aufrichtigkeit dieses Mannes, die Tiefe seines im jüdischen Volk wurzelnden Gefühls"[51].

---

[47] So L. Baeck, *Romantische Religion,* in: ders., *Aus drei Jahrtausenden,* 1958, S. 42 ff, bes. S. 47 ff, 53 (Zitat).
[48] Vgl. R. Mayer, s. Anm. 39, S. 96; vgl. auch A. H. Friedlander, a. a. O., S. 124 ff, 133 ff. K. Stendahl weist im Vorwort seiner Ausgabe von L. Baeck, *The Pharisees and Other Essays,* 1947, darauf hin, daß möglicherweise Baecks Verständnis des Romantischen durch seine Kritik an bestimmten Deutungen jüdischer Eschatologie gewonnen ist (vgl. S. XVII ebd.); s. dazu schon L. Baeck, *Wesen²,* S. 272. Aber dies erklärt nur einen Teilaspekt.
[49] Vgl. L. Baeck, *Wesen²,* S. 46 ff; ders., *Judentum in der Kirche,* in: ders., *Aus drei Jahrtausenden,* 1958, S. 121 ff, 135 ff; ders., *Zwischen Wittenberg und Rom,* in: ders., *Wege im Judentum. Aufsätze und Reden,* 1933, S. 270 ff.
[50] Vgl. etwa H. Cohen, *Deutschtum und Judentum,* in: ders., *Jüdische Schriften II,* 1924, S. 237 ff, 247 f, 256, 261, auch S. 314 f.; R. R. Geis, *Hermann Cohen und die deutsche Reformation,* Publications of the Leo Baeck Institute of Jews from Germany, Year Book IV (1959) 81 ff.
[51] Vgl. L. Baeck, *Der Glaube des Paulus,* in: ders., *Paulus, die Pharisäer und das Neue Testament,* 1961, S. 27; vgl. S. 29 f.

Auch Paulus wurde hineingeholt ins Judentum, wenngleich Baeck sehr deutlich erkannt hat, daß dieser Paulus religionsgeschichtlich gesehen auch anderen Einflüssen offen ist. Die Schlüsselstellung des Paulus für das Christentum aber sieht Baeck darin, daß „die alte theozentrische Religion des Judentums... ersetzt" wird „durch das neue christozentrische Bekenntnis". Baeck meint, dies dahingehend verstehen zu müssen, daß der Glaube an Gott hinter einem Glauben an Christus zurücktrete: Hier ist für ihn „der Scheideweg der Religionen"[52]. Unterschätzt damit Baeck das von Paulus so stark in den Vordergrund gestellte Heilshandeln Gottes in Christus, wird die Theologie im Denken des Paulus nicht hinreichend gewürdigt, und wird schließlich auch nicht genügend beachtet, daß gerade nach Paulus Gott sein wird alles in allem, so hat doch Baeck wesentliche Einsichten gehabt, die heute Allgemeingut in der Paulusforschung sind[53].

Will man es auf einen kurzen Nenner bringen, dann kann man zusammenfassend sagen: Zunächst hat Baeck in seinen früheren Ausführungen zum Neuen Testament zwischen Jesus und Paulus die Scheidelinie von Judentum und Christentum gezogen, in seinen späten Arbeiten gehören Jesus und Paulus zusammen, und erst hinter Paulus verläuft die Grenzlinie zwischen Judentum und Christentum[54].

Baeck bekennt, er habe erst in einem langen Leben das Neue Testament verstehen gelernt. Verstehen aber heißt für ihn hier: Am Neuen Testament hat er das Eigene erfahren, im Verstehensprozeß neutestamentlicher Auslegung sind ihm Aspekte des Judentums zentral geworden. Auch seine neutestamentlichen Forschungen dienen dazu, in das Wesen des Judentums immer tiefer einzudringen.

Es bleibt abschließend ein letzter Horizont des jüdisch-christlichen Gesprächs im Leben und Werk Baecks zu bedenken. Er selbst hat ihn gekennzeichnet mit den Worten: Im Martyrium begegnen sich Judentum und Christentum. Den tiefgreifenden Einschnitt, den das Jahr 1933 für das deutsche Judentum brachte, führte den in dieser kritischen Stunde gewählten Mentor des deutschen Judentums zur existentiellen Begegnung mit Christen der verschiedenen Konfessionen, die mit ihm darin einig waren, daß in Deutschland die Barbarei ausgebrochen sei. Und wenn es auch – wie Baeck im Rückblick betonte – zu wenige waren, die den Mut hatten, nicht zu schweigen, so hat er doch an diesen wenigen Helfern und Freunden gerade auch die christliche Kirche schätzen gelernt, hat er unter diesen Erfahrungen sein hartes Urteil über Reformation und Luthertum gemildert. Gerade die Hilfe, die er durch den

---

[52] Vgl. L. Baeck, s. Anm. 51, S. 13; vgl. auch R. Mayer, s. Anm. 39, S. 105f; W. G. Kümmel, *Jesus und Paulus*, in: ders., *Heilsgeschehen und Geschichte. Ges. Aufsätze 1933–1964* (MTS 3), 1965, S. 442; anders A. H. Friedlander, a. a. O., S. 140f, der keinen wirklichen Wandel in Baecks Paulusverständnis gelten lassen will, dabei aber unterschätzt, was es für Baeck bedeutet, daß Paulus nunmehr als „jüdische Persönlichkeit" gesehen wird (Fr., S. 141); S. 244 gesteht Fr. die erhebliche Wandlung selbst zu.

[53] Vgl. etwa seinen Rückgriff auf F. C. Baur; seine Einsicht, daß die Apg. eine Komposition ihres Vf.s ist; seine Beurteilung des Paulusbildes in den ntl. Apokryphen u. a. m. (s. L. Baeck, s. Anm. 51, S. 7ff, 32ff u. ö.).

[54] Allerdings mit der von L. Baeck oft betonten Feststellung, daß das Christentum aus dem Judentum erwachsen sei und stets auch ein „Stück jüdischer Geschichte" darstelle; vgl. neben den besprochenen Untersuchungen z. B. L. Baeck, *Judaism in the Church*, HUCA II, 1925, S. 125ff; ders., s. Anm. 44; ders., *Some Questions to the Christian Church from the Jewish Point of View*, in: *The Church and Jewish People*, ed. G. Hedenquist, 1954, S. 102ff. Es ist darum sachgemäßer, von „Judentum und Christentum" bei Baeck zu sprechen als von „Christentum und Judentum..." (so R. Mayer, s. Anm. 39).

preußischen Adel in schwerster Stunde erfuhr, hat sein Urteil ganz wesentlich gewandelt[55].

Es sollte nämlich diese Verbindung zum preußischen und schlesischen Adel für Baeck durch die Tätigkeit in der deutschen Widerstandsbewegung von beherrschender Bedeutung werden. Als enger Mitarbeiter von Helmut James Graf Moltke und dem Kreisauer Kreis wurde er mittelbar von Carl Goerdeler und seinen Freunden aufgefordert, das Memorandum für „den Tag danach" zu schreiben[56], für den Tag, an dem das andere Deutschland hoffte, vor die Weltöffentlichkeit treten zu können. Zu diesem anderen Deutschland gehörte Baeck. Jetzt galt es, in schwierigster Situation das Wesen des Judentums als gegenwartsbewältigende Existenz zu bewähren, so wie es schon in der 1. Auflage des *Wesen des Judentums* (1905) und ähnlich auch in anderen Äußerungen des jungen Baeck heißt: „Vor dem Martyrium im Tode steht das Martyrium im Leben, vor dem Todesmut der Gesinnung ihr Lebensmut, der oft weit schwerere..."[57].

Baeck hat Theresienstadt überlebt durch einen Zufall[58]. Der berüchtigte Eichmann hatte ihn mit einem mährischen Rabbiner gleichen Namens, aber anderer Schreibweise, der in Theresienstadt verstorben war, verwechselt. Als Eichmann sein „Versehen" merkte, war es zu spät. Die Russen standen bereits vor den Toren des Lagers. Das überlebende deutsche Judentum aber hat darin eine Fügung Gottes gesehen. Es hatte ein Mensch das Inferno überlebt, der auch nach dem Untergang des deutschen Judentums eindringlich auf die Notwendigkeit des jüdisch-christlichen Gesprächs als Mahnung und Verpflichtung verwies. Denn in diesem Gespräch geschieht nach Baeck die existenzbewegende Selbstbesinnung auf das Judentum wie auf das Christentum, und damit tragen im Sinne Baecks beide Religionsgemeinschaften dazu bei, dem Humanum inmitten der Unmenschlichkeit in dieser Welt Bahn zu brechen[59].

---

[55] Vgl. hierzu und zum Folgenden R.R.Geis, *Männer des Glaubens im deutschen Widerstand (Baeck, Bonhoeffer, Delp)*, 1959; A.H.Friedlander, a.a.O., S. 12ff, 51ff, 57ff.

[56] Vgl. H.Reichmann, *Excerpts from Leo Baeck's Writings. Foreword: The Fate of a Manuscript*, Publications of the Leo Baeck Institute of Jews from Germany, Year Book III (1958) 361ff.

[57] Zitiert nach *Wesen*², S. 187; vgl. ebd. S. 282, 292, 294.

[58] Vgl. Anm. 55.

[59] Vgl. auch die drei Vorträge von L.Baeck, die unter dem Titel *Der Sinn der Geschichte*, 1946, zusammengefaßt sind, S. 7ff, 13ff, 19ff. – Längst nach Abschluß und Abgabe des Ms erschien: L.Baeck, *Epochen der jüdischen Geschichte*, hg.v. H.I.Bach (Studia Delitzschiana Bd. 16), 1974. In diesen Tonbandaufzeichnungen der letzten Vorlesungen Baecks (16.1.–9.7.1956) vgl. in Ergänzung der voranstehenden Ausführungen S. 100 (zur Reformation im Luthertum und im Calvinismus); weiter die Abschnitte: *Judentum und Christentum: der offenbarende und der offenbarte Gott* (S. 112ff; dort u.a. eine letzte kritische Anmerkung zu Harnacks Verständnis von Judentum und Christentum und dem auch daraus resultierenden Ansatz der Dogmengeschichte bei Harnack) und: *Die Trennung der zwei Reiche: Augustin und Luther* (S. 118ff).

Wilhelm Bousset

(1865 – 1920) / Theologe

Anläßlich des plötzlichen Ausscheidens von Wilhelm Baldensperger (in Gießen 1890-1915) sah sich die Theologische Fakultät der Ludwigs-Universität mitten im Ersten Weltkrieg genötigt, eine rasche und allseits befriedigende Wiederbesetzung ihres Lehrstuhls für Neues Testament vorzunehmen. Unter den in Frage kommenden Fachgenossen hatten bereits zwei namhafte Ordinarien auf Befragen hin „eine etwaige Berufung nach Giessen" als aus verschiedenen Gründen ihnen nicht annehmbar von vornherein abgelehnt (so H. Gunkel [in Gießen 1907-1920] in: Fakultätsgutachten Gießen, Okt. 1915, S. 7).

Unter den Erreichbaren wurde Wilhelm Bousset, a. o. Professor in Göttingen, an die erste Stelle der Berufungsliste gesetzt. Die Fakultät beschloß seinen Listenplatz „einstimmig, doch erstreckt sich die Einstimmigkeit nicht auf alle Einzelheiten der Begründung" (Fak. Gutachten). Daß diese Entscheidung die richtige war, bestätigte der um Rat gefragte frühere Gießener Kollege Adolf (von) Harnack (in Gießen 1879-1886) in einem Brief an Gustav Krüger (Ordinarius in Gießen 1891-1927) vom 20. Okt. 1915:

„Daß Bousset in erster Linie genannt werden muß, ist mir nicht zweifelhaft. Du weißt, daß ich in manchen Fragen anders denke als er, ja daß mir seine Methoden und die Orientierung seiner Arbeit nicht immer beifallswert erscheinen; aber das kann mich keinen Augenblick in dem Urteil beeinflußen, daß er der universalste unter allen Vertretern der neutestamentlichen Forschung ist und dabei an Umfang und Tiefe seiner Untersuchungen wohl der verdienteste in seiner Generation. Er ist hier in Berlin zweimal von uns als Ordinarius vorgeschlagen worden, und das eine mal waren, soweit ich mich erinnere, a l l e bereit ihn zu wählen. Ganz nahe war es, daß er in Kiel Ordinarius wurde. Wenn er noch heute nicht Ordinarius ist, so hat k e i n e s w e g s seine theologische Richtung ihm stets im Wege gestanden, sondern er ist wirklich von einem ausgesuchten Mißgeschick verfolgt worden. Zu den ‚Radikalen' kann man ihn schon deßhalb nicht rechnen, weil er ein feines Verständniß für Religion u. Frömmigkeit hat, wo nur immer sie zu finden sind".

In Fortsetzung seines Briefes berührt Harnack die eigentlichen Schwierigkeiten für eine Berufung Boussets, das Problem, das jeder Lehrstuhlbesetzung durch den Göttinger in Berlin, Kiel, Heidelberg (worauf er nicht zu sprechen kommt) im Wege stand: „Die Wünsche eines Teils der Landeskirche, einen sog. Positiven anzustellen, werden sich auch diesmal einstellen. Wenn sie einen Gelehrten von erprobter wissenschaftlicher Tüchtigkeit nennen können, der für Euch erreichbar ist, so ließe sich gewiß darüber reden". Nachdem er einige angeführt hat, resümiert er: „und wie hoch steht Bousset wissenschaftlich . . . über diesen" (Brief Harnacks, Univ. Archiv Gießen).

Auch die berufende Gießener Fakultät sah hier den neuralgischen Punkt. So heißt es im Gutachten: „Bousset, selbst der Sohn eines orthodoxen Pfarrhauses und voller Verständnis für diese von ihm selbst einst gehegte Ueberzeugung, ist weit davon entfernt, in der Kirche einen inneren Brand entzünden zu wollen. Aber er fühlt sich berufen, denen in ihrer Not zu helfen, die, von alten Formulierungen der Religion unbefriedigt, nach neuen suchen. Dabei aber stellt er sich mit aller Sicherheit auf den Boden des Evangeliums und der Reformation" (S. 10). Hier freilich muß Gunkel hinzufügen: „Ein Fakultätsmitglied . . . glaubt, den problematischen Charakter mancher seiner [sc. Boussets] einschneidenden Neuaufstellungen stärker hervorheben zu müssen, und kann die Besorgnis nicht abweisen, die stark vorwärtsdrängende Art Boussets werde in manchen kirchlichen Kreisen im gegenwärtigen Augenblick lebhaftem Widerspruch begegnen". Abschließend kann Gunkel jedoch betonen: „Aber auch dieses Mitglied vermag sich der Einsicht nicht zu verschließen, dass Bousset bei weitem der wissenschaftlich hervorragendste unter allen in Betracht kommenden Gelehrten ist. Und da es die grosse religiöse Wärme, mit der Bousset bei allen Gelegenheiten seine Stellung vertreten hat, durchaus anzuerkennen bereit ist, vermag es seine Stimme von der der übrigen Fakultätsmitglieder nicht endgültig zu trennen" (S. 11f.).

Der Berufungsabsicht der Fakultät stimmte der Senat am 18. Okt. 1915 aufgrund des gutachtlichen Referats des Orientalisten Paul Kahle (in Gießen 1914-1923) und des Korreferates des Juristen R. Hübner (in Gießen 1913-1918) einhellig zu. Gunkel selbst konnte in dieser Entscheidung, die sich mit eingeholten auswärtigen Beurteilungen sachlich deckte (außer Harnack vor allem von Rudolf Otto) nur sein in langen Jahren der Freundschaft mit Bousset abgerundetes Bild bestätigt finden.

Anders stand es mit dem Darmstädter Konsistorium. Bereits am 1. November 1915 äußerte es in eingehender Darlegung deutliche Kritik an der Gießener Entscheidung: „Wir bezweifeln nicht, daß seine [sc. Boussets] Ernennung neue Beunruhigungen in den Kreisen der ‚Rechten' hervorrufen würde". Da das Konsistorium ohnehin nur beratende Stimme hatte, lehnte es grundsätzlich jede Verantwortung für die Berufung Boussets ab. „Ohne in eine Erwägung der persönlichen Frage einzutreten, und indem wir die Frage nur andeuten, ob nicht etwa doch ein jüngerer Ordinarius ‚positiver' Richtung für Giessen erreichbar wäre, wollen wir uns vielmehr mit der aus Vorstehendem hervorgehenden Betonung unseres Standpunktes begnügen und nur noch darauf hinweisen, wie schwer die Aufrechterhaltung unserer an sich vortrefflichen Dienstpragmatik mit ihrem Examenszwang für Giessen erscheinen muß, wenn unsere Fakultät ihre einseitige Zusammensetzung beibehält" (Brief des Oberkonsistoriums an das Ministerium für innere Angelegenheiten vom 1. Nov. 1915). Durch diese zwar frühere Vorfälle einbeziehende, jetzt aber zur Befürchtung eines ernsthaften Zerwürfnisses zwischen Konsistorium und Fakultät Anlaß gebende, im Ton äußerst gereizte Stellungnahme der Kirchenleitung wurde die Entscheidung höchst schwierig. Jedoch fiel durch das persönliche Eingreifen des offensichtlich liberal gesinnten Großherzogs Ernst Ludwig die Entscheidung zugunsten Boussets. Später hat Gunkel anläßlich des plötzlichen Todes Boussets die dramatischen Vorgänge in einer handschriftlichen Notiz festgehalten: „Seine [sc. Boussets] Berufung nach Gießen, die wir der Gerechtigkeit Ernst Ludwigs [von Gunkel unterstrichen] verdanken, wird für immer der Stolz der Gießener Universität bleiben".

Bereits am 15. November 1915 wurde Bousset zur Übernahme des Lehrstuhls für Neues Testament zum 1. April 1916 berufen. Der Universität Gießen war es gelungen, einen international anerkannten und bekannten Gelehrten zu gewinnen. Bousset selber hatte bei seiner Berufung das 50. Lebensjahr überschritten. Nur knapp vier Jahre, bis zu seinem 1920 erfolgten Herzversagen, sollten ihm für eine ungewöhnlich reiche und bewegende Zeit der Umbrüche in Gießen vergönnt sein. Seine wesentlichen, das Ansehen als Gelehrter begründenden und noch heute die Forschung befruchtenden Untersuchungen gehören jedoch fast ausnahmslos nicht in die Gießener Periode.

Johann Franz Wilhelm Bousset, Glied einer verzweigten Hugenottenfamilie, wurde als Pfarrerssohn am 3. September 1865 in Lübeck geboren. Beide Eltern stammten aus dieser Hansestadt, die den Gelehrten in Verbindung mit eindrücklichen Kindheitserinnerungen nicht unwesentlich geprägt hat. Sein Bruder Hermann hat Einzelheiten berichtet (Hermann Bousset, Pastorenjungs, Berlin 1919), während Wilhelm selbst hinsichtlich familiärer Nachrichten sehr verschlossen war und sich darüber offenbar nur Ernst Troeltsch und dem älteren Freund Richard Reitzenstein (in Gießen 1892-1893) gegenüber näher geäußert hat.

Auf Wunsch des Vaters begann Bousset sein Studium in Erlangen (Ostern 1884 - Herbst 1885). Früchte dieser drei Semester waren nicht ein theologischer Ertrag aus der Spätphase der bekannten Erlanger Schule des 19. Jahrhunderts, sondern die hier beginnende lebenslange Freundschaft mit Ernst Troeltsch (1865-1923)̓ – besonders durch die gemeinsame Zeit in der Studentenverbindung Uttenruthia begründet – und die ihm existentiell wichtige Einsicht in „politisch-soziale(n) Zeitprobleme", die ihn seitdem in allen weiteren Phasen seines Lebens beschäftigten und auch die Gießener Jahre nachhaltig bestimmten (Zitat: E. Troeltsch, Die Christliche Welt 34, 1920, Sp. 282). Troeltsch hatte schon in einem früheren Brief aus seinem Münchner Vikariat das Maßgebende hervorgehoben:

„Denn ich bin nun einmal seit langem gewöhnt, meine Fortschritte in Gemeinschaft mit Dir zu tun und wie man ja ein Bedürfnis nach irgendwelchem Publikum unabweislich hat, so habe ich im Stillen unwillkürlich meine Arbeit mit dem Gedanken begleitet, was Du nun wohl dazu sagen würdest" (Brief vom 11. 9. 1889 im Nachlaß Bousset; vgl. E. Dinkler – von Schubert, S. 19).

Hier spricht sich aus, wie Bousset auf Freunde wirkte und was er von den Studentenjahren an war und später auch für seine Studenten sein sollte: Seelsorger und Vertrauter. Daß er so häufig bei wissenschaftlichen und sehr persönlich-menschlichen Fragen als Berater herangezogen wurde, hat hier seinen Grund.

Nach zwei, ihn theologisch nicht weiterführenden Semestern in Leipzig (1885/1886) setzte Bousset sein Studium in Göttingen fort, nachdem er „in schweren Kämpfen mit dem Vater gerungen hatte", der ein Studium dort für theologisch unverantwortbar hielt (Zitat: Gunkel, Evangelische Freiheit 20, 1920, S. 148).

Die Göttinger Studienjahre (Herbst 1886 – Sommer 1888) brachten ihn bei Albrecht Ritschl mit einer Reihe von Gleichgesinnten zusammen. Bousset wurde – zunächst zum Entsetzen seines Vaters – ein begeisterter Ritschlianer und blieb es, wie sein Gießener Lehrstuhlvorgänger Wilhelm Baldensperger, in gewissen Grenzen lebenslang.

Nach dem theologischen Abschlußexamen in Lübeck bereitete sich Bousset auf das Licentiatenexamen vor. In dieser Zeit (Herbst 1888 – Herbst 1890) wurden die entscheidenden wissenschaftlichen Weichen seines Lebens in der Begegnung und im Austausch mit einem Freundeskreis gestellt, aus dem die nachmals als „Religionsgeschichtliche Schule" bezeichnete Forschungsrichtung erwuchs. In dieser religions- wie frömmigkeitsgeschichtlich in gleicher Weise bedeutsamen Richtung ging es, wie Gunkel einmal im Rückblick formuliert hat, um eine „durchaus innertheologische Entwicklung", „deren eigentliches und letztes Bestreben" es war, „die Religion selber in ihrer Tiefe und Breite zu erfassen" (Die Christliche Welt 36, 1922, S. 66). Das konnte nur heißen: das Urchristentum in seiner vielschichtigen Umwelt in Rekonstruktion und Interpretation verstehen zu lernen, wobei ,Religionsgeschichte' nicht einfach das Erfassen und Konstatieren von ,Parallelen' ausmachte, sondern es einer „Methode" religionsgeschichtlichen Arbeitens bedurfte, in der diese Umweltbezüge selbst durch Aufnahme und Abwehr lebens- und glaubensgestaltend auf die frühe werdende Kirche und ihre in formender Frömmigkeit sich ausprägende Religiosität eingewirkt haben (vgl. Gunkel, Theologische Literaturzeitung 14, 1889, Sp. 369-372 [Zitat]; Otto Merk, Art. Bibelwissenschaft II. Neues Testament, Theologische Realenzyklopädie, Bd. VI, 1980, S. 386 ff.; voranstehende Zitate im Original teilweise gesperrt).

Welcher Neuaufbruch theologischen Arbeitens darin beschlossen lag, kann nur summarisch im Hinblick auf Bousset betont werden. Sein theologischer Werdegang und sein äußeres Schicksal trafen sich hier.

„Er trat der religionsgeschichtlichen Schule oder, wie er lieber sagte, Gruppe bei, hat als einer ihrer Führer, zuletzt für viele wohl als der Führer gegolten und hat unter dieser nicht besonders glücklich gewählten Etikette und der Neigung vorwärtsdrängender Jugend, Gegensätze der Methode zu prinzipiellen Fragen zu machen, über absolute und relative Bewertung des Christentums zu diskutieren und durch Kampfrufe wie ,das Christentum eine synkretistische Religion' den Gegnern reich benutzten Anlaß zu Mißverständnissen zu geben, mehr als ein anderer gelitten. Er hat sie widerlegt, wie man das Unzutreffende solcher Parteischlagworte widerlegen soll, durch das Leben und die Persönlichkeit und hat sich später ausdrücklich von jenen Losungen losgesagt" (Richard Reitzenstein, Wilhelm Bousset, 1920, S. 86.).

Boussets wissenschaftliche Arbeit setzte mit einer Untersuchung über die „Evangeliencitate Justins des Märtyrers in ihrem Wert für die Evangelienkritik" (Göttingen 1891) ein, in der in kritischer Weiterführung der Erwägungen des Gießeners Karl August Credner (1797-1857) in sorgfältiger Detailarbeit die Notwendigkeit patristischer Forschung für die neutestamentliche Wissenschaft aufgedeckt wird. Schon in diesem Erstlingswerk wird ein erster Schwerpunkt der weiteren Forschungen Boussets deutlich.

Ein zweiter Schwerpunkt schloß sich an: „Jesu Predigt in ihrem Gegensatz zum Judentum. Ein religionsgeschichtlicher Vergleich" (Göttingen 1892). Aufgrund des besonders durch Emil Schürer (in Gießen 1878-1890), Wilhelm Baldensperger (in Gießen 1890-1915), Friedrich Spitta (Straßburg), Hermann Gunkel (in Gießen 1907-1920) und Johannes Weiß (damals Göttingen) grundlegend geförderten religionsgeschichtlichen Verstehens des ‚Spätjudentums' und der Stellung Jesu in diesem sah sich Bousset veranlaßt, sich eingehend mit Johannes Weiß' „Die Predigt Jesu vom Reiche Gottes" (Göttingen 1892) kritisch auseinanderzusetzen. Auch Bousset arbeitete den spätjüdischen Hintergrund der Verkündigung Jesu in kritischer Sorgfalt und Quellenprüfung heraus,

„aber es darf hier doch nicht zu rasch geurteilt werden. Jesus unterscheidet sich . . . himmelweit von der Denkart des Spätjudentums, auch wenn wir die oben gezeichnete Stimmung ihm schlechthin zusprechen müssen. . . Es gehörte ein gewisser Mut dazu, um diese Stimmung Jesu unterzuschieben" (S. 46 f.). Diese apokalyptisch-eschatologische „Stimmung" ist allerdings „früh" „in das junge Christentum eingedrungen", „am deutlichsten in der Johannesapokalypse", „und im Lukasevangelium sind eine Reihe von Herrenworten nach dieser Richtung hin ‚verfälscht" (S. 47 u. Anm. 1 ebd.). Das Gesamtergebnis lautet: „Kenntnis des zeitgenössischen Judentums ist im höchsten Grade notwendig die Gestalt Jesu in ihrem tiefsten Sinn und ihrer geschichtlichen Bedeutung zu verstehen. Aber vom Judentum aus und seiner Weltanschauung erreicht man niemals die Gestalt Jesu, hier liegen vollständige Gegensätze vor" (S. 130). Jesus selbst bleibt für Bousset im Horizont liberaler Theologie: er wird hinsichtlich seiner Verkündigung im wesentlichen aus der eschatologischen Orientierung seiner Zeit ausgeklammert, aber gegen die liberale Jesusforschung erkennt Bousset, „dass das messianische Selbstbewusstsein Jesu nicht der feste Punkt ist, von dem man bei einer Gesamtauffassung seiner geschichtlichen Erscheinung ausgehen kann" (S. 130).

Boussets weiterer Weg wird hier deutlich: religionsgeschichtliche Fragestellung im Dienste kritischer Überprüfung der liberalen Leben-Jesu-Forschung. Daß die Jesusforschung im weitesten Sinne eine Zentralaufgabe seines Lebens werden sollte, ist in der genannten Schrift vorgezeichnet.

Ein dritter Schwerpunkt wurde die textkritische Arbeit am Neuen Testament, die Bousset als Meister der Spezialstudien und des überlegten kritischen Rekonstruierens ausweist (vgl. Adolf Jülicher, Theologische Literaturzeitung 20, 1895, Sp. 35).

Ein vierter Schwerpunkt schloß die genannten in methodischer Hinsicht weithin ein: 1895 legte er sein Werk „Der Antichrist in der Ueberlieferung des Judenthums, des neuen Testaments und der alten Kirche" vor. Es ist, wie der Untertitel hervorhebt, „Ein Beitrag zur Auslegung der Apokalypse".

Die Absicht Boussets war es zu zeigen, daß die verschiedenen als apokalyptisch zu bezeichnenden Stücke im Neuen Testament (B. denkt besonders an Matthäus 24, II. Thessalonicherbrief 2, 1-10 und an wesentliche Abschnitte der Apokalypse) jeweils Einzelaussagen eines umfassenderen Ganzen, nämlich einer apokalyptischen Zukunftsdarstellung waren. Diese wurde vermutungsweise einmal zusammenhängend überliefert und hatte ihren Ursprung zeitlich weit vor den Traditionen, die im alttestamentlichen Danielbuch ihren Niederschlag fanden. Sie schließen Anlehnung an den babylonischen Drachenmythos (wenn nicht gar Berührung damit) nicht aus (S. 11 ff.) und finden Fortsetzung in Teilen der mittelalterlichen Antichrist-Darstellung (S. 180). „Die Wege und Wandlungen" aber „solcher apokalyptischen und mythologischen Überlieferungen sind wunderbar, und ihre Lebensdauer wie der Gang ihrer Entwickelung kann nur mit dem Mass von Jahrhunderten gemessen werden" (S. 83).

Bousset hat hier „auf geringem Raum ... Früchte einer ungewöhnlichen mühevollen Arbeit ausgebreitet", und das bleibende „Verdienst" des Verfassers liegt darin, „uns erlöst zu haben von der die Forschung an der Apok. fast ganz beherrschenden Secirkritik; B. zeigt, daß die neutestamentliche Exegese und Kritik sehr zu ihrem Schaden sich in unserm Jahrhundert von kirchengeschichtlichen Studien ganz fernzuhalten gewöhnt hat" (so Adolf Jülicher, Theologische Literaturzeitung 21, 1896, Sp. 375. 379).

Mit dieser Untersuchung hat sich Bousset methodisch den Weg zu seinem 1896 erstmals erschienenen Kommentar über „Die Offenbarung des Johannes" (Kritisch-exegetischer Kommentar über das Neue Testament, begr. v. H. A. W. Meyer, Göttingen ⁵1896 [= erste Bearb. durch Bousset]) gebahnt. „Es müssen neue Wege eingeschlagen, neue Mittel angewandt werden, ja eine ganz neue Methode der Forschung wird notwendig sein, wenn wir weiter kommen wollen, vor allem aber handelt es sich um ein klares Bewusstsein von der anzuwendenden Methode. In meiner Arbeit habe ich an einer ganzen Reihe von Apokalypsen die Gesetze eschatologischer Tradition beobachten können. Und darin besteht für mich der mittelbare Wert meiner Arbeit für die Auslegung der Apokalypse" (Antichrist, S. 2). Religions-, traditions- und wirkungsgeschichtliche Fragestellungen greifen für Bousset ineinander, ja sie müssen es, um das besondere Anliegen neutestamentlicher Autoren zur Geltung zu bringen. Nur ein auf die Wurzeln zurückgreifendes historisches Fragen vermag Weiterführendes zu erarbeiten. Historisch-kritische Forschung gewinnt für Bousset Lebensbezug für das Proprium der Botschaft des Neuen Testaments. Erst rückblickend kann ganz ermessen werden, welch zukunftsträchtige Fragestellungen Bousset in seinem „Antichrist" ausgelöst und in seinem Apokalypse-Kommentar exegetisch bewältigt hat. Bleiben auch in der ersten von ihm bearbeiteten Auflage gerade im Bereich der historischen Situierung Fragen offen, die der Verfasser selbstkritisch in der zweiten Bearbeitung (1906) neu faßte, so durfte für seine Zeit die Beurteilung des Gesamtwerkes als wirkliche Bereicherung gelten: Die Apokalypse ist kein einheitliches Werk.

„Wir nehmen keine Grundschrift mit allmählichen Erweiterungen, keine Quellen und keinen mechanisch arbeitenden Redaktor an, sondern einen apokalyptischen Schriftsteller, der jedoch in vielen Punkten nicht aus freier Hand schuf, sondern ältere apokalyptische Fragmente und Überlieferungen, deren Überlieferung vorläufig noch dunkel bleibt, verarbeitete". (Zitate, z. T. gesperrt, in: Offenbarung, S. 129; vgl. S. 119-148).

Bousset war mit diesen Veröffentlichungen in die vorderste Reihe der jüngeren Neutestamentler gerückt. Am 9. Mai 1896 wurde er zum außerordentlichen Professor in Göttingen ernannt. Annähernd 20 Jahre hat er diese Position innegehabt. Oftmals bekam er dabei zu spüren, daß ein Extraordinarius damaliger Zeit fast extra facultatem zu leben hatte. Sein eigener menschlich wie wissenschaftlich geradliniger Weg, auf dem er für das als richtig Erkannte auch existentiell eintrat, hat ihm das Leben in Hochschule und Kirche nicht leicht gemacht. Er hat darunter gelitten, aber nie resigniert. Daß ihm ein Ordinariat verwehrt war, war ihm geradezu Ansporn, wissenschaftlich Überragendes zu leisten. Er wollte wirken, Verantwortung tragen, Menschen beistehen. Besondere Voraussetzung sah er dafür im Kreis um Friedrich Naumann gegeben. Ihn bekümmerte die immer stärkere Abwendung von der Kirche, und er wollte dieser Entwicklung entgegentreten. Der sozialistischen Kritik an der Kirche konnte er weithin folgen; es schmerzte ihn, daß hier die Kirche nicht schuldlos war, und es galt für ihn, den Ursachen dafür auf den Grund zu gehen. Einsatz bis zum Äußersten, um persönliche Überzeugung in überzeugender Haltung anderen verständlich zu machen, war ihm in wissenschaftlicher Theologie, Kirche und Politik maßgebender Grundsatz.

Seine Gattin Marie, geb. Vermehren, eine Lübeckerin, mit der er am 12. Oktober 1897 die Ehe geschlossen hatte, stand ihm in diesen Jahren vielfach leidvoller Erfahrung treu zur Seite. Der – selbst kinderlose – Kinderfreund Bousset vermochte sich – wie berichtet wird – außergewöhnlich gut auf kindliche Situationen einzustellen. Im Kreis von Freunden und Kollegen konnte er gesellig sein. An seinem reichen Wissen auch außerhalb seines Fachgebietes, besonders in Kunstgeschichte und neuerer Literatur, ließ er andere gern teilhaben. Natur und Wandern boten ihm Erholung, wobei ihm der Göttingen nahe gelegene Harz völlig ausreichte; von ausgedehnten Reisen – etwa ins Ausland – hielt er nichts.

Den Umgang mit Studenten suchte er. Eine besondere Aufgabe sah er in Aufbau und Neugestaltung der Burschenschaft Germania in Göttingen, um die er sich auch literarisch verdient gemacht hat (1911). Gelegentlich wurde sein Einfluß auf Jüngere als des Überlegenen auch bemängelt, ebenso eine gewisse Schroffheit, die besonders dann zur Geltung kam, wenn er andere ins Unrecht gesetzt sah und einschreiten zu müssen meinte.

Alle diese Hinweise aber reichen nicht hin, um das Wesentliche herauszustellen: Bousset war von tiefer Frömmigkeit geprägt. Im Hause der ihm zeitlebens nah verbundenen und ihn stützenden Familie des Verlegers Gustav Ruprecht in Göttingen bemerkte man an ihm aufgrund seiner dort gehaltenen Bibelstunden pietistische Züge. Seine oft – besonders von seinen Gegnern – als radikal empfundene Einstellung wurzelte zutiefst im Glauben.

Dies alles wird man bedenken müssen, wenn nun der weitere Weg Boussets kurz skizziert wird.

Er verfolgte das wissenschaftliche Geschehen mit ungewöhnlich wachem Blick. Als sehr begehrter Rezensent orientierte er fachkundig und prägnant, vor allem in der ‚Theologischen Literaturzeitung' und in der von ihm (mit Wilhelm Heitmüller) 1897 begründeten ‚Theologischen Rundschau'. Von 1903 an gab er mit Hermann Gunkel die ‚Forschungen zur Religion und Literatur des Alten und Neuen Testaments' (FRLANT) heraus, in denen besonders religionsgeschichtliche Untersuchungen jüngerer Kollegen (und Anfänger) Eingang fanden. Auf ihn ging auch die Gründung der ‚Religionsgeschichtlichen Volksbücher' zurück. Hier sollten und wurden vor allem interessierte Laien in klarer und verständlicher Darstellung angesprochen.

Die vielseitigen Interessen Boussets schlugen sich in den Forschungen dieser Jahre als Entfaltung des im letzten Jahrzehnt des 19. Jahrhunderts Erarbeiteten nieder.

An der Schwelle zum neuen Jahrhundert stand sein kritischer Bericht: „Zur Methodologie der Wissenschaft vom neuen Testament" (Theologische Rundschau 2, 1899, S. 1-15). Mit seinem Freund William Wrede (1859-1906, damals in Breslau) und seinem späteren Gießener Kollegen Gustav Krüger wußte er sich einig: „eine bestimmte zeitliche Grenze zwischen neutestamentlichem und nichtneutestamentlichem Schrifttum gibt es nicht" (S. 3), und er hielt nach eingehender Erörterung dieser Frage für Religionsgeschichte und Geschichte des Urchristentums fest: „Soviel ist sicher, dass die neutestamentliche Wissenschaft durch eine solche Erweiterung ihres Gebietes am besten bewahrt wird vor der Gefahr einer oft ins kleinliche sich verlierenden Detailarbeit und eines hyperkritischen Scharfsinns, der glaubt, alles wissen und alle Schwierigkeiten lösen zu können" (S. 14).

Boussets Weg war vorgezeichnet: Seine religionsgeschichtliche Forschung fand zunächst ihren Höhepunkt in: „Die Religion des Judentums im neutestamentlichen Zeitalter" (Berlin 1903). Hier zeigte er, daß man die neutestamentliche Gedankenwelt nicht einfach an die alttestamentlichen Schriften anschließen kann, sondern daß sie selbst vom nachalttestamentlichen Judentum nachhaltig beeinflußt ist. Er bot eine ungewöhnlich reichhaltige und umfassende Darstellung, die das palästinische und das Diasporajudentum in seiner vielfältigen Religiosität und in seinen das Leben umschließenden Äußerungen der Frömmigkeit bedachte und auch den „Nebenformen der jüdischen Frömmigkeit" gerecht wurde, ohne „das religionsgeschichtliche Problem" in seiner Vielschichtigkeit zu vernachlässigen: Nicht nur die jüdische Religion hat Einfluß auf das Christentum ausgeübt. Das Ergebnis war – auch in der kritisch überarbeiteten 2. Aufl. von 1906 – weitgreifend: „Der G r u n d c h a r a k t e r   d e s   S p ä t j u d e n t u m s ist ein durchaus e p i g o -

n e n h a f t e r und u n s c h ö p f e r i s c h e r ". Doch „das Judentum war die Retorte, in welcher die verschiedenen Elemente gesammelt wurden. Dann erfolgte durch ein schöpferisches Wunder die Neubildung des Evangeliums" (² 1906, S. 541 [Zitate]).

Das schon 1892 geäußerte Urteil bestätigte sich jetzt aufgrund tiefgreifender religionsgeschichtlicher Forschung. Das im allgemeinen weithin positiv beurteilte Werk fand insofern scharfe Kritik, als es nicht das rabbinische Material berücksichtigte (vgl. bes. Felix Perles, Bousset's Religion des Judentums im neutestamentlichen Zeitalter kritisch untersucht, Berlin 1903). Dieser hat darauf in vornehmer Sachlichkeit u. a. mit dem Hinweis auf die Entstehungszeit des Neuen Testaments und der rabbinischen Belege geantwortet (Nachweise bei Verheule S. 92 ff. u. ö.). Zahlreiche weitere Besprechungen zur Literatur über das Spätjudentum hat Bousset in den nachfolgenden Jahren in der ‚Theologischen Rundschau' veröffentlicht.

Ebenfalls in die neunziger Jahre zurück reichte Boussets Einarbeitung in die Gnosisforschung (Theologische Rundschau 2, 1899, S. 13 f.). In der umfassenden Besprechung von Adolf Harnack, Das Wesen des Christentums 1900, verdeutlichte er bereits seine diesbezügliche kritische Position (Theologische Rundschau 4, 1901, S. 89-103, bes. S. 100 ff.). Diese Sicht fand in dem Werk „Die Hauptprobleme der Gnosis" (FRLANT 10, Göttingen 1907) ihre akzentuierende Darstellung, wobei über das bereits Bekannte hinaus jetzt Boussets Fragestellung in besonderer Weise der Vorgeschichte der Gnosis galt, die ihn die vorderorientalischen Religionen durchleuchten ließ. Seit Boussets Beweisführung war Harnacks These von der Gnosis als „akute(r) Hellenisierung" im frühen Christentum brüchig geworden (vgl. schon Theologische Rundschau 4, 1901, S. 102), und Harnacks Rezension fiel entsprechend negativ aus (Theologische Literaturzeitung 33, 1908, Sp. 10-13). Bousset hat in den Folgejahren seine Sicht weiter abgesichert (z. B. im Artikel „Gnosis, Gnostiker", Pauly-Wissowa, Realencyclopädie der classischen Altertumswissenschaft Bd. 7, 1912, Sp. 1503-1547).

Schließlich ist, fast schon an die Gießener Zeit heranreichend, die religionsgeschichtliche in die literarische Fragestellung überführt in dem Werk „Jüdisch-Christlicher Schulbetrieb in Alexandria und Rom" (FRLANT 23, Göttingen 1915; vgl. S. III), in dem Bousset zeigen möchte, daß in der alexandrinischen Gelehrtenschule (und auch anderswo?) umfangreichere Stücke entstanden sind, die bei Philo, Clemens von Alexandrien, Irenäus in die entsprechenden Werke eingearbeitet bzw. übernommen wurden. Diese Untersuchung, der Richard Reitzenstein „glänzende(n) Scharfsinn" bescheinigte, hat die Fachwelt zwar nicht in jeder Hinsicht überzeugt, aber sie erwies in weiterführender Weise Möglichkeiten und Grenzen antiken Schulbetriebs – und zudem Boussets überragende Kenntnisse in klassischer Philologie (Reitzenstein S. 89; Hans Frh. v. Campenhausen, Theologische Rundschau, N. F. 6, 1934, S. 19; Verheule, S. 245 ff.).

Boussets wissenschaftliche Arbeit suchte den Menschen. In seinen Vorträgen über „Das Wesen der Religion" (Halle 1903) wird dies unmittelbar deutlich:

„sie möchten die modernen Menschen unsrer Zeit, soweit in ihnen ein Fragen nach einem ihr Leben leitenden Glauben erwacht ist, in der Überzeugung bestärken, daß auch für sie noch immer die Religion in der Form des Christentums und nur in dieser Form das bietet, wonach sich in ihnen die Sehnsucht regt" (S. VII).

In diesem Sinne ist auch der noch heute ergreifende Vortrag „Was wissen wir von Jesus?" (Halle 1904) zu lesen. „Es ist mir . . . mit erschreckender Deutlichkeit klar geworden, wie wenig die wissenschaftliche Theologie bis jetzt . . . es sich zur Aufgabe gemacht hat, die Früchte ihrer Arbeit zum Allgemeingut zu machen" (Vorwort). Hier wie in dem Büchlein „Jesus" (Halle 1904) zeigte Bousset in kritischer Sorgfalt und hingebungsvollem Ringen um Wahrhaftigkeit, wie wenig wir im Grunde vom „historischen Jesus" wissen können (z. B.: „Was wissen wir von Jesus?", S. 57 [Zitate]), wie sehr der Gemeindeglaube unsere Berichte in den Evangelien gestaltet hat und doch in kritischer Rückfrage Entscheidendes der Verkündigung Jesu aufgedeckt zu werden vermag. Noch gültige Grundansichten der Jesusforschung sind in diesen beiden Büchlein erfaßt. So kann der „zweite(m) Nachfolger auf Wilhelm Boussets Gießener Lehrstuhl", Karl Ludwig Schmidt (in Gießen 1921-1925), im Geleitwort zur 4. Auflage 1922 des Jesus-Buches feststellen, daß „die neuere formgeschichtliche oder stilkritische Betrachtungsweise Boussets im ganzen intuitive Zurückhaltung [sc. bezüglich einer Jesus-Darstellung] im einzelnen unterbaut und gerechtfertigt" und daß die schon in der erstenAuflage von 1904 „latent vorhandene(n)" „Erforschung der Gesetze mündlicher Überlieferung" inzwischen zentrale Bedeutung erlangt hat. „Wenn wir uns vor der Geschichte Jesu beugen, so beugen wir uns auch vor dem Forscher, der Jesus mit seinem Innersten erfaßt hat. Mehr als andere Jesusbücher ist das Boussets auf Schritt und Tritt, vor allem aber auf seinen Höhepunkten ein persönliches Bekenntnis" (K. L. Schmidt, Geleitwort zu W. Bousset, Jesus [Religionsgeschichtliche Volksbücher, I. Reihe 2./3. Heft], Tübingen ⁴ 1922 o. S.).

Boussets Ringen um den Glauben verdeutlicht eine Reihe weiterer Vorträge und an die Allgemeinheit gerichteter Schriften, wie etwa „Unser Gottesglaube" (Religionsgeschichtliche Volksbücher, V. Reihe 6. Heft, Tübingen 1908), in der des Verfassers Lieblingswort „Wir heißen euch hoffen" sehr persönlich als Glaube in einem Leben der Hoffnung entfaltet wird.

In diesem genannten Ringen um den Glauben ist auch Boussets intensives Studium des Friesianismus verwurzelt, das unter seinen Freunden manches Erstaunen ausgelöst hat. Über Einzelheiten hinaus sah er hier nicht nur Phänomene des Religiösen überhaupt, sondern vor allem menschlich existentielle Bezüge, das Suchen nach einem Letzten, das Wissen, daß auch radikalste kritische historische Forschung nur vom Jenseitigen her im Diesseits lebensgestaltend sein kann. Aus der Dimension des Ewigen erwächst sinnvolle Gegenwart, die den Forscher mit allen Menschen verbindet (vgl. bes. Theologische Rundschau 12, 1909, S. 419 ff. 471 ff.; Zeitschrift für Theologie und Kirche 21, 1911, S. 141 ff.; Brief von Ernst Troeltsch vom 14. 12. 1909 bei E. Dinkler – von Schubert, S. 45 f.). Mögen hier

Überschätzungen und allzu weitgehende Deutungen Boussets vorliegen, für seinen eigenen Weg als suchender Christ ist diese philosophische Richtung, wenn auch nicht als Hauptstütze, bedeutsam geworden.

In diesem Zusammenhang ist schließlich sein energisches Bemühen um die Mission zu nennen. Theologie ohne missionarischen Ansatz und Impetus war ihm ein Unding. Sein Beitrag „Die Mission und die sogenannte Religionsgeschichtliche Schule" (Göttingen 1907) zeigt: Wer Religionsgeschichte als Forscher methodisch begründet, wird zu einer Konzeption der Mission – für ihn die Heidenmission – genötigt.

Die Fülle der Gesichtspunkte vereinigte sich in dem Werk, das bei der Vorbereitung einer zweiten Auflage Boussets Tätigkeit in Gießen bestimmen sollte: „Kyrios Christos. Geschichte des Christusglaubens von den Anfängen des Christentums bis Irenaeus" (FRLANT, NF 4. Der ganzen Reihe 21. Heft, Göttingen 1913). Zwei Schranken werden hier methodisch begründet eingerissen: „Einmal handelt es sich um die Beseitigung der Scheidewand zwischen neutestamentlicher Theologie und altkirchlicher Dogmengeschichte" und zum anderen um die Beseitigung „der Abtrennung der Religionsgeschichte des Urchristentums von der allgemeinen Entwicklung des religiösen Lebens, welches das Christentum im Zeitalter seiner ersten Jugend umgibt" (1. Aufl. S. V, VII). In die rekonstruierte Geschichte des Urchristentums hinein wird von der palästinischen Urgemeinde über die hellenistische Gemeinde und die weitere Entwicklung die Glaube an Jesus als den Herrn, der „Kyriosglaube" und der „Kyrioskultus" als eine Geschichte der Frömmigkeit der frühesten Christenheit entfaltet, wobei die Verehrung des „Kyrios" nach Bousset erst der hellenistisch-heidenchristlichen Gemeinde zuzuschreiben ist und die paulinische und johanneische Theologie allein von hellenistischen bzw. hellenistisch-jüdischen Voraussetzungen aus verständlich werden. Scheint das Proprium des Neuen Testaments unter dieser bewußten Einordnung in die religionsgeschichtlich relevante Umwelt zurückzutreten, so wird dieses doch zugleich – wie schon 1892 – in Jesu ureigener Verkündigung gesehen, die darum von der religionsgeschichtlichen Einordnung letztlich unberührt bleibt. „Kontrast und . . . Kontakt" zur liberalen Jesusforschung bleiben deutlich umrissen (Zitat: K. L. Schmidt im Geleitwort zu „Jesus" [4]1922). Der Religionsgeschichtler Bousset will die Brücke zur liberalen Theologie nicht abreißen lassen. Sein durchgängiges Fragen nach der Religion ist auch unter diesem Gesichtspunkt zu würdigen. Es zielt darauf, wie Rudolf Bultmann in seinem Geleitwort zur 5. Auflage 1965 gezeigt hat, daß „im Grunde nach dem existentiellen Sinn der theologischen Aussagen des Neuen Testaments gefragt" wurde (S. VI). Die Beurteilung dieses Werkes reichte von stärkster Zustimmung bis zu schärfster Ablehnung (in bedeutsamer Kritik äußerte sich u. a. sein Freund Paul Wernle, in: Jesus und Paulus. Antithesen zu Boussets Kyrios Christos, Zeitschrift für Theologie und Kirche 25, 1915 [Separatausgabe, S. 1-92]). Die wichtigsten Klarstellungen und Verdeutlichungen finden sich in Boussets Schrift „Jesus der Herr. Nachträge und Auseinandersetzungen zu Kyrios Christos" (FRLANT, N. F. 8. Der ganzen Reihe 25. Heft,

Göttingen 1916). Sie waren – zusammen mit Boussets noch unveröffentlichter, in Gießen zur reifsten Gestalt gelangten Vorlesung über ,Neutestamentliche Theologie' – die wichtigsten Beiträge für die 2. Auflage von „Kyrios Christos" 1921. Von dieser Auseinandersetzung Boussets mit seinen Kritikern hat Harnack anläßlich seiner Rezension von „Kyrios Christos" (² 1921) mit Recht bemerkt: Sie „ist das schönste Denkmal seines nur vom Willen zur Sache bestimmten wissenschaftlichen Charakters und jener Liebenswürdigkeit, die auch der wissenschaftliche Verkehr nicht entbehren kann" (Theologische Literaturzeitung 47, 1922, Sp. 145).

Mit der Diskussion um „Kyrios Christos" und seiner Weiterführung sind wir mitten in Boussets Gießener Zeit. Es gilt innezuhalten.

Um dieses umfangreiche (hier keineswegs in seiner Gänze vorgestellte) Werk wußte die Gießener Theologische Fakultät. Sie wußte von dem Menschen Bousset, von seinen Kämpfen und um die ihm widerfahrene Zurücksetzung bei Lehrstuhlbesetzungen. Die wissenschaftliche Hochschätzung und Anerkenneung seiner Person bei vielen stand dabei außer Zweifel. Im Jahre 1899 war er Ehrendoktor der Theologischen Fakultät in Heidelberg geworden, 1915 wählte ihn, was für einen Extraordinarius außergewöhnlich war, die Königliche Gesellschaft der Wissenschaften in Göttingen zu ihrem Mitglied. Kirchlich galt er (mit anderen Religionsgeschichtlern) als höchst gefährlich, besonders infolge seiner Vorträge, in denen er seine wissenschaftliche Arbeit in den Gemeinden bekannt machte. Als ,weltliches' Mitglied der Hannoveraner Landessynode erregte er im Jahre 1905 den Zorn weiter kirchlicher Kreise. Zweifel an der Aufrichtigkeit seines Bekenntnisses waren auch in der Folgezeit öfter Gegenstand der Beratung in der Synode. Seine Forderung nach aktiver Mitarbeit von Frauen in der Kirche, nach Theologiestudium von Frauen und die fast prophetische Einsicht in die Notwendigkeit des Pfarramtes der Frau im 20. Jahrhundert reichten hin, ihn nicht nur in lutherisch ausgerichteten Landeskirchen untragbar zu machen (vgl. u. a. Protokolle der Landeskirche von Hannover 1906, S. 728 ff.). Für die unierte Kirche Preußens – wie auch für die Regierung – war er einerseits als Anhänger Friedrich Naumanns inopportun, andererseits als maßgebender Vertreter der Religionsgeschichtlichen Schule suspekt. Als das Preußische Abgeordnetenhaus am 5. April 1913 über das Jesusbild der Religionsgeschichtlichen Schule debattierte, ging es äußerlich um Wilhelm Heitmüller, miteingeschlossen aber um Bousset (vgl. W. Heitmüller, Jesus. Tübingen 1913, S. 182 ff.).

Der Mut der Gießener, den Befähigsten der Erreichbaren zu gewinnen, wurde in den wenigen dortigen Jahren Boussets reich belohnt. Es kam kein Verbitterter, vom Leben Enttäuschter nach Gießen. Richard Reitzenstein berichtet: „Als beim Scheiden aus Göttingen ein Redner ihn rühmte, er sei trotz vieler Zurücksetzungen nie bitter geworden, sprudelte es von seinen Lippen: ,Dazu hatte ich ja gar keine Zeit; es gab immer zu viel zu lernen' " (R. Reitzenstein, Wilhelm Bousset, S. 95). Er fügte sich glänzend in den Kollegenkreis der Universität ein und empfand die Gießener Jahre als den Höhepunkt seines Lebens. In den Schicksalstagen 1918/19 griff er oftmals zur rechten Stunde ein, um Studenten und Kollegen – auch als Universitätsprediger – seelsorgerlich und mit aufrüttelndem Wort beizustehen. Gustav Krüger bemerkt im Rückblick:

„Vier Jahre ... habe ich das Glück gehabt, mit Wilhelm Bousset an einer Fakultät zusammenarbeiten zu dürfen. Unser reger Verkehr hat mir einen tiefen Einblick verschafft in die Werkstatt seiner Gedanken, und immer von neuem hat mich Bewunderung erfüllt über die schier unerschöpfliche Fülle von Problemen, die seinen reichen Geist beschäftigten" (G. Krüger, in: W. Bousset, Apophthegmata. Studien zur Geschichte des ältesten Mönchtums. Aus dem Nachlaß hg. v. Theodor Hermann und Gustav Krüger, Tübingen 1923, S. III).

Neben der weiteren Arbeit an „Kyrios Christos" ist es vor allem dieses letztgenannte Werk, das nach schon mit R. Reitzenstein in Göttingen erarbeiteten Vorstudien die Gießener Jahre Boussets ausfüllte (vgl. Reitzenstein, Historia Monachorum und Historia Lausiaca. Eine Studie zur Geschichte des Mönchtums und den frühchristlichen Begriffen Gnostiker und Pneumatiker, FRLANT, N. F. 7, Göttingen 1916, „W. Bousset bei seinem Scheiden aus Göttingen zugeeignet"). Minutiöse Vorarbeiten, die teilweise nach Boussets Tod in Zeitschriftenaufsätzen erschienen, dienten dem Ziel, die früheste Geschichte des Mönchtums im Christentum zu erarbeiten. An den Sammlungen von Aussprüchen im ältesten Mönchtum, den Apophthegmata Patrum, lassen sich nach Bousset Merkmale der Überlieferung erkennen, die für den Überlieferungsprozeß der synoptischen Evangelien im Neuen Testament von größter Bedeutung sind. Dem unermüdlichen Einsatz von Gustav Krüger verdankt die neutestamentliche Wissenschaft, daß dieses Werk von epochaler Bedeutung noch nach Boussets Tod erscheinen konnte (vgl. auch R. Bultmann, Die Christliche Welt 42, 1928, Sp. 1041 f.).

Im letzten Jahr seines Lebens hatte Bousset die Freude, daß seine Fakultät die höchste bis dahin erreichte Studentenzahl erlebte. Auch war es für ihn wie für seine Fakultät ehrenvoll, daß er bei der 500-Jahrfeier der Universität Rostock im November 1919 unter besonderem Hinweis auf seine philologischen Leistungen für Theologie und andere Disziplinen mit dem Dr. phil. h. c. ausgezeichnet wurde.

Zugleich aber war er in tiefer Sorge um die Zukunft der theologischen Arbeit: Er fürchtete eine Spaltung zwischen den der historisch-kritischen Arbeit Verpflichteten und denen, die mit – nicht bestrittener – kirchlich geprägter Frömmigkeit das Studium bewältigen wollten. Er sah hier schwerwiegende Folgen auf die Fakultäten und die Kirche überhaupt zukommen und setzte diese Ahnungen in Beziehung zur Zerrissenheit im eigenen Land und Volk. Er selbst war gerade mit Ernst Troeltsch und Max Weber der Demokratischen Partei beigetreten, die mit anderen Parteien den Versailler Vertrag ablehnte. Als die deutsche Situation zwischen Vertragsablehnung (mit ihren Folgen) und Vertragsannahme (mit ihren Folgen) innerhalb weniger Tage im Juni 1919 die stärksten Emotionen auch unter den Theologen auslösten, hielt Bousset am 20. Juni 1919 eine noch heute wichtige Rede; ausgehend von der Feststellung, daß wissenschaftliche Theologie und christlicher Glaube fest zusammen gehören.

„Wir wollen alle c h r i s t l i c h e Religion, c h r i s t l i c h e Theologie, nicht eine allgemeine Religion und Allerwelts-Theologie. Christliche Religion aber wurzelt in der Vergangenheit und ist gebunden an die Geschichte. Christliche Religion hat ihr Fundament in den Urkunden des alten und des neuen Testaments, und christliche Theologie kann es mit diesen Fundamenten gar nicht ernst und genau genug nehmen. Ich sage das namentlich den jungen Freunden unter Ihnen, die . . . mit dem Ruf kommen: Fort mit der Geschichte. Der Christus, den Sie verehrend suchen", aber „bleibt doch gebunden an den historischen Jesus von Nazareth". „Ich antworte . . . , daß die Erfahrungen von dem gegenwärtigen Christus stets in Gefahr stehen, Phantasmata zu werden, so lange man sie nicht ständig prüft an der geschichtlichen Erscheinung Jesu von Nazareth und der geschichtlichen Wirkung, die von ihm ausging". „Die Historie ist unerbittlich wie alle Wissenschaft . . . Sie kennt keine Grenzen, als die, die in der Sache begründet sind. Sie fordert starke und unermüdliche Arbeit". „Der Weg des Theologen ist . . . kein einfacher und müheloser, sondern ein dorniger, oft leidvoller. Nicht um Erbauung, nicht um Pflege des religiösen Lebens in erster Linie handelt es sich hier, sondern um Können, Wissen und Erkennen in Arbeit und Schweiß. Und beides, Religion und Wissen um die Religion, steht in unvermeidlicher Spannung . . . Doch müssen Sie als Theologen diesen schweren Weg gehen . . . , schütteln Sie die Theologie in erregter Stimmung nicht ab. W a n d e l n S i e n i c h t d e n W e g z u r S e k t e. Ich beschwöre Sie bei dem Geschick unseres Volkes . . . Die mit Tränen säen, werden mit Jauchzen ernten. Der allmächtige Gott segne Ihr theologisches Studium" (Religion und Theologie, Gießen 1919, S. 11f. 15f.; wieder in: W. Bousset, Religionsgeschichtliche Studien. Aufsätze zur Religionsgeschichte des Hellenistischen Zeitalters, hg. v. Antonie F. Verheule, Supplements to Novum Testamentum Vol. L, Leiden 1979, S. 29-43, Zitate S. 39 f., 43).

Das waren, im Rückblick gesehen, Abschiedsworte. Die Entbehrungen der letzten Jahre hatten an Bousset gezehrt. Kurze Zeit mußte er wegen gesundheitsbedrohender Hungererscheinungen sein rastloses Schaffen unterbrechen. Am 8. März 1920 ist er, nachdem er die mit der Familie befreundete Schriftstellerin Helene Christaller verabschiedet und eine Fuhre Holz in den Keller geschafft hatte, an seinem Schreibtisch sitzend einem plötzlichen Herzversagen erlegen. Am 13. März, am Tage des Kapp-Putsches, wurde der bedeutende Theologe und aufrechte Demokrat unter schwierigsten Bedingungen von seiner Familie und seinen Freunden auf dem Neuen Friedhof in Gießen zu Grabe getragen. Auf seinem Grabstein ist seines Leitwortes „Wir heißen euch hoffen" gedacht.

Drei Sachverhalte müssen abschließend angeführt werden:
Zum einen: Das Werk Boussets besitzt nachhaltige Wirkung bis heute (Neuauflagen fast aller seiner Hauptwerke erschienen nach dem Zweiten Weltkrieg). Auch – im Sinne Boussets selbstverständlich – neuere Forschungsergebnisse bestätigen, wie maßgebend er Pionierarbeit geleistet, in methodischer Sorgfalt Wege

geebnet und Weichen für künftige Forschungsarbeit gestellt hat. Rudolf Bultmann, sein unmittelbarer Nachfolger auf dem Gießener Lehrstuhl (1920-1921), hat dies klar umrissen:

„Boussets Name wird immer mit an erster Stelle stehen unter den Erforschern der Geschichte des Urchristentums: Er verband mit der Kunst kritischer Analyse die Gabe der Zusammenschau und die Kraft der Gestaltung. Aber er war auch einer der Theologen im Vollsinne; in ihm ging die historische Arbeit Hand in Hand mit dem allgemeinen theologischen Interesse und war verwurzelt in seinem inneren Verhältnis zum Wort des Neuen Testaments und zu seiner Kirche. Mit der Energie des Forschers verband sich der feste Glaube an die Wahrheit der Botschaft, die mit dem Urchristentum ihren geschichtlichen Anfang nahm, und die Liebe zu seinem Volk, in dem diese Botschaft wie ein Salz wirken sollte" (R. Bultmann, Die Christliche Welt 37, 1923, Sp. 789).

Zum anderen: Daß Boussets Lebenswerk heute im ganzen vorliegt, geht vor allem auf seine Gattin zurück, der Bousset auch wichtige Einsichten in das Frauenstudium verdankte. Marie Bousset (1867-1944) hat nicht nur das unedierte Werk ihres Mannes mustergültig für die weitere wissenschaftliche Arbeit erschlossen, sondern hat auch in ihrer Schrift „Helene Lange. Eine prophetische Persönlichkeit" (Göttingen 1933) sich und dem geistigen Leben ihrer Zeit ein bleibendes Denkmal gesetzt (vgl. Dora Rade, Die Christliche Welt 47, 1933, Sp. 1050).

Zum dritten: Rudolf Bultmann hat später Boussets Forschungen besonders nachhaltig den folgenden Generationen vermittelt. Er hat dadurch selbst gezeigt, daß seine eigene Position letztlich nicht auf Dauer bei der ‚Dialektischen Theologie' liegen konnte. Seine theologische Trennung von Karl Barth bleibt – für die neuere Theologiegeschichte bedenkenswert – mit Namen und Werk Wilhelm Boussets verbunden, während Barths Beurteilung Boussets nur auf Unkenntnis beruhen kann (K. Barth, Kirchliche Dogmatik Bd. I/2, Zollikon 1938, S. 317; vgl. S. 315 ff.).

Wilhelm Bousset war eine herausragende Persönlichkeit in der theologischen Wissenschaft des 20. Jahrhunderts.

Quellen und Literatur

Archivakten der Universitäten Gießen, Göttingen, Rostock.

Anthonie F. VERHEULE, Wilhelm Bousset. Ein theologiegeschichtlicher Versuch, Amsterdam 1973 (dort Bibliographie Boussets S. 397-408 und Literatur über ihn und seine Zeit S. 409-424. – Wilhelm BOUSSET, Religionsgeschichtliche Studien. Aufsätze zur Religionsgeschichte des Hellenistischen Zeitalters, hrg. v. Anthonie F. VERHEULE, Supplements to Novum Testamentum, Vol. L, Leiden 1979 (enthält auch erstmals veröffentlichte Arbeiten).

Erich DINKLER, Zum Nachlaß von Wilhelm Bousset, in: Theologische Rundschau, N. F. 38, 1974, S. 335 f. – Erika DINKLER – von SCHUBERT, Ernst Troeltsch. Briefe aus der Heidelberger Zeit an Wilhelm Bousset 1894-1914, in: Heidelberger Jahrbücher 20, 1976, S. 19-52. – Hermann GUNKEL, Gedächtnisrede auf Wilhelm Bousset, in: Evangelische Freiheit 20, 1920, S. 141-162. – Werner Georg KÜMMEL, Das Neue Testament. Geschichte der Erforschung seiner Probleme, Orbis Academicus III/3, Freiburg. München (1958) ² 1970. –

Richard REITZENSTEIN, Wilhelm Bousset, in: Nachrichten der Königlichen Gesellschaft der Wissenschaften zu Göttingen. Geschäftliche Mitteilungen aus dem Jahre 1920 (= Heft 1 der Geschäftlichen Mitteilungen 1920), S. 84-96. – Johann Michael SCHMIDT, Art. Wilhelm Bousset (1865-1920), in: Theologische Realenzyklopädie Bd. VII, 1981, S. 97-101.

Den Herren Kollegen Prof. Erich Dinkler, Heidelberg, danke ich für Zugänglichmachung von Einzelstücken aus dem Nachlaß Boussets, Prof. Hans Georg Gundel, Gießen, für die Übermittlung zahlreicher Akten aus dem Universitätsarchiv Gießen, Prof. Ludwig Schnorr von Carolsfeld, Erlangen, für eine außerordentlich lebendige Darstellung der eigenen Erinnerungen an Boussets Göttinger Jahre.

Wilhelm (Guillaume) Baldensperger

(1856 – 1936) / Theologe

Als die Gießener Theologische Fakultät nach dem Weggang Emil Schürers (in Gießen 1878-1890) nach Kiel ihr Ordinariat für Neues Testament wieder zu besetzen hatte, galt es für die damaligen Fakultätsmitglieder Johannes Gottschick (Praktische Theologie), Ferdinand Kattenbusch (Systematik), Karl Müller (Kirchengeschichte) und Bernhard Stade (Altes Testament) als ausgemacht, einen jüngeren zukunftsträchtigen Kollegen zu gewinnen. Denn – so heißt es im Aktenstück vom 27. 8. 1890 betr. Wiederbesetzung des Lehrstuhls aufgrund der Berichterstattung Emil Schürers –: „Bei den Vorschlägen, welche wir zu machen haben, wird man von solchen Vertretern des Faches, die bereits Ordinarien sind, abzusehen haben. Denn die wenigen für uns etwa Wünschenswerthen sind sicher nicht erreichbar". Der Vorschlag der Fakultät fiel – soweit erkennbar – einstimmig auf den kaum ein halbes Jahr habilitierten Wilhelm Baldensperger.

Wilhelm Baldensperger wurde am 12. Dezember 1856 in Mühlhausen (Oberelsaß) geboren. Er entstammte einer sehr geachteten Fabrikantenfamilie. Nach seinen eigenen Angaben (Univ. Album Gießen, Blatt 49 vom 31. 7. 1893) studierte er „Theologie und Philologie zu Straßburg i. E. 1875 (Oct) – 1876", wobei ,Philologie' besonders Sprachwissenschaften und Kunstgeschichte einschloß, „Theologie zu Goettingen 1876 (Oct.)-1878 (Oct.)" und „Theologie zu Straßburg 1878-1879" (die Angabe in der Literatur, daß B. auch in Leipzig studierte, wird durch dessen eigene Ausführungen nicht bestätigt). Unter seinen Straßburger Lehrern beeindruckten Eduard Reuß in seiner Spätphase und Heinrich Julius Holtzmann den jungen Studenten am meisten. In Göttingen war es – faszinierend als Persönlichkeit und in seinem Werk – Albrecht Ritschl, der den Weg des jungen Baldensperger nachhaltig beeinflußte.

Nach kurzer Pfarrverweserzeit in Alt-St. Peter zu Straßburg 1880 wurde W. Baldensperger 1881-1884 Redakteur des „Journal de protantisme français" und gleichzeitig Pfarrverweser in Paris (1882-1884). Im Jahr 1886 ließ er sich die Stelle des Pfarrverwalters zu Mundolsheim bei Straßburg übertragen, und 1887 wurde er Pfarrvikar an der Neuen Kirche zu Straßburg selbst.

Erst hier eröffnete sich die Möglichkeit zu eingehenderer Verbindung von praktischem Dienst und wissenschaftlicher Arbeit, die Baldensperger in den achtziger Jahren immer wieder gesucht und die – durch seine Mitarbeit an der großen Calvin-Ausgabe bekundet – im Erwerb des Lizentiatengrades 1887 in Straßburg auch eine Anerkennung gefunden hatte. Sie wurde aber bereits sichtbar in einem glänzenden Bericht über die Theologie Albrecht Ritschls, den Baldensperger 1883 vorlegte, um den französischsprachigen Protestantismus mit Grundgedanken des Göttingers bekanntzumachen („La Théologie d'Albert Ritschl", in: Revue de Théologie et de Philosophie 16, 1883, S. 513-529; 617-634 [= Rapport présenté à la première séance de la Société de théologie protestante de Paris le 22 Mai 1883]). Wichtiger als Einzelheiten ist, daß sich die Konzeptionen des Systematikers Ritschl und des Neutestamentlers Holtzmann für Baldensperger nüanciert und doch verbindend im beiderseitigen Verständnis liberaler Theologie trafen und darin selbst zu einem Grundelement der nachmaligen Forschungen des jungen Neutestamentlers wurden.

Baldenspergers wissenschaftliche Leistungen   setzten mit seinem bis heute wirkungsgeschichtlich nachhaltigsten Werk ein: „Das Selbstbewusstsein Jesu im Lichte der messianischen Hoffnungen seiner Zeit" (Straßburg 1888; [2]1892; [3]1903). Die religionsgeschichtliche Forschung der Zeit mit wachem Blick verfolgend gelang dem jungen Licentiaten der Nachweis, daß Person und Botschaft Jesu nicht in unmittelbarem Zusammenhang mit dem Alten Testament zu sehen seien, sondern in dem der Strömungen des nachbiblischen Judentums, des „späteren Judentums", wie er es selbst – und zugleich in deutlicher Abgrenzung gegenüber A. Ritschls Einschätzung des Judentums – formulierte (vgl. auch W. B., Das spätere Judenthum als Vorstufe des Christenthums, Giessen 1900, S. 3 ff.). Jesu messianische Erwartung wurzelte in vielfältigen Strömungen der keineswegs als monolithischer Block aufzufassenden religiösen Anschauungen des Judentums seiner Zeit, die Verkündigung der Gottesherrschaft sei schon im apokalyptischen Denken vorgegeben, die „messianischen Erwartungen" seien von dem „irdisch politischen Ideale" gelöst, sie fänden in der „Steigerung" ins Überirdische, Transzendente, Eschatologische ihren Ausdruck und schlössen darin die Vorstellung des erwarteten Menschensohns ein (vgl. [2]1892, S. 100 ff.). Jesus könne nur aus der Fremdheit dieser Anschauungen in seiner Botschaft begriffen werden. „Die eigentliche Signatur der Zeit" sei darin gegeben, daß das „rein apokalyptische Zukunftsbild" nur in gemischtem Typus existiere ([2]1892, S. 102). Dieser religionsgeschichtlich entfaltete Sachverhalt erlaubte es Baldensperger seinerseits, für Jesus ureigene religiöse Anschauungen – letztlich losgelöst vom Judentum seiner Zeit – zu konstatieren (vgl. [1]1888, S. 105 ff. u. ö.), oder genauer: Das eschatologisch erwartete und das geistige Reich Gottes werden verbunden. Die Grundstruktur liberaler Theologie bleibt erkennbar: „Jesus hielt sich in der That für den verheissenen Messias", aber „der messianische Glaube war . . . weit davon entfernt, ein Hemmniss für die freie Entwickelung Jesu zu sein . . . Weil Jesus sich als den Messias und das Reich der Herrlichkeit als nahe bevorstehend wusste darum geschah es ja, dass er die vorläufigen Bedingungen dieses Reiches: Liebe, Gerechtigkeit, Busse, d. h. das Gottesreich in den Herzen verkündigte" (aus: [2]1892, S. 280-282); Zitate dieses Abschnittes im Original teilweise in Sperrdruck.

So bedeutend die religionsgeschichtliche Leistung des Verfassers war – sie geht in der Differenzierung der jüdischen Vorstellungswelt über Emil Schürers grundlegende Arbeiten hinaus und kann sich im übrigen mit der Erstlingsschrift des jungen Hermann Gunkel (in Gießen 1907-1920) über „Die Wirkungen des heiligen Geistes nach den populären Anschauungen der apostolischen Zeit und nach der Lehre des Apostels Paulus", Göttingen 1888, messen – und so fruchtbar es für die Folgezeit blieb, Jesu Wirken und Botschaft aus dessen eigener Zeit und Umwelt zu erklären, der durch Ritschl und Holtzmann geprägte liberale Denkansatz durchzog das Werk und brachte ihm eine sehr positive Besprechung seines Lehrers ein (H. J. Holtzmann, Theologische Literaturzeitung 13, 1888, Sp. 78-81). In dieser Problematik stand Baldensperger nicht allein: Auch Johannes Weiß, der spätere Fachkollege an der Nachbaruniversität Marburg, und sein Landsmann und ebenfalls Holtzmann-Schüler Albert Schweitzer, dem er durch seine Untersuchung in vieler Hinsicht Vorbild war, stellten sich der gleichen Aufgabe, das Erbe liberaler Theologie in einer religionsgeschichtlich vorwärtsdrängenden Zeit in der neutestamentlichen Forschung methodisch und historisch verantwortbar aufzuarbeiten, wie Baldensperger in einer umfangreichen Besprechung eines Werkes von J. Weiß darlegte (Theologische Literaturzeitung 20, 1895, Sp. 587-590; A. Schweitzer, Geschichte der Leben-Jesu-Forschung, Tübingen [2] 1913, S. 230 f., 258).

Gleichwohl war die 1. Auflage jener Untersuchung nicht nur die Grundlage für Baldenspergers im Mai 1890 erfolgte Habilitation „an der theologischen Fakultät zu Straßburg für die Lehrfächer des N. Testaments und der systematischen Theologie", sondern auch der eigentliche Anlaß seiner Berufung nach Gießen. So führt E. Schürer in dem schon genannten Bericht aus:

„Er ist mir nur durch seine vortreffliche Schrift . . . bekannt. Das Buch verrät nicht nur die gründlichsten Kenntnisse, sondern auch einen Reichtum an eigenen Anschauungen und eine glänzende Darstellungsgabe. Er sucht darin die Genesis des messianischen Selbstbewußtseins Jesu zu erklären auf Grund der jüdisch apokalyptischen Hoffnungen seiner Zeit. Ich bin zwar nicht mit allem einverstanden, was darin gesagt ist, aber ich habe seit längerer Zeit keine Schrift eines jüngeren Theologen gelesen, die mich so angezogen hätte. Es ist ein vielversprechender Anfang, dem gewiß – wenn dem Autor die nöthige Muße gegönnt ist – noch hervorragende Leistungen folgen werden . . . Dieser Eindruck wird auch vollkommen bestätigt durch alle Nachrichten, die mir und anderen Collegen infolge eingezogener Erkundigungen in den letzten Tagen zugekommen sind. Baldensperger wird geschildert als ‚ein glänzender Geist' ".
„Aufgewachsen als Franzose beherrscht er beide Sprachen mit gleicher Meisterschaft, wie ihn auch die französische Leichtigkeit und Gewandtheit in der Production von . . . [genannt wird ein anderer in Erwägung Gezogener] unterscheidet. Bisher war er Vicar an der Neuen Kirche in Straßburg und gehörte als solcher zu den beliebtesten Rednern daselbst". „Seine Hauptbeschäftigung als Geistlicher erlaubte keine größere Betheiligung am akademischen Betrieb. Sobald seine Beschäftigung eine einheitliche geworden sein wird, steht gewiß auch eine fruchtbare literarische Wirksamkeit von ihm zu erwarten. Denn er spricht und schreibt sehr leicht, und an Wissen und Gedanken fehlt es ihm

nicht". Schürer schließt: „Mit diesen Äußerungen Holtzmann's stimmen diejenigen anderer Collegen in allem Wesentlichen überein".

Die Zukunft sollte der Entscheidung der Fakultät Recht geben. Durch Dekret vom 22. Oktober 1890 wurde Baldensperger als außerordentlicher Professor „für das Lehrfach des Neuen Testaments" in der Theologischen Fakultät ernannt. Bereits drei Semester später stellte die Fakultät aufgrund des Referates von F. Kattenbusch den Antrag, Baldensperger das Ordinariat für Neues Testament zu übertragen. Johannes Gottschick fügte eigenhändig die Begründung hinzu, „daß wir um so mehr allen Anlaß haben jetzt diesen Antrag zu stellen, als Prof. Baldensperger in seinen Vorlesungen wie in der Leitung der Seminarübungen den anregendsten und förderlichsten Einfluß auf die Studierenden ausgeübt hat". Am 10. Februar 1892 beschloß der Senat einstimmig den Antrag, und bereits am 17. Februar desselben Jahres wurde vom Großherzoglichen Ministerium in Darmstadt die Ernennungsurkunde ausgefertigt. Als zudem am 15. Juli die Theologische Fakultät zu Straßburg ihrem ehemaligen Privatdozenten den Ehrendoktor verlieh, war im äußeren beruflichen Leben Baldenspergers ein Höhepunkt erreicht, der zugleich die innere Voraussetzung für 25, von steter wissenschaftlicher Arbeit ausgefüllte Jahre in Gießen bilden sollte.

Ihm zur Seite stand seit dem 13. Oktober 1893 seine Gattin Juliette, geb. Jaeglé, die aus seiner engeren Heimat stammte. Der Stachel dieser Jahre war der gelegentlich „schlechte Gesundheitszustand" Baldenspergers.

In der Lehre hat Baldensperger sein Fachgebiet in voller Breite vertreten. Er las über die vier Evangelien (speziell: Synoptiker, Matthäus, Johannes), alle großen Paulusbriefe, dazu „Einleitung in das Neue Testament", „Biblische Theologie des Neuen Testaments" (gelegentlich angezeigt unter „Neutestamentliche Religionsgeschichte [Biblische Theologie des Neuen Testaments]"), „Neutestamentliche Zeitgeschichte" und hielt eine Vorlesung über das „Leben Jesu". Besondere Bedeutung hatte seine Vorlesung „Einführung in das theologische Studium (Enzyklopädie und Apologetik)", in der er die notwendige innere Verbindung der theologischen Disziplinen systematisch herausarbeitete. In Übungen und Seminaren kamen Text und Kanon des Neuen Testaments voll zur Geltung, Apostelgeschichte und Apokalypse des Johannes wurden häufig behandelt, katholische Briefe und Pastoralbriefe, christologische Themen, Leidens- und Auferstehungsgeschichte wurden aufgegriffen.

Mehrfach traten aktuelle Themen hervor: Nachdem Edgar Hennecke 1904 einen Sammelband über „Neutestamentliche Apokryphen" hatte erscheinen lassen, behandelte Baldensperger diesen Stoff schon im Wintersemester 1904/05; als sich der Streit um die Verwertung religionsgeschichtlicher Parallelen einem Höhepunkt zubewegte (z. B. in Marburg durch den Orientalisten Peter Jensen), erörterte Baldensperger im Sommersemester 1910 „Religionsgeschichtliche Parallelen zur urchristlichen Vorstellungswelt". Als der Marburger Kollege Wilhelm Heitmüller 1911 ein für weitere Kreise bestimmtes Büchlein über „Taufe und Abendmahl im Urchristentum " vorlegte, zeigte der Gießener als Seminarthema für das Sommersemester 1912 „Das Abendmahl im Urchristentum" an. Schließlich wurde die Thematik des Werkes von Adolf Deißmann „Licht vom Osten" (1908) in den Folgejahren im Seminar „Inschriftenmaterial zum Studium des Neuen Testaments" eingehend behandelt. Das Fach Neues Testament anhand aktueller wissenschaftlicher Fragestellungen den Studenten nahe gebracht zu haben, darf daher im Rückblick als ein wesentliches Kennzeichen der Lehrtätigkeit Baldenspergers gewürdigt werden.

Die wissenschaftliche Arbeit in Gießen erbrachte zunächst eine präzisierte, vielfach durch Exkurse erweiterte und in der Gesamtintention verdeutlichende Neuauflage seiner Erstschrift von 1888 über das „Selbstbewusstsein Jesu" (Straßburg ²1892). Erst die dritte Auflage zeigt eine völlige Umarbeitung, bei der der erste Teil der Untersuchung zum selbständigen Werk wurde: „Die messianischapokalyptischen Hoffnungen des Judenthums" (Straßburg 1903). Die auf diesem Gebiet erheblich vorangeschrittene Forschung von 15 Jahren einbeziehend und sich selbstkritisch korrigierend musterte der Autor den Stoff eingehend:

„Freilich ist diese Vorführung der messianisch apokalyptischen Hoffnungen erst eine Vorarbeit zu dem, was der Wissenschaft als Ideal vorschweben muss, nämlich eine Geschichte der jüdischen Religion. Indessen bilden gerade diese Hoffnungen für die theologische Forschung, welche den Ursprüngen des Christenthums nachgeht, den wichtigsten Teil der jüdischen Religion. Und bei der erneuten, gründlichen Durchsicht des Stoffes, welche zu dieser Auflage nothwendig war, habe ich mich wieder auf's stärkste davon überzeugen müssen, dass wir wegen der Unsicherheit in der Datirung der Quellen und des mangelhaften Zustandes der Texte erst noch in der vorbereitenden Phase zu einer wirklichen Geschichte begriffen sind" (S. VI).

Religionsgeschichtliche Forschung bedarf stets der Reflexion, die „Rekonstruktion" (dazu W. B., Das spätere Judenthum . . . , 1900, S. 11) ist vor allem theologisch im Hinblick auf das ‚Leben-Jesu' zu erfassen. Einerseits ist es – so schreibt Baldensperger 1893 im Vorwort zu einer Gießener Lizentiatenarbeit – „ein Gemeinplatz, wenn man auf irgend einem Gebiete der geschichtlichen Forschung von der Nothwendigkeit redet, rein objektiv, mit dem strengen Gewissen des Historikers zu Werke zu gehen". „Jesus für sich und nur im Rahmen seiner Zeit zu betrachten", ist „methodisch unanfechtbar". „Aber gerade im vorliegenden Falle ist diese Behandlungsweise nicht nur schwierig, sondern fast unerreichbar." „Wissenschaftliche Betrachtung" und „das fromme Bewusstsein" treffen aufeinander. „Ein Jesus, der nicht mehr allein nach vorn weist, sondern auch rückwärts schaut, scheint von seiner erhabenen Stelle herabzusinken und droht, in der allgemeinen religiösen Evolution unterzugehen". Gewiß: „Der Historiker" „genügt" „seiner Aufgabe . . . , wenn er die disparaten Elemente in Jesus nach ihrem Ursprung und ihrem gegenseitigen Verhältniss beleuchtet – es kann nicht seines Amtes sein, sie aus der Welt zu schaffen". Aber es muß dieser Sachverhalt kritisch bedacht werden: „Ein Jesus ohne Verkettung mit dem Judenthum hätte das Christenthum gepredigt, gebracht, aber nicht gestiftet. Alle

Religionsstifter" aber „haben sich nur allmählich aus dem Alten zum Neuen herausgearbeitet". Darum gilt auch gegenüber Jesus methodisch zutreffend, „dass man ihn besser verstehen wolle als er sich selbst". Die Begründung dafür liegt im liberalen Erbe Baldenspergers und kommt dem ‚frommen Bewusstsein' entgegen: „Uns v e r l a n g t zu hören von dem Jesus, der in durchaus ungetrübter Entwickelung von einer Stufe der Erkenntnis zur anderen vorangeschritten ist und die Tradition mit dem Fortschritt innerlich, durch das persönliche Leben vermittelt hat". Deshalb ist es für Baldensperger richtig, daß man „mit der psychologischen Analyse der Person Jesu beginnt. Das ist der Schlüssel zum Verständnis seiner Lehre. In der weiten Perspective religionsgeschichtlicher Betrachtung hingegen, wenn sie von der psychologischen keine Notiz nimmt, werden die divergirenden Linien immer wieder ineinanderfliessen". Religionsgeschichtliche Forschung und religiös-psychologische Fragestellungen der liberalen Theologie schließen sich für Baldensperger nicht aus, sie gehen aufeinander zu und decken kirchliche Verantwortung auf: „Möchten die christlichen Prediger es sich einfallen lassen, dass hierin für die Gebildeten unserer Tage die ergiebigste Quelle der Erbauung und der Andacht liegt!" (im Vorwort zu: L. Jacob, Jesu Stellung zum mosaischen Gesetz. Ein Beitrag zum Leben Jesu und zur Ethik, Göttingen 1893; im Original teilweise im Sperrdruck).

Baldenspergers kritische Berichte über die ‚Leben-Jesu-Forschung' in der ‚Theologischen Rundschau' (1899 ff.) verdeutlichen das Ausgeführte dahingehend, daß einerseits die liberale Leben-Jesu-Darstellung nicht zu einer als historisch ausgegebenen, beliebigen Umgestaltung oder zu einer gegenwartsnahen Modernisierung des Wirkens und der Botschaft Jesu führen darf und daß andererseits eine „religionshistorische Betrachtungsweise, welche nur für den grossen Werdeprozess Sinn hat" und „auch die festen geschichtlichen Data in die allgemeine Auflösung hineinzieht", in ihrem methodischen Vorgehen „einen entscheidenden Rückschritt hinter dem bisher Erreichten" darstellt (Theologische Rundschau 2, 1899, S. 66). Solche stete kritische Selbstprüfung seines Forschens und Lehrens hat Baldensperger geprägt.

Baldensperger war gerne in Gießen, er fand das Vertrauen seiner Kollegen, war mehrfach Dekan (1894/95; 1899; 1903; [1909]; 1913) und wurde offensichtlich um seiner Bemühung willen, wissenschaftliche Arbeit dem kirchlichen Dienst zu erschließen, von der Großherzoglich Hessisch-Darmstädtischen Kirchenleitung 1908 zum „Geheimen Kirchenrat" ernannt.

Wissenschaftlich hat er seiner Fakultät und Universität 1897 durch den im Druck wesentlich erweiterten Vortrag über „Karl August Credner. Sein Leben und seine Theologie" (Leipzig 1897) einen besonderen Dienst erwiesen, indem er anläßlich des 100. Geburtstages Leben und Werk des wohl bedeutendsten Gießener Theologen im 19. Jahrhundert wissenschaftsgeschichtlich und darin zugleich universitäts- und sozialgeschichtlich würdigte. Die hierbei gegebenen problemgeschichtlichen Analysen verdienen heute noch Beachtung, gerade auch für die Gießener Universitätsgeschichte. Mit Recht hat E. Schürer in seiner Besprechung hervorgehoben:

Baldensperger „führt uns die wissenschaftlichen Leistungen Credner's im Einzelnen vor Augen; er verfolgt aber auch das Leben desselben, namentlich seine langjährige Wirksamkeit in Gießen und die mannigfachen Kämpfe, welche er hier durchzufechten sich genöthigt sah, mit solcher urkundlicher Treue und Genauigkeit, daß uns zugleich ein wichtiger Ausschnitt aus der Geschichte der theologischen Facultät, ja der Universität Gießen geboten wird" (Theologische Literaturzeitung 22, 1897, Sp. 418 f.).

Wissenschaftsgeschichtliche Fragen vertiefen auch Baldenspergers 1898 erschienenes zweites Hauptwerk im Bereich der neutestamentlichen Wissenschaft, das, „Der hochwürdigen theologischen Fakultät zu Strassburg als Zeichen des Dankes für die ihm verliehene theologische Doktorwürde gewidmet", sich der Erforschung der johanneischen Schriften zuwandte: „Der Prolog des vierten Evangéliums. Sein polemisch-apologetischer Zweck" (Freiburg, Leipzig, Tübingen 1898). Nicht ohne Bezugnahme auf frühere Untersuchungen, insbesondere auf die seines Lehrers Holtzmann, möchte Baldensperger unter vorrangiger Behandlung des Prologs (Joh. 1, 1-18) den Nachweis erbringen, daß sich das Johannesevangelium gegen die täuferische Bewegung, die Kreise um Johannes den Täufer, richtete. Was sein Lehrer einst als ‚Nebenzweck' bestimmte, wurde jetzt zur Hauptsache erklärt. Exegetische Einsichten, zielstrebige Interpretation und ein hohes Maß kombinatorischer Rekonstruktion verdichteten sich für Baldensperger zu der Auffassung, daß das Johannesevangelium eine Tendenzschrift darstelle. Der Gießener hat diese Sicht nicht als erster vertreten, aber er hat den Tendenzcharakter dieses letzten Evangeliums so umfassend begründet, daß diese Fragestellung bis heute in der Johannesforschung mit seinem Namen verbunden diskutiert wird. Er hat ferner den Einfluß der Täuferkreise auf das junge Christentum so überzeugend erschlossen, daß die spätere Forschung aufgrund ihm noch nicht bekanntgewordener Quellen seine Sicht in Ansatz und Richtung nur bestätigen konnte.

So stellte der damalige Altmeister religionsgeschichtlicher Forschung, Richard Reitzenstein (in Gießen 1892-1893), in seinem 1929 erschienenen Buch „Die Vorgeschichte der christlichen Taufe" fest: „Zum Schluß habe ich ein mich beschämendes Geständnis zu machen: dieser ganze Abschnitt ist geschrieben ehe ich meines früheren Kollegen W. Baldenspergers Buch ‚Der Prolog des vierten Evangeliums' (1898) kennen gelernt hatte. Baldensperger . . . tat gewiß recht, die mandäische Religion nach den damals allein vorliegenden kurzen Mitteilungen . . . nicht zu berücksichtigen. Seit wir in dem Besitz des vollen Materials sind, ist das unmöglich. Wie nahe dennoch die Ergebnisse, die er lediglich durch Interpretation des Johannesevangeliums gewann, denen kommen, die sich mir aus der Vergleichung der mandäischen und christlichen Tradition boten, scheint mir beachtenswert" (S. 66). Ähnlich äußerte sich der damalige Göttinger Neutestamentler Walter Bauer in einem Brief an Hans Lietzmann vom 3. April 1932: „Daß das 4. Evangelium auch im Gegensatz zu einer solchen [sc. Täufergemein-schaft/Mandäer] steht, davon hat mich Baldensperger in einer Zeit überzeugt, für die die Mandäer noch gar nichts bedeutet haben" (in: Glanz und Niedergang der deutschen Universität. 50 Jahre deutscher Wissenschaftsgeschichte in Briefen von und an Hans Lietzmann (1892-1942). Mit einer einführenden Darstellung hg. v. K. Aland, Berlin 1979, S. 703 [= Brief 789]). Entsprechend haben Walter Bauer und Rudolf Bultmann in ihren Kommentaren zum Johannesevangelium wichtige Ergebnisse Baldenspergers aufgegriffen (W. Bauer, Das Johannes-Evangelium, HNT 6, Tübingen ³1933, S. 16-18; R. Bultmann, Das Evangelium des Johannes, KEK II, Göttingen ^10(=1) 1941). So bemerkt R. Bultmann: „Das [sc. im joh. Prolog] zu der Einfügung von V. 6-8.15 führende M o t i v wird aus der polemischen Haltung der Verse deutlich; denn ihr Zweck ist nicht nur der positive, den Täufer als Zeugen für Jesus aufzubieten, sondern zugleich der polemische: die Autorität des Täufers als des Offenbarers zu bestreiten". „So schon richtig W. Baldensperger, Der Prolog des vierten Evgs 1898" (aaO, S. 4 u. Anm. 6 ebdt.). Baldenspergers Schüler Oscar Cullmann hat 1948 „die These von W. Baldensperger bestätigt und präzisiert" (Vorträge und Aufsätze 1925-1962, hg. v. K. Fröhlich, Tübingen 1966, S. 169-175, Zitat S. 175), und der Neutestamentler Rudolf Schnackenburg stellt für die gegenwärtige Diskussion heraus: „Seit W. Baldensperger die Bekämpfung der zur Zeit des Evangelisten lebenden, in Konkurrenz mit dem Christentum stehen-den Jünger Johannes' des Täufers als polemisch-apologetischen Zweck des 4. Ev. scharf, aber auch einseitig herausgestellt hat, ist die Erkenntnis, daß ihm eine solche Tendenz anhaftet, nicht mehr verlorengegangen" (Das Johannesevangelium, 1. Teil. Einleitung und Kommentar zu Kap. 1-4, HThK IV, 1, Freiburg. Basel. Wien 1965, S. 148).

Gleichzeitig hat es nicht an kritischen Stimmen gefehlt. So bezeichnete schon 1899 H. J. Holtzmann seines Schülers Thesen als zu weitreichend (Theologische Literaturzeitung 24, 1899, Sp. 202-205), und Martin Dibelius kritisierte deren Ausdehnung auf die johanneische Christologie (Die urchristliche Überlieferung von Johannes dem Täufer, Forschungen zur Religion und Literatur des Alten und Neuen Testaments, Göttingen 1911, S. 119 ff.).

Fast wichtiger noch als die historische Rekonstruktion und die von Baldensper-ger daraus gezogenen theologischen Folgerungen sollte sich dessen methodisches Vorgehen erweisen: nämlich die auch von ihm intendierte und intensivierte traditionsgeschichtliche Fragestellung, von der z. B. Martin Dibelius in seinem genannten Werk durchaus Gebrauch machte und die beide Forscher auch in gewandelter theologischer Lage nach 1918 in methodisch engere Berührung führen sollte.

Traditionsgeschichtliche Fragestellungen sind auch in Baldenspergers beiden Untersuchungen: „Urchristliche Apologie. Die älteste Auferstehungskontroverse" (Straßburg 1909) und „L'apologétique de la primitive Église" (Strasbourg 1920, ursprünglich als Aufsatz) leitend.

Zwischen beiden Werken liegt die entscheidende europäisch-katastrophale und zugleich persönlich tragische Wende im Leben Baldenspergers. In tiefer Erschütterung über den Ausbruch des Ersten Weltkrieges, in dem nicht Fassen-können, daß Deutschland mit seiner Heimat, seinem Vaterland im Krieg stand, trat Baldensperger mit 58 Jahren von seiner Gießener Professur zurück, ließ sich zum 1. Dezember 1915 pensionieren und siedelte in die neutrale Schweiz, nach Lausanne, über. Aufgewühlt durch die Zeitereignisse suchte und fand er Möglich-keiten aktiven Einsatzes an der Lausanner Universität (und in der französischen Schweiz), wofür ihn später die Theologische Fakultät zu Lausanne mit der Ehren-doktorwürde auszeichnete. Statt seines deutschen Vornamens gebrauchte er fortan die französische Namensform. Am 6. August 1919 löste er auch die Bindung an Deutschland, die durch seinen Pensionsanspruch bestand. Mit fast 63 Jahren über-nahm er am 1. Oktober 1919 ein Ordinariat in der Theologischen Fakultät Straßburg, um auf diese Weise seinem Vaterland mit seinen Kräften und Gaben dienen zu können. In deutscher Sprache und in deutschen Zeitschriften hat er nach seinem Weggang aus Gießen nichts mehr veröffentlicht. Aber Wirken und Forschen von fast einem Menschenalter im darmstädtischen Hessen ließen sich nicht auslöschen. Alte Bande blieben und wurden über politische Grenzen hinweg neu gesucht, wie eine feinsinnige Besprechung des einstigen Gießener Kollegen Ferdinand Kattenbusch zeigt (Theologische Literaturzeitung 48, 1923, Sp. 103 f.).

Zahlreiche Aufsätze, die teilweise auch als Einzelschriften erschienen, begleiteten Baldenspergers Straßburger Jahre von 1919 an. Es handelte sich dabei vornehmlich um Themen, die schon in Seminarveranstaltungen der Gießener Zeit begegneten. Neben religionsgeschichtlichen Erwägungen zu der schon in Gießen geförderten ,Menschensohn'-Debatte (Die neueste Forschung über den Menschensohn, Straß-burg 1903) überwogen jetzt traditionsgeschichtliche Fragen der Jesus-Forschung. In der Untersuchung „Il rendu témoignage devant Ponce Pilate" (Revue d'Histoire et de Philosophie religieuses 2, 1922, S. 1-25; 97-117) zeigt Baldensperger, daß traditionsgeschichtliche Fragestellungen auch außerhalb der Evangelien beachtet werden müssen. Was von Jesus in den Gemeinden wirklich wichtig gewesen sei (und zur Deutung seiner Messianität beitrug), sei mündlich weiterüberliefert und schließlich ,verschriftlicht' worden. Unter diesem Gesichtspunkt sei auch die Erwähnung des Bekenntnisses vor Pontius Pilatus im 1. Timotheusbrief (6,13) zu erklären. (Baldensperger hat diese Fragestellung sogar auf das Glaubensbekenntnis: „gekreuzigt unter Pontius Pilatus" ausgedehnt, aaO., S. 24). Er traf sich dabei mit Intentionen des damaligen Heidelberger Neutestamentlers Martin Dibelius in dessen Aufsatz „Herodes und Pilatus" (Zeitschrift für Neutestamentliche Wissen-schaft und die Kunde des Urchristentums 16, 1915, S. 113-126; vgl. Baldensperger, aaO., S. 110 ff.) und darüber hinaus mit der sog. ,formgeschichtlichen' Forschung nach dem Ersten Weltkrieg. Die durch Karl Ludwig Schmidt (in Gießen 1921-1925), Martin Dibelius und Rudolf Bultmann (in Gießen 1920/21) maßgebend in diesem Sinne geförderte Evangelienforschung hat Baldensperger insgesamt lebhaft begrüßt, da sie seiner eigenen exegetischen Arbeit parallel lief und er in ihr eine Bestätigung und Vertiefung seiner eigenen traditionsgeschichtlichen Überlegungen sah. Besonders den Forschungen von Martin Dibelius hat er weitreichende Bedeutung zugemessen. Dessen „Formgeschichte des Evangeliums" (Tübingen 1919) und die darin ausgeführte – aber auch bei Bultmann in anderer Weise begegnende – Klassifizierung des Evangelienstoffes hat er mit eigenen Überlegungen in seinem Überblick „Un demi-siècle de recherches sur l'historicité de Jésus" (Revue de Théologie et de Philosophie N. S. 12, 1924, S. 161-201) in der Weise ergänzt, daß er statt der Bezeichnung „Novellen" für einen Teil des Evangelienstoffes lieber von „Anekdoten" sprach, wobei offenbar sprachwissenschaftliche Überlegungen von seiner Studienzeit an mitbedacht wurden.

Traditionsgeschichtliche Gesichtspunkte sind schließlich von erheblicher Bedeutung in Baldenspergers Aufsätzen seiner letzten Jahre über die Passions- und Auferstehungsberichte, wobei besonders seine Erwägungen zur Grablegung Jesu vornehmlich in der katholischen Forschung nicht unbestritten blieben (vgl. kritisch F.-M. Braun, La sépulture de Jésus, à propos de trois livres, Paris 1937; dagegen H. Lietzmann, Zeitschrift für die neutestamentliche Wissenschaft und die Kunde der älteren Kirche 37, 1938, S. 296 f.). Traditionsgeschichte in ihrer Funktion als historische Kritik ist damit auch durch Baldensperger der weiteren neutestamentlichen Wissenschaft zur Weiterarbeit aufgetragen worden. Seine Forschungen haben in der Diskussion um die Auferstehungsdebatte mittelbar und gelegentlich auch unmittelbar weitergewirkt, jedoch so, daß sein eigenes Argument gegen ihn selbst gewandt werden könnte, nämlich daß eine „Betrachtungsweise, welche nur für den grossen Werdeprozess Sinn hat" und „auch die festen geschichtlichen Data in die allgemeine Auflösung hineinzieht" (Theologische Rundschau 2, 1899, S. 66), ihrerseits hinterfragbar bleibt.

Daß in allen diesen Untersuchungen, die in der Zeit der theologischen Neubesinnung nach 1918 entstanden sind, Baldensperger als ein liberaler Theologe sich und seinen Anfängen – wenn auch kritisch reflektierend – treu geblieben ist, machte ihn ungewollt zum geistigen Bindeglied zwischen der alten und der neuen Straßburger Theologischen Fakultät.

Ein letzter Schwerpunkt darf bei diesem Überblick über das wissenschaftliche Werk nicht fehlen: Schon seit frühen Gießener Jahren hat sich Baldensperger intensiv mit der Apokalypse des Johannes befaßt. Der Vortrag „Die neueren kritischen Forschungen über die Apokalypse Johannis" (1893, veröffentlicht in: Zeitschrift für Theologie und Kirche 4, 1894, S. 232-250) blieb Triebfeder über Jahrzehnte hinweg bis zu Überblicken in den zwanziger Jahren und bis zur Spezialuntersuchung: „Les cavaliers de l'Apocalypse. Apoc. VI, 1-8" (Revue d' Histoire et de Philosophie religieuses 4, 1924, S. 1-31), einem Aufsatz, in dem Baldensperger anhand der Reitervision der Frage nachging, ob astrologische Vorstellungen das Weltbild des Sehers bestimmten. Hier war indirekt die Diskussion erneut entfacht, inwieweit religionsgeschichtlich faßbares Material interpretatorisch durch den Seher und damit durch den Autor einer neutestamentlichen Schrift bewältigt wurde. Das Buch der Apokalypse hat Baldensperger fasziniert. Seine Forderung,

„überhaupt die Theologie der Apokalypse gründlicher zu erforschen", verband er mit einem ihm lebenslang wichtigen Grundsatz: „Uebrigens ist die schärfste Kritik nur ein Zeichen des höchsten Respectes vor dem kritisirten Gegenstand", um dann abschließend festzustellen: „Allein die angestrengten Versuche der Wissenschaft, in dieses Buch einzudringen, sind auch der beste Beweis für die Lebensfülle, die in demselben steckt" (Zeitschrift für Theologie und Kirche 4, 1894, S. 245; 250). Eine Übersetzung (mit Explikation der Apokalypse) in „La Bible du Centennaire" (1928) und ein zusammenfassender Artikel über das letzte Buch der Bibel im „Dictionnaire encyclopédique de la Bible" geben davon Zeugnis.

Die Straßburger Jahre Baldenspergers sind nicht ohne die Gießener Zeit zu denken. Sie waren ein zweiter Höhepunkt seines Lebens, in denen er Angefangenes weiterführen und vollenden konnte. Es waren die Jahre der Ernte, reich auch insofern, als er in Oscar Cullmann (geb. 1902) seinen bedeutendsten Schüler fand – der seinerseits bis heute Baldenspergers Lebenswerk bedacht hat –, reich schließlich darin, daß Baldensperger in dem Bewußtsein lebte, für den Protestantismus seines Heimatlandes ganz unmittelbar wirken zu können. Die Ernennung zum Ritter der Ehrenlegion 1927 war der Dank seines Landes. Baldensperger hat in diesen Jahren zu seinem Frieden zurückgefunden, und in Gelassenheit nahm der alternde Elsässer hin, was jenseits der Grenze geschah (vgl. E. Dinkler, Theologische Rundschau, N. F. 44, 1979, S. 70-81, bes. S. 74 f. mit Anm. 5).

Hoch geehrt, vor allem aber mit seinem Lebensweg versöhnt, starb Baldensperger am 30. Juli 1936, wenige Monate vor seinem 80. Geburtstag. Die ihm von seiner Fakultät zugedachte Festschrift erschien als Gedenkschrift. Sie galt einem Menschen, der an seinem Platz stets das Beste gewollt und gegeben hat, ohne aber in das Rampenlicht der – von anderen so oft gesuchten – Öffentlichkeit zu treten. Unter seinen nachgelassenen Aufzeichnungen fand sich ein Wort, das sein Leben und Denken kennzeichnen kann: „L'évangile . . . c'est l'affirmation d'une Foi qui règle toute la vie et qui domine la mort".

Quellen und Literatur

Die Untersuchungen Baldenspergers sind in den voranstehenden Ausführungen insgesamt erfaßt, abgesehen von Rezensionen und Literaturberichten vornehmlich in der Theologischen Literaturzeitung und der Theologischen Rundschau. Im folgenden werden nur die erwähnten Aufsätze von 1919-1935 mit vollem Titel genannt:

L'Apologétique de la primitive Église. Son influence sur la tradition des origines et du ministère galéen de Jésus, Revue de Théologie et de Philosophie, N. S. 8, 1920, S. 5-43. – Il a rendu témoignage devant Ponce Pilate, Revue d'Histoire et de Philosophie religieuses 2, 1922, S. 1-25; 95-117. – Un demi-siècle de recherches sur l'historicité de Jésus, Revue de Théologie et de Philosophie, N. S. 12, 1924, S. 161-201. – Les cavaliers de l'Apocalypse. Apoc. VI, 1-8, Revue d'Histoire et de Philosophie religieuses 4, 1924, S. 1-31. – Le Fils de l'Homme. Essai historique et critique par Georges Dupont (Paris 1924), Revue d'Histoire et de Philosophie religieuses 5, 1925, S. 262-273. – Le Tombeau vide, ebd. 12, 1932, S. 413-443; ebd. 13, 1933, S. 105-144; ebd. 14, 1934, S. 97-125. – L'historicité de Jésus. A propos des récits évangeliques de sa Passion et de sa Résurrection, ebd. 15, 1935, S. 193-209.

Über Baldensperger:
Akten der Universität Gießen. – Festschrift Universität Gießen 1907, S. 416. – A. Schweitzer, Geschichte der Leben-Jesu-Forschung, Tübingen ²1913. – A. MAYER, Art. Baldensperger, Wilhelm, in: Religion in Geschichte und Gegenwart, 2. Aufl. Bd. 1, 1927, Sp. 740 f. – La Faculté de Théologie Prot. Strasbourg: A la mémoire de Guillaume Baldensperger (1856-1936), Revue d' Histoire et de Philosophie religieuses 16, 1936, S. 185-190. (Zugleich S. 185-444 Gedenkschrift für Baldensperger; auch als Einzelausgabe und mit einem Bildnis erschienen unter dem Titel: Recherches théologiques par les professeurs de la Faculté de Théologie protestante de l'Université de Strasbourg N° 1: A la mémoire de Guillaume Baldensperger (1856-1936), Paris 1936). – Bibliographie Alsacienne, vol. VI: 1934-1936, Paris 1938, S. 41. – A. KRAFFT, Art. Baldensperger, Guillaume, Neue Deutsche Biographie, Bd. I, Berlin 1953, S. 549 f. – Festschrift Universität Gießen 1957, S. 519 (Dozentenverzeichnis). – W. G. KÜMMEL, Das Neue Testament. Geschichte der Erforschung seiner Probleme, Orbis academicus III/3, Freiburg. München (1958) ²1970 (bes. S. 274 f. 574). – R. SLENCZKA, Geschichtlichkeit und Personsein Jesu Christi. Studien zur christologischen Problematik der historischen Jesusfrage, Forschungen zur systematischen und ökumenischen Theologie 18, Göttingen 1967 (bes. S. 95 ff. u. ö.). – W. WIEFEL, Albert Schweitzers Eintritt in die neutestamentliche Wissenschaft, Wissenschaftliche Zeitschrift der Martin-Luther-Universität Halle-Wittenberg, Gesellschafts- u. sprachwissenschaftliche Reihe, 21, 1972, H. 3, S. 91-100.

Den Herren Kollegen H. G. Gundel, Gießen, und R. Reinhardt, Tübingen, danke ich herzlich für ihre Mithilfe bei der Beschaffung von Materialien.

Karl Barths Beitrag zur Erforschung
des Neuen Testaments*

Aus seinen ersten Göttinger Semestern als Professor für Reformierte Theologie berichtet Karl Barth freundlich zustimmend von den ›Zaungästen‹, die seine Lehrveranstaltungen besuchen.[1] Als ein solcher später Zaungast lassen Sie mich mit Ihnen gemeinsam ein wenig in Karl Barths Arbeiten zum Neuen Testament schauen.

Wenn wir Karl Barths neutestamentliche Forschung ansehen, können wir gar nicht umhin zu eruieren, wie es zu seinen Feststellungen und Aussagen gekommen ist. Wir haben – das ist eine erste Vorbemerkung – den Kontext zu befragen, den zeitgeschichtlichen Hintergrund zu beleuchten, um die theologische Aussage in je ihrer Situation als im Damals gegenwartsnah ausgesprochen im Heute als auch uns geltend zu verstehen. Mit einem Satz gesagt: Wir gehen letztlich an Barths Beitrag zur neutestamentlichen Forschung mit der Methodik historischer und kritischer Arbeit heran, wir verfehlen aber damit u. U. das, was Barth durch seine Darlegungen zum neutestamentlichen Zeugnis in seiner eigenen Zeit und jeweiligen Stunde hat sagen wollen. Gewiß: Gotteswort ist nicht Menschenwort, und K. Barth selbst steht dafür ein, daß er in durchaus auch sich wandelnder Weise zur Frage der Bibelauslegung Stellung bezogen hat. Wir können sein Werk auch im Hinblick auf seinen Ertrag zur neutestamentlichen Forschung nur wie jedes sonstige abgeschlossene Werk im Felde der Wissenschaft heranziehen. Wir betreiben damit nichts anderes als er selbst in seiner Basler Antrittsrede 1936 über Samuel Werenfels getan hat[2] und wie es vielfach auch in seiner ›Theologiegeschichte des 19. Jahrhunderts‹ zum Tragen kommt: Rückblickend erkennen, was sich als zukunftweisend ergeben hat, hoffend, daß ein Funke davon auch für die eigene Gegenwart hilfreich ist. Aber es ist im wesentlichen – methodisch gesehen – nicht die Weise, in der Barth die theologische Interpretation der biblischen Zeugnisse in gegenwartsnahe kirchliche Verantwortung hinein vorgenommen hat. Dies ist ein für den Exegeten auffallendes Dilemma in Barths Werk, das sich nicht allein dadurch erklären läßt, daß im Bibelwort Gottes Offenbarung

* Vortrag anläßlich der Tagung »Theologische Existenz heute. Zum 100. Geburtstag von Karl Barth (1886–1986)« in der Akademie der Diözese Rottenburg-Stuttgart am 9. November 1986.
(Das vorliegende Manuskript wurde im Vortrag leicht gekürzt).

[1] Karl Barth – Eduard Thurneysen, Briefwechsel. Band 2. 1921–1930. Bearbeitet und herausgegeben von E. THURNEYSEN, Karl Barth. Gesamtausgabe, Abt. V. Briefe, 1974, S. 71 (im folgenden abgek. B.-Th. II).
[2] K. BARTH, Samuel Werenfels (1657–1740) und die Theologie seiner Zeit, Evangelische Theologie 3, 1936, S. 180–203.

zur Geltung kommt, in den Werken und Gedanken eines Anselm von Canterbury, Werenfels, Schleiermacher u. a. aber Menschenwort. Es spitzt sich vielmehr darauf zu, daß wir in den biblischen Zeugnissen Gotteswort im Menschenwort haben und darum methodisch durchaus die biblischen Schriften nicht anders als jedes andere Buch auch ausgelegt werden müssen. Barth selbst hat in der erwähnten Basler Antrittsvorlesung von 1936 über Samuel Werenfels (»und die Theologie seiner Zeit«) dieses Problem hintergründig im Zusammenhang des Aufkommens kritischer Schriftauslegung gesehen.

Schon im Vorfeld der weiteren Überlegungen ist darum festzuhalten: Die seit Mitte des 18. Jahrhunderts sich immer deutlicher abzeichnende Auslegungsmethode – gipfelnd in der historisch-kritischen Schriftauslegung – will und kann Barth einerseits nicht in ihrer sinnvollen Anwendung bestreiten. Er ist selbst auf sie angewiesen, auch um forschungsgeschichtlich relevanten Zusammenhängen nachzuspüren. Aber die historisch-kritische Arbeit trifft und greift für ihn offensichtlich nicht, um das in der Interpretation der Hlg. Schrift Maßgebende wirklich zu erfassen.

Eine zweite Vorbemerkung ist anzuschließen. Schon in den Göttinger Jahren las Barth mehrfach über neutestamentliche Schriften Kolleg; in Münster lautete seine Professur auf ›Systematische Theologie *und* Neues Testament‹, und auch in Bonn hat er noch gelegentlich Exegetica gehalten.[3] Eberhard Busch hat in seiner tiefgreifenden Darstellung des Lebenslaufs von K. Barth das Diesbezügliche sorgfältigst registriert.[4] Doch in der reichhaltigen Sekundärliteratur bis hin zu Eberhard Jüngels vorzüglichem Überblicksartikel in der ›Theologischen Realenzyklopädie‹ (TRE) ist bis auf die Bedeutung der Römerbrief-Auslegung der ›Neutestamentler‹ Barth weithin ausgespart.[5] Das ist kein Übersehen. Es ist – zunächst mehr verborgen, dann aber immer deutlicher werdend – dies: Neutestamentliche Auslegung ist für Barth Teilschritt, aber als solcher Lebensnerv auf dem Weg kirchlicher Schriftauslegung hin

---

[3] Vgl. jetzt auch J. F. GOETERS, Karl Barth in Bonn 1930–1935, Evangelische Theologie 47, 1987, S. 137–150, hier: S. 139.

[4] E. BUSCH, Karl Barths Lebenslauf. Nach seinen Briefen und autobiographischen Texten, 1975.

[5] E. JÜNGEL, Art. Barth, Karl (1886–1968), Theologische Realenzyklopädie Bd. 5, 1980, S. 251–268; DERS., Einführung in Leben und Werk Karl Barths, in: DERS., Barth-Studien, Ökumenische Theologie Bd. 9, 1982, S. 22–60. Die einzige einschlägige Spezialuntersuchung, die auch Probleme offenlassende Marburger Dissertation von W. LINDEMANN, Karl Barth und die kritische Schriftauslegung, Theologische Forschung LIV, 1973, ist kaum beachtet worden (doch vgl. dazu kritisch weiterführend aus neuerer Zeit: H. ZWANGER, »Kritischer müßten mir die Historisch-Kritischen sein!«, Evangelische Theologie 43, 1983, S. 370–379). Seitdem: N. T. BAKKER, Karl Barths Hermeneutik, dargestellt an seiner Römerbrief-Auslegung, 1974, bes. S. 44ff.; D. F. FORD, Barth's Interpretation of the Bible, in: S. W. Sykes (ed.), Karl Barth. Studies of his Theological Method, 1979, S. 55–87. Wichtige Hinweise auch bei TH. F. TORRANCE, Karl Barth. An Introduction to His Early Theology, 1910–1931, 1962.

zur kirchlichen Dogmatik als »Auslegung und Erklärung des Evangeliums«.[6] Dem ›Neutestamentler‹ Barth kommt keine eigenständige, von dem Systematiker Barth zu trennende Funktion zu. Wenn ich mich im folgenden dennoch K. Barth als ›Neutestamentler‹ zuwende, isoliere und filtriere ich bewußt, um ein paar Anmerkungen seines Beitrags zur neutestamentlichen Wissenschaft zu geben.

I

Barth war in seinem Theologiestudium durch die historisch-kritische Arbeit hindurchgegangen. In Bern erlebte er noch letzte unmittelbare Schüler von Ferdinand Christian Baur, in Berlin A. (v.) Harnack, in Tübingen (empfand er stärkste Renitenz gegen) A. Schlatter, in Marburg – wohin er gegen den starken Willen des Vaters ging – Wilhelm Herrmann. 1968 schreibt Barth in einem Rückblick: Ich habe »die ›historisch-kritische‹ Schule in ihrer älteren Gestalt damals so gründlich durchlaufen, daß mir die Äußerungen ihrer späteren und heutigen Nachfolger nicht mehr unter die Haut oder gar zu Herzen gehen, sondern, als nur zu bekannt, nur noch auf die Nerven gehen konnten".[7] Es war die historisch-kritisch arbeitende liberale Theologie seiner Lehrer, die er kennenlernte. Die ›Religionsgeschichtliche Schule‹, der gleichen Methodik verpflichtet, aber stärker nach dem Sachanliegen der theologischen Arbeit fragend, ist ihm nur am Rande bei W. Heitmüller und J. Weiß, etwas eingehender bei H. Gunkel begegnet. Die Überspitzung des Methodischen im Historismus der Zeit – etwa bei E. Troeltsch – ist ihm zwar suspekt, aber zumindest während der Studienzeit noch nicht Anlaß zu tiefgreifendem Aufbegehren.

Das sollte sich rasch ändern. Schon 1910 in dem Vortrag »Der christliche Glaube und die Geschichte« (1912 veröffentlicht) übt er scharfe Kritik an der historisch-kritischen Methode dahin zusammengefaßt, daß der ›Religionsgeschichtlichen Schule‹ (besonders E. Troeltsch als deren Systematiker ist gemeint) »die Offenbarung« abhanden kam und »Gott« »aus der Geschichte verschwand«.[8] War hier die Grundthese mehr schnell hingesetzt – Barth hat später gemeint, der Vortrag wäre besser ungedruckt geblieben –, und waren im übrigen die Ausführungen stark an seinen Marburger Lehrer W. Herrmann anknüpfend, so sah sich der junge Vikar und Schweizer in anderer

---

[6] So E. BUSCH (Anm. 4), S. 506f. Vgl. zum Folgenden auch die Untersuchungen von E. BUSCH (Anm. 4); E. JÜNGEL (Anm. 5); TH. F. TORRANCE (Anm. 5).
[7] Schleiermacher-Auswahl. Mit einem Vorwort von K. BARTH (Die Auswahl besorgte H. Bolli), Gütersloher Taschenbücher Siebenstern Bd. 419, (1968) ³1983, S. 290–312, hier: S. 291.
[8] K. BARTH, Der christliche Glaube und die Geschichte, Schweizer theologische Zeitschrift 1912, S. 1–18.49–72 (bes. S. 3); vgl. hierzu und zum Folgenden auch W. HÄRLE (Anm. 15), S. 219ff.

Weise herausgefordert, sobald er mit den Schweizer religiösen Sozialisten H. Kutter und L. Ragaz konfrontiert wurde. Barth lernte durch sie – wie er im Rückblick schreibt – »das große Wort ›Gott‹ wieder ernst, verantwortlich und gewichtig in den Mund zu nehmen«.[9] Kutters These vom ›antikirchlichen Ressentiment der liberalen Theologie‹ (bis hin zu E. Jüngel zum Schlagwort geworden, aber im Hinblick auf die ›liberale Theologie‹ im Bereich neutestamentlicher Forschung unzureichend) ließ Barth aufhorchen, aber noch keineswegs die liberale Position preisgeben. Vielmehr kam es zunächst und vorübergehend zu einer sehr zweifelhaften, im Ansatz von L. Ragaz gründenden und von ihm beeinflußten Identifikation von Sozialismus und liberaler Theologie. In dem Vortrag »Jesus Christus und die soziale Bewegung«[10] heißt es: »Jesus *ist* die soziale Bewegung und die soziale Bewegung *ist* Jesus in der Gegenwart«. Hier tat Barth nichts anderes, als Jesus der sozialen Bewegung anzugleichen, so wie die Liberalen Jesus in ihre bürgerliche Welt hineinzogen.

Gleichwohl setzte etwa von 1911 an eine deutliche Abwendung von der liberalen Theologie ein, ein Gespür für die Unvereinbarkeit von liberaler Theologie und sozialen Fragen wird erkennbar, gleichzeitig aber auch ein erhebliches Zurücktreten der Ansichten von H. Kutter und L. Ragaz im Denken des jungen Barth (besonders in den Folgejahren 1912ff.). Ihnen korrespondiert eine deutliche Zuwendung zu Vater und Sohn Blumhardt (Bad Boll). Am 5. Juni 1915 schreibt Barth an E. Thurneysen, der bei dieser Wendung durchaus vermittelnd gewirkt hat: »Ich lese nun das Leben von J. Chr. Blumhardt und bin ganz betroffen, wie stark da schon alle ›unsere‹ besten Gedanken erfaßt und ausgesprochen sind.«[11]

Vor allem zwei Gedanken beider Blumhardts haben sich in der Folgezeit für Barth als bedeutsam erwiesen: »die Welt lieb haben und doch Gott ganz treu sein« (eine letztlich dialektische Aussage), und – in der 1. Auflage des ›Römerbriefs‹ beherrschend –: »die österliche Gewißheit«[12]; »Jesus ist Sieger« – »Ihr habt Ostern hinter euch«.[13]

Drei weitere Gesichtspunkte, die Barths Abwendung von der liberalen Theologie markieren, sind hinzuzunehmen:

a)   Der Tod des Vaters Fritz Barth, 1912. K. Barth hatte mit seinem Vater,

[9] K. BARTH (Anm. 7), S. 293.
[10] K. BARTH, in: Der freie Aargauer. Offizielles Organ der Arbeiterpartei des Kantons Aargau 6, 1911, Nr. 153–156 (Ausgaben 23. 26. 30. Dez.); vgl. auch E. JÜNGEL (TRE, Anm. 5), S. 255; DERS., Die theologischen Anfänge. Beobachtungen, in: DERS., Barth-Studien (Anm. 5), S. 61ff., bes. S. 101ff.
[11] Karl Barth – Eduard Thurneysen. Briefwechsel Band 1. 1913–1921. Bearbeitet und herausgegeben von EDUARD THURNEYSEN, Karl Barth. Gesamtausgabe, Abt. V. Briefe, 1973, S. 51 (im folgenden abgek. B.-Th. I).
[12] E. JÜNGEL (TRE, Anm. 5), S. 256.
[13] K. BARTH, Der Römerbrief, 1919, S. 175; vgl. KD IV/3, S. 192ff. (Die Bände der ›Kirchlichen Dogmatik‹, Bd. I/1–IV/4 1932–1967 werden im folgenden lediglich mit KD, Bandzahl, Seite angeführt).

einem gemäßigt positiv kritischen Neutestamentler aus der Schule von T. Beck in Tübingen, manchen Streit über das Verstehen ›liberaler Theologie‹. Seit 1912 wird das theologische Anliegen des Vaters im Denken des Sohnes stetig wichtiger. W. Härle hat dies im gleich anzuführenden anderen Zusammenhang klar erkannt. Der Sachverhalt ist insgesamt noch eindringlicher zu betonen.

b) Mit Zurückhaltung (da mir das Quellenmaterial noch nicht vollständig zur Hand ist) nenne ich K. Barths Beschäftigung mit der psychiatrischen Beurteilung Jesu (1913), die – wohl auch Gedanken seines Vaters aufnehmend – den letzten Gipfel der Abwendung vom (alten?) liberalen Jesubild bedeutete, die A. Schweitzer in seiner ›Geschichte der Leben Jesu-Forschung‹ bot.[14]

c) Weitreichend führte schließlich die äußere und innere, theologisch zu verkraftende Situation des 1. Weltkrieges zur Abwendung Barths von der liberalen Theologie. W. Härle hat in seinem überzeugenden und wichtigen Aufsatz »Der Aufruf der 93 Intellektuellen und Karl Barths Bruch mit der liberalen Theologie« gezeigt,[15] daß es nicht nur dieser Aufruf speziell, sondern daß es die Gesamtsituation war, die diesen Bruch bewirkte, und daß ebenso die Zuwendung zur theologischen Sicht des Vaters wesentlich dazu beitrug. Was aber sollte an die Stelle des Bisherigen treten? Daß etwas geschehen müsse, war Barth und Thurneysen im Sommer 1916 – in der Mitte des 1. Weltkrieges – klar. »Über den liberal-theologischen und über den religiös-sozialen Problemkreis hinaus begann mir doch der Gedanke des Reiches Gottes in dem biblisch real-jenseitigen Sinn des Begriffs immer dringlicher und damit die allzu lange als selbstverständlich behandelte Textgrundlage meiner Predigten, die Bibel, immer problematischer zu werden«.[16] Aber wo einsetzen? Bei Kant, bei Hegel? – Im Rückblick (1968) spricht es Barth so aus: »Faktisch-praktisch drängte sich uns dann bekanntlich etwas viel Naheliegenderes auf: nämlich der Versuch, bei einem erneuten Erlernen des theologischen ABC noch einmal und besinnlicher als zuvor mit der Lektüre und Auslegung der Schriften des Alten und Neuen Testament einzusetzen. Und siehe da: sie begann zu uns zu reden – sehr anders, als wir sie in der Schule der damals ›modernen‹ Theologie reden hören zu müssen gemeint haben«. Am nächsten Morgen – so fährt Barth fort – »begann ich mich, immerhin mit allem mir damals zugänglichen Rüstzeug, unter einem Apfelbaum dem Römerbrief zuzuwenden. Es war der Text, von dem ich schon im Konfirman-

---

[14] K. BARTH, Noch einmal: Jesus und die Psychiatrie, in: Aargauer Tagblatt, 67. Jhrg., Nr. 256 vom 20. 9. 1913, S. 1f.; vgl. A. SCHWEITZER, Die psychiatrische Beurteilung Jesu, 1913; DERS., Geschichte der Leben-Jesu-Forschung, ²1913 (Barth hat offensichtlich Schweitzers Werke im Visier); vgl. aber auch F. BARTH, Die Bedeutung des Johannesevangeliums für das Geistesleben der Gegenwart, Biblische Zeit- und Streitfragen VII. Serie. Heft 7, 1912, S. 9ff.
[15] In: Zeitschrift für Theologie und Kirche 72, 1975, S. 207–224.
[16] So im Rückblick in: Fakultätsbuch der Evang.-theol. Fakultät Münster, Eintrag 1927; vgl. B.-B. [s. u. Anm. 60], S. 301ff.; hier: S. 307.

den-Unterricht 1901/02 gehört hatte, daß es sich in ihm um Zentrales handle. Ich begann zu lesen, als hätte ich ihn noch nie gelesen: nicht ohne das Gefundene Punkt für Punkt bedächtig aufzuschreiben«.[17] Es ging Barth dabei – wie er in einem Lebenslauf 1945 betont – um Suchen und Finden des eigenen Standortes, um eine geistige Rechenschaft des Theologe-Seins. Das Niedergeschriebene sollte höchstens auch für einige Freunde zugänglich sein, keineswegs aber die Grundlage für eine Dissertation oder für die Veröffentlichung eines Buches. Es war für Barth, wie E. Busch trefflich bemerkt, »die Entdeckung der Bibel, die ihn in Atem hielt«.[18] Im Juli 1918 war das Werk – bis auf ein geeignetes Vorwort – abgeschlossen. Im Briefwechsel Barth-Thurneysen wird einiges von der erregten, auch inneren Spannung sichtbar, die Barth die Auslegung des Röm bereitete. Einige Briefauszüge können dies verdeutlichen:[19] 27. 9. 1917:

> »Ich lebte die ganze Woche in strengster Klausur im Studierzimmer und unter dem Apfelbaum und habe nun Röm. 5 fertig ausgelegt, der wievielte wohl, der nach heißem Mühen mit allen diesen Rätselworten meint ›durch‹ zu sein, bis sie den nächsten wieder ebenso geheimnisvoll anschauen. Es war mir über der Arbeit oft, als wehe mich von weitem etwas an von Kleinasien oder Korinth, etwas Uraltes, Urorientalisches, undefinierbar Sonniges, Wildes, Originelles, das irgendwie hinter diesen Sätzen steckt, die sich so willig von immer neuen Generationen exegesieren lassen. Paulus – was muß das für ein Mensch gewesen sein und was für Menschen auch die, denen er diese lapidaren Dinge so in ein paar verworrenen Brocken hinwerfen, andeuten konnte! Es graut mir oft ganz in der Gesellschaft. Die Reformatoren, auch Luther, reichen doch *lange* nicht an Paulus heran, das ist mir erst jetzt überzeugend klar geworden. Und dann *hinter* Paulus: was für Realitäten müssen das sein, die den Mann *so* in Bewegung setzen konnten! Was für ein abgeleitetes Zeug, das wir dann über seine Sprüche zusammenschreiben, von deren eigentlichem Inhalt uns vielleicht 99% entgeht! Ich bin gerade heute sehr stark unter dem Eindruck, wie deprimierend *relativ* alle unsre Künste, die Bibel ›reden zu lassen‹, doch sind. Du kennst das sicher auch. Heute Nachmittag habe ich nur *übersetzt,* an den ersten Kapiteln, auf die ich noch einmal zurückgreifen muß zur Herstellung eines deutschen Textes. Das ist auch eine wunderliche Arbeit von Wort zu Wort, bei der man die seltsamsten Gespräche mit sich selber führen kann.«

Oder: 26. 10. 1917[20]: »Ich bin tagaus tagein an Römer 6–8 und habe noch viel Arbeit vor mir, bis ich zur Interpretation gehen kann ... Am Abend lese ich jeweilen moderne Theologen über Paulus und staune immer mehr über die Welt, die sich das alles bieten läßt. Auch über die Geduld und Langmut

---

[17] K. BARTH (Anm. 7), S. 294.
[18] E. BUSCH (Anm. 4), S. 111.
[19] B.-Th. I, S. 236.
[20] B.-Th. I, S. 238.

Gottes, der längst mit einem Erdbeben hätte Schluß erklären können.« Am
24. Dez. 1917: »Römer 7 ist fertig«[21]; 23. 1. 1918: »Nun ist Römer 8 fertig,
wieder 100 Seiten, ich fürchte, es wird ein sehr dickes Buch... Und nun habe ich bereits wieder die Wanderung durch [Röm] 9–11 angetreten. Was
will das werden? Ich bin eben an Calvin, der da ganz auf der Höhe ist«[22].
Am 11. 2. 1918: »Nun gehts wieder ans Furchenziehen durch das seltsame
Gelände von Röm 9–11. Mein Römerbrief kommt mir oft vor wie ein rech-
ter *Turm zu Babel*. Vielleicht wäre es besser, ihn zum Schluß feierlich zu
verbrennen, als drucken zu lassen. Ob der liebe Gott dieses Geschreibe eigentlich will? Es ist ja doch nur wieder eine neue Theologie«[23]. 4. 6. 1918:
Römerbrief fertig. Thurneysen an Barth 6. 6. 1918: »Ich suche nach kurzen
einfachen Worten, um dir zu sagen, wie sehr ich mich des durchstochenen
Tunnels des Römerbriefs freue... Es ist ja nicht irgendein Buch, eine Abhandlung oder Studie, sondern es handelt sich um eine Sache, die du
durchzuführen gerufen worden bist... Es wird allen, die mitgehen, sich mit
bewegt und ergriffen wissen, gewaltig helfen. Ich habe es an mir selber
schon reichlich erfahren. Und selbst wenn das Buch sich nur langsam
durchsetzen sollte..., es ... kann warten, bis es Augen findet, die lesen und
verstehen«[24]. 19. 8. 1918: Barth an Thurneysen: »Der Römerbrief ist nun
also fertig, aber es will keine rechte Freude darüber aufkommen«. Seine
Frau verwirft alle verfaßten Vorworte: »Augenblicklich fällt mir einfach
gar nichts mehr ein, was man da sagen könnte... So bin ich nun zur Strafe
für all das Geschreibe in einer kleinen Spezialhölle«[25].
Am 10. 10. 1918 schreibt Barth an Thurneysen: »das aus den Angeln Heben
der modernen Theologie, das wir vor 2½ Jahren zwischen Leutwil und Birr-
wil projektierten«[26], eben das war mit dem im Dezember 1918 erschienenen,
aber unter der Jahreszahl 1919 laufenden Werk beabsichtigt. Doch es muß
nach Barth etwas Entscheidendes hinzukommen und theologisch mitbedacht
werden: der im Vorwort vom August 1918 stehende Dank an den Vater. Er
steht im Vorwort als letzter Satz des ersten Abschnittes, und das zuvor als
Programm Ausgeführte ist der im folgenden noch näher zu präzisierende
Dank.
Der erste, entscheidende Abschnitt des Vorwortes lautet:[27] »Paulus hat als
Sohn seiner Zeit zu seinen Zeitgenossen geredet. Aber *viel* wichtiger als diese
Wahrheit ist die andere, daß er als Prophet und Apostel des Gottesreiches zu
allen Menschen aller Zeiten redet. Die Unterschiede von einst und jetzt, dort
und hier, wollen beachtet sein. Aber der Zweck der Beachtung kann nur die

---

[21] B.-Th. I, S. 254.
[22] B.-Th. I, S. 260.
[23] B.-Th. I, S. 265.
[24] B.-Th. I, S. 280.
[25] B.-Th. I, S. 288.
[26] B.-Th. I, S. 293.
[27] K. BARTH, Der Römerbrief, 1919, Vorwort.

Erkenntnis sein, daß diese Unterschiede im Wesen der Dinge *keine* Bedeutung haben. Die historisch-kritische Methode der Bibelforschung hat ihr Recht: sie weist hin auf eine Vorbereitung des Verständnisses, die nirgends überflüssig ist. Aber wenn ich wählen müßte zwischen ihr und der alten Inspirationslehre, ich würde entschlossen zu der letzteren greifen: sie hat das größere, tiefere, *wichtigere* Recht, weil sie auf die Arbeit des Verstehens selbst hinweist, ohne die alle Zurüstung wertlos ist. Ich bin froh, nicht wählen zu müssen zwischen beiden. Aber meine ganze Aufmerksamkeit war darauf gerichtet, durch das Historische *hindurch* zu sehen in den Geist der Bibel, der der ewige Geist ist. Was einmal ernst gewesen ist, das ist es auch heute noch, und was heute ernst ist und nicht bloß Zufall und Schrulle, das steht auch in unmittelbarem Zusammenhang mit dem, was einst ernst gewesen ist. Unsere Fragen sind, wenn wir uns selber recht verstehen, die Fragen des Paulus und des Paulus Antworten müssen, wenn ihr Licht uns leuchtet, unsere Antworten sein.

> Das Wahre war schon längst gefunden,
> Hat edle Geisterschaft verbunden,
> Das alte Wahre – faß es an!

Geschichtsverständnis ist ein fortgesetztes, immer aufrichtigeres und eindringenderes Gespräch zwischen der Weisheit von gestern und der Weisheit von morgen, die eine und dieselbe ist. Ehrerbietig und dankbar gedenke ich hier meines Vaters, Professor *Fritz Barth,* dessen ganzes Lebenswerk eine Bestätigung dieser Einsicht gewesen ist.«
Im letzten Jahr seines Lebens schreibt Barth noch einmal auf die 1. Auflage des Römerbriefes zurückblickend:»Jetzt erst begann ich meines 1912 verstorbenen Vaters auch sachlich ›ehrerbietig und dankbar‹ zu gedenken, wie ich es dann im Vorwort zum ersten ›Römerbrief‹ angedeutet habe. Er gehörte zu den von den theologischen Säulen und Säulchen seiner Zeit Übersehenen und ein wenig Verachteten. Und ich will nicht verhehlen, daß mir einen Augenblick – uneingedenk der am Schluß der ›Entführung aus dem Serail‹ vernehmbaren Warnung: ›Nichts ist so häßlich wie die Rache‹ – der Gedanke durch den Kopf schoß, ich wolle und werde nun eine Art Vergeltung an denen üben, die meinen Vater, obwohl er so viel wußte wie sie (nur eben anders), so in den Schatten gestellt hatten.«[28]
Sorgfältiges Prüfen vermag weit mehr als das Kollegheft des Vaters zum Römerbrief in K. Barths Ausführungen zu erkennen. Der Neutestamentler Fritz Barth begegnet hier gleichsam gebündelt. Seine Ausführungen über »Offenbarung und Heilige Schrift« und »Bibelglaube und Bibelforschung« sind hier sachlich verwertet. Es geht um das »Fragen nach Gott«, um »Offenbarung und Geschichte«. »Die Bibel ist Gottes Wort an uns; denn sie verbürgt uns die geschichtliche Realität der Offenbarung Gottes und setzt uns in Ver-

---

[28] K. BARTH (Anm. 7), S. 294f.

bindung mit derselben als einer allen Menschen geltenden Tatsache«. »Die Bibel ist Gottes Wort an uns« – es ist das Wort des lebendigen Gottes heute über den Abstand der Zeiten hinweg[29].

Schon während seiner Arbeit an der Auslegung des Römerbriefs hatte es K. Barth ganz im Sinne seines eigenen Vaters ausgesprochen, in: »Die neue Welt in der Bibel« (Herbst 1916, so Barth selbst, Febr. 1917, so Busch): »Den Inhalt der Bibel bilden gar nicht die rechten Menschengedanken über Gott, sondern die rechten Gottesgedanken über den Menschen. Nicht wie wir mit Gott reden sollen..., sondern was er zu uns sagt, nicht wie wir den Weg zu ihm finden, sondern wie er den Weg zu uns gesucht und gefunden hat... *Das* steht in der Bibel. Das Wort Gottes steht in der Bibel«[30]. »Unsere Großväter hatten doch recht...«, fährt er fort: gemeint ist der Vater Fritz Barth, und in dem Vortrag »Biblische Fragen, Einsichten und Ausblicke« (April 1920) kann er den Vater noch einmal nahezu in Kurzfassung wiedergeben: »Die literarischen Denkmäler einer vorderasiatischen Stammesreligion des Altertums und die einer Kultreligion der hellenistischen Epoche, das ist die Bibel. Also ein menschliches Dokument wie ein anderes... Aber das ist eine Einsicht, die heute... in allen Zonen vorausgesetzt werden darf.« Der »sachliche(n) Inhalt« dieser Feststellung ist gar nicht zu bestreiten. »Es ist denn doch zu offenkundig, daß das vernünftige und fruchtbare Gespräch über die Bibel *jenseits* der Einsicht in ihren historisch = psychologischen Charakter anfängt«[31].

Die große theologisch-gedankliche Nähe zum Vater hebt freilich die Leistung des Sohnes nicht auf:

Problemgeschichtlich gesehen kam in der »Kultur- und Wissenschaftskrise« der Zeit durch Karl Barth der entscheidende Anstoß zu einer »theologischen Interpretation« des Neuen Testaments, die dem Pfarrer als Prediger in seiner Not wirklich helfen wollte[32]. Gewicht erhielt diese dadurch, daß der Sachverhalt nicht eklektisch, sondern an einer maßgebenden, von Augustin und reformatorischem Verständnis her entscheidenden Schrift aufgedeckt wurde.

Die Reaktion auf Barths Werk, in der gelegentlich ein Gespür für des Verfassers Anliegen durchaus erkennbar ist, war erheblich, weithin ablehnend und nicht ohne Schärfe. Einige wenige Hinweise müssen genügen:

E. Brunner bezeichnete die 1. Aufl. des Römerbriefs als »eine zeitgemäß-unmoderne Paraphrase«, deren Verfasser »Methoden und Resultate der modernen Bibelwissenschaft wohl kennt und ... auch aus älteren Interpreten das

---

[29] Vgl. bes. F. BARTH, Einleitung in das Neue Testament, (1908) ²1911, S. 1ff. 6ff.
[30] Wiederabdruck in: K. BARTH, Das Wort Gottes und die Theologie. Gesammelte Vorträge, 1924, hier: S. 28.
[31] S. 76.
[32] W. G. KÜMMEL, Das Neue Testament. Geschichte der Erforschung seiner Probleme, Orbis academicus III/3, ²1970, S. 466.

Wertvolle herauszuziehen weiß«[33]. Aber er hat es »verschmäht«, hier zu
»glänzen«. »Die unausgesprochene Voraussetzung des ganzen Buches und
aller seiner einzelnen Gedanken ist die Erkenntnis, daß unser entwicklungs-
geschichtliches ›wissenschaftliches‹ Denken – der Stolz der Neuzeit und der
neueren Theologie – von bloß relativer Bedeutung und seine Resultate von
bloß relativer Wahrheit seien«[34]. Ich übergehe alle kritischen Einzelanfragen
Brunners, die Barth ohnehin wegen des Versuchs, alles unter Brunners Konzept zu bringen, »nicht recht sympathisch waren«.[35] Er schließt: »Entscheidend aber ist..., daß er [sc. K. Barth] sichs angelegen sein läßt, endlich einmal das Vielerlei der modernen Fragestellungen beiseite zu lassen und den
Zentralgedanken der Bibel auch wirklich zum alles beherrschenden Mittelpunkt zu machen: Die Erkenntnis der überweltlichen Reichsgottesbewegung,
die in Jesus aus dem Verborgenen ins Sichtbare tritt und in ihm ihr Ziel ent-
hüllt: Immanuel«.[36]

Paul Wernle, Neutestamentler und Kirchengeschichtler in Basel, stellte in seiner Rezension Barth neben Luther und Paulus (kritisierte aber heftig den
pistis-Begriff, den Barth stets mit »Treue (Gottes)« im Römerbrief übersetzte).
In einem langen Brief vom 14. 10. 1919 hat ihm K. Barth geantwortet: »Mir
war's schon als Student wenigstens ahnungsweise klar, daß ich zum Verstehen der Bibel dort anfangen mußte, wo der Johannes Weiß-Commentar auf-
hört.«[37]

Thurneysen sah recht: »Die beginnende Autorität deiner Auslegung zwingt
auch die Zunft [sc. der Neutestamentler] zur Stellungnahme«[38].

Hans Windisch urteilt: Weniger der Geist der Bibel als Barths eigener Geist
trete hervor[39]. Von besonderer Bedeutung ist Adolf Jülichers Besprechung:[40]
Was als praktische Schriftauslegung noch angeht, kann wissenschaftlicher
Prüfung nicht standhalten: »Barth formuliert seinen Standpunkt als über
dem der historischen Kritik und dem der Inspirationslehre befindlich.« Er
zielt darauf, »daß die anderen vor ihm nur an das Historische herangelangt
seien; er geht nicht dem Historischen zuwider, aber durch es hindurch zu

---

[33] E. BRUNNER, ›Der Römerbrief‹ von Karl Barth. Eine zeitgemäß-unmoderne Paraphrase, in: Anfänge der dialektischen Theologie, Teil 1. Karl Barth. Heinrich Barth.
Emil Brunner, hrg. v. J. Moltmann, Theologische Bücherei 17, 1962, S. 78–87, hier:
S. 78f.
[34] E. BRUNNER (Anm. 33), S. 79.
[35] B.-Th. I, S. 304f.; vgl. ebdt., S. 306f.
[36] E. BRUNNER (Anm. 33), S. 87.
[37] K. BARTH, Der Römerbrief (Erste Fassung) 1919, hrg. v. H. Schmidt, Karl Barth. Gesamtausgabe, Abt. II. Akademische Werke, 1985, S. 638–646. Das folgende Zitat ebdt.,
S. 644 (Barth sah in P. Wernle einen gemäßigten Liberalen).
[38] B.-Th. I, S. 347 (Brief vom 18. 10. 1919).
[39] H. WINDISCH, Theologische Literaturzeitung 45, 1920, Sp. 200f.
[40] Ursprünglich in: Die Christliche Welt, 1920, Sp. 454–457.466–469, jetzt im Wiederabdruck in: Anfänge der dialektischen Theologie, Teil 1 (Anm. 33): A. JÜLICHER, Ein
moderner Paulus-Ausleger, S. 87–98.

dem Geist«. Barth stellt sich neben und vor Paulus. »Viel, möglicherweise sehr viel wird man einst aus diesem Buch für das Verständnis unserer Zeit gewinnen, für das Verständnis des ›geschichtlichen‹ Paulus kaum irgend etwas Neues.« Eine »Verleugnung der Geschichte und ein Sichstellen vor Paulus«[41] sind die schwerwiegendsten Punkte, auf die Barth in einem bewegenden Brief vom 14. 7. 1920 (im Jülicher-Nachlaß in Marburg) geantwortet hat:[42]

»Sie wissen als Historiker besser als ich, daß jede Zeit ihre eigenen Möglichkeiten und Notwendigkeiten hat... Über die Grenze der Zeiten hinweg sich zu verständigen ist sehr schwer, weil hüben und drüben eine andere Sprache geredet wird... Für meine Freunde und mich war 1914 eine solche Zeitgrenze, die für Sie wesentlich nicht besteht. Uns ist es da ernst, wo Sie gleichmütig bleiben; wir sind da gleichmütig geworden, wo es Ihnen immer noch ernst ist... So sind wir als Theologen über die *nur*-historische Stellung zur Bibel überhaupt zur Geschichte, hinausgewachsen... Wir werfen die historische Kritik nicht weg, aber wir fühlen uns von ihr am entscheidenden Punkt im Stich gelassen... Vielleicht können Sie unsere Lage wenigstens als Not, als Verlegenheit verstehen, in die wir als Ihre Schüler durch den Übergang von einer Zeit in die andere versetzt sind. Sie haben uns unerledigte Fragen überlassen, Fragen, die für Sie als Fragen gar nicht bestanden. Im Zusammenhang mit der allgemeinen Katastrophe der Kultur sind sie an uns zum Ausbruch gekommen... Sind wir so anders konstituierte Menschen hüben und drüben der Zeitgrenze, so müssen wohl auch unsere Bücher anders sein. Das gelehrte theologische Buch des ausgehenden 19. Jahrhunderts wird ja gewiß auch nach Ihrer Ansicht nicht die *einzige* theologische Möglichkeit sein... Unsereins *kann* nicht mehr so schreiben wie Sie es auf Ihrem Feld tun, wir *wollen* auch nicht, wir erwarten offengestanden nicht mehr viel davon. Hätten Sie wohl im Ernst etwas Ersprießliches davon erwartet, wenn ich z. B. Ihren Kommentar ... fortlaufend zu widerlegen versucht hätte? Wo ich doch schon in der Hypothesis, in der ungehemmten Anwendung des modernen historisch-psychologischen Pragmatismus nicht mit Ihnen gehen kann? – Letztlich war es ja ein gewisses leidenschaftliches Interesse an der im Römerbrief des Paulus verhandelten *Sache,* das mir zur Auseinandersetzung mit Anderen die Lust nahm. Aber warum sollte mich gerade *dieses* Interesse in der theologischen Wissenschaft, wenn sie weiß, was sie will, verdächtig machen? Auf Ihren Vorwurf des Pneumatikerhochmuts möchte ich die Gegenfrage stellen, bei welchem Grad der *Un*beteiligtheit am Objekt die Eintrittsberechtigung in den Tempel der Wissenschaft anfängt?«

Noch einige weitere Hinweise auf Rezensionen und Bemerkungen zu Barths

---

[41] Vgl. W. G. KÜMMEL (Anm. 32), S. 468.
[42] Aufgefunden und veröffentlicht durch H. GRASS, in: DERS., Karl Barth und Marburg. Rede zur Eröffnung der Karl-Barth-Ausstellung in der Marburger Universitätsbibliothek am 9. 1. 1971, S. 6 (Teilfaksimile-Druck des Briefes ebdt., S. 13).

Auslegung des Römerbriefs mögen die damalige Einschätzung des Werkes (und auch die innere theologische Spannung) verdeutlichen: *K. L. Schmidt* verglich K. Barth mit Marcion.[43] *R. Bultmann* sprach in seinem Vortrag »Ethische und mystische Religion im Urchristentum«[44] von »enthusiastische(r) Erneuerung« und »willkürlicher Zustutzung des paulinischen Christusmythos«, und *Ph. Bachmann,* der Barth ungemein zustimmend doch zahlreiche notwendige Einwände als Exeget geltend machte, stellte fest: »Paulus ist umgesetzt in Barth«[45].

Immerhin: Diese Römerbriefauslegung brachte K. Barth 1921 auf eine Stiftungsprofessur in Göttingen (aufgrund wesentlichen Eintretens u. a. durch Rezension und Fürsprache des reformierten Theologen Prof. Dr. [theol.] Karl Müller, Erlangen)[46].

Barth hatte zur theologischen Interpretation gerufen, er hatte – wie die Rezensionen zeigen – auch die Zunft der Neutestamentler damit getroffen. Er mußte freilich erfahren, daß »es nicht nur eine Frage der Moderne an die Tradition, sondern auch umgekehrt eine Frage der Tradition an die Moderne gibt«[47]. Das Anliegen historisch-kritischer Forschung war also nicht erledigt. Barth verstand seine Arbeit nicht als Neutestamentler. Was er in seiner Erklärung des Römerbriefs getan hatte, war im Grunde die Aufgabe eines jeden Theologen, der sich über sein Theologe-Sein in der Krise seiner Zeit Rechenschaft gibt.

Darum konnte er seine Auslegung als »Vorarbeit« im Vorwort der 1. Auflage bezeichnen: »Wenn ich mich darin nicht täusche, dann kann dieses Buch jetzt schon seinen bestimmt umschränkten Dienst tun. Man wird es ihm anspüren, daß es mit Entdeckerfreude geschrieben ist. Die kräftige Stimme des Paulus war mir neu, und es ist mir, sie müßte auch manch andern neu sein. Aber daß da noch vieles ungehört und unentdeckt ist, das ist mir am Ende dieser Arbeit ganz klar. Sie will darum nicht mehr sein als eine Vorarbeit«[48].

Sofort nach Erscheinen des Buches machte sich Barth an die Weiterarbeit,

---

[43] Nachweis bei E. Busch (Anm. 4), S. 126.

[44] R. Bultmann (ursprünglich in: Die Christliche Welt, 1920, Sp. 738–743), jetzt im Wiederabdruck in: Anfänge der dialektischen Theologie, Teil 2. Rudolf Bultmann. Friedrich Gogarten. Eduard Thurneysen, hrg. v. J. Moltmann, Theologische Bücherei 17, 1963, S. 29–47.

[45] Ph. Bachmann, Der Römerbrief verdeutscht und vergegenwärtigt. Ein Wort zu K. Barths Römerbrief, Neue kirchliche Zeitschrift 32, 1921, S. 517–547. K. Barth hat diese Rezension sehr gewürdigt, in: Der Römerbrief. Dritter Abdruck der neuen Bearbeitung, 1924, S. VII Anm. *: »Hier sind in sehr schonungsvoller Weise Einwände aufgestellt, die ich als richtig und wesentlich anerkennen muß. Der Herr Verfasser wird bemerken, daß sie in der Zwischenzeit auch mich beschäftigt haben.«

[46] K. Müller, Karl Barth's Römerbrief, Reformierte Kirchen-Zeitung 71. Jhrg., 1921, S. 103–105 (S. 105: »Ich habe die gute Zuversicht, daß Barth's *weitere Entwicklung zu ruhiger Klarheit* führen wird. Denn der *Kern* ist *von seltener Güte und Kraft*. Möge die zweite Auflage des jetzt vergriffenen Römerbriefs meine Voraussage bewahrheiten.«).

[47] W. Lindemann (Anm. 5), S. 24f.

[48] K. Barth, Der Römerbrief, 1919, Vorwort.

die binnen zwei Jahren zu einer Neuauflage führte. Es blieb praktisch »kein Stein auf dem anderen«. Diese grundlegende Neubearbeitung machte seine ›Römerbrief‹-Auslegung zum *Grundlagenbuch* der ›*Dialektischen Theologie*‹[49]. Unter den verschiedenen Punkten, die Barth in einem sehr ausführlichen Vorwort nennt, greife ich jetzt nur als Stichworte heraus: »die fortgesetzte Beschäftigung mit Paulus«, die inzwischen erkannte Bedeutung von Franz Overbeck für Barth; Einsichten in Platon und Kant und »das vermehrte Aufmerken auf das, was aus Kierkegaard und Dostojewski für das Verständnis des neuen Testamentes zu gewinnen ist«[50]; schließlich die Aufnahme der Kritiken. Gerade die Auseinandersetzung mit den Kritikern ergibt: Es geht um die in einer »unerbittlichen wie elastischen dialektischen Bewegung zu leistende(n) *sachliche(n)*« Bearbeitung des Textes. »*Kritischer* müßten mir die Historisch-Kritischen sein.« Es geht Barth um »*die innere Dialektik der Sache*«, um das, was er mit Kierkegaard den »›unendlichen qualitativen Unterschied‹ von Zeit und Ewigkeit« nennt. »›Gott ist im Himmel und du auf Erden.‹ Die Beziehung *dieses* Gottes zu *diesem* Menschen, die Beziehung *dieses* Menschen zu *diesem* Gott ist für mich das Thema der Bibel und die Summe der Philosophie in Einem«[51]. Quintessenz: Die historische Erklärung führt nicht zur Sache, die Paulus meint. Das unterstreicht Barth in seinem Vortrag »Das Wort Gottes als Aufgabe der Theologie« dahingehend: »Gerade als Wissenschaft im Sinn der andern Wissenschaften hat die Theologie auf der Universität *kein* Daseinsrecht, sie ist eine ganz unnötige Verdoppelung einiger in andre Fakultäten gehöriger Disziplinen«. »Die Aufgabe der Theologie ist das Wort Gottes. Das bedeutet die sichere *Niederlage* aller Theologie und *aller* Theologen«[52].

Nicht nur die theologische Differenz, die im einzelnen zu entfalten hier jetzt nicht möglich ist, ist zwischen der 1. und 2. Auflage des ›Römerbriefs‹ erheblich, auch die Kritik an dieser neuen Auflage schied die Geister. A. Jülicher sprach von »Vergewaltigung heiliger Urkunden« und von »der Hybris eines Pneumatikers«, die ernsthafter historischer Arbeit Hohn spreche.[53] P. Althaus erhob schwerwiegende inhaltliche Einwände.[54] A. Schlatter fragte: »Hören wir ... noch Paulus, wenn der Grieche und der Jude aus dem Römerbrief verschwunden sind?«, um dann festzuhalten: »Unter den Händen des Ausle-

---

[49] Vgl. K. BARTH, Das Wort Gottes als Aufgabe der Theologie, in: DERS., Das Wort Gottes und die Theologie. Gesammelte Vorträge, 1924, S. 171: Der »dialektische« »Weg« ist »der paulinisch-reformatorische«.
[50] K. BARTH, Der Römerbrief (Anm. 45), S. VII.
[51] K. BARTH, Der Römerbrief (Anm. 45), S. XIf. XIII.
[52] K. BARTH, Das Wort Gottes als Aufgabe der Theologie, in: DERS., Das Wort Gottes und die Theologie. Gesammelte Vorträge, 1924, S. 156–178, hier: S. 176.
[53] A. JÜLICHER, Theologische Literaturzeitung 47, 1922, Sp. 540ff. (Zitate Sp. 540.542).
[54] P. ALTHAUS, Theologie und Geschichte. Zur Auseinandersetzung mit der dialektischen Theologie, Zeitschrift für systematische Theologie 1, 1923, S. 741ff.

gers [sc. Barth] hört ... der Römerbrief auf, ein Römerbrief zu sein«.[55] Zwar hatte Barth im Vorwort der 2. Auflage deutlich betont, er sei *kein* »›abgesagte(r) Feind der *historischen Kritik*‹«.[56] Doch auf dem Höhepunkt eskalierender Einwendungen gegenüber seinem Verständnis historisch-kritischer Arbeit erklärt er gegen A. v. Harnacks »Fünfzehn Fragen an die Verächter der wissenschaftlichen Theologie unter den Theologen«[57]: »Die Aufgabe der Theologie ist eins mit der Aufgabe der Predigt«, – wie er hinzufügt – mit der Verkündigung des Wortes Gottes, nicht den eigenen Erfahrungen, Maximen, Reflexionen des Predigers.[58]

In diese Situation hinein ist R. Bultmanns Besprechung der 2. Auflage in ihrer theologischen Brisanz einzuordnen. Mit dem theologischen Anliegen Barths kann sich Bultmann verstehend befreunden, aber das methodisch richtige Vorgehen in dieser Auslegung ist ihm fraglich und damit deren hermeneutische Relevanz. Mit A. Jülicher betont er den gewaltsamen Umgang mit dem, was »das individuelle Leben des Römerbriefes und den Reichtum« der paulinischen Aussagen ausmache. Es sei »eine unmögliche Voraussetzung, daß überall im Römerbrief die Sache adäquaten Ausdruck gefunden haben müsse«. Weder Paulus noch überhaupt ein Mensch rede immerzu von der ›Sache‹. Sachkritik, Exegese und das ihr inhärente Eruieren vergangener Wirklichkeit gehören zusammen. Es bedarf darum der Sachkritik, die – entgegen Barth – nicht »einfach« den »Raum der Geschichte« überspringen kann.[59]

Damit war durch Bultmann die entscheidende Fragestellung gegeben, durch die Barths 2. Auflage des ›Römerbriefs‹ für die neutestamentliche Wissenschaft methodisch wichtig wurde. Es ist das Methodenproblem der Exegese.

---

[55] A. SCHLATTER, Karl Barths ›Römerbrief‹ (ursprünglich in: Die Furche 12, 1922), im Wiederabdruck in: Anfänge der dialektischen Theologie, Teil 1 (Anm. 33), S. 142–147, hier: S. 144f.

[56] K. BARTH, Der Römerbrief (Anm. 45), S. X.

[57] A. v. HARNACK, Fünfzehn Fragen an die Verächter der wissenschaftlichen Theologie unter den Theologen, Die Christliche Welt 37, 1923, Sp. 6–8.

[58] K. BARTH (ursprünglich in: Die Christliche Welt, 1923), in: Theologische Fragen und Antworten. Gesammelte Vorträge. 3. Band, 1957, S. 9–13.

[59] R. BULTMANN, Karl Barths ›Römerbrief‹ in zweiter Auflage (ursprünglich in: Die Christliche Welt, 1922), im Wiederabdruck in: Anfänge der dialektischen Theologie, Teil 1 (Anm. 33), S. 119–142; vgl. S. 140: »Ich will ... nicht verschweigen, daß die neue Auflage auf mich einen ungleich tieferen Eindruck gemacht hat als die erste. Ich habe auch darauf verzichtet, das Buch als Kommentar zum Römerbrief zu betrachten um der Klarheit der Sache willen, um die es geht.« Vgl. im übrigen die wichtige Charakterisierung der Besprechung bei W. G. KÜMMEL (Anm. 32), S. 474. Von bes. Intensität für die weitere Diskussion sollte sich erweisen: G. KRÜGER, Dialektische Methode und theologische Exegese. Logische Bemerkungen zu Barths ›Römerbrief‹, Zwischen den Zeiten 5, 1927, S. 116–157. Zu weiteren Rezensionen vgl. auch R. P. CRIMMANN, Der junge Karl Barth im Kreuzfeuer der Kritik. Eine Untersuchung über Hintergrund, Echo und Impulse der Theologie Barths von 1909–1927, Inaugural Diss. phil. Universität Erlangen-Nürnberg, 1975 (Fotodruck).

Dialektische Theologie ist nicht im eigentlichen Sinn spezifisch für das Fachgebiet ›Neues Testament‹ als solches, wohl aber dadurch, daß in den Sachfragen das Methodenproblem der Exegese entscheidend angestoßen wurde. Das zeigt auch Barths erst 1984 veröffentlichter Antwortbrief vom 14. April 1922 an Bultmann, in dem er die Sachkritik als den wesentlichen Punkt in Bultmanns ihm im Manuskript zugänglicher Rezension erkannte. Darauf zielt: »Ich fühle mich von Ihnen in einer eigentlichen Weise verstanden ... und dann in einem letzten entscheidenden Punkt auch noch nicht verstanden.«[60]

Es geht letztlich um ein Problem der ›Neutestamentlichen Theologie‹, das seit dem Ende des 18. Jahrhunderts bedacht und ursprünglich an der Exegese erprobt wurde, aber seit der liberalen Theologie und dann in den Anfängen der dialektischen Theologie in Vergessenheit zu geraten drohte. Bultmann hat es – geradezu rückblickend – so in seiner ›Theologie des Neuen Testaments‹ zusammengefaßt[61]:

»Da das NT ein Dokument der Geschichte, speziell der Religionsgeschichte, ist, verlangt seine Erklärung die Arbeit historischer Forschung, deren Methode von der Zeit der Aufklärung an ausgebildet und in der Erforschung des Urchristentums und in der Erklärung des NT fruchtbar gemacht worden ist. Solche Arbeit kann nun von einem zweifachen Interesse geleitet sein, entweder von dem der Rekonstruktion oder dem der Interpretation, – nämlich der Rekonstruktion vergangener Geschichte oder der Interpretation der Schriften des NT. Es gibt freilich nicht das eine ohne das andere, und beides steht stets in Wechselwirkung. Aber es fragt sich, welches von beiden im Dienst des anderen steht. Entweder können die Schriften des NT als die Quellen befragt werden, die der Historiker interpretiert, um aus ihnen das Bild des Urchristentums als eines Phänomens geschichtlicher Vergangenheit zu rekonstruieren; oder die Rekonstruktion steht im Dienste der Interpretation der Schriften des NT unter der Voraussetzung, daß diese der Gegenwart etwas zu sagen haben.«

Hinsichtlich der 2. Auflage von Barths ›Römerbrief‹ kommt es im Ergebnis darauf hinaus, daß Bultmann der historisch-kritischen Methode – im forschungsgeschichtlich nachweisbaren Konsens – »die durchaus theologische Funktion einer Sachkritik« zuweist. Das vermag Barth nicht zu akzeptieren. Es bleibt letztlich – wie auch der von B. Jaspert vorzüglich edierte Briefwechsel Barth–Bultmann zeigt – der »Dissens«, den Bultmann »auf den Unter-

---

[60] H. THYEN, Rudolf Bultmann, Karl Barth und das Problem der ›Sachkritik‹, in: Rudolf Bultmanns Werk und Wirkung, hrg. v. B. Jaspert, 1984, S. 43ff. (der Brief ebdt., S. 46–48; Zitat S. 46); vgl. auch R. BULTMANNs darauf folgenden Antwortbrief an K. Barth vom »22. V. 1922«, in: Karl Barth – Rudolf Bultmann. Briefwechsel 1922–1966, hrg. v. B. Jaspert, Karl Barth. Gesamtausgabe, Abt. V. Briefe, Bd. 1, 1971, S. 4f. (dieser Band wird im folgenden abgek. B.-B.).
[61] R. BULTMANN, Theologie des Neuen Testaments, ⁹1984, S. 600.

schied von Predigt und Theologie« zurückführt[62], und es bleibt der sich
schon hier anbahnende, für Barth unüberwindliche Dissensus zur existentialen Interpretation Bultmanns, die Barth als »anthropozentrisch« ausgerichtete »Theologie des 19. Jahrhunderts« verwarf[63].

Die dritte Auflage des ›Römerbriefs‹ (1923) bringt ein drittes Vorwort Barths:
»Das Merkwürdigste, was dem Buch seither [= sc. 2. Aufl.] widerfahren ist,
ist wohl die Tatsache, daß es von Bultmann in der Hauptsache freundlich begrüßt und von Schlatter in der Hauptsache ebenso freundlich abgelehnt worden ist. Ich nehme das erste als erfreuliche Bestätigung dafür, daß die Klage
über diokletianische Verfolgung der historisch-kritischen Theologie, mit der
es zuerst aufgenommen worden ist, nicht nötig war, das zweite als Bescheini-
gung dafür, daß ich auch der positiven Theologie gegenüber, der ich mich
von Haus aus näher und verwandter fühle [sc. Vater!], meinen eigenen Weg
gegangen bin [sc. vgl. 2. Aufl.]«[64]. Im übrigen bestätigt auch dieses Vorwort,
daß die ›historisch-kritische Methode‹ für Barth ein nötigender Stachel blieb.
Das zeigt auch die 1924 in Druck erschienene Vorlesung: »Die Auferstehung
der Toten. Eine akademische Vorlesung über 1. Kor. 15«. Dort heißt es im
Vorwort: »Die Arbeit unterliegt denselben methodischen Bedenken und Einwänden, wie sie gegen meine Römerbrieferklärung erhoben worden sind. Es
ist mein aufrichtiger Wunsch, sie möchte von den berufenen Neutestament-
lern der heute maßgebenden historischen Richtung nicht als neue Herausforderung aufgefaßt werden. Es ist mir ernst, wenn ich sage, daß ich weiß, wie
viel ich ihnen auf Schritt und Tritt zu verdanken habe... Das Auseinanderfal-
len einer vorwiegend historisch und einer vorwiegend theologisch interessier-
ten Exegese ist gewiß ein unvollkommener Zustand.« Barth weist dann weiter auf das jeweils notwendige »Korrektiv« der einen wie der anderen Seite
exegetischer Arbeit, »wobei ich allerdings der Meinung bin, daß sich bei der
Durchführung dieses Versuchs (so gewiß er nur in beständigem Kontakt mit
der historischen Forschung überhaupt unternommen werden kann) auch für
die *historische* Betrachtung gewisse nicht zu verachtende Lichter ergeben
könnten.« »Über das, was als theologische *Wissenschaft* und als wissenschaftliche *Theologie* anzusprechen ist, sind die Akten heute weniger als je
geschlossen. *Alles,* was heute wir *Alle* treiben, sind Notarbeiten einer Über-
gangszeit«[65].

Solche Feststellungen waren nicht – wie man gemeint hat – ein taktisches
»Friedensangebot«.[66] Vielmehr war auch für Barth das Methodische, das Ineinander von Rekonstruktion und Interpretation (*ohne* die Begriffe zu gebrauchen) gar nicht zu bestreiten. Und diese fast versöhnlichen Worte finden

---

[62] Nachweise bei W. LINDEMANN (Anm. 5), S. 40f.; B.-B., S. 8f. 41f.
[63] Im einzelnen belegt bei W. LINDEMANN (Anm. 5), S. 41.
[64] K. BARTH, Der Römerbrief (Anm. 45), S. XIX–XXIII.
[65] K. BARTH, Die Auferstehung der Toten. Eine akademische Vorlesung über 1. Kor.
15, 1924, S. Vf.
[66] W. LINDEMANN (Anm. 5), S. 39.

in der theologischen Exegese, letztlich in geraffter Auslegung des 1. Korintherbriefes mit dem Schwerpunkt 1 Kor 15, dem Kapitel über die Auferstehung, ihren Widerhall. So heißt es z. B. im Vorspann der Auslegung von
1 Kor 15: »Machen wir uns aber zum vornherein auf teilweises Mißlingen gefaßt. Wir sind wahrscheinlich (nicht nur historisch!) zu weit weg von Paulus,
um hier auch nur annähernd mitzukommen«[67].
Die Reaktion auch auf dieses Buch war erheblich. Zur beispielhaften Verdeutlichung greife ich zwei, verschiedenen theologischen Lagern zuzuordnen-
de Rezensionen heraus, die von R. Bultmann und P. Althaus:
R. Bultmann kann in seinem Besprechungsaufsatz »Karl Barth ›Die Auferstehung der Toten‹«[68] nach einführenden Hinweisen sofort das Wesentliche
feststellen: »die anläßlich von B.s ›Römerbrief‹ viel diskutierte Frage nach
dem Verhältnis historischer und theologischer Exegese aufzuwerfen, ist
schon angesichts dessen, was B. jetzt im Vorwort sagt, unnötig. Wollen beide
Arten der Erklärung die Sache erfassen, so gehören sie zu einer Einheit zusammen... So steht dann die vorliegende Auslegung von 1. Kor. nicht im Gegensatz zur historisch-philologischen, sondern benutzt oder ergänzt sie«[69]. Eine Durchmusterung von Barths Auslegung deckt dann zwar in Einzelheiten
manches sehr Eigenwillige auf, insgesamt aber trifft Barth erstaunlich oft die
theologischen Anliegen. Freilich, daß Barth von ›Seitenblicken‹ »auf moderne Verhältnisse« auch »geleitet sei«, konstatiert Bultmann ausdrücklich[70].
Kommt Bultmann in seiner Besprechung zu dem Ergebnis, daß Barths Erklärung von 1 Kor 12–14 den Höhepunkt seiner Ausführungen darstelle, so entspricht das nach Bultmann auch »der Tatsache, daß K. 12–14 auch der Höhepunkt des als sachlicher Einheit verstandenen Briefes sind«[71], konkret: Kapitel 13. Zu diesem Ergebnis kommt Bultmann vor allem, weil er an Barths
Auslegung von Kap. 15 die notwendige Sachkritik vermißt[72]. Das nahezu
gleiche Ergebnis findet sich erstaunlicherweise bei Paul Althaus[73], indem er
in seiner Besprechung vornehmlich an den von Barth verwendeten Begriffen
Offenbarung, Auferstehung und Eschatologie nachweist, daß Barth ›moder-
nes‹ systematisch-theologisches Denken in die Exegese einträgt: »Es hat also
mit Paulus nichts zu tun, daß Barth, im Interesse seiner ›eschatologischen‹
Theologie, dem Begriffe der Auferstehung seine Konkretheit nimmt und ihm
eine das ganze Heil bezeichnende Weite gibt. Damit fällt aber auch der
Grundgedanke seiner Auslegung hin, daß Kap. 15 die Schlüsselstellung sei,

[67] K. BARTH, Die Auferstehung der Toten (Anm. 65), S. 63.
[68] R. BULTMANN, Karl Barth »Die Auferstehung der Toten« (ursprünglich 1926), in:
DERS., Glauben und Verstehen I, 1933, S. 38–64.
[69] R. BULTMANN (Anm. 68), S. 40.
[70] R. BULTMANN (Anm. 68), S. 40 u. ö.
[71] R. BULTMANN (Anm. 68), S. 51.
[72] R. BULTMANN (Anm. 68), S. 52.
[73] P. ALTHAUS, Paulus und sein neuester Ausleger. Eine Beleuchtung von Karl Barths
›Auferstehung der Toten‹, in: Christentum und Wissenschaft 1, 1925, S. 20–30.97–102.

von der aus man die Kritik an Kap. 1–14 verstehen müsse«. »Den gleichen Einbruch moderner Theologie in die Exegese beobachten wir schließlich daran, wie Barth seinen Begriff der Endgeschichte (den ich dogmatisch mit ihm teile) in Paulus einträgt...«. »So muß ich urteilen, daß der vorliegende Versuch theologischer Exegese an entscheidenden Stellen keine wirkliche Auslegung mehr bedeutet, weil der moderne Exeget dem Apostel seinen eigenen Offenbarungs- und Geschichtsgedanken untergelegt hat«[74]. So sehr Althaus auch bereit ist, die theologische Exegese zu akzeptieren, »sie wird weder 1. Kor 15 zum Schlüssel des ganzen Briefes machen noch das Kapitel selber wie Barth ›unhistorisch‹ lesen dürfen«.[75]

Noch etwas anderes, was Bultmann und Althaus in Barths Auslegung spüren, ist anzuführen. An 1 Kor 15, 23ff. zeigt es sich: Barth entzieht sich der Sachkritik, *weil* Paulus in 1 Kor 15 so stark mythologisch rede. Überspitzt gesagt: Barths dogmatische Position, die er in 1 Kor 15 so stark einbringt, ist *seine* Form, den Mythos zu bewältigen. Daß Barth, nachdem Bultmann durch seinen berühmt gewordenen Vortrag »Neues Testament und Mythologie« (1941) lange Zeit lebhaft im Diskussionsfeld der Entmythologisierungsdebatte stand, gerade hinsichtlich dieses Punktes bei voller Ablehnung von Bultmanns Programm durchaus gelassen blieb, läßt sich erklären: Auch er hat auf seine Weise ›entmythologisiert‹ und eine solche zumindest in der Auslegung von 1 Kor 15 akzeptiert.

Barths Beitrag zur neutestamentlichen Exegese findet in seiner Erklärung des 1. Korintherbriefs einen starken Anhalt, und die Wirkungsgeschichte gerade dieser Vorlesungen läßt sich in der neutestamentlichen Wissenschaft seit einem halben Jahrhundert deutlich nachzeichnen. Ob diese Auslegung in der methodisch anstehenden Sachfrage wirklich über die 2. Auflage des Römerbriefes hinausführt, muß allerdings als offen bezeichnet werden; eher handelt es sich um eine Präzisierung im Methodenstreit.

Das gilt auch von zwei weiteren Werken: erstens ist die von Walter Fürst 1976 hrg. Vorlesung »Erklärung des Johannes-Evangeliums (Kapitel 1–8)« zu nennen, die im WS 1925/26 erstmals gehalten und im SS 1933 wiederholt wurde, und zweitens die »Erklärung des Philipperbriefes« (1928).

Die Vorlesung über das Johannes-Evangelium fand erheblichen Anklang, briefliche und sonstige Zeugnisse berichten darüber und bestätigen darin weithin das aus dem Nachlaß hrg. Manuskript. Aus einem Brief eines früheren Studenten berichtet Thurneysen: »Über Barths Kolleg in Münster habe ich sachverständigen (ich kann fast sagen: begeisterten) Bericht, hauptsächlich was das Johannesevangelium betrifft ... philologisch sogar gelehrt«. Darauf konterte Barth an Thurneysen (1. 12. 1925): »...›Philologisch gelehrt‹ ist sehr gut. Dieser naive Eindruck kommt nur davon, daß ich, was wir ja schon im Aargau *längst* hätten tun müssen und wozu ich erst in Göttingen all-

---

[74] P. ALTHAUS (Anm. 73), S. 24.
[75] P. ALTHAUS (Anm. 73), S. 102.

mählich kam, meine Weisheit hauptsächlich aus – der griechischen Konkordanz schöpfe«.[76] W. von Loewenich berichtet in seinen Lebenserinnerungen über diese Vorlesung: »Neben Augustin wurden auch Luther und Calvin fleißig herangezogen. Die historisch-kritische Exegese spielte eine geringe Rolle. Obwohl Barth W. Bauer häufig zitiert und auch Bultmann zu Rate gezogen hat«. Auch nimmt v. Loewenich Bezug auf Barths Bemerkung in einem Brief an Bultmann vom 3. 12. 1925: »Die Mandäerparallelen erwähne ich so gewissenhaft als ich kann, aber ohne Gewinn, weil mir auch hier (der Stein rollt ohne mein Zutun) der Text, wie er nun einmal dasteht, merkwürdiger ist als alles das Teufelszeug, was wahrscheinlich dahinter steht.«[77] Auf das Verhältnis Johannesevangelium–Synoptiker, das Bultmann Barth brieflich darlegte[78], ist nach der Erinnerung von W. v. Loewenich Barth nicht eingegangen, wohl aber ergeben die Aufzeichnungen von Loewenichs, daß Barth zu Joh 3, 13 längere Ausführungen über das »Extra-Calvinisticum« machte, die in die Herausgabe der Vorlesung nicht aufgenommen sind[79]. Insgesamt: Es handelt sich um eine zweifellos wichtige Vorlesung, die auch Barths besonderen, geradezu dialektischen Stil erkennen läßt, die aber auch zeigt, daß tiefgreifende Paraphrase großen theologischen Gewinn tragen kann (wobei das Kollegheft des Vaters wenigstens gedanklich erheblichen Anteil hat).[80]

Auch in der »Erklärung des Philipperbriefes« – aus Göttinger Vorlesungen und deren Nachschrift erwachsen – läßt Barth das Methodenproblem nicht los. So heißt es im Vorwort: »An dem Streit über die ›pneumatische Exegese‹ gedenke ich mich nicht zu beteiligen. Habe ich, wenn ich recht sehe, mit den Anlass dazu gegeben, so ist jedenfalls dieses unsympathische Stichwort nicht meine Prägung… Dass ich selber – bei gleich gebliebener Absicht – mich auf das seinerzeit beim Römerbrief durchgeführte Verfahren nicht festlege, sondern am Suchen bin, wird vielleicht die vorliegende Arbeit wenigstens Einigen deutlich machen«. (»Münster, i. W. Sept. 1927«). Diese Auslegung Barths ist im Sinne neutestamentlicher Wissenschaft die wohl abgewogenste, wobei auch ohne Behandlung von ›Einleitungsfragen‹ – der situative Hintergrund theologisch erwogen und abgeschritten wird. Mit Recht bietet B. Mengel in seiner wichtigen Analyse »Studien zum Philipperbrief« (1982) eine eingehen-

---

[76] B.-Th. II, S. 390.
[77] B.-B., S. 50 (= Nr. 27) u. S. 58f. (= Nr. 33).
[78] B.-B., S. 63ff. (= Nr. 37).
[79] W. v. LOEWENICH, Erlebte Theologie. Begegnungen. Erfahrungen. Erwägungen, 1979, S. 59f.
[80] K. BARTH, Erklärung des Johannes-Evangeliums (Kapitel 1–8). Vorlesung Münster Wintersemester 1925/1926, wiederholt in Bonn Sommersemester 1933, hrg. v. W. Fürst, Karl Barth. Gesamtausgabe, Abt. II. Akademische Werke 1925/1926, 1976, S. VIII Anm. 9 und der ebdt. zitierte Brief an seinen Bruder Heinrich vom 30. 1. 1926 (im Barth-Archiv). Vgl. auch F. BARTH (Anm. 14); DERS., Das Johannesevangelium und die synoptischen Evangelien, Biblische Zeit- und Streitfragen I. Serie. Heft 4, 6.–10. Tausend, 1911.

de kritische Würdigung von Barths Kommentar, die dies deutlich hervorhebt und im einzelnen nachweist.[81]

Erst Mitte der fünfziger Jahre hat Barth eine im 2. Weltkrieg als Volkshochschulkurs gehaltene Vorlesung auf Drängen hin als »kurze Erklärung des Römerbriefes« (1956) veröffentlicht. Das ist keine Kurzfassung des großen Römerbriefes, sondern ein sorgfältiges, den Text nachzeichnendes, in Worte gefaßtes Hören auf die paulinischen Aussagen. Man kann die Ausführungen in mancher Hinsicht mit der Erklärung des Philipperbriefes vergleichen, doch es wird deutlicher unmittelbar Situation und Hintergrund dieses Briefes erklärt. Grundentscheidungen, wie sie in der »Kirchlichen Dogmatik« gefällt waren, bleiben nicht verdeckt, etwa Röm 5, 12–21: »Christus und Adam«, und gelegentliche Hinweise auf die »KD« sind angemessen. »Es ist ja selbstverständlich, daß dieser Text [sc. des Rm] auch sonst in mir weiter gearbeitet hat... Am Römerbrief lernt man eben nicht aus. In diesem Sinne ›wartet‹ er noch immer (wie ich es in der Vorrede 1918 etwas hochgemut ausgedrückt hatte) – bestimmt auch auf mich.« Und zur (fehlenden) Übersetzung merkt er an: »Mir fehlt leider die Zeit, den Lesern dieses Buches den Text, so wie ich ihn heute in seinem Zusammenhang ins Deutsche übertragen würde, in einer zugleich treuen und lesbaren Gestalt vorzulegen« (Vorwort).

Damit schließt sich der Kreis der Auslegung vom ›Römerbrief‹ zum ›Römerbrief‹, aber es ist nicht Barths letztes Wort zur Exegese.

II

Lassen Sie mich dies in drei Bemerkungen und ganz ungeschützt ausgesprochen noch erwähnen:

1) Das maßgebende »Kriterium der theologischen Exegese« – und damit, wenn ich recht sehe, der Theologie – findet sich bei Barth in seiner »Kirchlichen Dogmatik« (= KD) in der Lehre vom »Wort Gottes« entfaltet[82]: Es geht um die dreifache Gestalt des Wortes Gottes. 1) »*Offenbartes* Wort Gottes kennen wir nur aus der von der Verkündigung der Kirche aufgenommenen Schrift oder aus der auf die Schrift begründeten Verkündigung der Kirche«; 2) »*Geschriebenes* Wort Gottes kennen wir nur durch die die Verkündigung erfüllende Offenbarung oder durch die von der Offenbarung erfüllte Verkündigung«; 3) »*Verkündigtes* Wort Gottes kennen wir nur, indem wir die durch die Schrift bezeugte Offenbarung oder indem wir die die Offenbarung bezeugende Schrift kennen«[83]. Diese dreifache Gestalt des Wortes Gottes

---

[81] Vgl. B. MENGEL, Studien zum Philipperbrief. Untersuchungen zum situativen Kontext unter besonderer Berücksichtigung der Frage nach der Ganzheitlichkeit oder Einheitlichkeit eines paulinischen Briefes, Wissenschaftliche Untersuchungen zum Neuen Testament 2. Reihe Band 8, 1982, bes. S. 168–178.188f. u. ö.

[82] KD I/1, S. 89ff.

[83] KD I/1, S. 124.

»ist selber die einzige Analogie ... zur Lehre von der *Dreieinigkeit Gottes*«
und findet darin ihre Einheit.[84]
Unter dem Gesichtspunkt der Offenbarung als letztgültigem, abgeschlosse-
nem Geschehen »Deus dixit«[85] ist zu sehen, daß es eigentlich des Historischen im strengen Sinn des Wortes nur sehr begrenzt bedarf. Aus dem Verständnis des geoffenbarten Wortes Gottes, aus dem Verständnis, daß die »erfüllte Zeit ... mit Jesus Christus identisch ist«,[86] läßt sich immerhin erklären,
daß Barth der theologischen Exegese vor der historisch-philologischen den
Vorzug gibt.
Es kann hier auch nicht im entferntesten Barths Hermeneutik entfaltet werden, aber es darf dieses pauschal angezeigt werden: Sie ist kein unmittelbarer
Beitrag zur neutestamentlichen Wissenschaft, wohl aber zum sachlichen Verstehen der Bibelauslegung Barths durchaus dahin zusammenfaßbar, »daß
das Wort Gottes menschlichem Glauben und Handeln, menschlicher Theologie und Exegese immer vorausgeht«[87]. Unter seinem Verständnis von Offenbarung steht auch die ja nicht geleugnete historische Arbeit der Schriftauslegung. »Die Forderung, daß man die Bibel *historisch* lesen, verstehen und auslegen müsse, ist ... selbstverständlich berechtigt und kann nicht ernst genug
genommen werden. Die Bibel selbst stellt diese Forderung: sie ist ... in ihrem
tatsächlichen Bestand menschliches Wort... Alles Andere hieße an der Wirklichkeit der Bibel und damit auch an der Bibel als Zeugnis der Offenbarung
vorbeisehen«[88]. »Offenbarung« aber ist »das uns zugewandte Leben Gottes
selber, das durch den Heiligen Geist zu uns kommende Wort Gottes, Jesus
Christus«, das beide Testamente umschließt. In der Begrenztheit historischer
Arbeit angesichts der Einheit und Ganzheit der Schrift spiegelnden »Einheit
Gottes in seiner Offenbarung«[89] sind nicht für den Systematiker Barth, wohl
aber für den Neutestamentler zu bedenkende Schwierigkeiten angesichts dessen gesetzt, daß er als Exeget Gottes Wort im Menschenwort in letzter Konsequenz sehr nüchtern in historischer biblischer Wirklichkeit zu sehen hat und
darum in ganz anderer Weise zwischen Altem und Neuem Testament und
zwischen den einzelnen biblischen Zeugen differenzieren muß.
Der Neutestamentler wird Barth im Hinblick auf dessen theologische Schriftauslegung nicht bestreiten wollen, daß er als Systematiker zumindest aufleuchten läßt, was das unaufgebbare Ineinander von Rekonstruktion und Interpretation ausmacht. Aber die harte Kärrnerarbeit historisch-kritischer Arbeitsweise und damit die exegetisch-theologische Konsequenz aller Unabgeschlossenheit theologischer Arbeit bleibt dem Exegeten als stets neu zu erfah-

---

[84] KD I/1, S. 123f.
[85] KD I/1, S. 119.
[86] KD I/1, S. 119.
[87] W. LINDEMANN (Anm. 5), S. 98.
[88] KD I/2, S. 513 (Zitat); vgl. ebdt., S. 535.649–652; KD III/4, S. 579ff.; KD IV/2,
S. 338f.; auch KD III/3, S. 227–231.
[89] KD I/2, S. 534f.

render Akt des Lebens vorbehalten. Nämlich: dorthin zurückzukehren, »wo Menschen einst gefragt und gezweifelt, geglaubt und verleugnet haben, als sie die Botschaft vom Heil hörten«, um sich dann auch unter jene »Entscheidung und Verheißung« von *damals* zu stellen und damit zugleich an *unseren* Ort von heute weisen zu lassen. »Vom theologischen Recht historisch-kritischer Exegese«[90] (mit Ernst Käsemann) zu reden und dieses theologische Recht historisch-kritischer Arbeit in unser Dasein als Theologen und Gemeinde umzusetzen, scheint mir die größere und wichtigere Aufgabe als jene wie immer näher zu fassende »Nachkritische Schriftauslegung«, in deren vorsichtig abgesteckten Grenzen R. Smend Barths Verstehen der Schrift feinsinnig erörtert hat.[91]

2) Barth bietet in den zahlreichen Bänden seiner »KD« vielfach exegetische Hinweise. Es finden sich, wenn ich mich nicht verzählt habe, 63 teilweise umfangreiche Exegesen neutestamentlicher Texte. Zu fast allen Exegesen lassen sich bedenkliche exegetische Schwierigkeiten nachweisen. Die Evangelien werden geradezu als Einheit gesehen, Differenzierungen begegnen kaum. Für Barth steht auch der biblische Einzelabschnitt, der »Text« im Horizont dogmatischer Fragestellung; er wird im ›Kontext‹ seiner KD ausgelegt.[92] Gleichwohl wird man mit *K. Wengst,* der kürzlich die Versuchungsgeschichte Jesu in der Auslegung K. Barths untersucht hat, hinsichtlich der Exegese Barths sagen können: »Eine Exegese des Neuen Testaments, die nicht die theologische Dimension ihrer Texte als Zeugnisse für das Wort Gottes wahrnimmt und die nicht zugleich durchstösst zu einer Auslegung der Gegenwart durch diese Texte, verdient nicht ihren Namen«[93].

3) Zu Barths Beitrag zur neutestamentlichen Wissenschaft gehört auch seine Jahrzehnte hindurch direkt und indirekt geführte Diskussion mit Rudolf Bultmann. Selbstredend standen hierbei mehr hermeneutische Fragestellungen als exegetische Einzelheiten im Vordergrund. Schon in den voranstehenden Äußerungen ist je und dann die kritische Stimme Bultmanns vernehmbar gewesen. Der Briefwechsel Barth–Bultmann zeichnet wichtige Stationen nach, die B. Jaspert durch weitere Dokumente eindrücklich kommentiert. Gesprächspausen gehören ebenso zum sachlichen Gespräch wie die Feststellung Barths gegenüber Bultmann am 24. 7. 1927: »Ihre Absicht, mich aufs neue auf den guten Consensus zwischen Marburg und Münster aufmerksam zu machen, hat ihren Zweck erreicht.«[94] Außer den schon genannten Bespre-

---

[90] Mit E. KÄSEMANN, Vom theologischen Recht historisch-kritischer Exegese, Zeitschrift für Theologie und Kirche 64, 1967, S. 259ff. (Zitate S. 259.281).
[91] R. SMEND, Nachkritische Schriftauslegung, in: ΠΑΡΡΗΣΙΑ. Karl Barth zum achtzigsten Geburtstag am 10. Mai 1966, 1966, S. 215–237.
[92] Vgl. z. B. KD I/2, S. 535; vgl. auch R. SMEND (Anm. 91), S. 235.
[93] K. WENGST, Anmerkungen zur Barthschen Auslegung der Versuchungsgeschichte aus heutiger exegetischer Perspektive, in: Zeitschrift für Dialektische Theologie Bd. 2, 1986, S. 21–38 (Zitat S. 34).
[94] B.-B., S. 74 (= Nr. 43).

chungsaufsätzen Bultmanns von Barths Werken, die auch den eigenen theologischen Standort des Rezensenten markieren, hat der Marburger das Werk seines Kollegen lebhaft mitverfolgt. Barths ›Prolegomena‹ zur Dogmatik (1927) hat er brieflich eingehend kritisch besprochen mit der Gesamtfeststellung, daß es Barth zwar in der Sache richtig mache, aber er verwende eine falsche Begrifflichkeit (1928)[95]. Das durchaus intensive Gespräch in den 20er Jahren ließ freilich auch deutlich werden, daß ein theologisches Miteinander auf die Dauer wohl nicht gegeben sei, einmal da Bultmann methodisch und theologisch zu stark dem 19. Jahrhundert verpflichtet sei und andererseits der damals neuesten Philosophie zu weitgehende Zugeständnisse mache. In KD I/2[96] verdeutlicht dies Barth (1938) in § 21: »Die Freiheit in der Kirche«. Ohne Bultmanns Namen zu nennen (er wird erst zu den entscheidenden Seiten im Register nachgetragen) heißt es dort: »Wie könnte man sich *einer* Philosophie als *der* Philosophie verschreiben, wie könnte man ihr allgemeine Notwendigkeit zuschreiben, ohne sie nun faktisch – als notwendigen Partner des Wortes Gottes – doch absolut zu setzen und damit das Wort Gottes gefangen zu nehmen und zu verfälschen? Es gibt also von der Aufgabe der Schrifterklärung her gesehen gerade kein grundsätzliches, sondern immer nur ein zufälliges ... Interesse an der ganzen Geschichte der Philosophie als der Geschichte der menschlichen Denkweisen«, um dann allerdings nicht auszuschließen, daß »ein *kritischer* Gebrauch« der Philosophie in Grenzen legitim sein kann[97].

Bultmanns Entmythologisierungsvortrag (1941) und die ihr inhärente existentiale Interpretation des Marburger Gelehrten waren Barth eindeutig suspekt. In der Entmythologisierung sah er eine falsche Apologie des Christentums, in der existentialen Interpretation philosophische Abhängigkeit und anthropologische Verkürzung des Wortes Gottes, die – wie Barth auf Anfrage an Bischof Wurm 1947 schreibt – in »bestimmte(n) christologische(n) Konklusionen« kulminieren. »Ich lehne mit den Voraussetzungen auch diese Konklusionen Bultmanns ab«[98]. Gleichwohl ist für Barth unbestritten: »Jede Beurteilung Bultmanns wird mit der Tatsache zu rechnen haben, daß man es in ihm mit einem Mann von höchstem wissenschaftlichen Ernst und überdies mit dem seit dem Tode Jülichers führenden und auch im Ausland am meisten beachteten deutschen Neutestamentler zu tun hat«[99].

Barth hat das Gespräch auch bei weiterer theologischer Entfremdung von Bultmann nicht aufgegeben: Seine Schrift: »Rudolf Bultmann. Ein Versuch,

---

[95] B.-B., S. 78f. (= Nr. 46). 80ff. (= Nr. 47). Die im übrigen dem Brief vom »8. VI. 1928« beigelegten Bemerkungen Bultmanns über die ›Prolegomena‹ waren bisher (bis zur Herausgabe des Briefwechsels) nicht auffindbar (so B. JASPERT, in: B.-B., S. 82 Anm. 1).
[96] KD I/2, S. 822f.
[97] KD I/2, S. 822f.
[98] B.-B., S. 289 (mit genauerem Quellenbezug).
[99] B.-B., S. 288 (ebenfalls im Schreiben an Bischof D. Th. Wurm).

ihn zu verstehen« (1952) [er wäre freilich besser unversucht geblieben] bietet letztlich ein Aneinander-Vorbei-Reden, schon deshalb, weil Heideggers Einfluß auf Bultmann verzerrt wiedergegeben und das anthropologische Anliegen Bultmanns nicht wirklich erfaßt wird[100]. In anderen Punkten zeigt sich dagegen eher ein Näher-, aber nicht Zusammenkommen: In der »allgemeinen Absicht«, »Christologie und Soteriologie als *Einheit* zu verstehen«, »folge ich ihm [sc. Bultmann] willig«.[101] Bultmann hat in einem langen Brief (11.–15. 11. 1952) auf Barths »Versuch« geantwortet.[102] Ich kann diese umfassenden Ausführungen und Barths ausführliche Antwort darauf hier nicht analysieren. Zwei Zitate verdeutlichen vielleicht genug: Bultmann: »Eines aber meine ich, immer deutlicher gesehen zu haben, daß es nämlich entscheidend darauf ankommt, klar zu machen, mit welchem Begriff von Wirklichkeit, von Sein und Geschehen wir in der Theologie eigentlich arbeiten... Auf eine ontologische Besinnung kommt es also an«, – und das führt notwendigerweise auch zum Einbezug der Philosophie in die exegetisch-theologische und grundsätzlich hermeneutische Arbeit[103]. Das zweite Zitat ist ein Stück der Antwort auf Barths Frage: »Was ist endlich und zuletzt das Thema dieser Debatte?« [sc. Entmythologisierungsdebatte]: »das Thema ist die Frage nach der hermeneutischen Methode im Dienst der Erklärung des NT.«[104]
Ebenfalls 1952 legte Barth die Schrift: »Christus und Adam in Römer 5« vor (Teilstück aus KD III/2), wie überhaupt der Band KD III/2 eine deutliche Auseinandersetzung mit Bultmann darstellt (die sich in Band IV/1.2 in gewisser Weise fortsetzt).
Die Umdrehung Christus-Adam war in Barths systematischem Ansatz begründet, ist aber exegetisch an Paulus gemessen unhaltbar, worauf Bultmann antwortet mit: »Adam und Christus nach Rm 5«[105]. Nur das entscheidende Ergebnis ist hier anzuführen: »Nach allem dürfte deutlich sein, daß Barth die mythologische Grundlage der Argumentation [sc. Rm] 5_{12-21} verkennt. Wenn für ihn Adam nicht das Haupt der vorchristlichen Menschheit ist, sondern ›Einer unter Anderen‹, der als solcher die Menschheit vertritt (S. 55), so ist im Grunde Adam zur Idee des Menschen geworden. Der Mythos, nach dem Adam der bestimmende Urmensch ist, ist ›entmythologisiert‹ worden [sc. von K. Barth!], wenngleich in einer fragwürdigen Weise. Denn wie Paulus die mythologische Kosmologie zu einer Heilsgeschichte zu machen bestrebt ist, kommt gerade so nicht zur Geltung.«
Welcher Preis ist dafür bezahlt?: »Wie die Gestalt Adams zur Idee wird, so

---

[100] K. BARTH, Rudolf Bultmann. Ein Versuch, ihn zu verstehen, Theologische Studien 34, 1952, z. B. S. 37.
[101] K. BARTH (Anm. 100), S. 17f.
[102] B.-B., S. 169–192 (dazu die wichtigen Anm. v. B. JASPERT, ebdt., S. 192–195).
[103] B.-B., S. 169f.
[104] B.-B., S. 191.
[105] R. BULTMANN, Adam und Christus nach Rm 5, Zeitschrift für die neutestamentliche Wissenschaft und die Kunde der älteren Kirche 50, 1959, S. 145–165.

scheint auch Christus zu einer Idee zu werden. Wenn er nach Barth ›wahrer
Mensch‹ schlechthin ist, so ist er doch nicht der konkrete historische
Mensch, sondern die Idee des ›wahren‹ Menschen... Wie man das aus Rm 5
herauslesen kann, ist mir unverständlich.«[106]
Auch darauf hat Barth brieflich geantwortet (18. 12. 1959): »Mein Prima vi-
sta-Eindruck ist zunächst der, daß wir es in der Verschiedenheit unsrer Auslegungen mit einem vielleicht typischen Reflex Ihres und meines Herangehens
an das NT überhaupt zu tun haben, über dessen Verschiedenheit wir nun
wohl in diesem Leben nicht mehr hinauskommen werden«, um dann festzustellen, »im Himmel« ... »suchen wir dann vielleicht ... den Apostel Paulus
gemeinsam auf (sc. nachdem Barth bei Mozart war), um uns von ihm erklären zu lassen, wie er es endlich und zuletzt selbst gemeint habe«.[107]
Der letzte mir bekannte Brief Barths an Bultmann vom 28. 12. 1963 zeigt zwar
die verschiedene Einschätzung des Bischofs J. A. T. Robinson aufgrund Bultmanns Aufsatz »Der Gottesgedanke und der moderne Mensch«,[108] schließt
aber äußerst persönlich mit einer Betrachtung des Weihnachtsbildes von Bot-
ticelli. Des Geschehens in der Krippe ansichtig umarmen sich zwei ältere
Herren nahezu, was Barth mit dem Satz charakterisiert: »Halten wir es ...
wie diese Beiden«, um zu schließen mit den Worten: »Meine herzlichsten
Wünsche fürs kommende Jahr und in Erinnerung an ›die Anfänge der dialektischen Theologie‹ meine freundschaftlichsten Grüße! Ihr Karl Barth.«[109]
Bultmanns letzter Gruß aber gilt, vom 9. Mai 1966 datiert, dem 80jährigen
Karl Barth: »Getroste(r) Mut, Ihr alter Rudolf Bultmann.«[110]
Barths Vortrag bei der Hauptversammlung des Reformierten Bundes in Em-
den, September 1923, schließt mit der Feststellung, daß das Erbe der reformierten Väter noch nicht eigentlich von der Gemeinde erfaßt sei. Vielleicht
geht es uns ein Stück weit auch so mit K. Barths Beitrag zur Erforschung des
Neuen Testaments, so daß wir mit ihm uns sagen lassen können: Wir werden
uns noch »mit den Vätern treffen, deren Erbe wir im übrigen noch nicht erworben haben«.[111]

---

[106] R. BULTMANN (Anm. 105), S. 165.
[107] B.-B., S. 202f. (= Nr. 96).
[108] In: Zeitschrift für Theologie und Kirche 60, 1963, S. 335–348.
[109] B.-B., S. 205 (= Nr. 97).
[110] B.-B., S. 207 (= Nr. 98).
[111] K. BARTH, Reformierte Lehre, ihr Wesen und ihre Aufgabe, in: Das Wort Gottes
und die Theologie. Gesammelte Vorträge, 1924, S. 179–212, hier: S. 212.

Begegnen und Erkennen

Das Matthäusevangelium im Werk Anton Vögtles

Das ungemein vielseitige bisherige literarische Schaffen von Anton Vögtle ist ebenso andeutend wie unmittelbar in reichem Maße mit dem Mt verbunden. Dieses Begegnen ist nicht zufällig, gilt es doch dem exegetischen Bewußtwerden anhand des ,kirchlichen Evangeliums' schlechthin, vollziehen sich hier paradigmatisch für ihn Erkenntnisvorgänge, die schon den jungen Freiburger Doktoranden auf den Weg zur ,modernen' kritischen Bibelwissenschaft führen.

Schon seine Dissertation, die Lösung einer Preisaufgabe der Theologischen Fakultät der Albert-Ludwigs-Universität Freiburg i. Br. im Studienjahr 1932/33, zeigt erste Linien. Befaßt sich die Untersuchung „Die Tugend- und Lasterkataloge im Neuen Testament exegetisch, religionsgeschichtlich und formgeschichtlich untersucht"[1] sachgemäß vornehmlich mit dem Briefkorpus des Neuen Testaments, so werden doch auch zentrale Einsichten an Evangelientexten verdeutlicht. Das gilt zunächst – themabezogen ausgerichtet – Einsichten in die formgeschichtliche Arbeit, wobei nicht die Evangelien, sondern die Briefe das Auffallende sind. „Das Recht, diese auch auf das Briefkorpus auszudehnen, dem ja unsere Objekte fast ausschließlich angehören, begründete M. Dibelius vor einigen Jahren in einem programmatischen Aufsatz ,Zur Formgeschichte des Neuen Testaments' überzeugend (Theol. Rundschau NF 3 [1931] 207–42)."[2] So kann Vögtle dann weiter ausführen: „Erst diese Analyse wird zusammen mit einem Rekonstruktionsversuch der in der Gesamtsituation der urchristlichen Predigt gelegenen Faktoren den Fixierungsgrad und Traditionscharakter der Kataloge beurteilen lassen und auch auf einen festen Boden verhelfen, von dem aus in die vorliterarische ... Vergangenheit vorzudringen ist." „Bei dieser Formwerdung auch im materialen Bestand" darf man „nicht schlechtweg auf die bestimmende Macht eines Erbstromes vor- und außerchristlicher Paränese rekurrieren", sondern man hat „primär mit den

---

[1] NTA XVI. Bd. 4./5. Heft, Münster i. W. 1936.
[2] Ebd., S. V.

schöpferischen Kräften des Urchristentums zu rechnen".[3] Diese gewiß zunächst vorsichtig abwägenden Hinweise werden dann im Verlauf der Untersuchung immer mehr in formgeschichtlich relevante Nachweisungen eingebettet, in die mehrfach das Mt eingeschlossen ist. Unter formgeschichtlicher Fragestellung und gründlicher Sichtung der einschlägigen Forschungen, besonders von M. DIBELIUS und R. BULTMANN,[4] werden vornehmlich Mt 5,3–8[5]; 5,20[6]; 5,28[7]; 5,48[8]; 6,24[9]; 6,33[10]; 11,29[11]; 15,19[12]; 21,5[13]; 24,8[14]; 24,10.12[15] teilweise ausführlicher herangezogen. Mit seiner Erstlingsschrift hat sich VÖGTLE zu einer Zeit, als dies in der römisch-katholischen exegetischen Forschung noch keineswegs üblich war, eindeutig zur formgeschichtlichen Arbeit bekannt.[16] Er hat sich damit auch für

---

[3] Ebd., S. VI.

[4] Z. B. M. DIBELIUS, Die Formgeschichte des Evangeliums, Tübingen 1919; R. BULTMANN, Die Geschichte der synoptischen Tradition, FRLANT NF 12, Göttingen 1921; E. FASCHER, Die formgeschichtliche Methode. Eine Darstellung und Kritik. Zugleich ein Beitrag zur Geschichte des synoptischen Problems, BZNW 2, Gießen 1924; K. WEIDINGER, Die Haustafeln. Ein Stück urchristlicher Paränese, UNT 14, Leipzig 1928.

[5] Tugend- und Lasterkataloge 1.154.198.

[6] A.a.O. 43.

[7] A.a.O. 225.

[8] A.a.O. 127.

[9] A.a.O. 225.

[10] A.a.O. 43f.

[11] A.a.O. 152.

[12] A.a.O. 4.10f.35f.43.48.115.197.202.

[13] A.a.O. 152.

[14] A.a.O. 233.

[15] A.a.O. 21.168.233.

[16] Vgl. R. PESCH, Helfer zum Glauben. Professor Anton Vögtle siebzig Jahre, in: Christ in der Gegenwart 32, 1980, 419f (bes. 420); P. VIELHAUER, Geschichte der urchristlichen Literatur. Einleitung in das Neue Testament, die Apokryphen und die Apostolischen Väter, de Gruyter Lehrbuch, Berlin. New York 1975, 10 (vgl. 51). – Die von K. H. SCHELKLE gelöste Preisaufgabe der Kath.-Theol. Fakultät der Universität Tübingen für das Studienjahr 1928/29, „Formgeschichtliche Betrachtung der Leidensgeschichte Jesu", lag dessen Bonner Dissertation „Die Passion Jesu in der Predigt des Neuen Testaments" (Winter-Semester 1940/41) zugrunde. Die Untersuchung wurde erst überarbeitet durch die Buchausgabe bekannt: „Die Passion Jesu in der Verkündigung des Neuen Testaments. Ein Beitrag zur Formgeschichte und zur Theologie des Neuen Testaments", Heidelberg 1949 (vgl. Vorwort, S. VI). Daß in diesem Werk ein Durchbruch formgeschichtlicher Forschung im Bereich röm.-kath. Exegese vorliegt, ist mit Recht anerkannt (vgl. auch DERS., Zur neueren katholischen Exegese im Neuen Testament, in: ThR NF 14, 1942, 173ff.187 u. ö.). Demge-

seine weitere Evangelienforschung eine methodische Grundlage erarbeitet.[17]

So sieht es heute im Rückblick aus, doch der Jubilar hat vor Beginn seiner akademischen Tätigkeit den Sachverhalt durchaus anders eingeschätzt. Seine eigene Rückschau ist so aussagekräftig, daß er einen Abschnitt daraus – als Zitat wiedergelesen – freundlich ertragen möge:[18]

Darf ich ausnahmsweise eine kleine Geschichte erzählen. Sie ist nicht sehr rühmlich, dafür aber wahr: Ihr zweifelhafter Held beschloß 1935 sein ordentliches theologisches Studium mit der theologischen Promotion. In den Jahren zuvor hatte er zwar eine Exegese des Joh.-Ev. gehört, wie sie damals üblich war. Bis zu diesem Zeitpunkt hatte er weder mit einem synoptischen Ev. zu tun, noch gar je eine sogenannte „Synopse" der drei älteren Evv. in die Hand bekommen. Weil sich seine Promotionsschrift vor allem mit den Paulusbriefen beschäftigte? Lassen wir das einmal als Entschuldigung gelten. Das furchtbare Erlebnis des alltäglichen Sterbens in Rußland ließ den späteren Divisionspfarrer oft über die Jesusworte vom Leiden- und Auferstehenmüssen des Menschensohnes nachdenken. Warum sagte der Heiland nicht einfach, „er" müsse leiden usw.? Warum gebrauchte er diese sonderbare indirekte Selbstbezeichnung „der Menschensohn"? Was sollte diese eigentlich bedeuten und bezwecken? Der Kriegspfarrer kam also auf den unglückseligen Gedanken, diese Menschensohnfrage aufzugreifen, falls ihn die göttliche Vorsehung heimkehren und einer noch stillen Liebe zum NT frönen lassen sollte. Er durfte denn auch schon im Herbst 1945 ans Werk gehen. Lag es an den Schwierigkeiten der Bibliotheksverhältnisse und des Büchermangels oder – wie ich gar fürchte – an seiner noch größeren Unwissenheit? Jedenfalls tat er als Mitte Dreißiger zunächst das, was er heute einem zweiten Semester übel ankreiden würde. Anhand eines Nestle-Textes suchte er die mehrerorts verzeichneten Menschensohnworte des Ev. zusammen und schrieb die „synoptischen" Parallelen untereinander. Als er mit der Zeit die

genüber tritt Vögtles früher Beitrag zur Formgeschichte wohl auch deshalb zurück, da dieser dem in der Frühzeit formgeschichtlichen Arbeitens ungewöhnlicheren Teil der Briefe des Neuen Testaments gilt. – Zur wechselvollen, oft skeptisch-kritischen und ablehnenden Einschätzung der Formgeschichte in der röm-kath. Bibelwissenschaft vgl. die ausführlichen Literatur-Hinweise bei K. H. Schelkle, a.a.O. 6, Anm. 11; R. Schnackenburg, Zur formgeschichtlichen Methode der Evangelienforschung, in: ZKTh 85, 1963, 16ff, hier: 20, Anm. 12; A. Vögtle, Die historische und theologische Tragweite der heutigen Evangelienforschung, in: ZKTh 86, 1964, 385ff, hier: 395, Anm. 19; F. Hahn, Die Formgeschichte des Evangeliums. Voraussetzungen, Ausbau und Tragweite, in: Ders. (Hrsg.), Zur Formgeschichte des Evangeliums, WdF LXXXI, Darmstadt 1985, 427ff, hier: 459ff (dort auch S. 415–426 Teilabdruck aus K. H. Schelkle, a.a.O.).

[17] Vgl. R. Pesch, Helfer zum Glauben (Anm. 16) 420.
[18] A. Vögtle, Literarische Gattungen und Formen, 2. Eine wenig rühmliche Story, in: Anzeiger für die katholische Geistlichkeit 73, 1964, 56.

griechische Synopse von Huck-Lietzmann in die Hand bekam, war er nicht
wenig überrascht, daß andere schon längst so schlau waren und den Versuch
einer Zusammenstellung der Parallelstellen technisch weit besser und vorteilhaf-
ter bewältigt hatten. Natürlich bekam er mit der Zeit alle möglichen Arbeiten
zur Evv.-Forschung unter die Augen. So auch die „Geschichte der synoptischen
Tradition" von R. Bultmann. Man meine ja nicht, dieses Buch hätte ihn irgend-
wie aufgeregt, zumal sich für ihn mit dem Namen seines Verfassers noch
keineswegs der anrüchige Versuch einer „Entmythologisierung" des NT verband. Er legte das Buch schon bald aus den Händen, weil er mit demselben
einfach nichts anfangen konnte. Schon der Titel war ihm ein Buch mit sieben
Siegeln. Was sollte es sodann nur bedeuten, wenn darin etwa von primärer und
sekundärer Überlieferung die Rede war usw.?

Gewiß ließ sich das vielfach schon festgestellte Schwanken der synoptischen
Überlieferung hinsichtlich der Verwendung der Menschensohnbezeichnung
nicht leugnen. Das war unserem Menschensohnforscher zwar unbehaglich,
focht ihn aber doch nicht ernstlich an. Weil die Selbstbezeichnung „der Menschensohn" mehr zu bedeuten scheint als etwa ein Pronomen, versuchte er die
Menschensohnbezeichnung möglichst überall als ursprünglich zu verteidigen
und somit eine möglichst große Zahl von genuinen Menschensohnworten zu
erhalten. Der Ersatz der Menschensohnbezeichnung durch ein Pronomen
dünkte ihn ein geringerer Eingriff als der umgekehrte Vorgang. Die Wahrheit
der Evv. schien ihm jedenfalls zu verlangen, daß Jesus wesentlich im Umfang
der heutigen Evv. von sich als dem Menschensohn gesprochen hat . . .

In welchem Sinne sprach Jesus dann also von sich als „dem Menschensohn"?
. . . So versuchte er unter eingehender Auseinandersetzung mit einer Unzahl von
Hypothesen sich eine Herleitung und Sinndeutung der Menschensohnbezeichnung zu erarbeiten, die auf die Worte vom gegenwärtigen, vom leidenden und
auferstehenden wie vom künftig kommenden Menschensohn in gleicher Weise
paßte und schließlich – damit es an Perfektion nicht fehle – die synoptischen und
die johanneischen Menschensohnworte in einem einheitlichen Sinne verbinden
ließ. Und das Ergebnis eines Manuskriptes von fast 850 Seiten? „Sie haben sich
viele Mühe gegeben. Aber ich halte nichts von ihrer Lösung, weil Sie viel zu
apologetisch und zu wenig historisch-kritisch verfahren", erklärte sein Lehrer
A. Wikenhauser dem jungen Manne und damaligen Pfarrverweser, der immerhin bereits dem 40. Geburtstag entgegensah. Der Stachel saß!

Die „Parabel" ist wohl inzwischen so durchsichtig geworden, daß ich sie
getrost als meinen eigenen enttäuschungsreichen Weg zur Entdeckung der Evv.
weitererzählen kann . . .

Nun, schon bald nahm mich das Leben in seine weitere Schule. Ich erklärte
zum erstenmal auf dem Katheder das Mark.-Ev. Ich war gezwungen, mich dem
synoptischen Vergleich, also den konkreten Texten mit ihren wechselnden
eigenartigen Graden von Übereinstimmung und gleichzeitiger Verschiedenheit
zu stellen. Die sich hier von Fall zu Fall aufdrängenden quellenkritischen und
überlieferungsgeschichtlichen Fragen waren auf die Dauer nicht zu umge-
hen! . . . Die „Geschichte der synoptischen Tradition" entpuppte sich mehr und
mehr als eine Wirklichkeit der Historie, als ein höchst lebendiger und interessan-

ter – nein, als ein theologisch höchst relevanter, nämlich gut katholischer
Prozeß. Die Beachtung der quellenmäßigen Bezeugung, die grundsätzliche
Frage nach dem konkreten Sitz einer Einheit (eines Einzelwortes, eines
Gleichnisses, eines Streit- und Schulgespräches, einer Wundergeschichte, einer Jüngergeschichte usw.) „im Leben" – im Leben Jesu, im Leben der tra-
dierenden Urkirche und ihrer mannigfaltigen Funktionen und schließlich im
Leben des unmittelbar zu uns sprechenden Zeugen, des einzelnen Evangelisten selbst, erwies sich als eine methodische Notwendigkeit. Aber der Weg
zu dieser elementaren Einsicht war alles andere als ein selbstverständliches,
kontinuierliches und erquickendes Schreiten von Erfolg zu Erfolg. Hypothesen türmten sich auf, Kritik erhob sich gegen Kritik. Allem inneren Wider-
streben zum Trotz brachen allzu naive Vorstellungen von dem, was die Evv.
sind und sein dürfen, zusammen!

Ebenso ist schon hier an die Wirkung seiner Evangelienforschung zu
erinnern. Bereits 1966 schrieb J. BLINZLER: „Wenn einmal die Geschichte des großen Umbruchs geschrieben wird, den die katholische
Exegese in der Gegenwart erlebt, dann wird darin kaum ein anderer
Name häufiger genannt werden müssen als der Name des Freiburger
Neutestamentlers *Anton Vögtle*. Er war einer der ersten, der die epo-
chemachenden Grundsätze und Richtlinien der Bibelenzyklika *Divino
afflante Spiritu* Pius' XII. aufgriff und ... exemplarisch zeigte, wie förderlich und fruchtbar sich die Anwendung der Prinzipien jenes Rund-
schreibens auf die Evangelienforschung auszuwirken vermag."[19] Und
daß sich dabei VÖGTLE sehr bewußt den strittigen und dogmatisch bela-
steten Abschnitten gewidmet hat, hat ihm – leicht überbetonend im
Sinne der Lehre der Kirche – F. STEGMÜLLER dankbar bestätigt.[20]
A. VÖGTLE hat in umfassender Weise Einsichten in die neuere Evangelienforschung – und hierin sein eigenes Lebenswerk – u. a. im „Anzeiger für die katholische Geistlichkeit"[21] seinen Brüdern im Amt nahege-
bracht und dabei zugleich verdeutlicht, daß neutestamentliche Wissen-

---

[19] J. BLINZLER, Das Neue Testament in neuer Sicht, in: Anzeiger für die katholische
Geistlichkeit 75, 1966, 518 f. Zu den „Lehramtliche(n) Entscheidungen" vgl. im
Überblick F. HAHN, Der Beitrag der katholischen Exegese zur neutestamentli-
chen Forschung. Ein Überblick über die letzten 30 Jahre, in: DERS., Exegetische
Beiträge zum ökumenischen Gespräch. Gesammelte Aufsätze Bd. 1, Göttingen
1986, 336 ff, hier: 338 ff.

[20] Vgl. F. STEGMÜLLER, Ein Dogmatiker über einen Exegeten, in: Anzeiger für die
katholische Geistlichkeit 75, 1966, 516–518.

[21] Vgl. Jhrg. 72–76, 1963–1967; ein Teil der Ausführung ist – gelegentlich erweitert
– in Buchform erschienen: A. VÖGTLE, Das Neue Testament und die neuere
katholische Exegese, Bd. I. Grundlegende Fragen zur Entstehung und Eigenart
des NT, Aktuelle Schriften zur Religionspädagogik, Freiburg u. a. 1966.

schaft auf verantwortlichen Dienst im Raum der Kirche vorbereitet und zielt.

Einige wenige Hinweise auf dieses Begegnen und Erkennen sollen anhand der Mt-Forschung VÖGTLES kurz und in Auswahl aufgegriffen werden.

I.

Schon 1953 äußert er sich methodisch in einer Besprechung zum Grundsätzlichen, wenn er zu K. STAABS Mt-Kommentar feststellt, daß diese „Erklärung aufs Ganze gesehen methodisch und sachlich das ernste Bemühen um eine historische Exegese *erschreckend* stark vermissen läßt!" Nicht Streit um Einzelheiten ist maßgebend, sondern „das Gesamtverständnis muß doch diskutabel sein, und das methodische Verfahren anerkannten Grundsätzen entsprechen!", wie VÖGTLE an zahlreichen Einzelpunkten nachweist.[22]

Überhaupt scheint VÖGTLE sich auch über seine Rezensionstätigkeit in die Mt-Forschung eingearbeitet zu haben. Herausragend ist seine Besprechung von O. CULLMANNS Petrusbuch in einem umfangreichen Aufsatz „Der Petrus der Verheißung und der Erfüllung"[23], denn hier deutet sich die spätere Sicht Vögtles an, Mt 16,17–19 in 16,17 und 16,18.19 zu gliedern, hier bahnt sich die Konzeption an, die er wenige Jahre später in „Messiasbekenntnis und Petrusverheißung. Zur Komposition Mt 16,13–23 par" entfalten wird[24] und die den Autor in weiteren Beiträgen bis in die 80er Jahre hinein exegetisch bewegt.[25] Konnte er CULLMANN gegenüber beto-

---

[22] A. VÖGTLE, Rezension von K. STAAB, Das Evangelium nach Matthäus, Würzburg 1951, in: MThZ 4, 1953, 364–367; dazu K. STAAB, „Erwiderung", in: ebd. 5, 1954, 73 f.

[23] In: MThZ 5, 1954, 1–48; vgl. O. CULLMANN, Petrus. Jünger – Apostel – Märtyrer. Das historische und theologische Petrusproblem, Zürich 1952.

[24] In: BZ NF 1, 1957, 252–272; 2, 1958, 85–103 = in: A. VÖGTLE, Das Evangelium und die Evangelien. Beiträge zur Evangelienforschung, KBANT, Düsseldorf 1971, 137–170 (zu diesem Aufsatzband vgl. O. MERK, ThR NF 38, 1973, 167–171; F. HAHN [Anm. 19]: „*Anton Vögtles* Aufsatzsammlung ‚Das Evangelium und die Evangelien' hat eine geradezu paradigmatische Bedeutung für die konsequente Beschreitung des neueröffneten Weges in der katholischen Schriftauslegung. Jeder einzelne Beitrag ist ein Meisterstück kritischer Exegese, wobei der Verfasser keinen noch so heiklen Fragen ausweicht" ⟨343⟩).

[25] A. VÖGTLE, Das Problem der Herkunft von „Mt 16,17–19", in: Orientierung an Jesus. Zur Theologie der Synoptiker. Für Josef Schmid, hrsg. v. P. HOFFMANN in Zusammenarbeit mit N. BROX und W. PESCH, Freiburg u. a. 1973, 372–393 = in: A. VÖGTLE, Offenbarungsgeschehen und Wirkungsgeschichte. Neutestamentli-

nen, daß dieser „bei allem ehrlichen Bemühen um eine grundlegend
historisch-kritische Betrachtungsweise der Spekulation gegenüber der
Exegese ein zu weites Spielfeld einräumt"[26], so ist VÖGTLE seinerseits – und
zwar vor dem II. Vaticanum – ein entscheidender Durchbruch gelungen.
Er vermag einerseits zu zeigen, daß Mt 16,13–20 eine „sekundäre . . .
Komposition" darstellt, die für Mt 16,13–16 „literarische Priorität" in Mk
8,27 ff hat, und daß Mt 16,17 weder zur Szene von Caesarea Philippi noch
zum Wort an Petrus in Mt 16,18 f ursprünglich gehöre und offenkundige
Züge einer redaktionell geschaffenen Antwort auf das Petrusbekenntnis
zeige, andererseits die Petrusverheißung in Mt 16,18 f überhaupt sekundär
– selbst aus nachösterlicher Situation stammend – an das Bekenntnis von
Caesarea Philippi angefügt sei.[27]
   In „Das Problem der Herkunft von ‚Mt 16,17–19'" in der FS für
J. Schmid (1973) begründet VÖGTLE seine dargestellte Sicht mit weitausho-
lenden Argumenten, die ihm „die Hypothese . . . bekräftigen, daß Matthäus durch seine Neufassung der Caesareabekenntnisszene in 16,13–17
den Anschluß der ihm überlieferten Petrusverheißung V.18 f nicht nur
formal, sondern auch und vor allem sachlich vorbereiten wollte. Gerade
auch das traditionsgeschichtlich schwierigste Stück seines Sonderguts,
V. 17, läßt sich sehr wohl als matthäische Bildung verständlich machen"[28].
In dem [Anm. 25] genannten „Nachtrag" wird die seitdem erschienene
Forschung kritisch geprüft und im Ergebnis festgehalten: „Die wahrscheinlichere Hypothese scheint mir doch zu bleiben, daß das Petrusbekenntnis 16,16 als matthäische Potenzierung des markinischen Bekenntnisses und die dieses beantwortende Seligpreisung 16,17 als redaktionelle
Bildung des Evangelisten zu erklären ist."[29] Das hat nach VÖGTLE exegetisch – dogmatische Konsequenzen durchaus eingeschlossen – „zur Folge,
daß die weitere Diskussion der Herkunft und Traditionsgeschichte von
16,18 b–19 – angefangen mit der für diese Diskussion keineswegs unerheb-

che Beiträge, Freiburg u. a. 1985, 109–127 und ebd. „Nachtrag" 127–140; vgl.
auch DERS., Petrus und Paulus nach dem zweiten Petrusbrief, ebd. 280–294, bes.
284 f; zuletzt DERS., Die Dynamik des Anfangs. Leben und Fragen der jungen
Kirche, Freiburg u. a. 1988, 106 ff und ebd. 202, Anm. 4; 203, Anm. 11.
[26] In: MThZ 5, 1954, 47.
[27] Bes. A. VÖGTLE, in: Das Evangelium und die Evangelien 137 ff.159 ff.169 f; als
Problem bleibt, ob man Mk 8,30 historischen Wert zuschreiben darf (151; vgl.
O. MERK [Anm. 24], 168).
[28] In: FS J. Schmid (Anm. 25), 372 ff [Zitat S. 390] = A. VÖGTLE, Offenbarungsgeschehen und Wirkungsgeschichte 124.
[29] A. VÖGTLE, Offenbarungsgeschehen und Wirkungsgeschichte 138.

lichen Frage nach der Herkunft der ‚Petrus'-Bezeichnung – von den
VV. 16,16–17 absehen kann"[30].

Die Sachfragen verbinden sich für VÖGTLE zur anstehenden Stelle mit
grundsätzlichen methodischen Feststellungen: die klare Entscheidung zur
Markuspriorität (und Zweiquellentheorie), zur formgeschichtlichen und
zur redaktionsgeschichtlichen Forschung an den Evangelien.[31] Von dieser
Sicht sind auch die zahlreichen verstreuten Hinweise auf Mt 16,13ff.17.18f
in seinen sonstigen Veröffentlichungen geleitet. Methodische Durchdringung und theologische Sachaussage greifen für ihn ineinander, um zu
erheben, daß Mt 16,18f nachösterlich entstanden sein und aus dieser Situation heraus interpretiert werden muß.[32] „So berechtigt ferner Mt 16,16f als
Zeugnis für den urkirchlichen Glauben an die persönlich und exklusiv
verstandene Gottessohnschaft Jesu beansprucht wird, so wenig empfiehlt
sich nach dem heutigen Stand der Diskussion die Formulierung, Pertrus
habe bei Caesarea Philippi Jesus nicht nur als Messias, sondern darüber
hinaus als den natürlichen Sohn Gottes bekannt."[33] Die Konsequenzen für
die Stiftung der Kirche sind dabei nach Vögtle eindeutig: Im Horizont des
Verkündigens und Wirkens Jesu, „in diesem eschatologischen Horizont
läßt sich eine von Jesus intendierte Kirchengründung sinnvollerweise nicht
einfügen. Das sollte meines Erachtens offen zugegeben werden"[34]. Entsprechend sind nach unserem Autor Folgerungen für das im Mt sich

---

[30] A. VÖGTLE, Offenbarungsgeschehen und Wirkungsgeschichte 139; auf die ebd.
127ff, vom Verfasser weit ausholend dargelegte, teilweise erheblich konträre
Diskussion auch in seinem eigenen Schülerkreis kann hier nicht näher eingegangen werden; vgl. zum Diskussionsstand auch J. GNILKA, Mt II 46–70 und Exkurs
„Die Petrusverheißung in Geschichte und Gegenwart", ebd. 71–80.
[31] A. VÖGTLE, Das Evangelium und die Evangelien 169f u. ö.; vgl. dazu DERS.,
Die historische und theologische Tragweite der heutigen Evangelienforschung,
385ff.393ff u. ö.; DERS., Der Einzelne und die Gemeinschaft in der Stufen-
folge der Christusoffenbarung, in: Sentire Ecclesiam. Das Bewußtsein von der
Kirche als gestaltende Kraft der Frömmigkeit [FS Hugo Rahner], hrsg. v.
J. DANIÉLOU und H. VORGRIMLER, Freiburg u. a. 1961, 50ff, hier 71: „Viele
Jesusworte wurden nun einmal isoliert und ohne den geschichtlichen Rahmen
überliefert und erst von den späteren Tradenten bzw. den Evangelisten selbst in
einen ‚bloß redaktionellen Zusammenhang' gestellt" (mit Verweis auf
J. Schmid).
[32] A. VÖGTLE, Der Einzelne und die Gemeinschaft 78f.83.72.
[33] A. VÖGTLE, Die historische und theologische Tragweite 416.
[34] A. VÖGTLE, Jesus und die Kirche, in: Begegnung der Christen. Studien evangeli-
scher und katholischer Theologen (FS O. Karrer), hrsg. v. M. ROESLE und
O. CULLMANN, Stuttgart/Frankfurt/M. 1960, 54ff, hier 67. Es handelt sich um
eine wesentlich um Mt 16,18f kreisende Untersuchung.

findende Missionsverständnis zu ziehen. Die maßgebenden Belege Mt
10,5.6b; 10,23; 15,24 werden im anstehenden Aufsatz „Jesus und die
Kirche" in ihrer Deutung des Bezuges Jesus-Israel weithin als authentisch
eingeschätzt,[35] doch im Vergleich der Verse werden Mt 10,23/Mk 9,1 als
„möglicherweise … urchristliche Weiterbildungen" erwogen.[36] Diese
Position bleibt bezeichnenderweise für VÖGTLE stets im Umkreis der
Diskussion um Mt 16,18f, indem in „Ekklesiologische Auftragsworte des
Auferstandenen"[37] die Aussage unmittelbar in den Blickpunkt eines ekkle-
siologischen Wortes des Auferstandenen rückt[38] und in „Das christologische und ekklesiologische Anliegen von Mt 28,18–20"[39] das „christologische Anliegen … ganz und gar hingeordnet" ist „auf das die matthäische
Darstellung des gottgewollten Pro-cessus der Heilsoffenbarung bestimmende ekklesiologische Anliegen", das Mt 28,19–20 zur Geltung bringt.[40]
Doch zu den genannten Israelaussagen Jesu kann nach VÖGTLE erst dann in
vollem Blickfeld der Argumente zurückgekehrt werden, wenn „Exegetische Erwägungen über das Wissen und Selbstbewußtsein Jesu" mit einbezogen sind.[41] Denn „wir sehen uns … einem sehr problemgeladenen
Tatbestand gegenüber: Neben dem erklärten Nichtwissen Jesu über ‚jenen
Tag und (oder) die Stunde'[42] steht in der Verkündigung Jesu die seinem
ausschließlichen und dringlichen Bemühen um die Bekehrung des gegenwärtigen Israel zugeordnete Naherwartung"[43]. Die Lösung zeichnet sich
dem Verfasser darin ab, daß die Urkirche/Gemeinde (‚Mt' und seine
Gemeinde offensichtlich eingeschlossen) nur im Rückblick, aber aus dem
Bewußtsein heraus, unter dem Auftrag des Auferstandenen zu stehen,[44]

---

[35] A. VÖGTLE, Jesus und die Kirche 54ff.68f; ebenso DERS., Der Einzelne und die
    Gemeinschaft 65f.69f.72, dort auch mögliche verschiedene Phasen in Jesu
    Begegnen mit Israel bedenkend.
[36] A. VÖGTLE, Die historische und theologische Tragweite 398.
[37] In: A. VÖGTLE, Das Evangelium und die Evangelien 243ff.
[38] A. VÖGTLE, Das Evangelium und die Evangelien 243ff.250ff.
[39] A. VÖGTLE, Das Evangelium und die Evangelien 253ff.
[40] A. VÖGTLE, Das Evangelium und die Evangelien 271.
[41] In: A. VÖGTLE, Das Evangelium und die Evangelien 296ff; vgl. zum Grundanlie-
    gen dieses Aufsatzes die wichtige, weiterführende Akzente setzende Untersu-
    chung von L. OBERLINNER, Todeserwartung und Todesgewißheit Jesu. Zum
    Problem einer historischen Begründung, SBB 10, Stuttgart 1980.
[42] Dazu pointiert A. VÖGTLE, Das Evangelium und die Evangelien 331.
[43] A. VÖGTLE, Das Evangelium und die Evangelien 305.
[44] Vgl. A. VÖGTLE, Was Ostern bedeutet. Meditation zu Mattäus 28,16–20,
    Freiburg u. a. 1976, 56f zu Mt 15,24; 10,5f: In Mt 28,18–20 wird aus Mt 10,5f.
    das Verb „geht" vom Auferstandenen aufgegriffen, „nun aber, um anstelle der
    hirtenlos gewordenen israelitischen Volksgemeinschaft ‚alle Völker' als Mis-

konstatieren kann: „In voller Anerkennung des heilsgeschichtlichen Unterschieds zwischen den Völkern und Israel, dem Eigentumsvolk Gottes, hat sich sodann Jesus mit seinen eigenen und seiner Jünger missionarischen Bemühungen grundsätzlich an Israel und nur an dieses gewandt (Mk 7,27 par; Mt 10,6; 15,24). Israel will Jesus für die gläubige Aufnahme seiner Heilsbotschaft gewinnen, als eschatologische Gemeinde zurüsten, und zwar in seiner Gesamtheit, Sünder und Gerechte, weshalb Jesus während seines öffentlichen Wirkens auch nicht einen aussondernden Zusammenschluß der umkehrbereiten Israeliten beabsichtigte."[45] Mt 10,23 wird nicht mehr als authentisches Jesuswort verstanden. Es ist „ein vor allem das Jesuswort Mt 10,14 par und die versichernde Verheißung vom Kommen des Menschensohnes aufnehmendes Trostwort, das als Ganzes in der palästinischen Christenheit entstand". Daraus ergibt sich seine – im Munde Jesu Schwierigkeiten bereitende – Deutung: „Der präsentische Hinweis auf Verfolgungen, die Mahnung, sich der Verfolgung durch Flucht zu entziehen (während Jesus sonst von den Jüngern das furchtlose Bekenntnis verlangt, das auch den Tod nicht scheut), vor allem aber die Tatsache, daß als geographischer Horizont bis zur Parusie des Menschensohnes nur Palästina ins Auge gefaßt wird, und zwar die Städte Palästinas"[46].

Ist auch die Forschungslage zu Mt 10,5.6; 15,24 weiterhin durchaus umstritten[47] und ist eine nachösterlich-palästinische Herkunft dieser Aussagen im Unterschied zu Vögtle meines Erachtens begründet nachweisbar,[48] so trifft sich doch diese Sicht mit einem Grundanliegen Vögtles, nämlich dem unbedingten Festhalten auch in nachösterlicher Zeit daran,

---

sionsobjekt zu nennen. Hierin trägt er nicht zuletzt der kirchengeschichtlichen Lage seiner Zeit Rechnung. Der faktische Verlauf der Entwicklung hin zur Kirche, in der die Unterschiede zwischen Juden und Heiden aufgegeben sind, ist somit als gottgewollt, genauer: als dem Auftrag des erhöhten Herrn der Kirche gemäß erkannt und anerkannt. Die Beschränkung der missionarischen Verkündigung auf Israel ist durch das Ostergeschehen heilsökonomisch ebenso überholt wie die einstige Verheißung vom Hinzukommen der Heiden zum Heil der offenbaren Gottesherrschaft ([Mt] 8,11). Karfreitag und Ostern begründeten den Neuansatz der Heilsbotschaft an alle Menschen" (56).

[45] A. Vögtle, Das Evangelium und die Evangelien 302f.
[46] A. Vögtle, Das Evangelium und die Evangelien 331.
[47] Vgl. z. B. die Zusammenstellung bei H. Frankemölle, Zur Theologie der Mission in Matthäusevangelium, in: Mission im Neuen Testament, hrsg. v. K. Kertelge, QD 93, Freiburg u. a. 1982, 93 ff, hier: 100 ff.
[48] Vgl. z. B. J. Gnilka, Mt I 358 ff. 361; zur älteren Diskussion instruktiv F. Hahn, Das Verständnis der Mission im Neuen Testament, WMANT 13, Neukirchen-Vluyn (2) 1965, 44 f; im Überblick E. Lohse, Grundriß der neutestamentlichen Theologie, ThW 5, Stuttgart u. a. 1974, 71.

daß sich Jesu Verkündigung und Wirken in Zeit und Raum – bis in die Geographie hinein bestimmbar – vollzogen hat und daß Jesu verkündigendes Wirken nur von Ostern her in Rekonstruktion und Interpretation erfaßt werden kann.[49]

II.

Über diese im Abschnitt I dargestellte, für Vögtle sinnerschließende Mitte des Zugangs zum Mt hat sich der Jubilar mit einer Reihe weiterer zentraler Bereiche der Erforschung dieses Evangeliums gewidmet, stets bedenkend, wie sehr „das christologische und ekklesiologische Anliegen von Mt 28,18–20" diesem ganzen Evangelium rückblendend Tiefenschärfe gibt.[50] Vom Ende her fällt der Blick auf den Anfang. In dem redaktionsgeschichtliche Arbeitsweise mustergültig reflektierenden Aufsatz – mehr eine Abhandlung – „Die Genealogie Mt 1,2–16 und die matthäische Kindheitsgeschichte"[51] vermag Vögtle umfassend herauszuarbeiten, daß

---

[49] Vgl. A. Vögtle, Das öffentliche Wirken Jesu auf dem Hintergund der Qumranbewegung, Freiburger Universitätsreden NF 27, Freiburg 1958; ders., Jesus von Nazareth, in: Ökumenische Kirchengeschichte, hrsg. v. R. Kottje und B. Moeller, Bd. I: Alte Kirche und Ostkirche, München 1970, 3–24; ders., Historisch-objektivierende und existentiale Interpretation. Zum Problem ihrer Zuordnung in der neutestamentlichen Exegese, in: Das Evangelium und die Evangelien 9ff; ders., Die hermeneutische Relevanz des geschichtlichen Charakters der Christusoffenbarung, ebd. 16ff, bes. 24ff.30; ders., Der verkündigende und verkündigte Jesus „Christus", in: Wer ist Jesus Christus?, hrsg. v. J. Sauer, Freiburg u. a. 1977, 27–91; vgl. auch A. Vögtles Artikelserie „Vom verkündigenden Jesus zum verkündigten Christus" in dem in den kath. Gemeinden und unter Laien weit verbreiteten Organ „Der christliche Sonntag. Katholisches Wochenblatt", 16. Jhrg. 1964, bes. Nr. 18 vom 3. Mai, in dem der Verf. in strenger wissenschaftlicher Akribie seinen Lesern intensives Mitdenken abverlangt und auch anhand einer Reihe von Mt-Belegen (Mt 13,44f; 19,11f; 11,28–30; 10,32 [im Vergleich mit Lk 12,8; Mk 8,38]) u. a. ganz klar im Hinblick auf das öffentliche Wirken Jesu von einer „„verborgenen Christologie"" spricht, „insofern Jesus seinen gegenwärtigen Offenbarer- und Heilbringeranspruch nicht schon mit einer verfügbaren Heilbringerkategorie adäquat umschreibt und umschreiben kann. Aber der sachliche Anspruch selbst, die Tatsache, daß Jesus bereits mit seinem gegenwärtigen Wirken der absolute und endgültige Offenbarer und Heilsmittler sein will, der die endzeitliche Aufrichtung der Gottesherrschaft nicht bloß ankündigt, sondern einleitet, liegt unbestreitbar zutage" (S. 141ff ⟨Zitat S. 143⟩).

[50] A. Vögtle, Das Evangelium und die Evangelien 253ff. 263ff.

[51] In: A. Vögtle, Das Evangelium und die Evangelien 57–102; vgl. ders., Messias und Gottessohn. Herkunft und Sinn der matthäischen Kindheitsgeschichte,

hier in Aufnahme von (Einzel)traditionen/Traditionsstücken durchgreifend der Evangelist selbst gestaltet und von dieser einheitlichen Gestaltung her bereits in diesen beiden Kapiteln die für sein gesamtes Evangelium grundlegende christologische Konzeption entfaltet: „In Kap. 1 liegt der Ton auf der Tatsache der Messianität Jesu; in Kap. 2 auf der sachlichen Bedeutung derselben."[52] „Der Prolog ist gesprochen. Das Christusereignis ist intoniert. Die Geschichte des messianischen Auftretens Jesu kann beginnen!"[53] Wenn der Autor allerdings im Messiaskind den „zweiten Moses", den „Begründer und errettenden Führer des endzeitlichen Gottesvolkes" sieht,[54] dann bedarf es hinsichtlich des Vollmachtsanspruchs Jesu der Differenzierung (vgl. Mt 5,21 ff), denn dieser Anspruch Jesu läßt sich nach Mt gerade nicht mit dem des „zweiten Moses" abdecken.[55]

Düsseldorf 1971 (den voranstehenden Beitrag leicht modifizierend); DERS., Die matthäische Kindheitsgeschichte, in: L'Évangile selon Matthieu. Rédaction et théologie, par M. Didier, BEThL 29, Gembloux 1972, 151–183; eine Vorstudie ist zu sehen in: DERS., Josias zeugte den Jechonias und seine Brüder (Mt 1,11), in: Lex tua veritas (FS Hubert Junker), hrsg. v. H. GROSS u. a., Trier 1961, 307–313.

[52] A. VÖGTLE, Das Evangelium und die Evangelien 84.

[53] A. VÖGTLE, Das Evangelium und die Evangelien 86; in: DERS., Was Weihnachten bedeutet. Meditation zu Lukas 2,1–20, Freiburg u. a. (2) 1977, 34, werden Unterschiede zwischen Lk 2 und Mt 2 hervorgehoben (vgl. auch S. 57 ebd.). – Die anläßlich des 70. Geburtstages von A. VÖGTLE veranstaltete Tagung der Katholischen Akademie der Erzdiözese Freiburg befaßte sich am 9./10. 12. 1980 mit dem Thema „Zur Theologie der Kindheitsgeschichten". Der von R. PESCH herausgegebene Tagungsband „Zur Theologie der Kindheitsgeschichten. Der heutige Stand der Exegese", mit Beiträgen von P. FIEDLER, D. ZELLER, U. WILKENS, I. BROER und R. PESCH, Schriftenreihe der Katholischen Akademie der Erzdiözese Freiburg, hrsg. v. D. BADER, München/Zürich 1981, spiegelt vielfach Problemanstöße, die VÖGTLE gab. Im Einladungsschreiben der Leitung der Akademie steht: „Kaum ein anderer hat sich in so intensiver biblischer Forschung mit der Theologie der Kindheitsgeschichten befaßt und sich bemüht, das in ihnen enthaltene Offenbarungswort Gottes zur Geltung zu bringen. Um die Erzählungen von der Geburt und der Kindheit Jesu als jene Verkündigung von einer großen Freude zu vernehmen, die unseren Glauben fordert und nur im Glauben zugänglich ist, darf man den langwierigen und mühsamen Weg historischer und literarischer Untersuchung nicht scheuen und muß die in der Bibelwissenschaft entwickelten Methoden in aller Genauigkeit anwenden. Kaum ein anderer hat sich wie Professor Vögtle so ehrlich und ausdauernd dafür eingesetzt, daß die exegetischen Methoden Anerkennung finden, weil sie dem Aufbau des Glaubens zu dienen vermögen" (zitiert bei R. PESCH [Hrsg.], a.a.O. 7).

[54] A. VÖGTLE, Das Evangelium und die Evangelien 84, dazu 84ff.75f; DERS., Die matthäische Kindheitsgeschichte 167.

[55] Vgl. zum Grundsätzlichen E. KÄSEMANN, Das Problem des historischen Jesus,

So sehr VÖGTLE die theologische Relevanz der redaktionsgeschichtlichen Arbeit betont, sie beruht für ihn methodisch auf den zuvor sorgfältigst erhobenen und geradezu herausdestillierten Traditionsstücken. Sein methodisches Vorgehen ist für die Mt-Forschung vorbildlich geworden und geblieben, ja für die Evangelienforschung und für die exegetische Arbeit überhaupt.[56]

Das wird schon in der m. W. frühesten veröffentlichten synoptischen Untersuchung[57] VÖGTLES deutlich, in der seinem Freiburger Lehrer A. WIKENHAUSER gewidmeten Studie „Der Spruch vom Jonaszeichen".[58] Ihr Ergebnis, „daß Jesus selbst in seiner endzeitlichen Parusie als Auferstandener das diesem Geschlecht zu gebende Jonaszeichen erblickt hat (Lk 11,29/Mt 12,39)", während in Lk 11,30 und Mt 12,40 sekundär Deuteworte oder besser eine „kerygmatisch gebotene Erläuterung"[59] angefügt ist, die die gemeindliche Weiterbildung der Jesusüberlieferung zeigt, ist nicht nur nach VÖGTLE die „bestbegründete Lösung",[60] sondern ist diskussionswürdiger Stand der Forschung geblieben,[61] auch wenn der Verfasser sich korrigierend inzwischen präzisiert hat: „Es stellt sich ... die Frage, ob sich die Konzession bzw. Androhung des Jonaszeichens (Lk 11,29f) eher aus

---

in: DERS., Exegetische Versuche und Besinnungen, Bd. 1, Göttingen 1960, 187 ff, bes. 206.

[56] Vgl. auch A. VÖGTLE, Die historische und theologische Tragweite 385 ff. 398 ff: „Auch der Umstand, daß die Ev-Forschung weithin fordert und schon mit einiger Sicherheit gestattet, historische Abfolge und redigierende Einordnung der Einzelheiten, primäre und sekundäre Elemente zu unterscheiden, spätere Schichten von der ursprünglichen oder einer ursprünglicheren Form der Überlieferung abzuheben, wirkt sich im Grunde genommen eher als Gewinn denn als Nachteil aus" (398 im Orig. weithin als Sperrdruck); DERS., Das Neue Testament und die neuere katholische Exegese (Anm. 21), 59 ff: „Paradigma: Matthäus-Evangelium", vgl. ebd. 95 f. 69 ff; zu Grundsatzfragen auch DERS., Was heißt „Auslegung der Schrift"?, in: W. JOEST, F. MUSSNER, L. SCHEFFCZYK, A. VÖGTLE, U. WILCKENS, Was heißt Auslegung der Heiligen Schrift?, Regensburg 1966, 29–83.

[57] Die Habil. Schrift, die die Menschensohn-Thematik behandelt (s. o. Zitat bei Anm. 18), ist nicht im Druck erschienen.

[58] Ursprünglich in: Synoptische Studien. Alfred Wikenhauser zum 70. Geburtstag, dargebracht von Freunden, Kollegen und Schülern, hrsg. v. J. SCHMID und A. VÖGTLE, München 1953, 230–277, Wiederabdruck in: A. VÖGTLE, Das Evangelium und die Evangelien 103–136 (danach zitiert).

[59] A. VÖGTLE, Das Evangelium und die Evangelien 130. 134.

[60] A. VÖGTLE, Das Evangelium und die Evangelien 130 (Zitat). 131 ff.

[61] Vgl. zu Einzelheiten und zur weiteren Diskussion O. MERK, Art. κηρύσσω κτλ., EWNT II, 1981, 711 ff, hier: 714 f.

der nachösterlichen Situation verständlich machen läßt. "[62] Wie hier auch letztlich zu befinden sein mag, wichtig bleibt auch, daß der (einst) eruierte Bestand eines Jesuswortes und seine Weiterbildung im Mt bedacht werden.[63]

Von gleicher Akribie in der synoptischen Forschung zeugt VÖGTLES Untersuchung „Die Einladung zum großen Gastmahl und zum königlichen Hochzeitsmahl. Ein Paradigma für den Wandel des geschichtlichen Verständnishorizonts".[64] Die „älteste greifbare Fassung" nach einer quellen- und literarkritischen Analyse von Lk 14 / Mt 22 / ThEv Logion 64 führt VÖGTLE auf die im wesentlichen in Lk 14,16–21a wiedergegebene Fassung zurück,[65] einen Grundbestand, der, da Mt wie Lk einen deutlich je verschiedenen Skopus in ihren einschlägigen Perikopen zeigten, auch nicht einfach auf die Quelle Q verweise.[66] Durch eine vielleicht übergroße Skepsis, den Grundbestand der Perikope in Q zu vermuten, kommt der Verfasser zu dem Ergebnis: „Neben der Frage, in welchem genaueren Zeitpunkt und von wem die Lk 14,16–23 (24) und Mt 22,2–10 (11–14) vorliegenden Neuerzählungen konzipiert wurden, blieb vor allem die nicht weniger brisante Quellenfrage offen. Keine der beiden synoptischen Fassungen läßt sich aus der anderen ableiten, auch nicht etwa die Mt-Fassung aus der Lk-Fassung. Unter diesem Aspekt ist deshalb mit der bis heute meist erteilten Auskunft, Q habe die Lk-Fassung geboten, wenig gedient. Unter der sozusagen idealen Voraussetzung, daß sich aus der von Q gebotenen Fassung einer Überlieferungseinheit sowohl die Mt- als auch die Lk-Fassung erklären lassen muß, müßte man für Q das ursprüngliche Mahlgleichnis voraussetzen. In jedem Fall wird man die – bei Mt 22 noch deutlicher als bei Lk 14 – auf eine spätere Zeit weisende Sonderthematik der einen wie der anderen erweiternden Modifizierung des Mahlgleichnisses mitveranschlagen müssen."[67] Gleichwohl ist deutlich, daß dieses ‚Gleichnis' im mt Rahmen verstanden werden will so wie die Lk-Fassung im Horizont lukanischer Theologie. Wieder erörtert VÖGTLE, daß die Mt-Fassung zwar mit guten Gründen in ihrer Ausformulierung in die Jahre 70 n. Chr. paßt, aber er gibt methodisch ebenso deutlich zu bedenken: „Das

---

[62] A. VÖGTLE, Eine überholte ‚Menschensohn'-Hypothese?, in: Wissenschaft und Kirche. Festschrift für Eduard Lohse, hrsg. v. K. ALAND und S. MEURER, Texte und Arbeiten zur Bibel 4, Bielefeld 1989, 70 ff. 83 (Zitat); vgl. ebd. 78 f und die Diskussion S. 78, Anm. 34.
[63] A. VÖGTLE, Das Evangelium und die Evangelien 134 ff.
[64] In: A. VÖGTLE, Das Evangelium und die Evangelien 170–218.
[65] A. VÖGTLE, Das Evangelium und die Evangelien 172 ff.
[66] A. VÖGTLE, Das Evangelium und die Evangelien 196 ff. 199 ff. 204 ff.
[67] A. VÖGTLE, Das Evangelium und die Evangelien 218.

Gleichnis könnte schon vor Abfassung des Evangeliums im wesentlichen im vorliegenden Wortlaut existiert haben.“[68] „Die weitere und schwierigere Frage“ ist allerdings die, „ob die Neufassung Mt 22 in Etappen entstanden ist“[69]. Die vorliegende Fassung des Gleichnisses (der Parabel) – exemplifiziert an Mt 22,2–14 – weist letztlich selbst auf das notwendige methodische Vorgehen: Es ist der Weg zurück zur Ursprungsfassung und von dort wieder bis zur Sicht des Evangelisten zu eruieren.

Quellenmäßig eindeutiger steht es im Aufsatz „Wunder und Wort in urchristlicher Glaubenswerbung (Mt 11,2–5 / Lk 7,18–23)“,[70] wonach „das aus Q stammende Apophthegma der sogenannten Täuferanfrage … als ‚proof-text‘ eine hervorragende Rolle in der Diskussion um den historischen Jesus“ spielt.[71] Obwohl Bezugnahme und Verankerung besonders der Antwort Jesu im Mt durchaus gesehen werden,[72] geht es dem Verfasser um den einen, minutiös erarbeiteten Sachverhalt, „daß unser Apophthegma eine erst urchristliche Bildung ist“[73], ein Ergebnis, das in der gegenwärtigen Forschungslage ,wachsende Zustimmung‘ (eine häufige Formulierung von Vögtle) gefunden hat.[74]

Evangelienforschung kann die Rückfrage nach dem historischen Jesus

---

[68] A. Vögtle, Das Evangelium und die Evangelien 210; ebd. 210 ff mit Einzelnachweisen.

[69] A. Vögtle, Das Evangelium und die Evangelien 212.

[70] A. Vögtle, Das Evangelium und die Evangelien 219–242.

[71] A. Vögtle, Das Evangelium und die Evangelien 219.

[72] A. Vögtle, Das Evangelium und die Evangelien 219.240. Zu diesen Bezügen vgl. jetzt, bei gleicher Grundentscheidung wie Vögtle, S. v. Dobbeler, Das Gericht und das Erbarmen Gottes. Die Botschaft Johannes des Täufers und ihre Rezeption bei den Johannesjüngern im Rahmen der Theologiegeschichte des Frühjudentums, BBB 70, Frankfurt / M. 1988, 230 u. Anm. 23 ebd.

[73] A. Vögtle, Das Evangelium und die Evangelien 242.

[74] Vgl. z. B. S. v. Dobbeler (Anm. 72); J. Gnilka, Mt I 405 ff; R. Schnackenburg, Mt I 99; zum älteren Diskussionsstand O. Merk (Anm. 24), 169 f. A. Vögtle, Der Spruch vom Jonaszeichen, ging zunächst selbst von der Authentizität der Antwort Jesu in Mt 11,5 aus (in: Das Evangelium und die Evangelien 112) und hat begründet seine Meinung geändert, deren Ergebnis auch für Verf. dieser Zeilen heute die wahrscheinlichste Annahme ist. Gleichwohl bleiben weiterhin zu bedenkende Einwände, vgl. W. G. Kümmel, Jesu Antwort an Johannes den Täufer. Ein Beispiel zum Methodenproblem in der Jesusforschung, Sitzungsberichte der Wissenschaftlichen Gesellschaft an der Johann Wolfgang Goethe-Universität Frankfurt / Main Bd. XI, Nr. 4, Wiesbaden 1974 (= in: Ders., Heilsgeschehen und Geschichte, Bd. 2. Gesammelte Aufsätze 1965–1976, MThSt 16, Marburg 1978, 177–200); J. Ernst, Johannes der Täufer. Interpretation – Geschichte – Wirkungsgeschichte, BZNW 53, Berlin. New York 1989, 56 ff u. ö.

nicht ausblenden, gerade dadurch wird sie relevant auch in der Frage nach
den einzelnen Evangelisten und deren theologischer Leistung. Vögtle
greift methodisch bewußt die Frage nach verschiedenen ‚Sitzen im Leben'
der Überlieferung auf,[75] weil ihn ein später von F. Hahn ausgesprochener
Grundgedanke, „wie ist das, was ich mit guten Gründen noch als ursprünglichen Bestand erkennen und abheben kann, in die urchristliche Verkündigung eingegangen, und warum ist das geschehen?"[76], ebenso leitet wie der
Gesichtspunkt: „Ganz allgemein muß der Evv-Forscher unter Zuhilfenahme aller bewährten geschichtswissenschaftlichen Mittel und Methoden
möglichst die spezifische geistige Welt des einzelnen Evangelisten, seine
konkrete Situation, seine Mentalität, die Ausrichtung und den Grad seiner
theologischen Reflexion, seine Erfahrungen und Zielsetzungen, die ihm
eigene Denk-, Vorstellungs-, Darstellungs- und Ausdrucksweise zu erkennen suchen, um die von ihm intendierten Aussagen im einzelnen und
im ganzen erheben zu können."[77] Denn letztendlich ist es „der vom NT
bezeugte Glaube, daß die Urkirche, die diese Christusoffenbarung von
Anfang an bezeugt, reflektierend expliziert und aktualisierend verkündigt,
von Ostern an bis zum Ende dieses Äons die Kirche des verklärten, durch
seine Gnadenwirksamkeit ihr gegenwärtigen Christus wie des das Mes-
siaswerk fortführenden Hl. Geistes ist und bleibt"[78].

Unter den hier genannten Aspekten fragt Vögtle ganz bewußt nach
dem ‚Vaterunser' als dem Gebet Jesu und der in Jesu Worten liegenden
Intention.[79] Im ergänzten Wiederabdruck steht der Aufsatz beabsichtigt
unter dem Großabschnitt „Verkündigung Jesu und Jesusüberlieferung",[80]
denn daß Mt (auch Lk) bewußt das Gebet Jesu aufnimmt, zeigt Vögtle
deutlich an Mt 6,14f; 5,23f.25f; 18,23–34.[81]

Auch einer der neuesten Beiträge Vögtles weist in gleiche Richtung:
„Ein ‚unablässiger Stachel' (Mt 5,39b–42 par Lk 6,29–30)".[82] Ausgehend

---

[75] A. Vögtle, Die historische und theologische Tragweite 394 ff.

[76] F. Hahn, Methodologische Überlegungen zur Rückfrage nach Jesus, in: Rückfrage nach Jesus, hrsg. v. K. Kertelge, QD 63, Freiburg u. a. 1974, 11 ff, hier:
73; vgl. auch W. G. Kümmel, Jesu Antwort (Anm. 74).

[77] A. Vögtle, Die historische und theologische Tragweite 397.

[78] A. Vögtle, Die historische und theologische Tragweite 417.

[79] A. Vögtle, Der „eschatologische" Bezug der Wir-Bitten des Vaterunser (ursprünglich in: Jesus und Paulus. Festschrift für Werner Georg Kümmel zum
70. Geburtstag, hrsg. v. E. E. Ellis und E. Grässer, Göttingen 1975, 344–362),
in: ders., Offenbarungsgeschehen und Wirkungsgeschichte 34 ff (mit „Nachtrag").

[80] Vgl. vor. Anm.

[81] A. Vögtle, Offenbarungsgeschehen und Wirkungsgeschichte 41 f.

[82] In: Neues Testament und Ethik. Für Rudolf Schnackenburg, hrsg. v. H. Merk-

vom synoptischen Bestand in Mt/Lk gräbt der Verfasser in die Tiefe mit dem Ergebnis: „Alle vier bei Mt [sc. 5,39b–42] zu lesenden Beispielsätze lassen sich für Q voraussetzen" (mit im einzelnen vorgeführten leichten sprachlichen Abweichungen). „Schwieriger ist die Frage der jesuanischen Herkunft zu entscheiden." „Die Fassung Lk 6,30" läßt sich nicht auf Jesus zurückführen. Aber „daß die Q-Fassung des abschließenden Doppelspruchs (= Mt 5,42) die unüberbietbar verschärfende Umbildung zu Lk 6,30 erfuhr, ist andererseits nur dann verständlich, wenn die Jesusüberlieferung ähnlich zugespitzte, ja geradezu sinnlos klingende Mahnsprüche kannte. Als solche dürfen nach wie vor die drei ersten Mt-Sprüche gelten, wobei die jesuanische Herkunft des dritten, des Angariaspruchs, allerdings eher offenzulassen ist".[83] Doch bei dieser historisch-kritisch erarbeiteten Entscheidung läßt es VÖGTLE nicht bewenden, sondern – und das ist ein vielen seiner Arbeiten eigener Zug – ‚historisch-kritische' Arbeit schließt für ihn als Wagnis des Glaubens den kritischen Bezug auf das eigene Leben ein. So kann er im anstehenden Beitrag fortfahren: „Die Spitzenforderungen Jesu sind und bleiben ‚ein unablässiger Stachel' für jeden Christen – in welcher Gemeinde er auch leben mag."[84]

Wer sich unter dieser letztgenannten Fragestellung von VÖGTLE kritisch anleiten und einweisen läßt in die Diskussion „Was ist Frieden? Orientierungshilfen aus dem Neuen Testament",[85] dem erschließen sich in der Rückfrage nach der Verkündigung Jesu gegenwartsnah neue Dimensionen. Nicht nur der Abschnitt „‚Bergpredigt' und weltliches Regieren"[86] nimmt vielfach Bezug auf das Mt, sondern die Abhandlung erweist sich auch über die Belege aus der Bergpredigt hinaus zu einer Reihe von Mt-Stellen als pointierter Kommentar.[87] Jesus kann sehr „schroff" „dazu aufrufen, im Grundvertrauen auf den Herrn seiner Schöpfung sich nicht in der Sorge um das Irdisch-Vergängliche wie Nahrung und Kleidung zu verlieren, sondern sich mit dem ganzen Lebensvollzug auf die Zukunft Gottes hin auszurichten" (wobei nach VÖGTLE Lk 11,31 noch gezielter als

---

LEIN, Freiburg, u. a. 1989, 53–70; vgl. dazu auch DERS., Was ist Frieden? Orientierungshilfen aus dem Neuen Testament, Freiburg u. a. 1983, 90 ff.

[83] A. VÖGTLE, Ein „unablässiger Stachel" 63.

[84] Ebd. 70 im Gespräch mit G. LOHFINK und seiner Veröffentlichung „Wem gilt die Bergpredigt?" (1983) und unter Verwendung des titelgebenden Stichworts von R. SCHNACKENBURG, Mt I 44.

[85] A. VÖGTLE, Was ist Frieden?

[86] A. VÖGTLE, Was ist Frieden? 109–140.

[87] A. VÖGTLE, Was ist Frieden?, vgl. z. B. ebd. zu Mt 5,9 (64); 5,11 f (56); 5,21 f (70 ff); 5,38–42 (90 ff); 6,33 (62); 10,34 (74 ff); 11,29 (84); 13,24–30 (66); 18,8 f (95); 18,15–18 (101 ff); 21,5 (84); 22,7 (51.53); 22,24 f (55 f); 24,6–8 (35); 24,43 f (28); 26,51 f (78 f); 26,61 (53).

Mt 6,33 den Sachverhalt zur Geltung bringt, aber Mt 6,24–33 vielfach die Intention Jesu bezeugt).[88] „Das Neue Testament als kritische Instanz im Hier und Heute"[89] hat über die anstehende Fragestellung hinaus grundlegenden Bezug in der exegetisch-theologischen Arbeit A. Vögtles.

Daß Vögtle auch in zahlreichen Lexika-Artikeln, in Rezensionen und kurzen Hinweisen häufig Akzente zur Mt-Forschung setzt, kann hier nur allgemein erwähnt werden.[90] Und ebenso kann nur darauf hingewiesen werden, daß seine seit der Habil. Schrift nie ruhenden Überlegungen und Beiträge zur Menschensohnfrage selbstredend Belege im Mt mitzuberücksichtigen hatten, wie es sich schon in seiner frühesten diesbezüglichen Veröffentlichung aus dem Jahre 1951, „Die Adam-Christus-Typologie und der ‚Menschensohn'", zeigt.[91]

Zusammenfassend ergibt sich: Für A. Vögtle ist das Matthäusevangelium – eingebunden die ihm inhärenten Traditionen bis zur Jesusüberlieferung selbst – ein besonderer Schwerpunkt seiner Forschung seit Jahrzehnten. Im Begegnen und Erkennen, im Ausloten der exegetisch-theologischen Sachverhalte, hat sich ihm dieses Evangelium erschlossen, und in

---

[88] A. Vögtle, Was ist Frieden? 111; vgl. ders., „Theo-logie" und „Eschato-logie" in der Verkündigung Jesu?, in: Neues Testament und Kirche. Für R. Schnackenburg, hrsg. v. J. Gnilka, Freiburg u. a. 1974, 371 ff, durchges. Wiederabdruck in: ders., Offenbarungsgeschehen und Wirkungsgeschichte 11 ff, hier: 21.

[89] A. Vögtle, Was ist Frieden? 141 ff.

[90] Vgl. z. B. A. Vögtle, Das Neue Testament und die Zukunft des Kosmos, KBANT, Düsseldorf 1970: zu Mt 5,18 (99–107); 8,11 (148 f); 13,39–50 (151 ff); 19,28 (151–166); 24,3 (153 ff); 24,29 (154 ff), jeweils Tradition und Redaktion bedenkend und zu Mt 19,28; 24,3 und weiteren Belegen „zwei Wendungen matthäischer Eschatologie" herausarbeitend (151). Der Verf. zeigt, daß den Begriffen συντέλεια τοῦ αἰῶνος und παλιγγενεσία nur punktuell Hinweise für die mt Eschatologie zu entnehmen sind und nicht die eschatologische Gesamtsicht des Evangelisten durch sie geprägt ist (151 ff. 156 ff. 160 f. 165 f). Um die Thematik und theologische Durchdringung dieses Werkes kreist vielfach die Festschrift „Gegenwart und kommendes Reich. Schülergabe Anton Vögtle zum 65. Geburtstag", hrsg. v. P. Fiedler und D. Zeller, SBB, Stuttgart 1975.

[91] In: TThZ 60, 1951, 309 ff, bes. 314 ff; vgl. auch A. Vögtle, Bezeugt die Logienquelle die authentische Redeweise Jesu vom ‚Menschensohn'?, in: ders., Offenbarungsgeschehen und Wirkungsgeschichte 50 ff; ders., Eine überholte ‚Menschensohn'-Hypothese? 70 ff – Vögtles Überlegungen werden vielfach aufgegriffen und diskutiert in der Festschrift: Jesus und der Menschensohn. Für Anton Vögtle, hrsg. v. R. Pesch und R. Schnackenburg in Zusammenarbeit mit O. Kaiser, Freiburg u. a. 1975.

dieser das Wagnis existientiellen Einsatzes nicht scheuenden Arbeit ist er
der „Wegbereiter der Öffnung katholischer Schriftauslegung zur evangelischen Exegese" geworden,[92] und dies nicht zuletzt, weil er Möglichkeiten
und Grenzen aller exegetischen Bemühungen in zuchtvoller methodischer
Strenge bis heute bedenkt.

---

[92] So grundsätzlich K. LEHMANN, zitiert bei R. PESCH, Helfer zum Glauben
(Anm. 16), 419; vgl. auch F. HAHN (Anm. 16), 343f; R. PESCH und R. SCHNAK-
KENBURG, in: Jesus und der Menschensohn 7f.

Zum 90. Geburtstag von Oscar Cullmann

Von Oscar Cullmann zu schreiben, heißt Bibelwissenschaft im Horizont der Ökumene zu würdigen. Der heute 90-jährige Senior der Neutestamentler in Europa wurde einst als jüngstes von 9 Kindern einer evang.-luth. Familie am 25.2.1902 in Straßburg geboren. Hier und in Paris studierte er Theologie und klassische Philologie (1920-1925). 1925 erschien sein erster, bahnbrechender und ihm hohe Anerkennung bringender Aufsatz über die formgeschichtliche Erforschung der Evangelien. Mit 28 Jahren ist er Professor für Neues Testament in der Evang.-Theol. Fakultät in seiner Heimatstadt, seit 1936 übernimmt er zugleich die Lehrverpflichtung für die Geschichte der Alten Kirche. 1936 folgt der Elsässer einem Ruf nach Basel auf den Lehrstuhl, den vormals Franz Overbeck innehatte, mit den Schwerpunkten für alte und mittelalterliche Kirchengeschichte und Neues Testament. Von Basel geht Cullmanns vielfältige Tätigkeit aus: Drei zusätzliche Professuren in Paris, Vertretungen und Gastaufenthalte in Straßburg, an der Waldenser-Fakultät in Rom, an verschiedenen Universitäten in den USA und in München bewältigte er im Laufe der Jahre. Zahlreiche Sprachen beherrschend wird Cullmann Jahrzehnte hindurch als akademischer Lehrer zum gelehrten Wanderer und darin zum Vermittler zwischen Ländern und Konfessionen.

Die Verbindung von Kirchengeschichte und Neuem Testament wird ihm in ökumenischer Weite zum maßgebenden wissenschaftlichen Anliegen, wobei er stets darauf bedacht ist, den "neutestamentlichen Kern" von der Schale, den (Fehl-)Entwicklungen, den Zeitströmen freizuhalten oder, wenn gefordert, freizulegen. Schon in der Dissertation über die 'Pseudoklementinen' (1930) ist dieses Anliegen erkennbar, ebenso wie er nach Jahrzehnten religionsgeschichtliche Ein¦sichten aus dem Qumrantexten auch in dieser Hinsicht mit seinem Frühwerk in Verbindung und Parallele sieht. Insgesamt sind Cullmanns Veröffentlichungen vorwiegend der neutestamentlichen Wissenschaft gewidmet, doch derart, daß sie von kirchenhistorischer Durchdringung geprägt sind, wie es auch sein (bisher) letztes Buch "Einheit durch Vielfalt" ([2]1990) eindrücklich zeigt.

Was macht das Werk dieses Gelehrten aus, der unablässig vom neutestamentlichen Befund her bohrend und aufrüttelnd fragt, Akzente setzt und Wege weist? Wissenschafts- und Lebenslinie greifen ineinander. Sein Lehrer im Fach Neues Testament, der Elsässer Wilhelm (Guillaume) Baldensperger (1856-1936) legte ihm als kritisch-liberaler Theologe mit Blick auf die formgeschichtliche Arbeit nach dem ersten Weltkrieg die methodische Grundlage.

Durch die Lektüre von Albert Schweitzers "Geschichte der Leben-Jesu-Forschung" (21913) wurde ihm nicht nur das Leben-Jesu-Bild der Liberalen und das sonstiger kirchlicher Strömungen zerstört, sondern zugleich in bleibender kritischer Auseinandersetzung mit seinem Landsmann das Problem der Eschatologie, insbesondere das des Ausbleibens des Endes, zur wissenschaftlichen Lebensaufgabe. Cullmann schreibt 1945: "Meine sämtlichen Arbeiten der letzten zehn Jahre" "haben" "das hier zur Diskussion stehende Thema - jedes Mal von verschiedener Seite - behandelt", zulaufend auf sein Hauptwerk "Christus und die Zeit" (1946; 31962). Die Herausarbeitung der "urchristlichen Zeit- und Geschichtsauffassung" (so Untertitel) führt Cullmann zu einer ebenso eigenständigen wie umstrittenen Konzeption der "Heilsgeschichte". Diese steht nicht mit bezeichnungsgleichen theologischen Entwürfen im 19. Jahrhundert in Verbindung, sondern sie bringt den Autor in kritisch-aufarbeitender Distanz sowohl zu den Vertretern der 'konsequenten Eschatologie' A. Schweitzers als auch zur weit gefaßt verstandenen "Entmythologisierung" (mit dessen Hauptvertreter Rudolf Bultmann ihn eine gegenseitige hohe Wertschätzung über Jahrzente verband) und macht ihn zu einem keiner Schulrichtung und Zeitströmung zuzurechnenden Theologen.

Seine These von Christus, der den Sieg bereits errungen hat, als Schnittpunkt der Geschichte gründet weder auf philosophischen Prämissen, noch verwechselt sie Geschichte des Heils und Profangeschichte, wohl aber zeigt sie, daß auch die Profangeschichte unter das begründete 'Noch-nicht' ausstehender Zukunft des Heils gestellt ist. Heilsgeschichte "durchkreuzt" die Profangeschichte, wie Cullmann in seinem den Sachverhalt weiter darlegenden Werk "Heil als Geschichte" (1965) zeigt, um schließlich die Konsequenzen in seiner jüngsten Untersuchung aufzudecken: "Die Erkenntnis göttlichen Handelns in der Geschichte ist für den wahren Ökumenismus von grundlegender Bedeutung" (Einheit durch Vielfalt, 21990, S. 51).

"Heilsgeschichte" und "Ökumene" sind die tragenden Pfeiler im Gesamtwerk Cullmanns, und seine Veröffentlichungen sind unter diesen mehr als nur Stichworten vielfach verklammert. Die Untersuchungen "Königsherrschaft Christi und Kirche im Neuen Testament" (1941) und "Die ersten christlichen Glaubensbekenntnisse" (1943) sind hier ebenso zu nennen wie "Petrus - Jünger, Apostel, Märtyrer. Das historische und das theologische Petrusproblem" (1952; 21960); "Die Tradition als exegetisches, historisches und theologisches Problem" (1953); "Katholiken und Protestanten. Ein Vorschlag zur ¦ Verwirklichung christlicher Solidarität" (1958) und vor allem das Resumé jahrzehntelanger Bemühungen mit dem kennzeichnenden Titel "Einheit durch Vielfalt" (1986; 21990).

Auch der Spezialist in seinem Fachgebiet behält den Blick für die Weite theologischen Denkens, gerade indem er auf die Mitte christlichen Glaubens und Lebens konzentriert: auf "Die Christologie des Neuen Testaments" (1957;

51975; sein wohl exegetisch im einzelnen am stärksten hinterfragbares Buch), auf "Urchristentum und Gottesdienst" (1944; ⁴1962), auf "Die Tauflehre des Neuen Testaments. Erwachsenen- und Kindertaufe" (1948; ²1958). Spezialforschung ist ihm Weiterarbeit im Verstehen des Evangeliums, die für Cullmann immer zugleich historisches Eruieren im Felde des Urchristentums sowie Hören und Hörer der Botschaft umschließt (so: "Der Staat im Neuen Testament" [1956; ²1961]; "Jesus und die Revolutionäre seiner Zeit" [²1970], "Der johanneische Kreis. Zum Ursprung des Johannesevangeliums" [1975]). Ein stattlicher Aufsatzband ("Vorträge und Aufsätzen 1925-1962, 1966) bestätigt dies u.a. in des Autors selbstkritischer Rückfrage: "Warum hat die Kirche nach dem Neuen Testament sich in ihrem Wort mit der Welt zu befassen?" (ebd., S. 469). Dazu gehört auch die nüchterne, den Gemeinden zu vermittelnde Information und Orientierung wie die über "Unsterblichkeit der Seele oder Auferstehung der Toten? Antwort des Neuen Testaments" (1962; Neudruck 1987) mit der eindeutigen Absage an die griechische Auffassung von der Unsterblichkeit und der klaren Herausstellung des Propriums der christlichen Botschaft von der Auferstehung. Hierher gehört auch das historischnachweisende und kulturgeschichtlich erläuternde Büchlein "Die Entstehung des Weihnachtsfestes und die Herkunft des Weihnachtsbaumes" (vielfache Aufl. seit 1947; zuletzt erw. Neudruck 1990; ³1991).

Zahlreiche Übersetzungen und Auflagen widersprechen der gelegentlich geäußerten Vermutung des Autors, seine Bücher und Sachanliegen würden zu wenig bedacht. Veröffentlichungen über sein Werk zeigen zunehmend, daß dieser äußerst eigenständige und unbequeme Denker und Theologe als Exeget und Mahner auch durch die geistigen Umbrüche hindurch in mehr als einem halben Jahrhundert in Zustimmung und in kritischer Auseinandersetzung gefragt ist. In fünf Festschriften (1962; 1967; 1972; 1982), darunter die sein tiefstes Anliegen besonders bekundende Sammlung "Testimonia Oecumenica" (1982), haben über 200 Persönlichkeiten verschiedener Konfessionen und Länder ihre Verbundenheit mit O. Cullmann zum Ausdruck gebracht. Das lenkt über diverse Zeichen äußerer Ehrungen zum Kern: Er ist "Ökumenismus der Einheit in der Vielfalt nach dem Neuen Testament" (in: Einheit durch Vielfalt, ²1990, S.21), den der Neutestamentler exegetisch-theologisch erkannt hat und der ihm zur Sinnaufgabe seines Lebens geworden ist. Schon in den 50er Jahren schlug er im Anschluß an die dem Apostel Paulus aufgetragene Sammlung eine die beiden großen christlichen Konfessionen gegenseitig anerkennende Kollekte vor. Zum Beobachter bei dem 2. Vatikanischen Konzil (1962-1966) berufen, stand er seitdem mit drei Päpsten (Johannes XXIII; Paul VI; Johannes Paul II) in engem ökumenischen Austausch.

Cullmann ist heute weltweit eine Symbolgestalt für gelebte Ökumene bei eigener nüchterner Einschätzung seines Programms der "Gemeinschaft völlig eigenständiger Kirchen" und dessen Realisierung. Unter den mancherlei

Früchten derartigen Wirkens ist "Das Jerusalemer Ökumenische Institut für höhere theologische Studien (Tantur)" (so seine Bezeichnung in einem Bericht 1978) die für ihn wohl persönlich wichtigste.

Ein Gruß zum 90. Geburtstag darf nicht schließen, ohne Cullmanns lebenslangen Einsatz für die ihm anvertrauten Studenten zu erwähnen. Schon in Straßburg war er - als späterer Nach folger Albert Schweitzers - Direktor des Thomasstifts; in Basel leitete er - zusammen mit seiner Schwester, Frau Louise Cullmann - , das Alumneum, von 1942 bis zu seiner Emeritierung 1972, das ihm nach eigenen Worten weltweit "bezeugte Treue" und bleibende(n) Verbundenheit" mit den Alumnaten brachte und auch im hohen Alter bringt.

Dem im Geiste der Versöhnung Grenzen überschreitenden und Konfessionen zueinander führenden Theologen gilt mit guten Wünschen für weiterhin erfülltes Dasein ein Dank, der den Tag überdauern möge.

Dr. phil. Wilhelm Anz †
Studienrat und Professor der Philosophie

Zur Geschichte des Gymnasium Philippinum in unserem Jahrhundert gehört Wilhelm Anz, so wenige Jahre ihm auch nur in unmittelbarem Wirken an dieser Schule vergönnt waren.

Geboren in einem Pfarrhause am 23. 12. 1904 in Pansfelde (Mansfelder Gebirgskreis), dort und in Möckern bei Magdeburg aufgewachsen, gymnasiale Schulzeit in Berlin und Magdeburg, studierte W. Anz von 1923 an Germanistik, Philosophie und Evangelische Theologie in Marburg, aber auch in Halle, Berlin und Göttingen. In Marburg legte er im Herbst 1929 die wissenschaftliche Staatsprüfung für das höhere Lehramt ab, die anschließende Referendarausbildung und die pädagogische Schlußprüfung (1932) fanden in Magdeburg statt. Erste berufliche Jahre führten über Magdeburg, Naumburg (Saale) nach Ilfeld (Südharz), wo er seit 1934 als Studienrat wirkte. Dort im Frühsommer 1937 von den nationalsozialistischen Machthabern abgesetzt und arbeitslos geworden, gelang es dem damaligen Direktor des Marburger Gymnasium, Kurt Steinmeyer (unter Fürsprache und Mitwirkung von Rudolf Bultmann, der selbst über Jahre hinweg aushelfender Religionslehrer an unserer Schule war), zum 1. Dezember 1937 W. Anz eine Planstelle als Studienrat am Philippinum zu verschaffen. Doch schon im Juli 1940 wurde er zur Wehrmacht eingezogen. Nach langer Gefangenschaft kehrte er erst knapp zehn Jahre später (1949) als Lehrer an die Schule zurück, in der zwischenzeitlich seine Gattin, Frau Margarete Anz, in seinen Fächern unterrichtete und mit hohem persönlichen Einsatz so seine Stelle vertreten und dadurch ihm gerettet hatte. Nur wenige, seinen Schülern unvergeßliche Jahre verblieb er noch im hessischen Schuldienst, nachdem ihm von 1953 an zunehmend das Wirken an seiner Schule erschwert wurde. Sein Ausscheiden aus dem Philippinum wurde weithin als schwerer Schlag empfunden, die von W. Anz gelebte und auch seinen Schülern bewußt gewordene Verbindung von Erziehen und Denken aber blieb in der Erinnerung derer, die das Glück hatten, ihn als Lehrer in entscheidenden Jahren des Heranwachsens zu haben.

Worin lag das Besondere seines Unterrichtens? In meiner Klasse (Abitur 1954) gab er Deutsch, Griechisch und Religion. Schon diese äußere Gegebenheit ermöglichte es ihm, fächerübergreifend Zusammenhänge darzulegen, mehr noch, uns im Gespräch den Weg suchen zu lassen und in denkerischer Zucht uns anzuleiten, selbständig das Wesentliche zu erkennen. ‚Sokratisches Fragen‘, das im eigenständigen Verstehenlernen die Unabgeschlossenheit des jeweils Erkannten einsichtig verarbeiten läßt, war hier ebenso leitend wie das im klärenden Gespräch Gewährenlassen im Sinne einer ins Leben umgesetzten ‚Eleutheria‘. Verständnisvoll und offen dem Einzelnen zugewandt hatte W. Anz im Unterricht zugleich die ganze Klasse – und gegebenenfalls auch streng – im Blick. Es waren Jahre, von denen im Rückblick gesagt werden kann: Wir Schüler wurden – stets gefordert – in kritische und aufeinander hörende Gesprächsbereitschaft eingeübt und dadurch in die Einsicht dessen, was menschliches Dasein im Miteinander ausmacht; in der Unfähigkeit zum Gespräch sah W. Anz eine für das Leben des Einzelnen gefahrvolle Isolation.

W. Anz, aus tiefer Überzeugung Pädagoge und zugleich begeisternder Lehrer, war immer auch ein Gelehrter inmitten der Praxis. Ein schon mit seinem Lehrer in Philosophie, Martin Heidegger, in den 20er Jahren vereinbartes Thema reifte in der frühen Marburger Berufszeit im Gespräch mit dem Philosophen Erich Frank zur Dissertation, die aber dieser jüdische Gelehrte an der Marburger Universität nicht mehr als ‚Doktorvater‘ durchführen durfte, dann jedoch von dem Freunde Gerhard Krüger betreut und durch die Fakultätshürden gebracht wurde. Das Thema der bereits in den Krieg fallenden Dissertation „Die Wiederholung der socratischen Methode durch Soeren Kierkegaard" (Rigorosum 7. 11. 1939; Abgabe der schriftlichen Arbeit 1940) sollte sich für den Gelehrten W. Anz als Lebensthema erweisen, zu dem er, vielfach weitere Fragestellungen einbeziehend, häufig zurückgekehrt ist.

Schon Anfang der 50er Jahre mehrfach Lehraufträge für Philosophie an der Frankfurter Universität wahrnehmend, erhielt W. Anz 1955 den neu eingerichteten Lehrstuhl für Philosophie an der Kirchlichen Hochschule Bethel, den er bis zu seiner Emeritierung 1973 innehatte, seit 1963 auch Honorarprofessor für Religionsphilosophie in der Evang.-theol. Fakultät der Universität Münster.

In einem Privatbrief schreibt er über seine eigene Zielsetzung: „Der Schüler Bultmanns und Heideggers konnte nun ... darstellen, wie seiner Überzeugung nach für Studenten der Theologie das Gespräch zwischen Theologie und Philosophie in Gang zu bringen, als für das Leben der Kirche wesentliche Aufgabe verständlich zu machen und am Leben zu erhalten sei, – Fragen und mögliche Antworten, auf die mich vor allem meine Lektüre Kierkegaards hingeführt und vorbereitet hatte" (mit freundlicher Genehmigung von Frau M. Anz zitiert). Fragen denkenden Glaubens und Fragen der Philosophie bündelten sich ihm in der Suche nach der Wahrheit, die für ihn in der Sache und für die menschliche Existenz unabdingbar war (vgl. auch W. Anz, Warum kann unsere Kirche die philosophische Arbeit nicht entbehren?, in: Evangelische Theologie 16, 1956, S. 145–162). Es war für ihn in der Auslotung des Dialektischen bei allen denkerischen Bemühungen – darin Grundüberlegungen seiner eigenen Studienzeit verpflichtet bleibend – ein Denken ‚zwischen den Zeiten‘, das über die eigene Zeitlichkeit hinausweist.

Das im Unterricht bei W. Anz im Philippinum Erlebte und Erfahrene zeichnete auch den engagierten Hochschullehrer in Vorlesungen und Seminaren aus, und noch weit in den Ruhestand hinein führte er das Gespräch im Freundes-, Schüler- und Kollegenkreis und in ökumenischer Weite fort, z. B. bei regelmäßigen Treffen in Braunschweig, im Kreis der ‚Alten Marburger‘, bei Tagungen verschiedener Art.

W. Anz vertrat sein Fach in voller Breite von der Antike bis in die Gegenwart in der akademischen Lehre. In der Forschung – ohne die antike Philosophie und besonders die ‚sokratische Methode‘ und deren Wirkungsgeschichte zu vernachlässigen – wandte er sich verstärkt philosophischen Problemen seit der Aufklärung – oftmals in Verbindung mit theologischer Diskussion – zu: bei Kierkegaard, Schleiermacher, Heidegger, H. G. Gadamer, G. Krüger, R. Bultmann, K. Barth, C. F. v. Weizsäcker; auch zur Entmythologisierung und zum Verkündigungsauftrag der Kirche nahm er wissenschaftlich Stellung. Unter den zumeist in Sammelwerken, in Zeit- und Festschriften erschienenen Beiträgen, häufig aus Vorträgen erwachsen, sind die leichter zugänglichen monographischen Darstellungen besonders anzuführen: „Kierkegaard und der deutsche Idealismus" (1956) und im Handbuch „Die Kirche und ihre Geschichte" der Teilband „Idealismus und Nachidealismus" (1975), in dem die Summe reicher eigener Überlegungen und Untersuchungen geboten wird. – Ein Sammelband, der die weit verstreuten Beiträge und die noch zahlreichen unpublizierten

Dr. Anz im Garten Kugelgasse 6 etwa 1950

Aufsätze und Vorträge vereinigt, ist ein Desiderat der Forschung.

Zwei sein gesamtes Werk charakterisierende Akzente lassen sich erkennen: Das schon in der Dissertation betonte notwendige, im Nachbuchstabieren kritische **Mit**denken mit dem Autor und die an der ‚sokratischen Methode' sich orientierende, verstehende und auf das unterscheidend Wesentliche drängende Deskription und Beurteilung. Seine Veröffentlichungen sind klärende Gespräche über das Sachanliegen **und** mit dem ‚Gegenstand', mit dem

Autor, mit dem Denker früherer Epochen wie der eigenen Generation.

Ein letztes, den Menschen und Wissenschaftler W. Anz in seiner Güte und menschenwürdigen Selbstachtung Kennzeichnendes sei angeführt: Auf Einladung fuhr der fast 85jährige 1989 noch einmal nach Rußland, persönlich und mit sich versöhnt einen Schlußstrich unter das dort in harter Gefangenschaft Erlebte setzend. In der Moskauer Akademie der Wissenschaften trug er über Heidegger vor. Diese letzte große Reise veranlaßte ihn, seine „Begegnungen mit der russischen Dichtung" aufzuzeichnen. Darin heißt es: „Ich habe später in der Zeit meiner Kriegsgefangenschaft russische Literatur, die ich z. T. schon kannte, auf russisch lesen gelernt. Das gab mir inmitten der Widrigkeiten eines Lagers die Möglichkeit zur Selbstbehauptung der eigenen Person und das Refugium eines eigenen geistigen Bereiches". „Wer die Sprache des anderen spricht und wem seine Dichtung nicht ganz fremd ist, dem kann sich in der Härte des Lagerlebens immer wieder ein Raum von Menschlichkeit auftun, dort, wo er es nicht erwartete und nicht in Rechnung stellen konnte. In ihr hob sich das Anonyme und Dumpfe des kollektiven Schicksals für Augenblicke auf" (in: Wort und Dienst. Jahrbuch der Kirchlichen Hochschule Bethel, 21. Band, 1991, S. 170 ff.; Zitat S. 176).

Wilhelm Anz gehörte zu den prägenden Lehrerpersönlichkeiten unserer Schule, Er ließ dankbare Schülerschaft gelten und gewährte in mitdenkendem Gespräch Freundschaft über Jahrzehnte hinweg, aber Verehrung wies er weit von sich.

Nach langer, glaubensstark ertragener Leidenszeit, aufopferungsvoll gepflegt und umsorgt von den Seinen, starb er am 23. Mai 1994 in Bielefeld. Auf dem neuen Friedhof in Bethel fand er seine letzte irdische Ruhestätte.

Erlangen

Der Beginn der Paränese im Galaterbrief

Die folgenden Erwägungen zu Gal 3 1—5 12 gelten nicht der Vielzahl der Sachfragen, die diese Kapitel aufgeben, sondern einem bestimmten Punkt, nämlich der noch immer strittigen Frage, wo sachgemäß der ethische Abschnitt im Galaterbrief beginnt. D. h. aber: Unter dieser Fragestellung ist zugleich der Aufbau dieser Kapitel, besonders in 4 12—5 12, zu untersuchen.

So anerkannt es in der heutigen Forschung ist, daß im Gal »herkömmlicher Weise nach den Gesichtspunkten der Theorie . . . und

Praxis . . . geschieden« wird[1], so schwierig erweist es sich, die Grenze zwischen beiden Abschnitten anzugeben, wie die Verschiedenartigkeit der Vorschläge zeigt. Die wichtigsten der heute erörterten sind: Der paränetische Teil beginne a) mit 4 12[2], b) mit 4 21[3], c) mit 5 1[4], d) mit 5 2[5], e) mit 5 7[6], f) mit 5 13[7]. Dabei ist zu beachten, daß — besonders in den genannten Kommentaren und Einleitungen — der so abgegrenzte Abschnitt jeweils bis 6 10 reicht, also die ethischen Mahnungen voll einbezogen sind.

Zu a): Diese Abgrenzung setzt »einen Abschluß der Beweisführung« über die »Zuverlässigkeit der paulinischen Lehre«, die mit 3 1

---

[1] Vgl. H. J. Holtzmann, Lehrbuch der historisch-kritischen Einleitung in das Neue Testament, [3]1892, S. 220; G. Didier, Désintéressement du Chrétien, 1955, S. 108; A. Viard, Épître aux Galates, DBS VII, 1962, Sp. 213—218.

[2] So L. Cerfaux, in: Einleitung in die Heilige Schrift II, NT, hrsg. von A. Robert u. A. Feuillet, 1964, S. 371; W. J. Harrington, Record of the Fulfillment: The New Testament, 1968, S. 236; zu Vorläufern dieser Ansicht vgl. H. J. Holtzmann, Einl., S. 220.

[3] So P. Feine—J. Behm, Einleitung in das Neue Testament, [11]1956, S. 140; W. Michaelis, Einleitung in das Neue Testament, [2]1954, S. 182.

[4] So E. de Witt Burton, The Epistle to the Galatians (ICC), 1921 (repr. 1956), S. 269; P. Bonnard, L'épître de saint Paul aux Galates (CNT IX), 1953, S. 101; W. Nauck, Das οὖν-paraeneticum, ZNW 49, 1958, S. 134f.; W. G. Kümmel, Einleitung in das Neue Testament, begr. von P. Feine—J. Behm, [14]1965, S. 190; E. F. Harrison, Introduction to the New Testament, 1964, S. 264; H. C. Thiessen, Introduction to the New Testament (repr.) 1962, S. 219; H. Lietzmann, An die Galater (HNT 10), [3]1932, S. 36 und W. Pfister, Das Leben im Geist nach Paulus, StF 34, 1963, S. 50 passim.

[5] So G. S. Duncan, The Epistle of Paul to the Galatians (Moffatt), (repr.) 1955, S. 152.

[6] So W. Lütgert, Gesetz und Geist. Eine Untersuchung zur Vorgeschichte des Galaterbriefes, BFTh 22, 6, 1919, S. 34f.

[7] So z. B. H. J. Holtzmann, Einl., S. 220; A. Jülicher—E. Fascher, Einleitung in das Neue Testament, [7]1931, S. 68; H. J. Ropes, The Singular Problem of the Epistle to the Galatians, Harv. Theol. Stud. XIV, 1929, S. 22; F. Sieffert, Kritisch-exegetisches Handbuch über den Brief an die Galater (MeyerK VII), [6]1880, S. 299; M.-J. Lagrange, Saint Paul Épître aux Galates (Ét. bibl.), [6]1950, S. 144f.; A. Oepke, Der Brief des Paulus an die Galater (ThHkNT IX), [2]1957, S. 127f.; H. Schlier, Der Brief an die Galater (MeyerK VII), [12]1962, S. 241; C. Maurer, Der Galaterbrief (Prophezei), 1943, S. 157; H. N. Ridderbos, The Epistle of Paul to the Churches of Galatia (NLC), [2]1954, S. 197; O. Kuß, Die Briefe an die Römer, Korinther und Galater (RNT 6), 1940, S. 279; H. W. Beyer—P. Althaus, Der Brief an die Galater, in: Die kleineren Briefe des Apostels Paulus (NTD 8), [9]1962, S. 44; M. Dibelius(—W. G. Kümmel), Paulus, [3]1964, S. 84; G. Stählin, Art. Galaterbrief, RGG[3] II, 1958, Sp. 1188; A. Viard, a. a. O., Sp. 218; ders., Saint Paul. Épître aux Galates, 1964, S. 112; E. Fuchs, Hermeneutik, [2]1958, S. 257; W. Marxsen, Einleitung in das Neue Testament, 1963, S. 49; G. Didier, a. a. O., S. 113; H. Lietzmann, Gal., S. 39 u. W. Pfister, a. a. O., S. 49 passim.

begann, in 4 11 voraus⁸. Ein solch definitiver Abschluß aber liegt in
4 11 nicht vor, und damit fällt eine wesentliche Entscheidung über
die Bewertung eines Neueinsatzes in 4 12.

Ausgehend von der Frage, ob die Galater ἐξ ἔργων νόμου oder ἐξ
ἀκοῆς πίστεως das πνεῦμα empfangen haben (3 1-5), entfaltet Paulus
in einem ersten Beweisgang⁹ von 3 6ff. ab an dem Beispiel Abrahams
(3 6-9) wie auch an dem recht verstandenen Alten Testament (3 10-14),
daß Gesetz und Glaube sich gegenseitig ausschließen, und er beweist
gerade an der Gestalt des Abraham, daß die ἐπαγγελίαι dem Gesetz
vorgeordnet sind und daß darum mit dem Kommen des Erben der
Verheißung, Christus, das Gesetz nur noch seine Bedeutung hat als
»Zuchtmeister« bis hin zu Christus (3 24) und darum die Gläubigen
durch den Empfang der Taufe (3 27) nicht mehr unter dem Gesetz
stehen. Sie sind jetzt Söhne und Erben (3 29), und weil sie Söhne
sind, hat Gott »den Geist seines Sohnes« in ihre Herzen ausgesandt
(4 6). So können die Galater also nur aus der Predigt des Glaubens
den Geist empfangen haben und nicht aus Gesetzeswerken (3 2), und
darum sind sie von Sinnen, wenn sie das, was im Geist angefangen
worden ist, nunmehr im Fleisch vollenden wollen (3 3), indem sie sich
verzaubern (3 1) und sich erneut versklaven lassen wie in ihrer heidnischen Vergangenheit (4 8-11).

Hier knüpft 4 12a an. Dieser Vers, für sich genommen, scheint für
den Einsatz der Paränese zu sprechen, denn nicht nur wird mit
γίνεσθε der erste, die Galater betreffende Imperativ des Schreibens
genannt, sondern es wird scheinbar auch zur ethischen Nachahmung
des Apostels aufgerufen. Zumindest kann der Eindruck entstehen,
wenn als Parallelstellen I Cor 4 16 11 1 II Thess 3 7. 9 Phil 3 17 4 9
genannt werden¹⁰. Doch verweist z. B. H. Schlier zu Unrecht auf die
angeführten Parallelen, da er gar nicht das ethische Vorbild des Apostels in 4 12a gekennzeichnet sieht¹¹, während W. Michaelis 4 12a deutlich von ähnlichen Stellen abhebt¹² und C. J. Bjerkelund nur eine

---

⁸ So L. Cerfaux, a. a. O., S. 370f.

⁹ Vgl. dazu außer den Kommentaren bes. G. Klein, Individualgeschichte und Welt-
geschichte bei Paulus. Eine Interpretation ihres Verhältnisses im Gal., EvTh 24,
1964, S. 147ff.; K. Berger, Abraham in den paulinischen Hauptbriefen, MThZ 17,
1966, S. 47—59; H. Conzelmann, Grundriß der Theologie des Neuen Testaments,
1967, S. 246ff.

¹⁰ Vgl. H. Schlier, Gal., S. 208; W. Schrage, Die konkreten Einzelgebote in der paulinischen Paränese, 1961, S. 106; W. Schmithals, Das kirchliche Apostelamt, FRLANT
79, 1961, S. 33; E. Kamlah, Wie beurteilt Paulus sein Leiden? ZNW 54, 1963,
S. 224 Anm. 36.

¹¹ Gal., S. 208.

¹² ThW IV, S. 675 Anm. 29.

sachliche Beziehung zu I Cor 4 16 für berechtigt hält[13]. In der Tat ist der Hinweis auf eine sittlich-paränetische Nachahmung des Apostels in 4 12a nicht haltbar[14], denn der zweite Teil des Verses 12a will ja keinesfalls begründend besagen, daß Paulus sich die Galater zum Vorbild genommen habe[15].

Trotz des neuerlichen Widerspruchs[16] scheint mir 4 12a gezielt auf die Gesetzesfreiheit bezogen werden zu müssen und nicht nur »indirekt auch« mit dieser in Berührung zu stehen[17]. Denn der Imperativ in 4 12a ist in enger Beziehung zu dem gerade Gesagten (4 8-11) zu sehen. Er ist, wenn dies auch nicht durch eine verbindende Partikel unmittelbar ausgedrückt wird, als die notwendige Folge anzusehen, sofern nicht die Befürchtung des Apostels, sich bei den Galatern im missionarischen Dienst vergeblich abgemüht zu haben[18] (4 11; vgl. 3 4), zutreffen soll. Daß er aber mit der missionarischen Arbeit des Apostels in Verbindung steht, läßt sich auch sprachlich wahrscheinlich machen. Die Begründung ὅτι κἀγὼ ὡς ὑμεῖς bezieht sich nur auf γίνεσθε ὡς ἐγώ. Daß sie eine weiterführende, für 4 12b. 13ff. gültige Funktion hat, ist durch nichts angezeigt. Man hat darum 4 12b nicht mit 4 12a sinnvoll in Verbindung bringen können und dafür die Sprunghaftigkeit paulinischen Denkens verantwortlich gemacht, oder man hat sich mit Hilfe psychologischer Erklärungen weitergeholfen[19]. Überblickt man jedoch alle Stellen, an denen Paulus mahnend den Blick auf seine Person lenkt, so ergibt sich: Paulus bezieht solche Mahnungen auf einen zuvor genannten Sachverhalt (I Cor 4 16 Phil 4 9), auch wenn er dieser speziellen Mahnung noch eine besondere Begründung hinzufügt (I Cor 11 1); steht diese Mahnung zu Beginn eines Abschnitts, so hat sie einen Rückbezug auf das Voranstehende, und es werden ausdrücklich eine oder mehrere weiterführende Begründungen genannt (Phil 3 17, vgl. 3 17ff. II Thess 3 7-9)[20]. Entsprechende

---

[13] Vgl. C. J. Bjerkelund, Parakalô. Form, Funktion und Sinn der parakalô-Sätze in den paulinischen Briefen, 1967, S. 177. Ihm ergibt sich diese Parallele durch eine hier nicht zu erörternde Sachverwandtschaft der Verben παρακαλῶ und δέομαι.

[14] Vgl. die Aufarbeitung der Forschung bei W. P. de Boer, The Imitation of Paul, 1962, S. 188—196; dazu bes. A. Schulz, Nachfolgen und Nachahmen, StANT VI, 1962, S. 322f.; E. Güttgemanns, Der leidende Apostel und sein Herr. Studien zur paulinischen Christologie, FRLANT 90, 1966, S. 190ff.

[15] Vgl. A. Oepke, Gal., S. 104; W. Michaelis ThW IV, S. 675 Anm. 29.

[16] S. E. Güttgemanns, a. a. O., S. 170ff.; vgl. schon A. Oepke, Gal., S. 104; ähnlich A. Schulz, a. a. O., S. 323.   [17] So E. Güttgemanns, a. a. O., S. 172.

[18] Zu κοπιάω in diesem Sinne vgl. A. v. Harnack, Κόπος (Κοπιᾶν, Οἱ Κοπιῶντες) im frühchristlichen Sprachgebrauch, ZNW 27, 1928, S. 1ff.; F. Hauck, ThW III, S. 828.

[19] Vgl. die Übersicht bei E. Güttgemanns, a. a. O., S. 170ff.

[20] Vgl. zu den genannten Belegen O. Merk, Handeln aus Glauben. Die Motivierung der paulinischen Ethik, Marb. theol. Stud. V, 1968; bes. zu I Cor 4 16 (S. 86ff.); Phil 3 17ff. (S. 190ff.).

Beobachtungen lassen sich an jenen Stellen machen, die allgemein im positiven oder negativen Sinne von der Nachahmung sprechen (I Thess 1 6 2 14 I Cor 10 6)[21]; und der gleiche Sachverhalt läßt sich für den Imperativ γίνεσθε im paulinischen Sprachgebrauch aufzeigen: Er bezieht sich auf das Voranstehende, auch wenn der Mahnung eine unmittelbare Näherbegründung gegeben wird (vgl. etwa I Cor 11 1); sobald er zum Folgenden Bezug hat, so ist dies durch ausdrücklich genannte weiterführende Begründungen (die sich oft über mehrere Sätze erstrecken) angezeigt[22]. Paulus trifft sich darin zugleich mit dem sonstigen Sprachgebrauch des NT[23]. Und da auch die Anrede ἀδελφοί bei Paulus öfter zu Beginn eines Satzes (bzw. auch eines Abschnittes) steht[24], muß als die wahrscheinlichere Annahme gelten,

---

[21] Das trifft auch für die Deuteropaulinen zu: vgl. Eph 5 1; I Tim 4 12.

[22] Vgl. die Imperative in: Rm 12 16 (er bezieht sich jedenfalls nicht auf das Folgende vgl. O. Michel, Der Brief an die Römer [MeyerK IV], ¹²1963, S. 306f.); I Cor 4 16 (s. dazu o. Anm. 20); I Cor 7 23 10 7 (bezieht sich auf das Voranstehende, nachfolgend ein weiterführendes Schriftzitat); I Cor 10 32 (bezieht sich auf 10 31 und wird durch 10 32 begründend aufgegriffen); I Cor 11 1 14 20 (bezieht sich trotz neuer Anrede auf das Voranstehende, ist Folgerung aus 14 13-19 und dient, wie 14 20-26 im ganzen, zur Unterstützung der Argumentation in 14 13ff.; vgl. auch H. D. Wendland, Die Briefe an die Korinther [NTD 7], ⁶1954, S. 112 z. St.; J. Weiß, Der erste Korintherbrief [MeyerK V], ¹⁰1925, S. 331ff. passim); I Cor 14 40 15 58 16 14 (gehört in den kleinen Abschnitt 16 13f., nicht aber zu 16 15ff.; vgl. etwa die Aufteilung bei J. Héring, La première épître de saint Paul aux Corinthiens [CNT VII], 1949, S. 153); II Cor 6 14a (bezieht sich auf das Folgende und ist ausdrücklich begründend eingeführt in 6 14b. 15ff.; vgl. O. Merk, a. a. O., S. 151); Phil 3 17 (s. dazu o. Anm. 20); Col 3 15 (bezieht sich auf das Voranstehende; vgl. O. Merk, a. a. O., S. 213). — Auch für die sonstigen Formen des Imperativs von γίνομαι in den paulin. Briefen gilt Entsprechendes: Rm 11 9 (atl. Zitat, soll sich nach Paulus auf 11 7 beziehen); I Cor 3 18 (sowohl auf das Voranstehende wie — durch ἵνα gekennzeichnet — auf das Folgende bezogen); I Cor 14 26b (bezieht sich auf 14 26a und auf das Folgende, wobei die Verbindung zu 14 27 deutlich durch 14 26a und durch das »kopulierende« εἴτε gegeben ist; vgl. zur Diskussion H. Lietzmann, An die Korinther I. II. Vierte von W. G. Kümmel ergänzte Aufl. [HNT 9], 1949, S. 73; ferner F. Blaß—A. Debrunner, Grammatik des neutestamentl. Griechisch, ¹⁰1959, § 446; 454, 3); Gal 5 26 ([μὴ γινώμεθα als imperat. Aussage] ist in sich selbständig und bezieht sich jedenfalls nicht auf 6 1, wo durch die Anrede ἀδελφοί ein Neueinsatz gegeben ist. Auch stellt keine verbindende Partikel einen Zusammenhang mit 5 26 her).

[23] Vgl. für den Imperativ γίνεσθε insbesondere γίνεσθε ὡς: Mt 6 16 (bezieht sich auf 6 1ff. zurück); 10 16. 25 Lc 6 36 (mit kurzer abschließender Begründung [vgl. I Cor 11 1] ist am wahrscheinlichsten auf das Voranstehende zu beziehen; vgl. Synopsis Quattuor Evangeliorum, ed. K. Aland, S. 105 z. St. gegen E. Klostermann, Das Lukasevangelium [HNT 5], ²1929, S. 82); Lc 12 40 (bezieht sich auf 12 35ff.; vgl. auch E. Klostermann, a. a. O., S. 138f.; F. Hauck, Das Evangelium des Lukas ThHkNT III], 1934, S. 172f. z. St.); Lc 22 26; vgl. weiter Eph 4 32 5 1. 7. 17 Jac 1 22 3 1.   [24] Vgl. Rm 10 1 I Cor 14 20 Gal 3 15 6 1 Phil 3 13 4 1 I Thess 5 25.

daß Gal 4 12a zum Abschnitt 4 8-11 hinzugehört, wie schon jene bei »Nestle« durch * gekennzeichnete Einteilung aus alter Zeit deutlich macht[25]. Steht aber die Mahnung in 4 12a mit der in 4 11 genannten missionarischen Tätigkeit des Apostels im Zusammenhang, dann ist es am wahrscheinlichsten, den Imperativ γίνεσθε ὡς ἐγώ wie die Begründung ὅτι κἀγὼ ὡς ὑμεῖς auf das zu beziehen, was den Apostel und die Gemeinde gerade im Hinblick auf den missionarischen Dienst des Paulus verbindet: Das gesetzesfreie Evangelium. Es ist darum sachgemäß, die Intention der Aussage in I Cor 9 22f. mitzubedenken[26]. Wie Paulus allen alles geworden ist um des Evangeliums willen (I Cor 9 22f.), so ist er in der besonderen Lage der Galater den ἄνομοι ὡς ἄνομος (I Cor 9 21) geworden und hat so »in grundsätzlicher Entscheidung . . . das Gesetz als Heilsweg aufgegeben«[27].

Anders A. Oepke, Gal., S. 104, der einen Vergleich mit I Cor 9 21f. ablehnt, und A. Schulz, a. a. O., S. 323, der zur Unterstützung Oepkes anführt, daß der missionarische Verzicht des Paulus mit der »heilsgeschichtlichen Situation der Heiden als Heiden« nicht verglichen werden könne. Besonders aber hat E. Güttgemanns, a. a. O., S. 170—194 in einer lehr- und inhaltreichen Erörterung zu Gal 4 12-20 geltend gemacht, daß sich Gal 4 12a nur am Rande »auch auf die Gesetzesfreiheit« (S. 172), dagegen *direkt* und *konkret* auf die leidende Existenz bezieht, die Paulus als christologische Epiphanie versteht« (S. 190). Der Zusammenhang von Gal 4 12-20 zeige die Motive der apostolischen Autorität, der »Vaterschaft« des leidenden Apostels und »die Verkündigungsfunktion des Apostels«, so daß sich für 4 12a die Bitte des Paulus ergebe, »sich durch die apostolische Verkündigung zu μιμηταί machen zu lassen« (S. 194). Ein Vergleich dagegen mit I Cor 9 21 sei »sachlich falsch«, da auch die Heiden »faktisch gar nicht ,gesetzlos' sind« (S. 172). Darum sei auch I Cor 9 21 »eigenartig eingeschränkt; Paulus ist den Heiden nur ὡς ἄνομος geworden, d. h. kein ἄνομος θεοῦ, sondern ein ἔννομος Χριστοῦ« (S. 172 Anm. 9). — Der weitreichende, von G. erörterte Sachzusammenhang mit Gal 4 13ff., bes. 4 19 (S. 193f.), läßt sich jedoch aufgrund des sprachlichen Befundes für Gal

---

25 Vgl. zu dieser Abgrenzung innerhalb von Gal 4 12, die z. B. auch Martin Luther in seiner Bibelübersetzung vertritt (in: D. Martin Luthers Werke, kritische Gesamtausgabe. Die Deutsche Bibel Bd. 7, Weimar 1931, S. 184f.; betr. die Ausgaben des NT von 1522 u. 1546), weitere Vertreter bei W. M. L. de Wette, Kurze Erklärung des Briefes an die Galater und der Briefe an die Thessalonicher (Kurzgefaßtes exegetisches Handbuch zum NT II 3), 3. Aufl. bearb. v. W. Moeller, 1864, S. 88.

26 Vgl. etwa W. Lütgert, Gesetz und Geist, S. 84; H. Schlier, Gal., S. 208; D. M. Stanley, »Become Imitators of Me«: The Pauline Conception of Apostolic Tradition, Biblica 40, 1959, S. 875; H. D. Betz, Nachfolge und Nachahmung Jesu Christi im Neuen Testament, BhTh 37, 1967, S. 152 Anm. 6; diese Ansicht wird von vielen der in Anm. 7 genannten Kommentare vertreten; zu älteren Vertretern vgl. W. M. L. de Wette, Gal., S. 87; F. Sieffert, Gal., S. 241f. Darüberhinaus, ohne auf Gal 4 12a einzugehen, hat P. Stuhlmacher, Christliche Verantwortung bei Paulus und seinen Schülern, EvTh 28, 1968, S. 166 gezeigt, daß das paulin. Verständnis der Freiheit im Gal. »im Einklang« mit I Cor 9 19-23 steht.

27 Vgl. H. Schlier, vor. Anm.

4 12 a nicht wahrscheinlich machen (s. dazu o. Anm. 22). — Auch ergeben sich zu G.s Auslegung von I Cor 9 21 (ähnlich wie zu denen von Oepke und Schulz) Bedenken: Daß Paulus hier den jüdischen Fachausdruck für den Heiden (ἄνομος bzw. ἄνομοι) verwendet, darf als sicher gelten (vgl. W. Bauer, Griechisch-Deutsches Wörterbuch zu den Schriften des Neuen Testaments und der übrigen urchristlichen Literatur, ⁵1958 [im folgenden Wb], s. v. Abschn. 2, Sp. 143 mit Belegen; W. Gutbrod, ThW IV, S. 1079). Daß die ‚Akkommodation‘, durch ὡς ἄνομος angezeigt, eingeschränkt wird, weil auch die Heiden faktisch unter dem Gesetz stehen, ergibt sich aus I Cor 9 21 nicht, denn ὡς ἄνομος in 9 21 steht nicht isoliert und hat im Aufbau von I Cor 9 19-22 keine theologisch begründete Sonderstellung, sondern ist dem ὡς ’Ιουδαῖος und ὡς ὑπὸ νόμον (9 20) gleichwertig, und μὴ ὢν ἄνομος θεοῦ (9 21) ist mit dem μὴ ὢν αὐτὸς ὑπὸ νόμον (9 20) zu vergleichen. Hinzunehmen muß man den Zusammenhang von 9 19-23, der ein »Kabinetsstück [!] überlegtesten Aufbaues« ist (so J. Weiß, I Kor., S. 242), denn erst dann wird deutlich, daß — wie der Obersatz in 9 19 zeigt — der missionarische Verzicht (9 20-22a) eine Selbstversklavung (9 19) ist, daß der Missionar Paulus als der ἐλεύθερος (9 19) im Wissen um die Konsequenzen, die sich aus dem μὴ ὢν . . . (9 20f.) ergeben, allen alles geworden ist (9 22b), um vor dem hereinbrechenden Ende das Evangelium durch den bekannten Erdkreis zu tragen, damit seine Bewohner wie er an dem durch das Evangelium verkündeten Endheil teilhaben (vgl. auch I Cor 9 23 und zur Sache P. Stuhlmacher, a. a. O., S. 165f.; O. Merk, a. a. O., S. 126. 243). — Man mag I Cor 9 19-23 in seiner Formulierung für überspitzt halten, daß Paulus in solcher Grundsätzlichkeit seinen Dienst verstanden hat, wird man kaum bestreiten können. Der Intention nach gilt der hier genannte Sachverhalt auch für seine anderen Briefe (vgl. H. Chadwick, »All Things to All Men« (I Cor IX. 22), NTSt 1, 1954/55, S. 261ff.), und nach einer ansprechenden Vermutung von H. Chadwick ist es durchaus denkbar, daß Gegner des Apostels die paulinische Missionstätigkeit im Sinne von I Cor 9 20f. charakterisiert haben (Chadwick denkt an die galatischen und korinthischen Gegner, a. a. O., S. 263) und Paulus sich diese Charakterisierung bewußt zu eigen macht, freilich in dem für ihn allein möglichen Sinne, wie er ihn in I Cor 9 19-23 darlegt.

Es ist der im Glauben entschiedene und darum in theologischer Grundsätzlichkeit erfolgte missionarische Verzicht, der Paulus den heidnischen Galatern hinsichtlich des Gesetzes als Heilsweg wie einen Heiden werden ließ und so im Hinblick auf das Gesetz sagen konnte: »denn ich wurde wie ihr« (4 12a)[28]. Und diese von ihm im Glauben gefällte und im missionarischen Dienst existentiell bewährte Entscheidung ist von ebensolcher Grundsätzlichkeit wie die jetzt von den Galatern geforderte[29], sich nicht unter das Gesetz zu begeben, so daß »the point of imitation here is not . . . Paul's conduct as a Christian, but his basic christian commitment, his doctrine, his faith«[30]. Nicht

---

[28] Die Ergänzung ἐγενόμην ist allein zutreffend; vgl. E. de Witt Burton, Gal., S. 236f.; H. Schlier, Gal., S. 208; W. P. de Boer, Imitation, S. 191.

[29] Gal 4 12a ist eine apostolische Forderung, vgl. H. D. Betz, a. a. O., S. 152 Anm. 6.

[30] So W. P. de Boer, Imitation, S. 195. Einen vermittelnden Ausweg sucht D. M. Stanley, a. Anm. 26 a. a. O., S. 875f., indem er sowohl eine Nachahmung des paulini-

um ethische Weisung, sondern um den (Rück)ruf zur grundlegend
gefällten Entscheidung, die Paulus und die Galater verbindet, geht es
mit der Intention: »Bleibt so, wie ich bin«[31]. So gewinnt der »persön-
liche(r) Appell . . . sachliche Funktion« am Eingang wie am Schluß
des ersten Beweisganges innerhalb der theologischen Argumentation,
indem »die Galater an ihre konkrete Erfahrung erinnert werden«[32].

Zu b): Brachte Gal 4 11. 12a bereits eine »Erinnerung an die
Gesamtsituation des Apostels und der galatischen Gemeinden«[33], so
wird im folgenden gezeigt, daß die gemeinsamen, die Gemeinde mit
ihrem Apostel verbindenden Erfahrungen (vgl. auch 4 12b: »Brüder,
ich bitte euch«) hätten hinreichen müssen, die Galater gegenüber den
Häretikern glaubensfest zu zeigen. Daß sie sich stattdessen Leuten,
die nicht gut um sie eifern, hingeben (4 17ff.) wie einst dem Apostel
(4 13-15), macht Paulus ratlos an ihnen (4 20).

E. Güttgemanns, a. a. O., hat gegen diese Auslegung im Zusammenhang des
im Exkurs S. 88f. dargelegten Verständnisses geltend gemacht, daß in Gal 4 13ff.
»mehr als eine banale ‚Erinnerung an die Vergangenheit‘ vorliege (S. 190), nämlich ein »*Dissensus in der Christologie*«, der Paulus und seine Gegner scheide (S.182;
vgl. 182ff.). »Der Anstoß der Galater an der Schwachheit des Apostels hat einen
. . . christologischen Grund« (S. 182). Paulus spreche hier von der »theologia crucis«
in der Weise, daß er von »seiner eigenen apostolischen Existenz redet« (S. 183),
woraus sich ergebe, daß er »seine ἀσθένεια als Epiphanie des ἐσταυρωμένος« versteht
(S. 185). — So gewiß der Apostel sein Leiden und Leben in einem eminent theologischen Sinne versteht, wofür innerhalb des Gal 6 17 spricht (vgl. etwa E. Schweizer, ThW VII, S. 1061; E. Kamlah, a. Anm. 10 a. a. O., S. 217ff.; E. Güttgemanns,
a. a. O., S. 126ff.), und so wahrscheinlich Gal 4 13ff. als Stück der Erinnerung mit
Gal 3 1-5 in Verbindung steht, so daß sich eine gewisse Parallelität: Ihr habt den
schwachen Christus, den gekreuzigten, angenommen, ihr habt mich, den schwachen
und kranken Apostel angenommen, nahelegt (vgl. U. Wilckens, Weisheit und Tor-
heit, BhTh 26, 1959, S. 49 Anm. 4), so scheint mir doch der Abschnitt bei G. überdeutet zu sein. — G.s Deutung beruht auf weitreichenden, jedoch keineswegs
gesicherten Voraussetzungen, nämlich 1. der Annahme, daß die Gegner des Apostels
im II Cor und im Gal im wesentlichen gleichzusetzen sind, abgesehen vom Nomismus
im Gal (S. 177ff. 183ff.), und 2. der Annahme, daß sich eine (weithin rekonstruierbare) Christologie der korinthischen Gegner des Apostels nachzeichnen lasse. —
Wenn auch eine gewisse Verwandtschaft zwischen Gal und II Cor (wie zum Rm)
besteht (vgl. W. G. Kümmel, Einl., S. 197 und die dort Genannten; P. Bonnard,
Gal., S. 79ff.), so läßt sich doch kaum die gleiche historische Situation daraus
erheben. Es läßt sich nämlich keineswegs sicher ausmachen, daß die Gegner des
Paulus im II Cor Gnostiker sind (vgl. zur Diskussion W. G. Kümmel, Einl., S. 210f.;

----

schen Kerygma wie des persönlichen Lebens des Apostels (= ethische Nachahmung)
gefordert sieht.

[31] So H. D. Betz, a. a. O., S. 152 Anm. 6.
[32] Vgl. G. Klein, a. Anm. 9 a. a. O., S. 148; H. Schlier, Gal., S. 118.
[33] Vgl. H. Schlier, Gal., S. 208.

G. Bornkamm, Die Vorgeschichte des sogenannten Zweiten Korintherbriefes, SAH, phil.-hist. Kl. 1961, 2, 1961; D. Georgi, Die Gegner des Paulus im 2. Korintherbrief, WMANT 11, 1964; H. Köster, ΓΝΩΜΑΙ ΔΙΑΦΟΡΟΙ. Ursprung und Wesen der Mannigfaltigkeit in der Geschichte des frühen Christentums, ZThK 65, 1968, S. 197f.), und ebensowenig, daß diese eine uns rekonstruierbare (gnostische) Christologie vertraten (vgl. zu dieser Frage auch W. G. Kümmel, Einl., S. 202). Vor allem aber spricht gegen eine Gleichsetzung der Gegner in beiden Briefen die von G. in kritischer Auseinandersetzung mit W. Schmithals (Paulus und die Gnostiker, Theologische Forschung 35, 1965, S. 9—46, bes. 28f.) zwar gesehene, aber doch noch unterschätzte Bedeutung des Gesetzes für die Gegner im Gal. — G.s Erwägungen beruhen auf wichtigen Erkenntnissen, die er bei den einschlägigen Abschnitten im II Cor gewonnen hat und die er nicht von ungefähr v o r Gal 4 12ff. (abgesehen von 6 17) bringt. D. h. aber: Für die Empfänger des Gal waren so weitreichende Sachverhalte aus Gal 4 12ff. gar nicht zu entnehmen. — Vor allem aber spricht gegen G.s Annahme, daß auch Gal 4 12b-20 in die Argumentation gehört, die von 3 1 ab das gesetzesfreie Evangelium zur Thematik hat (vgl. dazu u. S. 92ff.), dieses aber spielt im II Cor überhaupt keine Rolle. Doch ist im Rahmen unserer Fragestellung auf G.s interessanten Deutungsversuch nicht im einzelnen einzugehen, bemerkt sei nur, daß bei der herkömmlichen Judaistenthese mit Recht Gal 4 13-15 nicht polemisch ausgewertet wurde. Dafür spricht nämlich Folgendes: Ein deutliches Kennzeichen der Gegner im Gal ist deren Polemik gegen den Apostel (vgl. die Zusammenstellung bei H. Schlier, Gal., S. 21f.). Von diesen Stellen unterscheidet sich Gal 4 12b. 13ff. dadurch, daß hier durch οὐδέν με ἠδικήσατε (4 12b) gezeigt wird, daß die folgenden, die Person des Apostels betreffenden Bemerkungen n i c h t eine Antwort auf polemische Äußerungen sind. — Daß es sich um eine Paulus und die Gemeinde verbindende Erinnerung handelt, vermag auch das οἴδατε (4 13) zu zeigen, das Paulus öfter bringt, wenn er auf das Wissen der Gemeinde um zurückliegende Ereignisse (bzw. auf die Anfangszeit) rekurriert (I Thess 1 5 2 1.2.5.11 3 3f. II Thess 3 7). Mit dem Wort ἀδικέω, das in seiner Bedeutung durchaus ‚neutral' ist und nicht spezifisch nur im Zusammenhang mit Gegnern von Paulus verwendet wird (I Cor 6 7f. Phlm 18 Col 3 25), ergibt sich nicht notwendig ein s a c h - l i c h e r Vergleich mit II Cor 2 5 7 2. 12. Und der Hinweis auf seine ἀσθένεια erfolgt hier sachgemäß, um seine Situation bei der Gemeindegründung in Erinnerung zu rufen. Er war durch seine Krankheit ebenso abstoßend wie unheimlich (vgl. zu Einzelheiten H. Schlier, Gal., S. 210f.), aber gerade darum kann er aufgrund seiner Situation die Galater an das hohe Maß ihrer Zuneigung zu ihrem Apostel erinnern. Sie haben ihn aufgenommen »wie einen Engel Gottes«, »als Christus Jesus« selbst, wie Paulus selbst formuliert, um — nach der immer noch wahrscheinlicheren Annahme — den »Gegensatz der äußeren Erscheinung des Apostels zu seinem Amte und das Wunder seiner Aufnahme von seiten der Galater noch mehr ins Licht« zu rücken (vgl. H. Schlier, Gal., S. 210 Anm. 6). Eine Anspielung auf Gal 1 8 ist dabei nicht auszuschließen. Daß Paulus hier die Terminologie seiner Gegner aufgreift, ist durch nichts angezeigt und eher unwahrscheinlich, wenn er hier auf seine Aufnahme bei der Gründung der Gemeinde erinnernd Bezug nimmt. Dann aber läßt sich auch nicht aufgrund dieser Worte ein »*Dissensus in der Christologie*« (Güttgemanns, a. a. O.) nachweisen; und ebensowenig läßt sich zeigen, daß die Galater Anstoß an der σάρξ des Apostels nahmen, da er als Nichtpneumatiker in seiner ἀσθένεια gefangen sei (E. Güttgemanns, a. a. O., S. 179f.; W. Schmithals,

Gnostiker, S. 34 ff.). — 4 19 mit 4 12a zu verbinden, ist nicht möglich (s. o. S. 86).
Den Inhalt des Verses hat R. Hermann, Über den Sinn des Μορφοῦσθαι Χριστοῦ ἐν
ὑμῖν in Gal. 4 19, ThLZ 80, 1955, Sp. 713—726 sachgemäß im Zusammenhang der
Auseinandersetzung über das gesetzesfreie Evangelium erschlossen. — 4 20 im
Sinne von II Cor 12 auszulegen, fehlt der Anhalt im Gal.

Auch »innerhalb des . . . zweiten Ganges der theologischen Argumentation«[34], der mit 4 12b beginnt, geht es um die notwendige Freiheit der Christen vom Gesetz als Heilsweg, wie gerade aufgrund der
»Erinnerung« (4 13ff.), d. h. aufgrund des Hinweises auf die Anfangszeit behauptet werden darf, denn diese ist ja auch in Gal 3 1-5 4 11. 12a;
vgl. 5 7 in den Blick genommen, und wie hinsichtlich 4 17ff. wahrscheinlich ist. Diese Erinnerung zielt auf v. 4 16, dem innerhalb des
Abschnittes eine Schlüsselstellung zukommt. Mit einer die Lage kennzeichnenden Frage betont hier Paulus, daß er den Galatern das gesetzesfreie Evangelium verkündigt hat[35]. Ihre Liebe und Zuneigung zu
ihm erfolgte aufgrund derselben Verkündigung, die ihn zu ihrem Feind
hat werden lassen. Mit dieser Erinnerung wie mit dem Hinweis auf
die Gegner in 4 17ff. kann es jedoch Paulus bei seinem zweiten Anlauf
in der Gesamtargumentation nicht bewenden lassen[36] (so wie er dies
auch in Gal 3 1—4 12a nicht tat), und zudem ist ein Hinweis auf die
eigene Ratlosigkeit kaum ein überzeugender Schlußsatz bei einer theologischen Argumentation gegenüber Gegnern.

So unvermittelt der Einsatz in 4 21 hinsichtlich 4 12b-20 sein mag,
sachlich ist er mit seinem Schriftbeweis eine Anknüpfung an das
Abraham-Beispiel in Kap. 3[37] und — wie sich zeigen wird — an 4 17ff.
bzw. 4 16ff.[38]. Denen, »die unter dem Gesetz sein wollen« (4 21), wird
noch einmal die Unvereinbarkeit von Freiheit und Unfreiheit an den
beiden Söhnen Abrahams und deren Müttern aufgezeigt: Der »nach
dem Fleisch Geborene« (4 23) ist als Sohn der »Magd« (= Sklavin)
(4 22) durch seine Mutter Hagar (4 24), allegorisch gedeutet (4 23),

---

[34] Vgl. G. Klein, a. Anm. 9 a. a. O., S. 160.

[35] Zu ἀληθεύων als Verkündigung des Evangeliums (vgl. R. Bultmann, ThW I, S. 251),
womit nur das gesetzesfreie Evangelium gemeint sein kann, vgl. H. Schlier, Gal.,
S. 212; auch das Substantiv ἀλήθεια hat im Gal. diese Bedeutung (2 5. 14 5 7; dazu
Schlier, a. a. O., S. 73. 85. 236 passim).

[36] Vgl. G. Klein, a. Anm. 9 a. a. O., S. 160ff.

[37] Vgl. auch G. Klein (vor Anm.); W. Foerster, Abfassungszeit und Ziel des Galaterbriefes, in: Apophoreta, Festschr. E. Haenchen, BZNW 30, 1964, S. 139. — Zu Gal
4 21ff. vgl. außer Klein, a. a. O. auch J. C. de Young, Jerusalem in the New Testament, 1960, S. 103ff.; K. Galley, Altes und neues Heilsgeschehen bei Paulus, Arbeiten zur Theologie I, 22, 1965, S. 38ff.; E. Lohse, ThW VII, S. 284f.; K. Berger,
a. Anm. 9 a. a. O., S. 59ff.; U. Luz, Der alte und der neue Bund bei Paulus und im
Hebräerbrief, EvTh 27, 1967, S. 319ff.

[38] S. u. S. 97.

Sinnbild des Sinaibundes, des Gesetzes, und seine Mutter entspricht
dem jetzigen (νῦν) Jerusalem, da sie und ihre Kinder — denen er
zugehört — dienen. Ihm gegenüber steht der Sohn der Freien, der
Sohn der Verheißung (4 23), und dessen Mutter steht der seinen als
dem oberen Jerusalem entsprechend gegenüber, denn sie ist unsere,
der (freien) Christen Mutter, wie das Schriftzitat in 4 27 begründend
darlegen will. Und diesen Sachverhalt bezieht nun Paulus — und
darin liegt für ihn der Sinn des Beweises mit Hilfe der Schrift —
unmittelbar auf die galatischen Brüder: Ihr seid die Söhne der Verheißung (4 28; vgl. 3 29).

Man hat gemeint, Paulus sei dieser neue Beweis in seiner Argumentation erst »nachträglich eingefallen« nach erneuter Septuaginta-
lektüre oder nach einer Diktierpause[39]. Man hat auch angenommen,
Paulus wende sich hier gegen eine andere Gruppe als in 4 12ff.[40]. Ist
Letzteres bereits im Grundsätzlichen mehrfach überzeugend widerlegt
worden[41], so daß in unserem Zusammenhang nicht weiter darauf eingegangen zu werden braucht, so scheint mir gegenüber der erst-
genannten Meinung eine stärkere Beziehung zum zweiten Hauptteil
des Briefes und damit zur Argumentation des Apostels von 3 1ff. ab
betont werden zu müssen.

1. Es wird unter Anknüpfung an das Abraham-Beispiel in neuer
Sicht noch einmal dargelegt, daß die Christen die Erben der Verheißung sind. Neu gegenüber der bisherigen Argumentation jedoch ist,
diesen Sachverhalt mit dem Bild von der Freien auszudrücken, was
dann in Kap. 5 ausgewertet wird[42], während vom Dienen und Knecht-
sein im vom Christen aus gesehen abwertenden Sinne mehrfach die
Rede war (4 8f. 1. 3. 7). Es ist das Joch der Sklaverei (5 1), dem sich
die Galater erneut (vgl. πάλιν 5 1 4 9) als Sklaven hingeben wollen
(4 8ff.), und das ist nichts anderes als die Zugehörigkeit zur διαθήκη
vom Sinai, zu Hagar (4 24), nämlich zum Nomos (3 12 4 4) und seinen
Auswirkungen (4 3. 8-10). Die Gegenüberstellung von Hagar und Sara,
bzw. Ismael und Isaak in 4 21-31 besagt in ihrer »allegorischen« Auswertung das Gleiche wie Kap. 3, denn Sklaverei und Freiheit schließen sich ebenso grundsätzlich aus wie das Gesetz (als Heilsweg) und
der Glaube. Die Zugehörigkeit zur Freien und damit zur Verheißung

---

[39] So A. Oepke, Gal., S. 110 mit Hinweis auf andere; vgl. jetzt U. Luz, a. a. O., S. 319·
[40] So W. Lütgert, Gesetz und Geist, S. 11. 88.
[41] Vgl. z. B. A. Oepke, Gal., S. 110; H. Lietzmann, Gal., S. 39; L. Batelaan, De strijd
van Paulus tegen het syncretisme. Strekking van het brief aan de Galaten, in:
Arcana Revelata, Festschr. F. W. Grosheide, 1951, S. 9f.; W. Schmithals, Gnostiker,
S. 9—46, bes. 10ff.; R. N. Longenecker, Paul, Apostle of Liberty, 1964, S. 213.
[42] In der Argumentation von 3 1ff. ab kamen mit ἐλεύθερος zusammenhängende Worte
nicht vor, abgesehen von 3 28, wo ἐλεύθερος nicht im unmittelbaren Dienst der
Argumentation steht.

(4 31. 23) ist die Zugehörigkeit zu Christus, denn »zur Freiheit hat uns Christus freigemacht« (5 1); er hat uns vom Fluch des Gesetzes (3 13) und damit vom Gesetz (als Heilsweg) losgekauft (4 4f.), wer ihm angehört (vgl. auch 3 27f.), gehört darum zur Freiheit, gehört zu den Glaubenden (3 26), für die das Gesetz als Heilsweg keine Geltung mehr hat (3 24f.).

2. Läßt sich also der Beweis in 4 21-31 als derselben theologischen Argumentation dienend erweisen, die von 3 1ff. ab den Gal. bestimmt, so ist schon von daher wenig wahrscheinlich, daß mit 4 21 die Paränese des Briefes beginnt. Vielmehr läßt sich eine Verbindung mit dem Vorhergehenden noch an einem weiteren Punkt wahrscheinlich machen.

Wie die Galater j e t z t im Fleisch das im Geist Begonnene vollenden wollen (3 3), indem sie j e t z t wieder in die Knechtschaft zurückkehren wollen, obwohl sie Gott erkannt haben bzw. von ihm erkannt worden sind (4 9), so gleicht die Zugehörigkeit zur Sklavin und damit zur Knechtschaft dem j e t z i g e n Jerusalem (4 23-25), und wie der »nach dem Fleisch Geborene« den nach dem Geist Geborenen verfolgte, so ist die Lage auch j e t z t (4 29). Voraussetzung solcher Gegenwartsbezogenheit ist, daß Paulus in seinem Schriftbeweis »goes on to state that Jerusalem's correspondence with Hagar is not something of a theoretical nature, but is based on presently observable facts«[43], und damit verbunden die Annahme, daß die von Paulus behauptete »allegorische Identität«[44] einen wirklichen Bezug auf die Lage bei den Galatern zuläßt und 4 21ff. daran interessiert ist, »to meet a specific practical theological need in the Churches of Galatia«[45]. Nun begegnet der Ausdruck ἡ νῦν 'Ιερουσαλήμ nur hier im NT, und von Jerusalem im allegorischen oder typologischen Sinn — Paulus verwendet an unserer Stelle sachlich beide Formen[46] — spricht der Apostel sonst nicht (vgl. Rm 15 19. 25f. 31 I Cor 16 3). Somit ist zunächst eine Näherbestimmung dieser Wendung nur durch seine Verwendung im Rahmen der theologischen Argumentation des Paulus möglich, in der sie, wie eben gezeigt, den Sinn hat, das Leben unter dem Gesetz als Unfreiheit zu »erweisen«[47]. Ist diese umfassende Deutung zutreffend, dann ist »das jetzige Jerusalem« nicht einschränkbar

---

[43] So J. C. de Young, a. a. O., S. 105.
[44] Zu Ausdruck und Sache vgl. H. Schlier, Gal., S. 220.
[45] Vgl. J. C. de Young, a. a. O., S. 107.
[46] Vgl. z. B. O. Michel, Paulus und seine Bibel, BFTh II, 18, 1929, S. 110. 155f.; R. Bultmann, Ursprung und Sinn der Typologie als Hermeneutischer Methode, Exegetica, 1967, S. 377; E. E. Ellis, Paul's Use of the Old Testament, 1957, S. 52f. 130f.; G. Delling, ThW VII, S. 669; U. Luz, a. a. O., S. 320.
[47] Vgl. A. Oepke, Gal., S. 113; H. Schlier, Gal., S. 221; H. W. Beyer—P. Althaus. Gal., S. 39; G. Delling, vor. Anm.; eingehend J. C. de Young, a. a. O., S. 103ff.

auf die palästinische Stadt, sondern ist zumindest auch im weiteren
Sinn als »symbol of the Jewish nation« verstanden[48], und es bleibt
einerseits die Frage, ob der Ausdruck nur das Judentum als religiöse
und nationale Größe umreißen kann oder nicht auch »the judaizing
teachers harassing the churches of Galatia« einzuschließen vermag[49],
und andererseits, warum überhaupt dieser Ausdruck von Paulus verwendet wird.

Die erste Frage ist nicht durch den Ausdruck allein entscheidbar,
sondern hängt mit der Sache und darum mit der zweiten Frage zusammen. Schon W. Lütgert hatte behauptet, daß der Abschnitt von
4 21 ab sich unmittelbar an judaistische Gegner des Paulus richte[50],
und diese Annahme läßt sich zur Beantwortung beider Fragen auswerten. Denn einmal lassen sich Gründe dafür geltend machen, daß
die Gegner auf die Beachtung und Übernahme des Gesetzes großen
Wert legen (2 16 3 21b 4 21 5 4) und sich als »Vertreter einer jüdischen
Gesetzlichkeit« erweisen (vgl. auch die Apostrophierung der Gesetzes-
hörigkeit in 4 3ff. 8ff.)[51]; zum anderen weisen einzelne Punkte darauf,
daß sie zur Jerusalemer Urgemeinde Beziehungen hatten, da ihr Vorwurf gerade darauf zielt, Paulus sei von den Jerusalemer Aposteln
abhängig, was er als historisch falsch widerlegt (1 15ff.). In diesem
Zusammenhang spricht Paulus betont von »Falschbrüdern«, die seine
ἐλευθερία ausspionieren wollen (2 4), und die Wahrscheinlichkeit, daß
die Gegner mit diesen in Verbindung standen, ist durchaus gegeben,
zumal die Falschbrüder keine Juden, sondern Judaisten sind[52]. Trifft

---

[48] So J. C. de Young, a. a. O., S. 106.

[49] Vgl. die Erwägungen bei J. C. de Young, a. a. O., S. 106. 104.

[50] Gesetz und Geist, S. 11. Daß in 4 21 die Gegner »gar nicht apostrophiert« seien (so
W. Schmithals, Gnostiker, S. 23 Anm. 49), ist unzutreffend; vgl. z. B. Chr. Dietzfelbinger, Was ist Irrlehre ?, ThExh 143, 1967, S. 42f.

[51] Zu Einzelheiten vgl. W. G. Kümmel, Einl., S. 193ff.; R. N. Longenecker, a. a. O.,
S. 211ff.; W. Foerster, a. a. O., S. 137ff. Zu der daraus sich ergebenden Beurteilung
der Gegner als ‚Judaisten‘, was immer noch die wahrscheinlichere und im Zusammenhang von 3 1 ab begründetere Annahme darstellt, weil sie die Bedeutung des Gesetzes
für die galatische Lage zu erfassen vermag, vgl. die Vorgenannten; dazu H. Köster,
a. a. O., S. 191 u. Anm. 89 ebdt.; E. Haenchen, Die Apostelgeschichte (MeyerK III),
¹²1959, S. 80. 92; G. Bornkamm, Art. Paulus, RGG³ V, 1961, Sp. 183; H. Braun,
Qumran und das Neue Testament, ThR, N. F. 29, 1963, S. 233; G. Stählin, a. Anm. 7
a. a. O., Sp. 1188; K. Niederwimmer, Der Begriff der Freiheit im Neuen Testament,
1966, S. 210ff. Auch E. Güttgemanns, a. a. O., S. 184 u. Chr. Dietzfelbinger, a. a. O.,
S. 42f. sehen gegenüber W. Schmithals (Gnostiker, S. 9—46, bes. 22ff. 28f.) die
Notwendigkeit, den Nomismus der Gegner zu berücksichtigen.

[52] Vgl. W. G. Kümmel, Einl., S. 195; P. Bonnard, Gal., S. 38; K. Wegenast, Das
Verständnis der Tradition bei Paulus und in den Deuteropaulinen, WMANT 8,
1962, S. 47 Anm. 1; F. Hahn, Das Verständnis der Mission im Neuen Testament,
WMANT 13, 1963, S. 93 Anm. 4 gegenüber W. Schmithals, Gnostiker, S. 10; ders.,

dies zu, dann enthält die Argumentation in 4 23ff. mit Hilfe der »Allegorie« zugleich eine Spitze gegenüber den Gegnern: Sie gehören zu Hagar und ihren Kindern und werden, obwohl sie Christen sein wollen, den Juden zugerechnet und sind wie diese unter der Knechtschaft des Gesetzes, dem sie dienen, während die Christen im Gegensatz zu ihnen in der Freiheit vom Gesetz leben und darum zum eschatologischen Jerusalem[53] gehören, das — wie betont festgestellt wird — »unsere Mutter« ist (4 26).

Zur Bestätigung dient 4 29. Dieser Vers ist durch seine Ausdrucksweise »wie damals« — »so auch jetzt« in die aktuelle Argumentation des Apostels eingebaut und nicht allgemein auf die Verfolgung der Christen durch die Juden und damit auf die äußere Gesamtsituation der Kirche zu beziehen[54]. Die Gefahr in den galatischen Gemeinden besteht nicht in einer Verfolgung durch Juden, sondern jetzt geht es um judaistische Eindringlinge (vgl. 1 7 3 1). Ihre Tätigkeit wurde bisher nicht durch »Verfolgen« gekennzeichnet, und διώκειν ist im übrigen Gal. ein Ausdruck für wirkliche Verfolgung (1 13. 23 5 11 6 12). Die atl. Stelle, die Paulus hier in Anspruch nimmt (Gen 21 9), weiß nichts von einer Verfolgung Isaaks durch Ismael, erst in der Tradition der palästinischen Haggada findet sich die feindselige Haltung der beiden Söhne Abrahams[55]. Die Ausdrucksweise ist also dem Apostel durch seine Tradition vorgegeben und darf nicht gepreßt werden. Maßgeblich ist vielmehr, daß Paulus diese Tradition ausdrücklich anführt und auf die Gegenwart bezieht. Das geschieht offenbar darum, um eine geeignete Position für den Einbau des auf Gen 21 9 folgenden Wortes von Sara an Abraham in seiner Gesamtargumentation zu haben (4 30). Daß dieses Wort an Abraham gerichtet ist, geht aus dem Zusammenhang bei Paulus nicht mehr hervor. Durch 4 29b aber ist die Aufforderung ἔκβαλε κτλ. auf die Gegenwart bezogen, und angeredet kann nur die Gemeinde sein, der die Folgerung (4 31)[56] aus

---

Paulus und Jakobus, FRLANT 85, 1963, S. 89ff., wo diese Annahme näher begründet wird. Zur Sache s. auch W. Foerster, a. a. O., S. 140. — Man wird H. Schlier, Gal., S. 71 zustimmen können, daß diese Falschbrüder nicht personell identisch sind mit den in den galatischen Gemeinden wirkenden, aber es gilt: ». . . ihre Charakterisierung durch Paulus läßt die galatischen Christen wissen, wie er auch seine jetzigen galatischen Gegner beurteilt«, weil für ihn eine sachliche Beziehung besteht.

[53] Vgl. W. Bauer, s. v. Ἰερουσαλήμ, Wb, Sp. 737f. Nach U. Luz, a. a. O., S. 321 ist das obere Jerusalem weder eine rein zukünftige Größe noch allein die irdische Kirche; eher könnte man sagen: »Die Zukunft des neuen Bundes, das obere Jerusalem wirkt bereits in die Gegenwart«.

[54] Anders H. Schlier, Gal., S. 226f.

[55] Vgl. (H. Strack—)P. Billerbeck, Kommentar zum Neuen Testament aus Talmud und Midrasch, Bd. III, ³1961, S. 575f.; E. E. Ellis, a. a. O., S. 55; A. Oepke, Gal., S. 114; H. Schlier, Gal., S. 226.   [56] Vgl. zu διό W. Bauer, s. v., Wb, Sp. 394.

dem von Paulus umgestalteten Schriftwort[57] gilt. Sie soll die Sklavin und ihren Sohn aus ihrer Mitte ausschließen[58]. Nun ist, wie schon gezeigt, hier nicht von den Juden im allgemeinen die Rede, zumal auch die Anrede an die Gemeinde in diesem Fall nicht sinnvoll ist[59]. Ein Bezug auf Ausschluß der judaistischen Gegner aber wird in dem Augenblick wahrscheinlich, wenn man in 4 30 eine sehr pointiert auf die Lage bezogene Argumentation findet: Dem Treiben der Gegner, die die Galater ausschließen wollen (4 17)[60], indem sie die Gemeinschaft der Gemeinde mit Paulus aufheben und damit seinen Einfluß zunichte machen wollen, damit die Galater nur noch um sie eifern (4 17), gilt die Antwort des Apostels an die Gemeinde: Schließt die Eindringlinge aus![61]

Die nochmalige Aufnahme der theologischen Argumentation gewinnt gerade durch ihre Zuspitzung auf die gegenwärtige Lage der Galater ihren besonderen Charakter und bindet den Abschnitt 4 21-31 eng an den Beweisgang des Briefes von 3 1 ab unter Bezugnahme auf das ganze bisherige Schreiben. Der Übergang zur Paränese ist ihm nicht zu entnehmen, und auch die Ausdrücke κατὰ σάρκα (4 23. 29) und κατὰ πνεῦμα (4 29) sind hier nicht im ethischen Sinne verwendet[62]. Und schließlich ist die Mahnung in 4 30 nicht eine ethische Weisung, wie gezeigt, sondern der Ruf, als »Kinder der Freien« (4 31) die Glaubensentscheidung gegen das Gesetz als Heilsweg konkret gegenüber judaistischen Eindringlingen zu vollziehen.

4 31 ist als Folgerung aus dem unmittelbar Voranstehenden umstritten, was im Hinblick auf die unter c) und d) genannten Abgrenzungen hier erwähnt werden muß. Man möchte diesen Vers wegen seiner sachlichen Beziehung mit 5 1 verbinden[63]: Die Existenz der »Kinder der Freien« beruht auf der Befreiung durch Christus. Das aber hat einerseits die Schwierigkeit, daß dann die Argumentation in 4 30 sehr abrupt abbricht und der neue Abschnitt mit zwei folgernden

---

[57] Vgl. H. Schlier, Gal. S. 227.

[58] Für ἐκβάλλω = Ausschluß aus der Gemeinschaft vgl. F. Hauck, ThW I, S. 526.

[59] Gegen H. Schlier, Gal., S. 227; K. Galley, a. a. O., S. 42; vgl. richtig W. Lütgert, Gesetz und Geist, S. 66.

[60] W. Bauer, s. v. ἐκκλείω, Wb, Sp. 477 bemerkt z. St., daß hier ἐ. »im Sinne der Aufhebung einer Gemeinschaft« gebraucht sei; zur Sache vgl. auch A. Oepke, Gal., S. 107; H. W. Beyer—P. Althaus, Gal., S. 37.

[61] Vgl. auch M.-J. Lagrange, Gal., S. 130ff.; A. Viard, Gal., S. 102; W. Lütgert, Gesetz und Geist, S. 66; A. F. Puuko, Paulus und das Judentum, Studia Orientalia II, 1926, S. 74 (passim). Bei dieser Sachlage gewinnt R. Hermanns Auslegung von Gal 4 19 erhöhte Wahrscheinlichkeit (vgl. Exkurs S. 92).

[62] Vgl. richtig A. Oepke, Gal., S. 110.

[63] Vgl. z. B. M.-J. Lagrange, Gal., S. 132; A. Viard, Gal., S. 103ff., die aber beide nicht mit 4 31 den paränetischen Abschnitt des Gal. beginnen lassen.

(und feststellenden) Sätzen eingeleitet wäre, dem eine Mahnung folgt[64], und andererseits die, daß der Übergang von 4 31 zu 5 1 nicht glatt ist und gerade »der abgehackte Einsatz« in 5 1 »etwas Befremdliches« hat, wie die zahlreichen Textkorrekturen zeigen[65]. Man wird darum 4 31 als folgernden Abschlußvers zu 4 21-30 anzusehen haben, was auch für seinen Inhalt mit dem nochmaligen Hinweis auf die »Kinder der Magd« und »Kinder der Freien« zutrifft.

Zu c): Für den Einsatz der Paränese in 5 1 tritt besonders W. Nauck mit dem Hinweis auf das hier vorliegende »οὖν-paraeneticum« ein. Genauer: er vermutet den Einsatz in 5 1b, da 5 1a »den Gedankengang des vorangehenden Kontextes ... abschließend« zusammenfaßt und erst in 5 1b die Folgerung mit dem Aufruf zum Handeln gezogen wird[66]. Nun ist aber, durch διό angezeigt, in 4 31 bereits eine folgernde Feststellung getroffen (s. o.)[67], so daß die Folgerung als solche nicht Maßstab für einen Neueinsatz zu sein braucht. Wichtiger ist darum, ob mit 5 1b wirklich inhaltlich die Paränese beginnt. Auszugehen ist davon, ob 5 1 auf zwei verschiedene Teile des Briefes bezogen werden kann, denn nach W. Nauck soll 5 1b ja der Beginn des 3. Hauptteils des Gal. sein (und etwa mit Rm 12 1 Eph 4 1 Hbr 12 1 vergleichbar sein). Das scheint mir kaum möglich zu sein, nachdem K. H. Rengstorf nachgewiesen hat, daß der dem ganzen v. 5 1 zugrundeliegende Vorstellungsgehalt im Rabbinat bekannt war und sich in dieser Zusammenordnung einheitlich aus dem jüdischen Sklavenrecht (Mišna Gittin IV, 4) erklären läßt. Denn dort heißt es, daß Loskauf zur Freiheit »in neue Sklaverei überführen kann«[68]. Diesen Sachverhalt entfaltet Paulus und bezieht ihn auf die Lage der galatischen Christen: Sie sind losgekauft durch Christus (3 13), sie sind die Freien (vgl. 4 1-31), und aufgrund dieser »neuen wie unerhörten Situation« ... »trägt die zweite Hälfte von Gal 5 1 ganz sinngemäß den Charakter einer Aufforderung zu folgerichtigem Handeln«. »Es geht nun wirklich um die Betätigung der durch Christus zugeeigneten freien Verantwortlichkeit. Sie aber schließt eben jenes πάλιν δουλεύειν, in dem Paulus die eigentliche Gefahr für den Christenstand der galatischen Christen als Freiheit erkennt, radikal

---

[64] Vgl. H. Schlier, Gal., S. 228.
[65] Vgl. bes. A. Oepke, Gal., S. 117f.; H. Lietzmann, Gal., S. 36; K. H. Rengstorf, Zu Galater 5 1, ThLZ 76, 1951, Sp. 659. 661.
[66] W. Nauck, a. Anm. 4 a. a. O.
[67] Vgl. das zu 4 31 Ausgeführte; weiter W. Bauer, a. Anm. 56 a. a. O.
[68] Zu Einzelheiten vgl. K. H. Rengstorf, a. a. O., Sp. 659f. (zur konkreten Vorstellung vgl. Gemara des babyl. Talmud zu Gittin IV 4 [b. Gittin 37 b ff.]; Rengstorf, a. a. O., Sp. 660); A. Oepke, Gal., S. 118. W. Elert, Redemptio ab hostibus, ThLZ 72, 1947, Sp. 267f. 270 hat nachgewiesen, daß das von Paulus verwendete Bild von Freiheit im Gal. nicht einheitlich ist, sondern verschiedenen Vorstellungsbereichen zugehört.

aus« (vgl. 4 9. 19 5 3 1 9)[69]. Die Aufforderung in 5 1b ist mit dem absolut gebrauchten στήκειν zum Ausdruck gebracht[70], dem ein »in der Freiheit« zu ergänzen ist[71], und das heißt sachlich: Man soll sich nicht wieder dem Joch der Sklaverei, nämlich der sorgfältigen Beobachtung des mosaischen Gesetzes unterwerfen[72]. Inhaltlich ist also in 5 1b nicht von sittlicher Weisung, sondern von einer geforderten Glaubensentscheidung die Rede, die in engem Zusammenhang mit 3 1—4 31 steht und zusammenfassend eine Folgerung aus dem bereits Gesagten für den Glauben zieht. Und in solchem Zusammenhang ist weder das Wort στήκειν ungewöhnlich noch der Anschluß durch οὖν, denn das Stehen (in der Freiheit) kann mit dem Stehen ἐν τῇ πίστει (I Cor 16 13) wie mit dem Stehen im Evangelium (I Cor 15 1) verglichen werden[73], und das folgernde οὖν findet sich in Col 2 16 ebenfalls in einem angesichts einer Irrlehre den Glauben fordernden Abschnitt wie in Gal 5 1b[74]. W. Naucks Nachweis für Gal 5 1 kann also nicht als zwingend angesehen werden, so richtig seine theologische Wertung des »οὖν-paraeneticum« für die urchristliche Ethik ist: »Sie ist weder eine autonome, noch eine finale, sondern eine konsekutive Ethik; eine Ethik, die aus dem gnädigen Handeln Gottes die Folgerung im Vollzug der Lebensführung zieht«[75].

Zu d): Die Ansicht, mit 5 2 beginne der paränetische Abschnitt, ist mit dem zu 4 31 Ausgeführten (s. o. S. 97 f.) bereits besprochen. Sie hat den Vorzug, auf eine Abrundung des Abschnittes 3 1—4 30 (4 31 5 1) hinweisen zu können, unterliegt aber den genannten Schwierigkeiten[76] und der noch hinzukommenden, daß 5 2ff. nicht ethischen Inhaltes ist.

---

[69] So K. H. Rengstorf, a. a. O., Sp. 660.

[70] Vgl. dazu E. Lövestam, Spiritual Wakefulness in the New Testament, 1963, S. 59 Anm. 3.

[71] Vgl. W. Bauer, s. v. στήκω, Wb, Sp. 1521.

[70] Vgl. zu ζυγός in diesem Sinne K. H. Rengstorf, a. a. O., Sp. 661; ders., ThW II, S. 901 f.

[73] Vgl. auch R. Bultmann, ThW VI, S. 223 u. Anm. 340 ebdt.; W. Grundmann, ThW VII, S. 636 f.; vergleichbar ist auch der absolute Gebrauch von στήκετε in II Thess 2 15, der ebenso umfassend zu verstehen ist wie in Gal 5 1b und sich ebenfalls in einem zusammenfassenden wie zur Paränese überleitenden Abschnitt befindet (vgl. auch M.-J. Lagrange, Gal., S. 134).

[74] Das ständig in Col 2. 3 wiederkehrende οὖν erschwert gerade die Entscheidung darüber, wo der Beginn der Paränese in diesem Briefe anzusetzen ist; vgl. auch C. J. Bjerkelund, a. Anm. 13 a. a. O., S. 180 ff. — W. Naucks Belege für οὖν beziehen sich wesentlich auf Folgerungen innerhalb der sittlich-paränetischen Abschnitte (a. Anm. 4 a. a. O., S. 134 f.).

[75] A. Anm. 4 a. a. O., S. 135.

[76] Neben G. S. Duncan, a. Anm. 5 a. a. O. vgl. W. Elert, a. Anm. 68 a. a. O., Sp. 266.

Zu e): W. Lütgerts Annahme des Neueinsatzes in 5 7, der über
5 13ff. hinausreiche, beruht auf seiner (bereits abgewiesenen [s. Anm.
41]) These einer doppelten Frontstellung im Gal. und wird nur teilweise im Hinblick auf die Paränese begründet, so daß hierauf nicht
näher eingegangen zu werden braucht[77].

Zu f): Der Einsatz der Paränese in 5 13 ist leichter behauptet
als bewiesen. Die Vertreter dieser These arbeiten mit besonders zwei
Voraussetzungen. Die erste ist die bereits dargelegte Annahme, daß
5 1 den Charakter einer Zusammenfassung trägt, und die zweite ist
die über die erste hinausgehende, daß dieser Vers am Beginn einer
Zusammenfassung des bisher Erörterten steht, die das unabdingbare
Entweder-Oder, das das Stehen in der christlichen Freiheit erfordert,
den Galatern nochmals vor Augen stellt (5 2-12)[78].

Schon das betonte »ich, Paulus, sage euch« (5 2), das ebenso hervorgehoben mit »ich bezeuge« (5 3) nochmals aufgegriffen wird, zeigt
die Schärfe und die Unausweichlichkeit der jetzt zu fällenden Entscheidung, die an der — von den Gegnern geforderten — Beschneidung exemplarisch aufgezeigt wird[79]. Noch ist es nicht zu spät, noch
ist die Beschneidung nicht zur Sitte bei den Galatern geworden, und
»der Konj. *Präs.*« περιτέμνησθε ist »deshalb am Platze, weil es sich...
um den Entschluß dauernder Ausübung handelt«[80]. Kommt es aber
zur Beschneidung, dann wird Christus ihnen nichts mehr nützen im
Gericht[81], weil sie von ihm getrennt sind (5 2). Denn »nicht die Tatsache des Beschnittenseins trennt von Christus« (vgl. Gal 5 6 I Cor

---

[77] Gesetz und Geist, S. 34f. Unter nahezu gleichen Voraussetzungen wie Lütgert sieht
J. H. Ropes, a. Anm. 7 a. a. O., S. 12 einen Neueinsatz in 5 11, obwohl er den Beginn
der Paränese in 5 13 annimmt.

[78] Unerklärt bleibt bei W. Nauck, a. Anm. 4 a. a. O., S. 135, daß nach einem Halbvers
»Paränese« in Gal 5 1b erst ein umfangreicher Exkurs folgt, ehe dann die Paränese
in 5 13 fortgesetzt wird.

[79] Vgl. dazu, auch im Zusammenhang des Judaismus der Gegner, A. Jülicher—E.
Fascher, Einl., S. 75; W. G. Kümmel, Einl., S. 194f.; H. Braun, a. Anm. 53 a. a. O.;
C. F. D. Moule, Obligation in the Ethic of Paul, in: Christian History and Inter-
pretation: Studies Presented to John Knox, 1967, S. 393; anders vor allem L.
Batelaan, a. Anm. 41 a. a. O., S. 16ff. u. ö., der nachzuweisen sucht, daß man im
Gal. nicht von Judaisten, sondern allein von Synkretisten sprechen könne; E. Güttgemanns, a. a. O., S. 184f. spricht vom »judenchristlichen Synkretismus« der Gegner;
W. Schmithals, Gnostiker, S. 9—46 bezeichnet sie als »judenchristliche Gnostiker«,
vgl. z. B. S. 45; zu Gal 5 3 vgl. S. 22ff. (ähnlich K. Wegenast, a. a. O., S. 36ff.);
W. Marxsen, Einl., S. 54. — Inwieweit neben die herkömmlicherweise als »juda-
istisch« bezeichneten Züge der Gegner im Gal. (vgl. auch Anm. 51) auch andere
treten, vgl. die Zusammenstellung und Beurteilung bei W. G. Kümmel, Einl., S.
193ff.; G. Stählin, a. Anm. 7 a. a. O., Sp. 1188; H. Köster, a. a. O., S. 191.

[80] So A. Oepke, Gal., S. 118.

[81] Vgl. H. Schlier, Gal., S. 231; das Futur ist zu beachten.

7 18f. Col 3 11; zur Sache auch Gal 3 28), »wohl aber die Annahme
der Beschneidung in statu confessionis«[82], im Stande der Freiheit. Der
Beschnittene aber ist verpflichtet (5 3) — und das steht hier sachlich
»in einem begründenden Verhältnis« zu 5 2 —[83], das ganze Gesetz zu
tun, wie Paulus jetzt erneut den Galatern mitteilt[84]. Es geht hier um
die »Konsequenz einer auf dem Boden des Gesetzes unerläßlichen,
lückenlosen, totalen Gesetzeserfüllung«, die die Bejahung des Gesetzes
als Heilsweg einschließt[85] und darum von Christus trennt[86]. Lassen
sich die Galater als Heidenchristen beschneiden, dann sind sie dem
»Wirkungsbereich« Christi entnommen[87] und damit aus dem »Herrschaftsbereich der göttlichen Tat« herausgefallen (5 4), zu der sie
berufen sind (1 6) und die in ihrer neuen Lage als Glaubende (4 6f.;
vgl. Rm 5 2) ihren Ausdruck gefunden hat[88]. Sie sind ja nunmehr den
Grundlagen des Gesetzes verpflichtet (ἐν νόμῳ δικαιοῦσθαι, vgl. 5 4).
Demgegenüber umreißt Paulus in 5 5 die Lage der Christen, und in
diesem Hinweis liegt eine Begründung (γάρ) zu 5 4. Nun aber hat
H. Schlier geltend gemacht, daß die Begründung nicht durch eine
punktuelle Gegenüberstellung von 5 4 und 5 5 gegeben ist[89]. Und in
der Tat ist diese weiter zu fassen. Ihr »Ausgangspunkt« ist das δικαιοῦσθαι ἐν νόμῳ[90], aber sie dient denen, die im Stande der Freiheit
sind (5 1), und ihre inhaltliche Bestimmung ergibt sich nur im Hinblick auf die Argumentation des Apostels von 3 1ff. ab. 5 5 ist eine
Begründung im Rahmen eines zusammenfassenden Abschnittes.

Es wird sowohl die entscheidende Frage »habt ihr aus Gesetzeswerken oder aus der Glaubenspredigt den Geist empfangen?« (3 2)
wie der in der bisherigen Argumentation bereits erwiesene Tatbestand,
daß die Christen (vgl. auch das betonte ἡμεῖς, 5 5) als Kinder der
Verheißung den Geist empfangen haben (3 14 4 6 3 5), nochmals aufgegriffen und nun zusammenfassend festgestellt: Wir Christen haben
den Geist, der διὰ τῆς (3 14) oder ἐκ πίστεως (5 5) kommt. Und diese
»Formulierung« ist »in ihrem dauernden Gegensatz zu ἐξ ἔργων νόμου«

---

[82] So A. Oepke, Gal., S. 118.

[83] So A. Oepke, vor. Anm.

[84] Vgl. W. G. Kümmel, Einl., S. 194; C. F. D. Moule, a. Anm. 79 a. a. O.; s. auch
O. Kuß, Nomos bei Paulus, MThZ 17, 1966, S. 215.

[85] Vgl. H. Braun, ThW VI, S. 479, der mit Recht in 5 3 eine Verbindung zu Gal 3 10
sieht.

[86] Damit ist die grundlegende Argumentation von Kap. 3 wieder (zusammenfassend)
aufgegriffen; vgl. auch A. Oepke, Gal., S. 119.

[87] So G. Delling, ThW I, S. 454.

[88] Vgl. R. Bultmann, Theologie des Neuen Testaments, [3]1958, S. 290; H. Conzelmann,
a. Anm. 9 a. a. O., S. 236f.

[89] Gal., S. 233f.

[90] Vgl. F. Neugebauer, In Christus, 1961, S. 79.

zu sehen und besagt, »daß hier nicht menschliches Verdienst den Geist erworben hat«. Erst nach dieser Feststellung folgt die inhaltliche Bestimmung der Gabe des Geistes als ἀπεκδέχεσθαι der ἐλπὶς δικαιοσύνης, was nichts anderes ist »als die πίστις, die sich von der in Christus geschehenen δικαιοσύνη her versteht«[91]. Und gerade darin zeigt sich, »daß πνεῦμα nicht bloß ein Anfangsgeschehen ist«, wie die Galater in ihrem (falschen) Glaubensverhalten an den Tag legen (3 3), sondern weit mehr »im fortdauernden und nach außen gerichteten πιστεύειν« zur Geltung kommt, und daß gerade darum das »konkrete Leben in der Sohnschaft« von Paulus auf den Geist zurückgeführt wird (4 6)[92]. Das Stehen in der Freiheit ist das Stehen im Glauben. Erst nachdem der Gesamtzusammenhang, aus dem 5 5 verständlich wird, geklärt ist, kann auf die auch vorhandene Begründung in 5 5 für 5 4 Bezug genommen werden: Sie liegt in der Unvereinbarkeit des δικαιοῦσθαι ἐν νόμῳ und des Lebens im Glauben als »Heilsmöglichkeiten menschlichen Existierens«[93]. Und dieser Gegensatz wird noch schärfer, wenn man 5 6 hinzunimmt, der Begründung sowohl zu 5 5 wie auch zu 5 4 ist[94]. Denn in Christus Jesus ist Heilsmöglichkeit nur der Glaube. Für diesen sind Beschneidung und Unbeschnittenheit »belanglos« geworden und »außer Kraft gesetzt«, sie sind für ihn »Kategorien der σάρξ«, die zum Leben κατὰ σάρκα und damit zur Knechtschaft gehören, nicht aber zur καινὴ κτίσις (vgl. 6 15)[95]. Und allein dieser Glaube, der Zukunft hat (5 5), ist durch die Liebe wirksam[96], er findet Gestalt »im konkreten Leben« der Christen[97] und berührt sich stärkstens mit dem Wirken des πνεῦμα in der christlichen Existenz (vgl. zu 5 5). Gerade dadurch wird deutlich, daß Paulus in 5 6b »eine entscheidende und umfassende Charakterisierung des gültigen Lebens in Christus geben will«, die er als grundsätzliche Äußerung gegen die Verfälschung des Glaubens durch die galatischen Häretiker anführt[98]. 5 6b ist kein Hinweis darauf, daß wir uns im paränetischen Teil des Gal. befinden, wohl aber ist es nicht ausgeschlossen, daß bei solcher umfassenden Kennzeichnung des Glaubens auch schon das

---

[91] Vgl. zu den Zitaten und zum Ganzen E. Schweizer, ThW VI, S. 424 f.

[92] Vgl. E. Schweizer, vor. Anm.; zur Sache auch W. Pfister, a. Anm. 4 a. a. O., S. 69 ff.

[93] Vgl. F. Neugebauer, a. a. O., S. 78 ff.

[94] Vgl. H. Schlier, Gal., S. 233.

[95] So F. Neugebauer, a. a. O., S. 80.

[96] Vgl. zur Forschungslage bes. A. Oepke, Gal., S. 120 f.; C. Spicq, Agapè dans le Nouveau Testament II, 1959, S. 166 ff.; A. L. Mulka, *»Fides quae per caritatem operatur«* (Gal 5 6), CBQ 28, 1966, S. 174—188.

[97] Vgl. R. Bultmann, Theol., S. 325. 331; s. auch W. Schrage, a. Anm. 10 a. a. O., S. 56. 269.

[98] Vgl. bes. H. Schlier, Gal., S. 235; A. L. Mulka, a. a. O., S. 183; H. Köster, a. a. O., S. 193 f.

Stichwort für den nächsten Abschnitt fällt, wodurch sich Gal 5 1-12 nicht nur als Zusammenfassung des Voranstehenden, sondern auch als Überleitung zum Folgenden erweisen würde[99].

Daß Paulus die letzten Verse im Hinblick auf die Gegner formulierte, wird an 5 7 deutlich, wo er unmittelbar auf die galatische Lage verweist: Die Galater liefen gut, jetzt sind sie in ihrem Lauf gehindert, der Wahrheit (= der Botschaft des Evangeliums), dem »gesetzesfreie[n] Evangelium« (vgl. 2 5. 14 4 16) zu folgen, wie der Apostel in einem Fragesatz in Form der Anklage hervorhebt[100]. Eine Überredung[101] zu solchem Verhalten (5 8) stammt nicht von ihrem Apostel, der sie rief (1 6), hier ist ein ‚dämonischer Ruf' am Werke (vgl. 3 1)[102]. Unvermittelt, aber im Dienste derselben Sache stehend, folgt eine auch sonst bekannte Sentenz (5 9), denn das Bild vom »Sauerteig ist am ehesten auf die drohende Lehre der Judaisten zu beziehen, die schon in kleiner Menge, mit e i n e r Forderung, eben der der Beschneidung, zugelassen die ganze Wahrheit und damit den ganzen Glauben verdirbt«[103]. Paulus vertraut darauf, daß der Herr es geben werde[104], daß die Galater nichts anderes (als er) denken, und das heißt doch wohl, daß auch sie die Gefahr, die ihnen droht, erkennen mögen (5 10a). Noch ist nicht alles verloren (vgl. 5 2). Den Gegnern aber gilt das künftige Gericht (5 10b). Wie denen, die sich beschneiden lassen wollen, Christus im Gericht nichts nützen wird (5 2), so auch denen nicht, die von ihnen die Beschneidung fordern.

In 5 11 greift Paulus noch einmal die Lehre seiner Gegner auf, nun aber den entscheidenden Punkt an seiner eigenen Verkündigung aufzeigend: Wenn ich zusätzlich[105] zu meiner Verkündigung (des ge-

---

[99] Vgl. A. Oepke, Gal., S. 121; C. Spicq, a. a. O., S. 170f; in dieser Hinsicht vergleichbar sind etwa II Thess 2 13-17 Col 3 1-4.

[100] Zu Einzelheiten vgl. H. Schlier, Gal., S. 236; R. Bultmann, ThW VI, S. 4. 9.

[101] πεισμονή ist am wahrscheinlichsten aktivisch zu verstehen, vgl. H. Schlier, vor. Anm.; A. Oepke, Gal., S. 121f; W. Bauer, s. v., Wb, Sp. 1271.

[102] Daß Paulus in dieser Form nochmals auf 3 1 zu sprechen kommt, paßt gut in den Rahmen einer Zusammenfassung.

[103] So H. Schlier, Gal., S. 237.

[104] Zu ἐν κυρίῳ in diesem Sinne vgl. F. Neugebauer, a. a. O., S. 143; s. auch R. Bultmann, a. Anm. 100 a. a. O.

[105] Alle Deutungsversuche dieses umstrittenen Verses gehen von einem zeitlichen Sinn des ersten ἔτι aus (vgl. z. B. F.-J. Ortkemper, Das Kreuz in der Verkündigung des Apostels Paulus, Stuttgarter Bibelstudien 24, ²1968, S. 28ff.). Wenn man das zeitliche Verständnis preisgibt, was sprachlich möglich ist, kommt man zu der oben genannten, mir wahrscheinlicheren Erklärung (vgl. zu Sache u. Belegen W. Bauer, s. v., Abschn. 2 b, Wb, Sp. 625; E. Mayser, Grammatik der griechischen Papyri aus der Ptolemäerzeit mit Einschluß der gleichzeitigen Ostraka und der in Ägypten verfaßten Inschriften, Bd. II, 3, 1934, § 164, 10 [Abschn. 2 a], S. 137; E. Schwyzer, Griechische Grammatik . . ., hrsg. v. A. Debrunner, Handbuch der Altertums-

setzesfreien Evangeliums) die Beschneidung lehre (wie meine Gegner,
die Entsprechendes tun), »was werde ich dann verfolgt?«[106] Das freilich ist eine rhetorische Frage[107] mit einem ironischen Unterton, denn
unter solchen Voraussetzungen wird der Apostel gar nicht verfolgt
(vgl. auch die Motive seiner Gegner in 6 12). Hielte es der Apostel wie
seine Gegner, dann — und das ist eine vernichtende Feststellung —
ist das Skandalon des Kreuzes zunichte gemacht. Am Kreuz scheitern
für Paulus Beschneidung und Gesetz als Heilsweg und damit als Teil
christlicher Verkündigung. Das ist für ihn persönlich maßgebend, wie
er im Galaterbrief immer wieder zeigt (vgl. z. B. 2 19ff. 3 1ff. 4 11. 12a
6 14), und für seine Verkündigung bestimmend. Denn nicht von ungefähr beginnt der zweite Hauptteil des Briefes in 3 1 mit der sehr
verwunderten Feststellung, daß sich die Galater von Gegnern »verzaubern« lassen konnten, denen doch Christus, und zwar der gekreuzigte, öffentlich proklamiert war[108]. In 3 1 ist der unvereinbare Gegensatz bereits genannt, der dann in der nachfolgenden Argumentation
entfaltet wird (vgl. z. B. 3 13 4 5 5 1), und 5 11 ist der zusammenfassende Abschluß dieses langen Beweisganges, zu dem noch der mit
5 11 in Verbindung stehende Vers 5 12 gehört[109].

Trägt also der Abschnitt 5 1-12 die verschiedensten Kennzeichen
einer Zusammenfassung des Voranstehenden (3 1—4 31) und ist in
ihm darum sachgemäß nicht von der Ethik die Rede, weil diese in
der bisherigen Argumentation keine Rolle spielte, wie der Aufbau
dieser Kapitel — besonders von 4 12 ab — zeigte, so ist der Beginn
des ethischen Abschnittes in 5 13 die wahrscheinlichste Annahme.

(Abgeschlossen am 10. August 1968)

---

wissenschaft Bd. II, 1, 2, 1950, S. 564). Das in der angeführten Bedeutung häufiger
vorkommende ἔτι δέ als das alleinstehende ἔτι ist für unseren Sachverhalt das
Nächstliegende (Belege bei W. Bauer, a. a. O.). In Gal 5 11 ist das δέ möglicherweise
aus sprachlichen Gründen ausgefallen, da bereits wenige Wörter zuvor ἐγὼ δέ steht;
auch wird im hellenistischen Griechisch ἔτι »gern ohne δέ« verwendet (vgl. Bl.-
Debr., § 495, 4).

[106] In Gal 5 11 b drückt ἔτι eine logische Folgerung aus; vgl. dazu und zur Übersetzung
W. Bauer, s. v., Abschn. 2 c, Wb, Sp. 625.
[107] Zur rhetorischen Frage bei ἔτι vgl. W. Bauer, s. v., Abschn. 1, a. a. O.
[108] Vgl. F.-J. Ortkemper, a. a. O., S. 26f.
[109] Vgl. zu Gal 5 12 H. Schlier, Gal., S. 240; H. v. Campenhausen, Ein Witz des Apostels
Paulus, in: Aus der Frühzeit des Christentums. Studien zur Kirchengeschichte des
ersten und zweiten Jahrhunderts, 1963, S. 104f.

Glaube und Tat in den Pastoralbriefen*

Es scheint ein müßiges Unterfangen zu sein, nach A. Schlatters und R. Bultmanns Nachweisen zu den Begriffen πίστις und πιστεύειν in den Past[1] und nach den Untersuchungen von M. Dibelius zum Ethos christlicher Bürgerlichkeit in diesen Schriften[2] von Glaube und Tat in den Past sprechen zu wollen. Die grundlegenden Erkenntnisse in diesen Untersuchungen wurden vielfach aufgegriffen und u. a. von H. Conzelmann[3], R. Völkl[4], P. Lippert[5], N. Brox[6], C. Spicq[7] und A. Lemaire[8] in Zustimmung und Kritik bestätigt und weiter entfaltet. So kann es bei Wiederaufnahme dieser Fragestellungen nicht darum gehen, Bekanntes zu wiederholen, sondern es sollen einige Ergebnisse vorangegangener Forschungen in ihren Konsequenzen für die in diesen Briefen sichtbar werdende Theologie bedacht werden.

Darin liegt zugleich eine Beschränkung: So wichtig die historische Einordnung in die Geschichte des Urchristentums bzw. des frühen Christentums auch ist[9], es soll nicht von dieser Frage her der Ausgang

---

* Durchgesehener und um Anmerkungen erweiterter Sektionsvortrag beim 2. Europäischen Theologenkongreß in Wien am 2. Oktober 1972.

[1] A. Schlatter, Der Glaube im Neuen Testament, (⁴1927) Nachdruck 1963, 403—418; R. Bultmann, Theologie des Neuen Testaments, ⁵1965, 533 f. (vgl. 489); ders., Art. πιστεύω usw., ThW VI, 214 u. ö. (Pastoralbriefe = hier und im folgenden Past).

[2] M. Dibelius, Die Pastoralbriefe (HNT 13), ²1931.

[3] M. Dibelius—H. Conzelmann, Die Pastoralbriefe (HNT 13), ³1955 (danach im folgenden zitiert); ⁴1966.

[4] R. Völkl, Christ und Welt nach dem Neuen Testament, 1961, 323 ff., bes. 325. 330. 333. 335. 339.

[5] P. Lippert, Leben als Zeugnis. Die werbende Kraft christlicher Lebensführung nach dem Kirchenverständnis neutestamentlicher Briefe, Stuttgarter Biblische Monographien 4, 1968, 50 ff. 57 u. ö.

[6] N. Brox, Die Pastoralbriefe (RNT 7, 2), 1969 (im folgenden: Past).

[7] C. Spicq, Saint Paul. Les Épîtres Pastorales I. II (Études Bibliques), ⁴1969 (im folgenden: Past); vgl. ders., Art. Pastorales (Épîtres), DBS 7, 1966, Sp. 1—73.

[8] A. Lemaire, Pastoral Epistles: Redaction and Theology, Biblical Theology Bulletin II, 1972, 25—42.

[9] Vgl. die zusammenfassenden Darstellungen bei W. G. Kümmel, Einleitung in das Neue Testament, ¹⁷1973, 323—341; A. Wikenhauser-J. Schmid, Einleitung in das Neue Testament, ⁶1973, 507—541; E. Lohse, Die Entstehung des Neuen Testaments, 1972, 60 ff.; H. Hegermann, Der geschichtliche Ort der Pastoralbriefe, in: Theologische Versuche II, hrg. v. J. Rogge u. G. Schille, 1970, 47 ff., bes. 56 ff.

genommen werden, sondern von einer theologischen, um dann abschließend einige Erwägungen auch zu jenem Problem anzuschließen,
nämlich um auch von dieser Fragestellung her zu zeigen, wie stark
verflochten beide Problemkreise sind.

Schon 1930 betonte R. Bultmann[10], daß »nicht« die Frage der
Verfasserschaft »die Hauptsache« ist, »sondern die positive Charakteristik der P«. Er knüpft damit sachlich an den großen Tübinger
F. C. Baur an, der am Schluß seiner grundlegenden Untersuchung
über die Entstehungsverhältnisse der Past (1835) feststellt, daß es
nicht auf den »erborgten Namen« des Völkerapostels ankomme, sondern auf die in diesen Schreiben sich zeigenden »ehrwürdige(n) Ueber-
reste aus der ernsten (sic!) Periode der erst werdenden, zu ihrer festen
Consistenz erst sich gestaltenden christlichen Kirche«[11]. Ziel der »historischen Kritik« an diesen Briefen könne nur sein, daß sie »ihrer
wahren Gestalt und ihrer wahren Zeit zurückgegeben« werden[12], kurz:
daß ihre theologische Wirksamkeit in einer bestimmten Stunde der
werdenden Kirche gesehen wird, daß diese Briefe in ihrer Gegenwart
als hilfreich und förderlich erkannt werden[13].

Um die Bewältigung der Gegenwart in den Past geht es auch in
unserer speziellen Fragestellung, indem Glaube und Tat als Signum
der bleibenden Gegenwart des Evangeliums ausgewiesen werden.

Das geschieht auf mehrfache Weise: Zunächst in der Art, wie
überhaupt vom Glauben in den Past gesprochen wird:

Konnte schon A. Schlatter in »Der Glaube im Neuen Testament«
([4]1927) hinsichtlich der Past feststellen: »Das Glauben ist in diesen
Briefen der den gesamten Christenstand und alle seine Ergebnisse
tragende Vorgang«[14], worin »immer auch ... das persönliche Verhalten«[15] in der Gegenwart »als das Ziel des Evangeliums vollständig
beschrieben ist«[16], so konnte R. Bultmann darüberhinaus zeigen, daß
hier πίστις »durchweg den abgeschliffenen Sinn von ‚Christentum‘,
‚christliche Religion‘« hat. Die »rechte Lehre« ist gemeint, an der sittliches Verhalten in der Gegenwart gemessen wird. Und dies erhellt

---

[10] Art. Pastoralbriefe, RGG², Bd. IV, 1930, Sp. 994.
[11] Die sogenannten Pastoralbriefe des Apostels Paulus aufs neue kritisch untersucht,
(Stuttgart u. Tübingen) 1835, 146. Die umfassendste Darstellung des forschungsgeschichtlichen Befundes bietet noch immer H. J. Holtzmann, Die Pastoralbriefe,
kritisch und exegetisch behandelt, 1880, 7 ff.; wichtige Hinweise auch bei H. Weis-
weiler, Schleiermachers Arbeiten zum Neuen Testament, Diss. ev. theol. Bonn 1972,
34—53 und 231—238.
[12] A. a. O., 145.
[13] Ebd., 143 ff.
[14] A. a. O., 406.
[15] Ebd., 408.
[16] Ebd., 414.

auch daraus, daß nunmehr diese πίστις mit dem ‚guten Gewissen‘, mit
der ἀγάπη und mit dem ‚reinen Herzen‘ zusammengeordnet und in
eins gesetzt wird. Mit Attributen des Wohlverhaltens ausgestattet ist
sie selbst eine Tugend, hat aber damit gegenüber Paulus ihren »die
christliche Existenz begründenden Charakter« verloren[17]. Und wenn
das Verbum πιστεύειν den Sinn von ‚vertrauen‘ »sich verlassen auf«
(1 Tim 1 16; 2 Tim 1 12; wahrscheinlich Tit 3 8) gewinnt, so ist das in
der Gegenwart Christliche anvisiert, auf das man sich verlassen und
dem man vertrauen kann, so wie die πίστις selbst nicht nur in der
formelhaften Wendung ἐν πίστει (1 Tim 1 2. 4; Tit 3 15) das Adjektiv
‚christlich‘ umschreibt, sondern Kennzeichnung einer christlich-bür-
gerlichen und darin kirchlichen Gegenwart ist (1 Tim 1 2. 4; 2 7; Tit
1 1. 4; 3 5)[18].

Man hat darum mit Recht von einer »neuen Konzeption« des
Glaubens in den Past gesprochen[19]. Zwar kann auch Paulus gelegentlich den Glauben im Sinn von Christentum und Christlichkeit interpretieren (Gal 1 23; 6 10; Röm 12 6)[20], aber das Neue in den Past ist,
daß diese πίστις zur statischen Grundlage einer Theologie bleibender
Gegenwart des Evangeliums geworden ist.

Eine solche Grundlage hat — für die Past selbstverständlich —
Voraussetzungen, die nicht verschwiegen werden: Die πίστις ist ein-
gewurzelt von Generationen her (2 Tim 1 5) und darum festgegründete
Gegenwart in dem Amtsträger Timotheus, und entsprechend »realisiert
sich« dieser Glaube in den überkommenen und von den Amtsträgern
einzuschärfenden »Ordnungen und Pflichten des familiären, bürger-
lichen und kirchlichen Lebens«[21].

Das Statische[22] dieser Ordnungen und die πίστις sind in der Weise
aufeinander bezogen, daß auf dem festen Grund der Vergangenheit
die Gegenwart selbst festgefügt und unwandelbar ist für den diese
πίστις Bekennenden (vgl. etwa 1 Tim 6 12). Dem civis christianus im
Sinne der Past aber ist damit die Ausgangsbasis für den Kampf gegen
die gnostische Irrlehre gegeben[23]. Denn das konkrete Stehen in der

---

[17] R. Bultmann, Theol. d. NT, 533 f.; ders., ThW VI, 214.
[18] Vgl. vorige Anm.
[19] Vgl. O. Michel, Art. Glaube, Theol. Begr. lex. zum NT I, 1967, 573.
[20] So R. Bultmann, ThW VI, 214.   [21] Vgl. N. Brox, Past, 188 (zu 1 Tim 5 4).
[22] Zum Begriff des Statischen in den Past vgl. auch P. Lippert, a. a. O., 141.
[23] Zur Irrlehre in den Past vgl. die Diskussion bei W. G. Kümmel, Einl., 333 ff.; A. Wikenhauser-J. Schmid, Einl., 527 f.; C. Spicq, Past, 85 ff.; N. Brox, Past, 31 ff.;
K. Wegenast, Das Verständnis der Tradition bei Paulus und in den Deuteropaulinen,
WMANT 8, 1962, 136 ff. (»Vademecum für die Bekämpfung jeglicher Häresie«, 136).
Die Erwägungen von J. M. Ford, A Note on Proto-Montanism in the Pastoral Epistles, NTSt 17, 1970/71, 338 ff., es könnte sich bei den Gegnern in den Past um einen
Protomontanismus handeln, bleiben unbewiesene Hypothese.

unwandelbaren kirchlichen Gegenwart, in der πίστις nach den Past, ermöglicht es, den — vermeintlichen — Fortschritt, der im Abfall der Gegner von der πίστις besteht (1 Tim 1 19; 6 10. 21), eo ipso zu widerlegen, ohne daß es einer Diskussion mit den Argumenten der Häretiker bedarf. Im Verständnis der πίστις als unwandelbarer christlicher Gegenwart liegt dies begründet. Was im Unterschied zu Paulus als steril gewordener, zur geistigen Auseinandersetzung unfähiger Glaube erscheint, liegt in Wirklichkeit im Neuverständnis der πίστις beschlossen, das der Verfasser der Past in einer bestimmten Situation der werdenden Kirche als Hilfe und Weggeleit anbietet und das er zweifellos nicht als eine Verkümmerung des Glaubens angesehen hat.

Das wird schon daraus ersichtlich, wie er Glaube und Evangelium zu verbinden sucht und wie er selbst sein Amt in dieser Verbindung sieht. Das soeben hinsichtlich der πίστις Skizzierte wird nämlich bestätigt durch das Verständnis des Evangeliums in den Past.

Das Evangelium ist die verläßliche, richtige, gesunde Lehre (2 Tim 4 3; Tit 1 9; 2 1), weil im Evangelium das Statische und Festgegründete, eben das, was die πίστις ausmacht, seine »Substanz«[24] hat. Unter dem Gesichtspunkt des Unwandelbaren verbürgt das Evangelium der πίστις den schon entschiedenen Kampf gegen die Häresie. Das kann es, weil die Tradition, auf der die πίστις sich gründet, der Inhalt des Evangeliums ist (1 Tim 1 15; 2 6), wie an der Gestalt des Apostels Paulus deutlich wird: Nur er vermag nach 2 Tim 2 8 von »meinem Evangelium« zu sprechen. Ausschließlich an das Amt des Apostels Paulus ist das Evangelium gebunden, nicht an den Apostelschüler, dem der Verfasser unserer Briefe nur den Titel εὐαγγελιστής (2 Tim 4 5) gewährt[25]. Die Anweisungen an den εὐαγγελιστής Timotheus — Titus erhält diesen Titel nicht — sind aufschlußreich genug für das Verständnis des Evangeliums: Es wird gefordert: Mitleiden mit dem gefangenen Apostel (2 Tim 4 5), denn das Bekenntnis zu dem in den Tod gehenden Apostel ist das Bekenntnis zum Evangelium (2 Tim 1 8 ff.; vgl. 1 16). Treue zum Apostel ist Treue zum Evangelium und darin πίστις, nämlich Stehen in unwandelbarer Gegenwart, weil διὰ τοῦ εὐαγγελίου — durch das Evangelium — solches Verhalten die wirksame Gegenwart der »Epiphanie unseres Retters Jesus Christus« (2 Tim 1 10) offenkundig macht[26].

Weil der Apostel Paulus »ausschließlich« in der »Zuordnung zum Evangelium« gesehen ist[27], ist auch die durch ihn verbürgte Tradition

---

[24] Vgl. O. Michel, Grundfragen der Pastoralbriefe, in: Auf dem Grunde der Apostel und Propheten, Festgabe Th. Wurm, 1948, 87 (im folgenden Grundfragen).

[25] Vgl. dazu G. Friedrich, Art. εὐαγγελίζομαι usw. (Unterabschnitt εὐαγγελιστής), ThW II, 734f.   [26] Vgl. auch N. Brox, Past, 231.

[27] Vgl. J. Roloff, Apostolat—Verkündigung—Kirche. Ursprung, Inhalt und Funktion des kirchlichen Apostelamtes nach Paulus, Lukas und den Pastoralbriefen, 1965, 239.

am Evangelium gemessen, ist die Weitergabe der Tradition in der Gegenwart als Aufgabe an Timotheus und Titus Bewahrung des Evangeliums und ist der Kampf gegen die Häresie mit dem Pochen auf Tradition und Ordnung in unwandelbarer christlicher Gegenwart im Sinne der Past »Evangelium«. Der Verfasser führt diesen Kampf im Rückverweis auf Leben und Werk des großen Völkerapostels (2 Tim; bes. 4 1), weil in diesem »Rückverweis« die Kraft des »Evangeliums« aufgezeigt werden kann (1 Tim 2 5 ff.; 2 Tim 1 11)[28], nicht aber um daraus die Konsequenzen zu ziehen, daß Paulus selbst das »normierende ,Urbild'« aller Tradition sei[29]. Paulus bleibt Vorbild auch für die Gegenwart (vgl. 2 Tim 4 7), weil in seiner Verkündigung die dem Evangelium inhärente, Ordnung weisende Kraft Gestalt fand, die der über diesen Dienst in den Tod gehende Apostel als testamentarisches Vermächtnis[30] einer neuen Gegenwart zu übermitteln vermag. Glaube und Leben des Apostels realisieren das Evangelium als kirchliche Ordnung, und darum ist das Vorbild des Apostels selbst wegweisend für die unverbrüchliche kirchliche Ordnung in der Gegenwart.

Das bisher Ausgeführte ist in einen noch weiteren Rahmen hinsichtlich unseres Themas hineinzustellen: Es ist bekannt, daß die Past die Terminologie der Paradosis nicht kennen[31]. Daraus ist jedoch nicht mit K. Wegenast u. a. zu folgern[32], daß unser Verfasser die Terminologie seiner Gegner bewußt vermeide, um Paulus als Auktor und Garanten der Tradition und des Evangeliums selbst herauszustellen.

Das würde, obwohl K. Wegenast dies bestreitet, eben doch bedeuten, daß der Verfasser mit vollem Bedacht eine durch seine Gegner in Mißkredit gebrachte Begrifflichkeit vermeidet und so indirekt argumentierend mit den Häretikern sich auseinandersetzt. Das aber ist offenbar gerade auch theologisch nicht seine Absicht. Es könnte jedoch sein, daß nicht die Gegner, sondern die eigene innerkirchliche Situation ihn die Paradosis-Terminologie haben vermeiden lassen.

Πίστις und εὐαγγέλιον in der von ihm dargestellten Form stehen auf einem auch deshalb so festgefügten Fundament, weil sie menschlicher Paradosis entzogen sind:

---

[28] Vgl. ebd., 239.

[29] Gegen H. Schlier, Die Ordnung der Kirche nach den Pastoralbriefen, in: Die Zeit der Kirche, ³1962, 137.

[30] Vgl. jetzt auch O. Knoch, Die »Testamente« des Petrus und Paulus. Die Sicherung der apostolischen Überlieferung in der spätneutestamentlichen Zeit, Stuttgarter Bibel-Studien, 62, 1973, 44 ff.

[31] Nach C. Maurer, Art. τίθημι (Unterabschnitt παρατίθημι), ThW VIII, 164, liegt in παρατίθημι nach 1 Tim 1 18 der »Traditionsgedanke(n)« zugrunde. Doch wird man nicht von einer strikten Traditionsterminologie sprechen dürfen.

[32] Vgl. etwa K. Wegenast, a. a. O., 132 f., zutreffend s. J. Roloff, a. a. O., 244 f.

Nicht der Apostel Paulus ist Auktor und Garant des Evangeliums, sondern Gott selbst (vgl. 2 Tim 1 11-14), denn Gott offenbart im Evangelium nach den Past seine Doxa (1 Tim 1 11)[33]. Und wenn auf die zentrale Aussage des Evangeliums[34] in den Past: Jesus Christus ist in die Welt gekommen, die Sünder zu retten (1 Tim 1 15), die Feststellung folgt, daß der Apostel Paulus der erste Erlöste unter den Sündern ist und er darum eine Vorrangstellung vor allen zeitlich später zum Glauben Kommenden einnimmt, so ist hiermit nach dem Apostelbild der Past sicher auch die vollmächtige Legitimation des Paulus hinsichtlich des Evangeliums ausgewiesen. Vor allem aber wird auf diese Weise gezeigt, daß in der gegenwärtigen Lage der Kirche das Wort des *einen* Apostels, des *Paulus* Recht und Gültigkeit beanspruchen darf und darum in seinem Namen anstehende Probleme der Kirche autoritativ gelöst werden können[35]. Das »Paulusbild« der Past ist »kerygmatisch und paränetisch«[36] in der Weise auf die Gegenwart zugeschnitten, daß im »Rückverweis« auf den Apostel die unverbrüchliche »Kraft des Evangeliums«[37] für die eigene kirchliche Situation und damit für die πίστις gegeben ist.

Von seinem Verständnis der πίστις her ist Paulus für den Verfasser der Past nicht als Garant und Auktor des Evangeliums anzusehen. Dem entspricht, daß auch die παραθήκη (1 Tim 6 20; 2 Tim 1 12. 14), das aufbewahrte und aufzubewahrende Gut als Parallelbegriff zu εὐαγγέλιον nicht auf den Apostel als Auktor zurückgeführt werden kann. Denn der entscheidende Beleg einschließlich seines Kontextes in 2 Tim 1 12-14 zeigt, wie in älterer Zeit J. A. Bengel, J. L. v. Mosheim, in neuerer Zeit A. Schlatter, C. Spicq, J. Roloff, H. Maehlum, C. Maurer u. a.[38] überzeugend nachgewiesen haben, daß die Wendung τὴν παραθήκην μου nicht Paulus als Urheber des Evangeliums ausweisen will, sondern daß im Genetiv μου ein Genetivus possessivus vorliegt. Das aber bedeutet im Zusammenhang der Stelle: Es geht um das dem Auftrag des Paulus zugehörende, zu bewahrende und in der Verkündigung sich ausweisende Evangelium, dessen Urheber allein Gott ist.

---

[33] Vgl. G. Friedrich, a. a. O., 731.

[34] Vgl. O. Michel, Grundfragen, 86.

[35] Vgl. N. Brox, Past, 115.

[36] Vgl. N. Brox, Past, 111; s. auch H. Hegermann, a. a. O., 59.

[37] Vgl. auch J. Roloff, a. a. O., 240.

[38] Vgl. J. A. Bengel, Gnomon Novi Testamenti . . . , (Tubingae) 1742, 872 z. St.; J. L. v. Mosheim, Erklärung der beyden Briefe des Apostels Pauli an den Timotheum, (Hamburg) 1755, 646 ff. (mit umfassender Auslegungsgeschichte z. St); die neuere Diskussion ist aufgearbeitet bei C. Spicq, Past, ²1947, 327 ff.; J. Roloff, a. a. O., 254 ff.; C. Maurer, a. a. O., 163—165; H. Maehlum, Die Vollmacht des Timotheus nach den Pastoralbriefen, Theol. Diss. Basel Bd. 1, 1969, 89 ff., bes. 91 ff.

Das Evangelium bleibt nach den Past unverfügbar[39] und ist darum auch jener Paradosis, die man bei den Gnostikern der Zeit konstatieren darf[40], entzogen, so gewiß gerade auch Traditionen, die Überlieferungen, Inhalt des Evangeliums sein können und nach Meinung unseres Verfassers im Hinblick auf seine kirchliche Gegenwart auch sind. Die παραθήκη ist in den Past im weitesten Sinne Evangelium und schließt das Bekenntnis (die ὁμολογία), das Gebot bzw. den Amtsauftrag (ἐντολή) und schließlich die πίστις selbst ein, wie schon zu Anfang unseres Jahrhunderts Alfred Seeberg in »Der Katechismus der Urchristenheit« (1903) nachgewiesen hat[41]. Daß auch die πίστις hier hineingehört, ist besonders bezeichnend und läßt einen Rückschluß auf die übrigen Begriffe zu: Das Anliegen des Verfassers zu seiner Zeit der Kirche umschließt die Einzelaussagen. Das Problem des Traditionsdenkens in den Past ist nämlich in Wirklichkeit das Problem der Kontinuität des Evangeliums, die Bewahrung des Evangeliums in eine neue Zeit hinein, in der es darum geht, sowohl die »Lehrtraditionen« der Gnostiker mit ihren Spekulationen, Mythen etc. (1 Tim 1 4 ff.) abzuweisen, »ohne« gleichzeitig in der Verkündigung »die eigene Tradition« absolut zu setzen[42]. Die Kontinuität, die das Evangelium zu setzen vermag, hat der Verfasser der Past sicher auch in der Ordination[43] und in den die Tradition bewahrenden Ämtern[44] gesehen, aber das Entscheidende dieser Kontinuität ist ihm in einigen zentralen Inhalten des Evangeliums gegeben:

Gott ist der Schöpfer (1 Tim 4 3) und in seinem Walten auch der Erhalter (1 Tim 4 9) und Retter, dessen Oikonomia auch die Gegen-

---

[39] Auch 2 Tim 2 8 erlaubt keine andere Erklärung; zur Diskussion vgl. N. Brox, Past, 242 z. St.

[40] Vgl. Anm. 23; dazu H. v. Campenhausen, Lehrerreihen und Bischofsreihen im 2. Jahrhundert, in: In memoriam Ernst Lohmeyer, hrg. v. W. Schmauch, 1951, 244f.

[41] A. Seeberg, Der Katechismus der Urchristenheit, 1903 (= ²1966, hrg. v. Ferd. Hahn), 110f., vgl. auch C. Maurer, a. a. O., 165.　　　[42] Vgl. auch C. Maurer.

[43] Vgl. die Diskussion zu 1 Tim 4 16; 6 11-16; 2 Tim 1 6 bei E. Lohse, Die Ordination im Spätjudentum und im Neuen Testament, 1951, 81ff. u. ö.; J. Roloff, a. a. O., 258—264; E. Käsemann, Das Formular einer ntl. Ordinationsparänese, in: Exegetische Versuche und Besinnungen I, 1960, S. 101ff.; P. Stuhlmacher, Evangelium—Apostolat—Gemeinde, KuD 17, 1971, 40ff. (im folgenden: Evg.).

[44] Vgl. aus der Fülle der Lit. die neueren Übersichten bei N. Brox, Past, 147ff.; ders., Historische und theologische Probleme der Pastoralbriefe des Neuen Testaments. Zur Dokumentation der frühchristlichen Amtsgeschichte, Kairos, N. F. 11, 1969, 81ff.; (im folgenden: Probleme); K. Kertelge, Gemeinde und Amt im Neuen Testament, 1972, 140ff.; A. Lemaire, Les ministères aux origines de l'église. Naissance de la triple hiérarchie: évêques, presbytres, diacres, Lectio Divina 68, 1971, 123ff.; ders., The Ministries in the New Testament. Recent Research, Biblical Theology Bulletin III, 1973, 159ff.; H. Merklein, Das kirchliche Amt nach dem Epheserbrief, Studien z. A u. NT 33, 1973, 383—392.

wart bestimmt. Im πιστὸς ὁ λόγος ist die Botschaft des Evangeliums in diesem Sinne zusammengefaßt: Christus ist in die Welt gekommen, die Sünder zu retten (vgl. 1 Tim 1 15; 3 1; 4 9; 2 Tim 2 11; Tit 3 8). George W. Knight hat in seiner Dissertation über die ‚πιστὸς ὁ λόγος-Worte‘ in den Past (1968)[45] umfassend nachgewiesen, daß diese Worte nicht nur engstens im Zusammenhang des πίστις-Verständnisses dieser Briefe zu sehen sind[46], sondern daß sie zugleich darauf zielen, den Retter und die Rettung auszuweisen. In der Tat ist es, auch über die genannten Worte hinaus, kennzeichnend, daß soteriologische Aussagen[47] als das Leben in der πίστις bestimmend beherrschende Funktion in den Past haben. Es geschieht dies in der Weise, daß sie zur Konkretisierung des Lebens in der πίστις beitragen und so die theologisch-christologische Grundlage der bleibenden Gegenwart des Evangeliums ausmachen. Da der als σωτήρ gekennzeichnete Christus zugleich das gepriesene Vorbild ist (vgl. 1 Tim 6 13 ff.; Tit 2 14)[48], schließt sich der Kreis: Es geht um die Bewahrung des Evangeliums, das Glauben und Handeln einschließt, und dessen Kontinuität durch dem Evangelium gemäße Tradition und Vorbilder der Verfasser der Past betonen möchte, um so die bleibende Gegenwart des Evangeliums zu seiner Zeit herauszustellen.

Die Fülle der Hinweise für dieses Anliegen können hier nicht im einzelnen besprochen werden: Unter den herauszugreifenden Gesichtspunkten ist zunächst die Gegenwärtigkeit des Heilsgeschehens zu nennen: Die Epiphanie des Retters Jesus Christus ist jetzt (νῦν) offenbar geworden und gegenwärtig (2 Tim 1 10), jetzt ist die rettende χάρις epiphan geworden (Tit 2 11), um als παιδεύουσα (χάρις) sich in der Gegenwart auszuwirken (Tit 2 11; vgl. 2 12)[49]. Das empfangene Heil ist durch die Kontinuität des Evangeliums bleibende Gegenwart für das Leben der Gemeinde.

Und darin liegt dem Verfasser der Past die Richtigkeit seiner ‚theologischen‘ Arbeit beschlossen: Anweisungen für die Gemeindeleiter wie für die Gemeinde vornehmlich mit Hinweisen auf das empfangene und darum gegenwärtige Heil zu begründen. Fehlt diesen

---

[45] The Faithful Sayings in the Pastoral Letters, (Kampen) 1968; vgl. auch N. Brox, Past, 112—114.   [46] A. a. O., 146f.

[47] Vgl. 1 Tim 1 15; 2 4. 15; 2 Tim 1 8f.; 2 10; 3 15; 4 18; Tit 2 11; 3 5; vgl. auch 1 Tim 1 1; 2 3; 4 10; 2 Tim 1 10; 3 11; Tit 1 3. 4; 2 10. 13f.; 3 4. 6 und die Abschnitte Tit 2 11-14; 3 4-7.

[48] Vgl. P. Stuhlmacher, Christliche Verantwortung bei Paulus und seinen Schülern, EvTh 28, 1968, 182 (im folgenden: Verantwortung). In Tit 2 14 ist ζηλωτὴν καλῶν ἔργων nicht auf Christus (so St.), sondern auf das Volk zu beziehen (vgl. N. Brox, Past, 301; C. Spicq, Past, 643).

[49] Vgl. dazu jetzt H. Conzelmann, Art. χαίρω usw. (Unterabschnitt χάρις), ThW IX, 388f.

Begründungen auch der Tiefgang paulinischer Theologie, es ist ein Kennzeichen unserer Briefe, daß in ihnen gerade die traditionellen, außerchristlich vornehmlich im hellenistischen Bereich nachzuweisenden Pflichtenreihen, Ämterspiegel, ‚Haustafeln‘[50] im Indikativ des Heils verankert sind[51] und auf diesem Grund als überliefertes Gut in die bleibende Gegenwart des Evangeliums hineingezogen werden.

Diese Kombination ist nicht zufällig für einen Verfasser, der in einer statisch verstandenen πίστις den Schlüssel für eine Theologie der bleibenden Gegenwart des Evangeliums sieht. Das Statische dieses Glaubens ist zugleich das Element seiner Erhaltung, das er sich nicht qua Glaube als eigene Leistung zuschreibt, dessen Berechtigung der Verfasser aber konstatieren kann, weil er das Statische überkommener Ordnungen und Traditionen vom Evangelium umklammert sieht. Die bleibende Gegenwart des Evangeliums ist ihm in solchen Ordnungen auf dieser Grundlage gewährleistet und die πίστις als Christentum auch in dieser Form der ‚Erstarrung‘ auf dem in seinem Bestand selbst nicht hinterfragbaren Evangelium[52] gegründet.

Ein solches Verständnis christlicher Gegenwart erweist seine Kraft auch darin, daß es die Zukunft zu umschließen vermag, indem künftige Häretiker schon in des Verfassers eigene Zeit hineingezogen und damit schon jetzt von der bleibenden Gegenwart des Evangeliums überwunden sind (vgl. z. B. 1 Tim 4 1 ff.), wie andererseits dieses so verstandene Evangelium das Lehren, Weisen, Verkündigen für die Zukunft festlegt. Überhaupt »tritt« die »Zukunftsbezogenheit« »zurück gegenüber dem Bewußtsein des« einst verborgenen, jetzt aber offenbar gewordenen, »gegenwärtigen Heils«[53], obwohl die Erwartung der künftigen Epiphanie weiterhin besteht (Tit 2 13) und die »Zukunftshoffnung« »selbstredend« für die Past »nicht erloschen« ist (vgl. etwa 1 Tim 6 14; 2 Tim 2 11 ff.; 4 1. 3. 8; Tit 2 13; 3 7)[54].

Wenn dennoch die ‚Heilserwartung‘ absichtlich in die Heilswirklichkeit hineingezogen wird, dann nicht, um der Gegenwart Dauer zu

[50] Zur Herkunft dieses Gutes und seiner Verwertung in den Past vgl. z. B. K. Weidinger, Die Haustafeln. Ein Stück urchristlicher Paränese, UNT 14, 1928, 54 u. ö.; R. Völkl, a. a. O., 335; H.-W. Bartsch, Die Anfänge urchristlicher Rechtsbildungen. Studien zu den Pastoralbriefen, ThF 34, 1965, 82 ff. 112 ff. 144 ff. 160 ff.; P. Lippert, a. a. O., 17—60; C. Spicq, Past, 627 ff.

[51] Vgl. die Nachweise bei R. Völkl, a. a. O., 325; P. Lippert, a. a. O., 54 ff.

[52] Vgl. auch O. Kuß, Jesus und die Kirche im Neuen Testament, in: Auslegung und Verkündigung I, 1963, 61.

[53] Vgl. R. Bultmann, Theol. d. NT, 535.

[54] Vgl. N. Brox, Past, 50; E. Gräßer, Der Glaube im Hebräerbrief. Marb. Theol. Stud. 2, 1965, 154 f. (zu 2 Tim 2 11 ff.). Überzogen wird der Sachverhalt bei A. Strobel, Schreiben des Lukas? Zum sprachlichen Problem der Pastoralbriefe, NTSt 15, 1968/69, 207, wie N. Brox, Lukas als Verfasser der Pastoralbriefe?, JAC 13, 1970, 68 f. und W. G. Kümmel, Einl., 338 u. Anm. 50 ebd., zutreffend zeigen.

verleihen, sondern weil der Verfasser bewußt christliche Zukunftserwartung in seine Gegenwart hinein übersetzt[55]. Denn hier tritt das
Problem zutage, das den Verfasser zu seinem Verständnis von πίστις
und εὐαγγέλιον geführt hat: Dem Fortbestehen von Kirche und Welt
in der Weise Rechnung zu tragen, daß die christliche Gemeinde den
Anforderungen und Herausforderungen einer gewandelten und sich
ständig noch wandelnden Situation gewachsen ist und den Aufgaben
jeweiliger Gegenwart gewachsen bleibt.

Die in diesem Zusammenhang häufig apostrophierte christliche
Bürgerlichkeit des ruhigen, wohlanständigen und Gott wohlgefälligen
Lebens[56], die im Tun des Einzelnen (und gerade auch des Amtsträgers)
wie der Gemeinde immer auch die Gewinnung des Heiden und des
Gegners im Blick behält[57], ist für den Verfasser der Past unzureichend
ohne die ihm unaufgebbare Korrespondenz von πίστις und εὐαγγέλιον,
von Christentum und bleibender Gegenwart des Evangeliums. Durch
diese bleibende Gegenwart des Evangeliums weiß der Verfasser die
Gemeinde in die Lage versetzt, die Welt mit ihren Angriffen und Versuchungen in Anständigkeit und Ehrbarkeit, im Wirken guter Werke,
in der εὐσέβεια[58] — der Frömmigkeit im umfassenden Sinne — zu bestehen. Seine Anordnungen sind unter dieser Sicht von πίστις und
εὐαγγέλιον als vernünftige Weisungen einer auf das Praktikable ausgerichteten Ethik zu sehen[59]: Auch die ethischen Weisungen sind

---

[55] Vgl. auch P. Stuhlmacher, Verantwortung, 183; R. Völkl, a. a. O., 333.
[56] Vgl. z. B. M. Dibelius—H. Conzelmann, Past, 7 f. 32 f.; R. Völkl, a. a. O., 330. 333 f.
339; H. v. Campenhausen, Die Christen und das bürgerliche Leben nach den Aussagen des Neuen Testaments, in: Tradition und Leben. Kräfte der Kirchengeschichte,
Aufs. u. Vortr. I, 1960, 197 ff. 200; P. Lippert, a. a. O., 26 ff. 50 ff. 57. 139 f.; P. Stuhlmacher, Verantwortung, 183 f.; N. Brox, Past, 124 f.; H. D. Wendland, Ethik des
Neuen Testaments, NTD Ergänzungsreihe 4, 1970, 95 ff.; vgl. auch E. Käsemann,
Der Ruf der Freiheit, [5]1972, 169: »Der bedeutende Exeget Martin Dibelius hat einmal von den Pastoralbriefen an Timotheus und Titus gemeint, mit ihnen beginne
die Verbürgerlichung der Kirche. Ich halte diese Formulierung nicht für glücklich,
finde jedoch das unübersehbare Symptom einer Verlagerung des Schwergewichts
darin zutreffend anvisiert«.
[57] Dazu vgl. zusammenfassend jetzt P. Lippert, a. a. O., 54 ff.; vgl. auch ebd. 88 ff.
127 ff. 142 ff. und die Problemskizze von W. C. van Unnik, Die Rücksicht auf die
Reaktion der Nicht-Christen als Motiv in der altchristlichen Paränese, in: Judentum—Urchristentum—Kirche, Festschrift J. Jeremias, hrg. v. W. Eltester, BZNW
26, 1960, 221 ff.
[58] Vgl. W. Foerster, Εὐσέβεια in den Pastoralbriefen, NTSt 5, 1958/59, 213 ff.; R. Völkl,
a. a. O., 326. 330 f.
[59] Zur Ethik in den Past vgl. die Überblicke bei M. Dibelius—H. Conzelmann, Past
7 f. 32 f. u. ö.; R. Völkl, a. a. O., 323 ff.; C. Spicq, Past, 276 ff.; H. D. Wendland,
a. a. O., 95—101; A. Lemaire, Pastoral Epistles, 39 ff.

ὑγιαίνουσα διδασκαλία (vgl. etwa Tit 2 1)[60], wie alles, was die bleibende Gegenwart des Evangeliums ausweist, gesunde Lehre ist.

Wie bekannt, ist die hier in bestimmter Situation angebotene
Lösung ebenso beachtlich wie bedenklich: Die Gefahr dieser Konzeption, die darin besteht, daß christliche Existenz und bürgerliche Postu-
late in einem Erstarrungsprozeß verschmolzen werden und Gottes
Anspruch auf diese ihm gehörende Welt nicht mehr in der Vorläufig-
keit alles Irdischen bezeugt wird[61], hat ihre Grundursache darin, daß
in der Konsequenz der bleibenden Gegenwart des Evangeliums die
Dauerhaftigkeit hellenistisch-bürgerlicher Christlichkeit angelegt ist.
Die Gefahr dieser sich zumindest anbahnenden Synthese hat wohl
auch der Verfasser bisweilen gesehen, aber er hat nicht die Kraft gehabt, seine eigene beachtliche Lösung als Kriterium und Norm kritischer Distanz zu jeder Gegenwart herauszuarbeiten.

Und doch hat er eines unüberhörbar gemacht: An πίστις und
εὐαγγέλιον bleiben die Past ausgerichtet, und darum gilt das vernichtende Urteil denen, die das Evangelium verleugnen (vgl. 1 Tim 5 8;
2 Tim 2 11f.; 3 5) bzw. sich von der πίστις abwenden[62]. Das Bekenntnis
(vgl. 1 Tim 6 12; 2 Tim 1 8ff.) ist das Kriterium seines Verständnisses
von Christentum und Evangelium, und daran wird der Wandel gemessen (Tit 1 16).

Dreierlei ist abschließend noch zu bedenken: a) Der fast durchgängig in den neueren Untersuchungen zu den Past anzutreffenden
These, diese Briefe hätten kein Interesse an der Gemeinde[63], widerspricht das Verständnis des Verfassers von πίστις und εὐαγγέλιον.
Quantitativ und qualitativ gelten die Ausführungen überwiegend der
Gemeinde, und wo sie die Amtsträger betreffen, ist ebenfalls meistens
mittelbar die Gemeinde angesprochen.

b) Der Verfasser spricht offenbar bewußt von der bleibenden
Gegenwart des Evangeliums, nicht etwa von der bleibenden Gegen-
wart Jesu. Das läßt sich begründen: Die bleibende Gegenwart des
Evangeliums verbindet sich dem Verfasser qua εὐαγγέλιον mit der
Verkündigung als solcher, ohne jedoch die Heilsbotschaft, abgesehen

---

[60] Zu Begriff und Sache vgl. U. Luck, Art. ὑγιής usw., ThW IX, 308ff., bes. 312f.;
N. Brox, Past, 107f.

[61] Vgl. auch P. Stuhlmacher, Verantwortung, 184; ders., Evg., 41f.

[62] Vgl. auch R. Völkl, a. a. O., 333.

[63] S. zutreffend E. Schweizer, Gemeinde und Gemeindeordnung im Neuen Testament,
AThANT 35, 1959, 69ff.; P. Stuhlmacher Evg., 41f.; vgl. auch C. K. Barrett, The
Pastoral Epistles (The New Clarendon Bible), 1963, 29f., R. Schnackenburg, Die
Kirche im Neuen Testament. Ihre Wirklichkeit und theologische Deutung, ihr Wesen
und Geheimnis, Quaest. Disp. 14, 1961, 86ff. 90f.; H. Maehlum, a. a. O., 95ff.; anders
z. B. H. Schlier, a. a. O., 146f.; N. Brox, Probleme, 83; W. G. Kümmel, Einl., 337.

von einigen Einzelheiten, zu entfalten[64]. Denn fast wichtiger ist ihm die Verbindung des Evangeliums mit der *Geschichte* der Verkündigung und der Verkündiger. Sein Insistieren auf die Verkündigung in diesem weiten Sinne, die auch die Lehre einschließt und für die er nicht weniger als zwölf verschiedene Begriffe zur Umschreibung des Sachverhaltes anführt[65], gehört ihm zur bleibenden Gegenwart des Evangeliums.

c) Mit seinem Verständnis von πίστις und εὐαγγέλιον weist sich der Verfasser selbst seinen Platz in der Spätzeit des Neuen Testaments an[66]. Als Kriterium für die noch immer offene Verfasserfrage bietet es sich an, unter der dargelegten Fragestellung die Spätschriften des Neuen Testaments und die nichtkanonischen Schriften des frühen 2. Jahrhunderts zu untersuchen, um den Entstehungszeitraum vielleicht noch etwas genauer einzugrenzen, als dies bisher gelang[67]. Es könnte sein, daß der unter dem Namen des Völkerapostels Schreibende in seinen Briefen dann nicht mehr, wozu er freilich selbst den Anlaß gibt, an Paulus gemessen in einem blassen Paulinismus[68] erscheint. Es könnte vielmehr sein, daß er im Vergleich mit seinen zu vermutenden Zeitgenossen und unter Berücksichtigung der seiner Theologie innewohnenden Gefahren als ein durchaus respektabler Kirchenmann hervortritt, der für eine bestimmte Zeit der sich konsolidierenden Kirche in Glaube und Tat die bleibende Gegenwart des Evangeliums bezeugt.

---

[64] Dazu O. Kuß, a. a. O., 61.

[65] Vgl. die Zusammenstellung bei H. Schlier, a. a. O., 139.

[66] Vgl. im übrigen die zusammenfassenden Übersichten der Argumente in den Anm. 9 angeführten Untersuchungen.

[67] Die bisherigen Versuche haben zu keinem überzeugenden Ergebnis geführt; vgl. nur W. G. Kümmel, Einl., 326ff.; N. Brox, JAC 13, 1970, 62ff.; E. Lohse, Entstehung, 65.

[68] So R. Bultmann, Theol. d. NT, 536; vgl. auch N. Brox, Past., 53; A. Wikenhauser— J. Schmid, Einl., 524ff. 532 gegen C. Spicq, Past., 156ff., bes. 198. 204ff. (passim).

Das Reich Gottes in den lukanischen Schriften*

Im Jahre 1816 stellte *Johann Philipp Gabler* in seiner Vorlesung über „Einleitung in's Neue Testament" folgende programmatische These auf: Man werde den drei ersten Evangelien nicht gerecht, wenn man nur die ihnen zugrunde liegenden Quellen und die Abhängigkeit dieser Evangelien voneinander erforsche. Es komme vielmehr darauf an, zugleich die Persönlichkeit des einzelnen Evangelisten als Schriftsteller und seine theologische Leistung zu würdigen. Mit dieser dann näher begründeten These hat *Gabler* die theologische Relevanz redaktionsgeschichtlicher Fragestellung im Prinzip richtig erkannt. Doch seine Einsichten fielen der Vergessenheit anheim, weil er seine bahnbrechende These nicht veröffentlichte und vielleicht auch nicht zu veröffentlichen wagte[1].

Sollen auch im folgenden die weiteren Anstöße im 19. Jh. und der Weg bis hin zur redaktionsgeschichtlichen Arbeit im engeren Sinne nicht nachgezeichnet werden, nicht übergangen werden darf die zum Schaden der Forschung weithin nicht beachtete Dissertation von *Heinrich v. Baer*, Der Heilige Geist in den Lukasschriften (1926). Denn hier ist erstmals das Problem der lukanischen Theologie voll erkannt: Das „Leitmotiv der lukanischen Komposition" ist „der Gedanke der Heilsgeschichte", für deren „Dreigliederung" u. a. Lk 16,16 zu gelten hat[2]. Die „alte(n) Heilsepoche" reicht bis einschließlich Johannes den Täufer, es folgt die „neue Epoche" des „Kyrios", an die sich die „dritte Epoche", die Zeit der Kirche des Lukas anschließt[3]. Auch daß

---

* In der hier vorgelegten Skizze einer umfangreicheren Untersuchung werden unter Berücksichtigung der notwendigen Seitenbeschränkung dieses Festschriftbeitrags nur einige Literaturhinweise gegeben.

[1] *J. Ph. Gabler*, Einleitung in's Neue Testament. Nachschrift von *E. F. C. A. H. Netto*, Jena 1815/16, 361 ff. 373 ff. 381 ff. (zu Lukas). Das Ms. befindet sich in der Universitätsbibliothek Jena.

[2] *H. v. Baer*, Der Heilige Geist in den Lukasschriften (BWMANT 39), Stuttgart 1926, 108 ff. 75 ff. (Zitat 76 f.); vgl. auch 3 f. (dazu *J. Schniewind*, Zur Synoptiker-Exegese, in: ThR NF 2 [1930], 155 f.).

[3] AaO., 47.77.

redaktionsgeschichtliche Forschung nur im ständig methodisch reflektierten Zueinander von Tradition und Komposition sachgemäß betrieben werden kann, ist schon von *H. v. Baer* gesehen worden[4].

Denn mit der notwendigen Frage nach dem Lukanischen ist zugleich das Problem gegeben, was wirklich lukanisch ist. Das Lukanische kann wesentlich nur dort über die Rahmung der Einzelstücke hinaus mit einiger Verläßlichkeit erschlossen werden, wo ein synoptischer Vergleich möglich ist. Anders steht es mit dem umfangreichen lk. Sondergut. Hier kann nur in der Übereinstimmung mit dem durch den synoptischen Vergleich ermittelten Lukanischen mit einiger Sicherheit speziell Lukanisches ausgewiesen werden, aber es bleibt die Möglichkeit, daß dieses Sondergut in hohem Maße gerade spezifisch Lukanisches zum Ausdruck bringt. So kann darüber hinaus mit einigem Recht behauptet werden, daß alles, was Lukas in seinen Schriften bringe, wohl auch lukanisch, nämlich in Übereinstimmung mit der Auffassung des Autors dieser Schriften sein müsse[5]. Daß der Ermittlung des spezifisch Lukanischen auch nach 25 Jahren redaktionsgeschichtlicher Arbeit im engeren Sinne Grenzen gesetzt sind, wird man unumwunden zugeben müssen[6].

Schon *H. v. Baer* sah, daß die lk. Komposition am sinnvollsten durch die Herausarbeitung einzelner Fragestellungen erkannt wird. In diesem Sinne hat z. B. auch *H. Conzelmann* zwar ein Gesamtverständnis der lk. Schriften vorgetragen, dieses aber vornehmlich an den geographischen und eschatologischen Vorstellungen des Lukas verifiziert (und andere sind ihm darin methodisch gefolgt)[7].

---

[4] AaO., 3 f.

[5] Vgl. *E. E. Ellis*, Die Funktion der Eschatologie im Lukasevangelium, in: ZThK 66 (1969), 387 ff.; *R. Geiger*, Die lukanischen Endzeitreden. Studien zur Eschatologie des Lukas-Evangeliums (Europäische Hochschulschriften, Reihe XXIII Bd. 16), Bern/Frankfurt 1973, 10 f.

[6] Vgl. die zusammenfassenden Darstellungen der neueren Diskussion, z. B.: *J. Rohde*, Die redaktionsgeschichtliche Methode. Einführung und Sichtung des Forschungsstandes, Hamburg 1966, 124 ff.; *W. G. Kümmel*, Lukas in der Anklage der heutigen Theologie, in: ZNW 63 (1972), 149 ff.; *J. Zmijewski*, Die Eschatologiereden des Lukas-Evangeliums. Eine traditions- und redaktionsgeschichtliche Untersuchung zu Lk 21,5—36 und Lk 17,20—37 (BBB 40), Bonn 1972, 1—22; *G. Braumann*, Einführung, in: *ders.* (Hg.), Das Lukas-Evangelium (WdF CCLXXX), Darmstadt 1974, VII ff.; *U. Wilckens*, Lukas und Paulus unter dem Aspekt dialektisch-theologisch beeinflußter Exegese, in: *ders.*, Rechtfertigung als Freiheit. Paulusstudien, Neukirchen-Vluyn 1974, 171 ff.

[7] Vgl. *H. Conzelmann*, Zur Lukas-Analyse, in: ZThK 49 (1952), 16 ff.; *ders.*, Die Mitte der Zeit. Studien zur Theologie des Lukas (BHTh 17), Tübingen (1954) [5]1964 (im folgenden: MdZ); weiter z. B. *H.-J. Degenhardt*, Lukas. Evangelist der

Daß dabei die Themen Eschatologie und Reich Gottes für die redaktionsgeschichtliche Fragestellung besonders geeignet sind, liegt auf
der Hand. Denn ihre Thematik kann nicht einfach tradiert werden,
sondern bedarf stets neuer Interpretation, auch wenn — wie für Lukas — der Aufriß der Wirksamkeit und der Verkündigung Jesu durch
die Tradition vorgezeichnet ist[8]. Beide Themen sind nicht kongruent,
aber sie berühren sich stärkstens und haben ihre Wurzel in der Verkündigung Jesu, wie unbeschadet deren Wertung und Beurteilung im
einzelnen nach dem heutigen Stand neutestamentlicher und speziell
synoptischer Forschung nahezu allgemein anerkannt ist[9]. So kann
R. *Schnackenburg* resümierend feststellen: „In einer Richtung muß der
Gedanke der Gottesherrschaft in den Evangelien noch weiter untersucht werden: Nach der jeweiligen Auffassung des einzelnen Evangelisten."[10]

Armen. Besitz und Besitzverzicht in den lukanischen Schriften. Eine traditions- und
redaktionsgeschichtliche Untersuchung, Stuttgart 1965; G. *Voss,* Die Christologie der
lukanischen Schriften (StudNT II), Paris/Brügge 1965; W. *Ott,* Gebet und Heil.
Die Bedeutung der Gebetsparänese in der lukanischen Theologie (StANT 12), München 1965.

[8] Aus der Fülle der Spezialuntersuchungen zur Eschatologie der lk. Schriften sei
nur beispielhaft verwiesen auf: H. *Conzelmann,* MdZ, 87 ff.; E. *Gräßer,* Das Problem der Parusieverzögerung in den synoptischen Evangelien und in der Apostelgeschichte (BZNW 22), Berlin ²1960, 178 ff.; W. C. *Robinson* (Jr.), Der Weg des
Herrn. Studien zur Geschichte und Eschatologie im Lukas-Evangelium. Ein Gespräch
mit Hans Conzelmann (ThF 36), Hamburg 1964, bes. 45 ff.; E. E. *Ellis,* Present and
Future Eschatology in Luke, in: NTS 12 (1965/66) 27 ff.; *ders.* (s. Anm. 5); J. D.
Kaestli, L'eschatologie dans l'œuvre de Luc. Ses caractéristiques et sa place dans le
développement du Christianisme primitif (Nouvelle série théologique 22), Genève
1969; F. O. *Francis,* Eschatology and History in Luke-Acts, in: JAAR 37 (1969),
49 ff.; S. G. *Wilson,* Lukan Eschatology, in: NTS 16 (1969/70), 330 ff. (vgl. *ders.,*
The Gentiles and the Gentile Mission in Luke-Acts [SNTS 23], Cambridge 1973,
59 ff.); E. *Franklin,* The Ascension and the Eschatology of Luke-Acts, in: SJTh 23
(1970), 191 ff.; C. H. *Talbert,* The Redactional Critical Quest for Luke the Theologian, in: Jesus and Man's Hope I (Festival on the Gospels), Pittsburgh Theological Seminary, 1970, 171 ff.; J. *Zmijewski* (s. Anm. 6); R. *Geiger* (s. Anm. 5);
J. *Dupont,* Die individuelle Eschatologie im Lukasevangelium und in der Apostelgeschichte, in: Orientierung an Jesus. Zur Theologie der Synoptiker. Für Josef
Schmid (hg. v. P. *Hoffmann*), Freiburg 1973, 37 ff.; R. H. *Hiers,* The Problem of
the Delay of the Parousia in Luke-Acts, in: NTS 20 (1973/74), 145 ff.; U. *Wilckens*
(s. Anm. 6), 180 ff.; vgl. auch unten Anm. 10.36.67.

[9] Vgl. nur: W. G. *Kümmel,* Verheißung und Erfüllung. Untersuchungen zur
eschatologischen Verkündigung Jesu (AThANT 6), Zürich ³1956; G. *Klein,* ‚Reich
Gottes' als biblischer Zentralbegriff, in: EvTh 30 (1970), 642 ff.; E. *Gräßer,* Die
Naherwartung Jesu (SBS 61), Stuttgart 1973; *ders.,* Zum Verständnis der Gottesherrschaft, in: ZNW 65 (1974), 1 ff.

[10] So R. *Schnackenburg,* Gottes Herrschaft und Reich. Eine biblisch-theologische

Hinsichtlich der konkordanzmäßigen Erfassung des Befundes bei Lukas sind zunächst zwei Besonderheiten zu skizzieren:

1. Von den etwa 110 Stellen mit dem Hinweis auf das ‚Reich Gottes‘ bei den Synoptikern entfallen etwa ein Dutzend auf Mk, etwa 50 auf Mt und 39, vielleicht 41 (wenn 19,12.15 mitgerechnet werden) auf Lk. In 19 von 38 zum synoptischen Vergleich heranziehbaren Perikopen (Mk oder Mt/Mk) hat Lukas βασιλεία τοῦ θεοῦ hinzugefügt, in vielen von diesen Perikopen, besonders in den Gleichnissen, hat er diesen Hinweis gegenüber Mt (βασιλεία τῶν οὐρανῶν) nicht. In mindestens 5 Fällen (vielleicht 7) begegnet der Ausdruck im lk. Sondergut. Es kommen 6 Stellen in Apg expressis verbis und 2, in denen βασιλεία im Sinne von βασιλεία τοῦ θεοῦ verwendet ist, hinzu[11].

2. Nur Lukas kennt die Verbindung von βασιλεία τοῦ θεοῦ mit einem Ausdruck des Verkündigens: mit εὐαγγελίζεσθαι (Lk 4,43; 8,1; 16,16; Apg 8,12); mit κηρύσσειν (Lk 8,1; 9,2; Apg 20,25; 28,31); mit διαμαρτύρεσθαι (Apg 28,23); mit διαγγέλλειν (Lk 9,60); mit λέγειν (Apg 1,3); mit λαλεῖν (Lk 9,11)[12]; mit πείθειν (Apg 19,8)[13].

Etwa ein Viertel aller βασιλεία τοῦ θεοῦ-Belege bei Lukas ist mit Ausdrücken für das ‚Predigen‘ verbunden. Daß hier nicht Zufall,

Studie, Freiburg ⁴1965, 260 f. Inzwischen liegen einige diesbezügliche Untersuchungen vor (auf die hinsichtlich Mt/Mk im folgenden nicht eingegangen wird: zu Mt vgl. u. a. *A. Kretzer*, Die Herrschaft der Himmel und die Söhne des Reiches. Eine redaktionsgeschichtliche Untersuchung zum Basileiabegriff und Basileiaverständnis im Matthäusevangelium [SBM 10], Stuttgart 1971; zu Mk s. z. B. *W. H. Kelber*, The Kingdom in Mark. A New Place and a New Time, Philadelphia 1974): zu Lk vgl. bes. *B. Noack*, Das Gottesreich bei Lukas. Eine Studie zu Luk. 17,20—24 (SyBU 10), Lund 1948, bes. 39 ff.; *H. Conzelmann*, MdZ, 104 ff.; *ders.*, Reich Gottes I. 2. Im NT, in: RGG³ V, 916; *T. Wieser*, Kingdom and Church in Luke-Acts. Diss. Union Theol. Seminary New York 1962 (vgl. dazu Diss. Abstr. 23 [1962], 1438); *G. Voss* (s. Anm. 7), 25 ff.; *E. E. Ellis*, The Gospel of Luke (The Century Bible, New Edition 3), Radford 1966, 12 ff.; *I. H. Marshall*, Luke: Historian and Theologian, London 1970, 128 ff.; *S. S. Smalley*, Spirit, Kingdom and Prayer in Luke-Acts, in: NovTest 15 (1973), 59 ff.; *M. Völkel*, Zur Deutung des ‚Reiches Gottes‘ bei Lukas, in: ZNW 65 (1974), 57 ff. Noch nicht zugänglich war mir: *J. Schlosser*, Les dits du ‚Règne de Dieu‘ dans les Logia de Lc. et de Mt. Etude littéraire et théologique. Diss. theol. Straßbourg 1973/74 (vgl. BZ NF 18 [1974], 319).

[11] Vgl. *W. F. Moulton-A. S. Geden*, A Concordance to the Greek Testament, Edinburgh ⁴1970, 141 f. (s. v. βασιλεία); *R. Schnackenburg* (s. Anm. 10), 182 f.; *M. Völkel* (s. Anm. 10), 61 f. — Ich gehe im folgenden von der gut begründeten Annahme aus, daß LkEv und Apg den gleichen Verfasser haben (vgl. nur *W. G. Kümmel*, Einleitung in das Neue Testament, Heidelberg ¹⁷1973, 97 ff. 124 ff.).

[12] Vgl. auch *H. Jaschke*, ‚λαλεῖν‘ bei Lukas. Ein Beitrag zur lukanischen Theologie, in: BZ NF 15 (1971), 109 ff.

[13] Vgl. *R. Bultmann*, πείθω, in: ThW VI, 2: Ausdruck für „legitime apostolische Predigt“.

sondern überlegte Komposition waltet, läßt sich wahrscheinlich machen:

Das öffentliche Auftreten Jesu setzt im LkEv ein mit der Antrittspredigt Jesu in Nazareth (4,16 ff.) Diese kann ihrem Inhalt nach aus der Mk-Vorlage zwar nicht voll erschlossen werden, aber die Komposition des Lukas ist anhand der Mk-Vorlage klar erkennbar: Lukas zieht bewußt den Abschnitt Mk 6,1—6 vor und bringt ihn an keiner späteren Stelle im Ablauf seines Evangeliums, um programmatisch die Predigt Jesu an den Anfang seines Wirkens zu setzen[14]: In Jesu Predigttätigkeit ist das Heil gesetzt (4,21) und zugleich vollzieht sich an und mit ihr die Scheidung (4,23—30). Dem entspricht die erste, Jesu Lehren und Handeln (4,31—42) zusammenfassende, redaktionelle Bemerkung in 4,43: Es ist Jesu Auftrag: εὐαγγελίσασθαι . . . τὴν βασιλείαν τοῦ θεοῦ. Solche Hinweise auf die Verkündigung des Gottesreichs ziehen sich wie ein roter Faden durch das Evangelium und die Apg. Sie gehören sämtlich zur Redaktion des Lukas (4,43; 8,1; 9,2.11.60; 16, 16b; Apg 1,3.6; 8,12; 14,22; 20,25; 28,23.31). Für die Apg ist dabei besonders die Komposition zu beachten: Mit der Verkündigung des Auferstandenen über das Gottesreich setzt das Buch ein (1,3), und im letzten Vers dieses Werkes heißt es zusammenfassend von Paulus: κηρύσσων τὴν βασιλείαν τοῦ θεοῦ .. ἀκωλύτως (28,31). In der Abschiedsrede des Paulus in Milet aber ist als das bleibende Vermächtnis des Apostels für die Kirche seine Verkündigung der βασιλεία genannt (20,25).

Damit ist notwendig die Frage nach dem Inhalt der Predigt von der βασιλεία τοῦ θεοῦ gegeben:

Einzusetzen ist in der Apg: Dreimal nämlich wird in ihr die βασι-

---

[14] Vgl. W. G. *Kümmel*, Einleitung, 32. 102; W. *Eltester*, Israel im lukanischen Werk und die Nazarethperikope, in: E. *Gräßer*, A. *Strobel*, R. C. *Tannehill*, W. *Eltester*, Jesus in Nazareth (BZNW 40), Berlin 1972, 76 ff. 131 ff.; R. C. *Tannehill*, The Mission of Jesus according to Luke IV 16—30, ebd. 51 f. Zur sehr konträren Diskussion über die Antrittsrede vgl. auch nachstehende Untersuchungen, auf die im folgenden implizit Bezug genommen wird: Die bei B. *Reicke*, Jesus in Nazareth — Lk 4,14—30, in: Das Wort und die Wörter, Festschrift für Gerhard Friedrich zum 65. Geburtstag (hg. v. H. *Balz* u. S. *Schulz*), Stuttgart 1973, 54 A. 1 Genannten; dazu P. *Stuhlmacher*, Das paulinische Evangelium I (FRLANT 95), Göttingen 1968, 225 ff.; K. *Löning*, Lukas — Theologe der von Gott geführten Heilsgeschichte [Lk, Apg], in: *J. Schreiner* (Hg.), Gestalt und Anspruch des Neuen Testaments, Würzburg 1969, 200 ff. bes 215 ff.; H. *Schürmann*, Zur Traditionsgeschichte der Nazareth-Perikope Lk 4,16—30, in: Mélanges Bibliques en hommage au Béda Rigaux (ed. A. *Descamps* et A. *de Halleux*), Gembloux 1970, 187 ff. (187 A. 1 Lit.); M. *Völkel* (s. Anm. 10), 63 ff.

λεία τοῦ θεοῦ interpretiert (8,12; 28,23.31): In 28,31 ist die Verkündigung des Gottesreichs gleichgeordnet mit διδάσκων τὰ περὶ τοῦ κυρίου Ἰησοῦ Χριστοῦ, und in 28,23 wird die Bezeugung des Gottesreichs mit dem Bemühen des Paulus, die Hörer „vom Gesetz des Mose und von den Propheten her von Jesus zu überzeugen", „ineinsgesetzt"[15], in 8,12 aber sind die Verkündigung des Gottesreichs und ‚des Namens Jesu Christi' sich interpretierend nebeneinandergestellt. An allen drei Stellen ist mit dem Hinweis auf Jesus der Inhalt der Botschaft vom Reich im umfassenden Sinne gegeben, indem τὰ περὶ τοῦ Ἰησοῦ bzw. τὸ ὄνομα Ἰησοῦ Χριστοῦ ein vollständiges Bild des Wirkens Jesu (einschließlich des Todes und seiner Auferstehung) kennzeichnen und darum der „Inhalt des Evangeliums"[16] sind. Dieser Inhalt erschöpft sich für Lukas nicht in den ihm überkommenen kerygmatischen Formeln der von ihm gestalteten zahlreichen Predigten in der Apg, sondern er ist ihm vor allem in seinem (Lk-)Evangelium gegeben, wie auch die Apg zu zeigen vermag: Hatte schon U. Wilckens an Apg 10,34—42 nachgewiesen[17], daß diesem Abschnitt der Aufriß des LkEv zugrunde liegt und diese ‚Predigt' des Petrus vor Kornelius und seinem Hause eine Zusammenfassung des LkEv bietet, so ist ein zwar nicht so umfassender, aber ebenso deutlicher Hinweis in Apg 28,23 gegeben, wo Jesus in den heilsgeschichtlichen Zusammenhang eingeordnet wird und wo somit auf die Grundstruktur des lk. Aufrisses und Denkens im LkEv verwiesen wird.

Die inhaltliche Spezifizierung der lk. Predigt hat darum sachgemäß im LkEv einzusetzen, und zwar am besten in Lk 16,16, wo diese heilsgeschichtliche Einordnung zum Tragen zu kommen scheint: ‚Das Gesetz und die Propheten gehen bis Johannes. Danach (oder: seit damals) wird das Gottesreich verkündigt, und jeder dringt in es hinein (oder: wird in es hineingedrängt).'

---

[15] So G. Stählin, Die Apostelgeschichte (NTD 5), Göttingen ¹²1968, 327; vgl. H. Conzelmann, MdZ, 204. 104 ff.; ders., Die Apostelgeschichte (HNT 7), Tübingen ²1972, 159; G. Delling, Das Letzte Wort der Apostelgeschichte, in: NovTest 15 (1973), 193 ff.

[16] Vgl. H. Conzelmann, Apg, 159; G. Stählin, Apg, 327 (mit Verweis auf Apg 8, 35; 9,15. 20. 27 f.; 18,25; 24,24); G. Delling, Anm. 15; anders z. T. E. Haenchen, Die Apostelgeschichte (MeyerK III), Göttingen ¹²1959, 647.

[17] Vgl. U. Wilckens, Kerygma und Evangelium bei Lukas (Beobachtungen zu Acta 10, 34—43), in: ZNW 49 (1958), 224 ff.; ders., Die Missionsreden der Apostelgeschichte. Form- und traditionsgeschichtliche Untersuchungen (WMANT 5), Neukirchen ²1963, 63 ff.; U. Luck, Kerygma, Tradition und Geschichte bei Lukas, in: ZThK 57 (1960), 58 f.; P. Stuhlmacher (s. Anm. 14), 277 A. 2.

Zur Stelle heißt es bei *H. Conzelmann:* „Den Schlüssel für die heilsgeschichtliche Ortsbestimmung bietet ... Lc 16,16. Für diese Stelle hat die Reich-Gottes-Verkündigung ... vor Jesus keine Vorgeschichte." Das aber heißt: Erst von Jesus an gibt es die Reichspredigt, jedoch „nicht etwa die Nähe des Reiches, sondern die Zeit, da es verkündigt wird"[18].

Lk 16,16 hat weder im Kontext noch im Aufbau des Lk die von *Conzelmann* u. a. betonte zentrale Stellung. Auch läßt sich sprachlich zur Stelle und sachlich im LkEv mit größerer Wahrscheinlichkeit zeigen, daß Johannes der Täufer in die Zeit der Reichsbotschaft gehört. Vor allem aber läßt sich die Gegenüberstellung Täufer—Jesus diesem Beleg nicht entnehmen, sondern nur, daß auf die Zeit von ‚Gesetz und Propheten' die Zeit der βασιλεία τοῦ θεοῦ folgt. Nicht von der Zeit Jesu, sondern von der weltweiten Verkündigung der Reichsbotschaft ist die Rede, die allerdings, wie die Zuordnung und Verklammerung in 16,16 zeigen, für Lukas nur in der heilsgeschichtlichen Kontinuität Verkündigung der βασιλεία τοῦ θεοῦ ist[19]. Ist aber in der Gestalt des Täufers diese heilsgeschichtliche Kontinuität fixiert, dann ist sachgemäß auf jenen Punkt des LkEv verwiesen, an dem Jesu Wirksamkeit in Wort und Tat einsetzt: Die Wende im LkEv von Johannes dem Täufer zu Jesus, von Lk 3 zu Lk 4.

Johannes der Täufer ist auch nach Lukas (3,1—20) der Vorbereiter des Messias[20]. Und wenn er dennoch im LkEv stärker als bei Mk/Mt vom Gottesreich geschieden ist und im LkEv sich der Täufer und Jesus deutlicher einander ablösen, so ist das im Verständnis des Reiches Gottes bei Lukas begründet. Lukas nämlich zieht aus der bei ihm und Mt gleich überlieferten Täuferbotschaft (Q) von dem, der kommen wird, um mit dem Hlg. Geist und mit Feuer zu taufen (Mt 3,11/Lk 3,16), Konsequenzen für sein Verständnis des Gottesreichs.

Einzusetzen ist bei Jesu Taufe: Der Täufer tritt praktisch ab, bevor

---

[18] MdZ, 17. 105. 103.

[19] Vgl. die Nachweise bei *W. G. Kümmel,* ‚Das Gesetz und die Propheten gehen bis Johannes' — Lukas 16,16 im Zusammenhang der heilsgeschichtlichen Theologie der Lukasschriften, in: Verborum Veritas, Festschrift für Gustav Stählin zum 70. Geburtstag (hg. v. *O. Böcher* und *K. Haacker*), Wuppertal 1970, 89 ff.; *P.-H. Menoud,* Le sens du verbe BIAZETAI dans Lc 16,16, in: Mélanges Bibliques en hommage au Béda Rigaux, Gembloux 1970, 207 ff.; *E. Kränkl,* Jesus der Knecht Gottes. Die heilsgeschichtliche Stellung Jesu in den Reden der Apostelgeschichte (BU 9), Regensburg 1972, 93 ff.

[20] Vgl. z. B. *W. Wink,* John the Baptist in the Gospel Tradition (SNTS 7), Cambridge 1968, 42 ff.; *E. Kränkl,* aaO. (Anm. 19).

Jesus getauft wird (3,20). Daß Jesus dennoch von ihm getauft wurde, wird lediglich in einem Nachtrag festgestellt (3,21). Dadurch aber gewinnt nicht die Taufe durch den Täufer, sondern die — gegenüber Mk/Mt noch verstärkte — Betonung der Geistbegabung Jesu bei der Taufe Gewicht (Lk 3,21 par.; Mk 1,10 f.; Mt 3,16 f.), die vor allem Volk öffentlich ausgewiesen wird.

So ist es im lk. Aufriß der Wirksamkeit Jesu nur folgerichtig, daß am Beginn der Wirksamkeit Jesu die Kraft des auf ihm ruhenden Geistes elementare Bedeutung erlangt. Allein bei Lk (4,1) heißt es: Jesus ging voll des Hlg. Geistes in die Wüste, obwohl — entsprechend der Überlieferung (Mk 1,12; Mt 4,1) — außerdem betont wird, daß der Geist ihn in die Wüste führt. Und im Anschluß an die Versuchungsgeschichte führt allein Lukas an (4,14), daß Jesus ‚in der Kraft des Geistes nach Galiläa ging‘[21]. Ebenso zielt die sich anschließende programmatische Antrittsrede Jesu in der Anwendung des alttestamentlichen Zitats (Jes 61,1 f.; 58,6)[22] in 4,18 darauf, Jesus als den auszuweisen, auf dem das πνεῦμα κυρίου, der Geist Gottes ruht. Nur weil der Geist Gottes auf Jesus ruht, weil Gott der in Jesus handelnde ist, vermag Jesus die aus Jesaja zitierte Botschaft auf sich zu beziehen. Somit sind das εὐαγγελίζεσθαι und κηρύσσειν — nach dem Zitat im ‚angenehmen Jahr des Herrn‘ (4,19) — bei Lukas im ‚Heute‘ des Heils (4,21 ff.) und darum in Jesu Gegenwart gegeben. Εὐαγγελίζεσθαι und κηρύσσειν aber bedingen einander in der bereits angeführten ersten redaktionellen Zusammenfassung der Wirksamkeit Jesu in 4,43 f. als Jesu Verkündigung der βασιλεία τοῦ θεοῦ[23]. D. h.: Nach dem Aufriß in Lk 4 ist in Jesu Wort und Tat der Inhalt seiner Predigt, das Reich Gottes gegeben.

Dieses Ergebnis hat die Durchmusterung einiger zentraler Stellen der Verkündigung Jesu im LkEv im Blick zu behalten, weil an die-

---

[21] S. auch *C. K. Barrett*, The Holy Spirit in the Gospel Tradition, London 1947, 101; *E. Schweizer*, πνεῦμα, in: ThW VI, 402; *G. W. H. Lampe*, The Holy Spirit in the Writings of St. Luke, in: Studies in Memory of Robert Henry Lightfoot (ed. *D. E. Nineham*), Oxford 1955, 159 ff. 170 f.; *H. Conzelmann*, MdZ, 168.

[22] Zum Zitat vgl. *M. Rese*, Alttestamentliche Motive in der Christologie des Lukas (StNT 1), Gütersloh 1969, 143 ff.; *T. Holtz*, Untersuchungen über die alttestamentlichen Zitate bei Lukas (TU 104), Berlin 1968, 39 ff.

[23] Vgl. auch *P. Stuhlmacher* (s. Anm. 14), 229: „Lk 4,43 ist das auf den ersten Blick altertümlich erscheinende εὐαγγελίζεσθαι τὴν βασιλείαν τοῦ θεοῦ ... höchst reflektierte lukanische Formulierung." — Εὐαγγελίζεσθαι begegnet 10mal im LkEv gegenüber 1mal bei den sonstigen Synoptikern (Mt 11,5) und 15mal in Apg.

sem Punkt in der redaktionsgeschichtlichen Erforschung des lk. βασιλεία-Verständnisses weitreichende Thesen aufgestellt wurden. Repräsentant dafür ist *H. Conzelmann:* Die lk. Wendung von der Verkündigung der βασιλεία τοῦ θεοῦ sei ein Kennzeichen dafür, daß dieses
Reich in der Ferne liege, ja Lukas habe diese Ausdrucksweise geschaffen, um nicht mehr von der Nähe des Reiches sprechen zu müssen. An
die Stelle der Nähe tritt die Botschaft vom Reich. Aber „zur Zeit des
Erdenlebens Jesu" ist das Reich „noch nicht da. Gegenwärtig, sichtbar
sind aber die messianischen Manifestationen", wie sie nach dem Je-
saja-Zitat in 4,18 ff. zum Ausdruck kommen[24]. Erst die Parusie selbst
wird das Reich bringen, jetzt ist nur ein „*Bild*" dieses Reiches sichtbar.
In der „Zwischenzeit stehen die Jünger für den Meister", wie die Apg
und die Anweisungen Jesu an seine Jünger im LkEv zeigen[25]. Hinter
dieser Ansicht verbirgt sich ein Verständnis, demzufolge „das Reich
Gottes, weit entfernt, vergeschichtlicht zu werden, in die metaphysi-
sche Ferne rückt"[26]. *Conzelmann* sieht das Reich Gottes bei Lukas
unter dem Gesichtspunkt der Parusieverzögerung, deren immanentes
Ergebnis die „Zeit der Kirche" ist, in der man auf das ‚Leben Jesu'
als „Typos des Heils" für die Gegenwart zurückblicken kann. Dadurch bleibt Jesus zwar die historisch einmalige, entscheidende Gestalt
im Ablauf der Heilsgeschichte, er repräsentiert die „Mitte der Zeit",
aber er ist nicht mehr das eschatologische Ereignis. Darum kann in
Jesu Handeln und Reden nur das für die βασιλεία τοῦ θεοῦ Typische,
das das Wesen des Gottesreichs Charakterisierende in den Blick treten,
nicht mehr das Reich Gottes selbst[27].

In der Auseinandersetzung mit dem Verständnis des Reiches Gottes bei *Conzelmann* (u. a.) ist erneut zur Antrittspredigt und der ersten Zusammenfassung des Wirkens Jesu als Verkündigung des Reiches Gottes in Lk 4,43 zurückzukehren. Denn es gehört zum Auffal-
lendsten in der Argumentation *Conzelmanns,* daß die Geistbegabung
Jesu fast völlig außer acht bleibt. Der Geist ist für ihn nur der Ersatz
für die ausgebliebene Parusie, der der Gemeinde die Kraft des Durch-
haltens schenkt, er ist nicht die eschatologische Gabe, sondern historisch konstatierbar in der Beschreibung einer Kirche, die sich nicht als
die Gemeinde der Endzeit versteht. Und insofern der Geist auf Jesus
ruht, ist er „nicht mehr eschatologisch bezogen, sondern auf das histo-

---

[24] MdZ, 105. 113. 24 f. (vgl. auch ebd. 111 ff.).
[25] MdZ, 98.   [26] MdZ, 104.
[27] MdZ, 172 ff.; vgl. auch *W. G. Kümmel,* Einleitung, 112 ff.

rische Wirken Jesu und das jetzige Sein der Kirche zugeordnet"[28]. Diese Sicht läßt sich weder in Lk 4 noch überhaupt bei Lukas halten, weil hier die Geistbegabung Jesu konstitutiv für die Erfüllung der Schrift und damit für das ‚Heute' der Verkündigung ist, die sich in der Verkündigung der βασιλεία τοῦ θεοῦ manifestiert. Entscheidend dabei ist, daß der Geist auf Jesus bleibt und seine Geistbegabung durch Gott ihn zum alleinigen Geistträger im LkEv macht. Die Geschichte Jesu läßt sich im LkEv nur durch das Wirken des Geistes und das heißt durch das Handeln des die Heilsgeschichte lenkenden Gottes verstehen, und darum ist der Geist — wie *U. Luck* zutreffend gegenüber *Conzelmann* eingewandt hat — keineswegs „nur ein Theologumenon, oder gar ein schriftstellerisches Mittel zur Abhebung der neuen Epoche der Kirche innerhalb" der „heilsgeschichtlichen Theorie"[29].

Das aber hat unmittelbare Auswirkung auf das Verständnis der Botschaft Jesu vom Reich Gottes bei Lukas. Dann ist nämlich in Jesus das Reich und damit Gottes Handeln da und nicht nur das Wesen eines fernen Reiches, dann kann nicht nur von einer bildhaften Gegenwart gesprochen werden, sondern von der Gegenwart des Heils selbst[30]. Lk 11,20 heißt es in einem auch bei Mt (12,28 Q) begegnenden Wort Jesu: ‚Wenn ich mit dem Finger (bei Mt: mit dem Geist) die Dämonen austreibe, ist das Reich Gottes schon zu euch gelangt.'[31] Diese heute auch sprachlich gesicherte Übersetzung[32] erlaubt folgendes Verständnis: In Jesu Gegenwart, in Jesu Tun geschieht bereits

---

[28] MdZ, 171; vgl. ebd. 168.   [29] So *U. Luck* (s. Anm. 17), 64. 59. u. ö.

[30] Vgl. *R. Schnackenburg* (s. Anm. 10), 95; *H. Flender*, Heil und Geschichte in der Theologie des Lukas (BEvTh 41), München 1965, 135 A. 274.

[31] Sollte in Lk 11,20 die ursprünglichere Form des Wortes überliefert sein, dann deckt sich diese mit dem lk. Verständnis von Jesus als dem alleinigen Geistträger (vgl. auch die Erwägungen bei *E. Schweizer* [s. Anm. 21], 405). Die daraus sich ergebenden Implikationen für die Aufnahme des Traditionsgutes durch ‚Lukas' können hier nicht erörtert werden. Für Lk 11,20 als ursprünglich plädieren z. B. *D. Lührmann*, Die Redaktion der Logienquelle (WMANT 33), Neukirchen 1969, 33; *S. Schulz*, Q. Die Spruchquelle der Evangelisten, Zürich 1972, 205 und A. 218 ebd.; für eine in Mt 12,28 ursprünglichere Form *Th. Lorenzmeier* vermutungsweise: Zum Logion Mt 12,28; Lk 11,20, in: Neues Testament und christliche Existenz. Festschrift für Herbert Braun zum 70. Geburtstag (hg. v. *H. D. Betz* u. *L. Schottroff*), Tübingen 1973, 290 f. — Das Wort darf als eines der am sichersten eruierbaren Worte Jesu gelten: vgl. z. B. *W. G. Kümmel*, aaO. (s. Anm. 9), 98 ff.; *E. Gräßer*, Zum Verständnis der Gottesherrschaft (s. Anm. 9), 1 ff. in kritischer Auseinandersetzung mit den unzureichend begründeten Thesen von *Th. Lorenzmeier*, aaO., 289 ff.

[32] Vgl. *W. G. Kümmel*, aaO. (s. Anm. 9), 99 ff.; *G. Fitzer*, φθάνω, in: ThW IX, 93.

endzeitliches Heil. Indem Jesus dieses Wort sagt, verkündigt er die Gegenwart des Reiches Gottes in seiner Person. Auf diese Gegenwart kommt es Lukas an, wie 17,20 f. zeigt, eine Stelle, die zum lk. Sondergut gehört und in „innerem Zusammenhang" mit Lk 11,20 steht[33]. Sie ist zunächst nur auf ihre Gegenwartsaussage hin zu befragen. Auf die Frage, wann das Reich Gottes komme, antwortet Jesus: ‚Siehe, das Reich Gottes ist inmitten unter euch.‛ In dieser ebenfalls gesichert geltenden Übersetzung[34] wird bereits das Anliegen deutlich: Nur wenn man Jesu Botschaft vom Reich hört und annimmt, dann kann man auch seine Gegenwart erkennen[35]. Gibt es auch nur wenige Belege bei Lukas (etwa Lk 10,18.23), wo die Gegenwart des Reiches Gottes in Jesus expressis verbis genannt wird, so ist doch diese Gegenwart des Reiches in der Person Jesu mittelbar im LkEv dort bezeugt, wo in Jesus die Liebe Gottes für den Menschen, für den Sünder da ist, wo das Verlorene und die Verlorenen gefunden, das Heil für die Armen bezeugt und das Heute des Heils dem Einzelnen zur Gegenwart wird (vgl. etwa Lk 7,22 f.; 15; 19,1 ff. u. ö.).

Indem Lukas in so starkem Maße die Gegenwart des Gottesreichs in der Person Jesu betont, die in der Antrittspredigt (4,18—21) ihren Ausgangspunkt und in der Geistbegabung durch Gott ihren Grund hat, wird die Jesuszeit als die entscheidende, Gegenwart bleibende Heilszeit qualifiziert. Das geschieht besonders auch dadurch, daß Lukas die Auferstehung Jesu in dessen irdische Periode einbezieht, die mit der Himmelfahrt ihren Abschluß findet (Lk 24,7.19—27.50—53; Apg 1,1—14)[36]. Denn indem der Auferstandene und doch Gegenwärtige vom Gottesreich spricht (Apg 1,3), aber die baldige Aufrichtung dieses Reiches verneint und stattdessen auf die Verheißung des Geistes und den Auftrag zur Weltmission verweist (Apg 1,6—8), bindet Lukas auch für die Kirche das Reich Gottes an die Heilsgegenwart Jesu.

---

[33] So G. Fitzer, aaO. (s. Anm. 32), 93 A. 26.

[34] Vgl. W. G. Kümmel, aaO. (s. Anm. 9), 26 ff.

[35] S. W. Grundmann, Das Evangelium nach Lukas (ThHK III), Berlin ⁵1969, 338 ff.

[36] Vgl. zu diesem vielschichtigen Komplex P. Schubert, The Structure and Significance of Luke 24, in: Neutestamentliche Studien für Rudolf Bultmann zu seinem 70. Geburtstag (hg. v. W. Eltester) (BZNW 21), Berlin ²1957, 165 ff.; U. Wilckens (s. Anm. 6), 182 u. A. 41 ebd.; E. Franklin (s. Anm. 8), 191 ff.; G. Friedrich, Lk 9,51 und die Entrückungschristologie des Lukas, in: Orientierung an Jesus. Zur Theologie der Synoptiker. Für Josef Schmid, Freiburg 1973, 48 ff. bes. 55 ff.; G. Lohfink, Die Himmelfahrt Jesu. Untersuchungen zu den Himmelfahrts- und Erhöhungstexten bei Lukas (StANT 26), München 1971, 74 ff. 147 ff. 251 ff. u. ö.

Damit gewinnt die Thematik des Gottesreichs für die lk. Komposition zentrale Bedeutung: Denn nicht die Parusieverzögerung ist das
primäre Problem für Lukas[37], sondern wie die bleibende Gegenwart
Jesu für die Kirche einsichtig gemacht werden kann. Dieses Problem
aber wird bei Lukas durch sein Verständnis des Gottesreichs gelöst.

Es gilt, im folgenden aufzuzeigen, daß bei Lukas die bleibende Gegenwart Jesu die positive Antwort auf das Ausbleiben der Parusie
darstellt.

Viermal wird in den lk. Schriften ausdrücklich gefragt, wann das
Reich Gottes komme: 17,20; 19,11; 21,5 ff.; Apg 1,6 f. Alle vier Stellen sind redaktionell. Daß das Reich Gottes eine künftige, erwartete
Größe ist, weiß Lukas nicht nur aus seiner Tradition, es gehört ihm
zum festen Bestand der Verkündigung Jesu, gerade weil er die Gegenwart dieses Reiches in der Person Jesu besonders hervorhebt[38]. Aber
die Naherwartung des Gottesreichs tritt in den lk. Schriften deutlich
zurück. Sie ist jedoch nicht beseitigt: In Lk 10, einem aus Q und eigener Komposition gestalteten Kapitel[39], wird in der Aussendung der
70 Jünger ihnen als Verkündigungsauftrag mitgegeben (V. 9): ‚sagt
ihnen: ἤγγικεν ἐφ’ ὑμᾶς ἡ βασιλεία τοῦ θεοῦ‘. Dieses Wort ist ohne
ἐφ’ ὑμᾶς aus Q übernommen. In 10,11 aber wird — entgegen der
Q-Fassung — von Lukas hinzugefügt: Wenn die Jünger bei ihrer Missionsarbeit abgewiesen werden, dann sollen sie daran erkennen, ὅτι
ἤγγικεν ἡ βασιλεία τοῦ θεοῦ.

Man wird diese Worte in doppelter Weise im lk. Rahmen zu sehen
haben:

1. Sie dienen im Zusammenhang von Kap. 10 als Ruf zur Buße.
Denn in V. 9 ist die Zufügung ἐφ’ ὑμᾶς Applikation auf die Hörer
der Jüngerpredigt und in V. 11 entscheidet die Stellung zwischen V. 10

---

[37] Das ist in der neueren Forschung zur lk. Theologie öfter betont worden, vgl.
stellvertretend für viele: *G. Braumann*, Das Mittel der Zeit. Erwägungen zur
Theologie des Lukasevangeliums, in: ZNW 54 (1963), 117 ff. 145.
[38] Vgl. z. B. *W. G. Kümmel*, Die Theologie des Neuen Testaments nach seinen
Hauptzeugen. Jesus · Paulus · Johannes (NTD Ergänzungsreihe 3), Göttingen ²1972,
30 ff.; *E. Lohse*, Grundriß der neutestamentlichen Theologie (ThWiss 5), Stuttgart
1974, 25 ff.
[39] Vgl. hierzu und zum folgenden *D. Lührmann* (s. Anm. 31), 59. 94. 96;
P. Hoffmann, Studien zur Theologie der Logienquelle (NTA NF 8), Münster 1972,
272 ff. 298 ff. u. ö.; *S. Schulz* (s. Anm. 31), 404 ff.; *ders.*, ‚Die Gottesherrschaft ist
nahe herbeigekommen‘ (Mt 10,7/Lk 10,9). Der kerygmatische Entwurf der Q-Ge-
meinde Syriens, in: Das Wort und die Wörter. Festschrift für Gerhard Friedrich
zum 65. Geburtstag, Stuttgart 1973, 57 ff. (ohne auf die Problematik dieser Ausführungen hier eingehen zu können).

und V. 12 für den Bußruf (V. 12: ‚Ich sage euch, Sodom und Go-
morrha wird es an jenem Tage erträglicher gehen als jener Stadt')[40].
Ist damit gesagt, daß noch eine letzte Möglichkeit zur Umkehr
bleibt, so ist dieser Sachverhalt ohne ausdrücklichen Hinweis auf
die Nähe des Reiches mehrfach im LkEv ausgesprochen: So zeigen
z. B. der Bußruf des Täufers (Lk 3,7—10; Q) wie das Gleichnis vom
Feigenbaum (Lk 13,6—9)[41] die unmittelbare Nähe des Gerichts (vgl.
auch Lk 12,16—20[42].35—48.54 f.58 ff.42; 18,7 ἐν τάχει[43]).

2. Es ist bezeichnend, daß nach Lukas die Jünger von der Nähe des
Reiches sprechen. Das entspricht der von Lukas in seinem gesamten
Evangelium durchgehaltenen Anschauung, daß allein in der Person
Jesu das Reich Gottes da ist, nicht aber in seinem Jüngerkreis. In die-
sem Sinn ist auch Lk 12,32 zu verstehen: Fürchte dich nicht, du kleine
Herde, es hat Gott beschlossen, euch das Reich zu geben[44]. Diese Ver-
heißung steht im Rahmen einer Jüngerbelehrung (Lk 12,1—59) im
Anschluß an den Ruf, auf Gott und nicht auf Besitz zu vertrauen.
Und wenn hieran eine „Sammlung von Sprüchen" anschließt, „die zu
verantwortlicher Einstellung auf die Zukunft des Gottesreiches mahnen" und darum zum Wachen angesichts dieser Zukunft und zur
„Wahrnehmung der gegenwärtigen Zeit" aufrufen[45], dann wird hier
gerade nicht die Gegenwart des Gottesreichs im Jüngerkreis, sondern
die Anwartschaft darauf zum Ausdruck gebracht. Darum schließlich
wird gerade in diesem Kapitel zum Suchen der Gottesherrschaft aufgerufen (12,31).

Erweist sich die Anführung der Nähe des Reiches an den genannten
Stellen als bewußte lk. Komposition, so ist, bevor der — ebenfalls
von Lukas gestellten und beantworteten — Frage nachzugehen ist,
wann denn nun wirklich das Gottesreich nahe ist, in diesem Zusam-

---

[40] Vgl. W. *Grundmann*, Lk, 210; E. *Klostermann*, Das Lukasevangelium
(HNT 5), Tübingen ²1929, 115 f.

[41] Anders z. B. E. *Gräßer*, Parusieverzögerung, 197 A. 3.

[42] Vgl. *J. Dupont* (s. Anm. 8), 38 f. 46 f. (passim). Zum Folgenden s. auch *R. Gei-*
ger (s. Anm. 5), 266 f.; *R. H. Hiers* (s. Anm. 8), 152 ff.; anders etwa die (kritisch zu sichtenden) Ausführungen von *G. Klein*, Die Prüfung der Zeit (Lukas
12,54—56), in: ZThK 61 (1964), 373 ff.

[43] Vgl. auch *C. E. B. Cranfield*, The Parable of the Unjust Judge and the
Eschatology of Luke-Acts, in: SJTh 16 (1963), 298; dazu *R. H. Hiers* (s. Anm. 8),
153.

[44] Vgl. auch *W. G. Kümmel* (s. Anm. 38), 32 ff.

[45] Vgl. die Erläuterungen bei *U. Wilckens*, Das Neue Testament, Hamburg ²1971,
257 ff.

menhang eine Besonderheit des lk. βασιλεία-Verständnisses aufzuzeigen.

Die angeführten Stellen befinden sich in dem 9,51 beginnenden und bis 19,27 reichenden sog. ‚Reisebericht‘, jenem Abschnitt, der vornehmlich Sondergut des Lukas enthält[46]. Dieser Abschnitt, der Jesu Weg nach Jerusalem darstellen will (9,51; 13,22; 17,11; 19,11), enthält in Wirklichkeit ausgiebig Jüngerbelehrung. Diese Jüngerbelehrung aber dient dem lk. βασιλεία-Verständnis, um die bleibende Heilsgegenwart Jesu für Stellung und Leben der Jünger in der Welt zu charakterisieren.

Das trifft besonders für die Gleichnisse in diesem Abschnitt zu: Auch ein nur kurzer Vergleich mit Mt zeigt, daß die eschatologischen Gleichnisse des Mt mit ihrer gängigen Einleitung: ὡμοιώθη ἡ βασιλεία τῶν οὐρανῶν u. ä.[47] im LkEv — sofern sie Parallelen haben — zu paradigmatischen ohne diese Einleitungsformel umgestaltet wurden[48]. Sind wesentliche Gleichnisse bei Mt auf die ausstehende eschatologische Basileia ausgerichtet, so bei Lukas vornehmlich auf das christliche Leben (vgl. nur 10,29—37; 15,11—32; 18,8—14). Besonders auffällig ist dabei das Gleichnis vom großen Abendmahl (Mt 22,1—14/Lk 14, 16—24): Bei Mt handelt es sich um ein Reichsgleichnis, in dem ein „Abriß der Heilsgeschichte"[49] gegeben wird, bei Lk um den Auftrag Jesu an seine Jünger zur Mission, die immer neu wahrzunehmen ist. Dieses Gleichnis ist „in hohem Maße missionarisch geprägt und ausgerichtet". Nicht nur die paränetische Ausrichtung, bedingt durch Lk 14,12—14, Arme einzuladen, auch die Mahnung, das Angebot unbedingt ernst zu nehmen, in V. 18—20, zeigen die Gegenwart der missionierenden Gemeinde[50]. Ist hier auch nicht, wie *Conzelmann* und

---

[46] Zur neueren Diskussion vgl. *W. G. Kümmel*, Einleitung, 110 f.; zu Einzelheiten s. *H. Flender* (s. Anm. 30), 70 ff.; *D. Gill*, Observations on the Lukan Travel Narrative and Some Related Passages, in: HThR 63 (1970), 199 ff. (bes. 199 A. 1); *P. von der Osten-Sacken*, Zur Christologie des lukanischen Reiseberichts, in: EvTh 33 (1973), 476 ff.; *P. S. Minear*, Jesus' Audiences. According to Luke, in: NovTest 16 (1974), 81 ff. bes. 89 ff.

[47] Zur Thematik bei Mt vgl. *E. Schweizer*, Zur Sondertradition der Gleichnisse bei Matthäus, in: Tradition und Glaube. Das frühe Christentum in seiner Umwelt. Festgabe für Karl Georg Kuhn zum 65. Geburtstag (hg. v. *G. Jeremias, H.-W. Kuhn* und *H. Stegemann*), Göttingen 1971, 277—282.

[48] Vgl. *E. Gräßer*, Parusieverzögerung, 196 ff.; *P. von der Osten-Sacken* (s. Anm. 46), 493.

[49] So *J. Jeremias*, Die Gleichnisse Jesu, Göttingen ⁸1970, 176.

[50] Vgl. *F. Hahn*, Das Gleichnis von der Einladung zum Festmahl, in: Verborum Veritas. Festschrift für Gustav Stählin, Wuppertal 1970, 51 ff. bes. 72 ff.; *A. Vögtle*,

E. Gräßer meinen, unmittelbar das Problem der Parusieverzögerung angesprochen[51], sondern auf Jesus verwiesen, der die Jünger — kollektiv zusammengefaßt in dem einen Knecht — aussendet, es gibt die missionarische Situation der auf Jesu Wort gründenden Kirche wieder, für die die Basileia — im Bilde des Mahls gesehen — das Ziel bleibt. In diesem Sinne entspricht es der Auswahl und Motivierung des „Gleichnisgutes" bei Lukas, von dem *Gräßer* im ganzen zutreffend sagt, es entspringe einer „eschatologischen Grundkonzeption, die nicht auf Nähe, sondern auf Dauer eingestellt ist"[52], freilich — so muß hinzugefügt werden — aufgrund der betonten Heilsgegenwart des Reiches in Jesus.

Der Ruf Jesu in die Nachfolge (9,60.62), die Weisungen an Einzelne wie an einen größeren Jüngerkreis (Kap. 10), die βασιλεία τοῦ θεοῦ zu verkünden, die missionarische Situation der Kirche, die im Lichte der Gegenwart Jesu gesehen und darum in das LkEv projiziert wird, dienen Lukas dazu, keinen Zweifel daran zu lassen, daß die ‚Zeit der Kirche' an Jesus gebunden ist und nur unter seinem ständigen Ruf zur Wachsamkeit (vgl. Kap. 12) und seinem Ansporn, auf das Eingehen in die βασιλεία τοῦ θεοῦ schon jetzt auf Erden gerüstet zu sein (vgl. etwa Lk 18,16.17.24.25[53]), ihren Sinn erhält. Das kommende Gottesreich, um das die Jünger auf Jesu Geheiß hin bitten sollen (Lk 11,2)[54], bleibt Triebkraft und Ziel in ihrer Gegenwart, weil diese in Jesu Gegenwart ihren Grund hat. Die Bewältigung des Problems der bleibenden Gegenwart Jesu ist die gemeinsame Grundlage für das christologische, eschatologische, ekklesiologische und paränetische Anliegen des lk. Reiseberichts.

Es bleibt ausgesprochen und unausgesprochen die Frage: Wann kommt das Gottesreich?

Am Beginn aller Abschnitte über Nachfolge, Mission und christliches Leben der Gemeinde steht eines der wichtigsten Worte: In Abwandlung von Mk 9,1 ‚und er sagte ihnen: Amen ich sage euch: einige der hier Stehenden werden nicht schmecken den Tod, bis sie sehen das

---

Die Einladung zum großen Gastmahl und zum königlichen Hochzeitsmahl. Ein Paradigma für den Wandel des geschichtlichen Verständnishorizonts, in: *ders.*, Das Evangelium und die Evangelien, Kommentare und Beiträge zum Alten und Neuen Testament, Düsseldorf 1971, 171 ff. bes. 199 ff.

[51] So *H. Conzelmann*, MdZ, 102; *E. Gräßer*, Parusieverzögerung, 196.

[52] S. *E. Gräßer*, Parusieverzögerung, 198 (dort gesperrt).

[53] Vgl. *W. Grundmann*, Lk, 354 f.; *H.-J. Degenhardt* (s. Anm. 7), 136 ff. 149 ff.

[54] Vgl. *S. S. Smalley* (s. Anm. 10), 59 ff. 68 f.

Gottesreich kommen in Kraft', wird in Lk 9,27: ,Ich sage euch wahr-
haftig, einige, die hier stehen, werden den Tod nicht schmecken, bis
sie das Reich Gottes sehen.' Die Veränderungen sind deutlich[55]: Lukas läßt die Einleitung des Spruches bei Mk fort, er verknüpft darum
den Vers mit dem voranstehenden (9,27 vgl. δέ mit 9,26) und stellt
fest, daß es ein Sehen des Gottesreichs bereits vor dem Kommen des
Menschensohns geben werde, das den τινες (einigen) zuteil wird, die
deutlich von den πάντες, die im Abschnitt 9,23 ff. angeredet werden,
unterschieden sind. Einige sehen zu Lebzeiten die βασιλεία, nicht aber
ihr Kommen in Kraft. Man kann also das Gottesreich aufgrund der
Verheißung Jesu hier und jetzt vor einem späteren Ende sehen, und
es ist nur ein kleiner Schritt, daraus Folgerungen zu ziehen: In der
Gegenwart ist die βασιλεία τοῦ θεοῦ in der Person Jesu da und deshalb
sichtbar, so wie sie in Jesu Verkündigung der βασιλεία τοῦ θεοῦ sichtbar
wird. Und sie bleibt sichtbar, so wie sie Lukas in seinem Evangelium
darstellt. Das heißt: auch in der sich dehnenden Zeit bleibt die βασιλεία
an die Person Jesu gebunden. Die Gegenwart Jesu ist darum konstitutiv für das lukanische Verständnis der βασιλεία τοῦ θεοῦ.

Dies gilt auch für Jesu Worte über die Endereignisse, wie zunächst
an Lk 17,20 f. zu zeigen ist. Folgendes ist zu bedenken: Es gibt keine
Kriterien, weder der Zeit noch des Ortes, das Kommen der Gottesherrschaft vorauszuberechnen, und solcher Kriterien bedarf es auch
gar nicht, denn das Reich Gottes ist ja in der Person Jesu ,in eurer
Mitte'. Durch Jesu Gegenwart ist die Frage nach dem ,Wann' entschieden und zugleich, wie der sich anschließende Abschnitt zeigt, alle
eschatologische Belehrung an das Wort Jesu gebunden. Lk 17,22—37
ist Belehrung Jesu an die Jünger, deren Frage nach dem ,Wann' und
,Wo' (17,37a.34a) ebenso abgelehnt wird, wie zuvor bei den Pharisäern (17,20 f.). In der lk. Komposition gehören — trotz des verschiedenen Personenkreises — sehr wahrscheinlich 17,20 f. und 17,22—37
zusammen[56]. In dieser aus Q und Mk 13 gestalteten Rede an die Jünger sind zwei Momente hervorzuheben: einmal das plötzliche Kom-

---

[55] Die neuere Diskussion verzeichnet *H. Schürmann*, Das Lukasevangelium. Erster
Teil. Kommentar zu 1,1—9,50 (HThK III/1), Freiburg 1969, 550 ff.; vgl. auch
E. E. Ellis, NTS 12 (s. Anm. 8), 30 f.; *P. von der Osten-Sacken* (s. Anm. 46), 483 f.
[56] Vgl. hierzu und zum Folgenden die eindringenden Analysen von *R. Schnackenburg*, Der eschatologische Abschnitt Lk 17,20—37, in: Mélanges Bibliques en hommage au Béda Rigaux, Gembloux 1970, 213 ff. 228 ff.; *J. Zmijewski* (s. Anm. 6),
326 ff. 333 ff. 341. 361 ff. 397 ff. 513 ff. 519 ff.; *R. Geiger* (s. Anm. 5), 11 ff. 29 ff.
142 ff. 145 ff.; *E. Gräßer*, Naherwartung (s. Anm. 9), 104 ff.

men des Menschensohns, das dann keine Zeit mehr zur Vorbereitung läßt, und zum andern das paränetische Moment: Daß die Jünger sich nach den Tagen des Menschensohns sehnen könnten (17,22), daß sie auf das Leiden des Menschensohns schauen sollen im Hinblick auf die eigene erwartete Leidenszeit (17,25), — schließlich der Hinweis auf Gehorsam und Treue angesichts des Endes. Es handelt sich also um eine eschatologische Rede, die das plötzliche Kommen des Gottesreichs unausweichlich zeigt, aber in der Bindung an Jesus in der Gegenwart den Maßstab für das Verhalten dem Reiche gegenüber für die ‚Zeit der Kirche' setzt (vgl. Lk 12). — Es ist darum sehr wahrscheinlich, daß auch Lk 18,1—8 in denselben Kompositionszusammenhang gehört: Anhaltendes Gebet angesichts des Endes, wie der lk. Rahmen des Gleichnisses vom ungerechten Richter zeigt. Denn — das ist die bleibende Frage für die ‚Zeit der Kirche' — wird der Menschensohn Treue auf Erden finden, wenn er kommt? 18,8b; vgl. Lk 12,8)[57].

Auch in Lk 19,11 ist im lk. Rahmen die Belehrung über das Gottesreich an die Person Jesu gebunden: Jesus ist auf dem Wege nahe bei Jerusalem, und die Jünger schließen daraus, ὅτι παραχρῆμα μέλλει ἡ βασιλεία τοῦ θεοῦ ἀναφαίνεσθαι. Das sich daran anschließende Gleichnis (οὖν) von den ‚Pfunden' (19,12—27) hat die Aufgabe, dieses Wort im Sinne der ausbleibenden Parusie zu erklären. Daraus ergibt sich die besonders starke Abweichung von der Fassung bei Mt (25,14—30)[58]. Die Konzeption des Lukas beruht auf einer gegenüber Mt sekundären Fassung der Gleichnisrede, in der die Parabel von den anvertrauten Pfunden verbunden ist mit der Allegorie vom scheidenden und zum Gericht wiederkommenden Herrn (19,12.15.16 ff.27), die zudem bereichert ist durch die Episode vom Aufgehaltenwerden des Thronprätendenten im entfernten Lande. Ziel des Lukas ist es einmal, die Parusieverzögerung zu erklären, sie aber gleichzeitig an Jesus zu binden, und zum andern, für die verbleibende Zwischenzeit die jederzeit geforderte Verantwortung und Treue herauszustellen.

Es bleibt, auf Lk 21,29—33, das Gleichnis vom Feigenbaum, zu verweisen, welches die Naherwartung unmittelbar zum Thema hat: Es ist das den drei Synoptikern gemeinsame abschließende Stück der sog. „synoptischen Apokalypse". Die lk. Fassung ist bestimmt durch

---

[57] Vgl. z. B. *J. Zmijewski* (s. Anm. 6), 329 ff. 337; *E. Gräßer*, Lk 18,1—8, in: GPM 23 (1968/69), 397 ff.; *W. Ott* (s. Anm. 7), 71.

[58] Vgl. zur Analyse *E. Gräßer*, Parusieverzögerung, 115 ff.; *D. Lührmann* (s. Anm. 31), 70 f.; *C. H. Talbert* (s. Anm. 8), 172 ff.; *S. Schulz* (s. Anm. 31), 288 ff.

die ihr eigene historische Periodisierung der Endereignisse in der Umgestaltung der bei Mk genannten, zum eschatologischen Enddrama gehörenden Geschehnisse[59].

Erst nach der immer wieder möglicherweise eintretenden Leidenszeit der Kirche, nach der Zerstörung Jerusalems (21,5—24), die bereits geschehen ist, erst nach den auf unbestimmte Zeit angesetzten kosmischen Erscheinungen bei der Ankunft des Menschensohns (21, 25—27) naht die Parusie und damit die Erlösung (21,28). Erst aufgrund dieses letztgenannten Ereignisses ist jetzt der Zeitpunkt gekommen, von der Naherwartung zu sprechen[60], jetzt allerdings auch konkreter als bei Mk/Mt (vor der Türe), nämlich: Das Gottesreich ist nahe, wie allein Lukas sagt. Jetzt ist das Bild vom Feigenbaum (und aller Bäume Blätter, gegen Mk) sachgemäß. Schlagen sie aus, dann ist der Sommer nahe. Doch treffen zeitliche Nähe und die Plötzlichkeit des Blattausschlagens zusammen.

Wichtig ist der Abschluß in 21,32[61]: ‚Wahrlich, ich sage euch, nimmermehr vergeht dieses Geschlecht, bis alles geschieht.‘ Die entscheidende Veränderung gegenüber Mk 13,30 (μέχρις οὗ ταῦτα, bis dies alles geschieht) deckt auf, daß das Ende für dieses Geschlecht nicht unmittelbar nahe ist. Vielmehr wird ἡ γενεὰ αὕτη entweder die ganze Menschheit oder — wahrscheinlicher — die Jüngerschar meinen, die alle Katastrophen bis zum Ende durchhalten wird. In der lk. Komposition ist der Spruch vielleicht als Trostwort verstanden, denn es bleibt die Plötzlichkeit des Kommens der βασιλεία, wie Lukas in den abschließenden, von Mk 13 im Wortlaut stark abweichenden Worten 21,34 bis 36 über die Plötzlichkeit des hereinbrechenden Endes und der ständig notwendigen Wachsamkeit ausführt.

Zusammenfassend bleibt festzustellen: Die nach Jesu Botschaft im LkEv Gegenwart und Zukunft umfassende βασιλεία τοῦ θεοῦ ist durch das Wirken des Geistes in der von Gott gelenkten Heilsgeschichte in Jesus bleibend gegenwärtig. Es ist nicht das Ziel der lukanischen Darstellung, das Problem der Parusieverzögerung zu lösen, sondern darzustellen, wie diese bleibende Gegenwart der βασιλεία in Jesus in der sich dehnenden Zeit für die Kirche zur Geltung gebracht werden kann. Lukas tut es, indem er die ‚Zeit der Kirche‘ in sein (Lk-)Evangelium

---

[59] Vgl. die umfassende Aufarbeitung der Diskussion bei *J. Zmijewski* (s. Anm. 6), 73—272; *R. Geiger* (s. Anm. 5), 149—258.

[60] Vgl. Anm. 59 und *E. Gräßer*, Parusieverzögerung, 165 f.; *W. Grundmann*, Lk, 385.

[61] Vgl. bes. *J. Zmijewski* (s. Anm. 6), 273 ff.

hineinprojiziert und so in der Gegenwart Jesu, nämlich in der Verkündigung Jesu die Zurüstung der Jünger bis zum Ende aller Tage
gibt. Ist die βασιλεία in Jesus bleibende Gegenwart für die Kirche,
dann sind weder Naherwartung noch ausgebliebene Parusie das entscheidende Problem[62], sondern die Verkündigung dieser βασιλεία in der
‚Zeit der Kirche‘. Unter diesem Aspekt gewinnen Christologie und
Ekklesiologie für Lukas ihren gemeinsamen Nenner und ihren Bezug
zueinander[63]. Daß der Verfasser der lukanischen Schriften sich mit
dieser Fragestellung einem der entscheidenden Probleme in der Spätzeit des Urchristentums zugewandt hat, darf zudem angedeutet werden[64].

Vorstehende Überlegungen setzten beim lukanischen Rahmen der
Gottesreichsverkündigung ein. Zu diesem ist abschließend zurückzukehren:

Die Predigt von der βασιλεία τοῦ θεοῦ ist für Lukas die Information
über das Gekommensein Jesu (vgl. auch Lk 1,1—4; Apg 1,1) wie die
Verkündigung des in Jesus bleibend gegenwärtigen und an ihn in Zukunft gebundenen Gottesreiches. Der Verkünder im Evangelium des
Lukas aber ist in den kerygmatischen Texten der Apg zum Verkündigten geworden[65]. Doch die lukanische Darstellung ist nicht auf Wiederholung, sondern auf Parallelität zwischen dem LkEv und der Apg
bedacht. Man muß beide Bücher lesen, um zu wissen, daß in der lukanischen Wendung „das Gottesreich verkündigen“ die ganze Wirksamkeit Jesu einschließlich seines Todes und seiner Auferstehung eingeschlossen ist und dies für eine Kirche gesagt ist, die seit Pfingsten den
Geist empfangen hat. Diese Kirche ist jetzt der einzige Geistträger,
aber in ihr ist nicht die βασιλεία τοῦ θεοῦ gegenwärtig. Das Reich Gottes bleibt Zukunft (Apg 14,22)[66], so wie das Ziel der von Gott gelenkten Heilsgeschichte für die Kirche noch aussteht[67].

---

[62] Die Bestreitung einer Parusieverzögerung im lk. Werk durch C. H. Talbert
(s. Anm. 8), 173 ff. 184 ff. hat W. G. Kümmel, Einleitung, 113 A. 67 mit Recht
zurückgewiesen.
[63] Hier wird die weitere Forschung vornehmlich anzusetzen haben: doch vgl.
z. B. T. Wieser (s. Anm. 10); M. Völkel (s. Anm. 10), 70 u. ö.; noch nicht vorliegend und mir nicht erreichbar ist: G. Lohfink, Die Sammlung Israels. Eine Untersuchung zur lukanischen Ekklesiologie (Habil. Schr. Theol. Fak. Würzburg 1973).
[64] Vgl. dazu meinen in ZNW 66 (1975), 91—102, erschienenen Aufsatz: Glaube
und Tat in den Pastoralbriefen.
[65] Vgl. etwa Apg 5,42; 8,5. 35; 11,20 und die Analyse von E. Kränkl (s. Anm.
19), 78 ff. 83—205.
[66] Vgl. etwa E. E. Ellis, Lk, 12; G. Delling (s. Anm. 15), 194; dagegen bes.

In dem Nachfolgespruch Lk 18,29 par. Mk 10,29 ändert Lukas das bei Mk Stehende ‚wegen des Evangeliums‘ um in: ‚wegen des Gottesreichs‘. Das ist's: Die lukanische Wendung vom ‚Verkündigen des Gottesreichs‘ ist die Predigt des Evangeliums, die im ‚Heute‘ des Heils der Gegenwart Jesu ihre bleibende Grundlage hat (vgl. Lk 4,21).

E. Haenchen, Apg, 377 und ähnlich J. Dupont (s. Anm. 8), 39 f. (der hier nur eine Ausdrucksweise für den individuellen Tod sieht).

[67] Zur Eschatologie in der Apg vgl. im Überblick jetzt C. Burchard, Der dreizehnte Zeuge. Traditions- und kompositionsgeschichtliche Untersuchungen zu Lukas' Darstellung der Frühzeit des Paulus (FRLANT 103), Göttingen 1970, 181 ff.; G. Lohfink (s. Anm. 36), 256 ff.; E. Kränkl (s. Anm. 19), 187 ff.; A. J. Mattill (Jr.), Naherwartung, Fernerwartung, and the Purpose of Luke-Acts: Weymouth Reconsidered, in: CBQ 34 (1972), 276 ff.

Erwägungen zu Kol 2,6 f

Im Jahre 1980 hat J. Gnilka einen eindringlichen, historisch wie theologisch bedeutsamen Kommentar zum Kolosserbrief vorgelegt und damit selbst zur Erörterung über die anstehenden Fragen in diesem deuteropaulinischen Brief eingeladen[1]. Einige Erwägungen zu Kol 2,6 f wollen nicht nur das gemeinsame Gespräch seit vielen Jahren ein wenig fortsetzen, sondern auch bewußt des Jubilars Ausführungen aufgreifen.

I

Im Unterschied zu nahezu allen Gliederungsversuchen des Kol in der neueren Forschung ordnet Gnilka Kol 2,6 f in den „II. Abschnitt: Kampf gegen die Häresie (2,1–19)" ein[2], wobei die Verse selbst dem Unterabschnitt „2. Am empfangenen Glauben festhalten (2,4–7)" zugeteilt werden[3], während ein dritter Unterabschnitt „Allein in Christus ist christliches Leben erfüllt" die Verse 8–15 umgreift[4].

Der Beginn in 2,1: „Denn ich will euch wissen lassen", ist Gnilka ein Hinweis darauf, mit diesem Vers die in Kapitel 2 gegebene „Mitte des Briefes" einsetzen zu lassen[5]. Aber diese in 1 Kor 11,3 wortgleiche, in 1 Thess 4,13; 1 Kor 10,1; 12,1; 2 Kor 1,8; Röm 1,13; 11,25 sachgleiche Wendung kann ebenso einen Neueinsatz wie die besondere Hervorhebung innerhalb eines Gedankenabschnitts markieren (vgl. Röm 1,13;

---

[1] *J. Gnilka*, Der Kolosserbrief (HThK X/1), Freiburg/Basel/Wien 1980.
[2] *Gnilka*, Kol. (s. Anm. 1) 107 ff; vgl. auch *H. Conzelmann*, Der Brief an die Kolosser, in: J. Becker / H. Conzelmann / G. Friedrich, Die Briefe an die Galater, Epheser, Philipper, Kolosser, Thessalonicher und Philemon (NTD 8), Göttingen ¹⁴1976, 178, 188 ff.
[3] Ebd. 113 ff. Der erste Unterabschnitt umfaßt 2,1–3 mit der Überschrift: „Die Fülle der Erkenntnis kann nur Christus gewähren".
[4] Ebd. 118 ff.
[5] Ebd. 107.

2 Kor 1,8; möglicherweise Röm 11,25)[6]. Es spricht darum nichts dafür, den inneren Sachbezug der Ausführungen über „Amt und Auftrag des Apostels" (Kol 1,24–2,5) gliederungsmäßig zu trennen[7]. Er ist im ganzen in seiner theologischen Verflochtenheit zu sehen und ist, wie J. Lähnemann in seiner weiterführenden Analyse gezeigt hat, „auch im Blick auf die anschließende Auseinandersetzung konzipiert"[8]. Ein überleitender Einschnitt (vgl. οὖν) ist in Kol 2,6 gegeben. Daß hier jener Abschnitt seinen Einstieg findet, der sich mit der Häresie in Kolossae befaßt, ist oft betont worden, wobei 2,6–15 (und 2,16–23) oder auch 2,6–23 zusammengefaßt werden[9]. Nach J. Gnilka sind 2,8–15 (dann 2,16–19) hinsichtlich der Irrlehre einander zuzuordnen, während 2,20 – 4,6 dem „III. Abschnitt: Weisung: Die Verwirklichung des neuen Lebens" zugehören[10]. Läßt man, was hier allein in die Erwägungen einbezogen werden soll, tatsächlich mit 2,8 die unmittelbare Auseinandersetzung mit der Irrlehre beginnen, dann gewinnt 2,6f eine bedenkenswerte Stellung in seinem Kontext. Die beiden Verse sind das Voranstehende zusammenfassend und zugleich in einer die Basis aufzeigenden Quintessenz Überleitung und Einstieg für das Folgende[11]. Wenn J. Lähnemann festhält: „Vers 2,6 nimmt im Brief eine

---

[6] Vgl. *H. Schlier*, Der Römerbrief (HThK VI), Freiburg/Basel/Wien 1977, 39 (zu Röm 1,13); *E. Käsemann*, An die Römer (HNT 8a), Tübingen 1973, 299 (zu Röm 11,25); *R. Bultmann*, Der zweite Brief an die Korinther, hrsg. von E. Dinkler, KEK-Sonderband, Göttingen 1976, 32 (zu 2 Kor 1,8); zum „dialogische(n) Element(e)" der Wendung vgl. *R. Bultmann*, Der Stil der paulinischen Predigt und die kynisch-stoische Diatribe. Mit einem Geleitwort von H. Hübner, Nachdruck der 1. Auflage von 1910, Göttingen 1984, 65.

[7] Vgl. *E. Lohse*, Die Briefe an die Kolosser und an Philemon (KEK IX/2), Göttingen [14 =] 1968, 111ff; *R. P. Martin*, Colossians: The Church's Lord and the Christian's Liberty. An Expository Commentary with a Present-Day Application, Exeter 1972, 61ff; *E. Schweizer*, Der Brief an die Kolosser (EKK XII), Zürich/Einsiedeln/Köln/Neukirchen-Vluyn 1976, 92: Kol 2,1–5: „Der Abschnitt gehört zu 1,24–29"; zu verschiedenen Gliederungsversuchen ebd. 44 Anm. 84; *P. Pokorný*, Der Brief des Paulus an die Kolosser (ThHK X/1), Berlin 1987, 80: „Die Autorität des Apostels – Die Bindung des Heils an die apostolische Verkündigung 1,24 – 2,5".

[8] *J. Lähnemann*, Der Kolosserbrief. Komposition, Situation und Argumentation (StNT 3), Gütersloh 1971, 44–49: 44.

[9] Vgl. beispielsweise *Lohse*, Kol. (s. Anm. 7), 140ff, 168ff; *Lähnemann*, Kol. (s. Anm. 8) 49ff.

[10] *Gnilka*, Kol. (s. Anm. 1) 155ff.

[11] Vgl. die Nachweise bei *F. Zeilinger*, Der Erstgeborene der Schöpfung. Untersuchungen zur Formalstruktur und Theologie des Kolosserbriefes, Wien 1974, 50 und Anm. 32 ebd., 118ff (zu Kol. 2,8); *Lähnemann*, Kol. (s. Anm. 8) 111ff, 49: „2,6f. enthält in knapper Form ein Summarium des ersten Briefteils" (mit Einzelhinweisen); vgl. auch *Martin*, Col. (s. Anm. 7), 71; *H. Merklein*, Paulinische Theologie in der Rezeption des Kolosser- und Epheserbriefes, in: ders., Studien zu Jesus und Paulus (WUNT 43), Tübingen 1987, 415f und ebd. Anm. 25; in weiter gefaßtem Zusammenhang *A. Lindemann*, Der Kolosserbrief (ZüB. NT 10), Zürich 1983, 14,39: „So vorbereitet trägt der Verfasser nun in *V 8* den ersten ausdrücklichen Angriff gegen die Irrlehrer in ‚Kolossae' vor."

Schlüsselstellung ein"[12], so wird man 2,7 ebenso charakterisieren können. Beide Verse gehören in dieser Funktion zusammen, wie sich struk-
turell gesehen an Kol 3,1–4 noch einmal in diesem Schreiben aufzeigen
läßt[13].

II

Die inhaltlichen Aussagen dieser zentralen Verse, die nicht, wie neuer-
dings W. Schmithals in Wiederaufnahme gelegentlich geäußerter These
meint, einer sekundären Redaktion zugewiesen werden können[14], sind in
den Kommentaren der Gegenwart vielfach exegetisch bedacht worden[15].
Es kann darum nicht um eine erneute und dabei sich in Einzelheiten auch
wiederholende Gesamtauslegung gehen, sondern lediglich um einige Akzentuierungen und Erwägungen aufgrund der neueren Einsichten zu Kol
2,6f.
　Darf heute die alte Streitfrage entschieden sein, daß 2,6ff, ja der gesamte gegen die Irrlehre gerichtete Abschnitt nicht sittlich-paränetisch
ausgerichtet ist[16], so wird gleichwohl in der gegenwärtigen Forschung die
Feststellung von E. Schweizer zu Kol 2,6 vielfach aufgegriffen: „Der Satz
ist eines der schönsten Beispiele für die Zusammengehörigkeit von Indikativ und Imperativ"[17], und seine Überschrift „Vom Indikativ zum Imperativ (2,6f)" verdeutlicht den Diskussionsstand[18]. Mit diesem Verweis
auf die Übernahme des Indikativ-Imperativ-Verhältnisses auch im Kol
verbindet sich die Frage nach der sachgemäßen Zuordnung von παρελάβετε τὸν Χριστὸν Ἰησοῦν τὸν κύριον innerhalb der beiden Verse, zumindest aber in Vers 6. Ist auch im Kol mit παραλαμβάνειν / Paradosis
letztlich terminologisch an das jüdische Traditionsdenken angeknüpft
und sachlich „die Annahme der apostolischen Überlieferung" gekenn-

[12] *Lähnemann*, Kol. (s. Anm. 8) 111; vgl. 54f, 59.
[13] Vgl. *O. Merk*, Handeln aus Glauben. Die Motivierungen der paulinischen Ethik (MThSt
5), Marburg 1968, 201ff; *Lähnemann*, Kol. (s. Anm. 8) 54f.
[14] So, aber nicht hinreichend begründet, *W. Schmithals*, Die Briefe des Paulus in ihrer ursprünglichen Form (Zürcher Werkkommentare zur Bibel), Zürich 1984, 174, 176; vgl. die
neuere Forschungsübersicht zu dieser These bei *M. Kiley*, Colossians as pseudepigraphy
(The Biblical Seminary 4), Sheffield 1986, 42.
[15] Beispielsweise sei verwiesen auf *Lohse*, Kol. (s. Anm. 7) 140ff; *Schweizer*, Kol. (s.
Anm. 7) 97ff; *Conzelmann*, Kol. (s. Anm. 2) 188ff; *Gnilka*, Kol. (s. Anm. 1) 115ff; *Lindemann*, Kol. (s. Anm. 11) 38f; *Pokorný*, Kol. (s. Anm. 7) 93f; *Lähnemann*, Kol. (s. Anm. 8)
111ff; *Zeilinger*, Der Erstgeborene (s. Anm. 11) 117ff.
[16] Nachweise bei *Merk*, Handeln (s. Anm. 13) 202.
[17] *Schweizer*, Kol. (s. Anm. 7) 98.
[18] Ebd. 97.

zeichnet[19], und ist „das Traditionsdenken" hier noch „dadurch ver-
schärft, daß das Empfangene als Lehre ... gelten kann und der
Überlieferung der Häretiker gegenübersteht" (vgl. Kol 2,22)[20], so ergibt
sich notwendig die Frage, in welchem Gefüge die Einzelaussagen der
apostolischen Überlieferung stehen: Handelt es sich einerseits um die Indikativ-Imperativ-Aussage aus dem Traditionsbereich der Ethik und andererseits um „Jesus Christus, der Herr" aus dem Traditionsbereich der
Bekenntnisformulierung?[21]

Die im Urchristentum verbreitete, in den paulinischen Briefen intensiv
den Zusammenhang von Heilsgeschehen und Handeln der Christen beto-
nende sachliche Verbindung von Indikativ und Imperativ ist nirgendwo
unmittelbar mit dem Bekenntnis Χριστὸς Ἰησοῦς ὁ κύριος verbunden,
das als solches im paulinischen Bereich als Taufbekenntnis wahrscheinlich gemacht werden kann (Röm 10,9; Phil 2,11; 1 Kor 12,3) und gleichlautend mit Kol in 2 Kor 4,5 als Verkündigungsinhalt erscheint, wobei
aber „κηρύσσειν ... hier die Proklamation Jesu Christi als des Kyrios"
kennzeichnet[22]. Da erst in Kol 2,6f die Verbindung von Indikativ-Imperativ-Aussage und (offenbar) Bekenntnisformel vorliegt und man somit
tatsächlich gegenüber den anerkannten Paulusbriefen weitgefaßt von einer „Akzentverschiebung"[23] sprechen kann, bedarf es eines erwägenden
Versuches, diese auffällige Zuordnung einsichtig zu machen.

III

Die geschlossenste Konzeption zum Verständnis der anstehenden Verse
hat 1961 F. Neugebauer vorgelegt: In Kol 2,6f sei „Christus Jesus" als
Bezeichnung des Heilsgeschehens dem Indikativ zugehörig, während τὸν
κύριον beigefügt sei, um zu dem Imperativ περιπατεῖτε überzuleiten.
„Um Indikativ und Imperativ im Folgenden durch ἐν αὐτῷ bestimmen zu
können", liegt in der Konsequenz dieses Ansatzes – die Neugebauer allerdings nicht voll entfaltet –, den Indikativ durch die Partizipien ἐρριζωμέ-

---

[19] *Lohse,* Kol. (s. Anm. 7) 141 f (142 Anm. 5 Zitat); im Gesamtergebnis auch *Gnilka,* Kol. (s. Anm. 1) 115f.
[20] *Gnilka,* Kol. (s. Anm. 1) 116.
[21] Zu letzterem vgl. ebd.
[22] *W. Kramer,* Christos Kyrios Gottessohn. Untersuchungen zu Gebrauch und Bedeutung der christologischen Bezeichnungen bei Paulus und den vorpaulinischen Gemeinden (AThANT 44), Zürich/Stuttgart 1963, 46 Anm. 110; vgl. *Bultmann,* Der Stil (s. Anm. 6) 109 f z. St.
[23] *Pokorný,* Kol. (s. Anm. 7) 93.

νοι und ἐποικοδομούμενοι (V. 7) näher zu bestimmen, während der
Imperativ in V. 6 eindeutig gegeben ist. Neugebauer möchte zeigen, daß
auch im Kol jene von ihm konstatierte Zuordnung von ἐν Χριστῷ und ἐν
κυρίῳ zueinander vorliege, die das paulinische Indikativ-Imperativ-Verhältnis ausmache. Dabei habe (das zweimalige) ἐν αὐτῷ eine Indikativ
und Imperativ verklammernde, Gabe und Aufgabe zusammenfassende,
dem paulinischen ἐν πνεύματι entsprechende Funktion[24].

Bei aller Problematik im einzelnen ist der Versuch, das ungewöhnliche
Nebeneinander von τὸν Χριστὸν Ἰησοῦν und τὸν κύριον zu erklären,
ebenso berechtigt wie möglicherweise eine Richtung gewiesen ist, wenigstens teilweise das Sachanliegen in Kol 2,6f in den Blick zu bekommen.
Mit Recht wurde allerdings Neugebauers – hier jetzt allein zu berücksichtigende – überspitzt schematisierende Aufteilung kritisiert, wonach Paulus mit ἐν Χριστῷ das grundlegende Heilsgeschehen – den Indikativ – zur
Geltung bringe, mit ἐν κυρίῳ aber das auf diesem gründende irdisch-ge-
schichtliche Miteinander, dem der Imperativ der ethischen Weisung zugehöre, zumal die Belege zwar oftmals, aber nicht durchgehend diesen
Befund bestätigen[25]. Aber daß „Paulus" „meist" „diesen im Indikativ im-
plizierten Imperativ nicht durch die Wendung ‚in Christus' aus(drückt),
sondern durch ‚im Herrn'", bleibt als Hervorhebung der „Autorität des
Erhöhten" ebenso eindeutig[26] wie der Sachverhalt, „daß ἐν κυρίῳ aus ἐν
Χριστῷ (Ἰησοῦ) abgeleitet ist" und dieser Wendung „erst ... nachgebil-
det" wurde[27]. Ein bedingtes Recht der skizzierten Position Neugebauers
im Bereich des Corpus Paulinum läßt sich also begründet nachweisen,
und E. Käsemanns weiter gefaßte Feststellung, „gleichwohl bleibt Neugebauers Entwurf wichtig"[28], ist auch dann zu bedenken, wenn dieser
Entwurf nicht für Kol 2,6f selbst, sondern für eine der diesen beiden Ver-

---

[24] F. Neugebauer, In Christus. EN ΧΡΙΣΤΩΙ. Eine Untersuchung zum paulinischen Glaubensverständnis, Göttingen 1961, 179, vgl. 177ff.
[25] Vgl. im Rahmen der Kritik und weiterführender Erörterung z. B. W. G. Kümmel, in:
ZRGG 14 (1962) 379ff; E. Lohse, in: ThLZ 87 (1962) 843f; W. Kramer, Christos (s.
Anm. 22) 139ff, 176f u. ö.; E. Käsemann, Der Glaube Abrahams in Röm 4, in: ders., Paulinische Perspektiven, Tübingen 1969, 140ff, bes. 174ff; A. J. M. Wedderburn, Some Observations on Paul's Use of the Phrase ‚In Christ' and ‚With Christ', in: JSNT 25 (1985) 83ff;
U. Schnelle, Gerechtigkeit und Christusgegenwart. Vorpaulinische und paulinische Tauftheologie (GTA 24), Göttingen ²1986, 106ff (und Anmerkungen zu 106ff: 225ff);
W. Schrage, „In Christus" und die neutestamentliche Ethik, in: Beiträge zum ökumenischen Gespräch, hrsg. von J. G. Ziegler (Moraltheologische Studien 14), St. Ottilien 1987,
27ff, 32ff.
[26] Schrage, „In Christus" (s. Anm. 25) 33f.
[27] Schnelle, Gerechtigkeit (s. Anm. 25) 227 Anm. 12.
[28] Käsemann, Der Glaube (s. Anm. 25) 176.

sen inhärente Vorstufe in Erwägung zu ziehen ist. Denn auch wenn man entgegen Neugebauer Kol nicht zu den anerkannten Paulinen rechnet[29], läßt sich eine unmittelbare Übernahme des paulinischen Verständnisses des Indikativ-Imperativ-Verhältnisses im Konnex von ἐν Χριστῷ / ἐν κυρίῳ zwar nicht erheben, wohl aber kann die Struktur dieses Verhältnisses auch in Kol 2,6f eruiert werden.

Zunächst ist zu V. 7 festzuhalten: ἐρριζωμένοι, im Partizip Perf. Pass. stehend, bringt eine abgeschlossene Handlung zum Ausdruck, während ἐποικοδομούμενοι in der Form des Partizips Präs. Pass. einen andauernden Vorgang bezeichnet[30]. Die beiden Partizipien treffen also in ihrer Aktionsart nicht dasselbe. Dieser Sachverhalt muß auch im Hinblick auf den sorgfältigen Gebrauch der Zeitformen des Partizips im Kol berücksichtigt werden. Denn alle Partizipien des Präsens kennzeichnen, soweit sie die Leser betreffen, ein noch nicht abgeschlossenes Tun (vgl. Kol 1,3.6.9.10.11.12.23 [μετακινούμενοι].28.29; 2,7 [βεβαιούμενοι, περισσεύοντες].21; 3,10.13.16.17.22.24 [εἰδότες - Perf. = Präs.].25; 4,1.2.3.5.12). Stehen aber ein Partizip Präs. und ein Partizip des Aor. oder Perf. nebeneinander, so ist die Zeitstufe jeweils in der Sache begründet (vgl. Kol 1,3 [προσευχόμενοι - ἀκούσαντες]; 1,12 [εὐχαριστοῦντες - ἱκανώσαντι]; 1,21 [ποτε ὄντας ἀπηλλοτριωμένους ... (V. 23) τεθεμελιωμένοι ... μὴ μετακινούμενοι[31]; 3,9.10), und häufig wird mit einem Partizip in der Vergangenheitsform im Kol das für den Christen erfolgte Heilshandeln ausgedrückt (1,12.21.23; 2,11.13.14.15; 3,9.10.)[32]. So ergibt sich: Die einmalige Tat des Eingewurzeltseins und die des fortwährenden Sich-(darauf-)Aufbauen-Lassens sind sachgemäß nacheinander genannt. Das entspricht der inhaltlichen Näherbestimmung dieser Partizipien. Denn die Bezeichnung als Einwurzelung dient, wie mehrfach belegt, als Ausdruck für das Fundament eines Baues[33]. Nur auf einer solchen Grundlage ist das Sich-(darauf-)Bauen-Lassen/Auferbauen-Lassen mög-

---

[29] Zur Revision meiner früheren Sicht vgl. E. Würthwein / O. Merk, Verantwortung, Biblische Konfrontationen (Kohlhammer-Taschenbücher Bd. 1009), Stuttgart/Berlin/Köln/Mainz 1982, 153 ff.

[30] Vgl. zu den grammatischen Nachweisen J. Pfammatter, Die Kirche als Bau. Eine exegetisch-theologische Studie zur Ekklesiologie der Paulusbriefe (AnGr 110, SFT, Sectio B 33), Rom 1960, 120 (und die dort Genannten); zur Struktur bietet auch W. Bujard, Stilanalytische Untersuchungen zum Kolosserbrief als Beitrag zur Methodik von Sprachvergleichen (StUNT 11), Göttingen 1973, wichtige Hinweise im grundsätzlichen (vgl. z. B. 60, 74 ff, 80 ff, 86, 118 f, 127, 195).

[31] Nachdem die Kolosser fest im Glauben gegründet sind, gilt es, nicht zu wanken.

[32] Vgl. dazu J. Jervell, Imago Dei. Gen 1,26 f im Spätjudentum, in der Gnosis und in den paulinischen Briefen (FRLANT NF 58), Göttingen 1960, 236.

[33] Vgl. C. Maurer, ῥίζα κτλ., in: ThWNT VI (1959) 990 f (ebenso EWNT III [1983] s. v.).

lich, das seiner Intention nach einem Imperativ entspricht[34] und „gerade Aufgabe der Gegenwart ist"[35]. Durch die Zeitformen der Partizipien wie durch ihre inhaltliche Ausrichtung kommt das Nebeneinander von Indikativ und Imperativ zur Geltung. Beiden wird ἐν αὐτῷ zugeordnet. Diese Zuordnung paßt grammatisch jedoch nur zu ἐρριζωμένοι, nicht aber zu ἐποικοδομούμενοι, da es hier einwandfrei ἐπ' αὐτῷ heißen müßte. Das aber bestätigt nur, daß offensichtlich *zwei* Sachverhalte mit *einem* Ausdruck zusammengefaßt werden sollen, wobei das Interesse des Verfassers an dem ἐν hängt[36]. Die Schwierigkeit, beide Partizipien mit ἐν αὐτῷ zu verbinden, spiegelt die Auslegung von Kol 2,7 vielfach. Zwei Positionen sind besonders hervortretend, wofür beispielsweise auf P. Vielhauers und J. Pfammatters Deutungen aus der den neueren Kommentaren vorausliegenden Zeit verwiesen werden soll. So wertet P. Vielhauer nach eingehenden Erwägungen beide Partizipien als Aussage der Vergangenheit und sieht in ihnen „eine ungemein starke und betonte Umschreibung" des erfolgten „Seins in Christus", gleichwohl aber intendiere das zweite Partizip eine Aufgabe in der Gegenwart[37]. J. Pfammatter rechnet beide Partizipien der Gegenwart zu und faßt sie darum als Imperative, was grammatisch möglich, aber bei einem Partizip Perf. Pass. äußerst ungewöhnlich ist. Ἐν αὐτῷ steht für ihn als Kennzeichnung für ‚christlich‘, nicht ohne hervorzuheben, daß der Ausdruck „als Abart der bekannten paulinischen ἐν Χριστῷ-Formel" angesehen werden könne[38]. In beiden auch in neueren Kommentierungen sich wiederholenden Positionen aber wird der Sachverhalt dann verkürzt, wenn in den angeführten Partizipien nur der Indikativ oder nur der Imperativ betont wird[39]. Es ist die nicht umkehrbare Abfolge von Indikativ und Imperativ zu sehen, wobei mit dem ersten Partizip ein seiner Intention nach „once for all" und in dem zweiten ein „from hour to hour" charakterisiert ist, wie es gemäß angelsächsischer Auslegungstradition einst J. B. Lightfoot ausdrückte[40]. Das

---

[34] *Pfammatter*, Die Kirche (s. Anm. 30) 121.
[35] P. *Vielhauer*, Oikodome. Das Bild vom Bau in der christlichen Literatur vom Neuen Testament bis Clemens Alexandrinus, in: ders., Oikodome. Aufsätze zum Neuen Testament, Bd. 2, hrsg. von G. Klein (TB 65), München 1979, 96–100 (Zitat 99) mit deutlicher Herausarbeitung der Akzentverschiebungen in Bild und Sachanliegen gegenüber den anerkannten Paulusbriefen.
[36] So ebd. 96 f.
[37] Ebd. 97 f.
[38] *Pfammatter*. Die Kirche (s. Anm. 30) 120 f.
[39] Vgl. methodisch wichtig *Schweizer*, Kol. (s. Anm. 7) 99; *Zeilinger*, Der Erstgeborene (s. Anm. 11) 117.
[40] J. B. *Lightfoot*, Saint Paul's Epistles to the Colossians and to Philemon, London [8]1888, 175.

Problem bleibt, ob dadurch ἐν αὐτῷ (V. 7) in vollem Sinne zu erfassen ist, ob dieser Ausdruck für die Indikativ-Imperativ-Aussage vereinnahmt werden kann. Zur Klärung ist nunmehr V. 6 einzubeziehen, da dort ἐν αὐτῷ im engsten Kontext nicht nur zu παρελάβετε, sondern auch zu einem Imperativ steht.

Auszugehen ist von dem Sachverhalt, daß im Kol die Wendungen ἐν Χριστῷ (bzw. ἐν Χριστῷ Ἰησοῦ, vgl. 1,2.4.28) wie ἐν κυρίῳ (3,18.20; 4,7.17) begegnen, die erste im Zusammenhang des Heilsgeschehens [41], die letztere im Bereich der Paränese. In Kol 2,6f kommen beide Ausdrucksweisen nicht vor. Es fragt sich darum, ob ἐν αὐτῷ in 2,6f überhaupt diese Wendungen in einer gleichsam Kurzform umgreifen und sachlich umschließen kann. F. Neugebauer hat diese Schwierigkeit wohl empfunden, wenn er ἐν αὐτῷ im Sinne des paulinischen ἐν πνεύματι fassen will [42]. Aber das befriedigt schon deshalb nicht, weil ἐν πνεύματι nur zweimal im Kol und zudem unbetont vorkommt (1,8; 2,5) und ἐν αὐτῷ nirgendwo in diesem Brief die Funktion eines ἐν πνεύματι hat [43]. Andererseits begegnet ἐν αὐτῷ allein im Kol so häufig, daß er sich hierin von den anerkannten Paulusbriefen [44] deutlich unterscheidet (1,16f.19; 2,6f.9f.15). Der Befund zeigt: Sämtliche Belege finden sich in den mehr grundsätzlichen Kapiteln 1 und 2, nicht aber in den wesentlich paränetischen Abschnitten (Kapitel 3 und 4): „In ihm" sind Schöpfung und Erlösung (1,16f), „in ihm" ist das ganze Pleroma zusammengefaßt (2,9), „in ihm" ist das ganze Heil gegeben. Mit Hilfe der Entfaltung und Deutung des Hymnus (1,15–20) geht es um die Überwindung auch der Irrlehre in Kolossae ἐν αὐτῷ (2,9f.15), und das heißt: Unter der Herrschaft Christi wird sie überwunden [45].

Unter diesem Gesichtspunkt erklärt sich die betonte zweimalige Aufnahme von ἐν αὐτῷ in Kol 2,6f, nicht unter dem speziellen und einseitigen der Zuordnung von Indikativ und Imperativ als deren zusammenfassende Umklammerung. Dann aber ist die empfangene Paradosis in ihren

---

[41] Vgl. auch *Lohse*, Kol. (s. Anm. 7) 38.

[42] *Neugebauer*, „In Christus" (s. Anm. 24) 179.

[43] Vgl. auch *E. Schweizer*, Christus und der Geist im Kolosserbrief, in: Christ and the Spirit in the New Testament, ed. by B. Lindars and S. S. Smalley in Honour of C. F. D. Moule, London 1973, 297ff, 308ff.

[44] Vgl. 1 Kor 1,5; 2,11; 2 Kor 1,19f; 5,21; 13,4; Röm 1,17 (aus den Deuteropaulinen 2 Thess 1,12; unter Ausschluß von Eph) und zwar in bezug auf Gott, Christus und den Menschen, wobei eine auch nur annähernd betonte Wichtigkeit des Ausdrucks zurücktritt.

[45] Vgl. auch *E. Lohse*, Christusherrschaft und Kirche im Kolosserbrief, in: ders., Die Einheit des Neuen Testaments. Exegetische Studien zur Theologie des Neuen Testaments, Göttingen 1973, 262ff (passim); ders., Kol. (s. Anm. 7) 96, 150ff; *Gnilka*, Kol. (s. Anm. 1) 63f, 118ff.

Konsequenzen auf diesen Sachverhalt, auf die Herrschaft und den Herrschaftsbereich Christi hin zu sehen und maßgebend von der παράδοσις
τῶν ἀνθρώπων (2,8) abzuheben[46]. Daß sich der „Verfasser" des Kol „in
reichem Umfang in allen Teilen des Briefes geprägter Überlieferungen
bedient"[47], bestätigt sich auch in Kol 2,6f, wobei in den anstehenden
Versen trotz der genannten Akzentverschiebung im Blick auf die Paradosis in den Einzeltraditionen, nicht aber in deren Zusammenordnung.eine
relative Nähe zur paulinischen Theologie zu konstatieren bleibt[48]. Es
sind in den Traditionselementen tatsächlich zwei Bereiche aufgenommen
und durch ἐν αὐτῷ aufeinander bezogen und zusammengeschlossen. In
V. 6 ist primär auf das angenommene Bekenntnis Χριστὸς Ἰησοῦς (ὁ) κύριος Bezug genommen[49], in V. 7 ist das Indikativ-Imperativ-Verhältnis
aufgegriffen. Es sind Grundbezüge und Pfeiler der Existenz jeder Gemeinde, die auch die Christen in Kolossae durch Verkündigung, Mahnung (1,28) und Lehre (2,7) zur Glaubensfestigung akzeptiert haben und
die für jeden einzelnen im Taufgeschehen grundgelegt sind. Im Horizont
der Herrschaft Christi greifen Glaube/Bekenntnis und Handeln gemeindeaufbauend und so auch gerüstet gegen Irrlehre (2,8–23)[50] ineinander[51].
Von daher gewinnt einerseits Kol 2,6f normierende ‚Schlüsselfunktion'
für das Folgende wie es andererseits erneut Gewicht erhält, daß zunächst
von der Entfaltung und dem Auftrag des apostolischen Amtes gehandelt
wurde (1,23 – 2,5) und dann in 2,6f von Paradosis und Gemeinde in Ge-

---

[46] Vgl. zu letzterem jetzt eindrücklich *Pokorný*, Kol. (s. Anm. 7) 93.

[47] *E. Lohse*, Christologie und Ethik im Kolosserbrief, in: ders., Die Einheit des Neuen Testaments. Exegetische Studien zur Theologie des Neuen Testaments, Göttingen 1973, 260.

[48] Das trifft sich mit mancherlei Beobachtungen im Kol; vgl. *Schweizer*, Kol. (s. Anm. 7)
19ff, 25; *H. Köster*, Einführung in das Neue Testament im Rahmen der Religionsgeschichte
und Kulturgeschichte der hellenistischen und römischen Zeit, Berlin/New York 1980, 704:
„Die Abfassungszeit des Kolosserbriefes muß man ziemlich nah an die Wirksamkeit des
Paulus rücken" (mit Begründungen ebd.); *Merk*, Verantwortung (s. Anm. 29) 153ff.

[49] *F. Hahn*, Χριστός, in: EWNT III (1983) 1159, spricht von einer „geprägten Wen-
dung(en)"; *Gnilka*, Kol. (s. Anm. 1) 116 ausdrücklich von einer „Bekenntnisformel";
H. Löwe, Bekenntnis, Apostelamt und Kirche im Kolosserbrief, in: Kirche, FS Günther
Bornkamm zum 75. Geburtstag, hrsg. von D. Lührmann und G. Strecker, Tübingen 1980,
299ff, 308, 310 verweist auf das Taufbekenntnis; zu grundlegenden Vorfragen vgl. *Kramer*,
Christos (s. Anm. 22) 131ff, 149ff, 215ff; *F. Hahn*, Bekenntnisformeln im Neuen Testament, in: Studien zur Bekenntnisbildung. Vortragsreihe aus den Jahren 1979–1980 (Veröffentlichungen des Instituts für Europäische Geschichte Mainz Bd. 103), Wiesbaden 1980,
1–15.

[50] Vgl. auch *Lähnemann*, Kol. (s. Anm. 8) 113, der in der „wachsende(n) Gemeinde" (und
darin gemeindeaufbauenden Funktion, wie zu explizieren ist) eine ‚Interpretationshilfe'
auch für die Auseinandersetzungen sieht (vgl. 1,10; 2,19).

[51] Zur Bedeutung der Lehre auch unter diesem Bezug vgl. *W. Schrage*, Einige Beobachtungen zur Lehre im Neuen Testament, in: EvTh 42 (1982) 233ff, 245f.

meinde aufbauender Verflechtung. Denn „wer Christus Jesus als Herrn angenommen hat", der kann und „soll nun auch in ihm wandeln ... Bekenntnis und dessen gehorsamer Vollzug in der Bewährung des Alltags ... gehören zusammen, um den danksagenden Lobpreis erklingen zu lassen."[52] Das macht Glaubensparänese im grundsätzlichen wie auch in der konkreten Situation angesichts einer Irrlehre aus. Und darum bestätigt sich auch in diesen beiden Versen, was J. Gnilka als einen wichtigen Aspekt im Kol erarbeitet hat: Im „Wandeln" kommt die unvertretbare und unaufgebbare „Eigenverantwortung des Menschen in den Blick"[53].

---

[52] *Lohse*, Christologie (s. Anm. 47) 249 ff, 261 (Zitat).
[53] *Gnilka*, Kol. (s. Anm. 1) 183; vgl. 115 ff.

Nachahmung Christi

Zu ethischen Perspektiven in der paulinischen Theologie

Zu den wiederholt behandelten Fragestellungen nicht nur im Zusammenhang paulinischer Ethik, sondern auch im Bereich der ‚Jesus-Paulus-Debatte' gehört die Erörterung des Komplexes, der in der ‚Nachahmung Christi' bei Paulus liegt. Dabei ist nicht der sprachliche Befund erneut zu erörtern, daß die Evangelien von der Nachfolge Jesu, Paulus aber von der Nachahmung Christi (bzw. des ‚Herrn') spricht[1]. Thematisch gelten die Ausführungen der ‚Nachahmung Christi' im engeren Sinne, zu deren Erklärung allerdings neben den unmittelbaren Belegen 1 Thess 1,6 und 1 Kor 11,1 auch 1 Thess 2,14; 1 Kor 4,16; Phil 3,17 (und 2 Thess 3,7.9 unter den Deuteropaulinen) in ihrem Bezug auf die Wortgruppe μιμεῖσθαι herangezogen werden. Nicht diskutiert werden soll die Eph 5,1 (vgl. Kol 3,13) begegnende Vorstellung von der ‚Nachahmung Gottes'[2], und auch die wenigen einschlägigen Belege aus den Spätschriften des Neuen Testaments (Hebr 6,12; 13,7 und 3 Joh 11) bleiben unberücksichtigt. Somit gelten die Überlegungen einem begrenzten Thema innerhalb der anerkannten Paulinen, ohne hinsichtlich der anstehenden Fragestellung hier Vorstellungsgehalt und Nachwirkung der Anschauung in ihrem Bezug auf die Wortgruppe ‚nachahmen' pressen zu wollen. Im folgenden ist nicht die erstaunlich umfangreiche Diskussion der anstehenden Sachfrage in der früheren Forschung noch einmal auszubreiten. Lediglich einige ältere Arbeiten sind mehr stichwortartig zu nennen, um dann an einigen Beispielen die bis in die Gegenwart anhaltende Erörterung in der neueren Forschung zu skizzieren – Teil I – und in einem Teil II anhand der heutigen exegetischen Bearbeitung der Hauptbelege offene Fragen

---

[1] Vgl. die Nachweise bei *G. Schneider,* Art. ἀκολουθέω, in: EWNT I (1980) 117– 125; *E. Larsson,* Art. μιμέομαι, in: EWNT II (1981) 1053–1057.

[2] Zu Einzelheiten *R. Schnackenburg,* Der Brief an die Epheser (= EKK 10) (Zürich u.a. 1982), 215ff z.St. (und die dort Genannten); *H. Schlier,* Der Brief an die Epheser (Düsseldorf 1957; ³1962), 220; *B. Lindars,* Imitation of God and Imitation of Christ, in: Theol. 76 (1973) 394ff; *F. Böhl,* Das rabbinische Verständnis des Handelns in der Nachahmung Gottes, in: ZM 58 (1974) 134ff. – Einen breit gefächerten Durchgang, der mit der Themastellung dieses Beitrags verbindet, bietet *E. J. Tinsley,* The Imitation of God in Christ (London 1960), bes. 136f.138ff.150ff.165: „In the Christian *imitatio Christi* the Lord Christ is at one and the same time the object of the mimesis and, through the Spirit, the means of it."

wie Recht und Grenze aufzuzeigen, von der Imitatio Christi in den paulinischen Briefen und in deren Erforschung zu sprechen. Teil III bringt einen kurz zusammenfassenden und auswertenden Schluß.

I

Für die ,Religionsgeschichtliche Schule' stellte sich in der Beurteilung
des Verhältnisses Paulus–Jesus/Jesus–Paulus die anstehende Thematik
als Problemfall geradezu selbstverständlich[3], und daraus resultierende
Fragestellungen wirken bis in die Gegenwart hinein. Doch der neuere
Einsatzpunkt liegt in der religionsgeschichtlichen und exegetisch-theologischen Aufarbeitung von Stand und Ergebnis der Forschung im ersten
Drittel unseres Jahrhunderts durch *W. Michaelis* (1942), von ihm selbst
dahingehend überspitzt zusammengefaßt, „daß Paulus keine eigentliche
Nachahmung Christus (und Gott) gegenüber kennt, sondern nur ein ge-
horsames Nachfolgen der Lebens- und Willensgemeinschaft"[4]. Wurde
zwar mit Recht die ganze Wortgruppe durch Michaelis in den Blick genommen, „aber zu Unrecht das Vorbild des Paulus eliminiert zugunsten
des Gehorsams seinen Geboten gegenüber"[5], so wandte sich wenige
Jahre später *W. F. Lofthouse* ausdrücklich der „Imitatio Christi" zu[6]. Insgesamt sind in der Mitte der 50er Jahre nur am Rande speziellere Hinweise in den Werken von *S. C. W. Duvenage* und *D. van Swigchem* erfolgt,
worauf *W. P. de Boer* mit Recht aufmerksam machte[7]. Einen Gesamt-
überblick über die paulinischen Belege vermittelte 1959 *D. M. Stanley*

---

[3] Vgl. im Überblick *F. Regner*, „Paulus und Jesus" im 19. Jahrhundert. Beiträge zur Geschichte des Themas „Paulus und Jesus" in der neutestamentlichen Theologie (= SThGG
30) (Göttingen 1977), passim; *G. Sinn*, Christologie und Existenz. Interpretation und Konzeption der paulinischen Christologie in der Theologie Rudolf Bultmanns und deren Voraussetzungen in der Religionsgeschichtlichen Schule (Diss. Theol. Erlangen 1987), passim.
[4] *W. Michaelis*, Art. μιμέομαι κτλ., in: ThWNT IV (1942) 661–678, hier 676; vgl. ders., Art.
ὁδός, in: ThWNT V (1954) 42ff, bes. 91ff.
[5] *W. G. Kümmel*, in: *H. Lietzmann*, An die Korinther I.II (= HNT 9) (Tübingen ⁴1949), 173
(zu S. 21 Z. 46); vgl. *H. Schlier* (s. Anm. 2) 231 Anm. 1 („Daß Michaelis ... auf den ,Gehor-
sam' im Sinne der Annahme des Wortes reduziert, entspricht weniger den Texten als einer
eigentümlichen Abneigung gegen das ,Vorbild'. Diese beruht doch wohl auf einem Mißverständnis dessen, was τύπος ist") und die kritischen Anmerkungen zu Michaelis bei *B. Fiore*,
The Function of Personal Example in the Socratic and Pastoral Epistles (= AnBib 105)
(Rom 1986), 165ff.
[6] Vgl. *W. F. Lofthouse*, "Imitatio Christi", in: ET 65 (1953/54) 338–342.
[7] Vgl. *S. C. Duvenage*, Die Navolging van Christus (Patchefstroom 1954), 66ff.192ff; *D.
van Swigchem*, Het Missionair Karakter van de Christelijke Gemeente volgens de Brieven
van Paulus en Petrus (Kampen 1955), 108–117; vgl. *W. P. de Boer*, The Imitation of Paul.
An Exegetical Study (Kampen 1962), XII.

mit deutlicher Akzentuierung hierarchischer Momente in der Befolgung der Nachahmung bzw. des nachzuahmenden Vorbildes. Der Sicht der älteren Forschung, das Vorbild Christi auf den irdischen Jesus zu deuten, begegnet er aufgeschlossen. Sein eigentliches Anliegen aber ist es, die apostolische Position des Traditionsträgers Paulus im Zusammenhang der Imitatio Christi zu betonen[8].

Zeigen die bisher genannten Beiträge durchaus konträre Auffassungen, so spiegelt sich dies auch in der zusammenfassenden Bilanz bei *E. Lohse* (1960): „Die N. (= Nachfolge) Chr. (= Christi) bestimmt somit das ganze Leben des Christen, paulinisch gesprochen: den Wandel in Christus (Röm 6,4; Phil 1,27; Kol 2,6 u.ö.), den Wandel im Geist (Gal 5,25; Röm 8,4 u.ö.). Wer mit Christus gestorben (Röm 6,4), mit ihm in der Welt gekreuzigt ist (Gal 6,14), der steht unter der Verpflichtung, dem auferstandenen Herrn gehorsam zu sein und im neuen Leben zu wandeln (Röm 6,4). Zwar wird in den paulinischen Briefen der Begriff N. Chr. nicht gebraucht, wohl aber ist von der ‚Nachahmung' Christi die Rede (1 Kor 11,1; 1 Thess 1,6). Dabei ist jedoch nicht daran gedacht, daß Christus das Vorbild sei, dem man durch Nachahmung ähnlich oder gleich werden sollte, sondern das Verhältnis des Christen zu seinem Herrn ist durch den Gehorsam bestimmt. Die Gemeinden sollen nicht auf ein hervorragendes sittliches Beispiel hingewiesen werden, sondern der Apostel ermahnt, so zu leben, wie es sich im Herrschaftsbereich Christi gebührt, dem gehorsam zu sein, der selbst gehorsam war und zum Herrn aller Herren eingesetzt ist (Phil 2,5–11). Die Mahnung zum Gehorsam kann auch dadurch bekräftigt werden, daß der Apostel auf sein eigenes Verhalten hinweist, das die Gemeinden nachahmen sollen … Diese Hinweise sollen die Autorität des apostolischen Wortes unterstreichen und zu dessen Befolgung anhalten."[9]

---

[8] Vgl. *D. M. Stanley*, "Become Imitators of Me": The Pauline Conception of Apostolic Tradition, in: Bib. 40 (1959) 859–877, hier bes. 862: "The *imitatio Christi* which Paul proposes to his communities is a mediated imitation … Michaelis is right in as much as obedience is certainly one element in this ‚imitation' of Paul. It involves, in addition, the help provided by a concrete *Vorbild,* the specific examples and lessons contained in Paul's own version of the Gospel as preached and lived by him." "Consequently, this ‚self-imitation' proposed by the Apostle, so necessary in his eyes as a vehicle for the transmission of apostolic tradition, must not be overlooked in any systematic presentation of Pauline moral theology" (877).

[9] *E. Lohse,* Art. Nachfolge Christi: I. Im NT, in: RGG³ IV (1960), 1286–1288 (Zitat 1286f); vgl. schon *M. Dibelius,* Art. Nachfolge Christi: I. Im NT, in: RGG² IV (1930) 395f, hier 395: „Schon an den Stellen, wo Paulus ganz allgemein von der N. (= Nachfolge) Chr. (= Christi) in seinem eigenen Leben oder in dem der anderen redet, denkt er nicht in erster Linie an *das geschichtlich-menschliche Personenbild Jesu:* IKor 11,1 ist zu verstehen wie Röm 15, 2; Christus lebte nicht sich selbst zu Gefallen, sondern nahm das Leiden auf sich, und IThess

Rückblickend bemerkte *W. P. de Boer* (1962) zu Recht: "The literature specifically dealing with the subject of the imitation of Paul is very limited"[10], und *J. Schmid* kam zur gleichen Feststellung[11]. Das aber sollte sich durch drei einschlägige Arbeiten im Jahre 1962 ändern.

Während E. Lohse die ,Nachahmung' bei Paulus auch unter dem Stichwort ,Nachfolge Christi' differenziert einbrachte, geht *E. Larsson* in seinem Werk „Christus als Vorbild" wie selbstverständlich davon aus, daß in Pauli Rückgriff auf die Nachfolgeaussagen in der Evangelientradition ,Nachfolgen' und ,Nachahmen' in ihrem Sachgehalt nahezu identisch sind[12]. Auch wenn Nachfolge ihrem Vorbild gegenüber nicht einseitig ethisch orientiert sei, aufgrund des Geschehens in der Taufe könne sich eine „Reproduktion dessen…, was Christus widerfahren ist", aktiv ethisch nachahmbar auswirken[13]. Die ganze Untersuchung basiert auf der These, daß Nachfolge selbst eine bewußte Nachahmung sei: „Wenn wir den Terminus imitatio verwenden, so geschieht dies, um die Nachfolge als eine bewusste, willensmässige und aktive zu charakterisieren."[14] Larsson sieht, daß themabezogen auch die Jesus-Paulus-Debatte ansteht[15]. Schon innerhalb der Evangelien setze eine Transformierung und „Spiritualisierung" „des Nachfolgegedankens" ein, die bei Paulus in der

---

1,6 ist auf die selbe Leidenstat angespielt. Das Leiden zeigt aber nicht den sittlichen Heroismus des Menschen Jesus, sondern den Entschluß des Gottessohnes, ,ob er wohl in göttlicher Gestalt war' Mensch zu werden mit allen Konsequenzen bis zur äußersten, Schmähung und Kreuzigung, Phil 2,3–8. Dem Apostel steht also nicht der Mensch, sondern der vom Himmel gekommene Gottessohn vor Augen, nicht der Geschichtsverlauf, sondern der Mythus, in dem das geschichtliche Leben Jesu nur eine Periode bildet; die zur ,Nachahmung' empfohlenen Eigenschaften sind nicht die Tugenden einer menschlichen, sondern die Qualitäten einer göttlichen Person", wie sich aufgrund der paulinischen Christologie nachweisen läßt.

[10] *W. P. de Boer*, Imitation of Paul (s. Anm. 7) XII.

[11] Vgl. *R. Schnackenburg, J. Schmid*, Zur neutestamentlichen Ethik, in: BZ N.F. 8 (1964) 119–134, hier 128. Außer den im folgenden anzuführenden Untersuchungen aus dem Jahre 1962 wurde noch die mir bisher nicht erreichbare Dissertation von *G. Punchekunnel*, The Doctrine of Imitation of Christ in Paul (Diss. Gregoriana, Rom 1962) vorgelegt.

[12] Vgl. *E. Larsson*, Christus als Vorbild. Eine Untersuchung zu den paulinischen Tauf- und Eikontexten (= ASNU XXIII) (Uppsala 1962), 25 ff.

[13] *E. Larsson*, Christus als Vorbild (s. Anm. 12) 17 f.73 ff.84.89 u. ö. – Aufgrund der Anschauung des ,Leidens mit Christus' gelangt *C. M. Proudfoot*, Imitation or Realistic Participation? A Study of Paul's Concept of 'Suffering with Christ', in: Int. 17 (1963) 140 ff zu der Ansicht, "that Paul knows suffering as a *participatio Christi* and not as an *imitatio Christi* only" (160); kritisch insgesamt zu derartiger Sicht *A. Schulz*, Leidenstheologie und Vorbildethik in den paulinischen Hauptbriefen, in: *J. Blinzler u. a.* (Hg.), Neutestamentliche Aufsätze. FS J. Schmid (Regensburg 1963), 265 ff.

[14] *E. Larsson*, Christus als Vorbild (s. Anm. 12) 17 (u. ö.).

[15] Ebd. 15 u. Anm. 3.

Weise begegne, daß „Christus und zentrale Elemente der Heilsgeschichte als Vorbild und Muster für das Taufgeschehen aufgefasst werden"[16]. Eine genaue Durchprüfung ergibt jedoch eine unreflektierte Verhältnisbestimmung Jesus–Paulus. Nachahmung wird wesentlich zur Nachfolge des irdischen Jesus. Nicht die kritische Frage, ob Paulus mit ‚Imitatio Christi' möglicherweise das Heilsgeschehen in Christus insgesamt charakterisiere, steht im Blickpunkt der Überlegungen[17], vielmehr sei es „über jeden Zweifel erhaben, dass Christus als Vorbild betrachtet wird"[18].

W. P. de Boer, "The Imitation of Paul" (1962), geht unter reicher Berücksichtigung des religionsgeschichtlichen Materials vor allem in sehr sorgfältigen Exegesen der einschlägigen Stellen (einschließlich Past und Apg 20,25) dem Motiv der Nachahmung nach und betont in deutlicher Kritik an W. Michaelis gerade den (allerdings nicht ausschließlichen) ethischen Charakter in den von Paulus angeführten Belegen. Auch stellt er mit Recht fest: "The matter of the imitation of Paul has its role to play in this program of salvation in Christ", um dann die zentrale Funktion des irdischen Jesus für die Nachahmung zu unterstreichen, in deren Zusammenhang Paulus selbst eine Mittlerfunktion zwischen Jesus und der im Glauben wachsenden Christen auf dem Weg zu einem christlichen Leben zukomme. Daraus erkläre sich, daß Paulus mehrfach zur Nachahmung seiner Person aufrufe[19]. Obwohl Wort- und Sachgehalt von μιμεῖσθαι (und Derivaten) gründlich herausgearbeitet werden, wird in der Gesamtdurchführung der Untersuchung nicht streng genug zwischen ‚Nachahmen' und ‚Nachfolgen' geschieden und dadurch auch die Relevanz des irdischen Jesus in der paulinischen Theologie überschätzt[20].

---

[16] Ebd. 45ff.37 Anm. 2.

[17] Ebd. 46: „Die angeführten Beispiele (sc. bes. 33ff) genügen, um zu illustrieren, dass man in der Urkirche mit den Traditionen von und um Jesus arbeitete und versuchte, diese in den neuen Situationen, vor die man sich gestellt sah, zu verwerten" (vgl. auch 57.94ff.108f u.ö.).

[18] Ebd. 17. Zur kritischen Beurteilung des Entwurfs vgl. *O. Merk,* Handeln aus Glauben. Die Motivierungen der paulinischen Ethik (= MThSt 5) (Marburg 1968), 25.178ff.182ff.207ff u.ö.; *H. D. Betz,* Nachfolge und Nachahmung Jesu Christi im Neuen Testament (= BHTh 37) (Tübingen 1967), 140f; *W. Thüsing,* in: ThRv 62 (1966) 19.

[19] Vgl. *W. P. de Boer,* Imitation of Paul (s. Anm. 7) 213 (Zitat). 206–216.139ff.154ff.169ff.

[20] Vgl. auch die für des Verfassers Arbeitsweise aufschlußreichen Disputationsthesen V: "The recurring accent in the various Pauline calls to imitation is on the way of life to which Christ called men in his calls to follow him, namely, the way of humility, self-denial, self-giving, self-sacrifice for the sake of the gospel and the salvation of others", und VI: "Paul's calling his converts to the imitation of himself was a means of nurturing them to the maturity of direct imitation of Christ" (der Untersuchung ohne Seitenzählung als Anlage beigefügt).

Deutlich dagegen wird in dem dritten 1962 erschienenen themabezoge-
nen Werk von *A. Schulz*, „Nachfolgen und Nachahmen", zwischen beiden Wortgruppen getrennt [21]. Beide Wortgruppen gehören verschiedenen, nicht promiscue verwendbaren Vorstellungsbereichen zu: ἀκολουθεῖν kennzeichnet einen gewichtigen Sachverhalt im Wirken und
Verkündigen Jesu; μιμεῖσθαι und Derivate aber stammen aus der griechischen Vorbildethik, dahin zusammengefaßt: „Die geistige Heimat der
Imitatio Christi ist nicht Jesus selbst, sondern die Paränese der urchristlichen Verkündigung."[22] Das aber hat zur Konsequenz, „daß es von seiten
der Wortverwendung ausgeschlossen ist, die μιμηταὶ τοῦ Χριστοῦ 1 Kor
11,1 bzw. die μιμηταὶ τοῦ κυρίου 1 Thess 1,6 auch nur als sachlichen Ersatz des Paulus für eine historisch überlebte Nachfolge zu bezeichnen,
von einer Identität beider Begriffe ganz zu schweigen"[23]. Das aber hin-
dert nicht, von griechischer Vorbildethik herkommend, den Vorstellungsgehalt von μιμεῖσθαι in der ethischen Weisung zu sehen und den
Unterschied zur Nachfolge als „religiöse(r) Grundhaltung" in der auch
begrifflich indirekt bedachten Geschichte des Urchristentums zu erkennen, im Wandel vom palästinisch-jüdischen Bereich der ältesten Gemeinde zum griechischen Hintergrund des paulinischen Wirkens[24]. Die
Untersuchung von A. Schulz bietet einen wesentlichen Fortschritt in der
Erfassung der Problemstellung, wenn auch die Unterscheidung von ‚religiös‘ und ‚ethisch‘ und die vom Verfasser betont ethische Ausrichtung der
Nachahmung Christi Fragen offenlassen[25]. So konnte besonders an diese
Dissertation, aber auch an die beiden anderen genannten Werke des Jahres 1962 die weitere Forschung sowohl in Untersuchungen zur neutesta-
mentlichen Ethik als auch in Spezialuntersuchungen zur Nachahmung
Christi, die im folgenden zunächst angeführt werden, anknüpfen.

C. H. Waetjen (1963) rückte die Fragestellung in den Zusammenhang
der (damals lebhaft aufgebrochenen) Diskussion über die Rückfrage
nach dem historischen Jesus. Man könne zwar sagen, R. Bultmanns Darlegung der Christologie sei "essentially a kind of *imitatio Christi*", aber

---

[21] Vgl. *A. Schulz*, Nachfolgen und Nachahmen. Studien über das Verhältnis der neutestamentlichen Jüngerschaft zur urchristlichen Vorbildethik (= StANT VI) (München 1962);
vgl. *ders.*, Leidenstheologie (s. Anm. 13); *ders.*, Art. Nachfolge Christi: I. In der Schrift, in:
LThK[2] VII (1962) 758 f.
[22] *A. Schulz*, Nachfolgen und Nachahmen (s. Anm. 21) 265, vgl. auch 196 u. ö.
[23] Ebd. 289; vgl. auch 332.334.
[24] Ebd. 334 f; vgl. auch 269 u. ö.; zu Versuchen, beide Vorstellungsbereiche innerneutesta-
mentlich anzugleichen, vgl. ebd. 265 ff.
[25] Vgl. z. B. *R. Schnackenburg*, Ethik (s. Anm. 11) 126 ff; *H. D. Betz*, Nachfolge (s. Anm. 18)
142; *O. Merk*, Handeln (s. Anm. 18) 61.86 f.129 f.153.171 f.176.182.191 f.211 f.

"what Bultmann and Dibelius do not affirm is that this modern distinction between Jesus of history and the Christ of faith was unknown to Paul. For the Apostle there was only one Christ, one Son of God; and he was identified with the earthly Jesus. What is more, it was this Jesus Christ who was to be imitated. And that is made very clear by the Apostle's use of the terme *mimesis* and its cognate forms". Waetjen überzieht die Deutung der μίμησις Christi aber im weiteren vollends, indem er implizit und explizit in allen vier Evangelien diese Vorstellung meint finden zu können[26].

R. *Thysman* (1966) sieht zwar zu differenzierende Aspekte in der Wortgruppe μιμεῖσθαι (und wohl auch den Unterschied zur ‚Nachfolge‘), konzentriert dann aber wesentlich auf die ethische Nachahmung Christi[27], während *J. Kraus* (1966/67) feststellt: „Die neutestamentlichen Berufungen auf die Imitatio Christi" (die er im einzelnen prüft) „müssen im Gesamt der apostolischen sittlichen Unterweisungen gesehen werden". Daraus sei zu folgern: Entscheidend ist für Paulus das „Sein in Christus", „Vorbildethik" wurzelt in der „Seinsethik". „Das Tun des Christen hat sich an seinem Sein zu orientieren – man denke auch an die Umwandlung des Indikativs zu Imperativen bei Paulus – und findet im Sein seine Norm". Darum müsse man „auch bei Paulus mehr von einer Seinsethik als von einer Vorbildethik sprechen"[28]. Bei durchaus beachtenswerten Akzentsetzungen betonen beide Autoren deutlich die ethische Ausrichtung der Nachahmung Christi. Sie trafen damit in der Mitte der 60er Jahre das noch immer vorherrschende Allgemeinverständnis zur Sache.

In vielfach ähnliche Richtung weist die (mir bisher nur durch ein Selbstreferat des Autors bekannte) Dissertation von *D. M. Williams*, "The Imitation of Christ in Paul with Special Reference to Paul as Teacher" (1967). Nachahmung und Lehren stehen in einem für Paulus ‚exemplarischen‘ Lebensbezug zueinander. Der Inhalt der Lehre verwirklicht sich im Beispiel des Lehrers Paulus, ‚Imitatio Christi‘ wird so durch seine Lehre und sein Leben konkret: "In conclusion, we have found that tradition on ethical, apocalyptic, sacramental, and kerygmatic matters reflecting the teaching of the earthly Jesus, actual sayings of the Lord, and quoted blocks of material is passed on the Paul's churches and lived out

---

[26] Vgl. *H. C. Waetjen*, Is the "Imitation of Christ" Biblical?, in: Dialog 2 (1963) 118–125, Zitate 119.122 (zum Hinweis auf *M. Dibelius* s. o. Anm. 9).

[27] Vgl. *R. Thysman*, L'éthique de l'imitation du Christ dans le Nouveau Testament, in: EThL 42 (1966) 138–175.

[28] *J. Kraus*, Vorbildethik und Seinsethik. Um die Wissenschaftlichkeit der Moraltheologie, in: FZPhTh 13/14 (1966/67) 341 ff.347 ff.364.368 f.

in Paul's life. He taught his converts by verbal instruction on basic matters and included appeal to his own example and that of the earthly Jesus
who is now the exalted Lord. The imitation of Christ, however, is not me-
rely a moral re-enactment of his life. It is based on faith and done in his
power"[29]. Die vorliegende Dissertation gibt offensichtlich einen Gesamt-
durchblick durch größtenteils gängige Erklärungsversuche der ‚Nachahmung', besonders im amerikanischen Bereich der Forschung.

Zu nennen ist im Fortgang der Diskussion vor allem *H. D. Betz,* der in
seiner Untersuchung „Nachfolge und Nachahmung Christi im Neuen Testament" (1967) die Sachfrage weitgespannt aufgreift. In breit angelegten
Nachweisungen zur „Geschichte und Struktur der Mimesisvorstellung"[30]
möchte er zeigen, daß die Vorstellung von der ‚Nachahmung' gerade
nicht dem ethischen, sondern dem kultischen Bereich zugehöre. Durch
diese religionsgeschichtlich nachweisbare Besonderheit werde verdeutlicht, warum Paulus nicht ἀκολουθεῖν als Wort für nachfolgen „hinter
dem geschichtlichen Jesus" her verwenden konnte. Vor allem aber decke
sie einen schwerwiegenden Sachverhalt in der Jesus-Paulus-Debatte auf,
nämlich, „daß dem Apostel Paulus der ganze Komplex der Nachfolge
Jesu, wie er in den Evangelien gang und gäbe ist, unbekannt gewesen ist",
bzw. er „von der Nachfolge Jesu aus irgendwelchen Gründen nichts wissen wollte". Die hier zweifellos bleibenden „ungelösten Fragen"[31] finden
bei Betz exegetisch-theologisch folgende Erklärung: „Der Aufruf zur Mimesis ist in keiner Weise an der ethischen und sittlichen Vorbildlichkeit
des historischen Jesus oder einer präexistenten Christusfigur oder des
Paulus orientiert, sondern am Christusmythos selber. Dieser Mythos be-
schreibt und bezeugt den präexistenten Christus als ‚unteilbares Heilsgeschehen', so daß sich Mimesis auf dieses Heilsgeschehen richtet.
Religionsgeschichtlich ist dieser Sachverhalt nichts Überraschendes, sondern ist das, was kultische Mimesis überhaupt ausmacht."[32] Damit ist
(bei kritischer Reserve gegenüber der kultischen Relevanz des μίμησις-
Begriffs) ein theologisch bedeutsamer, aber auch nicht unbestrittener
Sachverhalt betont. Es bedarf insgesamt der weiteren Klärung der Frage,
ob das ‚unteilbare Heilsgeschehen' in einer zu differenzierenden Korrelation zum Vorbild gesehen werden kann und damit Heilsgeschehen und

---

[29] *D. M. Williams,* The Imitation of Christ in Paul with the Special Reference to Paul as
Teacher (Ph. D. Columbia University 1967), 504 Seiten; vgl. Diss. Abstr. A28 (1967/68)
1520 A.1521 A.
[30] *H. D. Betz,* Nachfolge (s. Anm. 18) 48–136.
[31] Ebd. 139.140.
[32] Ebd. 168; vgl. 143 ff.

Paränese auch im Vorstellungsgehalt der von Paulus verwendeten Begrifflichkeit der Mimesis in Beziehung stehen können[33]. Mit der scharfsinnigen Untersuchung von Betz stehen klare Alternativen zur Diskussion, die zur Entscheidung Paulus oder Jesus, jedenfalls aber zur existentiellen Bewältigung der Unvereinbarkeit von Nachfolge und Nachahmen drängen. Deshalb geht es in der schon terminologisch nachweisbaren Diskontinuität Jesus–Paulus darum, nach der möglichen Kontinuität, ja Konstanz zu fragen, die nach Betz im Erfahren des „‚Extra nos' des Heils" bei ‚Nachfolgen' und ‚Nachahmen' im ‚Selbstverständnis des Menschen', also anthropologisch auszumachen sei[34]. Bei allen auch notwendigen Rückfragen[35] hat Betz – die Forschung weiterführend – geltend gemacht: Die von Paulus konstatierte ‚Nachahmung Christi' ist nicht unter irgendein Thema paulinischer Ethik einzuordnen, sie weist auf ein Grundproblem in der Geschichte des Urchristentums und damit auch auf den Menschen in dieser Geschichte. Denn in der Forderung „μιμηταί μου γίνεσθε" wird „die eigentliche Bedeutsamkeit der Beschreibung christlicher Existenz als Mimesis" aufgedeckt[36]. Damit war gegenüber den meisten der bisher vorgestellten Entwürfe eine kritische Position markiert, die in dieser beachtlichen Geschlossenheit in den nachfolgenden Spezialarbeiten nicht wieder erreicht wurde.

Das wird bereits bei *É. Cothenet* deutlich. Er arbeitet in seinem umfassenden Artikel „Imitation du Christ"[37] zwar den begrifflichen Unterschied zu den Evangelien heraus und zeigt die erhebliche Relevanz des Heilsgeschehens für die Imitatio Christi bei Paulus (nicht ohne Betonung mystischer Elemente)[38], um dann aber wesentlich die ethische Ausrichtung der Nachahmung zur Geltung zu bringen[39].

Ohne auf seine früheren Ausführungen direkt einzugehen, bietet

---

[33] Vgl. *O. Merk,* Handeln (s. Anm. 18) 171 Anm. 107; *M. Hengel,* Nachfolge und Charisma. Eine exegetisch-religionsgeschichtliche Studie zu Mt 8,21 f und Jesu Ruf in die Nachfolge, (= BZNW 34) (1968) 94 ff (passim); *E. Schweizer,* in: Interp. 22 (1968) 348 f; *H.-H. Schade,* Apokalyptische Christologie und Eschatologie in den Paulusbriefen (= GTA 18) (Göttingen ²1986), 123 ff (passim).

[34] Vgl. *H. D. Betz,* Nachfolge (s. Anm. 18) 186 ff; vgl. 169 ff; zum ‚extra nos' im Rahmen der Fragestellung s. auch *H. J. Waetjen,* Imitation (s. Anm. 26) 119.

[35] Wozu auch von ihm übernommene Erwägungen von *H. Braun,* Der Sinn der neutestamentlichen Christologie, in: *ders.,* Gesammelte Studien zum Neuen Testament und seiner Umwelt (Tübingen 1962), 243 ff, bes. 281 gehören.

[36] Vgl. *H. D. Betz,* Nachfolge (s. Anm. 18) 188.

[37] *É. Cothenet,* Art. Imitation du Christ, Abs. I, in: DSp VII/2 (1971) 1536–1562; wichtig ebd. *P. Adnés,* Abs. III: Réflexions théologiques, 1587–1597, bes. 1590 ff.

[38] Vgl. *É. Cothenet,* Imitation (s. Anm. 37) 1550.1554.

[39] Ebd. 1548–1555.

E. Larsson eine kurze Zusammenfassung zur anstehenden Wortgruppe (1981)[40]. Sein Nachweis gilt besonders der im Leiden gründenden (ethischen) Vorbildlichkeit, wobei auch die ‚Imitatio Christi' sich einem vom Verfasser bei Paulus vermuteten „hierarchischen System" eingliedere, wofür freilich die Basis fehlt. Richtig dagegen ist die Beobachtung, daß Paulus nur gegenüber von ihm gegründeten Gemeinden im Hinblick auf sein Vorbild spricht[41].

Von ganz anderer Art ist *W. Wolberts* Abhandlung „Vorbild und paränetische Autorität. Zum Problem der Nachahmung des Paulus" (1981)[42]. In ihr geht es einerseits um eine bewußte Anknüpfung an W. Michaelis, andererseits darum, die geforderte ‚Nachahmung Christi' als eine Variante der „Goldenen Regel" zu deuten: „Paulus stellt sich mit dieser Mahnung [sc. 1 Kor 11,1] nicht etwa zwischen Christus und die Gläubigen; vielmehr macht er deutlich, daß er sich selber dem Maßstab unterstellt (uneigennützige Gesinnung, allen zu Gefallen leben [sc. 1 Kor 10,33]), den er anderen anlegt."[43] *W. Schrage* hat ein Grundproblem dieser (in vorliegender Form unhaltbaren) Konstruktion aufgedeckt: „Richtig ist zwar, daß nicht ein bestimmtes partikuläres Verhalten und schon gar nicht eine minutiöse oder schablonenhafte Kopie von allem und jedem mit dem μιμητής-Werden angemahnt wird, aber eine Beziehung auf die conformitas zum Christus und nicht auf eine jedermann plausible und kommunikable Wahrheit, das ist der Skopus."[44]

Es steht in der speziellen Forschung zur Sachfrage dieses an: Geht der Hinweis auf die Imitatio in den paulinischen Briefen über den materialiter eindeutigen Bereich in der griechisch/hellenistischen Welt hinaus, oder ist auch hier die Mimesisvorstellung der allgemeinen (ethischen) Einsehbarkeit für jeden untergeordnet und geradezu Ausdruck existentieller Nachvollziehbarkeit allgemeiner Wahrheit? Ist sie als Nachahmung Christi Proprium einer christlichen Ethik, oder wird mit des Paulus Ruf zur Nachahmung angezeigt, daß die Mimesis, wie die ‚Welt' sie kennt, nun auch im Horizont des Glaubens aufgrund des Heilsgeschehens in Christus ihr Recht für die Gemeinde gewinnt?

---

[40] Vgl. *E. Larsson*, μιμέομαι (s. Anm. 1) 1053–1057.
[41] Vgl. dazu auch *D. M. Stanley*, Become Imitators (s. Anm. 8) 877.
[42] *M. Wolbert*, Vorbild und Paränetische Autorität. Zum Problem der ‚Nachahmung' des Paulus, in: MThZ 32 (1981) 249–270.
[43] Ebd. 262.261.
[44] *W. Schrage*, Das apostolische Amt des Paulus nach 1 Kor 4,14–17, in: *A. Vanhoye* (Hg.), L'Apôtre Paul. Personnalité, Style et Conception du Ministère (= EThL.B LXXIII) (Louvain 1986), 114.

Auch in der mir durch freundliche Vermittlung in einem inhaltlichen
Überblick bekannt gewordenen, aber noch nicht zur Einsicht vorliegenden Dissertation von *M. E. Hopper*, "The Pauline Concept of Imitation"
(1983), scheint diese Grundfrage, obwohl die Darstellung nicht nur deskriptiv religionsgeschichtliche Analogien erfassen will, noch nicht voll
gelöst zu sein[45]. (Das Folgende wird ausdrücklich unter dem Vorbehalt
der Korrektur skizziert): Nach methodischen Eingangsüberlegungen
(Kap. 1) wird der religionsgeschichtliche Bereich umfassend untersucht
(Kap. 2: Mysterienreligionen; in Kap. 3 besonders Platons und Aristote-
les' Sicht der Mimesis; in Kap. 4 wird die jüdische Literatur einschließlich Philon, Apokryphen, Pseudepigraphen und Qumrantexten geprüft.
[So gewiß hier der Unterschied zum Griechentum gesehen wird, so bleibt
vor allem die Rückfrage, ob das in diesem Kapitel vorgeführte Material
insgesamt die Tragfähigkeit hat, die ihm beigemessen wird]). Kap. 5 wendet sich den paulinischen Belegen (einschl. Eph) zu und kennzeichnet
den Aufruf zur Imitatio Christi als basierend auf dessen Selbstverleug-
nung, hinführend zu Liebe und Vergebung. (Das abschließende Kap. 6 ist
der nachpaulinischen Entwicklung und der Mimesis als Anfrage an das
gegenwärtige Christentum gewidmet.)

Ist Hoppers Untersuchung weithin religionsgeschichtlich orientiert, so
zeigen *D. Stanleys* insgesamt allgemein gehaltenen Ausführungen (1984)
im Titel bereits das Anliegen: "Imitation in Paul's Letters: Its Significance for His Relationship to Jesus and to His Own Christian Foundations"[46]. Die Problematik analoger Bezüge in der (nichtchristlichen)
Umwelt entfällt weitgehend bzw. ist durch die „Relationship" Jesus –
Paulus von vornherein überwunden: Des Paulus eigene Grunderfahrungen als ‚Nachahmer Christi' beruhen wesentlich auf der Tauferfahrung
und seiner Einsetzung zum Apostel. Vor allem aber hat die Aufforderung
zur Nachahmung für die hellenistische Gemeinde maßgeblich mit dem
Evangelium zu tun. Denn im Prozeß der Vermittlung des irdischen Jesus
stellen die Briefe des Paulus eine erste Stufe dar[47]. Im kurzen Durchgang
durch die einschlägigen Belege wird mit Recht die Bedeutung des paulinischen Evangeliums zur Sachfrage angeführt und abschließend – was allerdings kaum näher begründet wird – festgehalten: "Nor can Pauline

---

[45] Vgl. *M. E. Hopper*, The Pauline Concept of Imitation (Diss. Phil. Southern Baptist Theological Seminary 1983) 230 Seiten; vgl. auch Diss. Abstr. 45 (1984) 206 A.207 A.
[46] *D. Stanley*, Imitation in Paul's Letters: Its Significance for His Relationship to Jesus and
to His Own Christian Foundations, in: *P. Richardson, J. C. Hurd* (Hg.), From Jesus to Paul.
Studies in Honour of F. W. Beare (Waterloo 1984), 127–141.
[47] Vgl. ebd. 128.131.133.

imitation be reduced to obedience to the apostle's authority. Paul's singular use of imitation and example in the result of his radical insight into the gospel as the communication of God's saving power in Christ and his total awareness of human importance vis-à-vis that divine power. In urging the imitation of himself upon his own Christian foundations, he endeavours to lead them to share his own experience of man's need to rely with full confidence on the divine power graciously offered through 'his gospel'." [48]

Während *D. Stanley* kaum auf die neuere Forschung eingeht und seine Sicht wenig reflektiert einbringt, bietet *B. Fiore* in seinem Werk "The Function of Personal Example in the Socratic and Pastoral Epistles" (1986) auch einen inhaltreichen Abschnitt über die paulinischen Belege zur Nachahmung [49]. Eine weitreichende, sorgfältige Untersuchung zum antiken/hellenistischen Hintergrund bietet Voraussetzungen zum Verständnis auch der einschlägigen paulinischen Weisungen. Die Nachweise in den Kapiteln "Example in Rhetorical Theory, Education, and Literature"; "The Use of Example in the Kingship Literature of Isocrates, Plutarch and Dio Chrysostom"; "Example in Epistolary Exhortation"; "Example in the Socratic Letters" [50] erlauben festzuhalten, daß hier Analogien und somit eine breite Basis für das Verstehen entsprechender paulinischer Aussagen und Bezüge gegeben sei, wie der Verfasser in kritischer Würdigung von W. Michaelis o.g. Artikel und besonders an 1 Kor 1,10 – 4,21 zeigt [51]. "Paul's Use of Example in the Light of Rhetorical and Philosophical Tradition" [52] ergibt – unter kurzem Einbezug auch der übrigen paulinischen Belege –: "The Pauline homologoumena reflect the hortary techniques and devices common to comparable writings of their day, some of which have been analyzed above. Example has been shown to be a prominent feature in Paul's hortary method and he aims at imitation rather than obedience of his authoritative prescriptions." [53] Die deutliche Herausarbeitung des Zusammenhangs von Nachahmung und Paränese konzentriert so stark auf das ‚example‘, daß die Rückfrage nach dem Heilsgeschehen kaum in den Blick tritt [54]. Gleichwohl stellen Fiores

---

[48] Ebd. 141.
[49] Vgl. *B. Fiore*, Function of Personal Example (s. Anm. 5) 164–190.
[50] Ebd. 26 ff. 45 ff. 79 ff. 102 ff.
[51] Vgl. ebd. 164 ff.
[52] Ebd. 176 ff.
[53] Ebd. 190.
[54] Doch vgl. ebd. 175: "Paul's founding *kerygma* to the community" (mit Verweis auf 1 Kor 2, 1–5).

solide, fachbezogene Überlegungen einen vorläufigen Endpunkt in den Spezialuntersuchungen zur ‚Nachahmung'/‚Nachahmung Christi' bei Paulus dar, indem sie zugleich die offene theologische Fragestellung zur Sachfrage implizieren.

Nicht nur um dieser offenen Aufgabe willen bedarf es einer Ergänzung durch Beiträge zur paulinischen Ethik. Es ist hier von einer Verschränkung der Sachbezüge zu sprechen, weil das Problem der Mimesis in seiner Zuspitzung auf die Imitatio Christi Grundfragen der Jesus-Paulus-Debatte [55] ebenso einbezieht, wie Untersuchungen zur paulinischen Ethik zu den schon behandelten Spezialarbeiten relevante Aspekte im Bereich ethisch-paränetischer Überlegungen zur Klärung der Sachfrage einbringen.

Vorab sind zwei gleichermaßen die Problemlage zusammenfassende wie das Folgende vertiefende Hinweise zu nennen, die das Verständnis der Nachahmung Christi nachhaltig gefördert haben.

Im Rückblick auf die Jesus-Paulus-Debatte stellte *W. G. Kümmel* (1963) fest: „Die Parallelisierung Christi als Vorbild des Paulus und des Paulus als Vorbild der Christen (1 Kor 11, 1), ebenso wie das Nebeneinander des Paulus und des Herrn als Vorbilder der Christen (1 Thess 1, 6)" setzen „zweifellos die Orientierung am irdischen Jesus" voraus; „außerdem können die Mahnung ‚unter Hinweis auf die Milde und Güte des Christus' (2 Kor 10, 1) und die Begründung der Mahnung zur Selbstlosigkeit durch den Hinweis auf den Christus, der sich nicht selbst gefiel, sondern Schmähungen ertrug (Röm 15, 2 f), nur als Bezugnahme auf das irdische Verhalten Jesu verstanden werden. Aber auch hier finden sich daneben die Hinweise auf die Herablassung des Präexistenten als Norm ethischen Verhaltens (2 Kor 8, 9; 5, 15; Röm 15, 7 f), und es zeigt sich auch hier, daß Paulus den irdischen Jesus und den erhöhten Herrn als Einheit sieht. Es trifft also nicht zu, daß für Paulus nur die Existenz, nicht die konkrete Person Jesu von Bedeutung ist." [56]

Der andere Hinweis geht von *N. A. Dahl* aus. In „Formgeschichtli-

---

[55] Zu dieser Debatte vgl. *R. Bultmann,* Die Bedeutung des geschichtlichen Jesus für die Theologie des Paulus, in: *ders.,* Glauben und Verstehen I (Tübingen 1933), 188–213; *ders.,* Jesus und Paulus, in: *ders.,* Exegetica (Tübingen 1967), 210–229; die neuere Forschung ist weitgehend angeführt in: *R. Bultmann,* Theologie des Neuen Testaments (Tübingen ⁹1984) zu § 16 (S. 186 f.610.676 f); dazu: *N. Walter,* Paulus und die urchristliche Jesustradition, in: NTS 31 (1985) 498–522; *A. J. M. Wedderburn,* Paul and Jesus: The Problem of Continuity, in: SJTh 38 (1985) 189–203; *F. Neirynck,* Paul and the Sayings of Jesus, in: *A. Vanhoye* (Hg.), L'Apôtre Paul (s. Anm. 44) 265–321.

[56] *W. G. Kümmel,* Jesus und Paulus (1963), in: *ders.,* Heilsgeschehen und Geschichte I. Gesammelte Aufsätze 1933–1964 (= MThSt 3) (Marburg 1965), 439 ff (Zitat 451).

che(n) Beobachtungen zur Christusverkündigung in der Gemeindepredigt" (1954) hat er durch den Aufweis des *„Konformitäts-Schema(s)" „so wie* (bzw. denn) *auch Christus"* einen wesentlich weiterführenden Gesichtspunkt zur soteriologischen wie christologischen Ausrichtung und Einschätzung der paulinischen Ethik erkannt: „Das Schema gehört der Paraklese an, und dient dazu, innerhalb der Ermahnungen Hinweise auf Christus einzufügen. Dabei wird Christus nicht einfach als Vorbild gesehen, denn vorbildlich ist sein Handeln gerade insofern, als es von Heilsbedeutung ist. Es geht um die Hingabe Christi für uns, seine Menschwerdung und seinen Tod, in dem das Heil beschlossen liegt. Man wird deshalb besser tun, von Conformitas und nicht von Imitatio zu reden."[57] War damit auf die kerygmatische Bedeutung der Imitatio Christi verwiesen und somit das erfolgte Heilsgeschehen charakterisiert, dann entfällt für die Nachahmung Christi ein wie immer gearteter Rückgriff auf den irdischen Jesus und dessen ohnehin nicht näher zu kennzeichnende Nachahmbarkeit. Damit aber war auch für die Erforschung der paulinischen Ethik ein erst noch zu bewältigender Weg gewiesen[58], wie implizit verschiedene der folgenden Untersuchungen zeigen.

Einzusetzen ist mit der ersten Auflage des Werkes von *R. Schnackenburg,* „Die sittliche Botschaft des Neuen Testaments" (1954), in dem auf die Bedeutung der Nachahmung ausdrücklich hingewiesen wird[59]. In der zweiten Auflage (1962) wird die Thematik vertieft: „Zur vollen Entfaltung ist dieses Motiv der Imitatio Christi ... in der Kirche nach Jesu Tod und Verherrlichung gekommen."[60] In der völlig neu bearbeiteten dritten Auflage des Werkes wird in Bd. 1 „Von Jesus zur Urkirche" (1986) die un-

---

[57] *N. A. Dahl,* Formgeschichtliche Beobachtungen zur Christusverkündigung in der Gemeindepredigt, in: *W. Eltester* (Hg.), Neutestamentliche Studien für Rudolf Bultmann zu seinem siebzigsten Geburtstag am 20. August 1954 (= BZNW 21) (Berlin 1954), 1–9 (Zitate 6f).

[58] Vgl. auch *W. Kramer,* Christos-Kyrios-Gottessohn. Untersuchungen zu Gebrauch und Bedeutung der christologischen Bezeichnungen bei Paulus und den vorpaulinischen Gemeinden (= AThANT 44) (Zürich 1963), 136 ff; *E. J. Tinsley,* Imitation (s. Anm. 2) 161 ff (passim).

[59] Vgl. *R. Schnackenburg,* Die sittliche Botschaft des Neuen Testament (= HMT VI) (München 1954), 28 f.67–70.108–112.230 f.253; vgl. ebd. betr. ‚Nachahmung' 28 Anm. 49: „Daß dieses Moment von vornherein im Mittelpunkt (sc. der Botschaft Jesu) stand ..., dürfte nach den Untersuchungen über die Jüngernachfolge Jesu eine falsche Meinung sein."

[60] *R. Schnackenburg,* Die sittliche Botschaft des Neuen Testaments (= HMT VI) (München ²1962), 124 ff (Zitat 128); vgl. auch 82–109 (passim); einige wenig begründete Hinweise zur Nachahmung gab *L. Nieder,* Die religiös-sittliche Paränese in den paulinischen Gemeindebriefen. Ein Beitrag zur paulinischen Ethik (= MThS I/12) (München 1956), bes. 76 f.101.120.

aufgebbare Bedeutung der Mimesis Christi herausgestellt: „Die Nachfolge wird auch zur *Nachahmung*". „Für Paulus läßt sich der Gedanke der
Imitatio Christi nicht leugnen", den Schnackenburg besonders in der sa-
kramentalen Verankerung, im „Nach- und Mitvollzug" des „Sterbens
und Auferstehens" Christi sieht (mit Verweis auf Gal 2, 19 f; 2 Kor 4, 16 f;
Phil 3, 10 f; Röm 8, 17) [61].

Die damals neueste Diskussion aufgreifend, hat sich *W. Schrage* in seiner Dissertation „Die konkreten Einzelgebote in der paulinischen Paränese" (1961) vor allem unter dem Gesichtspunkt der Normen der Ethik
auch der Nachahmung in den einschlägigen Belegen zugewandt: „Nicht
zur imitatio Christi, wohl aber zum μιμεῖσθαι des Apostels wird aufgerufen." [62] Zwar ist „festzuhalten, daß es für die Gemeinde eine vorgegebene
paränetische Paradosis gibt, die als kritische Norm allem Wandel der
Christen vorgeordnet und gegenüber bleibt", aber dafür können höchstens vereinzelte Herrenworte angeführt werden. „Die meist angeführten
Stellen, die die Bedeutung von Jesu irdischem Leben für die paulinische
Ethik erweisen sollen, sind … ausnahmslos anders zu interpretieren." [63]
Damit war *R. Bultmanns* Festellung, auf die sich Schrage beruft, und
die letztlich auch *N. A. Dahl* im Blick hat, erneut für die paulinische Ethik
aufgegriffen: *„Christus ist nicht Vorbild*. Freilich wiederum: er kann zum
Vorbild des Einander-Dienens … werden. Aber überall ist es der Präexi-
stente, der das Vorbild ist; d. h. aber: nur der schon als Herr Anerkannte
kann Vorbild sein, nicht aber macht die etwaige Vorbildlichkeit des historischen Jesus diesen zum Herrn." [64] Noch verstärkt wird diese Argumentation in *W. Schrages* „Ethik des Neuen Testaments" (1982): „Paulus
hat … das geschichtliche Leben und Wirken Jesu zur konkreten Orientierung des Christenlebens kaum herangezogen. Erst recht ist jeder Versuch
einer Kopie oder Imitation des Lebens Jesu, die Jesus als Modell betrachtet, nicht paulinisch." [65] An 1 Kor 11, 1 verdeutlicht er: es ist „zwar ein
vorbildhaftes Moment durchaus zu erkennen, aber dieses Vorbild" ist
„auch hier nicht der irdische Jesus". „Das, was ‚nachgeahmt' werden soll,

---

[61] Vgl. *R. Schnackenburg*, Die sittliche Botschaft des Neuen Testaments I: Von Jesus zur
Urkirche (= HThK Suppl.Bd. I) (Freiburg u. a. 1986), 67; vgl. auch 85 f.
[62] *W. Schrage*, Die konkreten Einzelgebote in der paulinischen Paränese. Ein Beitrag zur
neutestamentlichen Ethik (Gütersloh 1961), 107.
[63] *W. Schrage*, Einzelgebote (s. Anm. 62) 140.240; vgl. 129 ff.239 ff.98.106 f u. ö.
[64] *R. Bultmann*, Bedeutung des geschichtlichen Jesus (s. Anm. 55) 206; *N. A. Dahl*, Formgeschichtliche Beobachtungen (s. Anm. 57) 9.
[65] *W. Schrage*, Ethik des Neuen Testaments (= GNT.NTD Ergänzungsreihe Bd. 4) (Göttingen 1982), 198 ff (Zitat 199).

besteht darin, daß man nicht das Seine, sondern das des anderen sucht, wie es Christus exemplarisch ‚für uns' (pro nobis) erwiesen hat (vgl. [sc. 1 Kor] 10,33)." So verweist Schrage auf jenes von Dahl erarbeitete Schema der Conformitas, die ihrerseits im Kreuzes- und damit im Heilsgeschehen wurzelt, als möglichen sachgemäßen Zugang zu den Mimesis-Belegen[66]. Diese Sicht schließt freilich – wie Schrage erneut betont – nicht aus, daß sich gewisse Hinweise auf die Verkündigung Jesu bei Paulus finden. So macht er gegenüber R. Bultmann geltend: „Daß Paulus die übernommenen Worte nicht als Worte des irdischen Jesus, sondern des erhöhten Herrn angesehen habe, ... ist eine für Paulus unbekannte Alternative."[67] Und so gewiß er in seiner zur Sache abschließenden Feststellung die ‚Imitatio Christi' außer Betracht läßt, gilt ihm, daß sich „Paulus ... nicht mit dem bloß formalen Daß des irdischen Lebens Jesu begnügt, sondern an einer bestimmten Geschichte Jesu Christi, ja an narrativen Elementen und vor allem an Worten Jesu festgehalten" hat[68]. Schrage hat in Untersuchungen zur paulinischen Ethik im besten Sinne die anstehende Diskussion um die ‚Nachahmung Christi' umrissen, ohne dafür das Material in voller Breite und in allen Vorstellungen aufzurollen. Allerdings bleibt zu fragen, ob das Heilsgeschehen nicht doch von Paulus stärker in einer geglaubten Identität des Irdischen und Erhöhten betont wird und der Apostel so christologisch und soteriologisch die transformierende Kraft des Kreuzesgeschehens in der Botschaft des verkündigten Auferweckten zur Geltung bringt, die Basis seines Evangeliums ist und auch der Anführung von (möglicherweise) ‚Herrenworten' zugrunde liegt[69].

Nach diesem zeitlichen Vorgriff ist zunächst noch einmal auf die Forschung der 60er Jahre einzugehen:

In seinem fundamentalen Werk „Théologie Morale du Nouveau Testament" (1965) möchte C. Spicq in breiter Entfaltung und doch recht allgemein eine Abstufung (Nachahmung Gottes; Nachahmung Christi; Nachahmung des Apostels) als eine hierarchische Gliederung herausar-

---

[66] Vgl. ebd. 199; ders., Das apostolische Amt (s. Anm. 44) 113 f; N. A. Dahl (s. Anm. 57); vgl. auch M. Hengel, Nachfolge und Charisma (s. Anm. 33) 69: „Die paulinische Vorstellung von der ‚μίμησις Χριστοῦ' ... ist ... eigenartigerweise primär am Leiden Christi und nicht an der konkreten Nachfolge der Jünger orientiert, obwohl sich zwischen beiden ein übergeordneter Zusammenhang im Sinne der bedingungslosen Schicksalsgemeinschaft konstruieren läßt" (s. ebd. 69 Anm. 98).

[67] W. Schrage, Ethik (s. Anm. 65) 200 ff (Zitat 201 mit Verweis auf R. Bultmann, in: RGG² IV [1930] 1028).

[68] Vgl. ebd. 201 f (mit Bezug auf 1 Kor 11,23 ff).

[69] Vgl. zum Grundsätzlichen z. B. F. Neirynck, Paul (s. Anm. 55); N. Walter (s. Anm. 55).

beiten [70], in der die ethische Nachahmung zum Tragen komme (wobei der Einbezug deuteropaulinischer Belege, aus Hebr und 1 Petr den Sachverhalt nicht scharf genug erhebt) [71]. Gleichwohl sieht er durchaus Grenzen, das erfahrene Heilsgeschehen nachzuahmen [72].

Fast gleichzeitig machte *L. Goppelt* im Artikel τύπος (1966) darauf aufmerksam, daß zum Verständnis von μιμεῖσθαι bei Paulus auch dessen Deutung von τύπος heranzuziehen ist. Τύπος als Vorbild kennzeichnet „weder zwingende Schablone noch nachahmbares Modell, es kann nur in Freiheit, nämlich aus Glauben nachgelebt werden" [73].

Besonders deutlich arbeitete *V. P. Furnish* in "Theology and Ethics in Paul" (1968) heraus, daß die Nachahmung Christi nicht gleichsam ethisch isoliert, sondern nur im Gesamtzusammenhang paulinischer Theologie erfaßt werden kann: "The two themes which bind all these *imitatio* passages together are (1) the need for humble, selfless service, and (2) the almost inevitably attendant need to suffer as Christ suffered in order to be obedient. To imitate Paul and Christ means to be conformed to Christ's suffering and death in the giving of one's self over the service of others". "Secondly, it is noteworthy that none of these imitation passages singles out particular qualities of the earthly Jesus with the insistence that they be emulated." [74] Christologische Aussagen wie in Röm 5,6ff; 2 Kor 8,9; Phil 2,6ff zeigen: "In this event of God's giving his Son and the Son's giving up to his own life unto death, Paul discerns the decisive redemptive deed of God". "To sum up: the whole of Pauline theology – which includes what may be called the 'Pauline ethic' – is eschatologically oriented and radically theocentric." Nicht in Einzelheiten das Nachahmbare, sondern das Handeln Gottes in seiner Ganzheit ist auch in der Imitatio zu sehen, so zusammengefaßt: "Christ's death-resurrection *is*, therefore, the eschatological event, god's powerful deed of redemption which justifies, reconciles, and summons to service. Thus, Paul's ethic is radically and pervasively *theo*logical, *eschato*logical, and *christo*logical." [75]

---

[70] Vgl. *C. Spicq,* Théologie morale du Nouveau Testament II (= EtB) (Paris 1965), 688 ff.706 ff.720 ff.

[71] Vgl. ebd. 708 Anm. 4.

[72] Vgl. ebd. 688 ff; vgl. ebd. I (1965), 392; II 619 mit Anm. 5.

[73] *L. Goppelt,* Art. τύπος, in: ThWNT VIII (1969) (als Lieferung erschienen 1966) 246–260, bes. 249 f (Zitat 250); vgl. auch *E. K. Lee,* Words Denoting ‚Pattern' in the New Testament, in: NTS 8 (1962) 166–173.

[74] *V. P. Furnish,* Theology and Ethics in Paul (Nashville 1968), 218 ff (Zitat 223).

[75] Ebd. 223 f.

‚Nachahmung Christi' ist eingebunden in das Handeln Gottes. Damit war eine hermeneutisch zu bedenkende Basis gezeigt, die sich gleichzeitig (1968) mit wesentlich ähnlichem Ergebnis durch Untersuchungen zu den Motivierungen paulinischer Ethik erhärten ließ[76].

Die bisherigen Überlegungen mitreflektierend konzentriert sich über ein Jahrzehnt später *J.-F. Collange*, „De Jesus à Paul. L'éthique du Nouveau Testament" (1980), beachtenswert auf die kerygmatische Sinnerschließung der Imitatio: „L'imitation paulinienne est toujours kérygmatique"[77]. Nicht Gehorsamshaltung ist der springende Punkt bei der ‚Nachahmung', sondern Einladung durch die Verkündigung, mit Paulus den Weg unter dem Evangelium zu gehen. Nicht im Statischen, sondern im Dynamischen erschließt sich der ‚Horizont der Nachahmung' als ‚Transformatio', als jenes μεταμορφοῦσθαι, das Christenleben als Gottes Ebenbild tragende Existenz und als Verpflichtung ihm gegenüber ausmacht.[78] Paulus spreche mit Recht von der Imitatio Christi, denn diese Nachahmung nimmt ihren Ausgang bei einer „personne historique, Jésus-Christ, second Adam, véritable image de Dieu", aber nicht in lückenloser Abfolge von ‚Jesus zu Paulus'.[79] Denn alle hinsichtlich der Nachahmung und ihres durch jüdische und hellenistische Elemente bedingten Vorstellungsbereichs „désignent le milieu ‚helleniste' d'Antioche". Hier sei der ‚Schmelztiegel', der Paulus zur Konzeption der ‚Nachahmung Christi' geführt habe[80].

Von der ‚Nachfolge Jesu' zur ‚Nachahmung Christi' ist unter dem Blick ‚von Jesus zu Paulus' die hier inhärente Geschichte des Urchristentums einzubeziehen, in der ethische Weisung kerygmatisch transformiert zu einem Umgestaltetwerden unter dem Heilsgeschehen führt. Nicht ethisch nachahmbares Vorbild, sondern Gestaltung des Daseins unter dem Kerygma ist Nachahmung Christi. Zumindest führen in diese Richtung die weiter zu bedenkenden Überlegungen von Collange.

Auch in der jüngst erschienenen „Neutestamentliche(n) Ethik" von *S. Schulz* (1987) ist themabezogen insofern die Geschichte des Urchristentums im Blick, als unter der weitreichenden Prämisse einer Früh- und

---

[76] Vgl. *O. Merk*, Handeln (s. Anm. 18) 86 ff. 129 ff. 171 f. 177 ff. 190 ff u. ö.

[77] *J.-F. Collange*, De Jésus à Paul. L'éthique du Nouveau Testament (Genf 1980), 199; vgl. 197 ff.

[78] Vgl. ebd. 200. 202 (insgesamt 200 ff).

[79] Vgl. ebd. 204. Der Verf. denkt an eine Spiegelung der Traditionen, die auch zur Herausbildung des MkEv führten (vgl. 204 Anm. 2 passim).

[80] Vgl. ebd.

Spätphase paulinischer Ethik Konsequenzen für das Verständnis der Imitatio Christi gezogen werden.[81]

Die Frühphase – literarisch beschränkt auf 1 Thess – zeige Paulus als Repräsentanten „seiner hellenistischen Mutterkirche" auch in der Ausrichtung auf die „Nachahmungsvorstellung", die auch nach Schulz „religionsgeschichtlich in das Griechentum und … erst sekundär von hier aus in das Judentum eingedrungen"[82] ist. Charakteristisch und an den Belegen des 1 Thess nachweisbar sei im Unterschied zur Spätphase, daß die „Nachahmungsvorstellung in den Bereich der Ethik" gehöre und jede „andere sachliche Ortsbestimmung" ausgeschlossen sei, „auch wenn die Nachahmung im 1. Thess. nicht ausdrücklicher Gegenstand der ethischen Anweisung ist."[83] Das ergibt sich nach Schulz, weil „Leiden, Drangsale und Anfeindung des Paulus, Jesu wie der Gemeinde für das ethische Verhalten der Söhne des Lichts im apokalyptischen Endkampf" zu sehen seien, zugespitzt: „Die Leiden des Paulus und des irdischen Kyrios haben die Thessalonicher nachgeahmt, so daß die implizite Forderung der Imitatio nach dem 1. Thess. eindeutig im Bereich der Ethik steht."[84] Im Hinweis auf den (irdischen) Kyrios sieht Schulz eine vereinzelte christologische Begründung, denn erst die in den übrigen paulinischen Briefen dokumentierte Spätphase bringe gewichtend die Christologie ein.[85] In dieser hat auch die Imitatio in der „spätpaulinischen ‚Ethik' " ihren Platz, denn „Inkarnation wie Erniedrigung zum Kreuzestod des Präexistenten haben ‚ethisch'-vorbildhafte Bedeutung". Deshalb „spricht auch der späte Paulus mehrmals von der Nachahmung des Vorbildes Christi: 2. Kor. 8,9; 1. Kor. 11,1; 2. Kor. 10,1; Röm. 15,3 ff und 7 f und Phil. 2,6–11". Erfaßt aber werde der Sachverhalt nur, wenn man ihn „im Horizont und Kontext" der paulinischen „Gesetzes- und Charismenlehre" sehe.[86] Vorausgesetzt wird dabei von Schulz, „daß die Imitatio- bzw. Exemplumethik theologisch-sachkritisch" in den Bereich der „Lohn- und Verdienstethik gehört", der „Christ" aber, „der das Vorbild seines Herrn nachahmt", dieses nicht mehr als „Verdienst und damit als conditio salutis, sondern als Charisma und d.h. als Berufung zum Dienst" werte. Unter dieser Voraussetzung ergebe sich, daß der späte

---

[81] Vgl. S. Schulz, Neutestamentliche Ethik (= Zürcher Grundrisse zur Bibel) (Zürich 1987), 290 ff.301 ff.333 ff.357 ff.
[82] Ebd. 300.333.
[83] Ebd. 333.
[84] Ebd. 317.
[85] Vgl. ebd. 317.357 ff.
[86] Vgl. ebd. 361.

Paulus die Imitatio/Nachahmung „konsequent von seiner Gesetzeslehre
her verstanden und in seine Charismenlehre integriert" habe.[87] Wie die
einschlägigen Belege zeigten, bestehe „ein Korrespondenzverhältnis zwischen dem Grundzug des Geschenks Christi und der Aufforderung, diesem Beispiel im christlichen Verhalten zu folgen". Dabei sei es „keine
Frage ..., daß der späte Paulus seine Ethik nicht an dem Verhalten des irdischen Jesus, sondern an den in der Inkarnation einschließlich der Passion sich offenbarenden Verhaltensweisen von Erniedrigung und Gehorsam orientiert hat", zusammengefaßt und speziell auf 1 Kor 11,1 und
2 Kor 10,1 bezogen: „Die Imitatio bzw. Vorbild-‚Ethik' des späten Paulus bezieht sich nirgends auf den irdischen Jesus", solche Nachahmung
könne nur als „charismatische", „als Berufung zum Dienst an der Gemeinde und an allen Geschöpfen Gottes" verstanden werden.[88] Diese
neueste Konzeption[89] war als derzeit weitreichendste ausführlicher darzustellen, um gleichzeitig festzuhalten, daß sich hinsichtlich der Imitatio
keineswegs eine Entwicklung innerhalb der paulinischen Ethik aufzeigen
läßt und daß die entsprechenden Belege im 1 Thess nicht einfach unter
eine wie immer umschriebene ‚Ethik' zu subsumieren sind. Die diesbezüglich „anderwärts auffällige ethische Dimension tritt ... in 1 Th(ess) zurück"[90]. Auch ist der Bezug von κύριος in 1 Thess 1,6 auf den irdischen
Jesus höchst fraglich. Wesentlich wahrscheinlicher ist es, mit *J. A. Fitzmyer* u. a. „auf den auferstandenen ‚Herrn'" zu deuten[91], so daß sich auch
dieser Beleg mit dem von Schulz für die Ethik des späten Paulus erhobenen christologischen Sachverhalt deckt.[92] Vollends unbewiesen aber ist,
daß die Imitatio in der konstruierten „spätpaulinischen ‚Ethik'" im Zusammenhang der Gesetzes- und Charismenlehre des Apostels zu sehen
sei. Weder begegnet in 1.2 Kor die Auseinandersetzung mit dem νόμος –
selbst das Wort fehlt im zweiten kanonischen Korintherbrief[93] –, noch

---

[87] Vgl. ebd.

[88] Vgl. ebd. 362f.

[89] Doch vgl. in diese Richtung weisende Überlegungen schon (1956) bei *L. Nieder,* Paränese (s. Anm. 60) passim; s. auch *H.-H. Schade,* Apokalyptische Christologie (s. Anm. 33)
122f.

[90] *H.-H. Schade,* Apokalyptische Christologie (s. Anm. 33) 123 (vgl. 126), doch ohne in allen Einzelheiten zu überzeugen.

[91] Vgl. *J. A. Fitzmyer,* Art. κύριος, in: EWNT II (1981) 817; vgl. auch *W. Kramer* (s.
Anm. 58) 168.

[92] *S. Schulz,* Ethik (s. Anm. 81) 363.

[93] Im übrigen vgl. die möglicherweise impliziten Hinweise auf das Gesetz in 1/2 Kor, die
A. Lindemann, Die biblischen Toragebote und die paulinische Ethik, in: *W. Schrage* (Hg.),
Studien zum Text und zur Ethik des Neuen Testaments. FS H. Greeven (Berlin 1986) 242 ff,
bes. 246 ff sorgfältig abwägend geprüft hat (1 Kor 4,16; 11,1; Kap. 12 fallen hier zutreffend
aus den Erwägungen heraus).

zeigt sich eine spezielle Öffnung hin zur Charismenlehre, um „Werkge-
rechtigkeit" und „Verdienstethik" abzuweisen.[94] ‚Nachahmung‘ in die
Auseinandersetzung um ‚Gesetzeswerke‘ zu rücken, liegt Paulus fern,
und die von Schulz vorgenommene sekundäre Zusammenfügung von
Imitatio und jener Auseinandersetzung ist gerade darum ausgeschlossen,
weil die Basis der Nachahmung im widerfahrenen Heil liegt. Daß Charisma und Nachahmung von Paulus nicht verbunden werden (vgl. 1 Kor
12 und Röm 12), ist in der Sache begründet.[95] Bei Schulz werden – bei
zwar auch gesehenen Einschränkungen – sowohl „Charismenlehre" als
auch „Verdienstethik" in ihrer begrifflichen und sachlichen Ausweitung
überdehnt[96], so daß sie im vom Verfasser gesuchten Schnittpunkt der Anwendung, bei der „Imitatio Christi" nicht mehr das von Paulus Gemeinte
zur Geltung bringen.

Dieser Durchgang durch die neuere Forschung zeigt die ‚Nachahmung
Christi‘ im vielfältigen Spektrum umstrittener und offener Fragen: An einem Spezialthema[97] wird die alte Diskussion der Jesus-Paulus-Debatte in
ihren Wandlungen bis heute erkennbar. Möglichkeiten und Grenzen, die
‚Imitatio Christi‘ problemorientiert als Vorgabe und Auftrag der jungen
Gemeinden in der Geschichte des Urchristentums zu verorten, sind geblieben. Damit sind (nicht nur, aber auch) die (legitime) Rückfrage nach
dem historischen Jesus in den letzten Jahrzehnten ebenso wie die Einbin-
dung paulinischer Ethik in die Frühgeschichte der jungen Christenheit

---

[94] Vgl. *S. Schulz*, Ethik (s. Anm. 81) 363.361.

[95] In Röm 4,4, einem selbst von *S. Schulz* nicht im Zusammenhang erörterten Beleg, geht es
zwar auch um den Gegensatz von ὁ μισθός, ὀφείλημα einerseits und χάρις andererseits,
nicht aber um χάρισμα und Nachahmung in der Auseinandersetzung mit ‚Werkgerechtig-
keit‘, ‚Verdienstethik‘ etc., und auch Röm 6,23 entfällt (vgl. auch *E. Käsemann*, An die Römer [= HNT 8a] [Tübingen 1973] z. St. [175 f]). Wie sehr sich *S. Schulz* an Röm 4 orientiert,
zeigt etwa folgende Zusammenfassung: „Die paulinische Charismenlehre als ‚Ethik‘" ist
„die bleibende, weil im Evangelium von der Rechtfertigung der Gottlosen allein aus Glauben begründete, Alternative zur Leistungs-, Gesetzes- und Lohnethik der religiösen Antike"
(*ders.*, Ethik [s. Anm. 81] 357).

[96] Vgl. ebd. 350 ff.380 ff.

[97] Obwohl *R. E. O. White*, Biblical Ethics, The Changing Continuity of Christian Ethics
Vol. 1 (Exeter 1979) feststellt, *"the imitation of Christ remains the heart of the Christian ethic"*
(109), sind die diesbezüglichen Ausführungen ganz allgemein (109–123) und ohne
Klärung der Unterschiede von ‚Nachfolgen‘ und ‚Nachahmen‘. Einige Belege werden im
Zusammenhang paulinischer „Moral Theology" als ethischer Beitrag der Soteriologie zugeordnet (153 ff), doch ohne nähere Begründung und ohne Berücksichtigung der Hauptbelege. Sind diese Hinweise kaum weiterführend, so zeigt der zweite Band "The Insights of
History", The Changing Continuity of Christian Ethics Vol. 2 (Exeter 1981) eine Fülle wichtiger Erörterungen zur Wirkungsgeschichte der ‚Imitatio Christi‘ in der Kirchen- und Dogmengeschichte und in der Geschichte der Ethik (z. B. 36 f.85 f.90 ff.116 f.144 ff.264.301 f.
326.369.371 ff.374–378).

verbunden. Nicht eine kurzschlüssige Lösung, sondern allein das Bewußtwerden einer gemeinsam anstehenden Aufgabe kann hier vor Augen
gestellt werden.

II

Die folgenden Randbemerkungen zu den einzelnen Belegen dienen der
Offenheit für die neuralgischen Punkte:

1. *Zu 1 Thess 1, 6; 2, 14:*
a) 1 Thess 1,6: Letztlich ausgehend von der gegenwärtigen Lage (3,6),
kommt Paulus in einer breit angelegten Danksagung (1, 2–3, 13) gleich zu
Beginn zu einer gezielten Bestimmung des μιμηταί-Seins der Thessalonicher (1,6). Schon durch überlegten Aufbau der Danksagung (1, 2 ff) erschließt sich der Sachverhalt. Die Verse 1, 4 f greifen das „Geschehen bei
der Berufung" auf, 1,6 spricht vom „gewirkten Verhalten", 1, 7 f zeigen
die „Wirkung dessen nach außen"[98]. Die Annahme des Evangeliums
(1, 5 f; 2, 13) verbindet die Gemeinde mit des Paulus Wirken in Thessalonich (vgl. 1, 5 b.9 a; 2, 2.9) auch in der Bedrängnis (1,6; vgl. 3, 3 f) und spiegelt in der Wechselseitigkeit gemeinsame Erfahrung zwischen Paulus und
Gemeinde. „Erwählung und Evangelium"[99] gehören als Ausdruck der
ganzen Fülle göttlichen Wirkens (1, 4 f) in dem Geschehen des Christwerdens der Thessalonicher zusammen. Das ihnen Widerfahrene hat sie zu
μιμηταί gemacht, sie wurden τύπος, sie haben das ihnen verkündigte
Wort angenommen. Nicht Aufruf zu ‚aktiver' Nachahmung, nicht Imperativ, sondern Widerfahrnis der Nachahmung als geschenktes Heil, der
Indikativ des Heilsgeschehens ist ausgesprochen. Nicht Imitatio des ‚irdischen Herrn', sondern die nun ermöglichte Orientierung am auferweckten Kyrios ist gemeint, ja konstatiert, die nicht anders als durch den von
Gott in den Tod Gegebenen zu haben ist (1 Thess 5, 9 f). Von dieser christologischen Basis her erschließen sich μιμητής-Sein und τύπος-Sein[100]

---

[98] Zur Analyse *T. Holtz,* Der erste Brief an die Thessalonicher (= EKK XIII) (Zürich u. a.
1986), 42, zu exegetischen Einzelheiten ebd. 45 ff; *W. Marxsen,* Der erste Brief an die Thessalonicher (= ZB.NT 11/1) (Zürich 1979), 38 ff; *H. S. Hwang,* Die Verwendung des Wortes
πᾶς in den paulinischen Briefen (Diss. Theol. Erlangen 1985), 18 ff; *A. J. Malherbe,* Paul
and the Thessalonians (Philadelphia 1987), 52 ff; *O. Knoch,* 1. und 2. Thessalonicherbrief
(= Stuttgarter Kleiner Kommentar.NT 12) (Stuttgart 1987), 27 ff.32.
[99] *J. Becker,* Die Erwählung der Völker durch das Evangelium. Theologiegeschichtliche Erwägungen zu 1 Thess, in: *W. Schrage* (Hg.), Studien zum Text und zur Ethik des Neuen Testaments. FS H. Greeven (Berlin 1986), 82 ff.84.87 u. ö.
[100] Vgl. auch *W. Marxsen,* Brief an die Thessalonicher (s. Anm. 98) 38 f.

als in der Sache verbunden[101]. Es ist das in Gottes Erwählung gründende, im Wort des Evangeliums verkündigte Handeln Gottes – nicht expressis verbis, aber sachlich gebündelt „das Wort vom Kreuz"[102] –, durch das die Thessalonicher durch die Annahme des Evangeliums geprägt worden sind. Nicht Ethik, sondern „die christliche Existenz der Thessalonicher"[103] ist im Blick, „eine Existenz, die die Erfahrung von Freude in der Bedrohtheit, von Kraft in der Schwachheit, von Lebensgewinn in der Niederlage kennt"[104]. In all dem sind die Thessalonicher mit dem Verkündiger Paulus zusammengeschlossen. Es verbindet sie die gleiche Basis der Mimesis, und auf dieser Voraussetzung beruht, daß die Thessalonicher Nachahmer des Paulus geworden sind. Seine – ihnen den Weg zum Glauben öffnende – Evangeliumsverkündigung (1,5) und der von den Thessalonichern ausgehende λόγος τοῦ κυρίου (1,8) stehen in Korrespondenz auf gleicher Grundlage. Seine, des Paulus Nachahmer geworden zu sein, hat sie selbst zum geprägten Vorbild und damit Glauben weckend für andere gemacht[105]. Das beide Verbindende ist Gottes erwählende Tat in Christus. Mimesis erwächst aus dem anredenden, zum Glauben führenden, Gemeinde gründenden und in ihr über sie hinaus wirkenden Wort des Evangeliums. Es trifft zu: „Das Nachahmersein ist hier als Beschreibung des Heilsstandes Kennzeichnung des Gegebenen"[106], und man kann – von auch notwendigen Einschränkungen seiner These abgesehen – mit *H. D. Betz* feststellen: „Der μιμητής sieht sich nicht verbunden mit dem Leben und Wirken Jesu *damals,* sondern mit dem *gegenwärtig* wirkenden Christus, der freilich kein anderer ist als der gekreuzigte Jesus"[107], aber man muß hinzufügen: durch Gottes Handeln (so wie es in 1 Thess vielfach zur Geltung kommt). „Symptome paulinischen Traditionsverhaltens", wie *P.-G. Müller* meint, lassen sich jeden-

---

[101] Vgl. *L. Goppelt,* τύπος (s. Anm. 73) 249.

[102] So *F. Laub,* 1. und 2. Thessalonicherbrief (= Die Neue Echter Bibel 13) (Würzburg 1985), 17.

[103] *W. Kramer,* Christos-Kyrios-Gottessohn (s. Anm. 58) 168.

[104] *F. Laub,* 1. und 2. Thessalonicherbrief (s. Anm. 102); vgl. *ders.,* Eschatologische Verkündigung und Lebensgestaltung nach Paulus. Eine Untersuchung zum Wirken des Apostels beim Aufbau der Gemeinde in Thessaloniki (= BU 10) (Regensburg 1973), 80 ff.

[105] „Je mehr ein Leben vom Wort geprägt ist, desto mehr wird es τύπος ...", so *L. Goppelt,* τύπος (s. Anm. 73) 250.

[106] *H.-H. Schade,* Apokalyptische Christologie (s. Anm. 33) 126; allerdings isoliert *Schade* die Belege im 1 Thess zu sehr von den übrigen Paulusbriefen und neigt zu Überdeutungen, um 1 Thess auch im Hinblick auf die Imitatio von den anderen Paulusbriefen abzuheben (126 ff.133 f); vgl. auch *T. Holtz,* in: ThLZ 108 (1983) 121 ff (bes. 122 f).

[107] *H. D. Betz,* Nachfolge (s. Anm. 18) 144.

falls nicht mit 1 Thess 1,6 ff und der Aufnahme des Begriffs μιμητής verbinden[108]. Es ist unzutreffend, daß, da „sich Paulus" „als authentischer Interpret und Tradent der ipsissima intentio Jesu weiß", „die Glaubenden", „insofern sie sich, wie Paulus exemplarisch vor ihnen, in den Traditionsprozeß der überkommenen Jesusüberlieferung einlassen", „so zu ‚Nachahmern des Herrn' werden, weil sie ‚Nachahmer des Paulus', des personalen Trägers der Jesusüberlieferung, geworden sind. Indem sie Paulus zuhörten und seinen λόγος akzeptierten, haben sie die ipsissima intentio des Primärsprechers Jesus von Nazareth rezipiert und so die Jesustradition existentiell realisiert". Und auch dies hat keinen Anhalt am Text: „Die Thessalonicher haben den λόγος der lebendigen Jesusüberlieferung ‚angenommen', ‚übernommen', ‚internalisiert', sich selbst in einem zuverlässigen Traditionsprozeß verstehend, wobei Paulus als der unmittelbare Tradent der Botschaft Jesu bestätigt wird."[109] Die von Paulus verkündigte Botschaft ist vielmehr die Ansage des gekreuzigten Auferweckten und ist darin Ermöglichungsgrund für das μιμητής-Sein, nicht aber impliziert sie das Stehen in einem Traditionsprozeß.

b) 1 Thess 2,14 ist, wie weithin anerkannt, von den sonstigen Belegen unterschieden, weil weder auf Paulus noch auf Christus, sondern auf andere Gemeinden zur Nachahmung verwiesen wird[110]. Wieder ist die Basis zuvor genannt: Die Thessalonicher haben das Wort der Predigt als Gotteswort aufgenommen (2,13). Die Wirkmächtigkeit (vgl. ἐνεργεῖται) des darin sich bekundenden widerfahrenen Heils ermöglicht den Thessalonichern, Nachahmer jener Gemeinden zu sein, die – wie sie von ihren Landsleuten – in „Judäa" Verfolgungen erleiden (2,14). Bei allen auch vorhandenen Unterschieden bleibt eine Strukturverwandtschaft von 1,5 f und 2,13 f erkennbar[111]. So wahrscheinlich in 2,15 f traditionelles Gut aufbereitet ist[112], für die Frage der Nachahmung kann jetzt nur dieses von

---

[108] Vgl. *P.- G. Müller*, Der Traditionsprozeß im Neuen Testament. Kommunikationsanalytische Studien zur Versprachlichung des Jesusphänomens (Freiburg 1982), 217 ff; vgl. 229 f.303 ff.
[109] Ebd. 218.
[110] Hierzu und zu exegetischen Einzelheiten vgl. *T. Holtz*, Brief an die Thessalonicher (s. Anm. 98) 96 ff.
[111] Vgl. *H. D. Betz*, Nachfolge (s. Anm. 18) 145 Anm. 1; *R. C. Tannehill*, Dying and Rising with Christ. A Study in Pauline Theology (= BZNW 32) (Berlin 1967), 100 ff; *K. P. Donfried*, Paul and Judaism. 1 Thessalonians 2:13–16 as a Test Case, in: Interp. 38 (1984) 242–253; *O. Knoch*, 1. und 2. Thessalonicherbrief (s. Anm. 98) 35 ff.39 ff.
[112] Vgl. z. B. *O. H. Steck*, Israel und das gewaltsame Geschick der Propheten. Untersuchungen zur Überlieferung des deuteronomistischen Geschichtsbildes im Alten Testament, Spät-

Belang sein, daß Paulus überhaupt auf andere Gemeinden, offensichtlich
außerhalb seines Missionsbereiches, im palästinischen Raum verweist
und so mit einer vergleichbaren Situation auch ein Blick in die Vielfältigkeit des Urchristentums gegeben wird: Verfolgung um der Sache Jesu
Christi willen (2,15) und damit Hinderung der Mission (2,16)[113] verbindet im μιμητής-Sein die frühchristlichen Gemeinden. ‚Nachahmer‘-Sein
steht im Horizont des Laufs des Evangeliums (2,13.16a), und die vergleichbare Geschicksituation (vgl. τὰ αὐτὰ πάσχετε, 2,14) gewinnt Tiefenschärfe, weil Widerfahrnis und Konsequenz des λόγος ἀκοῆς, das
Wirksamsein des Gotteswortes, die Thessalonicher als Nachahmer existentiell in die durchzuhaltende Bewährung gestellt hat.

2. 2 Thess 3,6–9

Anhangsweise ist 2 Thess 3,6–9 (3,6–12[13]) einzubeziehen. In diesem
nichtpaulinischen Schreiben, das wohl kurz nach 1 Thess verfaßt wurde
und jenen ‚ersten‘ Brief an die Gemeinde unterstützend aufgreift[114], wird
in Wiederaufnahme konkreter Veranlassung der Arbeitsniederlegung
(vgl. 1 Thess 4,11f) die Forderung, den Apostel in seinem Verhalten
nachzuahmen und ihn als Vorbild zu nehmen (3,7.9), eingebracht.[115]
‚Nachahmen‘ und ‚Vorbild‘ sind aufeinander bezogen, doch im Unterschied zu 1 Thess 1,6f steht nicht das im Evangelium verkündigte Heilshandeln Gottes in Christus im Blickpunkt, sondern die ethisch mögliche
und geforderte Orientierung am nachahmbaren apostolischen Vorbild

---

judentum und Urchristentum (= WMANT 23) (Neukirchen 1967), 274ff; *W. Marxsen*,
Brief an die Thessalonicher (s. Anm. 98) 48ff; *H.-H. Schade*, Apokalyptische Christologie
(s. Anm. 33) 126ff; *K. P. Donfried*, Paul and Judaism (s. Anm. 111); *T. Holtz*, Brief an die
Thessalonicher (s. Anm. 98) 103ff. – Daß 1 Thess 2,13–16 (oder Teile daraus) redaktionell
sei, läßt sich nicht eindeutig machen. Auf die Diskussion kann hier nicht eingegangen werden.
[113] Vgl. *O. H. Steck*, Israel (s. Anm. 112) 276.
[114] Vgl. *O. Merk*, in: *E. Würthwein – O. Merk*, Verantwortung (= Kohlhammer Taschenbücher. Biblische Konfrontationen Bd. 1009) (Stuttgart 1982), 153; *H. S. Hwang*, πᾶς in den
paulinischen Briefen (s. Anm. 98) 293 Anm. 1; für eine frühe ‚deuteropaulinische‘ Abfassung des 2 Thess macht auch *G. Dautzenberg*, Theologie und Seelsorge aus paulinischer
Tradition. Einführung in 2 Thess, Kol, Eph, in: *J. Schreiner* (Hg. unter Mitwirkung von
G. Dautzenberg), Gestalt und Anspruch des Neuen Testaments (Würzburg 1969), 96ff.104f
verschiedene Gesichtspunkte anderer Art geltend.
[115] Zu exegetischen Einzelheiten vgl. *O. Merk*, Handeln (s. Anm. 18) 60ff (bei jetzt modifi-
ziertem Gesamtverständnis des Briefes); vgl. *ders.*, Verantwortung (s. Anm. 114); *F. Laub*,
Eschatologische Verkündigung (s. Anm. 104) 142ff; *W. Trilling*, Der zweite Brief an die
Thessalonicher (= EKK XIV) (Neukirchen 1980), 140ff.145; *W. Marxsen*, Der zweite Thessalonicherbrief (= ZB.NT 11/2) (Zürich 1982), 98ff.

(vgl. 1 Thess 2,9)[116]. Damit wird das παραγγέλλειν und παρακαλεῖν ἐν κυρίῳ Ἰησοῦ Χριστῷ nicht hinfällig (3,12; vgl. 3,4), aber es werden Nachahmung wie Vorbild ‚ethisch‘ aktualisiert, und somit gewinnt das Nachahmen eine andere Akzentuierung als in 1 Thess, eine Akzentuierung freilich, die der Wortgruppe selbst durchaus eigen ist. Nicht eine theologische Entwicklung oder begriffliche Weiterführung der ‚Nachahmung‘, sondern eine aktuell bezogene Interpretation im Rahmen des in der ‚Mimesis‘ und ihrer Anwendung liegenden Spektrums wird hier (zumal wenn obige Vermutung zur Abfassung des 2 Thess sich weiter erhärten läßt) für eine paulinische Gemeinde zeitgleich sichtbar.

3. *1 Kor 4,16 und 11,1*

a) Da die anstehende Diskussion hinsichtlich *1 Kor 4,16* (und Kontext) mehrfach umfassend aufgearbeitet vorliegt[117], kann auf die wichtigsten Argumente reduziert werden. Im Unterschied zu 1 Thess findet sich hier eine ausdrückliche Aufforderung zur Nachahmung des Apostels, wobei in παρακαλεῖν (vgl. auch 1,10) sowohl bittende Aufforderung als auch ermahnender Hinweis liegen. Was Paulus im Abschlußteil der Diskussion und Argumentation von 1,10 an einbringt, ist insbesondere in 4,9–13 sein eigenes apostolisches Existieren[118]. Genauerhin ergibt 4,7–13 die Basis für den nunmehr persönlichen Ton, indem er in 4,14f seine geistige Vaterschaft durch die Evangeliumsverkündigung und Gemeindegründung an den Korinthern betont. Mit οὖν wird in 4,16 an das Vorangehende angeschlossen, damit aber wird der Imperativ zur Nachahmung des Apostels mit der im Peristasenkatalog aufgezeigten, angefochtenen apostolischen Existenz im Zusammenhang gesehen. Daß „ein Leben in der Konformität zum Gekreuzigten"[119] allein apostolisches Dasein ausmacht

---

[116] Vgl. *G. Dautzenberg*, Theologie und Seelsorge (s. Anm. 114) 98f: „Die Verse (sc. 2 Thess 3) 7–9 legen das Verhalten des Apostels gerade im äußeren Lebensvollzug, nämlich seine ausdauernde Arbeit für den eigenen Lebensunterhalt, als verpflichtendes Beispiel für die Gemeinde aus. Die Verschiebung des Vorbildgedankens gegenüber paulinischen Aussagen ist beachtlich."

[117] Vgl. *J. Roloff*, Apostolat–Verkündigung–Kirche. Ursprung, Inhalt und Funktion des kirchlichen Apostelamtes nach Paulus, Lukas und den Pastoralbriefen (Gütersloh 1965), 116ff; *H. D. Betz*, Nachfolge (s. Anm. 18) 153ff; *O. Merk*, Handeln (s. Anm. 18) 86ff; *B. Sanders*, Imitating Paul: 1 Cor 4:16, in: HarvThR 74 (1981) 353ff, bes. 360ff; *K. E. Bailey*, The Structure of 1 Corinthians and Paul's Theological Method with Special Reference to 4:17, in: NTS 25 (1983) 152ff.162ff; *R. G. Hamerton-Kelly*, A Girardian Interpretation of Paul: Rivalry, Mimesis and Victimage in the Corinthian Correspondence, in: Semeia 33 (1985) 65ff, bes. 69ff; *W. Schrage*, Das apostolische Amt (s. Anm. 44) 103ff, bes. 111ff; *B. Fiore*, Function of Personal Example (s. Anm. 5) 168ff.

[118] Vgl. auch *B. Sanders*, Imitating Paul (s. Anm. 117).

[119] *W. Schrage*, Das apostolische Amt (s. Anm. 44) 113.

und dieser Gesichtspunkt von 1,10 an besonders durch 1,17ff; 2,1ff; 4,1ff nahegelegt ist, darf heute als weithin anerkannter Konsens gelten.[120] Weitaus schwieriger ist die Verbindung von 4,16 zu 4,17 zu fassen (wobei im folgenden davon ausgegangen wird, daß 4,17 keine redaktionelle Zufügung darstellt)[121]: „Deswegen habe ich Timotheus zu euch gesandt, welcher ist mein geliebtes und treues Kind im Herrn, welcher euch erinnern wird an meine Wege in Christus [Jesus], wie ich überall in der Kirche lehre."

Daß grammatisch 4,17 von 4,16 durch eine gewisse Zäsur abgehoben sein *kann,* ist heute durchaus anerkannt[122]. Ob dies von der Sache her geboten ist, hängt wesentlich an der Interpretation von τὰς ὁδούς μου. Schon die Ausdrucksweise ist bei Paulus singulär[123] und auch hier von der „Fülle metaphorischer Verwendungen des Wortes" belastet. Vorsichtige Umschreibung kann festhalten: „1 Kor 4,17 verbindet den an der Person des Apostels anschaulichen Lebenswandel mit seiner Verkündigung."[124] Das aber führt zu der Schwierigkeit, daß Paulus niemals sich selbst und seine Existenz als ,Verkündigungsgegenstand' bei sich und anderen ansieht und daß er in 2 Kor 4,5 ausdrücklich ein solches Ansinnen ablehnt. Dem entspricht, wie er in 1 Kor 1,10ff; 3,5ff jeden „Personenkult" von sich weist[125]. Sucht man die sachliche Verbindung von 4,17 zu 4,16[126], dann ist dies nur möglich, wenn ἡ ὁδός nicht auf den ,Lebenswandel', sondern auf die ,Lehre' bezogen wird und man *W. Bauers* Vorschlag akzeptiert, „meine christlichen Lehren" als deutende Übersetzung

---

[120] Vgl. etwa *H. Conzelmann,* Der erste Brief an die Korinther (= KEK V) (Göttingen [12-12]1981), 111ff.117ff; *F. Lang,* Die Briefe an die Korinther (= NTD 7) (Göttingen [16-11]1986), 65ff.

[121] *H. D. Betz,* Nachfolge (s. Anm. 18) 153; *H. Merklein,* Die Einheitlichkeit des ersten Korintherbriefes, in: ZNW 75 (1984) 153ff, bes. 159f; vgl. auch *D. Lührmann,* Freundschaftsbrief trotz Spannungen. Zu Gattung und Aufbau des Ersten Korintherbriefes, in: *W. Schrage* (Hg.), Studien zum Text und zur Ethik des Neuen Testaments. FS H. Greeven (Berlin 1986), 298ff (passim).

[122] Vgl. *O. Merk,* Handeln (s. Anm. 18) 87; *W.-H. Ollrog,* Paulus und seine Mitarbeiter. Untersuchungen zu Theorie und Praxis der paulinischen Mission (= WMANT 50) (Neukirchen 1979), 181 Anm. 96; *H. Conzelmann,* Brief an die Korinther (s. Anm. 120) 119 Anm. 20; *H.-J. Klauck,* Der erste Korintherbrief (= Die Neue Echter Bibel 7) (Würzburg 1984) 39f trennt 1 Kor 4,14–16; 4,17–21; s. auch *K. E. Bailey,* Structure (s. Anm. 117).

[123] Doch vgl. 1 Thess 3,11: τὴν ὁδὸν ἡμῶν πρὸς ὑμᾶς, dazu *T. Holtz,* Brief an die Thessalonicher (s. Anm. 98) 142.

[124] *M. Völkel,* Art. ἡ ὁδός, in: EWNT II (1981) 1200 (Zitat 1201).

[125] Vgl. ähnlich *C. Wolff,* Der erste Brief des Paulus an die Korinther. Zweiter Teil: Auslegung der Kapitel 8–16 (= ThHK 7/II) (Berlin 1982), 64 (zu 1 Kor 11,1).

[126] Vgl. *W.-H. Ollrog,* Paulus (s. Anm. 122).

zu billigen [127] und als Begründung dafür auf den Vergleich καθὼς παντα-χοῦ ἐν πάσῃ ἐκκλησίᾳ διδάσκω zu verweisen [128]. Belastend bleibt aber auch dann die Näherkennzeichnung μου [129], sofern man nicht ‚meine Wege in Christus‘ wie „mein Evangelium" (Röm 2, 16) [130]; 2 Kor 4, 3 („un-ser Evangelium"); 1 Thess 1, 5 [131]; (2 Thess 2, 14 „unser Evangelium"); 1 Kor 2, 4 λόγος μου, ebdt. κήρυγμά μου als Vergleich heranziehen will und sachlich das speziell von Paulus verkündigte Evangelium, an das Ti-motheus in substantiell gleicher Weise die Korinther erinnern wird, ge-kennzeichnet sieht. Nun ist schon 4, 15 mit εὐαγγέλιον „umfassend die Verkündigung des Paulus" genannt [132], und es fällt auf, daß in 4, 17 „meine Wege in Christus" im Aussagegehalt als „Lehren" spezifiziert wird.

So stellt *W. Schrage* beachtenswert fest: „Unbeschadet des primär mündlichen Charakters des διδάσκειν und in gewisser Spannung dazu eignet ihm meist doch weniger Ereignischarakter, Ursprünglichkeit und Situationsbezogenheit als etwa der Predigt und Prophetie. Διδάσκειν hat eher einen linearen, die zeitliche Kontinuität signalisierenden als einen vertikalen und punktuellen Charakter. Nach Paulus eignet der Lehre eine die einzelne Gemeindesituation offenbar übergreifende Gültigkeit. Nicht zufällig erinnert er 1 Kor 4, 17 daran … Διδάσκειν tendiert außerdem stärker darauf, sich auf das schon Gelehrte und in der Überlieferung Be-wahrte … zu beziehen, ja es ist auf solche Weitergabe der Überlieferung angewiesen. Die Nähe der Didache zur Paradosis in Gal 1, 12; Kol 2, 6 f und 2 Thess 2, 15 spricht eine klare Sprache. Jesu vollmächtiges eigenes Lehren macht hier zwar eine Ausnahme, doch die Tradierung seines Leh-rens verleiht ihm eine über den Augenblick seines Lehrens hinausge-hende Bedeutung, die alles kirchliche Lehren von ihm abhängig sein läßt. Greifbar wird ohnehin nur solche Lehre, die als Paradosis festgehalten wurde." [133]

Diese Überlegungen von *W. Schrage* lassen im Hinblick auf die Auf-forderung, ‚Nachahmer des Paulus‘ zu sein, erneut nach der ‚Jesus-Pau-

---

[127] Vgl. *W. Bauer*, Griechisch-Deutsches Wörterbuch zu den Schriften des Neuen Testa-ments und der übrigen urchristlichen Literatur (Berlin ⁵1958), 1098 s. v. Abs. 2 c.

[128] Vgl. etwa *H. Conzelmann*, Brief an die Korinther (s. Anm. 120) 119.

[129] Von *W. Schrage*, Das apostolische Amt (s. Anm. 44) 115, wohl doch unterschätzt.

[130] Röm 2, 16 ist als paulinisch nicht unbestritten; Röm 16, 25 ist sekundär; vgl. *E. Käse-mann*, An die Römer (s. Anm. 95) 62.402 ff.

[131] Dazu *T. Holtz*, Brief an die Thessalonicher (s. Anm. 98) 46.

[132] Vgl. *G. Strecker*, Art. εὐαγγέλιον, in: EWNT II (1981) 181.

[133] *W. Schrage*, Einige Beobachtungen zur Lehre im Neuen Testament, in: EvTh 42 (1982) 236.

lus-Debatte' fragen. Wird bei der Verbindung von 4, 17 mit 4, 16 davon etwas deutlich, daß es doch um eine wie immer zu präzisierende Verbindung zur Lehre Jesu geht, auch wenn in 4, 17 „der transsituative und usuelle Charakter" der Lehre betont wird?[134] Um es kurz zu sagen: So folgern zu wollen, wäre Überdeutung. Aber dennoch erschließt sich ein Sachverhalt deutlich: Die leichte ‚Zäsur' zwischen 4, 16 und 4, 17 macht es bewußt: Es geht in der geforderten Nachahmung Pauli um das Evangelium, das Wort vom Kreuz, für das auch seine eigene apostolische Existenz einsteht. 4, 16 weist zurück auf das bisher im Brief Entfaltete. 4, 17 aber ist eine differenzierte parallele, nicht unmittelbar auf die ‚Nachahmung' zielende Aussage. Es geht um die die Gemeinde festigende, mit der paulinischen Verkündigung des Evangeliums eng verbundene[135] Lehre, die, existentiell umgesetzt, das Leben unter dem Kreuz ausmacht.

Weil Nachahmung des Paulus auf das von ihm verkündigte Evangelium zielt, kann sachgemäß 4, 17 folgen. Die Lehre hat das Wort vom Kreuz in die vielfältigen Bezüge des Gemeindelebens hinein konkret werden zu lassen[136]. Ist Nachahmung des Apostels das Sich-Einlassen auf das Evangelium im ganzen, auf das Wort vom Kreuz (1, 18; vgl. 2, 2.4), auf das Unverfügbare des Handelns Gottes, dann ist Nachahmung nicht durch zu erinnernde, zu lehrende Weisungen geradezu zerstückelbar. Daß ‚Nachahmen' bei Paulus nirgendwo sonst mit ‚Lehren' verbunden wird, ist auch hier zu bedenken. Zusammenfassend läßt sich folgender Sachverhalt erheben: Wie es im paulinischen Evangelium allein um das Heilsgeschehen geht, so ist auch in der Lehre allein dies maßgebend, so wenig oder viel der Apostel von urchristlicher „Lehrtradition" und Paränese gekannt und weitergegeben hat[137].

---

[134] Vgl. *W. Schrage,* Beobachtungen (s. Anm. 133).

[135] Vgl. *P. Stuhlmacher,* Das paulinische Evangelium I. Vorgeschichte (= FRLANT 95) (Göttingen 1968), 281 f.

[136] Vgl. auch *J. Roloff,* Volk Gottes und Lehren, in: *A. Rexheuser, K.-H. Ruffmann* (Hg.), Festschrift für Fairy von Lilienfeld (Erlangen 1982; Fotodruck), 71: ‚Meine Wege in Christus' sind „zum festen katechetischen Repertoire des Apostels" zu rechnen, das in den einzelnen Gemeinden als relativ „einheitliche Unterweisung" zur geistigen Festigung diente. „Nur so ist es zu verstehen, wenn er (sc. Paulus) die Erwartung äußert, daß Timotheus imstande sein werde, die Gemeinde an diese Regeln zu ‚erinnern'." Der Hinweis auf ‚in Christus' ist dabei zentral, denn durch diese Näherbestimmung wird ersichtlich, daß „das neue Handeln bzw. Verhalten der Christen von dem Verhalten des Gekreuzigten her zu begründen" des Paulus Absicht ist (*Roloff* verweist auf Röm 14, 15; 15, 3.5.7; 1 Kor 6, 15).

[137] Vgl. auch *F. Hahn,* Urchristliche Lehre und neutestamentliche Theologie. Exegetische und fundamentaltheologische Überlegungen zum Problem christlicher Lehre, in: *W. Kern* (Hg.), Die Theologie und das Lehramt (= QD 91) (Freiburg 1982), 63 ff, bes. 83 ff; *ders.,* Die christologische Begründung urchristlicher Paränese, in: ZNW 72 (1981) 88 ff, bes. 93 f.

Die geforderte Nachahmung des Paulus in 4, 16 weist über ihn hinaus auf das unnachahmbare Kreuzesgeschehen[138], weist auf das Nachahmen des Präexistenten (2 Kor 8, 9), weist auf das Daß des Gekommenseins Jesu, weist auf das Heilshandeln Gottes, das im Wort vom Kreuz das ganze Heil zuspricht und das Leben des Apostels, Missionars und Gemeindegründers wie der Gemeinde ἐν Χριστῷ unter dem Kreuz im Zeichen der Rettung, also soteriologisch ausgerichtet sieht (1, 18.21)[139]. Auch ohne ‚ethische‘ Ausrichtung gründet 4, 16 der Imperativ im Indikativ des unnachahmbaren Heilsgeschehens. Durch die Verkündigung des Paulus erschließt sich für die Gemeinde Evangelium, und der Ruf zur Nachahmung des Apostels impliziert – nicht nur in der korinthischen Krise –, unter dem Gekreuzigten zu bleiben. Die kleine ‚Zäsur‘ zwischen 4, 16 und 4, 17 öffnet den Blick für die Konsequenzen eines solchen Lebens. Es wird schon hier angedeutet, daß Paulus von Kap. 5 an vornehmlich ethische Probleme der Gemeinde behandeln muß, die von ihm aus dem Heilsgeschehen ihre Beantwortung und Begründung erfahren, nicht aber durch einen Hinweis auf die Nachahmung des irdischen Jesu, seines Verhaltens aufgrund von Wort und Tat, was auch dann gilt, wenn Paulus tatsächlich da und dort Worte des Irdischen als des Erhöhten herangezogen hat[140]. 1 Kor 4, 17–21 hat *auch* Überleitungsfunktion zu Kap. 5 (und für den weiteren Brief)[141].

b) *1 Kor 11, 1* steht am Abschluß der Ausführungen von 8, 1 an über das Götzenopferfleischessen[142], das darin implizierte Verhältnis Starke – Schwache, und ist umgriffen von des Paulus Verständnis der Oikodome (8, 1.10; 10, 23), der Erbauung der Gemeinde[143], die ihrerseits christologisch begründet ist (8, 11) und im sich bekundenden Handeln Gottes soteriologisch (10, 32 f; 9, 12 b.22) und ekklesiologisch im Bau der Gemeinde ihren Ausdruck findet[144]. Der Aufruf zur Nachahmung des Apostels ist in diesem Gesamtrahmen zu sehen als der Ruf dessen, der selber Nachah-

---

[138] Sachlich mit Recht, aber textkritisch nicht haltbar ist in später Bezeugung hinzugefügt καθως καγω Χριστου (vgl. 1 Kor 11, 1).

[139] Vgl. auch *H. Conzelmann*, Brief an die Korinther (s. Anm. 120) 119.

[140] Vgl. zuletzt eingehend *N. Walter*, Paulus (s. Anm. 55); *F. Neirynck*, Paul (s. Anm. 55).

[141] Vgl. auch *K. E. Bailey*, Structure (s. Anm. 117) in Überbetonung des Sachverhalts; *H.-J. Klauck*, Korintherbrief (s. Anm. 122) passim.

[142] Zur Frage der Einheitlichkeit s. bes. *H. Merklein*, Einheitlichkeit (s. Anm. 121) 163 ff.170 ff.

[143] Vgl. *P. Vielhauer*, Oikodome. Das Bild vom Bau in der christlichen Literatur vom Neuen Testament bis Clemens Alexandrinus, in: *ders.*, Oikodome. Aufsätze zum Neuen Testament Bd. 2, hg. v. *G. Klein* (= TB 65) (München 1979), 88 ff.

[144] Zu Einzelnachweisen *O. Merk*, Handeln (s. Anm. 18) 129 ff; *B. Fiore*, Function of Personal Example (s. Anm. 5) 181 ff (passim).

mer Christi ist. So gewiß der unmittelbare Kontext von 10,23 an besonders dafür in den Blick fallen kann[145], Paulus selbst lebt aus dem unnachahmbaren Heilsgeschehen[146]. An seinem apostolischen Wirken und Leben als der Verzichtende und so den Starken und Schwachen, denen unter dem Gesetz und denen, die nicht unter dem Gesetz sind, Verbundene (9,19ff)[147] leuchtet auf, was Gottes Handeln in Christus gemeindestiftend und erhaltend, den Bruder rettend und die Gemeinde zur Ehre Gottes führend ausmacht. Wiederum sind es nicht konkrete Einzelheiten des ‚Christus‘, sondern es ist das Heilsgeschehen insgesamt, das apostolische Existenz und gemeindliches Leben als Oikodome eschatologisch begrenzt in Zeit und Raum entbindet[148]. Der Ruf zur Nachahmung Pauli steht hier im Zusammenhang ethischer Entscheidung, die selbst aus dem vorgängigen und uneinholbaren Heilsgeschehen ihre Grundsätzlichkeit und Tragweite erhält.

4. *Phil 3,17*

Nachdem Paulus in 2,5-11 eine auch das Konformitäts-Schema weit übersteigende, umfassend durch das Heilshandeln Gottes in Christus grundgelegte, selbst mit dem Hinweis auf das Vorbild Christi nicht faßbare „Mitte aller Paränese" aufgedeckt hat[149], ohne die Wortgruppe μι-

---

[145] Vgl. *I. Kitzberger*, Bau der Gemeinde. Das paulinische Wortfeld οἰκοδομή / (ἐπ)οικοδομεῖν (= fzb 63) (Würzburg 1986), 88.
[146] Vgl. *F. Lang*, Briefe an die Korinther (s. Anm. 120) 133.
[147] Vgl. ebd. 132
[148] *O. Merk*, Handeln (s. Anm. 18) 131; vgl. auch die wichtigen Ausführungen bei *C. Wolff*, Brief des Paulus (s. Anm. 125) zu Kap. 8,1 – 11,1, s. 11 ff.31 ff.57 ff; *H. Conzelmann*, Brief an die Korinther (s. Anm. 120) 220: „Die imitatio *Christi* ist nicht an der Person des historischen Jesus, an seiner Lebensführung orientiert, sondern – im Sinne von Phil 2,6 ff – am Heilswerk"; *H. D. Betz*, Nachfolge (s. Anm. 18) 161: „Was Paulus an konkreten Zügen aus dem Leben Jesu anführt, bezieht sich auf das Faktum der Menschwerdung, Kreuzigung und Auferstehung des präexistenten Christus, nicht auf Details aus Jesu Vita analog dem, was die Evangelien erzählen" (mit Verweis auf Röm 15,1-3).
[149] *O. Merk*, Handeln (s. Anm. 18) 179 ff (unter Aufnahme einer Feststellung von *E. Lohmeyer)*; *H. D. Betz*, Nachfolge (s. Anm. 18) 162 ff; zu diesem äußerst umstrittenen Abschnitt vgl. im übrigen zu Einzelheiten: *R. P. Martin*, Carmen Christi. Philippians II.5-11 in Recent Interpretation and in the Setting of Early Christian Worship (= SNTS.MS 4) (Cambridge 1967); *J. Gnilka*, Der Philipperbrief (= HThK X/3) (Freiburg 1968) 108 ff; *O. Hofius*, Der Christushymnus Philipper 2,6-11 (= WUNT 17) (Tübingen 1976); *B. Mengel*, Studien zum Philipperbrief. Untersuchungen zum situativen Kontext unter besonderer Berücksichtigung der Frage der Ganzheitlichkeit und Einheitlichkeit eines paulinischen Briefes (= WUNT 2. Reihe 8) (Tübingen 1982), 245 ff; *W. Schenk*, Die Philipperbriefe des Paulus. Kommentar (Stuttgart u.a. 1984), 185 ff.195 ff (mit Einschränkungen); *L. W. Hurtado*, Jesus as Lordly Example in Philippians 2:5-11, in: *P. Richardson, J. C. Hurd* (Hg.), From Jesus to Paul. Studies in Honour of F. W. Beare (Waterloo 1984), 113 ff.

μεῖσϑαι zu gebrauchen, verweist er in 3, 17 im Zusammenhang mit den
Gegnern der Gemeinde zu Philippi auf die notwendige Nachahmung:
„Werdet meine (Mit-)Nachahmer, Brüder, und seht auf die, die so wandeln, wir ihr uns zum Vorbild habt."[150] Hier wird zwar nicht auf die
Nachahmung Christi rekurriert, aber sie ist insofern die Basis, als Paulus
aufgrund des Kreuzes- und Auferstehungsgeschehens (3, 7–11)[151] seine
eigene Existenz zwischen erlangtem und noch ausstehendem Heil
(3, 12–14; vgl. 3, 15 f) und so sich selbst auf dem Wege sieht, zu dem er die
Philipper als seine (Mit-)Nachahmer aufruft[152].

III

Der exegetisch-theologische Durchgang (Teil II) konnte zeigen, daß in
der Tat Nachahmer-Sein bei Paulus „in keiner Weise an der ethischen
und sittlichen Vorbildlichkeit des historischen Jesus" orientiert ist[153].
Die Orientierung auf das in Gottes Handeln gründende Christusgeschehen ist bei allen Belegen maßgebend, und dies gilt auch für Röm
15, 1–3.7; 2 Kor 10, 1; Gal 4, 12. Dieses Christusgeschehen ist im Zusammenhang der Mimesis-Aussagen zentriert auf das Daß des Gekommenseins Jesu, seine Präexistenz, Menschwerdung und das Kreuzesgeschehen. Die wenigen Bezugnahmen auf die Nachahmung konkretisieren das
verkündigte Evangelium dahingehend, daß das Dasein des Christen an
seinem ‚Ort' des Glaubens zur Geltung kommt: Er steht im Glauben
(1 Thess 3, 8; 2 Kor 3, 18), noch nicht im endgültigen Schauen (2 Kor 5, 7;
vgl. sachlich Phil 3, 12–14). Das in der Zeit Sichtbare – man darf weiterführen: Greifbare, Dingfeste – ist das Vergängliche, das Unsichtbare ist
das Ewige (2 Kor 4, 18).
    Daß Paulus sowohl im Indikativ als auch im Imperativ ‚Nachahmung'
aufgreift, ist zu beachten[154]. Es ergibt sich nämlich daraus die existen-

---

[150] Zu Einzelnachweisungen O. Merk, Handeln (s. Anm. 18) 190 ff; H. D. Betz, Nachfolge
(s. Anm. 18) 145–153; B. Mengel, Philipperbrief (s. Anm. 149) 268 ff; B. Fiore, Function of
Personal Example (s. Anm. 5) 185.
[151] Beachtenswerte Hinweise bei J. Gnilka, Philipperbrief (s. Anm. 149) 202 ff (vgl. 191 ff);
W. Schenk, Philipperbriefe (s. Anm. 149) 319 f.
[152] Vgl. G. Barth, Der Brief an die Philipper (= ZB.NT 9) (Zürich 1979), 66; vgl. 59 ff.
[153] Vgl. H. D. Betz, Nachfolge (s. Anm. 18) 168.
[154] Vgl. auch ebd. 169 ff. Das Indikativ-Imperativ-Verhältnis hat zwar gewichtigen Bezug
zur Taufe, aber im Hinblick auf das μιμητής-Sein geht Paulus auf die Taufe nicht näher ein
(überschätzt wird diese Bezugnahme bei E. Larsson, Christus als Vorbild [s. Anm. 12], und
wohl auch bei R. C. Tannehill, Dying and Rising [s. Anm. 111] u.a.). Daß Paulus das Ge-
tauftsein der Briefempfänger voraussetzt, ist sicher. Das betrifft alle seine Ausführungen in

tielle Bewältigung des Christusgeschehens, das Umsetzen in das Leben,
was dem Einzelnen durch die Botschaft von Christus zugesprochen
wurde. Im Mimesis-Sein erfährt der zum Glauben Gerufene seinen Ort
nach Tod und Auferweckung Jesu Christi, erfährt er Gottes im Heilsgeschehen sich bekundendes, zeitübergreifendes und doch den Einzelnen
in seinem irdischen Dasein treffendes eschatologisches Handeln, das
nicht – wie die Korinther meinten – ungestraft übersprungen werden
kann, sondern auf dem Wege zum Ziel (Phil 3, 12) durchgehalten sein
will.

Auch mit der Aufnahme des Wortes μιμητής zeigt Paulus, daß er von
Tod und Auferweckung Jesu Christi her denkt und dies bis in praktische
Erwägungen hinein zur Geltung bringt. Es verbindet sich damit die
Frage, wie konkret hier der Apostel auf Leiden und Sterben Jesu Bezug
nimmt. Vermutlich nicht mehr, als in der Grundaussage von Röm 5, 6–8
deutlich wird. Das dort Intendierte erlaubt Feststellungen über Jesu vor-
bildliches Verhalten für die Gemeinde, wie es in Röm 15, 1–3.7; 2 Kor
10, 1 zum Tragen kommt. Gottes Handeln im Kreuzesgeschehen entbindet Leben der Christen untereinander (vgl. auch 1 Kor 8, 11).

Paulus hat mit ‚Nachahmung Christi' die nachösterliche Situation im
Blick, und Nachahmung ist für ihn überhaupt nicht anders als in der Beziehung zum Christusgeschehen relevant [155]. Selbstverständlich ist er „Vater" (1 Kor 4, 14f) und Apostel der von ihm gegründeten Gemeinden, der
auch mahnen und weisen muß. Aber er tut es immer als einer, der selbst

---

den Briefen, ohne daß damit für das Einzelanliegen – sofern nicht näher betont – ein besonderes Spezifikum gekennzeichnet ist. Vgl. – auch bei anderer Akzentuierung – die Überlegungen von *J. Jervell*, Imago Dei. Gen 1, 26 f im Spätjudentum, in der Gnosis und in den
paulinischen Briefen (= FRLANT 76) (Göttingen 1960), 194 ff.248 ff.252 ff.
[155] Vgl. auch die Erwägungen bei *J. H. Schütz*, Paul and the Anatomy of Apostolic Authority (= SNTS.MS 26) (Cambridge 1975), 226–232 (passim). *W. Rebell*, Gehorsam und Un-
abhängigkeit. Eine sozialpsychologische Studie zu Paulus (München 1986), unterschätzt
anthropologisch-soziologisch diesen Sachverhalt: „Auch die Aufforderungen des Paulus,
daß man ihn nachahmen solle (1 Kor 4, 16; 11, 1; Gal 4, 12; Phil 3, 17; 1 Thess 1, 6) zeugen
von einem bleibenden Autoritätsbewußtsein der Gemeinde gegenüber" (144). „Einige An-
zeichen deuten darauf hin, daß Paulus die Identifikation mit seiner Person bewußt förderte.
Ob dies mit dem Gedanken geschah, dadurch seine Machtgrundlage zu stärken, mag dahingestellt bleiben; auch wenn es aus anderen, in einem theologischen Kontext zu sehenden
Gründen geschah, dient es zusätzlich der Identifikationsmacht. Vor allem ist hier an seine
Aufforderung zu denken, ihn nachzuahmen" (122). „Das Heil erreichte die Gemeinde geschichtlich über Paulus, und Paulus mußte deshalb als Modell der neuen Lebenspraxis fun-
gieren. Die Aufforderungen zur Nachahmung weisen freilich über das komplementäre
Verhältnis, das sie zunächst einmal etablieren, hinaus: haben die Interaktionspartner das
gesteckte Ziel, dem Vorbild gleich zu sein, erreicht, muß eine Neukalibrierung eintreten"
(132).

in das Christusgeschehen von Gott berufen und hineingezogen wurde (Gal 1,13 ff). Er ist auch als der Apostel mit der Gemeinde auf dem Weg (Phil 3,12–14.17). Darin liegt zugleich ein entscheidender Unterschied zu den sonst durchaus beachtenswerten Aussagen über die Mimesis in der griechisch-hellenistischen Welt.

In dieser nachösterlichen Situation ist Paulus mit der Urchristenheit verbunden, und es stellt sich notwendig die Frage, ob er nicht weitaus mehr vom ‚historischen' Jesus gewußt hat, als im Zusammenhang seiner Briefe und besonders durch die Hinweise auf das μιμητής-Sein eruiert werden kann. Komplementär dazu steht die weitere Überlegung, ob sich die Aufnahme des μιμητής-Begriffs durch Paulus ‚ortsfest' machen läßt.

Daß die frühe Christenheit die nachösterliche Situation in vielfältiger und keineswegs einliniger Weise bewältigen mußte, ergibt sich schon durch die verschiedenen Traditionsstränge, die sich in den neutestamentlichen Schriften erheben lassen. Daß die synoptische Überlieferung nicht – und auch nicht die Quelle Q (oder Ansätze zu derselben) – bei Paulus erkennbar nachweisbar ist, ist die immer noch weitaus besser gesicherte These als die gegenteilige[156]. Paulus kannte den Strom, der uns als synoptische Überlieferung bekannt ist, nicht, auch wenn einige Herrenworte bei ihm begegnen[157] und die Autorität des κύριος Ἰησοῦς Χριστός für ihn unbestritten ist. Keiner der genannten Belege ist unmittelbar mit einem Wort Jesu – und sei es des Erhöhten – verknüpft.

Gleichwohl mußten die frühen Gemeinden den Schritt vom ‚Nachfolgen' zum ‚Nachahmen' theologisch bewältigen und ethisch nachvollziehen, wenn sie bezeugten, daß der Gekreuzigte kein anderer als der Irdische ist, der als der ‚Kyrios' der von Gott Auferweckte und im Wirken des Geistes der seine Gemeinde Lenkende ist. Man wird vorsichtig sein, für den Umschlag vom ‚Nachfolgen' zum ‚Nachahmen' einfach auf die christliche Gemeinde in Antiochia zu verweisen, denn ‚Hellenisten' und ‚Antiochia' werden allmählich zu überlaufenden Sammelbecken für unser vielfaches Nichtwissen urchristlicher Zusammenhänge.

Dennoch wird man aus Vita und Christwerden des Paulus eine gewisse Kenntnis des Kreuzigungsgeschehens und seiner Konsequenzen für das Werden der christlichen Gemeinde nicht unterschätzen dürfen[158]. Jeden-

[156] Anders P. Richardson, The Thunderbolt in Q and the Wise Man in Corinth, in: ders., J. C. Hurd (Hg.), From Jesus to Paul. Studies in Honour of F. W. Beare (Waterloo 1984), 91 ff.
[157] Vgl. N. Walter, Paulus (s. Anm. 55); F. Neirynck, Paul (s. Anm. 55).
[158] Vgl. C. Dietzfelbinger, Die Berufung des Paulus als Ursprung seiner Theologie (= WMANT 58) (Neukirchen 1985).

falls hat das Geschehen des auferweckten Gekreuzigten sein eigenes Leben total umgewandelt, und dies ist nicht ohne Bezug auch auf seine in Gelegenheitsbriefen sich niederschlagende theologische Sicht geblieben. „Trotz aller Warnungen vor psychologisierender Auffüllung unserer historischen Wissenslücken wird man wie bei aller rekonstruierenden Geschichtsforschung nicht darauf verzichten dürfen, gewisse Verbindungslinien zwischen den vorhandenen Anhaltspunkten zu ziehen, wobei nach dem behutsam zu handhabenden Analogieprinzip das Menschsein des Paulus in Rechnung zu stellen ist." „Als engagierter aktiver Gegner der jungen Christensekte" ist es „undenkbar, daß er etwas bekämpfte, was er nicht wenigstens einigermaßen kannte. Im übrigen muß man sich bewußt machen, daß ihn von der Kreuzigung Jesu" eine, „aus der Rückschau geurteilt, nur winzige Zeitspanne ... trennte".[159]

Um dieses Kreuzigungsgeschehen geht es bei der „Nachahmung Christi", um nicht mehr und auch nicht weniger. Es geht um das Unnachahmbare, das theologisch und ethisch nicht einholbar ist und gerade darin der Grund unseres Heils bleibt. ‚Nachahmung Christi' ist mehr als eine ethische Perspektive im paulinischen Denken. Es ist eine Perspektive des Evangeliums, das uns im Wort vom Kreuz, im Kerygma erschlossen, zugesagt und in der Annahme gewährt wird. Nicht unsere Wunschbilder von Jesus und Evangelium, nicht unsere Projektionen von Heil und Welt, sondern die Unverfügbarkeit des Handelns Gottes in Jesus Christus ist jeglicher ‚Nachahmung' bei Paulus inhärent. Indem Paulus ‚Nachahmung' am Wort vom Kreuz ausrichtet, bleibt er der Zeuge Jesu Christi, des auferweckten Herrn, und bleiben seine Gemeinden als ‚Nachahmer' Pauli und damit Christi unter dem Wort.

---

[159] G. *Ebeling*, Die Wahrheit des Evangeliums. Eine Lesehilfe zum Galaterbrief (Tübingen 1981), 95 f.

Aspekte zur diakonischen Relevanz von ›Gerechtigkeit‹, ›Barmherzigkeit‹ und ›Liebe‹

Unserem hinlänglichen Eindruck entspricht es, Diakonie mit Barmherzigkeit und Liebe zu verbinden. Der Aussagegehalt diakonischen Wirkens spiegelt sich uns in konkret gewordenen barmherzigen Werken und Taten der Liebe, unabhängig davon, ob wir sie aus Handeln im Glauben vollzogen oder als allgemeinen Aufgabenbereich, ja als ein meist positiv verstandenes und sozial integriertes Relikt einer zerbröckelnden Volkskirche in unserer Gesellschaft verstehen. Weit weniger verbinden wir Gerechtigkeit mit der Diakonie, obwohl soziales Handeln im Raume der Welt alltäglich um Gerechtigkeit kreist.

1. Wurzeln diakonischer Relevanz

Gibt es eine tragfähige diakonische Relevanz von Gerechtigkeit, Barmherzigkeit und Liebe, dann ist sie nach neutestamentlichem Zeugnis dort zu suchen, wo ›Diakonie‹ ihre Wurzel und Verankerung hat.[1] Sie ist dort gegeben, wo die frühe

---

[1] Um nachfolgende Skizze in Stoff und Belegen zu entlasten, wird folgende Literatur alphabetisch vorangestellt, die in die Darstellung eingegangen ist, wenn auf sie auch nur gelegentlich unmittelbar verwiesen wird. Die darüber hinausgehende Literatur ist in weiteren Anmerkungen genannt. Die Kennzeichnung ›Lit.‹ verweist auf bes. reichhaltige Literatur und Bibliographien zur ›Diakonie‹.
S. Aalen, Versuch einer Analyse des Diakonia-Begriffs im Neuen Testament, in: The New Testament Age. Essays in Honor of Bo Reicke, ed. by W.C. Weinrich, Vol. 1, Macon (USA) 1984, 1 ff; E. Barnikol, Das Diakonenamt als das älteste Leib- und Seelsorge vereinende Amt der Gemeinde. Ein Beitrag zur Geschichte und theologischen Bedeutung des Amtes, in: Dienst des Wortes, Halle 1941; J. Becker, Feindesliebe – Nächstenliebe – Bruderliebe. Exegetische Beobachtungen als Anfrage an ein ethisches Problemfeld, in: ZEE 25, 1981, 5 ff; H.W. Beyer, Art. *diakoneo ktl.*, ThWNT 2, 1935, 81 ff (Lit.); O.S. v. Bibra, Die Bevollmächtigten des Christus. Eine Untersuchung über die Kennzeichen der echten Diener am Wort nach dem Neuen Testament. Mit einem Geleitwort v. H. Strathmann, Stuttgart 1946; ders., Die Bevollmächtigten des Christus. Anhang. Mit einem Nachwort v. W. Stählin, Stuttgart 1947; W. Brandt, Die Wortgruppe *leitourgein* im Hebräerbrief und bei

christliche Gemeinde sie gesehen hat und angibt: in der dienenden Hingabe Jesu. »Ich bin in eurer Mitte wie der Dienende« (Lk 22,27); »der Menschensohn ist nicht gekommen, sich dienen zu lassen, sondern daß er diene und gebe sein Leben als Lösegeld für viele« (Mk 10,45).[2] Die sinngebende Mitte des Dienens ist Jesu Selbsthingabe. Und wo dieser Selbsthingabe im Leben der Gemeinde Raum gewährt wird, da ist der Blick frei auf das Geschehen, das Passion und Ostern ausmacht. Ohne Karfreitag und Ostern, ohne daß die Botschaft von Tod und Auferweckung Jesu Christi verkündigt wird, sind Dienen und Dienst nach dem Zeugnis der

---

Clemens Romanus, in: Jahrbuch der Theologischen Schule Bethel 1, 1930, 145 ff; ders., Dienst und Dienen im Neuen Testament, NTF 2.R.H.5, Gütersloh 1931; ders., Diakonie der Gemeinde, in: Wort und Dienst. Jahrbuch der Theologischen Schule Bethel, NF.2, 1950, 45 ff; ders., Der Dienst Jesu, in: Das diakonische Amt der Kirche, hrsg. v. H. Krimm, Stuttgart ²1965, 15-60; H. Bürckstümmer, Diakonie im Neuen Testament, in: Männliche Diakonie 37, 1957, 85-97; J. Colson, Der Diakonat im Neuen Testament, in: Diaconia in Christo. Über die Erneuerung des Diakonats (QD 15/16), hrsg. v. K. Rahner u. H. Vorgrimler, Freiburg i.Br. u.a. 1962, 3 ff; K. Heß, L. Coenen, Art. Dienen, TBLNT I, 1967, 185 ff; D.F. Hudson, Diakonia and Its Cognates in the New Testament, in: The Indian Journal of Theology 14, 1965, 138-147; Z. Kaldy, Die Diakonische Theologie in den Briefen des Apostels Paulus, in: Grenzüberschreitende Diakonie. Paul Philippi zum 60. Geburtstag (21. November 1983), hrsg. v. Th. Schober/H. Krimm/G. Möckel, Stuttgart 1984, 62-70; O. Merk, Handeln aus Glauben. Die Motivierungen der paulinischen Ethik (MThS 5), Marburg 1968 (bes. 5-41.141 ff. 196 ff); P. Philippi, Christozentrische Diakonie. Ein theologischer Entwurf, Stuttgart 1963 (Lit.); ders., Art. Diakonie. 1. Geschichte der Diakonie, TRE 8, 1981, 621 ff (bes. 621 ff) (Lit.); B. Reicke, Diakonie, Festfreude und Zelos in Verbindung mit der altchristlichen Agapenfeier (UUA 1951: 5), Uppsala/Wiesbaden 1951; J. Roloff, Apostolat-Verkündigung-Kirche. Ursprung, Inhalt und Funktion des kirchlichen Apostelamtes nach Paulus, Lukas und den Pastoralbriefen, Gütersloh 1965 (bes. 121 ff); R. Schnackenburg, Die sittliche Botschaft des Neuen Testaments 1: Von Jesus zur Urkirche; 2: Die urchristlichen Verkündiger (HThK, Suppl. I.II), Freiburg i.Br. u.a. (Bd. 1) 1986; (Bd. 2) 1988; W. Schrage, Ethik des Neuen Testaments (GNT.NTD Erg. Reihe 4), Göttingen ⁵1989; E. Schweizer, Das Leben des Herrn in der Gemeinde und ihren Diensten (AThANT 8), Zürich 1946; ders., Gemeinde und Gemeindeordnung im Neuen Testament (AThANT 35), Zürich 1959; J. Schütz, Der Diakonat im Neuen Testament, Diss. theol. Kath.-Theol. Fakultät Mainz 1952 (masch.schr.) (Lit.); H. Seibert, Diakonie-Hilfehandeln Jesu und soziale Arbeit des Diakonischen Werkes. Eine Überprüfung der gegenwärtigen Diakonie an ihrem theologischen und sozialen Anspruch, Gütersloh 1983 (bes. 22-40) (Lit.); A. Weiser, Art. diakoneo ktl., EWNT 1, 1980, 726-732; O. Wischmeyer, Der höchste Weg. Das 13. Kapitel des 1. Korintherbriefes (StNT 13), Gütersloh 1981; dies., Das Gebot der Nächstenliebe bei Paulus. Eine traditionsgeschichtliche Untersuchung, in: BZ NS 30, 1986, 153 ff.

2 J. Roloff, Anfänge der soteriologischen Deutung des Todes Jesu (Mk X.45 und Lk XXII.27), in: NTS 19, 1972/73, 38 ff; ders., Der erste Brief an Timotheus (EKK XV), Neukirchen-Vluyn, Zürich 1989, 174; A. Weiser, a.a.O. (Anm.1), 729. Zu zentralen Grundfragen unter diakonischen Gesichtspunkten vgl. P. Philippi, Christozentrische Diakonie, a.a.O. (Anm.1), 108 ff. 115 f. 121.129 ff u.ö.

Evangelien, ja des Neuen Testaments in seinen vielfältigen Bezeugungen nicht zu haben. Diakonische Relevanz, in welcher Beziehung sie auch deutlich wird, ist eine im Heilsgeschehen selbst grundgelegte. Von daher gewinnt ›Dienen‹ das Breitenspektrum, das es im Neuen Testament hat.

Dieser Sachverhalt ist von weiteren Seiten anzugehen: Die mit unserem Wort ›Diakonie‹ begriffsverwandte Ausdrucksweise findet sich im Verbum ›dienen‹ (*diakonein*) 37 mal, im Substantiv ›Dienst‹ (*diakonia*) 34 mal und als ›Diener‹ (*diakonos*) 29 mal im Neuen Testament, allerdings insgesamt in durchaus verschiedenen Akzentuierungen und Nuancen. Schon in der Häufigkeit der Verwendung zeigen sich deutliche Unterschiede. Das Verbum begegnet vornehmlich in den drei ersten Evangelien (Synoptikern), das Wort ›Dienst‹ dagegen kommt im Evangelienbereich nur in Lk 10,40 vor, dafür allermeist in den anerkannten Paulusbriefen; ebenso ist der ›Diener‹ überwiegend in den paulinischen Briefen (bes. 2Kor und Röm) in Thema und Sache von Belang.

Da in diesem Beitrag nicht die Bedeutung der Diakonie im Neuen Testament als solche darzustellen ist, sondern die diakonische Relevanz in bestimmten Bezügen, bleibt zunächst festzuhalten: In der griechischen Umwelt schon längst vor der Zeit des Neuen Testaments (sprachlich: in der Profangräzität) kennzeichnet ›Diakonie‹ den Tischdienst im Sinne des Aufwartens. Daraus leiten sich weitere Bedeutungen ab. Es geht um die Sorge um das, was zum Leben gehört (Lebensunterhalt in nicht zu eng begrenzter Weise), und da diese ein weiteres Feld umschließt, so wird auch ›dienen‹ allgemeiner verstanden.[3] Im ganzen aber ist dem griechischen Denken die dienende, weil unterwürfige Haltung suspekt, und auch in hellenistischer Zeit ist hier kein durchgreifender Wandel erfolgt.

Wie wenig die griechisch-hellenistische Welt dem ›Dienen‹ einen positiven Sinn abgewinnen kann, zeigt sich auch in der Übersetzung des Alten Testaments in die griechische Sprache, die in der ›Septuaginta‹ vorliegt. Denn in ihr wird das griechische Wort ›dienen‹ (*diakonein*) überhaupt nicht verwendet, obwohl die Sache häufig genug in den alttestamentlichen Schriften begegnet. Die griechischen Äquivalente zur hebräischen Ausdrucksweise zeigen sich in Wörtern, die das ›Dienen‹ in anderen Nuancen zur Geltung bringen. Es sind Begriffe, die einerseits ein (dienendes) ›Abhängigkeitsverhältnis‹ ausdrücken und die der Wortgruppe Sklave/Sklavendienst zugehören (*doulos, douleuein*) oder andererseits jener Begrifflichkeit, die stärker den kultischen Dienst hervorhebt, und der Wortgruppe der ›Liturgie‹ (*leitourgein*) oder des Gottesdienstes im besonderen (*latreia, latreuein*) zuzuordnen sind. »Im Alten Testament finden wir noch keine Betonung des Dienens als einer allgemeinen Regel für das Verhalten zwischen Menschen.«[4] Somit kommt durch die griechische Übersetzung der Bibel eine Vielfältigkeit des ›Dienens‹ in den Blick,

---

3 Vgl. die Nachweise in den einschlägigen Beiträgen: W. Brandt, Dienst und Dienen, a.a.O. (Anm. 1), 19ff.40ff; H.W. Beyer, a.a.O. (Anm. 1), 81ff; A. Weiser, a.a.O. (Anm. 1), 726ff; K. Heß/L. Coenen, a.a.O. (Anm. 1), 85ff; J. Schütz, a.a.O. (Anm. 1), 1ff; P. Philippi, Christozentrische Diakonie, a.a.O. (Anm. 1), passim.

4 So S. Aalen, a.a.O. (Anm. 1), 5.

dessen Eigenständigkeit – vom griechisch-hellenistischen Denken unterschieden – in seiner Relevanz zum Gottesglauben zu sehen ist. Es genügt darum nicht festzuhalten, bei »Diakonie handelt es sich« um eines »der wenigen theologischen Wörter des Neuen Testaments, die unabhängig vom Alten Testament ausgebildet worden sind«,[5] es muß die innere Bezogenheit des Dienstes an sich im alttestamentlichen Zeugnis gesehen werden.

Auf diesem Hintergrund ergibt sich: Hat die Wortgruppe ›Diakonie‹ nicht nur belegmäßig den ›Vorrang‹ und wird sie »namengebend für den ›Dienst‹ im Neuen Testament«[6] erst im Konnex der vielfältigen Vorstellungen und Begriffe für ›Dienen‹, gewinnt sie auch Relevanz für ›Gerechtigkeit‹, ›Barmherzigkeit‹ und ›Liebe‹ insoweit und insofern, als diese Begriffe in ihren Sachinhalten selbst diakonischen Implikationen offen sind.

2. Heilsgeschehen und diakonische Relevanz. Ihr Verhältnis zu ›Gerechtigkeit‹, ›Barmherzigkeit‹ und ›Liebe‹ im Bereich paulinischer Theologie

Das gilt um so mehr, als die verschiedenen Ausdrucksweisen für ›Dienen‹ sich in Christi Wirken bündeln. Er selbst ist Diener (*diakonos*) geworden (Röm 15,8), er ist Knecht (*doulos*) geworden und nahm Knechtsgestalt an (Phil 2,7), er ist als der wahre Hohepriester der Diener (*leitourgos*) am Heiligtum geworden (Hebr 8,2).[7] – Dieses im Christusgeschehen liegende und aus ihm entbundene Dienen macht auch die Diener (*hyperetai*) zu Dienern Christi (1Kor 4,1), macht das Wirken im Horizont des christologischen Bezugs zum Dienen. Paulus als berufener Apostel Jesu Christi ist Sklave = Diener (Röm 1,1) und nach Apg 26,16 berufen zum Diener (*hyperetes*) und Zeugen Jesu Christi. Gerade die Verfasser der späten Schriften des Neuen Testaments, die sich des Namens Pauli in ihren Briefen bedienen, betonen in Weiterführung paulinischer Sicht den apostolischen Auftrag als Diener-Sein Christi (Kol 1,7; 1Tim 4,6). Darin erweisen sie sich als Diener empfangener Gabe Gottes (Eph 3,7), sind sie Diener seiner Oikonomia, der Beauftragung mit der Verkündigung (Kol 1,25), sind sie Diener des Evangeliums (Kol 1,23). – Weil es gilt: »In allem erweisen wir uns als Diener Gottes« (2Kor 6,4), zielt nach Paulus die ›Diakonia‹ eines solchen Dienstes auf die Gemeinde (1Kor 3,5), wird sie konkret auch in der besonderen Aufgabe der Kollektensammlung für Jerusalem, die selbst als ›Diakonia‹ bezeichnet wird (2Kor 8,4; 9,1.12; Röm 15,31).

Ein erstes Fazit lautet darum: Aller Dienst beruht auf empfangener Gabe (2Kor 4,1). »Das alles aber aus Gott, der uns mit sich versöhnte durch Christus und uns gegeben hat den Dienst der Versöhnung (*ten diakonian tes katallages*)« (2Kor 5,18). Wie die Fortsetzung dieser Aussage zeigt, ist ›Dienst‹ hier das Amt, der Auftrag, der

---

5 Ebd., 9.
6 J. Schütz, a.a.O. (Anm. 1), 12.
7 Vgl. auch W. Brandt, Die Wortgruppe, a.a.O. (Anm. 1), 166.

das Wort von der Versöhnung verkündigt (2Kor 5,19-21).[8] Dienst ohne die Verkündigung gibt es nicht, ›Diakonia‹ ist dem Geschehen entbunden, das uns unser Versöhntsein mit Gott zusagt. Das aber besagt nichts anderes als unser Gerechtfertigtsein (Röm 5,9 f). Mit Gott versöhnt zu sein und gerechtfertigt zu sein vor ihm sind sachgleich. Darum entsprechen sich ›Diakonia‹ der Versöhnung (2Kor 5,18) und ›Diakonia‹ der Gerechtigkeit (2Kor 3,9), Dienst der Versöhnung und Dienst der Gerechtigkeit. Durch Gottes heilschaffendes Handeln, in dem er aus völlig freien Stücken seinen Sohn sandte (Gal 4,4; vgl. Röm 3,21 ff.24 f), »sind wir Gerechtigkeit Gottes in ihm geworden« (2Kor 5,21). Darin bekundet sich Gottes Liebe zu denen, die Sünder und Feinde waren (Röm 5,8.10).

So gewiß uns herkömmlicherweise Diakonie als das Konkrete und darum auch Anschauliche im einzelnen Christenleben, in Kirche und Gesellschaft vor Augen steht, Paulus bindet Diakonie an die Grundaussagen, ja in das Geschehen hinein, das das Heil der Welt ausmacht. Paulus führt ›Diakonie‹ in die Unausweisbarkeit und damit Unbeweisbarkeit, so wie Leben im Glauben unausweisbar und doch real ist. Wer es mit diesem für uns in der Sendung seines Sohnes handelnden Gott wagt, der wagt es auch mit Diakonie. Leben im Glauben findet Gestalt im Handeln aus Glauben. Die Relevanz der Diakonie zu Barmherzigkeit, Gerechtigkeit und Liebe ist die Relevanz des Heilsgeschehens in unserem Leben, das uns zu Dienst und dienender Hingabe ermächtigt.

Stand, Zeit und Ort unseres Dienstes weisen in die Realität gelebten Lebens. Unser Stand ist der des Gerechtfertigten, Versöhnten, aus Gottes Vergebung Lebenden. Im Wort der Predigt erfahren wir je neu unsere Wirklichkeit, die vor Gott gilt. Als die Getauften sind wir frei von der Sünde (Röm 6,2-11), darum gilt: »Wenn wir aber gestorben sind mit Christus, glauben wir, daß wir auch mit ihm leben werden« (Röm 6,8). Als die Gerechtfertigten erwarten wir Gottes endgültiges Heil (Gal 5,5), als die von der Sünde Befreiten erfahren wir uns als in unserem irdischen Dasein, in unserer Leiblichkeit. Die Mahnung, uns nicht mehr der Sünde zur Verfügung zu stellen (Röm 6,12), trifft unsere Wirklichkeit, weil wir uns ganz dem Dienst der Gerechtigkeit für Gott zur Verfügung stellen können (Röm 6,13.16.18 f). »Die Freigabe eines auf Gott hin offenen, jetzt erst der Zukunft in Wahrheit zugewandten Lebens«[9] stellt uns in die Entscheidung auf Leben und Tod (Röm 6,22 f), nämlich ob wir der Gerechtigkeit dienen oder der Ungerechtigkeit der Sünde. Der Macht, der wir uns zur Verfügung stellen, sind wir versklavt, wie Paulus in diesem Abschnitt Röm 6,12-23 auch dadurch verdeutlicht, daß er vom

---

8 Zum Ganzen jetzt C. Breytenbach, Versöhnung. Eine Studie zur paulinischen Soteriologie (WMANT 60), Neukirchen-Vluyn 1989, bes. 132ff.189f; vgl. auch Chr. Klein, Diakonische Versöhnung. Gedanken zu einer umstrittenen paulinischen Wendung, in: Grenzüberschreitende Diakonie, a.a.O. (Anm. 1), 53-60.

9 G. Bornkamm, Taufe und neues Leben bei Paulus, in: ders., Das Ende des Gesetzes. Paulusstudien (BevTh 16), München 1952, 45 (vgl. ebd., 34-50).

Dienen/Dienst in der Terminologie von Sklave/versklavt sein spricht.[10] Die Relevanz der Diakonie zur Gerechtigkeit hat es mit jener Macht zu tun, zu der wir uns – befreit zur Verantwortung – aus Glauben entscheiden mit der Frucht, die in der Heiligung besteht und die ausgerichtet ist auf das ewige Leben (Röm 6,22). Auch Gerechtigkeit in ihrer ethischen Dimension bleibt eingebettet in das Heilshandeln Gottes.[11]

Der Ort aber, an dem uns Diakonie persönlich ergreift, ist der Bereich unserer eigenen Existenz.[12] Diakonie ist in diesem Sinne entscheidend existenzbezogen, und doch macht der bezeichnete Ort uns selbst zu Trägern diakonischen Wirkens im ›Leibe Christi‹, in der Gemeinde. »Denn wie wir in *einem* Leibe viele Glieder haben, alle Glieder aber dieselbe Tätigkeit, so sind auch wir, die vielen, *ein* Leib in Christus, untereinander aber Glieder« (Röm 12,4; vgl. 1Kor 12,13-27). »Wir haben aber Geistesgaben (Charismen) gemäß der uns gegebenen Gnade verschieden« (Röm 12,6). Unter der dann sich anschließenden Aufzählung heißt es besonders: die Gabe der ›Diakonia‹ zum Dienst (›Diakonia‹) (Röm 12,7). Obwohl hier ›Diakonia‹ als herausragende Gabe erscheint, kann es an sich jede Form des Dienstes/Dienens spiegeln. Mag auch zur anstehenden Stelle die besondere karitative Aufgabe in der Gemeinde aufgezählt sein,[13] wichtiger ist: »Solche diakonischen Dienste sind Charismen! Denn Paulus versteht auch sie nicht als Leistung, sondern als Gabe, die freilich realisiert werden muß.«[14] Und dazu gehört, in der Diakonia zu bleiben (Röm 12,7b). Das meint die doppelte Ausdrucksweise von ›Dienst‹, der es an sich nicht bedarf, um die Gabe des Dienens zu nennen. Der so Beschenkte »schaue nicht nach anderen Charismen aus, die vielleicht angesehener oder auffallender oder ihn selbst befriedigender sind«.[15] »Es gibt Zuteilungen (man kann auch übersetzen: ›Unterschiede‹) von Diensten/Dienstleistungen« (›Diakonia‹ im Plural) (1Kor 12,5), aber die Norm ist »der eine Herr« (1Kor 12,5). Die verschiedenen Charismen, die geistlichen/pneumatischen Gaben sind nach Paulus in Korinth und Rom und sicher in jeder christlichen Gemeinde seiner Zeit vorhanden, aber nicht der Charakter der Wunderwirkungen (1Kor 12,4-11) steht im Vordergrund, sondern daß sie in aufbauenden alltäglichen, je neu zu verrichtenden Aufgaben ihren Ort in der

---

10 Vgl. E. Käsemann, An die Römer (HNT 8a), Tübingen 1973, 161 ff; A.B. du Toit, Dikaiosyne in Röm 6. Beobachtungen zur ethischen Dimension der paulinischen Gerechtigkeitsauffassung, in: ZThK 76, 1979, 261-291, bes. 269 ff; O. Merk, a.a.O. (Anm. 1), 28 ff.

11 Vgl. A.B. du Toit, a.a.O. (Anm.10), bes. 284 f.286 ff.

12 Vgl. auch E. Gräßer, Rechtfertigung des Einzelnen – Rechtfertigung der Welt: Neutestamentliche Erwägungen, in: The New Testament Age. Essays in Honor of Bo Reicke, ed. by W.C. Weinrich, Vol. 1, Macon (USA) 1984, 221-236.

13 So die neueren Kommentare zur Stelle.

14 H. Schlier, Der Römerbrief (HThK 6), Freiburg i.Br. u.a. 1977, 370 z.St.

15 Ebd., 370.

Gemeinde haben.[16] – Beispielhaft zeigt dies Paulus an dem Ehepaar Priska und Akylas (1Kor 16,19), die ihren Dienst (›Diakonia‹) der ganzen Gemeinde zur Verfügung stellen. Solches Wirken ist Ausdruck des Glaubens, »der in der Liebe tätig ist« (Gal 5,6). Diese Liebe findet diakonisch vielerlei Gestalt in der Nächstenliebe (Röm 13,8 ff; Gal 5,13 f), aber auch als Summe und Zusammenfassung verselbständigt sich diese Nächstenliebe nicht. Sie ist nicht isoliert vom Heilshandeln Gottes in Christus, aber sie macht frei, auch diakonische Arbeit in der nicht endenden Hingabe zu dem, der mir je neu zum Nächsten wird, zu realisieren.

Fazit: Für Paulus ist Diakonie nicht ethisch verrechenbar, doch in ihr geschieht Glauben im Vollzug. Die Relevanz der Diakonie zur Liebe ist nach dem Apostel in der Gestalt gewordenen Liebe Gottes zu uns gegeben. Das ist ihr Maßstab und das grundlegend Unterscheidende, was sie bleibend vom satanisch ausgeübten »Dienst der Gerechtigkeit« trennt (2Kor 11,15).

Damit ist im Bereich unserer Themenstellung durch Paulus in seinen Briefen und so in den frühesten schriftlichen Zeugnissen des Neuen Testament Sachgleiches aufgegriffen, was auch in den Evangelien seinen Niederschlag gefunden hat.

3. Heilsgeschehen und diakonische Relevanz. Ihr Verhältnis zu ›Gerechtigkeit‹, ›Barmherzigkeit‹ und ›Liebe‹ im Bereich der Evangelien

Alle vier Evangelien, die drei ersten nach Markus, Matthäus, Lukas – Synoptiker genannt – und das nach Johannes, bezeugen Jesu Passion und Kreuzestod als die uns rettende Hingabe seines Lebens, als ein Geschehen, durch das Nächstenliebe grenzenlos geworden ist und durch das ›Dienen‹ im Leiden und Sterben Jesu Christi seine bleibende, nicht einholbare Mitte hat.[17] Durch seinen Tod und seine Auferweckung hindurch erschließt sich Jesu Wirken, wie es uns die einzelnen Evangelisten als gedeutetes Glaubenszeugnis der Gemeinde überliefern und wie sie es selbst in theologischer Deutung in ihren Evangelien zur Geltung bringen.

Hier fällt zunächst auf, daß ›Gerechtigkeit‹, ›Barmherzigkeit‹ und ›Liebe‹ in den Evangelien als Substantive recht selten begegnen und daß die ihnen entsprechenden Verben – abgesehen von ›lieben‹ im Johannesevangelium – ebenfalls nicht sehr häufig herangezogen werden, so daß dieser Sachverhalt dem zur Wortgruppe *diakonia/diakonein* Ausgeführten nahe kommt.

Nicht in erfaßbarer Begrifflichkeit, sondern in der Sache selbst wird ›Dienen‹ in seinen Bezügen erkennbar: Im Auftreten Jesu, in seinem Verkündigen und Wirken geschieht, was Gottes Reich aufleuchten läßt und ausmacht. So wie ihm die Engel Gottes nach der Überwindung aller satanischen Versuchungen dienten (Mk 1,13;

---

16 Vgl. bes. H. Conzelmann, Der erste Brief an die Korinther (KEK 5), Göttingen ([11]1969) [12]1981, 252 ff.

17 Zur Passion Jesu vgl. zuletzt J. Gnilka, Neutestamentliche Theologie. Ein Überblick (Neue Echterbibel, Erg.Bd. 1), Würzburg 1989, 29 ff.

Mt 4,11), so ist sein ›religiöse‹ und ›moralische‹ Grenzen hinter sich lassendes Hinwenden zum Menschen in weitestem Sinne ›Dienen‹, führt sein Heilen auch zum Gemeinschaft stiftenden Dienen (Mk 1,31 par. Mt 8,15; Lk 4,39), und ihm nachzufolgen kann als ›dienen‹ gekennzeichnet werden (Lk 8,3; vgl. Mk 15,41).

Mag in den letztgenannten Belegen das ›Bei-Tisch-Dienen‹ weithin mitbedacht sein, deutlich ist es in Lk 10,40, wo der Verfasser des dritten Evangeliums aus seinem Sondergut in der Erzählung von Martha und Maria überliefert, daß das Aufwarten im Sinne geschäftigen Dienens nicht isoliert oder gar höher steht als das intensive Hören des Wortes. Gerade an dem Verhalten der beiden Schwestern wird gezeigt, wie das Dienen im Horizont des Wortes, der Botschaft Jesu, seine eigentliche Daseinsberechtigung erhält. Die Relevanz des Dienens orientiert sich an dem ›Einen‹, was Not ist, am Wort (Lk 10,42).[18] Die damals im palästinischen Raum selbstverständliche Pflicht des Dienens wird damit nicht als solche in Frage gestellt (Lk 17,7-10), aber ›Dienen‹ und ›Dienst‹ erhalten auch in den »Regeln für die Jünger«[19] erst in der Begegnung mit dem, der vollmächtig Gottes Herrschaft und Reich ansagt, ihre den Menschen ganz beanspruchende und ihn darauf ausrichtende Prägnanz. Die neuere Lukasforschung hat nämlich nachweisen können, daß der dritte Evangelist im Abschnitt Lk 9,51-19,27 verstärkt Instruktionen für die Zeit der auf ihren Herrn wartenden Gemeinde gibt und in diesem Sinne sein Überlieferungsgut anordnet und auch gestaltet. Beispiele für das ›Dienen‹ zielen auf Bewältigung gelebter Gegenwart, auf »die Stellung der Jüngergemeinde in der Welt«,[20] wie sie eingehend in Lk 12 dargelegt wird. Durchgehaltene Treue und Wachsamkeit wird der Herr bei seinem letzten, endgültigen Kommen bei der Parusie in einem nicht mehr zu überbietenden Dienen anerkennen: Er selbst wird den Durchhaltenden aufwarten, ›dienen‹ (Lk 12,37). In dieser Zeit des Wartens kann »die Offenheit für das Kommende«[21] nach Lk 12,41-48 auch den »betonten Gedanken der Einheit von oikonomia und diakonia« sichtbar werden lassen,[22] und darin wird sich zeigen, wer klug oder wer töricht waltet.

Daß Lukas ›dienen‹ als prägendes Stichwort für die »Zeit der Kirche«[23] auswerten kann, beruht auch für ihn allein in Jesu Wirken und Sterben. »Sein Dienst umgreift

---

18 Vgl. z.St. E. Schweizer, Das Evangelium nach Lukas (NTD 3), Göttingen [18]1982, 123 f; W. Wiefel, Das Evangelium nach Lukas (ThHK 3), Berlin [10-1]1988, 211 ff.

19 So W. Wiefel, ebd., 300.

20 Ebd., 230 ff.

21 E. Schweizer, a.a.O. (Anm. 18), 139 ff.

22 So W. Wiefel, a.a.O. (Anm. 18), 245 mit Anm. 3 in perikopenbezogener treffender Zusammenfassung einer Abhandlung von H. Schürmann, Die zwei unterschiedlichen Berufungen, Dienste und Lebensweisen in einem Presbyterium, in: Sperare, Pastorale Aufsätze Band 7, Leipzig 1979, 106-121 (bes. 110 ff).

23 Dazu H. Conzelmann, Die Mitte der Zeit. Studien zur Theologie des Lukas (BHTh 17), Tübingen (1954) [6]1977.

sein Dasein im Ganzen und schließt die Selbsthingabe ein«,[24] wie Lk 22,27 in Übernahme urchristlicher Tradition und Formulierung zeigt.[25] Der christologische Bezug des Dienens weist auf das rettende Heilsgeschehen in Kreuz und Auferwekkung.

Der dritte Evangelist Lukas greift unter den Synoptikern am stärksten das diakonische Anliegen auf, das er vielfältig in seiner Apostelgeschichte weiterführt, aber schon von einer seiner Vorlagen bzw. Quellen, dem Markusevangelium, ergab sich ihm ein maßgebender Gesichtspunkt. Nicht das Herrschen und Beherrschen, wie es in der Welt üblich ist, ist Richtschnur für die Jünger. »Nicht so soll es unter euch sein, sondern wer groß sein will unter euch, wird sein wie euer Diener (*diakonos*), und wer unter euch der erste sein will, wird der Knecht (*doulos*) von allen sein« (Mk 10,43 f; vgl. Lk 22,26f). Das ist die das Gemeindeleben bestimmende ›diakonische‹ Haltung untereinander, die die frühe Gemeinde mit dem Tod Christi in seiner Hingabe für die Menschen ganz sachgemäß und darin den Maßstab des Dienens für sich selbst festlegend begründet hat:

> »Denn auch der Menschensohn ist nicht gekommen sich dienen zu lassen, sondern um zu dienen und sein Leben als Lösegeld für viele zu geben« (Mk 10,45).

Bezeichnenderweise steht dieser Abschnitt im Kontext der »Jüngergemeinde nach Markus 10«. »Markus als Seelsorger« »bietet« hier »den Jüngern Hilfestellung beim Vollzug ihrer Nachfolge«. Damit macht der Evangelist das Dienen als Lebenswirklichkeit der frühen Gemeinde christologisch-soteriologisch begründet zum diakonischen Anliegen auch seiner eigenen Gemeinde.[26] Schon die mehrfache, auch in verschiedenen Zusammenhängen begegnende Bezugnahme der Sachaussage in Mk 10,43 f im Bereich der synoptischen Evangelien (vgl. Mk 9,35; Mt 23,11; 20,26f; Lk 22,26) ergibt, wie zentral das Anliegen des Dienens in den verschiedenen Gemeinden gewesen ist.[27] Und möglicherweise läßt sich nachzeichnen: »Dieses Wort hallt in der Urkirche mächtig wider und übt eine nachhaltige Wirkung auf die Amtsträger aus (vgl. 1Petr 5,2-5).«[28]

---

24 So W. Wiefel, a.a.O. (Anm. 18), 370 zu Lk 22,27 (ohne daß ich seinen Ausführungen in allen Einzelheiten folge).

25 S. die oben Anm. 2 Genannten.

26 Vgl. R. Busemann, Die Jüngergemeinde nach Markus 10. Eine redaktionsgeschichtliche Untersuchung des 10. Kapitels im Markusevangelium (BBB 57), Königstein-Ts./Bonn 1983, 154ff.228. Zit.: 214f.

27 Ebd., 155. 252 Anm. 393.

28 So R. Schnackenburg, Ursprung und Sinn des kirchlichen Amtes, in: ders., Maßstab des Glaubens. Fragen heutiger Christen im Licht des Neuen Testaments, Freiburg/Br. u.a. 1978, 119ff: 147; ders., a.a.O. (Anm. 1), Bd. 1, 204ff; J. Roloff, Themen und Traditionen urchristlicher Amtsträgerparänese, in: Neues Testament und Ethik. Für Rudolf Schnakkenburg, hrsg. v. H. Merklein, Freiburg/Br. u.a. 1989, 507ff: 519ff. 1Petr ist pseudonym am Ende des ersten christlichen Jahrhunderts verfaßt.

Auch im Johannesevangelium wird das Sachanliegen von Mk 10,43 f.45 in der Szene der Fußwaschung in Kapitel 13,1-20 aufgegriffen.[29] Wie immer auch die komplizierte Entstehungsgeschichte dieses Kapitels und darin eingeschlossen die Herkunft dieser ›Sachparallele‹ zu bestimmen ist, daß hier »die Gemeinschaft mit ihm (sc. Jesus)... ihre Begründung in dem Dienst Jesu« hat und »daß diese Gemeinschaft der Jünger mit Jesus zugleich eine Gemeinschaft der Jünger untereinander erschließt«, ist offenkundig.[30]

Dieser so umfassend begründete Dienst zeigt – zurückkehrend zum Markusevangelium – dort keine aufweisbare Relevanz zur Gerechtigkeit. Das ist kein Thema und Bezugswort in diesem Evangelium. Auch die ›Barmherzigkeit‹ begegnet hier thematisch-begrifflich nur am Rande, aber darin zentral, daß Kranke und Hilfe Suchende in Jesu Wirken konkret werdendes und gewordenes Erbarmen erkennen und aussprechen (Mk 10,47 f; 5,19). Jesus wendet sich in seinem Erbarmen der Not des Menschen zu (Mk 1,41 in der Lesart textkritischer Bezeugungen umstritten; 6,34; 8,2; 9,22). Man wird dieses Handeln Jesu nicht diakonisch gleichsam überhöhen dürfen, denn Jesu erbarmendes Wirken ist als Zeichen des aufleuchtenden Reiches Gottes und nicht zuerst als Vorbild weiterwirkenden diakonischen Einsatzes zu sehen. Von diakonischer Relevanz kann sachgemäß erst in der Gemeinde des Auferstandenen gesprochen werden, dort aber ist sie dann auch ganz in die Tat umzusetzen.

Entsprechendes läßt sich im Matthäusevangelium erheben: Gerade dieser Evangelist rückt auch über seine Vorlagen/Quellen hinaus Jesu barmherziges Handeln in den Vordergrund (Mt 9,36; 14,14; 15,32; 18,27; 20,34). In der Perikope vom Ährenausraufen (Mt 12,1-8) fügt er ausdrücklich gegenüber seiner Vorlage (Mk 2,23-28) das Wort aus dem Propheten Hosea (Hos 6,6) hinzu: »Erbarmen will ich und nicht Opfer« (Mt 12,7), entsprechend in 9,13 (anklingend wohl auch 23,23). Bei ihm allein findet sich die Seligpreisung »Selig sind die Barmherzigen, denn sie werden Barmherzigkeit erlangen« (Mt 5,7). Dem »Schalksknecht« aber gilt die Frage des Kyrios, des göttlichen Richters: »Müßtest du dich nicht auch über deinen Mitknecht erbarmen, wie ich mich über dich erbarmt habe?« (Mt 18,33; vgl. 18,23-35). Und schließlich: Im großen Weltgericht zählt die Barmherzigkeit (Mt 25,31-46; vgl. auch 16,27), die im Miteinander des Begegnens in ihrer unbewußten Gegenwärtigkeit zur Tat wurde.

Das Judentum zur Zeit Jesu und der frühesten Gemeinden ist reich an Hinweisen über das Tun der Barmherzigkeit (nachwirkend z.B. in Jak 2,13), und in der frühchristlichen Paränese auch außerhalb des Neuen Testaments finden sich entsprechende Belege (z.B. 1 Klem 13,2; PolPhil 2,3). Doch innerhalb des Neuen Testaments liegt das Gewicht aller Aussagen im Matthäusevangelium (vgl. über die

---

29 Vgl. J. Becker, Das Evangelium nach Johannes. Kapitel 11-21 (ÖTK 4/2), Gütersloh/ Würzburg 1981, 428; R. Schnackenburg, Das Johannesevangelium 3. Teil. Kommentar zu Kap. 13-21 (HThK 4/3), Freiburg/Br. u.a. 1975, 46 f u.ö.

30 So R. Bultmann, Das Evangelium nach Johannes (KEK 2), Göttingen [15]1957, 365, vgl. ebd. 351 ff.

genannten Belege hinaus Mt 9,27; 15,22; 17,15; 20,30f; auch 6,2-4 ist heranzuziehen), auch wenn andere Schriften dafür nicht ohne Belang sind (z.B. Hinweise in Lk 1; 10,37 Beispielerzählung vom barmherzigen Samariter; 11,41; 12,33 und in der Apg). »Das Neue« im breit gefächerten Bereich barmherziger Taten ist dabei für die jungen christlichen Gemeinden »nicht der Gedanke als solcher, sondern das Wissen von der Gnade Gottes in Christus«.[31] Das gilt in besonderer Weise für Matthäus und seine Gemeinde. Barmherzigkeit ist für den Evangelisten die Erfüllung des Gesetzes; Barmherzigkeit ist konkret geworden in Jesu gesamtem Auftreten. Barmherzigkeit zu tun, ist Ja sagen zu dem Gott, der zu seinen Verheißungen steht und der selbst die Erfüllung gebracht hat in dem, der nach Matthäus (und bei ihm allein stehend) sagt: »Kommt her zu mir alle, die ihr mühselig und beladen seid, ich will euch erquicken« (Mt 11,28). Aus dieser Verknüpfung von Barmherzigkeit und Christologie (vgl. auch Hebr 2,17) erschließt sich das Matthäusevangelium in weiten Teilen, so daß in dieser Hinsicht gesagt werden kann: »Barmherzigkeit ist für Matthäus die Mitte der Verkündigung Jesu.«[32] Im Tun solcher Barmherzigkeit geschieht Gottes Wille (vgl. Mt 5,48 und Lk 6,36), und die Verheißung, die den Barmherzigen gilt: »sie werden Barmherzigkeit erlangen« (Mt 5,7), zielt darauf: Sie werden so sein, wie Gott sie haben will.

Die Relevanz dieser Barmherzigkeit läßt sich nicht in diakonischen Anweisungen fassen, aber sie macht deutlich, daß ohne die in Jesus Mensch gewordene Barmherzigkeit Gottes, daß es ohne Eingewiesensein in diese Barmherzigkeit Diakonie, die diesen Namen verdient, nicht geben kann.

Das verdeutlicht ›Matthäus‹ auch in seinem Verständnis der ›Gerechtigkeit‹. Er selbst ist es, der Jesus als erstes Wort in seinem Evangelium aussprechen läßt: »Uns geziemt, alle Gerechtigkeit zu erfüllen« (Mt 3,15). Es geht um die »bessere Gerechtigkeit« (Mt 5,20; vgl. 5,6.10; 6,1.33; 21,32), die Jesus erfüllt hat (vgl. Mt 5,17 in seinem Bezug zu 5,20) und die in dem suchenden Ausgerichtetsein auf das Gottesreich/die Gottesherrschaft (6,32f) im Indikativ des Heils zum Tun ermächtigt und darum in den Antithesen der Bergpredigt (Mt 5,21-48) ihren bleibenden Stachel in der Unbedingtheit und Befolgung des ursprünglichen Willens Gottes hat.[33]

---

31 So R. Bultmann, Art. *eleos ktl.*, ThWNT 2, 1935, 474ff: 479.
32 So E. Schweizer, Das Evangelium nach Matthäus (NTD 2), Göttingen [13]1973, 53.
33 Vgl. im Überblick und zu Einzelheiten, wenn auch gelegentlich überspitzt: H. Giesen, Christliches Handeln. Eine redaktionskritische Untersuchung zum *dikaiosyne* – Begriff im Matthäus-Evangelium (Europäische Hochschulschriften, Reihe 23, Bd. 181), Frankfurt a.M./Bern 1981. – Vom »unablässige(n) Stachel« hinsichtlich der Antithesen spricht R. Schnackenburg, Das Matthäusevangelium 1,1-16,20, Kommentar zum·Neuen Testament mit der Einheitsübersetzung (Neue Echter Bibel 1/1), Würzburg 1985, 44; dazu das ›Fallbeispiel‹: A. Vögtle, Ein ›unablässiger Stachel‹ (Mt 5,39b-42 par. Lk 6,29-30), in: Neues Testament und Ethik. Für Rudolf Schnackenburg, hrsg. v. H. Merklein, Freiburg i.Br. u.a. 1989, 53-70.

Barmherzigkeit und Gerechtigkeit lassen sich wie in den paulinischen Briefen auch in den Evangelien nicht diakonisch vernetzen. Die Relevanz liegt auf beiden Seiten. Barmherzigkeit und Gerechtigkeit sind je offen für den Dienst der Liebe untereinander, weil sie im Heilshandeln Gottes selbst gründen. Wer es auf Gottes Ruf hin wagt (bei Paulus geschieht das Rufen von seiten Gottes),[34] wer in die Nachfolge Jesu sich einweisen läßt (vgl. die Evangelien), kann aus widerfahrenem Heil in je neuer mitmenschlicher Begegnung weitergeben.[35] Diakonie erwächst daraus, daß christlicher Glaube aus dem Heilshandeln Gottes auch inmitten der Welt mit ihren vielfältigen Bezügen lebt.

Das führt zu einem letzten der in dieser kurzen Besinnung aufzugreifenden Zusammenhänge: die diakonische Relevanz von Liebe. Hier ist einzugehen auf das Doppelgebot der Liebe, das Gottes Willen zusammenfaßt (Mk 12,28-34 par. Mt 22,34-40; Lk 10,25-28).[36] Das vermutlich im Markusevangelium am ursprünglichsten überlieferte Doppelgebot[37] ist in seiner Rückführung auf Jesus sehr fraglich, aber es kennzeichnet ungemein treffsicher in der Neuheit seiner Aussage die Intention Jesu. Denn »Doppelgebote als Summe der Tora sind« im Judentum »unmöglich, ein Doppelgebot der Liebe ist, wäre es mehr als eine Koppelung zweier großer Gebote, nicht jüdisch«. Was aber – so hat man mit Recht gefragt – bedeutet es dann, wenn »Jesu Doppelgebot der Liebe Summe und Maß des Gotteswillens gewesen sein« sollte?[38] Bei Mk (12,29 f) werden das erste = größte/wichtigste Gebot (Dtn 6,5) und das Gebot der Nächstenliebe (Lev 19,18) getrennt; in Mt 22,37-39 stehen beide Gebote auf gleicher Stufe nebeneinander. Während bei Mk/Mt Jesus die Zusammengehörigkeit und Einheit des Doppelgebotes bekundet, wird nach Lukas diese Einheit von Gottes- und Nächstenliebe vom Menschen selbst sachgemäß herausgestellt und von Jesus in der Ausrichtung auf den Menschen bejaht: »Tue dies, und du wirst leben« (Lk 10,28; vgl. 10,29-37).

Die Gemeinde ist es, die deutend Jesus das Doppelgebot der Liebe als die Summe des Gesetzes aussprechen läßt. Damit bekennt sie, daß Jesus die alttestamentliche

---

34 Vgl. E. Gräßer, Das eine Evangelium. Hermeneutische Erwägungen zu Gal 1,6-10, in: ZThK 66, 1969, 306 ff: 322 ff (=ders., Text und Situation. Gesammelte Aufsätze zum Neuen Testament, Gütersloh 1973, 84 ff: 100 ff).

35 Vgl. R. Schnackenburg, Mitmenschlichkeit im Horizont des Neuen Testaments, in: Die Zeit Jesu. FS H. Schlier, hrsg. v. G. Bornkamm und K. Rahner, Freiburg u.a. 1970, 70 ff.

36 Im folgenden greife ich einige früher geäußerte Gedanken auf: O. Merk, in: E. Würthwein/O. Merk, Verantwortung (Biblische Konfrontationen, Kohlhammer Taschenbücher Bd. 1009), Stuttgart u.a. 1982, 138 ff (dort auch weitere Belege und Nachweisungen).

37 K.Kertelge, Das Doppelgebot der Liebe im Markusevangelium, in: À cause de l'Évangile. Études sur les Synoptiques et les Actes offertes au P.Jacques Dupont, O.S.B. á l'occasion de son 70ᵉ anniversaire (LeDiv 123), Paris 1985, 303 ff geht jetzt wieder von der Annahme einer »Doppelüberlieferung« der Perikope aus (309); vgl. zur neueren Gesamtdiskussion auch W. Schrage, a.a.O. (Anm. 1), 73 ff u.ö.; außerdem den Beitrag von H. Thyen in diesem Band.

38 So A. Nissen, Gott und der Nächste im antiken Judentum. Untersuchungen zum Doppelgebot der Liebe (WUNT 15), Tübingen 1974, 416.

Grenze zwischen Nächsten- und Feindesliebe überwunden hat. Sie bekennt, daß in diesem Doppelgebot der Liebe das Ganze des Verkündigens und Wirkens Jesu zur Geltung kommt, daß in Jesu Weg Gottes Wille radikal zu Ende gedacht und vollzogen ist. Denn »in Jesu Leben und Sterben« ist dieses Doppelgebot zur vollsten Radikalität gesteigert, so daß in ihm »alle anderen Gebote« eingeschlossen sind und der Mensch im Halten der Gebote ohne Anspruch vor Gott steht. Er ist »so vor Gott gestellt, daß er nie am Ende ist – wer je mit seinem Lieben am Ende wäre, der stünde ja nicht mehr in der Liebe«.[39] Das besagt: Das Doppelgebot der Liebe weist ein in die nicht endende Verantwortung, in den nicht endenden Dienst, der nach Jesu und synoptischem Zeugnis auch Leben im Dienen sinnvoll macht und auf begründete Zukunft ausrichtet.

Die Frage nach der diakonischen Relevanz in ihrem Verhältnis zu ‹Gerechtigkeit›, ‹Barmherzigkeit› und ‹Liebe› führt zu den zentralen Aussagen des Heilsgeschehens in den neutestamentlichen Schriften. Darin wird deutlich: Nur von dieser Mitte her gewinnt Diakonie ihren unbedingten, ihren notwendigen, ihren verheißungsvollen Auftrag, geschieht Dienen unter dem Segen des Gekreuzigten und Auferweckten. »Die unveränderte Dauer« auch des diakonischen ‹Dienstes› bleibt somit auch heute Zeichen und »Wunder der Gnade Gottes, die immer neu wieder Ereignis wird«.[40]

---

39 So E. Schweizer, Das Evangelium nach Markus (NTD 1), Göttingen ¹¹1967, 144.
40 Unter Aufnahme einer Feststellung von E. Schweizer, Gemeinde und Gemeindeordnung, a.a.O. (Anm. 1), 164.

Zu Rudolf Bultmanns Auslegung
des 1. Thessalonicherbriefes

Anläßlich des 100. Geburtstages von Rudolf Bultmann hat Werner Georg Kümmel seinen Vorgänger auf dem Lehrstuhl für Neues Testament an der Philipps-Universität Marburg in einer instruktiven Untersuchung als Paulusforscher gewürdigt[1]. Er konnte zeigen, daß Rudolf Bultmanns Beitrag in Zustimmung wie in kritischer Auseinandersetzung mit seiner Paulusdeutung die Paulusforschung in unserem Jahrhundert wesentlich mitbestimmt hat und daß die weitere Erarbeitung paulinischer Theologie an Bultmanns bahnbrechenden Einsichten nicht wird vorbeigehen können. Weiter ließ sich anhand der gedruckt vorliegenden Untersuchungen der Nachweis erhärten, daß »die Arbeiten Bultmanns bis 1920 weithin die Übernahme des Paulusbildes seiner ›liberalen‹ Lehrer« bestätigen[2].

Inwieweit und ob der noch kaum erschlossene handschriftliche Nachlaß Rudolf Bultmanns auch für sein Paulusverständnis über biographisch und theologisch vertiefende Einzelheiten hinaus Bedeutung hat, muß auf's Ganze gesehen bis zur Stunde offen bleiben. Doch ist auch hierfür wie für andere Manuskripte Bultmanns die Fragestellung von Belang, in welcher Weise später für ihn maßgebende Gesichtspunkte in seiner wissenschaftlichen Frühzeit (bis 1920) bereits erste Ansätze zeigen[3].

In einer mir im September 1975 zur möglichen weiteren Auswertung übergebenen Auslegung des 1. Thessalonicherbriefes handelt es sich um eine der frühesten geschlossenen Ausführungen Bultmanns zu einem Paulusbrief. Das Vorlesungsmanuskript (im folgenden MS) umfaßt nu-

---

[1] W. G. KÜMMEL, Rudolf Bultmann als Paulusforscher, in: Rudolf Bultmanns Werk und Wirkung, hg. v. B. JASPERT, 1984, 174–193.

[2] W. G. KÜMMEL, (Anm. 1), 176 f. (Zitat 177).

[3] In dem von B. JASPERT hg. Band »Rudolf Bultmanns Werk und Wirkung« (Anm. 1) finden sich ebenso hierfür vielfache Hinweise wie auch dafür, daß das Jahr 1920 eine Wende in Bultmanns theologischer Entwicklung bedeutet; vgl. etwa B. JASPERT, Rudolf Bultmanns Wende von der liberalen zur dialektischen Theologie, ebd., 38.

meriert 78 Blätter/Seiten, enthaltend die Kap. 1–4[4]. Nach äußeren Indizien – Schrift und datierte Duplikate Marburger Doktordiplome – gehört das MS in die ersten Marburger Dozentenjahre Bultmanns 1912 ff., nach Sachhinweisen im einzelnen ist das Vorlesungs-/Übungsmanuskript in seinem Grundbestand 1913/14 verfaßt, in einer Zeit, in der Bultmann häufig Übungen für Anfänger (Proseminare) gehalten hat.

Die schon andernorts aufgezeigten allgemeinen Gesichtspunkte gelten auch für diese Vorlesung[5], dahin zusammengefaßt: historische und theologische Fragen ergeben sich aus der den Kontext beachtenden und die innere Stringenz der Gedankenabfolge erhebenden Einzelexegese.

Schon ein kurzer Überblick läßt erkennen, daß Bultmann sein MS in deutlicher Anlehnung an Kommentare in Lietzmanns Handbuch gestaltet, stark Materialien/Belege zusammengeordnet und doch zugleich theologisch Schwerpunkte gesetzt hat. Die damals gängige Diskussion zum 1 Thess, in den Kommentaren von M. Dibelius und E. v. Dobschütz dokumentiert[6], wird häufig angeführt (oder auch vorausgesetzt). Besonderes Gewicht hat das ›soeben‹ erschienene Werk von E. Norden, ›Agnostos Theos‹, für traditions- und formengeschichtliche Fragen, die erste Lieferung von J. Weiß, ›Das Urchristentum‹ (1914) ist eingearbeitet. W. Heitmüllers Aufsatz über ›Paulus und Jesus‹ wird zitiert[7]. Insgesamt haben in dem den Forschungsstand von ca. 1914 widerspiegelnden MS religionsgeschichtliche Fragestellungen ein deutliches Gewicht[8] und zeigen den der ›Religionsgeschichtlichen Schule‹ verbundenen Autor. Darüber hinaus ist es eine Besonderheit, daß

---

[4] Die Auslegung von 1 Thess 5, die wohl sicher vorhanden war (vgl. MS, 55), hat sich bisher nicht auffinden lassen. Soweit es die Rückseiten der benutzen Blätter erlauben, sind auch diese teilweise beschrieben.

[5] Vgl. O. Merk, Die Apostelgeschichte im Frühwerk Rudolf Bultmanns, in: Rudolf Bultmanns Werk und Wirkung (Anm. 1), 303–315, bes. 305 f.

[6] M. Dibelius, An die Thessalonicher I II. An die Philipper, HNT 11, 1911; E. v. Dobschütz, Die Thessalonicher-Briefe, KEK 10, [7]1909 (ein Werk, dem Bultmann in seinen Ausführungen öfter in kritischer Reserve begegnet; dagegen findet E. v. Dobschütz, Die urchristlichen Gemeinden. Sittengeschichtliche Bilder, 1902, nahezu uneingeschränkte Zustimmung).

[7] E. Norden, Agnostos Theos. Untersuchungen zur Formengeschichte religiöser Rede, 1913, (vgl. dazu R. Bultmann, Neues Testament. Einleitung II, ThR 17, 1914, 79–90, bes. 86.88–90: »Es muß genügen, auf die Bedeutsamkeit des N.schen Buches hingewiesen zu haben, seine Anregungen zur Untersuchung der Formen von Gebet, Hymnus und religiöser Rede werden hoffentlich fruchtbar sein« [90]); J. Weiss, Das Urchristentum. Nach dem Tode des Verfassers hg. und am Schlusse ergänzt von R. Knopf, 1917; W. Heitmüller, Zum Problem Jesus und Paulus, ZNW 13, 1912, 320–337.

[8] Neben J. J. Wettstein, W. Bousset, R. Reitzenstein wird M. Dibelius, Die Geisterwelt im Glauben des Paulus, 1909 mehrfach herangezogen; A. Deissmann, Licht vom Osten. Das Neue Testament und die neuentdeckten Texte der hellenistisch-römischen Welt, 1908 bietet für Bultmann vielfach Vergleichsmaterial.

Bultmann durchgehend die exegetischen Erläuterungen des Theodor von Mopsuestia angibt[9].

Dieselbe Vorlesung hat – wie Schrift und Literaturhinweise zeigen – Rudolf Bultmann von 1937 bis ca. 1939 (und in Folgejahren) ergänzt und überarbeitet. Jetzt werden die wichtigsten neueren Beiträge aufgenommen: Belege werden vornehmlich aus dem (inzwischen erschienenen) Wörterbuch v. Walter Bauer und den ersten Bänden von Kittels Theologischem Wörterbuch nachgetragen; M. Dibelius' Auslegung des 1 Thess in 3. Aufl. erweist sich als der gängige neuere Standardkommentar[10]. Die Thesen von W. Hadorn und W. Michaelis über die Entstehungszeit des Briefes anläßlich der 3. Missionsreise werden exegetisch zu 1 Thess 2,17 abgelehnt[11]. E. Lohmeyers Untersuchungen zum Präskript paulinischer Briefe und zu »ΣΥΝ ΧΡΙΣΤΩΙ« werden ebenso eingehend herangezogen wie E. Petersons Beitrag zu 1 Thess 4,13–18[12]. Eine letzte literarische Ergänzung weist in das Jahr 1942[13]. Auf eigene Veröffentlichungen nimmt Bultmann nur indirekt Bezug, und die ausdrückliche Heranziehung der Literatur bleibt – wie in des Autors literarischem Werk überhaupt – charakteristisch knapp. – Diese überarbeitete Fassung der Ausführungen zum 1 Thess war dann offensichtlich Teilmanuskript für die im Wintersemester 1947/48 und im Sommersemester 1950 gehaltene Vorlesung: »Erklärung der Briefe an die Thessalonicher, Galater, Philipper«.

Wir haben es mit einem MS zu tun, das auch durch den weiterführenden

---

[9] Vgl. MPG 66; THEODOR V. MOPSUESTIA. In ep. b. Pauli commentarii, ed. by H. B. SWETE, Vol. I.II, 1880.1882. Daß R. BULTMANN mit einer erst 1984 gedruckten Habil.-Schrift über die Exegese des Theodor v. Mopsuestia 1912 von der Marburger Theologischen Fakultät habilitiert wurde, steht hier deutlich im Hintergrund. Vorzügliche Notizen BULTMANNS über das exegetische Werk des Theodor v. Mopsuestia finden sich im Zusammenhang einer Besprechung in: ThLZ 39, 1914, Sp. 363f. – Jetzt liegt vor: R. BULTMANN, Die Exegese des Theodor von Mopsuestia, posthum hg. v. H. FELD und K. H. SCHELKLE, 1984 (bes. 32.81).

[10] W. BAUER, Griechisch-Deutsches Wörterbuch zu den Schriften des Neuen Testaments und der übrigen urchristlichen Literatur, [2]1928, [3]1937; Theologisches Wörterbuch zum Neuen Testament, hg. v. G. KITTEL, Bd. I–III, 1933–1938; M. DIBELIUS, An die Thessalonicher I II, An die Philipper, HNT 11, [3]1937.

[11] MS, 32; W. HADORN, Die Abfassung der Thessalonicherbriefe in der dritten Missionsreise, BFChTH 24,3.4, 1919; W. MICHAELIS, Die Gefangenschaft des Paulus in Ephesus und das Itinerar des Timotheus, NTFI 3, 1925, bes. 65ff. W. LÜTGERT, Die Vollkommenen im Philipperbrief und Die Enthusiasten in Thessalonich, BFChTH 13,6, 1909 wird erstaunlicherweise nicht ausdrücklich genannt (doch vgl. unten Anm. 37).

[12] E. LOHMEYER, Probleme paulinischer Theologie I. Briefliche Grußüberschriften, ZNW 26, 1927, 158–173; DERS., ΣΥΝ ΧΡΙΣΤΩΙ, Festgabe für Adolf Deißmann zum 60. Geburtstag 7. November 1926, 1927, 218–257; E. PETERSON, Die Einholung des Kyrios, ZSTh 7, 1929, 682–702.

[13] Es handelt sich um die weitgehende Zustimmung zu M. DIBELIUS, Rom und die Christen im ersten Jahrhundert, SAH.PH 2/1941/42, 1942; vgl. MS zu 1 Thess 2,16.

theologischen Neuansatz R. Bultmanns im Aufbruch zur dialektischen Theologie für ihn nicht überholt und erledigt war. Eine Gesamtdurchsicht bietet dafür eine Erklärung: 1 Thess ist für Bultmann der älteste uns erhaltene Paulusbrief, das erste literarische Zeugnis eines Theologen und Missionars im Umgang mit seiner Gemeinde. Die Aufnahme evtl. geprägten Gutes und die missionarische Explikation der Verkündigung verlangen auch in einem Gelegenheitsbrief der hermeneutischen Umsetzung in actu[14]. Das nötigt zu fragen, in welchem Maße in konkrete Situation hinein Wandlungen oder Entfaltungen theologischen Verständnisses im paulinischen Denken in der Folgezeit erforderlich waren[15]. Es zeigt sich auch in diesem MS, was E. Dinkler zu Bultmanns Aufsätzen grundsätzlich ausgeführt hat: »Was methodisch stark hervortritt, ist die im Werke Bultmanns immer präsente religionsgeschichtliche Basis«, und: »Deutlich wird die in Bultmanns Werk gelungene Wiederverbindung von Exegese und Theologie«[16], was R. Bultmann im »Vorwort des Verfassers« zu seinen exegetischen Aufsätzen mit der Feststellung kommentiert: »und zwar in der Weise, daß der Exegese der Primat zukommt«[17].

Aus dem MS können im folgenden nur einige Hinweise zitiert und wenige Gesichtspunkte zusammengefaßt werden[18].

1) Die Danksagung: Auf das Präskript 1,1 folgt als erster Teil des Briefes in »I. 1,2–3,13. Dankbares Gedenken an die Gemeinde«, untergliedert in: »1,2–10. Danksagung für den Stand der Gemeinde« (weiter untergliedert: »1,2f. allgemeine Danksagung für das Christentum der Gemeinde«; »1,4–10. Die Bekehrung der Gemeinde«); »2,1–12. Die erste Predigt in Thessalonich«; »2,13–16. Die Standhaftigkeit der Thess. in Verfolgung«; »2,17–3,13. Danksagung für den Christenstand der Thess. auf Grund der guten Nachrichten durch Tim.« (untergliedert: »2,17–3,5. Die Vorgeschichte dieser Nachrichten«; »a) Die Sehnsucht des Paulus nach der Gemeinde 2,17–20«; »b) 3,1–5. Die Sendung des Timotheus«; »c) 3,6–10. Die guten Nachrichten

---

[14] MS, 55f.73f.77 u.ö.

[15] MS, 13ff.55ff.70ff.

[16] E. DINKLER, in: R. BULTMANN, Exegetica. Aufsätze zur Erforschung des Neuen Testaments, ausgewählt, eingeleitet und herausgegeben v. E. DINKLER, 1967, XXI.

[17] A. Anm. 16 aO (ohne Numerierung VIII).

[18] Für die freundliche nochmals erfolgte Bestätigung, aus von R. BULTMANN persönlich erhaltenen MSS zitieren zu dürfen, danke ich Frau Prof. ANTJE BULTMANN-LEMKE sehr herzlich. – R. BULTMANN schrieb keine Stenographie, kürzte aber die einzelnen Wörter stark ab. Nach inzwischen gängiger und mit Frau BULTMANN-LEMKE getroffener Übereinkunft wird um der besseren Lesbarkeit willen bei Zitaten der Wortlaut ohne nähere Kennzeichnung unter Verwendung üblicher Abkürzungen voll ausgeschrieben.

des Tim.«; »d) 3,11–13. Abschließender Gebetswunsch«)[19]. Die breitgefächerte Danksagung im 1 Thess veranlaßt Bultmann, auf das Verständnis des Gebetes bei Paulus eingehend Bezug zu nehmen. Das Gebet richtet sich – trotz 1 Thess 3,11 – allein an Gott[20], es umschließt Bitte und Dank, Mission und Zustand der Gemeinde. Das Verstehen der Danksagung bei Paulus macht es notwendig, 1 Thess 1,2–3,13 auch bei erweiternder und lockerer Gedankenführung als einheitliche Danksagung zu sehen. »Charakteristisch ist, daß Paulus seinen Dank nicht an die Thessalonicher richtet, sondern an Gott. Denn es ist nicht das eigene Verdienst der Thessalonicher, daß es mit ihnen so gut steht, sondern Gottes Gnade. – Hiermit ist der Dank, mit dem Paulus 1,2 stilgemäß begann, eigentlich erst abgeschlossen. Er ist durch alles seit 1,2 Gesagte näher bestimmt und motiviert und erscheint demgemäß nicht als stilgemäße Briefphrase, sondern als Ausdruck des dankbaren Herzens des Paulus. Mit dem Folgenden leitet Paulus zum ermahnenden Teil über, doch gehören die nächsten Verse noch eng zum ersten Teil, zu dem 3,11–13 einen vollklingenden Abschluß bilden«[21]. Es handelt sich im MS um die bisher m. W. eingehendste nachweisbare Behandlung des Gebets bei Paulus im Werke R. Bultmanns, wobei der Verfasser deutlich zwischen subjektiver Gestimmtheit im Gebet und objektiver Hinwendung zu Gott scheidet und Gebet und Mystik eindeutig trennt. Implizit hat hier Bultmann die liberale wie auch die konservative Auffassung des Gebets in der ntl. Wissenschaft damaliger Zeit verlassen, ohne sich im einzelnen explizit mit ihr auseinanderzusetzen[22].

2) Die Situation der Gemeinde ist in der Zusammenfassung nach der Exegese von 3,13 angedeutet: »Der erste Teil des Briefes (sc. 1,2–3,13) ist damit abgeschlossen. Er ist formell nur Einleitung, erweiterte Ausgestaltung der stilmäßigen Danksagung am Briefanfang; cf. zu 3,9. – Sachlich enthielt diese Erweiterung: 1. den Rückblick auf die erste Mission in Thessalonich 1,6–10 und 2,1–12. – 2. Anspielungen auf die Lage der thess. Gemeinde 2,13 f.; (3,2 f.). – 3. Andeutungen auf die Beziehung zwischen Paulus und

---

[19] MS, 3 f.6.13.25.32.36.43.50; die Punkte c) und d) sind ohne nähere Kennzeichnung a) und b) angeschlossen.

[20] MS,4: »ausschließlich betet Paulus nie zu Jesus, sondern zu Gott«.

[21] MS, 47 f. Zur Danksagung führt BULTMANN nach der Exegese von 2,16 aus: »Die Danksagung für den Christenstand der Thessalonicher ist aber damit vorläufig abgeschlossen, und Paulus wendet sich den neuen Nachrichten über die Gemeinde zu, deren auch dankbar gedenkend. Dabei redet er erst von der Vorgeschichte dieser neuen Nachrichten, wobei er seiner Liebe zur Gemeinde in neuen Wendungen Ausdruck geben kann« (MS, 31).

[22] Vgl. bes. MS, 4–6.47–52; in BULTMANNS »Exegetica« (Anm. 16) begegnet das Stichwort ›Gebet‹ nicht. Die Feststellung: »Der Dank an Gott soll also das Ziel sein, auf das menschliches Hoffen sich letztlich richtet« (R. BULTMANN, Der zweite Korintherbrief, hg. v. E. DINKLER, KEK-Sonderband, 1976, S. 35 zu 2Kor 1,11), trifft sich sachlich mit MS 22.47.

der Gemeinde seit der Trennung: 2,17–3,6. – Der Stimmung nach sind 2 Linien zu erkennen: Die dankbare Freude über die Gemeinde, des Paulus Liebe zu ihr und die Sehnsucht nach ihr: 1,2–10; 2,13; 2,17–3,13; bes. 3,6– 10. – Das Bedürfnis, sich von Verdächtigungen zu reinigen und der Zorn gegen böswillige Hinderer der Missionsarbeit: 2,1–12; 2,15–16. – Ein voll-klingender Gebetswunsch 3,11–13 schließt den ersten Teil; er enthält aber wie schon 3,10 Gedanken, die zu dem 2. paränetischen Teil überleiten«[23].

2,1–12 gilt der Rückblendung auf das erste Auftreten des Apostels in Thessalonich. »Schon 1,5–10 hatte davon gehandelt, aber während« es dort »der Ton eines dankbar frohen Gedenkens war, klingt hier die Verteidi-gung gegen Verdächtigungen durch, die vielleicht auch dort schon be-merkbar war. Das zeigen die zahlreichen Beteuerungen und Berufungen auf das Wissen der Thessalonicher (V. 1.2.5.9.10.11) und die Hervorhe-bung seines einwandfreien Verhaltens durch wiederholte Zurückweisung des Gegenteils (V.1.3.4.5.6.[10]) – Gegen wen ist diese Apologie gerichtet? – Daß sie nur prophylaktisch sei gegen etwaige spätere Verleumdungen bei der Gemeinde, ist Unsinn. – Innerhalb der Gemeinde können die Gegner auf keinen Fall sein, denn der Ton der Gemeinde gegenüber ist stets herz-lich, bes. 3,6. Auch außen stehende Feinde, Juden oder Heiden, die die Gemeinde durch Verdächtigungen und Verleumdungen beeinflussen wol-len, können es kaum sein. Läge etwas Konkretes, bestimmte Gefahren vor, so müßte Paulus deutlicher sein, und es würden sich sonst im Briefe Spuren finden. [Am Rande schon der Erstfassung z. St. hinzugefügt: »Ohne irgend einen Anlaß, sich mögliche Verdächtigungen zu konstruieren, dazu war Paulus wohl viel zu selbstbewußt.«] Am wahrscheinlichsten ist, daß Paulus auf Grund von Erfahrungen, die er anderswo, vielleicht grade augenblick-lich, gemacht hat, auch für die Gemeinde in Thessalonich fürchtet, daß er vor allem in der langen Zwischenzeit, in der er von Thessalonich getrennt war, voll Besorgnis für die Gemeinde gewesen ist; so schreibt er sich jetzt seine Sorgen, obwohl er weiß, daß sie unbegründet sind (3,6!) vom Her-zen. – Der Gedankengang in 2,1–12 ist folgender: 1.2. Der Beginn der Mission in Thessalonich. – 3.4. Seine Missionsgrundsätze, halb prinzipiell formuliert. – 5–9. Die Anwendung seiner Grundsätze in Thessalonich – 10–12 (13): entweder wie 5–9, oder: sein Verhalten zur schon gegründeten Gemeinde. – Der Ton in 2,1–12 ist überaus persönlich in seiner Herzlich-keit wie im Bewußtsein der apostolischen Würde und des einwandfreien Wandels. Dieser persönliche Ton macht es auch deutlich, daß der Plural

---

[23] MS, 54. Im Original ist diese Zusammenfassung durch mehrere Unterabschnitte hervor-gehoben, die hier durch Gedankenstriche gekennzeichnet werden.

der 1. Pers. hier immer auf Paulus selbst zu beziehen ist, nicht auf seine Genossen mit; cf. bes. V 7 f. 10 f. «[24].

Der Situationsbezug ist Bultmann auch im Rahmen des seelsorgerlich-apostolischen Wirkens wichtig[25], methodisch aber zielen die Erwägungen darauf, den Kontext in der konkreten Situation bei Adressaten und Briefschreiber zu erfassen. Die Ortung eines paulinischen Briefes in der Geschichte des Urchristentums hat beide Seiten in Interpretation und Rekonstruktion zu berücksichtigen[26].

Mögen exegetische Einzelheiten zu seinen Ausführungen durchaus hinterfragbar bleiben, das Grundanliegen hat von frühester wissenschaftlicher Arbeit an bis in Vorlesungsmanuskripte hinein Bultmanns weiteres Werk bestimmt[27].

3) Die Gliederung des Briefes weiterführend werden in »II. 4,1–5,25. Ermahnender Teil« zunächst in »4,1–12. Sittliche Aufgaben« behandelt, denen sich thematisch – durch 4,12 bedingt – der Abschnitt in »4,13–18. Gewißheit der Auferstehung bei der Parusie« anschließt[28].

Die hermeneutische wie katechetische Basis zeigt 4,1 f.: »Paulus kann also nur noch mahnen dabei zu bleiben oder seinem Temperament entsprechend: darin noch zuzunehmen«, wobei »die Einprägung gewisser sittlicher Gebote... natürlich neben der Anschauung vom freien Wirken des Geistes« »besteht«[29].

Aus dem auffallend lockeren Gedankenzusammenhang lassen sich nach Bultmann drei Bereiche herausschälen: a) die zentralen – negativ formulierten – Mahnungen des Apostels. In 4,3–5 geht es um die »Enthaltung von πορνεία«, indem Paulus das eheliche Leben zum Maßstab macht: Er »empfiehlt nicht absolute Askese, sondern ein sittliches Eheleben«. 4,6a handelt von der »Enthaltung von der πλεονεξία«, wobei πρᾶγμα das Geschäftsleben kennzeichnet. Dabei macht der Hinweis auf die Heiden (V. 5) hinsichtlich der Mahnungen deutlich, »daß Paulus in beiden Fällen nicht zur Askese und Weltflucht mahnt sondern zur Reinheit innerhalb der bestehenden Ord-

---

[24] MS, 23 f. (vgl. MS, 41 f.). Wiederum sind im Original vorliegende Untergliederungen durch Gedankenstriche gekennzeichnet.

[25] Vgl. auch MS, 21.55 ff.

[26] Vgl. MS, 13 ff. 32 ff. 36 ff.

[27] Vgl. nur R. Bultmann, Theologie des Neuen Testaments, 8., durchgesehene, um Vorwort und Nachträge wesentlich erweiterte Aufl., hg. v. O. Merk, UTB, 630, 1980, bes. S. 598 f.

[28] MS, 55.68 ff.

[29] MS, 56. Bultmann umschreibt klar den Sachverhalt ›usueller‹ und ›aktueller‹ Paränese, ohne die Begriffe zu gebrauchen.

nungen«[30]. – b) Besonderes Gewicht mißt Bultmann den Motivierungen in 4,6b–8 zu. So führt er zu V. 7 aus: »Nicht Unreinheit sondern Reinheit ist der Zweck der göttlichen Berufung. Ihre Schärfe erhält die Sentenz dadurch, daß sie pointiert formuliert, was umständlich heißen müßte: nicht Unreinheit darf das *Resultat* der Berufung sein, denn ihr Zweck ist Reinheit; die Schärfe beruht also in der Vertauschung der Begriffe Resultat und Zweck.« Motivierungen haben, so vermutet Bultmann, den Zweck, »in der Predigt... längere Ermahnungen in pointierten Wendungen zusammen(zu)fassen«[31]. Daß Bultmann hier nicht nur Gedanken aus seiner Dissertation weiterführt[32], sondern auch die unbefriedigende Lösung des Verständnisses der Motivierungen in der paulinischen Ethik in der liberalen und konservativen Theologie und in der ›Religionsgeschichtlichen Schule‹ im ersten Jahrzehnt des 20. Jahrhunderts vor Augen hat, ist deutlich. Er möchte über P. Wernles diesbezüglichen Ausführungen über den 1 Thess hinauskommen[33]. Doch der entscheidende Sprung, der die schon von Wernle gebrauchte Begrifflichkeit »Indikativ«/»Imperativ«[34] theologisch faßbar macht, ist noch nicht gelungen. So fügt er dem Gesamtabschnitt in der späteren Ergänzung hinzu: »Spezifisch christlich ist nicht der Inhalt der sittlichen Forderung, auch nicht die Motivierung, die, soweit sie V. 7 und 8a umfaßt, auch der jüdische Lehrer und der heidnische Philosoph hätte geben können. Das spezifisch Christliche V. 8b, der den Imperativ im Indikativ begründet«[35]. Hier ist die Weiterführung durch seinen bahnbrechenden Aufsatz »Das Problem der Ethik bei Paulus« unverkennbar[36]. – c) Die Bestimmung von Paränese und konkreter Situation in der Gemeinde ist zu 4,11f. zu erörtern: »Die Mahnung zu ordentlichem, ruhigem, fleißigem Lebenswandel setzt doch wohl konkrete Mißstände in der Gemeinde voraus. Die Parusieerwartung, vielleicht überhaupt das Hochgefühl neuen Besitzes konnte Extravaganzen und Faulheit zur Folge haben. Auf den Einfluß der Parusieerwartungen weisen die folgenden Ermahnungen (und 2. Thess), die zeigen, daß solche Phantasien die Gemeinde erregt haben müssen... Wie kommt Paulus von der Ermahnung zur Liebe V. 9f. zur Ermahnung zu Ruhe und Fleiß? Ist es einfach nachlässige Aufreihung, oder ist durch die

---

[30] MS, in der Reihenfolge der Zitate und Hinweise: 69.59.60.61.
[31] MS, 63f.
[32] R. Bultmann, Der Stil der paulinischen Predigt und die kynisch-stoische Diatribe, FRLANT 13, 1910, 94.106f.
[33] P. Wernle, Der Christ und die Sünde bei Paulus, 1897, 25ff.
[34] P. Wernle (Anm. 33), 89 u. ö.
[35] MS, 69.
[36] ZNW 23, 1924, 123–140; vgl. zu diesem Aufsatz auch W. G. Kümmel, Bultmann als Paulusforscher (Anm. 1), 178f.; E. Dinkler, (Anm. 16), XIf.

Unruhe und Unordnung das Liebesleben der Gemeinde gestört? Letzteres doch wohl nicht, denn der Liebe stellt Paulus ja doch das beste Zeugnis aus. Auch bedeutet V. 11 f. wohl nicht, daß man sich zu der Liebestätigkeit V. 9 f. die Mittel erarbeiten muß, denn V. 12 ist nur von Rücksicht auf die Nicht-christen die Rede, also ist keine andere Motivierung einzutragen... Ver-schiedene Teile der Gemeinde hat Paulus 9 f. und 11 f. offenbar nicht vor Augen; er ermahnt jedesmal die ganze Gemeinde... Die letzte Mahnung führt zum Folgenden, zur Besprechung der Zukunftserwartungen, denn sie werden die Mißstände, auf die sich die letzte Mahnung bezieht, verursacht haben«[37].

4) Glaube und Eschatologie. Es gehört zur Besonderheit des MS, daß Bultmann in 1 Thess 1–4 sämtliche Belege zu ἡ πίστις/πιστεύειν exegetisch eingehend prüft[38], denn Explikation der (Missions-)Predigt und »Annahme des Glaubens« gehören zusammen, so wie der »Glaubensstand« im ἔργον πίστεως zum Ausdruck kommt[39]. Es geht um ein πιστεύειν, das nicht entweder auf Vergangenheit oder auf Zukunft festgelegt und beschränkt werden darf[40], sondern es werden durch die Predigt beide verbunden. Denn die Missionspredigt ist Predigt von dem Gott, der Jesus von den Toten aufer-weckt hat, ist Verkündigung der ἀνάστασις, die die Verkündigung des Ge-kreuzigten einschließt[41]. »Christenstand« ist »Glaubensstand«, ist Stehen, ist Sein im Glauben[42], und darum kann die Gemeinde auf die »Gewißheit der Auferstehung bei der Parusie« angesprochen werden[43].

Paulus verkündigt aus der Sicht der Naherwartung, »die alle erleben würden. Waren nun die Toten dafür verloren? – Die Hoffnung muß Paulus bei seiner ersten Predigt kaum betont haben. Hat er von ihr überhaupt nicht geredet? Von der Parusie hatte er geredet... Da er 4,17 (ἡμᾶς) voraussetzt, daß er und die Leser die Parusie erleben werden, ist gut möglich, daß er von der Totenauferstehung gar nicht gesprochen hatte. Er hat jetzt ja auch nicht *Zweifel* an der Auferstehung zu bekämpfen (wie 1. Kor 15) und bringt

---

[37] MS, 68 f. (in Auswahl); zu 1 Thess 4,11 f. könnte eine indirekte Auseinandersetzung mit W. Lütgert (Anm. 11), 71 ff. vorliegen.

[38] Πίστις: 1;3.8; 3,2.5.6.7.10; πιστεύειν: 1,7; 2,4.10.13; 4,14.

[39] MS, 9 f.40. Die Ausführungen tendieren dahin, die Annahme des Glaubens als ›Glaubens-gehorsam‹ zu fassen, ohne daß dies expressis verbis so bezeichnet wird. Für die spätere Konzeption Bultmanns vgl. ›Theologie des Neuen Testaments‹ (Anm. 27), 315 f. Im MS ist nirgendwo Glaube als ›Erlebnis‹ verstanden oder im Hinblick auf die ›Mystik‹ gedeutet (zum Problem vgl. W. G. Kümmel, Bultmann als Paulusforscher [Anm. 1], 178).

[40] MS, 9.40.44 f.

[41] MS, 11 zu 1 Thess 1,9 f. (vgl. die später zurückhaltendere Sicht Bultmanns in ›Theologie des Neuen Testaments‹ [Anm. 27], 292 f.).

[42] MS, 40.44–46 zu 1 Thess 3,2.6.8.

[43] MS, 70.

deshalb auch keine Beweise (z. B. auch keinen Schriftbeweis) und hat auch keinen Anlaß, das *Wie* der Auferstehung zu beschreiben«[44]. »Daß die Christen, bevor sie mit dem Herrn vereint werden können in verklärte Leiblichkeit verwandelt werden müssen (1 Kor 15,50 ff.), sagt Paulus hier [sc. 1 Thess 4,13–18] nicht; es ist ihm selbstverständlich, und im Zusammenhang kommt es auf anderes an«. »Paulus gibt die Antwort aus dem Zentralpunkt des christlichen Glaubens heraus. Als Grund führt er entweder ein Herrenwort oder eine Offenbarung an. In jedem Fall bewegt er sich in geläufigen apokalyptischen Vorstellungen. Aber das Eigenartige ist, daß die apokalyptischen Bilder sehr stark zurücktreten. Paulus kramt sie überhaupt nur hervor, weil ihm die Frage gestellt ist. Ihm ist die Hauptsache das σὺν κυρίῳ εἶναι«[45]. Auf diese Sachaussage zielt 4,13–18[46].

Es sind sicher nicht Bultmanns so charakteristische Aussagen, wie sie in seinem Artikel ›πιστεύειν, πίστις‹ und in der ›Theologie des Neuen Testaments‹ zur Geltung kommen[47], aber daß Glaube und Eschatologie in theologischer Sachbezogenheit als tragende Pfeiler in der Auslegung des 1 Thess bereits in dem MS des jungen Dozenten begegnen, bleibt beachtenswert. Die Wende im theologischen Denken Bultmanns ist nicht ohne die eigenständig exegetisch-theologischen Erwägungen zu sehen, die auch in Kollegmanuskripten aus den frühen Dozentenjahren sichtbar werden.

Die Auslegung des 1 Thess, die Rudolf Bultmann und mein verehrter Lehrer Werner Georg Kümmel in je ihrer Weise maßgebend gefördert haben[48], mag die beiden auf dem Marburger Lehrstuhl für Neues Testament einander folgenden Gelehrten auch darin in freundschaftlich-kritischem Gespräch verbinden.

---

[44] MS, 71.

[45] MS, 77.

[46] Anhand der Vorstellung des »kommenden Zorns« (1,10) weist BULTMANN auf die »Objektivierung« eschatologischer Anschauungen hin (Zitat in der Erstfassung des MS, 12), um daraus Konsequenzen für die Aussageintentionen eschatologischer Sachverhalte im gesamten 1 Thess implizit (und teilweise explizit) abzuleiten.

[47] Vgl. R. BULTMANN, Art. πιστεύειν, πίστις, ThW VI, 1959, bes. 218–222; DERS., Theologie des Neuen Testaments (Anm. 27), 292 ff. 315 ff.

[48] Vgl. W. G. KÜMMEL, Das literarische und geschichtliche Problem des Ersten Thessalonicherbriefes, in: DERS., Heilsgeschehen und Geschichte. Gesammelte Aufsätze 1933–1965, hg. v. E. GRÄSSER, O. MERK, A. FRITZ, MThSt 3, 1965, 406–416; DERS., Einleitung in das Neue Testament, ²¹1983, 219–226. Auch W. G. KÜMMEL hat sich bereits in frühen Jahren akademischen Wirkens der Thematik Glaube und Eschatologie bei Paulus zugewandt: »Die Bedeutung der Enderwartung für die Lehre des Paulus« (1934), in: Heilsgeschehen (s. o.), 36–47; »Der Glaube im Neuen Testament« (1937), in: Heilsgeschehen (s. o.), 67–80 (bes. 70 ff.).

ZUR CHRISTOLOGIE IM ERSTEN THESSALONICHERBRIEF

Die in der Auslegung des 1. Thessalonicherbriefes nie bestrittene Bedeutung dieses Schreibens für die paulinische Theologie[1] hat erst in den letzten Jahrzehnten auch Gewicht unter dem Gesichtspunkt der Christologie gewonnen. Die vor einigen Jahren getroffene Feststellung "There is a much fuller Christology in 1 Thessalonians than some have suggested" ist durchaus rechtens,[2] auch wenn *R. F. Collins* noch 1984 festhalten muß: "Surprisingly enough relatively little of the recent literature on 1 Thessalonians has been explicitly devoted to the Christology of the letter."[3]

I

Zentrale, zu berücksichtigende Sachverhalte zu unserer Fragestellung hat natürlich auch die frühere Forschung nicht unerwähnt gelassen, und sowohl *E. v. Dobschütz* als auch *B. Rigaux* haben in ihren Kommentaren diesbezügliche, noch heute wichtige kurze Exkurse gegeben.[4] Doch eine wirkliche Neubesinnung setzte erst ein, als im Jahre 1963 zwei maßgebliche Untersuchungen zur neutestamentlichen Christologie erschienen. *F. Hahn*s Werk "Christologische Hoheitstitel. Ihre Geschichte im frühen Christentum"[5] gilt zwar vornehmlich den christologischen Titulaturen, die sich aus dem Markusevangelium erheben lassen, doch dergestalt, daß auch reiche Früchte für den 1 Thess abfallen,[6] während *W. Kramer* in seiner Dissertation "Christos. Kyrios. Gottessohn. Untersuchungen zu Gebrauch und Bedeutung der christologischen Bezeichnungen bei Paulus und den vorpaulinischen Gemeinden"[7] ganz unmittelbar

---

[1] Vgl. für die ältere Auslegungsgeschichte W. BORNEMANN, Die Thessalonicherbriefe (KEK X), Göttingen [5.6]1894, 538-708.

[2] So R.E.H. UPRICHARD, The Person and Work of Christ in 1 Thessalonians, in: EvQ 53 (1981) 108.

[3] R.F. COLLINS, Recent Scholarship on Paul's First Letter to the Thessalonians, in: ders. (ed.), Studies on the First Letter to the Thessalonians (BEThL LXVI), Leuven 1984, 54.

[4] E. v. DOBSCHÜTZ, Die Thessalonicher-Briefe (KEK X), Göttingen [7]1909, 60f; B. RIGAUX, Saint Paul. Les Épîtres aux Thessaloniciens (EtB), Paris 1956, 170-177.

[5] F. HAHN, Christologische Hoheitstitel. Ihre Geschichte im frühen Christentum (FRLANT 83), Göttingen 1963 ([4]1974).

[6] Vgl. auch F. HAHN, Art. Χριστός, in: EWNT III (1983) 1147-1156, bes. 1165ff.

[7] W. KRAMER, Christos. Kyrios. Gottessohn. Untersuchungen zu Gebrauch und Bedeutung der christologischen Bezeichnungen bei Paulus und den vorpaulinischen Gemeinden (AThANT 44), Zürich 1963.

und vielfältig 1 Thess zu einem der Schwerpunkte seiner Überlegungen macht. Im Gefolge nicht zuletzt dieser beiden Untersuchungen stehen u. a. *P.-É. Langevin*, der von vorpaulinischen christologischen Aussagen her das christologische Anliegen des 1 Thess erschließt,[8] und *I. Havener*, der an drei s. M. n. vorpaulinischen Kardinalstellen (1,9f.; 4,14; 5,9f.) Verschiedenheit und doch bestehende Einheit der auch christologisch zu erfassenden Problemfelder im 1 Thess zur Geltung bringt,[9] während *R. E. H. Uprichard* mehr briefimmanent "the Person and Work of Christ in 1 Thessalonians" bestimmt.[10] Am umfassendsten geht Anfang der 80er Jahre - ein Vierteljahrhundert der einschlägigen Forschung vornehmlich aufgreifend - *R. F. Collins* den christologischen Bezügen des Briefes nach, indem er sowohl (vorpaulinische, vielleicht nebenpaulinische) Glaubensformeln als auch die christologischen Titulaturen in diesem Schreiben behandelt.[11] Seine Erwägungen eröffnen den Zugang zur gegenwärtigen Diskussion und bleiben in Gestalt der Zusammenfassung der bisherigen Forschung ein wichtiges Bindeglied.

Die neuesten Untersuchungen haben allerdings weitere Aspekte eingebracht. So möchte *S. G. Sinclair* in seiner Dissertation "The Christologies of Paul's Undisputed Epistles and The Christology of Paul" (Diss. Berkeley 1986) gegenüber bzw. zusätzlich zu den, wie er sie nennt, klassischen Methoden in der Erfassung paulinischer Christologie neue Wege beschreiten: "If Paul did tailor the Christology of a letter to achieve specific pastoral goals, he must have expressed that Christology in such a way that readers would feel its impact as they went along."[12] Das führt notwendigerweise zu durchaus verschiedenen Christologien in den einzelnen paulinischen Briefen und läßt eher vor einer zu einheitlichen Konzeption der Christologie im Ansatz und Denken des Apostels warnen. Gleichwohl beruht sie auf einer sich durchhaltenden Basis, die zugleich Grund, Norm und Ausrichtung für die verschiedenen Christologien ist, denn die "pastoral application" bleibt orientiert an Kreuzigung, Auferstehung und Geist. "We can also conclude that *for Paul*

---

[8] P.-É. LANGEVIN, Le Seigneur Jésus selon un texte prépaulinien 1 Th 1,9-10, in: ScEc 17 (1965) 263-288.473-512 = ders., Jésus Seigneur et l'Éschatologie. Exégèse de Textes prépauliniens (Studia Travaux de Recherche 21), Bruges 1967, 43-106 und dazu: ders., 'Le jour du Seigneurs' (1 Th 5,2), ebd., 107-167.

[9] I. HAVENER, The Pre-Pauline Christological Formulae of 1 Thessalonians, in: SBL Seminar Papers 20 (1981) 105-128; zu methodischen Voraussetzungen vgl. ders., The Credal Formulae of the New Testament. A History of the Scholarly Research and a Contribution to the On-going Study, Diss. Kath.-theol. Fak. München 1976.

[10] UPRICHARD, The Person, 108ff.

[11] R. F. COLLINS, Paul's Early Christology, in: ders., Studies, 253ff.

[12] So in der gekürzten und überarbeiteten gedruckten Fassung der Diss.: S.G. SINCLAIR, Jesus Christ According to Paul. The Christologies of Paul's Undisputed Epistles and The Christology of Paul (Bible Monograph Series 1), Berkeley 1988, 12; vgl. "Chapter 2. Methodology. Key Passages as Indicators of an Epistle's Christology" (1-21).

Christ is primarily the one who saves and judges through his crucifixion, resurrection, and spirit."[13]

Da der Verfasser erkennt, daß 'pastoraler Effekt der Christologie', der paulinische Brief als nach rhetorischen Gesetzen gestaltetes 'literarisches Dokument' und 'historische Situation' sich berühren bzw. ineinandergreifen,[14] entscheidet er sich zu methodisch folgenden Schritten: "In reconstructing the goals and situation of an epistle we will concentrate more on *literary* goals and the *literary* situation on the historical ones." Aber: "In writing the above, I do not mean to suggest that literary goals and situations usually diverge from historical ones. On the contrary, I am inclined to believe that usually an epistle's stated goals are its actual ones and the situation the letter pictures is the historical one."[15] Unter diesen methodischen Voraussetzungen ist "The Christology of I Thessalonians" zu erheben. Aus vier Abschnitten gestalte sich das christologische Grundanliegen: 1,6-10; 3,11-13; 4,14-17; 5,23. "These four passages suggest the hypothesis that I Thessalonians' basic Christology is that Jesus is eschatological savior and judge",[16] wobei nach Sinclair wiederum literarische und historische Situation und Zielsetzung ineinander verwoben sind.[17] Das christologische Basis-Anliegen des Paulus steht auch hier nicht in Frage, so gewiß gelte: "Outside of I Thessalonians he never says that Christ will personally come for the living and the dead."[18] Sinclairs beachtenswerter Beitrag steht deutlich im methodischen Zusammenhang der neueren amerikanischen Paulusforschung. Sein Verdienst ist es, diesen Ansatz, der "der Wechselwirkung zwischen den unveränderlichen und den veränderlichen Elementen" Rechnung zu tragen versucht,[19] gezielt an der paulinischen Christologie geprüft und dabei erkannt zu haben, daß von einer 'systematisch' entfalteten und aufgebauten Christologie bei Paulus Abstand zu nehmen ist.[20]

---

13 SINCLAIR, a.a.O., 136.138; vgl. 131-149.

14 SINCLAIR, a.a.O., 12ff.

15 SINCLAIR, a.a.O., 18f; auf wichtige daraus sich ergebende Gesichtspunkte zur literarischen Einheit paulinischer Briefe ist hier nicht einzugehen; vgl. ebd. 19f.73ff.103ff.

16 SINCLAIR, a.a.O., 119ff.122f.

17 SINCLAIR, a.a.O., 125ff.

18 SINCLAIR, a.a.O., 131.

19 So J.C. BEKER, Der Sieg Gottes. Eine Untersuchung zur Struktur des paulinischen Denkens (SBS 132), Stuttgart 1988, 22; vgl. ders., Paul the Apostle. The Triumph of God in Life and Thought, Philadelphia 1980, zum Grundsätzlichen; speziell: R.B. HAYS, Crucified with Christ: A Synthesis of 1 and 2 Thessalonians, Philemon, Philippians, and Galatians, in: SBL Seminar Papers 27 (1988) 318ff; J.M. BASSLER, Paul's Theology: Whence and Whiter? A Synthesis (of sorts) of the Theology of Philemon, 1 Thessalonians, Philippians, Galatians, and 1 Corinthians, ebd. Vol. 28 (1989) 412ff. Einige Hinweise auch bei B.C. JOHANSON, To All the Brethren. A Text-Linguistic and Rhetorical Approach to I Thessalonians (CB NTS 16), Stockholm 1987, 86.118ff.135.

20 SINCLAIR, Jesus Christ, 131ff.137ff.

Einen weiteren - und zur Zeit jüngsten - Versuch, auch der Christologie im 1 Thess gerecht zu werden, legt *J. Becker* vor. In seinem Werk "Paulus. Der Apostel der Völker"[21] möchte er die theologische Ausrichtung des 1 Thess "denjenigen Traditionen", die "dem antiochenischen Gemeindewissen" zuzuordnen sind, zuschreiben.[22] Denn die diesem Brief eigene "paulinische Erwählungstheologie" sei "tief verwurzelt in der antiochenischen Zeit des Apostels und gut geeignet, Antiochias Heidenmission theologisch zu begründen".[23] So gewiß der Gesichtspunkt der auf Gründen beruhenden Vermutung nicht außer acht bleiben dürfe,[24] lasse sich von der "antiochenische(n) Christologie" her auf die in der Erwählungstheologie liegende christologische Konzeption im 1 Thess schließen.[25] Der maßgebende Hinweis, "der den antiochenischen Beitrag zur Entwicklung der Christologie begründen kann", ist nach Becker der "der Universalisierung", der "auch die Christologie unter verschiedenen Hinsichten beeinflußte, nämlich in bezug auf die endzeitliche Retterfunktion des Sohnes, auf die universale Herrschaft in der Mission".[26] Unter diesem Gesichtspunkt gewinnt 1 Thess 1,9f. Gewicht[27] und kann 4,15-17 "im Kernbestand antiochenische(r) Gemeindetradition" zugewiesen werden.[28] Denn die theologische Leitlinie des Briefes, Gottes Erwählung durch das Evangelium,[29] verdichte sich christologisch im 1 Thess. "Diese Heidenmissionspredigt betont die futurische Retterfunktion Jesu" (vgl. 1 Thess 1,9f.), und "dies harmoniert" ebenso "mit den futurischen Berufungsaussagen" wie "diese futurisch-christologische Aussage vorrangig für das christologische Konzept des 1. Thess ist", gebündelt in Parusieaussagen, Hoffnung und Danksagung (vgl. 1 Thess 4,13-18; 5,1-11; 1,3.10; 5,23).[30] Zusammengefaßt: "Die Konzentration der Christologie auf die soteriologische Funktion gegenüber der durch das Evangelium erwählten Endzeitgemeinde ist gewollt. Christus ist die Personifikation des Heilsangebotes im Evangelium, das allen Völkern gilt (2,16a). Diese Funktion des Herrn wird in bestimmter Weise akzentuiert: Christologie begegnet vornehmlich als Erwartung des kommen-

---

[21] J. BECKER, Paulus. Der Apostel der Völker, Tübingen 1989; vgl. bereits ders., Die Erwählung der Völker durch das Evangelium. Theologiegeschichtliche Erwägungen zum 1 Thess, in: Studien zum Text und zur Ethik des Neuen Testaments (FS H. Greeven, hg. v. W. SCHRAGE), Berlin 1986, 82ff.
[22] BECKER, Paulus, 109.
[23] BECKER, a.a.O., 113.
[24] BECKER, a.a.O., 119.
[25] BECKER, a.a.O., 117.120.129.137.138ff.
[26] BECKER, a.a.O., 117.
[27] BECKER, a.a.O., 117.120.145.152.
[28] BECKER, a.a.O., 129.
[29] BECKER, a.a.O., 128ff.146.
[30] BECKER, a.a.O., 145.

den Herrn. Tod (4,14; 5,10) und Auferstehung (1,10; 4,14) sind dieser Linie eingeordnet... Das Geschick Jesu dient... als Hilfe, Gesichtspunkte des Endheils zu beschreiben. Im übrigen ist längst nicht so häufig von diesem Geschick geredet wie von dem Umstand, daß die Endzeitgemeinde durch die Annahme des Evangeliums 'im Herrn' (1,1; 3,8; 4,1; 5,12) bzw. 'in Christus' (2,14; 5,18; vgl. 4,16) lebt und 'durch den Herrn' (4,2) Mahnung erfährt, also jetzt schon im Heilsbereich des Kommenden lebt und auf ihn bezogen ist."[31]
Nicht die Eruierung christologisch relevanter Einzeltraditionen im 1 Thess (etwa 1,9; 4,14ff. [bzw. 4,15f.]; 5,9f.) steht zur Debatte, sondern die Rekonstruktion antiochenischer Theologie, deren frühestes literarisches Spiegelbild der älteste (erhaltene) Paulusbrief biete. Allerdings: "Wer... die Bezeichnung 'vorpaulinisch' als (zum größten Teil) antiochenisch präzisiert, muß noch einen Schritt weitergehen: Das heidenchristliche Denken Antiochias ist nicht unwesentlich von Paulus selbst bestimmt." Hier liegt es: "antiochenische Gemeindetradition und paulinisches Denken lassen sich zu dieser Zeit nicht einfach trennen",[32] so daß "'vorpaulinisch' zum Teil auch als 'frühpaulinisch'" bestimmt werden kann und die Voraussetzung, eine Entwicklung im paulinischen Denken zu konstatieren, somit gegeben ist.[33] Dabei spitzen sich hinsichtlich der Christologie im 1 Thess noch einmal Möglichkeiten und Grenzen solcher Folgerungen zu: "Die Trias Glaube - Liebe - Hoffnung (1,3; 5,8)" als geradezu den Brief gliedernde "Stichworte" (Glaube: 1,2-2,16; 2,17-3,13; Liebe: 4,1-12; 5,12-24; Hoffnung: 4,13-18; 5,1-11)[34] führt bewußt christologisch zur Problembewältigung "Hoffnung in der Krise" angesichts Verstorbener in der Gemeinde.[35] 1 Thess zeige, daß göttliches Erwählungshandeln auch nicht durch irdischen Tod hinfällig werde, sich vielmehr Gottes Treue durchhalte (5,24). "Ist dies der Grundsinn, dann überrascht es nicht, wenn im Blick auf spätere paulinische Aussagen die Inhalte von 1. Thess 4,16f. als Variable erscheinen." Der Unterschied zu 1 Kor 15,51 und weiteren Aussagen in 1 Kor 15,50ff. - und anderen Texten - sei deutlich. Aber: "Das grundsätzliche Ergebnis bliebe dasselbe: Wohl erschließt auch 1 Kor 15 der Glaube (15,1-11) die Hoffnung (15,12ff.), jedoch variiert die inhaltliche Entfaltung der Hoffnung bis auf den konstanten Grundsinn, der darin besteht, daß der im Glauben ergriffene Gott dem Glaubenden die immerwährende Nähe Christi, wie zugesagt, nicht vorenthalten wird."[36] So ergibt sich als christologische Bewältigung aus 1 Thess 4,13ff.: "Es ist offenbar abermals die

[31] BECKER, a.a.O., 145.
[32] BECKER, a.a.O., 110; vgl. 87ff.153.
[33] BECKER, a.a.O., 110; vgl. 154ff u.ö.
[34] BECKER, a.a.O., 138.
[35] BECKER, a.a.O., 148ff.
[36] BECKER, a.a.O., 153.

antiochenische Gemeinde der paulinischen Zeit, die die Weichenstellung, vom
Glauben auf die Hoffnung zu schließen, entwickelte und ausbaute - auch
angesichts der quer zur Parusieerwartung gemachten Erfahrung mit verstorbenen Gemeindegliedern (was man in Thessaloniki nochmals verarbeiten
muß)." Der antiochenischen Gemeinde, und darin Paulus eingeschlossen,
gelang es, die Hoffnung "christlich neu" zu begründen (was der Aufnahme
apokalyptischer Vorstellungen nicht hinderlich war) und "auch das eigentliche
Ziel der Hoffnung" (4,17 am Ende) "christologisch" neu zu fassen. "Heilsgrund
und Heilsziel ist der in Christus nahe Gott. Außer dieser Nähe im Evangelium", wie sie im 1 Thess durch die Verkündigung der Botschaft entfaltet
wird, "und in der zukünftig eingelösten Verheißung bedarf der Mensch nichts,
erreicht er doch so allein die ihm angemessene Bestimmung, die ihn der sonst
ausnahmslos geltenden Hoffnungslosigkeit ([sc. 1 Thess 4] V. 13b) ent-
hebt".[37]
Läßt sich vielfach diese pointierte Deutung nur aus der Gesamtdarstellung in
Beckers Werk erfassen[38] und wird der antiochenischen Gemeinde eine vermutungsweise doch wohl zu große theologische Bedeutung für den 1 Thess
eingeräumt, zumal 'vorpaulinisch', 'antiochenisch' und 'paulinisch' weithin in
eins übergleiten und etwa Besonderheiten bis in die differenzierte Terminologie gerade christologischer Belange nicht (mehr) zur Geltung kommen,[39]
eindeutig ist jedenfalls die christologische Relevanz dieses Briefes im
gesamttheologischen Verbund paulinischer Aussagen erkannt.[40]
Die hier schwerpunktmäßig skizzierten Hauptpositionen zur gegenwärtigen
Erforschung der Christologie im 1 Thess müssen durch einige weitere
diesbezügliche Erwägungen gerundet werden.
F. Hahn und *W. Kramer* hatten ihre Überlegungen durchaus an Einzelaussagen und christologische Titulaturen geknüpft und diese im Hinblick auf die
christologische(n) Konzeption(en) ausgewertet. In der Forschung zum
1 Thess ist diese mehrfach gezielt aufgegriffen worden, wobei formgeschichtliche Nachweisungen zu wichtigen Ergebnissen führten.[41] Einige
Hinweise können für das Ganze stehen, denn *R. F. Collins* hat für nahezu alle

---

[37] BECKER, a.a.O., 153.
[38] BECKER, a.a.O., 468ff.
[39] Doch vgl. BECKER, a.a.O., 500 zu 1 Thess 1,10.
[40] Daß möglicherweise Wandlungen in den christologischen Anschauungen des Paulus auf
  Erwägungen zum 1 Thess beruhen können, zeigt bereits W. KRAMER, Christos (s. Anm.7),
  172ff, bes. 174. - Doch vgl. z. B. zur "ἐν Χριστῷ... Vorstellung" U. SCHNELLE,
  Wandlungen im paulinischen Denken (SBS 137), Stuttgart 1989, 93: "Bereits im 1 Thess voll
  entfaltet, kann sie als ein weiteres Kontinuum paulinischer Theologie gelten" (vgl. ebd. 93ff).
[41] Gerade die Kritik an der formgeschichtlichen Arbeit bzw. deren Hintansetzung zugunsten
  linguistischer Fragestellung mußte hier auch zu Verkürzungen führen, wie sich z. B. bei
  JOHANSON, To All the Brethren (s. Anm.19), mehrfach zeigt (vgl. etwa 65.73ff.85.134f).

auch christologisch einschlägigen Belege in einem Überblick mögliche und in der Diskussion erwogene "Pre-Pauline Traditions" zusammengestellt und anhand der Literatur belegt und gesichtet.[42] Ebenso konnte *T. Holtz* schon vor Erscheinen seines Kommentars an zahlreichen Einzelbeispielen zeigen, "in wie vielfältiger und umfangreicher Weise traditionelles Material in dem Brief benutzt ist", aber gleichwohl auch hervorheben, wie eindrücklich Paulus vielfach übernommenem Gut sein eigenes theologisches Gepräge gibt.[43] In seinem Kommentar hat er in ausgewogener Darstellung und sorgfältiger Begründung die christologischen Einzelaussagen auf Tradition und Redaktion hin geprüft und die Forschung zu den betreffenden Stellen zusammengefaßt.[44] T. Holtz trifft sich darin mit verschiedenen neueren Kommentatoren, die letzthin christologische Bezüge im 1 Thess stärker beachten.[45]
Es kann in vorliegender Skizze nicht die Aufgabe sein, dieses reiche Material zur Erschließung der Christologie erneut vorzustellen. Es ist vielmehr den inneren Bezügen der christologischen Aussagen nachzuspüren. Denn die berechtigte Frage, "was ist in 1 Th(ess) das Kriterium der Theologie?",[46] stellt sich ebenso, wenn man nach dem Kriterium für die Christologie in diesem ältesten Paulusbrief fragt. Diese Christologie erschließt sich in ihrer Relevanz im Kontext theologischer Sachverhalte, in den diese bestimmenden Aussagen und Fragestellungen.

II

Es trifft zu: "Von vornherein ist nicht zu erwarten, daß Paulus in den, meist auf Reisen, verfaßten Gelegenheitsbriefen eine systematische Darlegung seiner Christologie thematisch entfaltet... Vielmehr streift er immer wieder im Zug von Auseinandersetzungen, Ermahnungen... und Zusprüchen christologische Ansätze und formuliert sie in sehr differenzierter Sprachgestalt, in christologi-

---

[42] COLLINS, Scholarship (s. Anm.3), 3ff, bes. 17ff; vgl. auch die Hinweise bei M. DE JONGE, Christology in Context. The Earliest Christian Response to Jesus, Philadelphia 1988, 33ff.112ff.

[43] T. HOLTZ, Traditionen im 1. Thessalonicherbrief, in: Die Mitte des Neuen Testaments. Einheit und Vielfalt neutestamentlicher Theologie (FS E. Schweizer, hg. v. U. LUZ und H. WEDER), Göttingen 1983, 55-78 (Zitat 71).

[44] T. HOLTZ, Der erste Brief an die Thessalonicher (EKK XIII), Neukirchen-Vluyn 1986, z. B. 61f.142.229ff u.ö.

[45] Z. B. W. MARXSEN, Der erste Brief an die Thessalonicher (ZBK NT 11/1), Zürich 1979, 40f u.ö.; F.F. BRUCE, 1 & 2 Thessalonians (Word Biblical Commentary Vol. 45), Waco/TX 1982; I.H. MARSHALL, 1 and 2 Thessalonians (NCeB), Grand Rapids 1983.

[46] So H.H. SCHADE, Apokalyptische Christologie bei Paulus. Studien zum Zusammenhang von Christologie und Eschatologie in den Paulusbriefen (GTA 18), Göttingen ²1984, 112.

schen Prädikationen und Titulaturen, in kompakten liturgischen Formeln, Liedern, Hymnen und Gedichten, in knappen Aussagen bekenntnishafter Sätze... Dabei hat Paulus sowohl aus dem Sprachgut der palästinischen judenchristlichen Gemeinden, als auch aus den hellenistischen heidenchristlichen Kirchen geschöpft und nach kritischer Sichtung in seinen jeweiligen Kontext integriert, nicht ohne nach eigenem Bedarf zu akzentuieren, zu modifizieren und zu ergänzen."[47]

Daß Paulus bereits im 1 Thess fast die gesamte Breite christologischer Bezeichnungen, die überhaupt in seinen Briefen begegnen, verwendet, ja aufbietet, ist ebenso beachtenswert wie bekannt: Ἰησοῦς, Ἰησοῦς Χριστός, Ἰησοῦς (ὁ) κύριος, Ἰησοῦς (ὁ) υἱὸς (τοῦ θεοῦ) (singulär 1 Thess 1,10), κύριος, Χριστός, dazu die Wendungen ἐν Χριστῷ Ἰησοῦ (2,14; 5,18) bzw. ἐν Χριστῷ (4,16) und ἐν κυρίῳ (Ἰησοῦ) (4,1; 5,12) bzw. (ἐν) κυρίῳ Ἰησοῦ Χριστῷ (1,1), sofern letzterer Beleg überhaupt herangezogen werden soll.[48] Zumindest für die Aussage Χριστός Ἰησοῦς / Ἰησοῦς Χριστός darf man mit *F. Hahn* in den paulinischen Briefen "eine erstaunliche Konstanz, aber keineswegs den Charakter erstarrter Formelhaftigkeit" konstatieren und festhalten, daß bei durchaus auch Besonderheiten doch insgesamt "ein allg(emeiner) urchristl(icher) Sprachgebrauch" für Paulus bestimmend ist.[49] Hahn kann die bisherigen diesbezüglichen Begriffsuntersuchungen in drei, sich aber auch überschneidende Gruppierungen zusammenfassen: "Belege, in denen Ἰησοῦς Χρ.(ιστός) mit κύριος bzw. ὁ κύριος ἡμῶν verbunden ist; Texte, in denen Ἰησοῦς Χρ.(ιστός) auftaucht; Aussagen mit Χρ.(ιστός) bzw. ὁ Χρ.(ιστός)."[50] Sein Ergebnis - und die gebotene Belegauswahl bestätigt es -: Der 'christologische' Sprachgebrauch im 1 Thess ist voll integriert in den Bereich der Paulus geläufigen und ihm wichtigen Titulaturen.

In welchem Kontext theologischer Sachverhalte aber stehen sie? Drei Bereiche führen im 1 Thess zur Christologie: (a) Gottes (erwählendes) Handeln, (b) πίστις/πιστεύειν, (c) Parusie.

Zu (a): Aus der Charakterisierung und Betonung des Handelns Gottes ergibt sich die 'theo'-logische Leitstruktur des Briefes. Allein 36 mal wird in ihm unmittelbar auf Gott Bezug genommen, an weiteren Stellen ist eindeutig er

---

[47] So P.G. MÜLLER, Die Fortschreibung der Christologie durch Paulus, in: BiKi 43 (1988) 54ff (Zitat 59).
[48] Vgl. dazu F. NEUGEBAUER, In Christus. EN ΧΡΙΣΤΩΙ. Eine Untersuchung zum Paulinischen Glaubensverständnis, Göttingen 1961, 99 Anm.4.
[49] HAHN, EWNT III (s. Anm.6), 1156ff (Zitat 1156f).
[50] HAHN, a.a.O, 1157ff.

gemeint (4,6: κύριος;[51] 4,9: θεοδίδακτοι verweist auf Gott); sämtliche Aussagen, die Erwählung betreffend, gelten Gottes Handeln (1,4f.; 2,11f.; 4,7; 5,9; 5,23f.). "Durchweg und ausnahmslos ist Gott der Berufende (nie Christus)" (vgl. 2,12; 4,7; 5,24),[52] so daß "der euch Berufende" nach 2,12; 5,24 als "Gottesbezeichnung" anzusehen ist.[53] Schon diese wenigen Hinweise machen deutlich, daß die Gemeinde ihre Existenz dem berufenden und erwählenden Gott verdankt. Darum ist sie Gemeinde zu Thessalonich ἐν θεῷ πατρί (1,1), gilt ihm die Danksagung (1,2ff.), hat die Trias Glaube - Liebe - Hoffnung ihren Bezug im Stehen der Gemeinde vor Gott (1,3), als von Gott Geliebte weiß die Gemeinde um ihre ἐκλογή (1,4), ihr Glaube an Gott ist nicht ohne Auswirkung geblieben (1,8), ihre Hinwendung zu Gott hat die entscheidende Wende gebracht (1,9) und sie zur glaubenden Gemeinde mit Ausstrahlung in ganz Makedonien und Achaja gemacht (1,6ff.). Die Boten aber haben das 'Evangelium Gottes' (2,2; vgl. 2,8) unter schwierigen Bedingungen und untadelig in ihrem eigenen Verhalten - wofür Gott selbst Zeuge ist (2,10) - verkündigt und missioniert (2,1-12) εἰς τὸ περιπατεῖν ὑμᾶς ἀξίως τοῦ θεοῦ, "der euch berufen hat zu seinem Reich und seiner Herrlichkeit" (2,12)[54].

So läßt sich weiter erheben: Trotz Sorgen des Paulus (3,1ff.), die Gemeinde steht ἐν κυρίῳ (3,8), der Dank an Gott (3,9) verbindet mit dem Christusgeschehen (z. B. 1,1.4.9f.), Χριστοῦ ἀπόστολοι (2,7) haben Eingang in Thessalonich gefunden (2,1). Die Gemeinde steht (3,8), aber diese wiederzusehen (nach unerwartet plötzlichem Aufbruch) ist für den Gemeindegründer Aufrichten, Stärken vorhandenen, aber durchzuhaltenden Glaubens (3,10): ὑστερήματα τῆς πίστεως ὑμῶν (3,10) und ἔργον πίστεως - aber auch ὑπομονὴ τῆς ἐλπίδος ist mit einzubeziehen - (1,3) stehen in Korrelation (vgl. auch 5,8; 3,13). Der die breit gefächerte Danksagung (1,2-3,13) abschließende Gebetswunsch verbindet 'Theo'-logie und christologische Aussage. Er ist an

---

[51] Vgl. Nachweise bei HOLTZ, 1 Thess (s. Anm.44), 164 und bei den dort Anm.106 Genannten; dagegen vehement COLLINS, Christology (s. Anm.11), 269ff; doch vgl. ders., 'This is the Will of God: Your Sanctification'(1 Thess 4:3), in: ders., Scholarship (s. Anm.3), 299ff.320: "Thus it is preferable to understand the *kurios* of v. 6 in reference to God, rather than to Christ."

[52] So BECKER, Erwählung (s. Anm.21), 84ff (Zitat 85); vgl. auch E. GRÄSSER, Das eine Evangelium. Hermeneutische Erwägungen zu Gal 1,6-10, in: ders., Text und Situation. Gesammelte Aufsätze zum Neuen Testament, Gütersloh 1973, 84ff.101 Anm.57: "Καλεῖν wird bei Paulus immer mit Gott, nicht mit Christus verbunden" (mit Anführung der Belege).

[53] BECKER, a.a.O., 85 u. Anm.12 mit Verweis auf G. DELLING, Partizipiale Gottesprädikationen in den Briefen des Neuen Testaments, in: StTh 17 (1963) 1-59, bes. 28ff.

[54] Zur Lesart τοῦ καλοῦντος oder Aor. und ihrer Beurteilung vgl. HOLTZ, 1 Thess, 91 Anm.411.

Gott gerichtet, und ὁ κύριος (3,12) ist auf Gott bezogen.[55] Dieser Gebetswunsch gilt dem Weg der Gemeinde zum Eschaton. Ist hier eine ineinander-
greifende Parallelität von 'Theo'-logie und Christologie festzuhalten, so
bestätigt dies auch der ethische Teil des Briefes.

Es geht um die Paraklese ἐν κυρίῳ ᾽Ιησοῦ,[56] die im Wandel das ἀρέσκειν
θεῷ und darin die Heiligung der Gemeinde wie des Einzelnen als Gottes
Willen zur Tat werden läßt (4,1ff.). "Das nämlich ist Gottes Wille, eure
Heiligung" (4,3) erweist sich als Leitsatz für die nachfolgenden Weisungen, in
denen Paulus mehrfach auf Gott zur Begründung wie Norm des Handelns zu
sprechen kommt, besonders in 4,6-8.9.[57] Angesprochen sind die, die Gott im
Unterschied zu den Heiden kennen (4,5).

Auch in dem für die Gemeinde in Thessalonich vielleicht wichtigsten Abschnitt des Briefes (4,13-18) wird aus dem Glaubenssatz "Denn wenn wir
glauben, daß Jesus gestorben und auferstanden ist" (4,14a) die tragende
Konsequenz für die (schon) Entschlafenen in einem "folgernden Vergleichssatz"[58] gezogen: "So auch wird ὁ θεός die Entschlafenen durch Jesus mit ihm
führen" (4,14b). Vorder- und Nachsatz zeigen einen Subjektwechsel von Jesus
zu Gott, der aber nicht ein sich abkapselndes Nebeneinander von Christologie
und Theologie, sondern von der Sache her gerade ein Ineinander anzeigt:
Paulus interpretiert durch V. 14b eine übernommene Glaubensaussage, die
von Tod und Auferstehung Jesu spricht, dahingehend, daß das, "was Jesus tut",
nichts anderes ist "als Vollzug des Werkes Gottes".[59]

---

[55] Vgl. HOLTZ, a.a.O., 143; schwankend R.F. COLLINS, The Theology of Paul's First Letter to
the Thessalonians, in: ders., Studies (s. Anm.3), 230ff, bes. 249; ders., Paul at Prayer, in:
ders., Studies, 356ff, bes. 360f stärker im Sinne des Bezuges auf Gott; ders., Christology (s.
Anm.11), 272 für Bezug auf Jesus (im Sinne des auferstandenen Herrn) eintretend; letzteres
betont auch J.A. FITZMYER, Art. κύριος κτλ., in: EWNT II (1981), 811ff, bes 817. Zur
Beurteilung des Gebetswunsches im grundsätzlichen vgl. jetzt R. GEBAUER, Das Gebet
bei Paulus. Forschungsgeschichtliche und exegetische Studien (TVG 349), Gießen 1989,
200.208, bes. z.St. 209f.214f; SINCLAIR, Jesus Christ (s. Anm.12), 121ff differenziert nicht
genügend innerhalb 1 Thess 3,11-13.
[56] Und in ihr um ein Wissen der Gemeinde: 1 Thess 4,2: οἴδατε γὰρ τίνας παραγγελίας
ἐδώκαμεν ὑμῖν διὰ κυρίου ᾽Ιησοῦ. Zur Ausdrucksweise διὰ τοῦ κυρίου ᾽Ιησοῦ vgl. W.G.
KÜMMEL, Die Theologie des Neuen Testaments nach seinen Hauptzeugen. Jesus. Paulus.
Johannes (GNT 3), Göttingen [4]1980, 144f; W. THÜSING, Gott und Christus in der paulinischen Soteriologie I. Per Christum in Deum. Das Verhältnis der Christozentrik zur
Theozentrik (NTA NF 1/I), Münster [2]1986, 170ff.291.
[57] Nachweise bei O. MERK, Handeln aus Glauben. Die Motivierungen der paulinischen Ethik
(MThSt 5), Marburg 1968, 45ff; COLLINS, "This is the Will of God..." (s. Anm.51),
299ff.319ff (passim); vgl. auch (mit Einschränkungen) A.J. MALHERBE, Exhortation in 1
Thessalonians (1983), in: ders., Paul and the Popular Philosophers, Minneapolis 1989, 49-66,
bes. 61ff.58.
[58] HOLTZ, 1 Thess, 191.
[59] HOLTZ, a.a.O., 191.

Auch hier liegt eine der für 1 Thess nicht ungewöhnlichen, aber auch nicht
sehr gehäuften Parallelitätsaussagen vor, die insgesamt gesehen zur Bestimmung des Verhältnisses von Theologie und Christologie in diesem Brief
belangvoll sind (1,1; 3,11.13; vgl. auch Gal 1,4).[60] Aber noch wichtiger ist: Die
"Aussage" dieses Satzes 4,14 "bildet die theologische Mitte des gesamten
Abschnitts" (4,13-18).[61] In der Aufnahme des Credo (V. 14a) und seiner
Interpretation in V. 14b ist die Anfrage der Gemeinde in der entscheidenden
christologischen Zuspitzung durch die Tat Gottes beantwortet. "Was in der
Zukunft sein wird, ist in der Vergangenheit begründet: in Kreuz und
Auferstehung."[62] 'Theo'-logie und Christologie umgreifen einander.

Das zeigt auch 5,9f. "Die 'Hoffnung auf Heil' wird gegründet in der Setzung
Gottes, die sich in der Geschichte Jesu Christi ereignete."[63] Eine solche
Feststellung setzt voraus, διὰ τοῦ κυρίου ἡμῶν ᾽Ιησοῦ Χριστοῦ (V. 9b) auf
den gesamten V. 9a zu beziehen[64] und so einen Bezug von der grundlegenden
Heilstat bis zur Rettung bei der Parusie anzunehmen (vgl. 5,10). Aber es greift
noch weiter. Es geht um "the relationship between God and the Christ, namely
eklogein and *kalein*".[65] 1 Thess "5,9f ist von Kp [sc. Kapitel] 1-2 her zu
verstehen", von der "Erwählung durch das Evangelium",[66] durch das
verkündigte Wort, das Gemeinde werden läßt und diese trifft. Sie ist dadurch
in Gottes erwählendes Handeln einbezogen worden, d.h. in Geschichte und
Geschick Jesu Christi (2,14), das in Tod und Auferstehung gründet und gegenwärtiges Leben im Blick auf die σωτηρία durchhalten läßt (5,9.23f.).[67]

Das Verhältnis von Theologie und Christologie bei Paulus[68] hat im 1 Thess im

---

60 Vgl. KRAMER, Christos (s. Anm.7), 149 Anm.550; 168 Anm.616.

61 So F. FROITZHEIM, Christologie und Eschatologie bei Paulus (fzb 35), Würzburg 1979, 96
   (Zitat) und 96f.

62 E. GRÄSSER, Bibelarbeit über 1. Thess. 4,13-18, in: Bibelarbeiten, gehalten auf der rheinischen Landessynode 1967 in Bad Godesberg, o. O., o. J. <Düsseldorf 1967>, 10ff.18ff (Zitat
   18).

63 HOLTZ, 1 Thess (s. Anm.44), 228; zu wichtigen Einzelaspekten vgl. jetzt C.
   BREYTENBACH, Versöhnung. Eine Studie zur paulinischen Soteriologie (WMANT 60),
   Neukirchen-Vluyn 1989, 158.164.171.197f.201f; vgl. ebd. 132ff.

64 HOLTZ, a.a.O., 229 und die ebd. Anm.469 in diesem Sinne Genannten; zur konträren
   Diskussion vgl. W. THÜSING, Gott und Christus (s. Anm.56), 203ff.292.

65 COLLINS, Theology (s. Anm.55), 250.

66 BECKER, Erwählung (s. Anm.21), 89.

67 Vgl. auch R.F. COLLINS, 'The Church of the Thessalonians', in: ders., Studies (s. Anm.3),
   285ff, allerdings entgegen Collins' Erwägung, 1 Thess 2,14-16 als sekundäre Einfügung
   auszuscheiden (286).

68 Selten untersucht, doch vgl. T. HOLTZ, Theo-logie und Christologie bei Paulus, in: Glaube
   und Eschatologie (FS W.G. Kümmel, hg. v. E. GRÄSSER und O. MERK), Tübingen 1985,
   105ff (zu 1 Thess, 118ff); W. SCHRAGE, Theologie und Christologie bei Paulus und Jesus
   auf dem Hintergrund der modernen Gottesfrage, in: EvTh 36 (1976) 121ff (passim); eingeschränkt und trotz 170ff.203ff. bezüglich dieser Fragestellung für 1 Thess zurückhaltend W.
   THÜSING, Gott und Christus (s. Anm.56).

besonderen[69] das Erwählungshandeln Gottes zu bedenken, in das hinein die Christologie verwoben ist, aber dergestalt, daß mehrfach Gottes Wirken und Jesu Wirken im parallelen Aufeinanderzugehen das Heilsgeschehen insgesamt, in das die Gläubigen eingegliedert sind, umschließen.[70] Die beiden verbleibenden Bereiche als Zugänge zur Christologie im 1 Thess lassen sich in das Angeführte in raschem Durchblick einordnen, ohne daß hierdurch mittelbar oder unmittelbar der Gedanke an eine Systematisierung christologischer Aussagen in diesem Brief gegeben ist.

Zu (b): Vom Glauben als Zugang zur Christologie ist zu sprechen, weil auch belangvolle christologische Sachverhalte mit πίστις (8 mal), πιστεύειν (5 mal), πιστός (1 mal) sich im 1 Thess nachweisen lassen. Die Gemeinde steht im Herrn (3,8) und damit im Glauben (vgl. 3,6.7). Um diesen war Paulus besorgt (3,2.5). Gegenwärtiger "Glaubensstand"[71] aber steht in der Bewährung, er bedarf des seelsorgerlichen καταρτίζειν (3,10).[72] Das Glaubensleben der Gemeinde ist von nachhaltiger Wirkung (1,3.6-8), so daß Paulus sie als μιμηταὶ ἡμῶν... καὶ τοῦ κυρίου bezeichnen kann. Doch "der μιμητής sieht sich nicht verbunden mit dem Leben und Wirken Jesu damals, sondern mit dem gegenwärtig wirkenden Christus, der freilich kein anderer ist als der gekreuzigte Jesus".[73] Leben im Glauben steht im Horizont der Christologie und gewinnt im 1 Thess in dieser Hinsicht Tiefenschärfe: Glaube der Christen ist Glaube an Gott (1,8), ist Hinwendung zu Gott (1,9) und damit Hinwendung zu Gottes Handeln.[74] Wieviel oder wenig Paulus in 1,9f. aus bereits überlieferter Formulierung aufgegriffen haben mag - die verwendete Begrifflichkeit spricht wesentlich für schon vorpaulinische Tradition -,[75] wichtiger zur Sachfrage ist,

---

[69] HOLTZ, a.a.O.; ders., 1 Thess (s. Anm.44), 61f.91f.112.142.160.165ff.200.229ff.263.266 u.ö.; I.H. MARSHALL, Pauline Theology in the Thessalonian Correspondence, in: Paul and Paulinism. Essays in honour of C.K. Barrett, ed. by M.D. HOOKER and S.G. WILSON, London 1982, 173ff; COLLINS, Theology (s. Anm.55), 230ff; K.P. DONFRIED, The Theology of 1 Thessalonians as a Reflection of its Purpose, in: To Touch the Text. Biblical and Related Studies in Honor of J.A. Fitzmyer, S.J., ed. by M.P. HORGAN and P.J. KOBELSKI, Crossroad/NY 1989, 243ff.

[70] Hinsichtlich der christologischen Titel im 1 Thess bemerkt in diesem Zusammenhang und zusammenfassend COLLINS, Christology (s. Anm.11), 284: "The Christological titles bespeak principally a functional Christology."

[71] So ist wohl im Gedankenduktus von 1 Thess 3 zu verstehen; vgl. HOLTZ, 1 Thess, 138.

[72] So ist vermutlich 1 Thess 3,10 zu deuten; ὑστέρημα zielt hier nicht auf Mangelerscheinungen (des Glaubens).

[73] So H.D. BETZ, Nachfolge und Nachahmung Christi im Neuen Testament (BHTh 37), Tübingen 1967, 144; vgl. im einzelnen O. MERK, Nachahmung Christi. Zu ethischen Perspektiven in der paulinischen Theologie, in: Neues Testament und Ethik (FS R. Schnackenburg, hg. v. H. MERKLEIN), Freiburg i.Br 1989, 172ff, bes. 193ff.

[74] Vgl. bes. FROITZHEIM, Christologie (s. Anm.61), 133ff.

[75] Die hier anstehenden Probleme können in dieser Skizze nicht entfaltet werden; vgl. dazu umsichtig HAVENER, Formulae (s. Anm.9), 105ff.

daß dieses Zusammentreffen von 'theo'-logischer und christologischer Aussage den weiteren Brief deutlich bestimmt,[76] dahin gebündelt, daß ἡ πίστις... ἡ πρὸς θεόν (1,8) im verkündigten εὐαγγέλιον τοῦ Θεοῦ gründet und aus ihm entbunden wird (2,1; vgl. auch 1,5; 2,8f.; 3,2), der Glaube seine Basis in der Grundaussage des Evangeliums hat und darum Jesu Tod und Auferstehung nur im Glauben ergriffen und ausgesprochen werden kann: εἰ γὰρ πιστεύομεν ὅτι ᾿ Ἰησοῦς ἀπέθανεν καὶ ἀνέστη (4,14a).

Die Aufnahme von Glaubenssätzen, ja 'Credo'-Formeln verstärkt das christologische Anliegen, das im 1 Thess zur Geltung kommt.[77] In 1,9f.; 4,14; 5,9f. sind hierfür tragende, teilweise von Paulus interpretierte Belege und Stützen zu finden.

Bedenkenswert bleibt auch für die weitere Diskussion *I. Haveners* Urteil:

> "The three pre-Pauline Christological credal formulae in 1 Thessalonians [sc. 1,9f.; 4,14; 5,9f.] show that Christ could be perceived in different ways already in this earliest extant Christian writing. The three formulae represent three different portrayals of Christ but not necessarily views that are contradictory. At least Paul seems to accept these different portrayals without getting upset at the differences. He uses each formula for his own particular purpose and does not try to harmonize them. As a result, 1 Thessalonians becomes, unbeknown to itself, the first document of an ecumenical movement which culminates in the formation of the New Testament, where unity admits a broad variety and where no one formula expresses all that there is to know about Christ."[78]

Zu (c): In diesen Credoaussagen spricht sich Hoffnung und Erwartung aus, das grundlegende Handeln Gottes im Christusgeschehen weist auf die Zukunft (1,9; 4,14; 5,9f.). Mit 'Glaube', 'Liebe', 'Hoffnung' werden Stand und Situation der Gemeinde genannt (1,3; vgl. 5,8), und die noch ausstehende Parusie erweist sich als bestimmender Faktor (z. B. 1,10; 2,19; 3,13; 4,14ff.; 5,2. 10.23).[79] "Der Gerichtsgedanke im christologischen Kerygma" ist im 1 Thess

---

[76] Mit zwar erheblichen Einschränkungen im Bereich der Einzelhinweise ist hier J. MUNCK, I Thess. 1.9-10 and the Missionary Preaching of Paul. Textual Exegesis and Hermeneutic Reflections, in: NTS 9 (1962/63) 95ff, bes. 97ff.100ff. aufgrund mancher bedenkenswerten Beobachtung heranzuziehen.

[77] Vgl. im Überblick z. B. HAVENER, a.a.O., 105ff.111ff.115ff; COLLINS, Scholarship (s. Anm.3), 17ff.

[78] HAVENER, a.a.O., 121.

[79] Vgl. bes. KRAMER, Christos (s. Anm.7), 172ff (= § 48): "Der Kyriostitel im Zusammenhang mit Parusieaussagen"; s. ebd., 174: "Schliesslich ist die Tatsache zu würdigen, dass die mit dem Kyriostitel verbundenen Parusieaussagen alle aus 1 Th und 1.2 K stammen. Da diese Briefe als frühe, höchstwahrscheinlich als die frühesten Schriften des Paulus anzusehen sind, stellen sie ein Indiz dafür dar, dass Paulus diese Redeweise von der vorpaulinischen Gemeinde übernommen hat. Gewiss formuliert Paulus an den in Frage stehenden Stellen im allgemeinen selber, aber das spricht nicht dagegen, dass er im Gebrauch des Kyriostitels im Zusammenhang mit der Parusie vom Sprachgebrauch der vorpaulinischen Gemeinde abhängig ist. Wenn Paulus im Phil Parusiestellen mit 'Christos' verbindet, so ist das nicht nur ein Zeichen des Aufkommens des Promiscue-Gebrauches der christologischen

nicht zu übersehen.[80] Theo-logie und Christologie greifen auch hier engstens ineinander (2,12; 3,12: ἔμπροσθεν τοῦ θεοῦ; 3,13: Parusie des Herrn Jesus Christus; 5,23: Gott selbst bereitet auf die Parusie Jesu Christi vor; und 5,24 kennzeichnet die Kontinuität solchen göttlichen Tuns: πιστὸσ ὁ καλῶν ὑμᾶς, ὅς καὶ ποιήσει). Daß κύριος (24 mal im 1 Thess vorkommend) sowohl auf Gott (3,12;4,6) als auch auf Jesus Christus (so die meisten Belege im 1 Thess) bezogen wird, verdeutlicht ebenfalls diesen engen theologisch-christologischen Bezug.[81]

III

Wir waren davon ausgegangen, nach dem Kriterium der Christologie im 1 Thess zu fragen. Dieses ist in dem nicht aufgebbaren Zueinander, ja verschränkenden Ineinander und Bezug von Theo-logie und Christologie gegeben, das in Gottes erwählendem Handeln im Christusgeschehen grund-gelegt ist. Im Evangelium verkündigt und im Glauben angeeignet liegt hier die Basis, Jesu Tod und Auferstehung als grundstürzende, Leben auf Zukunft hin öffnende Tat Gottes zu begreifen, für die Jesus Christus als der getötete,[82] auferstandene und kommende Herr einsteht. Es gilt, καὶ οὕτως πάντοτε σὺν κυρίῳ ἐσόμεθα (4,17) im Kontext des 1 Thess, in der hermeneutischen Bewältigung paulinischer Theologie und im persönlichen Leben zu erfassen, um auch der Christologie des Apostels in seinem ältesten Gelegenheitsbrief als Glaubensantwort und Glaubenszuspruch gerecht zu werden.

Bezeichnungen, sondern auch ein Argument für die 'Spätansetzung' des Phil." Vgl. auch den Problemhinweis bei THÜSING, Gott und Christus (s. Anm.56), XVIII Anm.5.

[80] Vgl. E. SYNOFZIK, Gerichts- und Vergeltungsaussagen bei Paulus. Eine traditionsge-schichtliche Untersuchung (GTA 8), Göttingen 1977, 95ff u.ö.

[81] Nach einer Vermutung von HOLTZ, 1 Thess, 142 und Anm.714 ebd. sind mehr formelhafte κύριος-Belege, die jetzt im 1 Thess absoluten Kyriosgebrauch zeigen, "ursprünglich 'theo'logisch gemeint gewesen", was freilich weiterer Klärung bedarf. Jedenfalls ist auch nach Holtz 1,6 eindeutig von jeher nur auf Christus zu beziehen (ebd. und 48).

[82] Vgl. KÜMMEL, Theologie (s. Anm.56), 142: In 1 Thess 2,15 bezeichnet κύριος ᾿Ἰησοῦς den irdischen Jesus, der getötet wurde.

Miteinander.
Zur Sorge um den Menschen im
Ersten Thessalonicherbrief

Im ältesten uns erhaltenen Brief des Apostels Paulus, dem 1. Thessalonicherbrief, wird erstmals im christlichen Sprachgebrauch das ›Miteinander‹ in Wort und Sachgehalt bedacht. Fünf Mal wird in diesem Schreiben ἀλλήλων in einschlägigen grammatischen Bezügen aufgenommen und auf das sorgende Miteinander bezogen (1.Thess 3,12; 4,9.18; 5,11.15).[1] Im Blick auf die unbestrittenen Briefe im Corpus Paulinum (1.Thess; Gal; 1. und 2.Kor; Röm; Phil; Phlm) liegt die Ausdrucksweise in ihrer Häufigkeit an dritter Stelle hinter Röm (14 x) und Gal (7 x) und hat mit ihnen das fast ausschließliche Vorkommen im ethisch-parakletischen bzw. paränetischen Teil dieser Briefe gemeinsam – ein Sachverhalt, der sich mit den wenigen Belegen bei Paulus im wesentlichen deckt.[2]

Die noch zu erörternde akzentuierte Verwendung des Begriffs in seiner Weitung zur Sorge um den Menschen im seelsorgerlichen Miteinander griffe jedoch zu kurz, wenn nicht der jeweilige Kontext, ja Grundbegriffe des Sorgens im 1.Thess vielfach einbezogen würden.

I.

Paulus vergegenwärtigt aus dem Rückblick (3,6) sein von Gott gewährtes Sorgen für die Gemeinde, das darum in umfassender Danksagung Ausdruck findet (1,3–3,13), in der Rückerinnerung an die Gemeindegründung (2,1–12), an die im Glauben angenommene Botschaft, an ihre Erwählung durch Gott (1,3–5; 2,13), die in Bruderschaft (ἀδελφοί)[3] und in gelebter Nachahmung[4] des an sie ergangenen und sie mit Paulus verbindenden Wortes Gottes ihr Miteinander als Gemeinde nach innen und nach außen Gestalt werden ließ (1,6.8; 2,14). Diese junge Gemeinde mußte Paulus offenbar durch äußere Einflüsse abrupt verlassen (2,17). Als in Gefahr stehende, verwaiste ἀδελφοί ließ er sie zurück (1,6; 3,3). Trotz Bemühung gelang es ihm bisher nicht, wieder zu ihr zurückzukehren (2,18; 3,10). In Sorge um ihr Ergehen schickt er seinen Mitarbeiter Timotheus (3,1ff). Doch jetzt, nach dessen Rückkehr, kann er beruhigt sein (3,6). Ihrem Stehen im Herrn (3,8) korreliert ein auch ihren Gemeindegründer einbindendes Miteinander in der Gemeinde (3,6.7; vgl. 3,12).

Schon diese wenigen Hinweise implizieren wechselseitiges Sorgen, das Gemeindegründung und Gemeindeaufbau umschließt. Ist schon die missionarische Tätigkeit (vgl. 1,5; 2,1ff) von Paulus als ein Akt der Rettung verstanden und damit als Sorge um den Menschen schlechthin in einer auf ihr Ende zueilenden Welt,[5] so bündelt sich dieses Sorgen ebenso im seelsorgerlichen Bemühen um den einzelnen (2,11f) wie im Aufrichten und Stärken der Gemeinde insgesamt (3,2.10). Missionarische Arbeit auch von noch so kurzer Dauer in der Gemeinde[6] gibt jedem, der sich auf das Evangelium einläßt, neue Ausrichtung. Sie hat darin eine gemeindegründende Funktion, die im Miteinander und Füreinander der einzelnen Gottes Erwählung (1,6), Rufen (2,12) und Willen (4,3) in konkretes Stehen im Herrn (3,8) und das heißt in ein Leben im Glauben umsetzen läßt.

Der missionarische Auftrag in seiner Grundsätzlichkeit gewinnt also Tiefenschärfe, indem er den einzelnen trifft und darin das in Gottes Tat und Heil gründende Miteinander eröffnet, das im Mahnen, Weisen, Zusprechen den Weg unter Gottes Ruf auf sein Reich hin markiert (2,11f): Die maßgebenden Begriffe solchen missionarischen Wirkens – παρακαλέω, παραμυϑέομαι und μαρτύρομαι – berühren sich eng in diesem Sachanliegen, das nicht allein dem gemeindegründend missionarischen Tun vorbehalten bleibt.[7] Denn παρακαλέω und παραμυϑέομαι dienen Paulus schon in seinem ersten Brief zugleich dazu, sorgendes Miteinander unter den Gemeindegliedern hervorzuheben, während μαρτύρομαι den dem Evangelium inhärenten beschwörenden Ernst zusprechenden Anspruchs des missionarischen Auftrags betont, der den einzelnen im aufbauend mahnenden Wort trifft.[8] Denn »ein Gottes würdiger Wandel ist ein auf den ergehenden Ruf Gottes eingehender Lebensvollzug«, für den der je einzelne in seiner Existenz einsteht.[9] Das im missionarischen und gemeindlichen Horizont gewichtige ἕκαστος[10] aber erhält schon im 1.Thess eine Charakterisierung, die Paulus später ekklesiologisch im Bild vom Leib und seinen Gliedern entfalten wird (1.Kor 12,28). Denn dieser Begriff war »von seiner Grundbedeutung her« für ihn »besonders geeignet, den Gedanken von der Berufung und Verantwortung des einzelnen, jedes einzelnen im Blick auf das Ganze, die Gemeinde auszudrücken«.[11] Er ist auf das sorgende Miteinander ausgericht.

Aus der Fülle der Bezüge und Einsichten, zu denen der Abschnitt 2,1–12 Anlaß gibt,[12] ist jetzt nur dieses hervorzuheben: Der missionarische Dienst führt zum sorgenden Miteinander, das den einzelnen in je seiner Besonderheit[13] unter dem Gott sieht, der die Gemeinde zu seinem Reich und seiner Herrlichkeit ruft. Damit ist der Weg auf ein Ziel ausgerichtet. Denn Gottes βασιλεία und δόξα weisen auf die noch ausstehende Zukunft, die in Gottes Rufen ihren Grund hat und in der missionarisch-seelsorgerlichen Mahnung

Zuspitzung und Erschließung für jeden einzelnen erfährt und darin zum Dasein unter Gott, zum Leben und Handeln im Glauben in der Gegenwart anleitet.[14] In solcher Gegenwart bedarf es des der Gemeindegründung folgenden, nacharbeitenden Stärkens und (seelsorgerlichen) Zusprechens (3,2; vgl. 3,10), wie Paulus »offensichtlich« in »Terminologie frühchristlichen Gemeindeaufbaus« darlegt,[15] wobei στηρίζειν, im 1.Thess immer mit einem persönlichen Objekt verbunden, auf den einzelnen wie die Gesamtheit der Gemeinde zielt (3,2; vgl. 3,13) und in der inneren Befestigung der schon bestehenden – doch stets bedrohten – Gemeinde ihren prägenden Gehalt hat und in der Sache auf ein »Stehen im Herrn« (3,8), im Glauben (3,2ff) zurüstet.[16]

Solchem sorgenden Miteinander im Rückblick korrespondiert der Ausblick, der in dem die Danksagung beschließenden fürbittenden Wunsch zum Ausdruck kommt (3,11-13):[17] Für Paulus möge der Weg zur Gemeinde gelenkt werden, in der Gemeinde selbst aber möge Gott überreich und im Überfluß die Liebe zueinander καὶ εἰς πάντας mehren, womit nach einer begründeten Vermutung von T. Holtz der Glaube, der in der Liebe wirkt, im Sinne von Gal 5,6 gemeint ist.[18] In der Liebe werden Christsein und Miteinander im Verbund innergemeindlich und nach außen konkret.[19] Solches Miteinander öffnet sich zur Sorge um den Menschen und ist im Gebetswunsch Bitte bleibender Zurüstung der Gemeinde auf die Parusie (vgl. 3,13).

II.

Waren im ersten Teil Erwägungen zu bündeln, die das Miteinander in der Phase der Gemeindegründung spiegeln und die, durch Rückerinnern seitens des Gemeindegründers vergegenwärtigt, das sorgende Füreinander in Dank und Gebet zu bleibender Daseinsbewältigung im Glauben gelebter Existenz erheben, so sind nunmehr jene Hinweise im paränetischen Teil des Briefes (4,1-5,27) anzuführen, die dieses Anliegen zur zu bewährenden Aufgabe machen.

Der erste, hier zu berücksichtigende Beleg begegnet in 4,9: Die in der Bruderliebe erfahrene und darum von ›Gott gelehrte‹ Gemeinde (4,9.10) wird in der allgemeinen Paränese um das Mehr solchen Verhaltens (vgl. 4,1) im Umgang miteinander angehalten, und insofern wird der Wunsch aus 3,12 in den unaufgebbaren Vollzug gemeindlichen Lebens eingebracht. 4,10b ist auf 4,9.10a zu beziehen.[20] Mag sein, daß »die Einschränkung der Liebe, die in dem ἀλλήλους gegeben ist«, »von uns heute stärker empfunden« »wird« »als von Paulus und seinen Gemeinden«,[21] schon der pleophore Hinweis auf entsprechendes Verhalten gegenüber allen Brüdern in Makedonien (4,10) ist

eine Entgrenzung gegenüber einer eng gefaßten Ortsgemeinde und schließt
sicher die in 3,12 gewünschte Öffnung der Liebe εἰς πάντας nicht aus. Aber
ethische Weisung, mag sie ›usuell‹ oder ›aktuell‹ von Paulus gefaßt sein, sieht
zunächst einmal die konkrete, brieflich angesprochene Gemeinde. Denn im
Gestaltwerden der Liebe ›vor Ort‹ verwirklicht sich, was Christenleben
ausmacht. Sorgendes Miteinander ist in diesem Sinne Spezifikum der Gemeinde, ist Umsetzen erfahrenen Heilshandelns Gottes in gelebtes Leben, das
nach 1.Thess der heidnischen Umwelt nicht verborgen bleibt (vgl. 4,11f).

Der zweite hier anzuführende Beleg für das ›Miteinander‹ im paränetischen
Abschnitt des Briefes ist in 4,18 in Antwort und Konsequenz auf eine entscheidende Glaubensfrage gegeben. Die Anfrage der Thessalonicher (4,13),
wie es sich mit den vor der Parusie Verstorbenen verhalte,[22] hatte Paulus in
letzter Verdichtung und hermeneutischer Zuspitzung (4,14.17) im Hinblick
auf die Lebenden wie die schon Gestorbenen zuvor in 4,17b zusammengefaßt: »Wir werden sein mit dem Herrn allezeit.« In 4,18 knüpft er mit ὥστε
an, um die Gemeinde zu gegenseitigem Zuspruch aufgrund Bekenntnis
(4,14b.15)[23] und begründeter Hoffnung (4,17b), eben ἐν τοῖς λόγοις τούτοις,
anzuhalten: »Es ist der Zuspruch gemeint, der Gewißheit verleiht und daher
Trost- und Hoffnungslosigkeit wendet«,[24] also der aus Glauben erwachsende
Zuspruch, der Trösten – im Gegenzug zur Trauer (4,13) – einschließt und
doch in Hoffnung auf Glauben hin weitergreift.[25] Selbst wenn Paulus, wie
heute verstärkt vermutet wird, die für die hellenistische Welt reich belegten
»Consolatory Patterns« gekannt und verwendet haben sollte (aber weshalb
sollte er den ›Trost‹ derer, die nach seiner Meinung keine Hoffnung haben
[4,13],[26] so betont heranziehen?), so ist doch für den Apostel der gemeindliche und von den Grundfragen des christlichen Glaubens her gegebene Bezug
der maßgebende. Im Miteinander findet der zu bewährende Glaube Halt und
Aufrichtung.[27]

Entsprechendes ist für den dritten Beleg in 5,11 insofern zu bedenken, als
nach 5,1ff Zeit und Stunde zwar unbekannt sind, die Parusie aber gewiß ist
und die Gemeinde von Gott erwählt und in seiner Heilstat gründend die
›Hoffnung des Heils‹, ihre endgültige Rettung, im Blick hat.[28] 5,11, durch
διό an das Erörterte anschließend, bringt die Begründung und Folgerung in
einem. »Ähnlich wie der vorangehende Abschnitt 4,18 endet der Text mit
der Weisung, einander zu helfen, im Blick auf das Ziel zu leben.«[29]
Παρακαλεῖν ist hier, verbunden mit ἀλλήλους, das gegenseitig zurüstende
Zusprechen, das das mahnend aufrichtende Wort einschließt[30] und so schon
selbst zum οἰκοδομεῖν eines jeden einzelnen untereinander, »einer den anderen« einbeziehend hinführt, wie entsprechend εἰς τὸν ἕνα (= ἀλλήλους) sich
auf den ersten Teil das Satzes rückbezieht und ihn weiterführend aufgreift.[31]
Im Miteinander geschieht Sorge um den einzelnen und erweist sich gegenseitige Paraklese als Gemeindeaufbau im Vollzug.

Auch im letzten, hier im Überblick heranzuziehenden Beleg, in 5,12–14, geht es um das Miteinander der Gemeinde, doch ist fast jede Einzelheit exegetisch umstritten. Schon der Eingang, »wir bitten euch, Brüder«, läßt durch ἐρωτάω in der ersten Person Indikativ Präsens hervorheben, daß »der Ausdruck ... in dieser Verwendungsweise metasprachlich eine Ein-Satz-Sprechhandlung« »bezeichnet«, »die in freundlicher Form einen Angesprochenen auffordert, eine ausgesprochene Sachlage in einen Sachverhalt zu überführen«.[32] In nicht-linguistischer Wiedergabe: Das Miteinander in der Gemeinde bewährt sich im konkreten Umgang, in der in Eigenverantwortung zu bewältigenden missionarischen Nacharbeit. Zur näheren Klärung sind zunächst 5,12b und 5,13a zu bedenken: εἰδέναι τινά kann hier über die Bedeutung ›jemanden kennen‹ hinaus »jmdn. anerkennen od. ehren« heißen, aber auch »s. jmds. annehmen, für jmdn. sorgen«.[33] Κοπιῶντες bezieht sich offenbar auf missionarisch Tätige, deren Dienst des Paulus eigenes missionarisches Mühen sachgemäß in der bestehenden Gemeinde aufgreift und »das gleiche will und das gleiche wirkt: nämlich die mühevolle Arbeit der Liebe (1.Thess 1,3)«.[34] Man wird vermuten dürfen, es geht um diejenigen, die sich in der Gemeinde der missionarischen Nacharbeit im verantwortlichen Miteinander annehmen, zumal »nach dem Zusammenhang ... die Aufgabe der« nachgenannten »προϊστάμενοι zum großen Teil in Seelsorge« »besteht«, »und der Ton« »nicht auf ihrem Vorrang oder ihrer Vollmacht, sondern auf ihrem Bemühen um das ewige Heil der Gläubigen« »liegt«.[35] Προϊστάμενοι sind sie im Vollzug fürsorgenden Miteinanders im Aufbau der Gemeinde (vgl. 5,11), wobei ἐν κυρίῳ den ›Umstand‹ sowohl ihres προϊστάμενοι-Seins als auch ihres Tuns angibt und die gleichgeordnete Bezeichnung νουθετοῦντες solches Miteinander als seelsorgerliches Handeln manifestiert.[36] Gemeint sind in den drei Kennzeichnungen Menschen, die als Konsequenz ihres Glaubens und Christseins das sorgende Miteinander in besonderer Weise als ihren Beitrag in die Gemeinde einbringen, damit aber das unter allen Gemeindegliedern Selbstverständliche tun, das im vielfachen παρακαλεῖν in diesem Schreiben seinen Ausdruck gefunden hat. Dieser Initiative aus Glauben hat hohe Achtung seitens der Gemeinde zu gelten ἐν ἀγάπῃ (5,13), wobei reziprok zu den Aussagen in 5,12 die Liebe für das Miteinander mit denen steht, die der Glaube zu sorgendem Füreinander in der Gemeinde getrieben hat.[37]

Solches Verhalten impliziert Frieden in der Gemeinde, so daß der Imperativ »haltet Frieden unter euch« (5,13b) einerseits wie ein Schlußstrich unter das Angeführte wirkt, andererseits wie eine Verbindung zu 5,14. Denn Unfrieden kann dort aufkommen, wo Zuspruch zur Zurechtweisung aktualisiert (vgl. die ἄτακτοι), wo das Miteinander zum kritischen und aufrichtenden Dialog werden muß (5,14a). 5,14 akzentuiert die Vielfältigkeit sorgenden Miteinanders, und 5,15 entfaltet dieses im Verwirklichen und Umsetzen des

Guten als eine Aufgabe, die allezeit gegenüber allen gilt.[38] Das Gute selbst aber ist zu spezifizieren als der Wille Gottes, unter dem das Miteinander steht und an den es gebunden bleibt.[39]

III.

Dieser kurze Gang unter der anstehenden Fragestellung zeigt: Schon im 1.Thess, aus »der Sorge des Apostels um seine Gemeinde« erwachsen,[40] weitet sich dieses Sorgen zum grundsätzlichen Miteinander, das den Gemeindegründer und die Gemeindeglieder untereinander einbindet in die Sorge um den Menschen. In solchem Miteinander des verantworteten Aufeinanderzugehens wird die ›Paraklese‹ gemeindeaufbauend zum seelsorgerlichen Füreinander, die keinen ausschließt und so die diesbezüglichen Ausführungen des Paulus im 1.Thess diesen zum »earliest Christian pastoral letter« macht.[41] Hier setzt Paulus auf den Lebensvollzug des Glaubens in der Gemeinde, auf die im Heilsgeschehen gründende und aus ihm entbundene zurüstende Aufgabe, die er in dem so eindeutig von der Parusie geprägten 1.Thess der bewahrenden Treue Gottes anheimstellt (5,23f). In diesem frühesten seiner Briefe begegnet die thematisch anstehende Fragestellung bereits so ausgeführt, daß sie Basis für entsprechende Problemstellungen in seinen späteren Gelegenheitsbriefen ist.[42]

Darf weiter gefolgert werden, daß die Sorge um den Menschen im theologischen und interdisziplinären Gespräch existentiell und substantiell ihres biblischen Rückbezugs und Grundes bedarf, um in das Heute gemeindlicher Wirklichkeit vorzustoßen? Das Lebenswerk des Jubilars ist hoffnungsvolles Zeichen solcher Besinnung.[43]

Anmerkungen

1 Im folgenden werden Belege aus dem 1.Thess nur mit Kapitel- und Versangabe angeführt.

2 Vgl. auch H. Krämer, Art. ἀλλήλων, EWNT I, 1980, Sp. 150f.

3 Vgl. K. Schäfer, Gemeinde als »Bruderschaft«. Ein Beitrag zum Kirchenverständnis des Paulus, EHS XXIII/383, 1989, S. 330ff.

4 Vgl. O. Merk, Nachahmung Christi. Zu ethischen Perspektiven in der paulinischen Theologie, in: Neues Testament und Ethik. Für Rudolf Schnackenburg, hg. v. H. Merklein, 1989, S. 172ff, hier: S. 193ff; U. Schnelle, Der erste Thessalonicherbrief und die Entstehung der paulinischen Anthropologie, NTS 32, 1986, S. 211f u. S. 221 Anm. 47; M.A. Getty, The Imitation of Paul in the Letters to the Thessalonians, in: The Thessalonian Correspondence, ed. by R. Collins, BEThL

LXXXVII, 1990, S. 277ff; R. Reck, Kommunikation und Gemeindeaufbau. Eine Studie zu Entstehung, Leben und Wachstum paulinischer Gemeinden in den Kommunikationsstrukturen der Antike, SBS 22, 1991, S. 214ff.

5 Nachweise bei M. Hengel, Die Ursprünge der christlichen Mission, NTS 18, 1971/72, S. 15ff (passim).

6 Neuerer Überblick zur Frage bei T. Holtz, Der erste Brief an die Thessalonicher, EKK XIII, 1986, S. 10ff.

7 Vgl. παρακαλέω bzgl. missionarischer Tätigkeit: 2,12; 3,2.7; 4,1.10; bzgl. der Gemeindeglieder untereinander: 4,18; 5,11.14; zur Begrifflichkeit vgl. O. Schmitz/ G. Stählin, Art. παρακαλέω κτλ., ThWNT V, 1954, S. 771ff.792ff; A. Grabner-Haider, Paraklese und Eschatologie bei Paulus. Mensch und Welt im Anspruch der Zukunft Gottes, NTA.NF 4, 1968, S. 4ff.11ff u.ö.; J. Thomas, Art. παρακαλέω κτλ., EWNT III, 1983, Sp. 56ff, bes. 60f. - παραμυθέομαι bzgl. Mission: 2,12; bzgl. Gemeindeglieder untereinander: 5,14.

8 Vgl. auch J. Beutler, Art. μαρτυρέω κτλ., EWNT II, 1981, Sp. 963 (passim); zur vielfältigen Bedeutung des Begriffs schon in der griechisch-hellenistischen Welt vgl. H. Strathmann, Art. μάρτυς κτλ. ThWNT IV, 1942, S. 477ff, bes. S. 517.

9 Vgl. H. Schlier, Der Apostel und seine Gemeinde. Auslegung des ersten Briefes an die Thessalonicher, 1972, S. 35f.

10 Hier verbunden mit Gen. part.; vgl. auch 4,3.

11 So F.G. Untergaßmair, Art. ἕκαστος, EWNT I, 1980, Sp. 980f (Zitat: 981).

12 Vgl. zusammenfassend T. Holtz, 1.Thess (s. Anm. 6), S. 64ff; J. Schoon-Janßen, Umstrittene »Apologien« in den Paulusbriefen. Studien zur rhetorischen Situation des 1. Thessalonicherbriefes, des Galaterbriefes und des Philipperbriefes, GTA 45, 1991, S. 53ff; W. Marxsen, Der erste Brief an die Thessalonicher, ZÜB NT 11.1, 1979, S. 42ff (mit teilweise bes. Akzentuierung des Rückerinnerns); weitgreifend im Überblick: J. Eckert, Zur Erstverkündigung des Apostels Paulus, in: Theologie im Werden. Studien zu den theologischen Konzeptionen im Neuen Testament. In Zusammenarbeit mit dem Collegium Biblicum München, hg. v. J. Hainz, 1992, S. 279ff, bes. S. 289-298.

13 Hier hat B.Rigaux, Saint Paul. Les Épitres aux Thessaloniciens, ÉtB, 1956, S. 429 durchaus Richtiges im Gefolge altkirchlicher Exegese gesehen; vgl. A. J. Malherbe, ›Pastoral Care‹ in the Thessalonian Church, NTS 36, 1990, S. 375ff, bes. S. 386.

14 Unter den Kommentatoren besteht weithin Konsens, ›Reich Gottes‹ und ›Doxa‹ hier im eschatologischen Sinne zu fassen; zum seelsorgerlichen Bezug vgl. P. Wolff, Die frühe nachösterliche Verkündigung des Reiches Gottes, Diss. theol. Greifswald, 1987, S. 12 (masch.schr.); aus der älteren Forschung z.B. M. Dibelius, An die Thessalonicher I/II. An die Philipper, HNT 11, ³1937, S. 9; H. Schlier, Der Apostel und seine Gemeinde (s. Anm. 9), S. 35f.

15 T. Holtz, 1.Thess (s. Anm. 6), S. 126.

16 Vgl. G. Harder, Art. στηρίζω κτλ., in: ThWNT VII, 1964, S. 653ff, bes. S. 655f; G. Schneider, Art. στηρίζω, EWNT III, 1983, Sp. 660.

17 Zu Einzelheiten O. Merk, Zur Christologie im Ersten Thessalonicherbrief, in: Anfänge der Christologie. Für Ferdinand Hahn zum 65. Geburtstag, hg. v. C. Breytenbach und H. Paulsen unter Mitarbeit von C. Gerber, 1991, S. 97ff, bes. S. 105 und die dort Genannten.

18 T. Holtz, 1.Thess (s. Anm. 6), S. 143f.
19 Vgl. auch H.S. Hwang, Die Verwendung des Wortes πᾶς in den paulinischen Briefen, Diss. theol. Erlangen, 1985, S. 25ff.
20 Zum älteren Forschungsstand der Auslegung vgl. O. Merk, Handeln aus Glauben. Die Motivierung der paulinischen Ethik, MThSt 5, 1968, S. 51f; zur neueren Diskussion T. Holtz, 1.Thess (s. Anm. 6), S. 174f; C. Lecompte, I Thessalonicenzen. Verklaring van een Bijbelgedeelte, 1988, S. 91ff; J. Becker, Paulus. Der Apostel der Völker, 1989, S. 261; zum profanen Hintergrund vgl. M. Adinolfi, La prima lettera ai Tessalonicesi nel mondo greco-romano, Bibliotheca Pontificii Athenaei Antoniani 31, 1990, S. 197f.
21 T. Holtz, 1.Thess (s. Anm. 6), S. 174.
22 Zu diesem äußerst umstrittenen, hier im einzelnen nicht zu behandelnden Abschnitt vgl. aus der neuesten Forschung: J. Delobel, The Fate of Dead according to 1 Thessalonians 4 and 1 Corinthians 15, in: The Thessalonian Correspondence (s. Anm. 4), S. 340ff; A. Lindemann, Paulus und die korinthische Eschatologie. Zur These einer ›Entwicklung‹ im paulinischen Denken, NTS 37, 1991, S. 373ff, bes. 376ff; H. Merklein, Der Theologe als Prophet. Zur Funktion prophetischen Redens im theologischen Diskurs des Paulus, NTS 38, 1992, S. 402ff.
23 E. Gräßer, Bibelarbeit über 1.Thess 4,13–18, in: Bibelarbeiten, gehalten auf der rheinischen Landessynode 1967 in Bad Godesberg, 1967, S. 10ff.18: »Paulus beantwortet also die Anfrage der Gemeinde mit dem Credo der Gemeinde, dem zentralen Credo«: Ἰησοῦς ἀπέθανεν καὶ ἀνέστη (4,14a). – Zu hier diskutierten Sachfragen im einzelnen vgl. J. Delobel, The Fate (s. Anm. 22), S. 340f; H. Merklein, Der Theologe (s. Anm. 22), S. 419 und Anm. 49 ebd.; O. Merk, Zur Christologie (s. Anm. 17), S. 106f.109 und die dort Genannten.
24 T. Holtz, 1.Thess (s. Anm. 6), S. 205.
25 Vgl. auch E. Gräßer, Bibelarbeit (s. Anm. 23), S. 18ff (passim).
26 Vgl. eingehend J. Chapa, Consolatory Patterns? 1 Thess. 4,13.18; 5,11, in: The Thessalonian Correspondence (s. Anm. 4), S. 220ff; Ders., Consolatory Patterns and First Thessalonians (im Manuskript mir freundlicherweise vom Autor zur Verfügung gestellt); A. J. Malherbe, ›Pastoral Care‹ (s. Anm. 13), S. 375ff.382 u.ö.; vgl. zu wichtigen, bes. hellenistischen Hinweisen schon G. Stählin in: O.Schmitz/ G. Stählin, Art. παρακαλέω (s. Anm. 7), S. 777ff.
27 Vgl. Röm 1,11f.
28 Zu Einzelheiten im Überblick vgl. O. Merk, Handeln aus Glauben (s. Anm. 20), S. 54ff; Ders., Zur Christologie (s. Anm. 17), S. 107.109; zur Gesamtauslegung vgl. T. Holtz, 1.Thess (s. Anm. 6), S. 208–239; I.H. Marshall, Election and Calling to Salvation in 1 and 2 Thessalonians, in: The Thessalonian Correspondence (s. Anm. 4), S. 259ff, bes. 266ff (passim); H.J. de Jonge, The Original Setting of the ΧΡΙΣΤΟΣ ΑΠΕΘΑΝΕΝ ΥΠΕΡ Formula, in: ebd., S. 229ff, bes. S. 233; zu einigen Aspekten auch M. Lautenschlager, Εἴτε γρηγορῶμεν εἴτε καθεύδωμεν. Zum Verhältnis von Heiligung und Heil in 1 Thess 5,10, ZNW 81, 1990, S. 39ff, bes. S. 55ff.
29 T. Holtz, 1.Thess (s. Anm. 6), S. 209.

30 Die Bedeutung ›trösten‹ - so deutlich erwägend P. Siber, Mit Christus leben. Eine Studie zur paulinischen Auferstehungshoffnung, AThANT 61, 1971, S. 60 u. Anm. 167 (doch vgl. S. 59–67.13ff); ähnlich J. Chapa, Consolatory Patterns? (s. Anm. 26), S. 221. 228 u.ö. - legt sich hier trotz 4,18 nicht zwingend nahe.

31 Vgl. Griechisch-deutsches Wörterbuch zu den Schriften des Neuen Testaments und der frühchristlichen Literatur von W. Bauer, 6., völlig neu bearb. Aufl., hg. v. K. Aland und B. Aland, 1988, s. v. εἰς, Abschn. 5a (Sp. 467).

32 So W. Schenk, Art. ἐρωτάω, EWNT II, Sp. 145.

33 Bauer-Aland, Wörterbuch (s. Anm. 31), Sp. 1128.

34 So M. Seitz/H.-G. Link, Art. κόπος κτλ., ThBNT II/1, 1969, S. 837; ähnlich in der Entfaltung J. Roloff, Art. Amt IV. Im Neuen Testament, TRE II, 1978, S.520f.

35 So B. Reicke, Art. Προΐστημι, ThWNT VI, 1959, S. 700ff (Zitat: 701f).

36 Vgl. zu manchen Einzelheiten K. Schäfer, Gemeinde als »Bruderschaft« (s. Anm. 3), S. 407ff; B.C. Johanson, To All the Brethren. A Text-linguistic and Rhetorical Approach to 1 Thessalonians, CB.NT Ser. 16, 1987, S. 136ff.137 Anm. 660 u.ö. unter vornehmlich im Untertitel genannten Gesichtspunkten; A.J. Malherbe, ›Pastoral Care‹ (s. Anm. 13), S. 388f.

37 »In 1 Thess 5,12 wird um Anerkennung geworben für alle in der Gemeinde, die sich der Mühe unterziehen, Fürsorge zu übernehmen für die Gemeinde als ganze oder für Teilbereiche des Gemeindelebens«, so J. Hainz, Gemeinde des Gekreuzigten. Skizze zur paulinischen Ekklesiologie, in: Theologie im Werden (s. Anm. 12), S. 329ff (Zitat: 341).

38 Vgl. auch H.S. Hwang, Die Verwendung (s. Anm. 19), S. 34f.

39 Daß τὸ ἀγαθόν den Willen Gottes meint (vgl. 4,3; 5,18; Röm 12,2) darf begründet vermutet werden, so ansprechend T. Holtz, 1.Thess (s. Anm. 6), S. 256.

40 F. Laub, Eschatologische Verkündigung und Lebensgestaltung nach Paulus. Eine Untersuchung zum Wirken des Apostels beim Aufbau der Gemeinde, BU 10, 1973, S. 202.

41 A.J. Malherbe, ›Pastoral Care‹ (s. Anm. 13), S. 391.

42 Vgl. auch die wichtigen Auflistungen zu den maßgebenden Begriffen bei M. Adinolfi, La prima lettera (s. Anm. 20), S. 263–291.

43 Vgl. M. Seitz, Praxis des Glaubens. Gottesdienst, Seelsorge und Spiritualität, (1978) ³1985; Ders., Erneuerung der Gemeinde. Gemeindeaufbau und Spiritualität, (1985) ²1991; Ders., Begründung, Probleme und Praxis der Seelsorge, in: ThR 54, 1989, S. 335ff (passim).

1 Thessalonicher 2,1-12: ein exegetisch-theologischer Überblick

Paper for Studiorum Novi Testamenti Societas, 51th General Meeting,
Strasbourg, August 6-10, 1996

Traugott Holtz zum 65. Geburtstag am 9. Juli 1996
in dankbarer Verbundenheit zugeeignet

Vor fast 100 Jahren hat Friedrich Zimmer (1855-1919) in einer noch heute bedenkenswerten Studie über den anstehenden Textabschnitt ausgeführt, daß "der sorglichen Exegese der Thessalonicherbriefe ein reiches, noch nicht abgeerntetes Feld erwachsen" sei, und zu unserem Abschnitt erklärt, daß er "weit davon entfernt ist, wirklich verstanden zu sein".[1] Seine eigenen Ausführungen lassen bescheiden werden: Sie berühren fast alle exegetischen Fragen, die auch gegenwärtig in diesen Versen virulent sind. Ein exegetisch-theologischer Überblick kann selbstverständlich weder auf epistologische und rhetorische Gesichtspunkte noch auf den Hintergrund von 1Thess 2,1-12 verzichten, auch wenn zu diesen Fragestellungen die Referat-Vorgaben der verehrten Herren Kollegen K. P. Donfried und T. Holtz es ermöglichen, nur wenige für das eigene Referat unentbehrliche Hinweise zu geben.

1. Hinführung zum Thema

a) Zunächst ist der Rahmen etwas weiter und auch mehr thetisch abzustecken.

Paulus mußte die Gemeinde offenbar plötzlich verlassen (2,17), in Sorge um sie schickt er seinen Mitarbeiter (und später Mitabsender des Briefes) Timotheus nach Thessalonich, während er selbst über Athen offenbar nach Korinth (wie begründet erschlossen werden kann) weiterreist (3,1ff.). Nach Rückkehr des Timotheus und dessen beruhigende Nachrichten über die Lage der Gemeinde verfaßt Paulus den 1Thess (3,6ff.), wobei ihr guter Stand im Glauben die Rückerinnerung an die Anfangs- und Gründungszeit vertieft haben mag.

---

1 Friedrich Zimmer, 1Thess. 23-8 erklärt, in: Theologische Studien. Herrn Wirkl. Oberkonsistorialrath Professor Dr. Bernhard Weiss zu seinem 70. Geburtstage dargebracht, 1897, S. 248-283, Zitat: 248f.

Berechtigte Rekonstruktion der paulinischen Missionarstätigkeit läßt den
1 Thess im Jahre 50 abgefaßt sein, nachdem die Gemeinde in Thessalonich
etwa ein Jahr zuvor (49 n.Chr.) gegründet wurde.[2] Ist diese Sicht nicht unbegründet, dann ist aber auch - was sehr viel seltener berücksichtigt wird - festzuhalten, daß der Apostelkonvent in Jerusalem bereits vorausging, also die
Übereinkunft über das gesetzesfreie Evangelium, das Paulus verkündigte und
praktizierte, stattgefunden hatte.[3] Auch die Gründung der Gemeinde in Thessalonich und des Paulus mutmaßlich ältester Brief stehen unter diesem Vor-
zeichen.

b) Für unsere Überlegungen gehe ich von der literarischen Einheit des 1 Thess
aus und verstehe themabezogen 1 Thess 1,2-2,16; 3,2b-5a (und weitere Abschnitte aus Kap 3-5) nicht als nachpaulinisch-redaktionelle Stücke, die in
einen echten Paulusbrief an die Thessalonicher eingefügt wurden[4], bleibe also
auch hier im Konsens der überwiegenden Forschungsmeinung. Mit diesen
beiden Vorgaben ist ein exegetisch-theologischer Überblick über 1 Thess 2,1-
12 nicht in der Weise vorbelastet, daß im folgenden Fehlurteile geradezu vor-
programmiert wären, kann und muß doch ohnehin von der Endgestalt unseres
Briefes und somit von der synchronen Ebene her ausgegangen und exegetisch
argumentiert werden.

---

2   Vgl. zu diesem weitgehenden Konsens, aber auch zur divergierenden Forschungslage
    im Überblick, z.B. W. G. Kümmel, Einleitung in das Neue Testament, 211983, § 14;
    bes. S. 221ff.; U. Schnelle, Einleitung in das NT, 21996, S. 63ff., bes. S. 63 Anm. 82;
    durch Überpointierung schon wieder unkritisch W. Schmithals, Methodische Erwägun-
    gen zur Literarkritik der Paulusbriefe, ZNW 87, 1996, S. 57 Anm. 2: "Die Hartnäckig-
    keit, mit der auch ohne weitere Prüfung der Argumente im Konsens feststeht, daß der
    Erste Thessalonicherbrief schon während der 2. Missionsreise geschrieben wurde,
    scheint mir vor allem in dem Interesse begründet zu sein, wenigstens einen Brief des
    Paulus aus einem anderen Zeitraum vorweisen und damit scheinbar dem Problem ent-
    gehen zu können, daß im übrigen die Briefe aus einem sehr begrenzten Zeitraum
    stammen".
3   Vgl. ebenfalls im Überblick: T. Holtz, Die Bedeutung des Apostelkonzils für Paulus, in:
    ders., Geschichte und Theologie des Urchristentums. Gesammelte Aufsätze, hrg. v. E.
    Reinmuth u. Chr. Wolff, WUNT 57, 1991, S. 140ff. ders., Paulus, Jerusalem und die
    Wahrheit des Evangeliums. Beobachtungen zu Gal 1 und 2, in: Nach den Anfängen
    fragen, FS G. Dautzenberg zum 60. Geburtstag, hrg. v. C. Mayer, Kh. Müller, G.
    Schmalenberg, GSThR 8, 1994, S. 327ff.
4   So Chr. Demke, Theologie und Literarkritik im 1. Thessalonicherbrief, in: Festschrift
    für Ernst Fuchs, hrg. v. G. Ebeling, E. Jüngel, G. Schunack, 1973, S. 103ff. 115ff. 123;
    zur Literarkritik der Thess W. Schmithals, Die Briefe des Paulus in ihrer ursprüngli-
    chen Form, ZWB 1984, S. 111ff., bes. 119ff.; ders; ZNW 1996, S. 77 Anm. 92 (6); 80
    Anm. 105 (unter S. 81) [zu weitgehend]: "Wer die literarische Verfassung des 1 Thess...
    mit einer Eigenart des Briefschreibers Paulus erklärt, muß indessen bedenken, daß er
    Paulus zu einem Autor macht, an den man die üblichen literarischen Maßstäbe über-
    haupt nicht anlegen darf".

2. Zur gegenwärtigen Orientierung über 1Thess 2,1-12

a) Zum sachlichen Verstehen des Abschnitts 2,1-12 ist 2,17 (-20) als Interpretationshilfe heranzuziehen. Paulus beginnt einen neuen Abschnitt, wie der Einsatz ἡμεῖς δέ, ἀδελφοί zeigt, und bleibt doch beim Thema. In metaphorischer Sprache führt er in 2,17 aus, daß er die Gemeinde abrupt verlassen mußte. ἀπορφανισθέντες ἀφ' ὑμῶν[5] drückt im Passiv den Zustand des Verwaistseins als eines erlittenen aus und gibt in dieser sprachlichen Form auch zu erkennen: Es ist ein Verwaistsein ohne eigenes Verschulden. Paulus - auf ihn bezieht sich die Pluralform (vgl. 2,18) - wurde verwaist, von seiner Gemeinde getrennt. Er hat dazu nicht den Grund gegeben, er hat die Gemeinde nicht aus freien Stücken verlassen. Seine mehrfachen intensiven Versuche, diese wiederzusehen, sind fehlgeschlagen. Konkrete Gründe werden nicht genannt (2,18). Im Ergebnis: Auch seine Gemeinde in Thessalonich ist eine unschuldig verwaiste (vgl. 2,7f.11).[6] Das verbindet den verwaisten Paulus mit seiner Gemeinde, so wie der entfernte Gemeindegründer 'im Herzen' und das heißt im Geiste bei ihr ist (vgl. 1Kor 5,3). Mit und in der Gemeinde sieht er eschatologische Erwartung gegründet (2,19b.20). Der Anlaß des Briefes bleibt mit der Gründung der Gemeinde verbunden. Das impliziert, den 'Anfang' im Horizont der Verbindung, der Gemeinsamkeit, im Existentiellen und darin Zukunftsweisenden für Gemeinde und Gemeindegründer rückerinnernd zu vergegenwärtigen.

b) Abgrenzung und innere Gliederung des Abschnitts greifen ineinander, doch soll zunächst ein Blick auf die äußere Abgrenzung geworfen werden. Gängigerweise - und so auch für unsere SNTS-Seminargruppe vorgegeben - wird 1Thess 2,1-12 als geschlossener Abschnitt angesehen. Dieser Abschnitt aber hat seinerseits eine inhaltlich-sachbezogene Verbindung zu Kap.1, gehört in die Danksagung von 1,2 an und gewinnt inneren Bezug zur Gemeindegründung durch die Ausführungen von 1,4ff. - Desgleichen ist unser Abschnitt offen zu 2,13-16. Zwar setzt 2,13 innerhalb der Danksagung 1,2-3,13 neu ein, doch dieser Vers ist sachbezogen sowohl mit 1,5 als auch mit 2,4 enger verbunden, er erweist sich aber auch als sinnvolle Zusammenfassung vieler Hinweise in 2,1f.5f., cum grano salis mit 2,1-12, während 2,14 (2,15f.) zu 2,2 (1,6) näherhin Bezug hat und im übrigen Beispiel und Vergleich für die bzw. zwischen der Lage der jungen Gemeinde in Thessalonich und christlichen Gemeinden in Judäa herstellen will. So ist erst mit 2,17 ein deutlicherer Neueinsatz gegeben, der aber inhaltlich, wie angeführt, die Gründungssituation im

---

5   Vgl. O. Seesemann, Art. ὀρφανός, ThWNT 5, 1959, S. 486ff.; B. Rigaux, Saint Paul. Les Épîtres aux Thessaloniciens, ÉB, 1956, S. 457f.

6   Vgl. die tiefgreifende Auslegung von H. Schlier, Der Apostel und seine Gemeinde. Auslegung des Ersten Briefes an die Thessalonicher, 1972, S. 42ff.

Blick behält. Gleichwohl ist für diese Gründungssituation die literarische Abgrenzung im Differenzieren noch zu vertiefen:

Eine Durchsicht der Forschung zur Gliederung des 1Thess ergibt, daß 2,1-12 weithin als Teileinheit in einem größeren Gesamtabschnitt gesehen wird. Dies gilt swohl für diejenigen, die nicht mit Konzeptionen der Rhetorikforschung arbeiten, so zumeist die älteren Ausleger, als für die, die 1Thess unter rhetorischen Gesichtspunkten strukturieren. Allerdings zeichnet sich dabei ab, daß sowohl bei herkömmlicher als auch bei rhetorischer Gliederung 2,1-12 und 2,13-16 oftmals in einer aufeinander bezogenen Sinneinheit gesehen werden und dies auch gliederungsmäßig hervorgehoben wird.[7] In diesem Sinne des Zusammenordnens von 2,1-16 nenne ich als Beispiele aus der herkömmlichen äteren wie neueren Forschung W. Bornemann[8], B. Rigaux[9], W. Marxsen ("Apologie des Evangeliums (2,1-16))"[10], T. Holtz (mit der ausdrücklichen Feststellung: "Der Textzusammenhang 2,1-12 erwies sich insgesamt von einem Thema bestimmt"[11]).

Als Beispiele rhetorischer Gliederung nenne ich F.W. Hughes, der aus dem Gesamtabschnitt "Narratio" (2,1-3,10) die Untereinheit "2,1-16 B. A description of Paul's first εἴσοδος to the Thessalonians" heraushebt[12], ein Ergebnis, dem sich auch K.P. Donfried anschließt.[13] Gerade linguistische und rhetorische Forschung bestätigt die herkömmliche Sicht mit dem Nachweis, daß in einem größeren Gesamtrahmen 2,1-12 als ein in sich geschlossenerer Abschnitt aus seiner Eigenaussage verstanden werden kann, wie etwa B.C. Johanson zeigt[14] und auch die hervorragende Übersicht von R. Jewett verdeutlichen kann.[15] Im Ergebnis bleibt es also berechtigt, 2,1-12 für sich auszulegen,

---

7 Eine deutlichere Trennung von 2,1-12 als zum "Briefeingang" (1,1-2,12) gehörend von 2,13-16 als im "Briefkorpus" (2,13-5,11) befindlich betont U. Schnelle, Einl. (s. Anm. 2), S. 65. Eine ähnliche Aufteilung bietet J.L. Hill, Establishing the Church in Thessalonica, Diss. Ph. Duke University 1990 (masch.schriftl.), S. 7ff., aber mit ausdrücklichem Hinweis auf die letztlich enge Verklammerung von besonders 2,13-3,10 zum Voranstehenden [S. 9f.; vgl. auch S. 146ff.].

8 W. Bornemann, Die Thessalonicherbriefe, KEK X, 5.61894, S. 71ff.

9 B. Rigaux, Thess (s. Anm. 5), S. 297ff. 434ff.

10 W. Marxsen, Der erste Brief des Paulus an die Thessalonicher, ZÜB. NT 11,1, 1979, S. 28; vgl. ebd. S. 42ff.

11 T. Holtz, Der erste Brief an die Thessalonicher, EKK XIII, 1986, S. IX.32.92 (Zitat).

12 F.W. Hughes, The Rhetoric of 1Thessalonians, in: R.F. Collins (ed.), The Thessalonian Correspondence, BEThL 87, 1990, S. 94-116 (S. 110: Zitat).

13 K.P. Donfried, The Theology of 1Thessalonians, in: ders./I.H. Marshall, The Theology of the Shorter Pauline Letters, 1993, S. 5ff.

14 B.C. Johanson, To All Brethren. A Text-Linguistic and Rhetorical Approach to 1Thessalonians, CB.NT 16, 1987, S. 89ff.99.157.164ff.

15 Vgl. R. Jewett, The Thessalonian Correspondence. Pauline Rhetoric and Millenarian Piety, 1986, S. 216.218.220; zu Jewetts eigener Sicht S. 71ff. (bes. S. 73); vgl. auch instruktiv zur Forschungslage Ch. A. Wanamaker, The Epistle to the Thessalonians. A

dabei aber den Kontext für Rekonstruktion und Interpretation des Abschnitts im Blick zu behalten.[16] Doch sind damit die Fragen der äußeren Abgrenzung und Gliederung des Abschnitts nicht vollständig berücksichtigt. Hierfür mögen zwei Beispiele stehen: Erstens: T. Holtz hat zutreffend gezeigt, daß 2,13 nicht - wie einst E.v. Dobschütz meinte - mit 2,10-12 zu einer "Untereinheit" verbunden werden kann[17] und somit 2,1-13 nicht einen geschlossenen Abschnitt mit V. 13 als "dem letzten Trumpf in seiner [sc. des Paulus] Apologie" bildet, so gewiß auch nach v. Dobschütz 2,13 den Kerngehalt der Ausführungen von 2,1 an aufnimmt.[18]

Zweitens: R. Bultmann hat in handschriftlichen Aufzeichnungen zum 1Thess in seiner frühen Dozentenzeit 2,1-12 als einen in sich gefügten, aber in eine größere Danksagung eingebetteten Abschnitt gefaßt und ihn teilweise in diesem weiteren Zusammenhang interpretiert.[19] Jahrzehnte später (1946/47) hat er, wie erst jetzt aus weiteren Manuskripten bekannt wird, folgende Gliederung erörtert: "1,4-2,4 Erinnerung an das Wirken in Thessalonich, an die Haltung der Gemeinde und an den Erfolg der Arbeit des Apostels"; "2,5-12 Apologie der Unantastbarkeit der Persönlichkeit des Paulus".[20] Bultmann geht es offensichtlich um eine auch in der Gliederung zur Geltung kommende breitere und als Einheit zu fassende Rückerinnerung des Paulus an den Gründungsaufenthalt, damit aber um eine interpretatorische Frage der Gliederung im Rahmen einer erweiterten Danksagung 1,2-3,13 (="Erweitertes Proömium mit Untergliederung").[21]

Commentary on the Greek Text, NIGTC, 1990, S. 90ff. und - unter weiteren eigenen Akzentsetzungen - D. Patte, Paul's Faith and the Power of the Gospel. A Structural Introduction to the Pauline Letters, 1983, S. 140ff.: "Paul's Relationship to the Thessalonians (2:1-12)".

16 Vgl. dazu neuestens auch S. Schreiber, Paulus als Wundertäter. Redaktionsgeschichtliche Untersuchungen zur Apostelgeschichte und den authentischen Paulusbriefen, BZNW 79, 1996, S. 252ff.

17 T. Holtz, Thess (s. Anm. 11), S. 65 u. Anm. 223 ebd.

18 E.v. Dobschütz, Die Thessalonicher-Briefe, KEK X, (1909) Nachdruck 1974, S. 82ff. 103 (Zitat).

19 Vgl. O. Merk, Zu Rudolf Bultmanns Auslegung des 1. Thessalonicherbriefes, in: Glaube und Eschatologie. Festschrift für W.G. Kümmel zum 80. Geburtstag, hrg. v. E. Gräßer u. O. Merk, 1985, S. 189ff., bes. 192ff.

20 Vgl. die Nachweisungen bei B. Jaspert, Sachgemäße Exegese. Die Protokolle aus Rudolf Bultmanns Neutestamentlichen Seminaren 1921-1951, MThS 43, 1996, S. 116; dort auch zur weiteren Gliederung des 1Thess: "2,13-16 Erneutes Aufgreifen des Dankmotivs: Dank an Gott für die Standhaftigkeit der Gemeinde"; "2,17-3,10 Versicherung des Gedankens: Die Wiedersehenssucht des Apostels ist die Begründung der Entsendung des Timotheus"; "3,11-13 Motiv der Fürbitte, damit Ende des erweiterten Proömiums". Die weiteren Gliederungen zu 1Thess (2Thess) können hier unberücksichtigt bleiben.

21 ebd.

c) Die innere Gliederung nötigt, Situation, Hintergrund und rhetorische Vorgaben miteinander in Beziehung zu setzen, da Struktur und Sachanliegen ineinandergreifen. Das methodisch Gebotene ist jedoch hier inhaltlich nur begrenzt aufzunehmen, da der Forschungsstand gegenwärtig weitgehend aufgearbeitet und auch in seinen religionsgeschichtlichen Parallelen gründlich bedacht ist.

Schon vor dem Erscheinen seines Kommentars bot T. Holtz eine eindringende und aufschlußreiche Analyse, Satzbau, Argumentationsweise und Umfeld der Ausführungen in 1Thess 2,1-12 berücksichtigend.[22] Die vielfachen Beiträge zur Bestimmung der Briefgattung führten auch zu Sachentscheidungen über den anstehenden Abschnitt, und rhetorische Analysen waren Vorgabe für inhaltliches Verstehen.

Die weitgreifendste, auch kommunikationstheoretische Gesichtspunkte einbeziehende Zusammenfassung und Erörterung bietet J.L. Hill in ihrer Dissertation "Establishing the Church in Thessalonica" (1990).[23] Sie zeigt, wie in 2,1-12 "Nonverbal Communication" in "Accommodations", in des Paulus Wirken und in seiner Person mit "Verbal Communication" zusammentreffen und nach dem einführenden Vers 1Thess 2,1 darum sowohl "a Series of Contrasts" in 2,2-8 als auch "a Series of Positive" (gemeint sind positive "Statements" in 2,9-12) sachbedingt begegnen[24] und diese durch "Paul's verbal communication" die sachkritische Tiefenschärfe erhalten.[25] Denn die paulinische Verkündigung (die Mahnen und Lehren einschließt) stößt gleichsam das Tor auf, die Begrifflichkeit diverser Wanderprediger verschiedenster Provenienz kritisch einzuschäzen und so das Anliegen des Paulus als des von solchen Leuten geschiedenen Gemeindegründers klar hervortreten zu lassen, ohne daß ein unmittelbar in der Situation begründeter Anlaß dazu vorliegt.[26] Gewinnen J.L. Hills wichtige und erhellende Gesichtspunkte ihre Argumentationskraft auch mehrfach erst durch Zuhilfenahme des ganzen 1Thess, ist manches auch überdeutet und zielen ihre Ausführungen letztlich auf eine sozialgeschichtliche Standortbestimmung der Gemeinde zu Thessalonich, so hat sie doch zum Verständnis von 1Thess 2,1-12 nicht unwesentlich beigetragen und Hinweise gegeben, die fast gleichzeitig in verschiedenen Untersuchungen im europäischen Raum erörtert wurden.

---

22 T. Holtz, Der Apostel des Christus. Die paulinische 'Apologie' 1Thess 2,1-12, in: Als Boten des Gekreuzigten. FS W. Krusche (1982), jetzt in: ders., Geschichte und Theologie des Urchristentums (s. Anm. 3), S. 297ff.
23 J.L. Hill, Establishing the Church (s. Anm. 7), S. 71-140.
24 J.L. Hill, aaO, S. 83ff.91ff.95ff.110ff.; vgl. auch B.C.Johanson, To All Brethren (s. Anm. 14), S. 87ff.
25 J.L. Hill, aaO, S. 119ff.
26 J.L. Hill, aaO, S. 83ff.

So hat J. Schoon-Janßen in seiner Dissertation, die er im vorigen Jahr in Prag in unserer Seminargruppe vorstellte, mit wichtigen Gründen für 1Thess vielfach "Anklänge an die Topik des antiken Freundschaftsbriefes" aufgezeigt und "die Redegattung" "auf Grund der Topoi von Lob (und weniger Tadel) sowie dem Leitaffekt der Liebe" "am ehesten als epideiktisch" gekennzeichnet.[27] Dabei differenziert und beurteilt er mit Umsicht die "Elemente(n) des Diatribe-Stils" für 1Thess insgesamt und kommt zu dem Ergebnis, daß in 1Thess 2,1-12 eine "potentielle Apologie" vorliege, nämlich, daß bei genauer Prüfung sich Paulus nach diesem Abschnitt gar nicht verteidige (verteidigen müsse).[28] Das heißt: Paulus zeigt sich in 1Thess 2,1-12 "als einen Christen, der sich der sowieso schon intakten Gemeinde in Thessalonich als ein Mut machendes Vorbild in einer Zeit von Bedrückungen und Bedrängnissen anbietet"[29]. Seine Gliederung ist in der Sache ähnlich der von J.L. Hill, auch wenn er nach 2,1 als Rahmenvers für 2,2-12 dreimal den Abschnitt untergliedert in 2,2-4 (die von Gott geleitete Mission), 2,5-8 ("rückblickend... konkretere Aussagen", besonders in V. 5b), 2,9-12 (positives Herausstellen der wichtigsten Punkte aus 2,1-8).[30] Auch darin trifft er sich mit J.L. Hills Darlegungen, daß durch die Heranziehung religionsgeschichtlicher Parallelen gerade die ins Grundsätzliche führende Abgrenzung des Paulus gegenüber zeitgenössischen Wanderpredigern jedweder Art erkennbar wird.[31]

Flankierend zu diesen beiden, im Sachanliegen aufeinander zugehenden Beiträgen ist unter dem Aspekt "Kommunikation und die Entstehung von Gemeinden", worauf schon J.L. Hill verwies, durch R. Reck 1Thess 2,3-8 auf Struktur und Aussagegehalt analysiert worden.[32] Er verweist, von der bisherigen Forschung schon gut beobachtet[33], auf die den Abschnitt bestimmende "Opposition von οὐκ - ἀλλά... bis in die Nebensätze hinein, wobei rhetorisch

---

27 J. Schoon-Janßen, Umstrittene "Apologien" in den Paulusbriefen. Studien zur rhetorischen Situation des 1. Thessalonicherbriefes, des Galaterbriefes und des Philipperbriefes, GThA 45, 1991, S. 52; vgl. S. 63.

28 J. Schoon-Janßen, S. 39-65.

29 J. Schoon-Janßen, S. 63.

30 J. Schoon-Janßen, S. 56f.

31 In beiden Dissertationen ist die zentrale Bedeutung der Überlegungen von J.A. Malherbe, "'Gentle as a Nurse': The Cynic Background to 1Thessalonians 2" (ursprgl. 1970), in: ders., Paul and the Popular Philosophers, 1986, S. 35-48, ebenso nachweisbar, wie G. Lyons' sorgfältige Prüfung von 1Thess 2,1-12 in seinem Werk "Pauline Autobiography. Toward a New Understanding", SBL Diss.Ser. 73, 1985, S. 177ff., bes. 189ff. von Gewicht ist.

32 R. Reck, Kommunikation und Gemeindeaufbau. Eine Studie zur Entstehung, Leben und Wachstum paulinischer Gemeinden in den Kommunikationsstrukturen der Antike, SBB 22,1991. Unter stärkerer Berücksichtigung der Wortanalyse in 1Thess 2,3-8 vgl. schon F. Zimmer (s. Anm. 1), passim.

33 Vgl. etwa T. Holtz, Der Apostel des Christus (s. Anm. 22), S. 300ff. und die dort Genannten.

geschickt die abgelehnte Haltung jeweils voransteht. Paulus distanziert sich
von Täuschung und Unreinheit als Hintergrund (ἐκ/ἐξ) seiner Arbeit, von
List, Schmeichelei und apostolischer Kraftmeierei als Methoden (ἐν), von Lob
und Wohlgefallen der Menschen" (2.3.5.6); "er betont dagegen seine Verwal-
terschaft" (2,4), "seine Verantwortung vor Gott, die sich praktisch in einer
mütterlich-fürsorglichen Liebe ausdrückt" (2,7). Daraus ergibt sich: "Die
Liebe als tragende Grundhaltung" erweist sich als "Basis dafür, daß die Kommunikation des Evangeliums nicht rein kognitiv geschieht, sondern an die
Kommunikation des Lebens gebunden bleibt" (2,8). Daran knüpft sich R.
Recks entscheidende Folgerung: "Solch intime und damit letztlich auch
schutzlose Art der Verkündigung ... ist so sehr dem Wesen des Evangeliums
gemäß, daß auf diese Weise die Methode selbst Teil der Botschaft wird und
umgekehrt die Botschaft auch in der Methode Gestalt gewinnt: die Methode
kommuniziert analog-nonverbal, was digital-verbal die Botschaft im Wort
enthält". "Dem entspricht es durchaus, daß der Apostel das Evangelium mit
vollem Engagement ausrichtet und mit Entschiedenheit verteidigt".[34]
      In diese Gesamtrichtung verweist auch R. Gebauer[35], der mit J. Schoon-
Janßen in 2,1-12 ebenfalls eine "potentielle Apologie" sieht. Durch 2,1 ist eine
Verknüpfung zu 1,9f. gegeben. Durch 2,3 (in unmittelbarem Bezug auf 2,2.4)
wird "die Ausrichtung des Evangeliums" "als Vollzug apostolischer
παράκλησις" umschrieben als "Verkündigung der Missionsbotschaft", wobei
die "singuläre Wortwahl auf eine besonders zusprechende und den 'aktuellen
Anspruch' des Evangeliums zur Geltung bringende Art der Vermittlung
schließen" läßt. Das wird unter verschiedenen Aspekten - etwa in 2,7f. - deutlich und mündet in seelsorgliche "Zuwendung" und "Begleitung" in 2,11f. "So
wie er [sc. Paulus] in 1,9f mit der Wiedergabe der Missionsbotschaft auf die
Bekehrung der Thessalonicher abzielt, läßt er den Abschnitt 2,1-12 mit dem
abschließenden Hinweis auf seine väterliche Ermahnung (V. 11f) auf die - die
Bekehrung vertiefende - apostolische Paraklese hinauslaufen. Denn darin unterscheidet er sich in 'entscheidenden Elementen'[36] seines Wirkens grundlegend
von dem Vorgehen von Wanderphilosophen und Rhetoren".[37]
      Schon diese wenigen angeführten neueren Positionen (seit 1990) zur inne-
ren Gliederung von 2,1-12 bestätigen bei sicher auch nachweisbaren Unterschieden und jeweils eigenen Akzentsetzungen der Genannten den überlegten
Aufbau des Abschnittes. Das eingangs problematisierte methodische Sachan-

---

34 R. Reck, S. 165ff., bes. 174f. (dort Zitate [Hervorhebung im Original]); vgl. auch den
     zentralen Abschnitt: "Das Evangelium als initiative Kraft der urchristlichen Kommuni-
     kation" (S. 162ff. u.ö.; zum ganzen auch S. 318ff.).
35 R. Gebauer, Paulus als Seelsorger. Ein exegetischer Beitrag zur Praktischen Theologie,
     CThM A 18, 1997.
36 Verweis auf T. Holtz, 1Thess, S. 89 bei Gebauer.
37 R. Gebauer, S. 95f. (Zitate); vgl. auch ebd. S. 250f.257 u.ö.

liegen des Ineinandergreifens von Situation, Hintergrund und Rhetorik hat sich vornehmlich dahin verdichtet, daß die rhetorischen Elemente das theologische Anliegen in den Ausführungen des Paulus verdeutlichen und somit hermeneutische Funktion haben, nicht aber die Basis des Abschnittes ausmachen.

3. Exegetisch-theologischer Überblick über 1Thess 2,1-12

2,1: Mit dem betonten Wissen der Thessalonicher[38] - Paulus kann dies gleichsam 'abrufen' und so Erinnerung vergegenwärtigen - steht die Gründung der Gemeinde im Blick und damit der εἴσοδος des Paulus bei ihnen. Durch γάρ stellt Paulus die Verbindung zum soeben Dargelegten her. Es weist zunächst, wie auch εἴσοδος, auf 1,9 und von dort durch weitere Verknüpfungen zurück zu 1,4. Denn 1,4 erhält seine Explikation in 1,5-8.[39] Paulus schreibt an die von Gott Geliebten, die um ihre Erwählung durch Gott wissen. Erwählung und Gemeindegründung gehören zusammen, denn im Wort, durch das im Evangelium verkündigte Heilshandeln Gottes in Christus, sind sie erwählt. Der vielfache Bezug auf das Evangelium im Zusammenhang der Rückerinnerung an die Gründung der Gemeinde bestätigt dies (1,5; 2,2.4.9).[40] Vielleicht kann man den Bezug von 2,1 zu 1,4 noch weitgreifender fassen. E. Reinmuth hat nämlich bedenkenswert - aber m.E. so nur für 1Thess nachweisbar - deutlich gemacht, daß "nicht vergeblich" (wie es auch in 2,1 zur Geltung kommt), das "Zum-Ziel-Kommen der Erwählung Gottes, deren Gestalt die Gemeinde ist", meint. In der "Christusverkündigung des Paulus" realisiert sich "Erwählungshandeln(s) Gottes", ja "um der Identität Gottes willen kann sein erwählendes und rettendes Handeln nicht vergeblich sein".[41] Die ἐκλογή Gottes verbindet sie beide, die Thessalonicher und ihren Gemeindegründer, und Paulus steht für dieses "nicht vergeblich" in seinem missionarischen

---

38   Zu Einzelheiten vgl. T. Holtz, 1Thess, S. 66; Rigaux, Thess, S. 399f.

39   Vgl. auch die Erwägungen bei A.-M. Denis, L'Apôtre Paul, Prophète 'messianique' des Gentiles. Étude thématique de 1Thess II, 1-6, EThL 33, 1957, S. 245.247ff.

40   Vgl. J. Becker, Die Erwählung der Völker durch das Evangelium. Theologiegeschichtliche Erwägungen zum 1Thess, in: Studien zum Text und zur Ethik des Neuen Testaments. FS H. Greeven, hrg. v. W. Schrage, BZNW 47, 1986, S. 82ff. = ders., Annäherungen. Zur urchristlichen Theologiegeschichte und zum Umgang mit ihren Quellen, BZNW 76, 1995, S. 79ff.; ders., Paulus. Der Apostel der Völker, 1989, S. 138ff. (passim); O. Merk, Nachahmung Christi. Zu ethischen Perspektiven in der paulinischen Theologie, in: Neues Testament und Ethik. Für Rudolf Schnackenburg, hrg. v. H. Merklein, 1989, S. 172ff., bes. 193ff.

41   So E. Reinmuth, 'Nicht vergeblich' bei Paulus und Pseudo-Philo, Liber Antiquitatum Biblicarum, NT 33, 1991, S. 97-123 (Zitate: S. 123).

Dienst, mit seiner Verkündigung, mit seinem Dasein. Dieses letzten Bezuges
bedarf es, um zu verstehen, daß Paulus in 2,2 mit ἀλλά fortfährt.

Doch hier ist einen Augenblick innezuhalten, denn der eindeutig sachliche
Bezug zu Kap. 1 erlaubt eine weitere Beobachtung: So sehr das missionarische
Anfangsgeschehen, das zur Gemeindegründung führte, eine Einheit ist, läßt es
sich vielleicht doch in zwei sich engstens berührende Phasen gliedern. Die
erste Phase/-Berührung mit den Thessalonichern hält 1,9f. fest: Ihre Abwendung von den Heiden, wofür in 1,10 Stichworte solcher Eingangsverkündi-
gung genannt werden, um den neuen Glauben anzuzeigen. Diesem Anfang
aber geht die sofort einsetzende zweite Phase einher, was Paulus mit der Verkündigung (κηρύσσειν 2,9) des Evangeliums (Gottes) (1,5; 2,2.4.8.9) an die
soeben Christen gewordenen kennzeichnet. Es ist die entfaltete Botschaft,
deren Wirkung in der jung gegründeten Gemeinde zu Thessalonich eindeutig
ist (1,6-8). Erst diese Phase, die zeitlich sicher einige Wochen (Monate) voraussetzt, ermöglicht zu erkennen und als Wissen zu bündeln, daß sich Paulus
als Missionar eindeutig von Wanderpredigern, herumreisenden Philosophen,
Vertretern diverser religiöser Kulte unterscheidet.

Damit aber verbindet sich ein Doppeltes:

a) Die Missionierung, die zu einer Gemeindegründung führt, ist in sich differenzierter zu sehen, auch wenn Paulus in seinen Briefen nur relativ wenige
direkte Hinweise dafür gibt.

b) Die Botschaft des Evangeliums beschränkt sich nicht auf die in 1,10 genannten Punkte. Evangelium greift weiter. Auch darum ist Rückerinnerung an
die Gemeindegründung nicht nostalgisches Wissen um frühere Tage, sondern
gegenwartsnah in seinen Konsequenzen für Gemeinde und (besorgten) Gemeindegründer als 'Stehen im Glauben' und 'im Herrn' (3,1-8, bes. 6ff.), auch
in den Anfechtungen und Leidenssituationen (1,6; 3,3) zu sehen.

2,2: Paulus kam aus Philippi mit den dort durchlittenen Leidenserfahrungen
des Missionars um des Evangeliums willen. Er hat, wie auch die Thessalonicher wissen, durchgehalten trotz Leiden (und Vertreibung). Die selbst jetzt ἐν
θλίψεσιν stehenden Thessalonicher haben mit ihrem Christwerden einen Missionar erlebt, der die Konsequenzen des Evangeliums trägt. Die Ereignisse in
Philippi haben Paulus nicht eingeschüchtert, sondern ihm die in Gott gründende, in der Verkündigung des Evangeliums zum Ausdruck kommende innere Freiheit bewahrt, diese Botschaft unter den Thessalonichern zu verkündigen. Daß die missionarische Anfangssituation in Thessalonich äußerst schwierig und einem 'Kampf' vergleichbar gewesen wäre, läßt sich aus dem im paganen Hellenismus wie im hellenistischen Judentum häufig metaphorischen Gebrauch von ἀγών nicht erheben.[42] Ἐν πολλῷ ἀγῶνι drückt vielmehr den
ständigen Totaleinsatz des Missionars Paulus aus. Ist die metaphorische Aus-

---

42   Vgl. Belege bei G. Dautzenberg, Art. ἀγών κτλ., EWNT I, 1980, Sp. 60.

drucksweise auch hier vorliegend und keine Kampfsituation anläßlich der Gemeindegründung erkennbar, so bleibt doch folgende Frage: Hat Paulus, da er
die Gemeinde unschuldig verlassen mußte und durch andere ein 'Verwaister'
wurde (2,17), im Rückblick seine Zeit in Thessalonich so gesehen? Diese Fragestellung erscheint in neuem Licht, seit der zeitgenössisch hellenistische
Hintergrund der Begrifflichkeit für nahezu alle Begriffe in 1Thess 2,2b-7c aufgedeckt wurde, seit erkannt wurde, daß sich Paulus die Terminologie kyni-
scher Philosophen und jedweder Wanderprediger zu eigen machte, um sein
eigenes missionarisches Wirken akzentuiert und damit das maßgebend unterscheidend Neue in der Verkündigung des Evangeliums zur Geltung zu bringen. Die Fülle der Belege vom 'alten' zum 'Neuen Wettstein'[43], die wichtige
Aufarbeitung des Materials durch M. Dibelius[44] bis hin zu A.J. Malherbe[45] und
die differenzierend zu berücksichtigende Sammlung von M. Adinolfi[46] gewinnen erst dann als Analogien und Bezüge ihr Gewicht, wenn interpretatorisch
der springende Punkt für die paulinische Aufnahme dieser Begrifflichkeit erfaßt ist. Für das Material selbst ist festzuhalten: Paulus greift eklektisch auf
Einzelvorstellungen/Begriffe zurück. Dabei ist zu bedenken: Nicht rhetorische
Topik und Argumentation in Gestalt geschlossener Rede und Gedankenführ-
rung überträgt Paulus in seine Ausführungen, und überdies "ist fraglich, ob die
Auseinandersetzungen bestimmter Rhetoren in ihren öffentlichen Reden mit
anderen Philosophen (schulen) der Apologie dienen sollen".[47]

Daraus folgert W. Stegemann - und hierin kommt er oben angeführten Positionen auf andere Weise durchaus nahe -: "M.E. ist das Verständnis von 1Th
2,1-12 als einer - aktuellen oder rhetorischen - Apologie nicht aufrecht zu
erhalten." Es gehe, so führt er aus, überhaupt nicht um eine Apologie, die die
Person des Paulus betreffe, sondern es gehe, wie der Briefkontext der Danksagung zeige, um die Thessalonicher, die als Nachahmer Pauli "nun in besonderer Weise seine μιμηταί geworden" sind. Denn Pauli "Eingang" bei ihnen
"ist in prägnanter Weise Vorausdarstellung ihrer Erfahrung", nämlich jener
Erfahrungen, die ihrem Gemeindegründer zuvor in Philippi durch
"Mißhandlungen" zuteil wurden.[48]

---

43 Neuer Wettstein. Texte zum Neuen Testament aus Griechentum und Hellenismus. Band
   II. Texte zur Briefliteratur und zur Johannesapokalypse, hrg. v. G. Strecker+ u. U.
   Schnelle unter Mitarbeit von G. Seelig, Teilband 1, 1996, S. 771ff.
44 M. Dibelius, An die Thessalonicher I. II, An die Philipper, HNT 11, 3 1937, S. 7ff.
45 A.J. Malherbe, s. Anm. 31, S. 35-48.
46 M. Adinolfi, La prima lettera ai Tessalonicesi nel mondo greco-romano, Bibliotheca
   Pontificii Athenaei Antoniani 31, 1990, S. 66ff.
47 So W. Stegemann, Anlaß und Hintergrund der Abfassung von 1Th 2,1-12, in: Theologische Brosamen für Lothar Steiger, zu seinem fünfzigsten Geburtstag gesammelt von
   G. Freund u. E. Stegemann, DBAT 5, 1985, S. 397ff. 401 (Zitat).
48 W. Stegemann, Anlaß (s. Anm. 47), S. 401.415.

Mit diesem ernsthaft zu diskutierenden Ergebnis verbindet sich allerdings eine hinterfragbare Prämisse: In 1Thess 2,1-12 arbeite Paulus "die traumatische Gemeindeerfahrung (daß die Annahme des Evangeliums den Thessalonichern zum Leiden ausgeschlagen ist)" auf, und das erkläre auch "den paränetischen Unterton" dieser "Art Trauerarbeit" im vorliegenden Abschnitt.[49] Nicht erklärbar wird, wie nach dieser Deutung Paulus genötigt wurde, die Gemeinde zu verlassen, und nicht kommt zur Geltung, daß Evangelium und Leiden ursächlich zusammengehören im Kontext einer Botschaft, die auf Rettung und Heil ausgerichtet ist (1Thess 1,10; 2,12; 5,9.23f.). Paulus muß die junge Gemeinde in Thessalonich nicht erst gleichsam nachträglich darauf aufmerksam machen, daß bei Annahme des Evangeliums auch mit Leiden zu rechnen ist. In 2,1-12 fehlt vielleicht nicht zufällig das Wort θλῖψις. Das von Paulus herangezogene 'Vergleichsmaterial' dient ihm zur Herausstellung seines einwandfreien Wirkens bei der Gründung der Gemeinde. Von dieser ursächlichen Ebene aber kann eine zweite erschlossen werden: Die Wanderprediger, Goeten jedweder Art, die heidnisch-religiösen 'Missionare' und Vertreter der heimischen Kulte sind es, die die junge christliche Gemeinde und damit ihre eigenen Landsleute in Thessalonich drangsalieren. - Inwieweit und wodurch aber ist Paulus selbst 'verfolgt' worden? Paulus hat sich in Abgrenzung wie Aufnahme der Terminologie und Sprache jener Wandermissionare (etc.) bedient und ihre Begrifflichkeit für den Dienst der christlichen Mission ausgewertet. Mission und Evangelium greifen in die vielschichtige Religiosität der Welt. Die Terminologie dieser Religiosität wird dieser - zumindest teilweise - entwunden und in einem hermeneutischen Umsetzungsprozeß der Sache des Evangeliums dienstbar gemacht und auch auf diese Weise der Anknüpfung die übergreifende Kraft und Macht des Evangeliums in Tat und Wort bei des Paulus Gemeindegründungen bezeugt. Was Paulus in seinen späteren Briefen vielfach vornimmt, nämlich die Begrifflichkeit seiner Gegner in eigenem Sinne in Beschlag zu nehmen, ist im missionarischen Anliegen und Vorgehen des Paulus begründet.[50] Das ist es, was ihm Gegner schafft. Seine missionarische

---

49 W. Stegemann, ebd.
50 Vgl. O. Merk, Handeln aus Glauben. Die Motivierungen der paulinischen Ethik, MThS 5, 1968 (passim); vgl. auch die Überblicke bei K.P. Donfried, The Cults of Thessalonica and the Thessalonian Correspondence, NTS 31, 1985, S. 336ff.; ders., The Assembly of the Thessalonians. Reflections of the Ecclesiology of the Earliest Christian Letter, in: Ekklesiologie des Neuen Testaments. Für Karl Kertelge, hrg. v. R. Kampling u. Th. Söding, 1996, S. 390ff. (passim); P. Perkins, 1Thessalonians and Hellenistic Religious Praktices, in: To Touch the Text. Biblical and Related Studies in Honor of J.A. Fitzmyer, ed. by M.P. Horgan and P.J. Kobelski, 1989, S. 325ff.329; in teilweiser krititischer Auseinandersetzung mit der bisherigen Forschung H. Koester, Archäologie und Paulus in Thessalonike, in: Religious Propaganda and Missionary Competition in the New Testament World. Essays Honoring Dieter Georgi, ed. by L. Bormann, K. Del Tredici, A. Standhartinger, 1994, S. 393ff.

Anknüpfung ruft gerade religiöse Gegnerschaft auf den Plan. Denn christlicher Glaube steht nach Paulus nicht neben den zahlreichen Religiositäten der Zeit als ein weiteres Angebot, sondern durchdringt sie zur Rettung der Welt (vgl. auch 1 Thess 5,9f.). Nicht nur die Anknüpfung an die Synagoge, sondern ebenso die Anknüpfung an die heidnisch-religiöse Welt, für die Thessalonich ohnehin ein Musterbeispiel ist, ruft die Gegnerschaft der Heiden hervor. Nur: Paulus sieht das im Grundsätzlichen, auch wenn er durch ein uns nicht mehr im einzelnen rekonstruierbares (der Gemeinde in Thessalonich aber bekanntes) Vorkommnis solchen Zusammenstoßes mit der heidnisch-religiösen Welt Thessalonich verlassen mußte. Was ihm widerfahren ist, ist potentielles Widerfahrnis jeglicher missionarischer Tätigkeit, so wie das Leiden für Gemeinde und Gemeindegründer potentiell und existentiell der Annahme der Evangeliumsbotschaft, dem Stehen im Glauben inhärent ist. Auch der konkrete Fall macht das Grundsätzliche deutlich: Paulus ist von seiner Gemeinde getrennt, er ist unschuldig verwaist, weil durch sein Wirken in Thessalonich der im rettenden Evangelium liegende Widerspruch zur Welt und aller ihr eigenen Religiosität Gestalt gefunden hat.

So gewinnt παρρησιάζεσθαι (2,2), dem Sprachgebrauch jedweder Wanderphilosophen entzogen[51], seine im Evangelium gründende Bedeutung. Es drückt ein auf Gott und die Menschen hin ausgerichtetes Offensein aus[52], das im Verkündiger der Botschaft die eschatologische, zu freier Entscheidung für den Glauben herausfordernde Dimension des Evangeliums spiegeln läßt.[53] Ist die Grundlinie aufgedeckt, genügen im folgenden einige Hinweise.

2,3: Auch παράκλησις als philosophischer Ausdruck im Bereich der Tätigkeit von Wanderpredigern und Moralllehrern[54] wird, wie R. Gebauer zeigt[55], hier neu gefaßt als Ausdruck für "die Verkündigung der Missionsbotschaft", die als solche auch Mahnen und Weisen einschließt. Ebenfalls dem kynischen Hintergrund zugehörig sind die drei mit πλάνη, ἀκαθαρσία und δόλος charakterisierten Negativa[56], von denen sich Paulus eindeutig abgrenzt und in 2,4 adversativ seinen von Menschen unabhängigen, allein Gott verpflichteten und von Gott anvertrauten Auftrag der Evangeliumsverkündigung gegenüberstellt. G. Schunack macht darauf aufmerksam, daß sich δοκιμάζειν bei Paulus

---

51 Vgl. zur kynischen Verwendung des Ausdrucks A.J. Malherbe, s. Anm. 31, S. 39f.
52 Vgl. H. Schlier, Art. παρρησία κτλ. ThWNT 5, 1959, S. 869ff., bes. 872.881.
53 Vgl. auch A.-M. Denis, s. Anm. 39, S. 256ff.; H.R. Balz, Art. παρρησία κτλ., EWNT III, 1983, Sp. 110; H. Schlier, Der Apostel und seine Gemeinde (s. Anm. 6), S. 30.
54 Vgl. A.J. Malherbe, Exhortation in 1Thessalonians, in: ders., Paul and the Popular Philosophers, 1986, S. 49ff., bes. 51 (Belege).
55 R. Gebauer, s. Anm. 35, S. 95.
56 J. Schoon-Janßen, S. 58 wertet diesen Sachverhalt zutreffend aus: "Von daher kann man weder aktuelle, gegen Paulus gerichtete Vorwürfe in dieser Richtung erschließen noch Anspielungen des Paulus auf sexuelle Mißstände in der Gemeinde" (u.a. gegen G. Lyons, aaO, S. 194f. gerichtet).

"indirekt auf Gott... direkt" aber "auf den praktischen Vollzug, die konkrete, situationsbestimmte Verantwortung der in Christus, im Evangelium gewährten Erkenntnis dessen bezogen ist, was Gott selbst (in Christus!) will" und zwar "im Verhältnis zu den auf das Wort vom Kreuz Angewiesenen".[57] Der Herzen prüfende Gott steht für die Glaubwürdigkeit des Paulus als Botschafter des Evangeliums, wobei solche Glaubwürdigkeit im Gefolge hat, daß sie "von der Gemeinde kommunikativ-reflektiert" nachvollziehbar ist.[58] Mit angeeigneter, vom Evangelium her in der Sache umgeprägter Begrifflichkeit wandernder Philosophen/Wanderprediger geht die Abgrenzung gegenüber deren Verhalten parallel. Das unterscheidend Neue des Evangeliums hat evangeliumsgemäße Konsequenzen im Leben und Wirken des Botschafters.

2,5.6: In diesem Sinne sind 2,5.6 mit ihrer ebenfalls eindeutigen Begrifflichkeit (und leichtem Rückbezug zu 2,3b) aus dem Milieu der Wanderprediger zu verstehen, verbunden mit allerdings zwei Auffälligkeiten: 'Gott ist Zeuge'. Nachdem auch hierfür zeitgenössische pagane Belege beigebracht sind[59], tritt nur umso deutlicher das Anliegen des Paulus hervor: Der Gott des Evangeliums ist Zeuge, hier nicht im Rahmen einer Apologie, sondern als derjenige, der die Blickrichtung freigibt (vgl. auch 2,4), den Maßstab freisetzt. Dessen kann sich Paulus versichern und ihn als Zeugen anrufen. Zum anderen: Der Aufzählung der Negativa als Spiegelbild des täglichen auch in Thessalonich wahrnehmbaren Treibens der Wanderprediger und Philosophen steht für die junge christliche Gemeinde dort ein Wissen gegenüber, vom Evangelium her unterscheiden und ihren Gemeindegründer in seinem Verhalten zu ihnen einschätzen zu können.

2,7 bereitet mehrfach Probleme, allerdings nicht im Aufweis paganer Belege.[60] Umstritten sind die Interpunktion des Verses, das Verständnis von V.7a, das von (ν)ήπιοι und die sachliche Zuordnung im Kontext. Entgegen Nestle-Aland, Novum Testamentum Graece, [27]1993 ist hinter ἀπόστολοι ein Komma zu setzen und hinter ἐν μέσῳ ὑμῶν ein Punkt.[61] "Denn einerseits verlangt mehrfaches οὔτε nach einem ἀλλά im selben Satzgefüge, andererseits gehört ὡς in V.7c mit οὕτως in V. 8 zusammen".[62] Jedenfalls sind von ἐγενήθημεν die drei mit οὔτε verbundenen Aussagen in der Weise abhängig, daß mit ἀλλά die Position des Paulus gegenübergestellt wird. Dann aber ist

---

57 G. Schunack, Art. δοκιμάζω κτλ., EWNT I, 1980, Sp. 825ff.827 (Zitat).
58 G. Schunack, ebd., Sp. 826 (in etwas anderem Zusammenhang).
59 M. Adinolfi, S. 71.
60 A.J. Malherbe, s. Anm. 31, S. 47f.; M. Adinolfi, S. 79f.
61 So schon M. Dibelius, Thess z. St. in der Sache (vgl. seine Übersetzung, S. 8); W. Stegemann, Anlaß (s. Anm. 47), S. 405f.; N. Baumert, ʹΟμειρόμενοι in 1Thess 2,8, Bib. 68, 1987, S. 561.
62 W. Stegemann, Anlaß (s. Anm. 47), S. 406.

V.7a eine grammatisch konzessiv aufzulösende Parenthese.[63] Anders sieht es H. Schlier: "V.7a steht sinnvoll nur zu V.7b im Gegensatz. Freilich ist dann δυνάμενοι als verbum finitum zu verstehen, was bei Paulus keine Schwierigkeiten macht".[64] Ist für die Interpunktation im ersteren Sinne zu entscheiden, so ist die Sachaussage zu klären: ἐν βάρει εἶναι wird gängigerweise auf 'Ansehen', 'Macht', auch 'Würde haben' gedeutet, wobei es für τὸ βάρος eindeutig Belege gibt[65], die von Paulus gebrauchte Wendung aber in diesem Sinne nicht belegt ist. Schon unter Mitberücksichtigung dieser Schwierigkeit plädiert Bultmann, V.7a in Hinführung auf 1Thess 2,9 zu verstehen[66], ebenso in der Sache W. Stegemann: "Ich meine also, daß Paulus auch in der partizipialen Parenthese 1Th 2,7a an sein spezielles Vorrecht das Apostels denkt, den Anspruch auf Unterhalt durch die Gemeinde".[67] Wenn wohl doch sachgemäßer in 2,7a auf das Unterhaltsrecht des Apostels zu deuten ist, bleibt der Hintergrund zu bedenken: Eine Annahme finanzieller Unterstützung hätte Paulus im Lichte paganer Wanderprediger erscheinen lassen. Die konzessiv gehaltene Partizipialaussage ist in ihrem Tenor den Aussagen in 2,6 zugeordnet - und doch insoweit abgehoben, als der Apostel Christi (der Plural meint Paulus allein) sein apostolisches Recht hätte geltend machen können.

In 2,7b wird entgegen der heute eindeutig besseren Bezeugung und nach den früheren Nestle-Ausgaben (bis einschließlich 25. Ausgabe) und durch weitgefächerte pagane Parallelen belegt in der Regel ἤπιοι statt νήπιοι gelesen, wobei auch die sich anschließende metaphorische Ausdrucksweise (V.8) auf die Sachentscheidung eingewirkt hat. Die Entscheidung in diesem Sinne ist auf den ersten Blick einleuchtend[68], fast zu plausibel.

Dennoch kann gleichwohl berechtigt festgehalten werden: So wie mit 'ἀπόστολοι' (erstmaliger Beleg in einem Paulusbrief überhaupt) der Apostel

---

63 Vgl. auch B. Rigaux, Thess, 411.416; T. Holtz, 1Thess, 75.
64 H. Schlier, 1Thess, S. 112 Anm. 45; so auch R. Bultmann, Manuskript '1Thess' (s. O. Merk, Anm. 19), S. 17.
65 Vgl. T. Holtz, 1Thess, S. 78 Anm. 316.
66 R. Bultmann, Manuskript 1Thess (s. O. Merk, Anm. 19), S. 17f.: vgl. auch J. G. Strelan, Burden-Bearing and the Law of Christ: A Re-Examination of Galatians 6:2, JBL 94, 1975, S. 266ff., bes. 273; im übrigen ist die ausgewogene Diskussion bei T. Holtz, 1Thess und Ch. Wanamaker z. St. heranzuziehen.
67 W. Stegemann, Anlaß (s. Anm. 47), S. 408.
68 Vgl. die neueren Kommentare; dazu A.J. Malherbe, Paul and the Popular Philosophers, 1987, S. 6. 35-48 (passim). 53; J. Schoon-Janßen, S. 59f.; W. Stegemann, Anlaß (s. Anm. 47), S. 408f.; Griechisch-deutsches Wörterbuch zu den Schriften des Neuen Testaments und der frühchristlichen Literatur, 6., völlig neu bearbeitete Auflage, hrg. v. K. Aland u. B. Aland, 1988, Sp. 1088: "1Th 27 wurde statt νήπιοι, das die Ausleger von Origenes bis heute vorziehen, nicht selten ἤπιοι gelesen"; die Annahme einer Dittographie ἐγενήθημεν νήπιοι wird ebd. als fraglich beurteilt. N. Baumert, s. Anm. 61; S. 561: "Richtiger ist es, mit Aland in 2,7 νήπιοι zu lesen".

Paulus selbst gemeint ist, so ist auch νήπιοι (ἤπιοι) auf ihn bezogen. Läßt man dies gelten und liest man zudem mit der besseren textkritischen Bezeugung νήπιοι, dann ist Paulus selbst ein νήπιος geworden, nämlich indem er sich nicht finanziell freihalten ließ wie die paganen Wanderprediger. Möglicherweise, ja wahrscheinlich greift Paulus hier eine ihm aus dem Milieu der Wanderprediger zugekommene, ihn verächtlich machen sollende Bezeichnung und Kennzeichnung auf, von der die christliche Gemeinde in Thessalonich sehr genau wußte und diese vor allem auch einschätzen konnte. Des Paulus Verhalten, so wie er es in den nächsten Versen entfaltet, ist die Antwort darauf. Die bessere Textbezeugung und die schwierigere Rekonstruktion verdienen den Vorzug für die Interpretation.

Wie Paulus tatsächlich seine neu gegründete Gemeinde in Thessalonich geradezu gepflegt hat, wird in dem neuen Satz von 2,7c an und damit in einem bildlichen Vergleich gezeigt. Das hier hervorgehobene Verhältnis des Apostels zu seiner Gemeinde entspricht im Ausdruck paganen Parallelen.[69] Und doch ist das von Paulus gebrauchte Bild bei aller metaphorischen Verwendung durch den Apostel nicht ganz geglückt. Es ist zwischen der Ebene des Paulus, seiner im Bild ausgesagten liebevollen Hinwendung zur Gemeinde (wie eine Mutter zu ihren Kindern) und dem Hintergrund auf der Basis der eingebrachten Begrifflichkeit zu differenzieren: Die Amme erhielt für ihre Tätigkeit Entlohnung, der Apostel aber nicht.[70]

2,8: Dem ὡς in 2,7c ist, wie schon angedeutet, οὕτως V.8 zuzuordnen, und das hat zum gängigen Verständnis der Aussage dieses Verses beigetragen: Des Paulus liebevolle Gesinnung, die Verkündigung des Evangeliums und persönliche Hinwendung zur Gemeinde einschließen, spricht auch seine Sehnsucht zu ihr aus. Dabei wird ὁμείρεσθαι in der Regel mit ἱμείρεσθαι gleichgesetzt, obwohl nach Blaß-Debrunner-Rehkopf "ein etymologischer Zusammenhang beider [sc. Verben] unmöglich ist"[71], wie auch schon Bultmann in seinen Ausführungen zum 1Thess feststellte.[72] Deshalb sind die von N. Baumert neu erarbeitete Herleitung des Wortes von ὁμείρομαι im Sinne von "getrennt sein von", "ferngehalten werden von" und seine neue Übersetzung zu prüfen: "So sind wir, während wir von euch ferngehalten werden, entschlossen, euch nicht nur das Evangelium Gottes, sondern auch unser eige-

---

69 Vgl. A.J. Malherbe (aus Anm. 68 angeführten Ort); J. Schoon-Janßen, S. 59f.; "Neuer Wettstein" (S. Anm. 43), S. 771f.

70 Vgl. die wichtigen Hinweise bei W. Stegemann, Anlaß (s. Anm. 47), S. 409. Ob ἡ τρόφος auch für "Mutter" steht, ist in den paganen Belegen im übrigen schwer faßbar und umstritten.

71 F. Blaß - A. Debrunner, Grammatik des Neutestamentlichen Griechisch, bearb. v. F. Rehkopf, [14]1976, § 101 Anm. 39, S. 78.

72 Vgl. R. Bultmann, Manuskript '1Thess' (s. O. Merk, Anm. 19), S. 18f.

nes Leben mitzuteilen, weil ihr uns Lieblinge geworden seid"[73]. Es gibt Sinn: So wie eine Amme ihre Kinder ernährt, so geben wir euch, obwohl wir von euch getrennt sind, das Evangelium und uns selbst, denn ihr wurdet unsere Geliebten, wobei auch hier festzuhalten bleibt, daß Paulus die 1. Person des Plural auf sich selbst bezieht. Briefsituation (2,17) und die Zeit der Gemeindegründung greifen für Paulus wie zwei in sich zusammenhängende Ebenen ineinander. Der jetzt nachgewiesenen Grundbedeutung des Wortes ὁμείρεσθαι ist exegetisch Rechnung zu tragen.

Mit 2,9-12 wird das Voranstehende vielfältig bestätigend aufgegriffen, indem diese Verse für die Thessalonicher deren Erfahrung mit ihrem Apostel in Erinnerung rufen (vgl. auch das Wissen und Zeuge-Sein der Gemeinde [2,10f.]).

2,9: Paulus hat mit seiner eigenen Hände Arbeit seinen Lebensunterhalt verdient, und während der Arbeit hat er zugleich das Evangelium verkündigt. Im Partizip ἐργαζόμενοι liegt modaler Sinn.[74] Mit V.9 hat der speziellere Gedankengang über den Unterhalt des Paulus seine Rundung gefunden.[75] Der Vers gehört aber ebenso zu V.10-12, er hat somit verbindende Funktion.

2,10: Dem Evangelium gemäßer Lebenswandel ist eingeschlossen, heilig, gerecht und untadelig. Gott und die Gemeinde als die Glaubenden sind Zeugen. Das von Paulus verkündigte Evangelium Gottes (2,9) und Gottes Zeuge-Sein für den Wandel entsprechen einander wie Grundlage und Konsequenz auch für den Apostel. 'Indikativ' und 'Imperativ' gelten auch - ohne direkt ausgesprochen zu sein - für die apostolische Existenz, in konkreto: für den Gemeindegründer.

2,11 zeigt wie zuvor V.7c im Bild von der für ihre Kinder sorgenden Amme jetzt, ebenso metaphorisch gesprochen, Paulus als Vater in seinem innigen Verhältnis zur Gemeinde, zu jedem Einzelnen, das seelsorglich-paränetisch auch in 2,12 weitergeführt wird im Blick auf einen würdigen Wandel vor Gott, "der euch beruft zu seinem Reich und seiner Herrlichkeit".[76] Doch ist diese letzte Feststellung heute in die Diskussion geraten.

Die nur wenigen - zu differenzierenden - Belege für βασιλεία bei Paulus gehören nach Überlegungen von G. Haufe in die "Taufparaklese".[77] In

---

73   Vgl. N. Baumert, s. Anm. 61, S. 552ff.561 (Übersetzung).
74   Vgl. R.F. Hock, 'The Workshop as a Social Setting for Paul's Missionary Preaching', CBQ 41, 1979, S. 438ff. und die Diskussion in den neueren Kommentaren.
75   So auch R. Bultmann, Manuskript '1Thess' (s. O. Merk, Anm. 19), S. 24.
76   Vgl. R. Gebauer, S. 96ff.; O. Merk, Miteinander. Zur Sorge um den Menschen im Ersten Thessalonicherbrief, in: "Daß allen Menschen geholfen werde...". Theologische und anthropologische Beiträge für M. Seitz zum 65. Geburtstag, hrg. v. R. Landau u. G.R. Schmidt, 1993, S. 125ff.
77   G. Haufe, Reich Gottes bei Paulus und in der Jesustradition, NTS 31, 1985, S. 467-472.

Weiterführung dieser Sicht durch P. Wolff[78] und in kritischer Bezugnahme durch K.P. Donfried werden sowohl präbaptismal-kerygmatische als auch postbaptismal paränetische Gesichtspunkte geltend gemacht, bei Donfried u.a. mit der Feststellung, 1Thess 2,11f. (mit 1Kor 4,20; Röm 14,17) seien nicht eschatologisch, sondern auf die Gegenwärtigkeit der βασιλεία zu beziehen.[79] Demgegenüber hat Ki-Seong Lee in umfassenden Nachweisungen herausgearbeitet, daß in der Tat Kerygma und Paränese im Zusammenhang des Christwerdens/-gewordenseins ineinandergreifen, und nach 1Thess 2,12 "die göttliche Berufung [sc. in der Gegenwart] die Thessalonicher dazu" "verpflichtet", "ihre glaubende Existenz vor allem auch im aktiven Lebensvollzug zu bewähren".[80] Dies verbindet - so Lee - mit der "streng futurisch" zu fassenden "eschatologische(n) Wirklichkeit", wofür βασιλεία und δόξα synonym stehen, so wie reziprok die eschatologische Zukunft mit der Gegenwart verbindet. "Ihre Beziehung bzw. Verbindung zur Gegenwart besteht einzig und allein im souveränen heilsgeschichtlichen καλεῖν des treuen Gottes, mit dem Er immer schon zuvor handelt. D.h. Menschen in seine heilsame Gemeinschaft hineinruft und sie darin ständig mit seinem bleibenden Anspruch konfrontiert und letztlich auch zum eschatologischen Endziel, seiner βασιλεία und δόξα, führt" (mit Verweis auf 1Thess 5,24; Phil 1,6).[81]

Nur mittelbar an die bisherige Forschung anknüpfend möchte W. Kraus[82] unter folgender Prämisse 1Thess 2,12 neu fassen: "Vor dem Hintergrund jüdischer Opposition" [sc. in 2,1-12] "ist ... der präzise Sinn der Zusage Pauli zu erheben, wonach die Thessalonicher zur βασιλεία καὶ δόξα berufen seien", was in Verbindung mit 1Thess 5,9 zu sehen sei, da 2Thess 2,14 "wie eine Kombination beider Verse wirkt". Unter Abhebung auf das Partizip praes. καλοῦντος und unter Berücksichtigung eines vornehmlich präsentischen, eschatologische Aspekte nicht ausschließenden βασιλεία-Verständnisses, das sich in enger Berührung mit ἡ δόξα in den Sabbatliedern von Qumran finde, ergibt sich für ihn: "Der Ausdruck 'zur βασιλεία berufen sein' ist sachlich gleichbedeutend mit 'zum Volk der βασιλεία gehören'. Paulus stellt hierdurch die zum Glauben gekommenen Heiden mit den Angehörigen des Gottesvolkes auf eine Stufe. Die Berufung der gläubig gewordenen Heiden zur βασιλεία καὶ δόξα in 1Thess 2,12 geschieht un-vermittelt. Sie bedeutet

---

78 P. Wolff, Die frühe nachösterliche Verkündigung des Reiches Gottes, Diss. theol. Greifswald 1987 (masch.schriftl.).

79 K.P. Donfried, The Kingdom of God in Paul, in: W. Willis (ed.), The Kingdom of God in 20th-Century Interpretation, 1987, S. 175ff., bes. 181ff.

80 Ki-Seong Lee, Die Basileia Gottes bei Paulus, Theol. Mag.Schrift Erlangen, 1993 (masch.schriftl.), S. 9ff.13.

81 K.-S. Lee, S. 14.

82 W. Kraus, Das Volk Gottes. Zur Grundlegung der Ekklesiologie bei Paulus, WUNT 85, 1996, S. 130ff.134 (folgende Zitate).

sachlich-inhaltlich eine Gleichstellung der zum Glauben an Jesus gekommenen Thessalonicher mit dem Gottesvolk".[83]

Ist auch 1Thess im Koordinatennetz entscheidender Aussagen zur Erwählung theologisch in den Griff zu bekommen[84] und Erwählung im Horizont des grundlegend Neuen im Christusgeschehen so gefaßt, daß Paulus die Thessalonicher bewußt als Ekklesia bezeichnet, so ist dies sicher auch für 1Thess 2,12 zu bedenken. Doch weder läßt sich briefimmanent eine 'jüdische Opposition' gegen die Gemeinde und Paulus ermitteln, noch erlaubt der Verweis auf 2Thess 2,14 nähere Rückschlüsse, da in diesem Schreiben lose Zusammenordnung von Aussagen aus 1Thess nicht unüblich ist und somit weitreichendere theologische Folgerungen daraus für 1Thess nur teilweise und begrenzt möglich sind.[85] Die herangezogene Deutung aus den Sabbatliedern von Qumran aber würde, selbst wenn sie entfernt im Hintergrund stünde, wohl kaum in diesem Sinne von den aus dem Heidentum stammenden Christen in Thessalonich verstanden worden sein.

M. Hengel und A.M. Schwemer in ihren einschlägigen Veröffentlichungen zur βασιλεία lassen diesen speziellen Bezug für 1Thess 2,12 nicht erkennen und verweisen darauf, daß z.St. nicht die "präsentische", sondern die eschatologische maßgebend sei[86], und A.M. Schwemer, die den religionsgeschichtlichen Hintergrund von Gegenwart und Zukunft für das Verständnis von βασιλεία bedenkenswert erweitert hat, hebt mit Recht den auch für die Gemeinde verstehbaren paränetischen, in der Sache eschatologischen Zielgedanken in 1Thess 2,12 hervor.[87]

In 1Thess 2,12 sind βασιλεία und δόξα doch eindeutiger eschatologisch zu sehen, so wie auch δόξα in 2,19 und Gottes Rufen in 5,24 (in Verbindung mit 5,23). In der Terminologie ein 'Auf eine Stufe Stellen' von Heiden und Gottesvolk angezeigt zu finden, liegt - ohne jede Erklärung durch Paulus - außerhalb der Verstehensmöglichkeit der ursprünglich heidnischen Thessalonicher.

---

83 W. Kraus, S. 138 (im Orig. teilweise Hervorhebungen im Druck).
84 Vgl. oben Anm. 40.
85 Das bestätigt auch W. Trilling, Der zweite Brief an die Thessalonicher, EKK XIV, 1980, S. 118.123 in seiner Auslegung zu 2Thess 2,14; im übrigen O. Merk, Überlegungen zu 2Thess 2,13-17, in: Nach den Anfängen fragen. G. Dautzenberg zum 60. Geburtstag, hrg. v. C. Mayer u.a., GSThR, Bd. 8, 1994, S. 405ff., bes. 408ff.
86 M. Hengel - A.M. Schwemer (Hrg.), Königsherrschaft Gottes und himmlischer Kult im Judentum, Urchristentum und in der hellenistischen Welt, WUNT 55, 1991, "Vorwort", S. 18.
87 A.M. Schwemer, Gott als König und seine Königsherrschaft in den Sabbatliedern aus Qumran, ebd., S. 45ff.117f.; zur grundsätzlichen Fragestellung vgl. auch H.-W. Kuhn, Enderwartung und gegenwärtiges Heil. Untersuchungen zu den Gemeindeliedern von Qumran, mit einem Anhang über Eschatologie und Gegenwart in der Verkündigung Jesu, StUNT 4, 1966.

1Thess 2,13 führt die Danksagung weiter, indem hier nicht nur sachgemäß und intentional 2,1-12 gebündelt wird als die von den Thessalonichern zurecht verstandene Evangeliumsverkündigung, sondern indem zugleich der Brief noch einmal von 1,4 an in den Blick tritt.[88]

4. Fazit und Schluß

Der eilige und nur einige Problemanzeigen bietende exegetisch-theologische Durchgang durch 1Thess 2,1-12 ergibt: Es kann tatsächlich von einer "potentiellen Apologie" gesprochen werden[89], aber es muß differenzierend festgehalten werden: Paulus deckt im Grundsätzlichen das Umfeld, in das der christliche Missionar und Gemeindegründer stößt, in der Weise auf, daß in dem Allgemeinen das Konkrete und somit des Paulus eigenes missionarisches Verkündigen und Verhalten zur Geltung kommen. Rekonstruktion und Interpretation lassen Situation und konkreten Fall als Anknüpfung und Widerspruch im missionarischen Einsatz vermutungsweise erschließen und die Konsequenzen seines ihm aufgetragenen Evangeliums bis in die eigene apostolische Existenz in Vorbild und zur Nachahmung für die Gemeinde bewußt werden. Auch aus seinem Kontext in der 'Danksagung' gewinnt 2,1-12 Tiefenschärfe.

Es ist nicht die Situation von Apg 17,1ff.[90], die 'Lukas' auch für die Gemeindegründung von Thessalonich stereotyp kennzeichnet, eher die von Apg 17,16ff., die 'Lukas' dem Paulus in Athen vorbehält. Vielleicht hat der Verfasser der Apostelgeschichte sogar darum gewußt, aber bewußt für die Stadt der Philosophen die Anknüpfung des Paulus an die heidnische Welt und Religiosität vorbehalten. Doch Einzelfragen lukanischer Komposition müssen hier auf sich beruhen: Jedenfalls hat Paulus - briefimmanent - Thessalonich nicht wegen jüdischer/judenchristlicher Angriffe/Agitationen verlassen müssen, sondern - soweit erkennbar - aufgrund heidnischer, vermutlich religiös-kultisch motivierter Vertreibung.

---

88 Vgl. neuestens S. Schreiber, Paulus als Wundertäter (s. Anm. 16), S. 264ff.
89 Vgl. auch J. Schoon-Janßen, S. 65 zu seinem methodischen Vorgehen, das allerdings durch noch eingehendere Exegese gewönne.
90 Vgl. die offene und auch konträre Diskussion in den Kommentaren zu 1Thess; Auflistung der Forschung bei G. Schneider, Die Apostelgeschichte, 2. Teil, HThK V/2, 1982, S. 220; weiter K.P. Donfried, 1Thessalonians, Acts and the Early Paul, in: R.F. Collins (ed.), The Thessalonian Correspondence, BEThL 87, 1990, S. 3ff.; D. Lührmann. The Beginnings of the Church at Thessalonica, in: Greeks, Romans, and Christians. Essays in Honor of Abraham J. Malherbe, ed. by D.L. Balch, E. Ferguson, W.A. Meeks, 1990, S. 237ff.

Es geht um das Evangelium und damit um den Gott, zu dem sich die Thessalonicher bekehrt haben. Es geht damit aber auch um die Konsequenzen für die Gemeinde, die sich durch die Annahme des Glaubens bis in die gegenwärtigen Bedrängnisse hinein ergeben.

Wenn es, wie ausgeführt, zutrifft, daß Erstverkündigung und festigende Evangeliumsverkündigung engstens zur Gemeindegründung zusammengehören, dann führt dies zu einer letzten Problemanzeige, die hier nur genannt werden soll: Viermal wird in 1Thess 2,1-12 vom Evangelium Gottes gesprochen (vgl. auch 1,5; 2,13 [Wort Gottes]; 3,2). Ist es das Ganze, was 'Evangelium' bei Paulus ausmacht, auch wenn er in 1Thess nicht alle Punkte dieser Botschaft anspricht? Ist es eine "frühpaulinische" Fassung des Evangeliums[91] bzw. seiner Verkündigung und vielleicht entsprechend ein 'frühpaulinisches' Verständnis von Glaube und glauben (vgl. 1,3.8; 3,2.5.6.8.10; für πιστεύειν vgl. 1,7; 2,10.13; 4,14)? Weder die Christologie noch das Verständnis der σωτηρία und die ihnen inhärenten Bezüge decken diese Sicht, und Evangelium und Glaube, wie sie in 1Thess eingebracht werden, lassen weitreichende Rückschlüsse im Blick auf eine Entwicklung von einer frühpaulinischen Phase zu einer späteren nicht zu. Der Brief bedenkt vielmehr auf seine Weise die jeweils besondere Situation, in die Paulus - wie hier erstmals überhaupt, soweit erkennbar -, schreibt. Er bringt theologisch ein, was Sachlage und aus ihr sich ergebende Thematik und Stunde erfordern. Auch das gehört zu seiner theologischen Existenz.[92]

---

91 So moderat und überlegt Th. Söding, Der Erste Thessalonicherbrief und seine frühe paulinische Evangeliumsverkündigung. Zur Frage einer Entwicklung der paulinischen Theologie, BZ, NF 39, 1991, S. 180ff. (mit reicher Aufarbeitung der Forschung).
92 Vgl. z.B. F. Hahn, Gibt es eine Entwicklung in den Aussagen über die Rechtfertigung bei Paulus?, EvTh 53, 1993, S. 342ff.354f.; H. Hübner, Biblische Theologie des Neuen Testaments, Bd. 2. Die Theologie des Paulus, 1993, S. 41-56 (soweit er die Fragestellung berührt); unter z.T. anderen Gesichtspunkten und Voraussetzungen auch R. Riesner, Die Frühzeit des Apostels Paulus. Studien zur Chronologie, Missionsstrategie und Theologie, WUNT 71, 1994, S. 297-369, bes. 339ff. 343ff. 357ff.

1.Thessalonicher 4,13-18
im Lichte des gegenwärtigen Forschungsstandes

»Dieser Abschnitt aus dem 1.Thessalonicherbrief ist ein außerordentlich schwieriger Text, über den die Exegeten im Laufe der Auslegungsgeschichte eine stattliche Handbibliothek zusammengeschrieben haben.« So eröffnet der Jubilar eine grundlegende, wissenschaftliche Literatur einbeziehende Bibelarbeit zu unserem Textabschnitt, die durch ihren entlegenen Erscheinungsort - und in keinen der Bände gesammelter Aufsätze von Erich Gräßer eingegangen - nicht die Berücksichtigung gefunden hat, die sie für die weitere Forschung verdient hätte.[1] Hier werden nahezu alle im letzten Vierteljahrhundert diskutierten Gesichtspunkte dieser Verse angesprochen, auf die noch einmal zur Orientierung zu verweisen sich lohnt, obwohl es gewichtige neuere Überblicke zu dem umstrittenen Abschnitt gibt. Der Jubilar möge in diesem Sinne das Nach-Bedenken seiner eigenen Ausführungen zur Kenntnisnahme und Kenntnisgabe anderer freundlich gestatten.

I

Ausgehend von der eindeutigen Abgrenzung in 4,13-18 (übergreifend innerhalb des Gesamtabschnittes 4,13 - 5,11) werden V.13 als Formulierung des Themas vorangestellt und V.14 »als Basis der zu gebenden Antwort« gekennzeichnet, nämlich »die von der Auferstehung Jesu an datierende Be-

---

1   E.Gräßer, Bibelarbeit über 1.Thess 4,13-18: Bibelarbeiten, gehalten auf der rheinischen Landessynode 1967 in Bad Godesberg, Mülheim/Ruhr 1967, 10-20; berücksichtigt wird diese u.a. bei J.Baumgarten, Paulus und die Apokalyptik. Die Auslegung apokalyptischer Überlieferungen in den echten Paulusbriefen, Neukirchen-Vluyn 1975 (WMANT 44) 91ff; W.Harnisch, Eschatologische Existenz. Ein exegetischer Beitrag zum Sachanliegen von 1.Thessalonicher 4,13-5,11, Göttingen 1973 (FRLANT 110) passim; H.Jurgensen, Saint Paul et la Parousie. 1Thessaloniciens 4,13-5,11 dans l'exégèse moderne et contemporaine, Diss. Faculté de Théologie Protestante Strasbourg 1992, 435f.

deutungslosigkeit des Todes«[2]; V.15-17 geben die Erläuterung, V.18 bietet
die Schlußfolgerung.[3]

Zunächst wird das »*Thema*« (V.13) behandelt: Die »Informationsfrage«,
eine vermutlich schriftliche Anfrage der Gemeinde (vgl. auch περὶ [δὲ]
τῶν in 1.Thess 4,9; 5,1.12) wird zur Beseitigung ihres Unwissens bewußt
von Paulus aufgegriffen, denn »die Unwissenheit ist eine solche des
Glaubens, wie der Kontext zeigt, nicht eine solche der Allgemeinbildung«.
Es geht um die Unwissenheit »über die Entschlafenen«, um ein aktuell
seelsorgerlich anzugehendes Anliegen, das in V.18 Ziel und Ausrichtung im
gegenseitigen Trösten erhält. Das in V.13 »negativ« Ausgesprochene wird in
V.18 »positiv« gewendet, und das ist möglich, weil das Verstehen des
Glaubens die Dimension des Tröstens einschließt. Denn »der Glaube selbst
und seine Antworten sind nichts Statisches ... Er ist etwas Lebendiges, wie
der Mensch selber, der teil hat am Geschichtsprozeß alles Seins. Eine geschichtlich veränderte Situation provoziert unter Umständen beim Glauben
neue Fragen, die sich *vor* der Situation weder stellen noch beantworten ließen«.[4]

Die konkrete Situation: Die Gemeinde trauert um verstorbene Christen.
»Trotz fehlender Näherbestimmung« (V.13) sind es »jene ›Toten in Christo‹
von Vers 16«.[5] - Mit einer »gewisse(n) Ausnahme« (1.Kor 15,20) wird bei
Paulus mit Christus nicht der Euphemismus »schlafen«, »entschlafen« verbunden, sondern die Realität des Gestorbenseins (ἀπέθανεν; V.14; vgl.
1.Thess 5,10).[6]

Die an sich verständliche Trauer der Gemeinde um ihre Verstorbenen
verweist auf das Grundproblem, wobei der ›motivierende Vergleichssatz‹ in
V.13b den maßgebenden Hinweis gibt: »wie die übrigen, die keine Hoffnung haben«. Auch die Heiden sind durchaus nicht in jeder Hinsicht ohne
Hoffnung[7], aber für die Gemeinde gilt: »In ihrer Trauer über die Toten dürfen Christen nicht dastehen vergleichbar hoffnungslosen Heiden. Ihr Hoff-
nungsbesitz müßte vielmehr, gemessen an den Heiden, genau gegenteiliges
Verhalten hervorrufen: Nicht die traurige Skepsis, sondern *frohe* Gewiß-

---

2   Gräßer, Bibelarbeit (s.o. Anm. 1) 11.

3   Diese Gliederung findet sich zumeist in der älteren Forschung; vgl. auch, von Gräßer
    angeführt, E.v.Dobschütz, Die Thessalonicher-Briefe, Göttingen [7]1909 (KEK 10)
    183ff.

4   Gräßer, Bibelarbeit (s.o. Anm. 1) 12.

5   Ebd.

6   Ebd. 12f.

7   Wie Gräßer u.a. mit Verweis auf M.Dibelius, An die Thessalonicher I.II, An die
    Philipper, [3]1937 (HNT 11) z.St. verdeutlicht.

heit«. Es geht »nicht um Totenklage um das, was man verloren hat«, es geht »um das, was aus den Toten einmal wird«[8].

Hier ist, so Gräßer, noch zu spezifizieren (und frühere Forschung unseres Jahrhunderts und die Diskussion Anfang der 60er Jahre kritisch zurechtzurücken). Es ist das Fehlurteil zu korrigieren, Paulus habe bei seiner Missionspredigt Auferstehung Christi und Auferweckung der Toten »nicht klar genug« geschieden oder gar die Verbindung von beidem nicht verkündigt oder »gar nicht gelehrt«[9]. Nicht ob es überhaupt eine Totenauferstehung gebe, steht zur Diskussion, sondern allein, wie V.15-17 zeigen: »Was wird aus den entschlafenen Christen bei der Wiederkunft Christi?«[10]

In V.15-17(a) liegt mutmaßlich ein urchristlicher Prophetenspruch vor, auf dessen inhaltlich »spätjüdisch-apokalyptische« Bilderwelt verwiesen wird. »Das Endergebnis ... ist in äußerster Kargheit ausgesagt: ›Und so (dann) werden wir allzeit bei dem Herrn sein‹« (V.17b)[11], wobei über Gräßer hinausgehend zu fragen ist, ob nicht V.17b die voranstehenden Bilder radikal reduziert auf die entscheidende Sachaussage, die mit V.14 verbindet.[12]

Weder einer Entwicklung in der eschatologischen Anschauung des Paulus wird das Wort geredet noch Sonderausprägungen der »jüdischen Apokalyptik«, wonach Verstorbene von dem messianischen Reich ausgeschlossen seien (4.Esr 13,16-24), sondern von der »Parusie« im Horizont der Anfrage der Thessalonicher, die ehemals Heiden waren, wird gehandelt, nämlich »ob und wie eine Gleichstellung von noch Lebenden und schon Gestorbenen bei der Parusie überhaupt möglich ist«[13]. Missions- und situationsbedingt argumentiert Paulus: »Die Probleme sind nicht mit einmal alle da, sie wachsen allmählich. Und auch die Frage nach dem Verhältnis von noch Lebenden und schon Gestorbenen im Blick auf die Parusie wird nicht Diskussionsgegenstand der ersten Stunde gewesen sein, sie stellte sich aber *mit der Zeit*

---

8   Gräßer, Bibelarbeit (s.o. Anm. 1) 13.

9   Gräßer, ebd. 14 setzt sich hier mit den Positionen von A.Oepke, Die Briefe an die Thessalonicher: Die kleineren Briefe des Apostels Paulus, Göttingen [9]1963 (NTD 8) 170 und mit W.Marxsen, Die Auferstehung Jesu als historisches und theologisches Problem: Die Bedeutung der Auferstehungsbotschaft für den Glauben an Jesus Christus, Gütersloh 1966, 9-39 auseinander. W.Marxsen hat später seine verschiedenen Stellungnahmen z.St. zusammengefaßt in: Der erste Brief an die Thessalonicher, 1979 (ZBK.NT 11/1) 62ff.

10   Gräßer, Bibelarbeit (s.o. Anm. 1) 14 mit Verweis auf E.Fuchs, Hermeneutik?: ThViat 7 (1959/60) 47f; K.G.Eckart, Der zweite echte Brief des Apostels Paulus an die Thessalonicher: ZThK 58 (1961) 37.

11   Gräßer, Bibelarbeit (s.o. Anm. 1) 14f.

12   Vgl. P.Siber, Mit Christus leben. Eine Studie zur paulinischen Auferstehungshoffnung, Zürich 1971 (AThANT 61) 38.58.

13   Gräßer, Bibelarbeit (s.o. Anm. 1) 17.

dem denkenden Glauben, zumal dem denkenden Glauben der Hellenisten, die ja von Haus aus überhaupt nicht in der Kategorie der leiblichen Auferstehung dachten ... So hat hier Paulus nicht ein Versäumnis der ersten Stunde nachzuholen. Wohl aber hat er sich den Fragen des reflektierenden Glaubens zu stellen und den Ansatz seiner eschatologischen Predigt zu vertiefen - dies nicht, um die Intellektuellen zu beschäftigen, sondern um die Angefochtenen zu trösten«.[14]

Im erneuten Durchgang durch die Bibelarbeit muß das bisherige Zurücktreten von V.14 auffallen. In abschließenden Erwägungen »Zur Entmythologisierung« schlüsselt nun Gräßer mit der Aussage dieses Verses den ganzen Abschnitt auf: »Vers 14 ... ist der *zentrale* Satz des Ganzen«.[15] Paulus greift hier nicht nur auf das »Credo« zurück[16], er »beantwortet« die »Anfrage der Gemeinde mit dem *Credo der Gemeinde*«: »Was in der Zukunft sein wird, ist in der Vergangenheit begründet: In Kreuz und Auferstehung! Die Frage nach der Gleichstellung von noch Lebenden und schon Gestorbenen ist von daher beantwortet«. In diesem Sinne gilt der Sachgehalt von V.15-17(a), es ist glaubensrelevant, wie Gräßer zitiert, »daß die Toten in Christo‹« diejenigen sind, »die bestimmt sind von dem, was Christus für sie getan hat: Tod und Auferstehung. Paulus verweist die Thessalonicher also von dem Noch-nicht der Parusie zurück auf das Schon-jetzt der Heilstat Gottes in Christo Jesu«[17]. Im Fazit: »Die Hoffnung für die Toten gründet letzten Endes nicht in dem, was Gott einmal mit ihnen tun wird, sondern was er in Kreuz und Auferstehung Jesu bereits für sie *getan hat*«. Das ist das absolut Neue, das die Gemeinde im Credo bekennt und ausspricht, während die Bilder in V.16.17(a) als Vorstellungen »jüdischer Zukunftserwartungen« keineswegs neu sind. Das aber heißt: »Wo Paulus die Frage beantwortet, *wie* Gott Tote und Lebende gleichstellen wird, um gemeinsam den wiederkommenden Herrn einholen zu können, da verfügt Paulus über keine neuen Offenbarungen, auch nicht über Worte des Herrn«. Er verwendet Bilder seiner Zeit, wertet und wählt sie situationsbedingt in 1.Thess aus, die über die sich wandelnden Zeiten hinweg notwendig hermeneutisch bedacht[18] und dabei am Credo von V.14 gemessen werden müssen.

Im Rückblick ist festzuhalten: Die soeben nachgezeichnete Bündelung der verschiedenen Aspekte unseres Abschnittes in ihrer theologischen Gewichtung, darin selbst schon in einem Forschungsverbund stehend, spiegelt die

---

[14] Ebd.

[15] Ebd. 18.

[16] Vgl. - so Gräßer - W.Kramer, Christos. Kyrios. Gottessohn. Untersuchungen zu Gebrauch und Bedeutung der christologischen Bezeichnungen bei Paulus und in den vorpaulinischen Gemeinden, Zürich 1963 (AThANT 44) 25.

[17] F.Neugebauer, In Christus. ΕΝ ΧΡΙΣΤΩΙ. Eine Untersuchung zum Paulinischen Glaubensverständnis, Göttingen 1961, 111.

[18] Gräßer, Bibelarbeit (s.o. Anm. 1) 18ff.

weitere Forschung explizit wie implizit, so verschieden auch in den einzelnen nachfolgend angeführten Untersuchungen die Akzente gesetzt werden.

II

In seiner die Forschung bis etwa 1990 berücksichtigenden Dissertation, die
leider nur in Verfilmung greifbar ist, hat H.Jurgensen diesen Sachverhalt
eindrücklich dokumentiert.[19] Auf 659 Seiten wird die Forschung zu unserem Abschnitt vom 18.Jh. an (und einigen Vorläufern) bis in die unmittelbare Gegenwart referiert und diskutiert. In Kap. V werden die Einzeluntersuchungen von 1920-1990 vorgestellt.[20] Kaum ein Autor und kaum ein ent-
legener Hinweis sind dem Verfasser entgangen, nahezu jedes exegetisch-
theologische Problemfeld des Abschnittes begegnet. Abschließend bietet er
einen eigenen kurzen Durchgang durch die Perikope[21] aufgrund seiner im
Rahmen der Forschungsgeschichte begründeten Position[22], diesen Abschnitt
bewußt in den Kontext 4,1-12 und 5,1-11 einordnend und ihn einer geraff-
ten philologischen, grammatischen und rhetorischen Analyse unterziehend[23]:
V.13 »introduction«, V.14 »premier argument«, V.15-17 »deuxième argument«, beide Begründungen vielleicht etwas zu stark in der Gewichtung ne-
beneinanderstellend, V.15-17 als prophetische Aussage wertend[24], die Paulus in jedem Fall redaktionell bearbeitet habe[25], V.18, »exhortation finale«,
vermittle die tröstliche prophetische Botschaft der V.15-17 zum Trost untereinander, wobei H.Jurgensen Vergleiche mit antiken Trostbriefen und
damit gegenwärtige Thesen der diesbezüglichen internationalen Forschung
zurückweist.[26] Der Abschnitt sei eminent eschatologisch ausgerichtet[27], situationsbedingt durch die spezielle Anfrage der Thessalonicher und nicht,
weil bei ihnen die Auferstehungshoffnung als solche in Frage stehe oder

---

19 Jurgensen, Saint Paul (s.o. Anm. 1). Die Seitenzählung in Tom I.II ist fortlaufend, so
    daß auf die Bandbezeichnung im folgenden verzichtet werden kann.

20 Ebd. 420ff.

21 Ebd. 591ff.

22 Zur Begründung solchen Vorgehens vgl. ebd. 451ff.

23 Vgl. dazu auch ebd. 511ff.

24 Vgl. auch ebd. 492ff.

25 Vgl. ebd. 485.

26 Ebd. 615 Anm. 7.

27 Vgl. wichtig auch H.Jurgensen, Apocalyptic Eschatology. A research bibliography,
    Wheaton Ill. 1978 (masch.schr. Abschlußarbeit im Fach Theologie, nicht veröffent-
    licht).

weil Fremdeinflüsse, etwa durch Gnostiker, diese Frage ausgelöst hätten.[28] Und die Antwort des Paulus bestehe nicht im Verweis auf apokalyptische Spekulationen oder Sondermeinungen des frühen Judentums[29], sondern beruhe auf des Apostels eschatologischem Grundansatz. Die These einer Entwicklung paulinischer Eschatologie innerhalb der authentischen Briefe wird begründet zurückgewiesen[30], und die Annahme von Wandlungen eschatologischen Denkens bei Paulus vor der Niederschrift des 1.Thess wird in kritischer Beurteilung einer Untersuchung von C.L.Mearns als zu vage-spekulativ und darum nicht aussagekräftig genug bezeichnet.[31] Insgesamt orientiert sich H.Jurgensen vielfach an W.G.Kümmels ausgewogener Vermittlung paulinischer Eschatologie[32] und auch an T.Holtz' ebenso ausgewogenem Kommentar zu 1.Thess als Leitlinie und verbindet damit kritisch prüfend Strasbourger einschlägiges Erbe[33] und bündelt wichtige Aspekte besonders der neueren Forschung, implizit sich mehrfach auch mit Gräßers o.g. Bibelarbeit berührend[34], nicht zuletzt im Tenor von K.Barths Feststellung: »Christliche Zukunftserwartung kann nicht unsichere, sondern nur gewisse, nicht unruhige, sondern nur geduldige, nicht skeptische, sondern nur fröhliche Erwartung sein«[35].

So ist von H.Jurgensen eine Brücke über die Forschungen auch von der zweiten Hälfte der 60er Jahre bis 1990 geschlagen - und nur dieser Zeitabschnitt sei jetzt hervorgehoben. Die einzelnen sie tragenden Pfeiler sind die von ihm besprochenen einschlägigen Auslegungen. Auf einige wenige dieser Pfeiler sei beispielhaft und stichwortartig deshalb im folgenden noch einmal Schwerpunkte hervorhebend verwiesen, weil sie einerseits sich durchhaltende und sich weiter entfaltende Aspekte der Forschung zeigen, andererseits weil sie, auch wenn sie nur zu Einzelheiten herangezogen werden, insgesamt die Basis für die vorliegende Strasbourger Dissertation im genannten Zeitraum abgeben und schließlich auch die Forschung der 90er Jahre wesentlich mitbestimmen. Die Beschränkung auf 1.Thess 4,13-18 darf dabei die Intention und Durchführung des Autors nicht aus dem Blick verlieren,

---

28 Jurgensen, Saint Paul (s.o. Anm. 1) 454.

29 Z.B. zur Ablehnung eines Hinweises auf den ›Zwischenzustand‹ vgl. ebd. 462ff.

30 Ebd. 455ff.460f; vgl. auch 302ff.

31 Ebd. 461; vgl. 543 Anm. 212-214 zu C.L.Mearns, Early Eschatological Development in Paul. The Evidence of I and II Thess: NTS 27 (1981) 137-157.

32 Jurgensen, Saint Paul (s.o. Anm. 1) 448ff (Kümmel ist einer der meist zitierten Autoren in dieser Diss.).

33 Für den Albert-Schweitzer-Forscher E.Gräßer: bedeutende Abschnitte über A.Schweitzer bei Jurgensen, Saint Paul (s.o. Anm. 1) bes. 331ff; vgl. 442f.474f (mit Kümmel der meist zitierte Autor; auch O.Cullmann häufig).

34 Jurgensen, Saint Paul (s.o. Anm. 1) 435f; vgl. auch 580f.

35 Zitiert ebd. 613 nach K.Barth, KD IV/3,1044.

daß sein Forschungsbericht 1.Thess 4,13 - 5,11 umfaßt, womit er das Anliegen nicht nur des Paulus, sondern auch vieler Untersuchungen und Kommentare mit Recht herausstellt.

Aus der Fülle der Beiträge seien angeführt: *P.Hoffmann*, Die Toten in Christus (1966) mit einer eingehenden Exegese von 1.Thess 4,13ff, mit einer Bestreitung, daß Paulus hier mit der Vorstellung des ›Zwischenzustandes‹ argumentiere, sowie der Ablehnung einer eschatologischen Entwicklung im paulinischen Denken[36]; *U.Luz*, Das Geschichtsverständnis des Paulus (1968), der unter dem Gesichtspunkt »Die Zukunft des Glaubens« zunächst die gemeindliche Situation und dann die »Hoffnung aufgrund des Glaubens« entfaltet, indem er in V.14-18 den »Bezug von Hoffnung auf Vergangenheit und Zukunft« herausstellt, dem urchristlichen Prophetenspruch eingehender nachspürt und ihn mit M.Dibelius deutet: »Des Paulus Antwort ist ›viel mehr ein Zeugnis der Heilsgewißheit als ein Orakel über die Zukunft geworden‹«[37], und schließlich V.17b auf die »grundlegende futurische Dimension des Kerygmas« hin interpretiert.[38] »Von einer grundsätzlichen Änderung oder Entwicklung der paulinischen Eschatologie wird man ... kaum sprechen dürfen«.[39] - *W.Marxsens* Beiträge sind schon oben genannt.[40] - *W.Harnisch*, Eschatologische Existenz (1973) wird von Jurgensen eingehend analysiert und auf die von E.Fuchs und W.Schmithals inaugurierten Implikationen geprüft und besonders ein gnostischer Hintergrund als Veranlassung von 1.Thess 4,13-18 in Frage gestellt. Der sachliche Zusammenhang von 1.Thess 4,13-18 und 5,1-11 in Harnischs Ausführungen steht für Jurgensen fast im Vordergrund des Interesses, dagegen weniger manche Berührungen mit Gräßers o.g. Beitrag, die durch gemeinsamen Bezug auf E.Fuchs zur Geltung kommen.[41] - Der Intention nach theologische Verwandtschaft mit E.Gräßer zeigt die sorgfältige Analyse des Abschnitts bei *J.Baumgarten*, Paulus und die Apokalyptik (1975): »Christologische

---

[36]   P.Hoffmann, Die Toten in Christus. Eine religionsgeschichtliche und exegetische Untersuchung zur paulinischen Eschatologie, Münster [3]1978 (NTA NF 2) 207ff.324ff; leicht differenzierter in der Beurteilung: ders., Art. Auferstehung I/3: TRE 4 (1980) 450-467: 452f; Jurgensen, Saint Paul (s.o. Anm. 1) 466f.

[37]   U.Luz, Das Geschichtsverständnis des Paulus, München 1968 (BEvTh 49) 330 Anm. 54 (Dibelius, Thessalonicher [s. Anm. 7] 26).

[38]   Luz, Geschichtsverständnis (s.o. Anm. 37), 318ff.323ff.326ff.330f; vgl. auch 357 Anm. 146; Jurgensen, Saint Paul (s.o. Anm. 1) 492.495.497.524.528.546.557.559. 561.588f.618.

[39]   Luz, Geschichtsverständnis (s.o. Anm. 37) 357f.

[40]   S.o. Anm. 9; dazu ders., Auslegung von 1 Thess 4,13-18: ZThK 66 (1969) 22-37; zu Einzelheiten Jurgensen, Saint Paul (s.o. Anm. 1) 482.492.495.497.501.524f.538f. 542.557.559.562.574.586.588f u.ö.

[41]   Harnisch, Existenz (s.o. Anm. 1); Jurgensen, Saint Paul (s.o. Anm. 1) 422ff; vgl. zu Einzelheiten ebd.454.493.496.499.501.504.524.526.539.557.559f.579.582.588f.618.

(V.14a) und theologische (V.14b) Basis, ekklesiologischer Horizont und paränetische Funktion des Trostes bilden in 1.Thess 4,13-18 die wesentlichsten Elemente der reduzierten und konkretisierenden Interpretation apokalyptischer Tradition durch Paulus«[42]. - Nicht in die Diskussion bei Jurgensen einbezogen ist *J.Becker*, Auferstehung der Toten (1976)[43], dessen Herausarbeitung von Situation, Anliegen der Perikope und besonders des »Herrenwort(es) in den Versen 15-17« zu dem Ergebnis führt, daß »nachweislich zum ersten Mal in der Geschichte des Urchristentums wie aufgrund einer aktuellen Gemeindesituation das Problem toter Christen aufgearbeitet wird«. Durch die Anfrage der Thessalonicher sehe sich Paulus zu einem ›Analogieschluß‹ veranlaßt, die »traditionelle Parusieerwartung« zu ›erweitern‹ und »vom auferweckenden Handeln Gottes an Jesus auf das Handeln Gottes an den gestorbenen Christen« bei der Parusie in Hoffnung des Glaubens zu schließen. »Im übrigen verändert Paulus an der Heilserwartung« gemäß »1Thess 1,9f ... noch nichts«[44], um dann aber in der »Reinterpretation von 1Thess 4« in 1.Kor 15[45] notwendigerweise »seine Aussagen aus 1 Thess 4,13ff (zu) wandeln«[46]. - Zur eingehenden Analyse des Abschnittes durch *G.Lüdemann*, Paulus, der Heidenapostel (1980)[47], die unter der ihn leitenden Grundfrage einer Entwicklung paulinischen Denkens steht, hält Jurgensen fest: »En conclusion, les argumentes par Luedemann ne sont pas suffisants pour établir une évolution des vues eschatologiques de Paul entre 1 Th 4,14ss (parousie-translation) et 1 Co 15,51ss (résurrection)«[48]. - In der durchgehenden Gewichtung des Kommentars von *T.Holtz* zum 1.Thessalonicherbrief (1986)[49] bei Jurgensen kommt der Abschnitt 1.Thess 4,13ff fast ein wenig zu kurz[50], so daß hier zusammenfassend hervorgehoben sei: Schon der genaue Aufbau des Abschnittes mit der einleitenden Anfrage läßt erschließen, daß die Thessalonicher die »zukünftige Erwartung im Falle des Todes vor der Parusie« mit »griechischer Denktradition« verbanden und dies »zu durchaus stärkeren Deformationen des Verkündigungsinhaltes geführt

---

[42]   Baumgarten, Paulus (s.o. Anm. 1) 91ff.98 (Zitat); vgl. im übrigen Jurgensen, Saint Paul (s.o. Anm. 1) 493.517.528.557.559; G.Klein, Art. Eschatologie IV: TRE 10 (1982) 270-299: 280,43ff.

[43]   J.Becker, Auferstehung der Toten im Urchristentum, Stuttgart 1976 (SBS 82) 46ff.

[44]   Ebd. 54.

[45]   Ebd. 96ff.

[46]   Ebd. 150.

[47]   G.Lüdemann, Paulus, der Heidenapostel. I. Studien zur Chronologie, Göttingen 1980 (FRLANT 123) 213ff.268ff.

[48]   Jurgensen, Saint Paul (s.o. Anm. 1) 461; vgl. 460f.493.542.555.588.615.

[49]   T.Holtz, Der erste Brief an die Thessalonicher, Zürich u.a./Neukirchen-Vluyn 1986 (EKK XIII).

[50]   Jurgensen, Saint Paul (s.o. Anm. 1) 582f.614ff u.ö.

haben kann. Daß die Erfahrung des Todes sie in hoffnungslose Verwirrung nicht bezüglich ihres Glaubens überhaupt, wohl aber bezüglich der Gestorbenen stürzte, ist ... zu verstehen nicht unmöglich«.[51] So eindringlich Paulus in V.15-17 frühjüdische apokalyptische Tradition aufgreift[52], »die Möglichkeit und Wirklichkeit der Auferstehung ist« ihm »selbstverständliche Gegebenheit«[53], und »das Heilsziel« ist ihm das ›Sein mit dem Herrn‹, hier frühjüdische »Heilserwartung« »radikal auf das Moment« der »Gemeinschaft mit Christus« ›reduzierend‹.[54] Hinsichtlich einer Entwicklung eschatologischen Denkens ist T.Holtz skeptisch[55], und eine antignostische Argumentation durch Paulus hält er für abwegig.[56] - In *C.A. Wanamakers* Kommentar (1990)[57], der für Jurgensen den Abschluß seiner Forschungsgeschichte bildet, wird ebenfalls u.a. gnostischer Hintergrund der Argumentation in 4,13ff abgewiesen.[58] In 4,15b rechnet er mit einem »Summary« des Paulus, in V.16.17 mit apokalyptischem Material ähnlich Mk 13/Mt 24.[59] Maßgebend ist ihm die Einordnung des Abschnittes als eines paränetischen Beitrags im Rahmen der *consolatio*, worin er sich mit A.J.Malherbe trifft.[60]

Nicht mehr von Jurgensen berücksichtigt ist die Dissertation von *J.P.Mason*, Paul's Understanding of Resurrection in 1Thessalonians 4:13-18 (Southern Baptist Theogical Seminary 1989 [in Xerographie 1990]; leicht korrigiert und ergänzt 1993 unter dem Titel: The Resurrection According to Paul). Die Neufassung des Titels ist insofern nicht ganz glücklich, als sich die Arbeit schwerpunktmäßig mit 1.Thess 4,13-18 befaßt. Kap.1 stellt (zu kurz) den neueren Forschungsstand speziell zur anstehenden Perikope heraus; Kap.2 erörtert die Auferstehungsvorstellungen im Judentum von 150 v. Chr. bis 150 n.Chr., in rabbinischen Texten und schließlich in vorpaulinisch einschlägigen Traditionen; Kap.3 geht auf die Situation der Gemeinde in Thessalonich ein »with regard to its understanding of Resurrection«, wobei

---

51   Holtz, 1.Thess (s.o. Anm. 49) 184f.187 (Zitat).

52   Bzgl. besonders 1.Thess 4,15b denkt Holtz weitaus positiver als die gegenwärtige Forschung an ein möglicherweise umlaufendes ›Herrenwort‹ (ebd. 183ff); Einzelheiten können hier nicht diskutiert werden.

53   Ebd. 201.

54   Ebd. 194ff.204 (Zitat).207; zu 4,17 mit besonderer Bezugnahme auf Siber, Mit Christus (s.o. Anm. 12) 253 mit Anm. 3; zu V.17b s.o. bei Anm. 12.

55   Holtz, 1.Thess (s.o. Anm. 49) 185.

56   Bestimmender Zug im ganzen Kommentar; vgl. auch T.Holtz' Besprechung von Harnisch, Existenz (s.o. Anm. 1): ThLZ 99 (1974) 252ff.

57   C.A.Wanamaker, Commentary on 1 & 2 Thessalonians, Exeter 1990 (NIGTC).

58   Ebd. 164ff (auch zum Folgenden).

59   Vgl. auch Jurgensen, Saint Paul (s.o. Anm. 1) 482.

60   A.J.Malherbe, Exhortation in 1 Thessalonians: ders., Paul and the Popular Philosophers, Minneapolis 1986, 49-66.

auch die verschiedenen paganen Kulte vorgestellt werden.[61] Besonderes Gewicht kommt den neueren, bereits forschungsgeschichtlich relevanten Positionen zu, die zur Erhellung des Hintergrundes sowie der Anfrage der Thessalonicher und der daraus resultierenden Argumentation des Paulus am adäquatesten sind. Diskutiert werden A.J.Malherbe, R.Jewett, H.Koester, G.Lüdemann, W.Marxsen, der speziell gnostische Hintergrund in den Rekonstruktionen von W.Schmithals und W.Harnisch wird abgelehnt.[62] Mit Recht stellt Mason für die angelsächsische Forschung heraus: »The three most recently proposed solutions to the situation in Thessalonians are (1) Malherbe's attempt to examine the rhetoric of 1 Thessalonians against the background of similar used by Dio Chrysostom and Seneca, (2) Donfried's examination of 1 Thessalonians in light of a survey of cults in Thessalonica, and (3) Jewett's proposal that it was not gnostic enthusiasm which was present in the Thessalonian congregation, but millenarian enthusiasm«[63]. Malherbes These werde dem eschatologischen Abschnitt zu wenig gerecht und vermöge keine unmittelbare Verbindung zwischen an sich richtig eingeschätzter *consolatio* und Eschatologie herzustellen, sei aber doch bemüht, dem griechischen Denken der Thessalonicher entgegenzukommen. 1.Thess 4,13-18 von der antiken Rhetorik her zu erklären, seien Grenzen gesetzt.[64] Donfrieds These[65] betone den Zusammenhang zwischen Martyrien und Auseinandersetzung mit den in der Stadt Thessalonich gepflegten Kulten und sei auch darin bedeutsam, daß 1.Thess 4,13-18 in den Mittelpunkt des Briefes rücke und 4,16 auf Märtyrer der Gemeinde verweise.[66] Jewetts These habe keinen Anhalt im 1.Thess und im besonderen in 4,13-18.[67] Nach dieser Vorklärung wird in Kap.4 der Abschnitt 4,13-18 in eingehender Prüfung des ›Herrenworts‹ daraufhin untersucht, ob eine gemeinsame Tradition für 1.Thess 4,16f und 1.Kor 15,51f (2.Kor 4,14) hypothetisch vermutet und für V.16.17a begründet und vergleichbare »theophanies and arrival sayings« aufgespürt werden können.[68] Umfangreiche traditionsgeschichtliche Nachweisungen führen den Verfasser zu dem Ergebnis, »that Paul related two se-

---

[61]   J.P.Mason, The Resurrection According to Paul, New York u.a. 1993, Kap.1 (1-9); Kap.2 (11-43); Kap.3 (45-87), 45 (Zitat).

[62]   Ebd. 74ff.

[63]   Ebd. 76.

[64]   Ebd. 77ff.122 (und die dort angeführten Untersuchungen).

[65]   Vgl. K.P.Donfried, The Cults of Thessalonica and the Thessalonian Correspondence: NTS 31 (1985) 336-356.

[66]   Mason, Resurrection (s.o. Anm. 61) 80f; vgl. 122f. Dieser Sicht gilt Masons besonderes Interesse.

[67]   Ebd. 81ff in der Beurteilung von R.Jewett, The Thessalonian Correspondence. Pauline Rhetoric and Millenarian Piety, Philadelphia 1986.

[68]   Mason, Resurrection (s.o. Anm. 61) Kap.4 (89-130), bes. 97f.

parate traditions (a parousia tradition and a change tradition) to form a coherent picture of the end events«[69], nämlich für 1.Thess 4,16f zu einer in Differenzierungen mit 2.Bar 30,1-4 vergleichbaren Sicht, die Paulus in unserem Abschnitt paränetisch und griechischem Denken gemäß auswerte und somit auch eine Verbindung zur griechisch bestimmten Gedankenwelt herstelle.[70] Masons traditionsgeschichtliche Überlegungen greifen besonders auf die Forschung der 80er Jahre zurück.[71] Sie sind in diesem Sinne nicht neu und jetzt auch nicht auf ihre - hinterfragbare - Stimmigkeit[72] zu prüfen, wohl aber ist - auch im Hinblick auf die Forschung des letzten halben Jahrzehnts - festzuhalten: Es zeigt sich, daß in der Antwort des Paulus jüdisch-eschatologische Argumentation und pagane historische Situation der Thessalonicher, also religionsgeschichtlich verschiedene Welten mit ihren Implikationen, im Horizont des für die Leser Verstehbaren und Annehmbaren verbunden werden mußten und daß eine Erörterung der Wandlung eschatologischen Denkens bei Paulus durch neues situationsbedingtes Zueinanderordnen von Traditionen durch den Apostel im Argumentieren gegenüber andersartigen »Herausforderungen«[73] in anderem Licht erscheint.

III

Die jüngsten Beiträge - seit 1990 - dienen der Klärung anstehender offener Fragen und sind auch dann hilfreich, wenn sie zu alten Lösungsversuchen neue Aspekte und Begründungen in die Diskussion einbringen. Vornehmlich folgende Schwerpunkte ergeben sich derzeit:

1. Die Rhetorikforschung versucht eine neue Abgrenzung der Perikope. Eine rhetorische Gesamtgliederung des 1.Thess habe nach I. »Exordium«

---

69   Ebd. 134; vgl. 100ff.105ff.

70   Ebd. 121ff.133ff.

71   Vgl. G.Löhr, 1 Thess 4,15-17: Das »Herrenwort«: ZNW 71 (1980) 269-273; D.Gewalt, 1Thess 4,15-17; 1Kor 15,51 und Mk 9,1 - Zur Abgrenzung eines »Herrenwortes«: LingBibl 51 (1982) 105-113; Lüdemann, Paulus (s.o. Anm. 47) 249ff; R.H.Gundry, The Hellenization of Dominical Tradition and Christianization of Jewish Tradition in the Eschatology of 1-2 Thessalonians: NTS 33 (1987) 161-178: 167f; A.F.J.Klijn, Die syrische Baruch-Apokalypse, Gütersloh 1976 (JSHRZ V/2) z.St. (142 mit Anm. zu Kap.XXX); ders., 1 Thessalonians 4,13-18 in its Background in Apocalyptic Literature: Paul and Paulinism. FS Charles Kingsley Barrett, London 1982, 67-73.

72   Die Aufnahme von verschiedenem apokalyptischen ›Material‹ und eine gemeinsame Traditionsgrundlage sind deutlicher in ihren Akzentuierungen zu profilieren. Zu kurz kommt bei Mason, obwohl gesehen, die ›Gegenprobe‹, inwieweit ein ›urchristlicher Prophetenspruch‹ - redaktionell gestaltet und durch apokalyptisches Gut gedeutet - vorliegen könnte (doch vgl. Resurrection [s.o. Anm. 61] 100 Anm. 34).

73   Vgl. auch Gewalt, 1Thess 4,15-17 (s.o. Anm. 71) 108.

(1,1-10), II. »Narratio« (2,1 - 3,10), III. »Partitio« (3,11-13) dann IV. die »Probatio« (4,1 - 5,3) zu berücksichtigen, die im Unterabschnitt »C.« 4,13 - 5,3 umschließe, der wiederum in sechs Untergliederungen aufzuschlüsseln sei. So urteilt *F.W.Hughes*.[74] Ihm schließt sich *K.P.Donfried*[75] an, und beide bezeichnen die Gliederung als der Sachlage der »Probatio« angemessen als »third proof: ›concerning those who have fallen asleep‹«. Das ist nicht zwingend. Zwar sind 1.Thess 4,13 - 5,11 durch die eschatologische Fragestellung miteinander verbunden, und man kann auch unter rhetorischen Gesichtspunkten 1.Thess 5,1-11 in 5,1-3 und 5,4-10 untergliedern[76], damit aber ist nicht die Notwendigkeit gegeben, 5,1-3 den voranstehenden 4,13-18 einfach zuzuschlagen. Mit Recht hat darum *B.C.Johanson* 4,18 als »a concluding exhortation« bezeichnet[77] und die Besonderheit dieser beiden eschatologischen Abschnitte unter rhetorischer Fragestellung minutiös entfaltet und gezeigt: »Both quasi-logical appeals and the *pathos* type of appeal to confidence may be observed to be particulary prominent in both 4:13-18 and 5:1-11. Finally, from the foregoing analysis it is concluded that 5:1-11 is more adequately characterized as persuasion than as parenesis«. - Ebenfalls im Gefolge der angelsächsischen Rhetorikforschung steht das Bemühen, die rhetorische Bestimmung von 1.Thess 4,13 - 5,11 als »parenetic letter« dem in der hellenistischen Welt nachzuweisenden Typ des ›Trostbriefes‹ zuzuordnen, wofür 1.Thess 4,13.18; 5,11 besonders herangezogen werden.[78] So aber sind das eschatologische Anliegen dieser Abschnitte und das Spezifische des Einander-Tröstens in ihrem Bezug zueinander nicht erfaßbar.[79]

2. Kontrovers wird weiterhin die Frage einer (möglichen) Entwicklung des eschatologischen Denkens des Paulus beurteilt. H.Jurgensens breite Erfassung der einschlägigen Untersuchungen zeigt eine lange und in sich diffe-

---

[74] F.W.Hughes, The Rhetoric of 1Thessalonians: The Thessalonian Correspondence, hg. v. R.F.Collins, Leuven 1990 (BEThL 87) 94-116 (bes. 104f.114f).

[75] K.P.Donfried, The Theology of 1Thessalonians: ders./I.H.Marshall, The Theology of the Shorter Pauline Letters, Cambridge MA 1993, 1-79: 6.

[76] Unter anderer Fragestellung vgl. auch Harnisch, Existenz (s.o. Anm. 1) 16ff.53ff.

[77] Vgl. eindrücklich B.C.Johanson, To All the Brethren. A Text-Linguistic and Rhetorical Approach to 1Thessalonians, Stockholm 1987 (CB.NT 16) 118ff.135f (Zitat); in ähnliche Richtung weisend mit wichtigen zusammenfassenden Aspekten zur neueren Diskussion vgl. R.Kieffer, L'eschatologie en 1Thessaloniciens dans une perspective rhétorique: The Thessalonian Correspondence (s.o. Anm. 74) 206-219: 211ff.216f.

[78] Zusammenfassend und die Forschung aufarbeitend vgl. J.Chapa, Consolatory Patterns? 1Thes 4,13.18; 5,11: The Thessalonian Correspondence (s.o. Anm. 74) 220-228; ders., Is First Thessalonians a Letter of Consolation?: NTS 40 (1994) 150-160.

[79] Vgl. O.Merk, Miteinander. Zur Sorge um den Menschen im Ersten Thessalonicherbrief: »Daß allen Menschen geholfen werde …«. FS Manfred Seitz, Stuttgart 1993, 125-133: 128f.132 Anm. 26.

renzierte (Vor-)Geschichte dieser Fragestellung. Eine punktuell wichtigste neuere Positionen zusammenfassend erörternde Auswahl der Diskussion bietet *U.Schnelle*, Wandlungen im paulinischen Denken (1989)[80] mit dem Ergebnis: »Gegenüber 1Thess 4,13-18 tritt die Schilderung der Parusieereignisse zurück, 1 Kor 15,51f ist ganz konzentriert auf die Frage nach dem Übergang in die neue postmortale Seinsweise«[81], um abschließend zu den verschiedenen Belegen insgesamt festzuhalten: »Es dürfte deutlich geworden sein, daß in zentralen Bereichen der paulinischen Eschatologie von einer Entwicklung, d.h. von einem der sich ändernden historischen Situation entsprechenden folgerichtigen Fortschreiten des Denkens des Apostels gesprochen werden kann«[82], auch wenn eine sich durchhaltende Naherwartung in seinen Briefen konstatiert werden muß. - Wie Schnelle urteilt sein Lehrer *G.Strecker*, Theologie des Neuen Testaments (1996)[83] im Vergleich von 1.Thess 4,13ff mit 1.Kor 15,51f: »Präzisere Bestimmung des Schicksals der Lebenden (gegenüber 1 Thess 4 wird als neuer Gedanke in V.51f die ›Verwandlung‹ der Lebenden wie auch der Gestorbenen ausgesagt)«[84]. - Und *J.Becker* hält - bei inzwischen erfolgten Modifikationen zu früheren Ausführungen - fest: Es »bleibt die Naherwartung der ersten urchristlichen Gemeinden (z.B. 1 Thess 4,13ff.; Röm 13,11), selbst wenn dabei eine differenzierende Entwicklung Platz greift«[85]. - Eine gegenüber Entwicklungen im eschatologischen Denken des Paulus zurückhaltendere Einschätzung und auch unmittelbare Ablehnung ist in gleicher Weise erkennbar. Nicht nur Jurgensens eigene Position ist ein Beispiel dafür, die bei ihm für zahlreiche frühere Vertreter der Forschung steht.[86] - In den gegenwärtigen Forschungsstand hineinreichend hatte *A.Lindemann* schon 1986 grundsätzliche Bedenken gegen solche Entwicklungstendenzen geäußert.[87] Diese hat er wenige Jahre später in einer vergleichenden Untersuchung von 1.Thess 4,13ff

---

[80] U.Schnelle, Wandlungen im paulinischen Denken, Stuttgart 1989 (SBS 137) 37ff.

[81] Ebd. 42.

[82] Ebd. 48.

[83] G.Strecker, Theologie des Neuen Testaments, bearb., erg. u. hg.v. F.W.Horn, Berlin/New York 1996, 222ff.

[84] Ebd. 226.

[85] J.Becker, Das Urchristentum als gegliederte Epoche, Stuttgart 1993 (SBS 155) 49.102; ders., Paulus. Der Apostel der Völker, Tübingen 1989, 468ff.471ff; bei Jurgensen nicht erfaßt sind Begründung und Auflistung von Autoren für eschatologische Wandlung bei K.Müller, Die Leiblichkeit des Heils. 1Kor 15,35-58: Résurrection du Christ et des Chrétiens (1 Co 15), hg.v. L.de Lorenzi, Rom 1985 (SMBen 8) 171-255: 230ff.249ff.

[86] Vgl. z.B. Jurgensen, Saint Paul (s.o. Anm. 1) 460ff.

[87] A.Lindemann, Erwägungen zum Problem einer »Theologie der synoptischen Evangelien«: ZNW 77 (1986) 1-33: 30f.

und 1.Kor 15,51f begründet und kritisch dahin präzisiert, daß »die These von einer ›Entwicklung‹ der paulinischen Eschatologie in der Zeit zwischen dem Ersten Thessalonicherbrief und dem Ersten Korintherbrief ... mithin wenig Wahrscheinlichkeit« »besitzt«. »Geändert hat sich nicht das Denken des Paulus, sondern die Adressaten sind verschieden; ihre jeweils spezifische Problematik erforderte eine spezifisch differenzierte Reaktion des Apostels.«[88] - Diese Einschätzung teilt im wesentlichen unter anderer Begründung und Fragestellung H.Merklein[89], und J.Delobel[90] betont im Vergleich der entsprechenden Belege aus 1.Thess und 1.Kor: »Perhaps it is possible to integrate the various statements throughout Paul's letters as different aspects of an overall concept«. Verschiedene Situationen und unterschiedliche Fragestellungen in den einzelnen Gemeinden zwingen dazu. »From a methodological point of view, it seems advisable not to underestimate the basic difference in the *Sitz-im-Leben* to which Paul's letters react, and not to ›overextend‹ the data into an artificial harmonization«. - Zurückhaltend in der Beurteilung eschatologischer Entwicklung bei Paulus sind auch J.Gnilka[91] und E.Lohse.[92] - Zudem läßt der deutlich besonders in der amerikanischen Forschung immer stärker herausgearbeitete konkrete Gemeindehintergrund auch in den jeweils in eine solche konkrete Situation hineingehenden Briefen des Paulus verstärkt aktuelle Zuspitzung und Neuformulierung theologischer Grundentscheidungen des Apostels erkennen, die es nicht zwingend machen, von Entwicklung oder Wandlung seines eschatologischen Denkens innerhalb der wenigen Jahre zu sprechen, aus denen uns begründet paulinische Briefe vorliegen (etwa 50-55/56 n.Chr.). Das Konstante ist für Paulus der eruierbare Grundansatz seines theologischen Denkens, das Variable das in actu in seinen Gelegenheitsbriefen argumentativ um seiner Gemeinden willen und doch getreu seiner im Glauben gründenden und begründeten Position Eingebrachte.

---

88 A.Lindemann, Paulus und die korinthische Eschatologie. Zur These von einer ›Entwicklung‹ im paulinischen Denken: NTS 37 (1991) 373-399: 376ff.391 (Zitat). Diese Sicht fällt auch dann nicht, wenn man - entgegen Lindemann - in 1.Thess 4,13ff auf entschlafene *Christen* deutet, wofür zudem die Situation in Thessalonich spricht.

89 H.Merklein, Der Theologe als Prophet. Zur Funktion prophetischen Redens im theologischen Diskurs des Paulus: NTS 38 (1992) 402-429 (bes. 414-419.418 Anm. 45).

90 J.Delobel, The Fate of the Dead According to 1 Thes 4 and 1 Cor 15: The Thessalonian Correspondence (s.o. Anm. 74) 340-347: 347 (nachfolgende Zitate).

91 J.Gnilka, Theologie des Neuen Testaments, Freiburg u.a. 1994 (HThK.S V) 21f; ders., Paulus von Tarsus. Zeuge und Apostel, Freiburg u.a. 1996 (HThK.S VI) 236f.

92 E.Lohse, Paulus. Eine Biographie, München 1996, 240ff.

3. Lebhaft diskutiert wird weiterhin das ›Herrenwort‹ (1.Thess 4,15-17a).
Schon vor Jahrzehnten hat *W.G.Kümmel*[93] das Zentrum der Diskussion getroffen: »Daß 1.Thess 4,16f. ein echtes Jesuswort enthält, das den Märty-
rerjüngern verheißt, daß sie als erste an der Auferstehung teilhaben werden
und den Herrn ›einholen‹ sollen (...), ist unglaubhaft angesichts der Tatsache, daß das Wort nicht nur die paulinische Formel ἐν Χριστῷ enthält,
sondern auch im Namen der christlichen Gemeinde formuliert ist«. - Entfällt
heute zwar eine unmittelbare Rückführung auf ein Jesuswort, so sind doch
Umfang wie Tradition strittig, und es ist zu fragen, ob nicht ein urchristlicher Prophetenspruch, von Paulus aktuell gedeutet, vorliegt. Nach der Einführung (als ›Zitat‹) V.15a läge V.15b als ›Herrenwort‹ nahe[94], doch die
von Paulus verwendete »Wir-Form«, die den Apostel mit der Gemeinde zu-
sammenschließt«, läßt daran zweifeln.[95] - Allein im Jahre 1996 wurden drei
- leicht variierende - mutmaßliche ›Vorgaben‹ des von Paulus ergänzten
Traditionsstücks veröffentlicht.[96] *G.Strecker* hält fest: »Paulus hat dieses in
jüdisch-christlicher-apokalyptischer Tradition vorgefundene Herrenwort auf
die Situation der Gemeinde und seine Person bezogen und dadurch inhaltlich
verändert«[97]; *J.Gnilka* charakterisiert das Stück als »von einer apokalyptisch
gefärbten Überlieferung abhängig« und bestimmt ἐν Χριστῷ, die zeitliche
Abfolge »zuerst« - »dann« und den Hinweis »zugleich mit ihm« (V.16f) als
paulinische Zufügung/Aktualisierung[98], während *E.Lohse* hervorhebt:
»Obwohl Paulus dem Herrenwort für seine Argumentation maßgebende Be-
weiskraft beimißt, hat er sich nicht gehindert gesehen, den Wortlaut so zu
verändern, daß er unmittelbar auf die in der Gemeinde aufgekommenen
Fragen Antwort gibt«. Er »gibt seinen Inhalt so wieder, daß er vom
Kerygma her begriffen wird und die Gemeinde unmittelbar betrifft«[99]. Die
Genannten stehen im besten Sinne in der Kette früher vorgelegter Lösungs-
versuche[100], die hier nicht erneut vorgestellt und diskutiert werden können,

---

93 W.G.Kümmel, Verheißung und Erfüllung. Untersuchungen zur eschatologischen Ver-
    kündigung Jesu, Zürich [3]1956 (AThANT 6) 46 Anm. 107 (Zitat).

94 Vgl. Holtz, 1.Thess (s.o. Anm. 49) 183ff.

95 Lohse, Paulus (s.o. Anm. 92) 69.

96 Strecker, Theologie (s.o. Anm. 83) 225; Gnilka, Paulus (s.o. Anm. 91) 236; Lohse,
    Paulus (s.o. Anm. 92) 69.

97 Strecker, Theologie (s.o. Anm. 83) 225.

98 Gnilka, Paulus (s.o. Anm. 91) 236 mit Anm. 20; ders., Theologie (s.o. Anm. 91) 21f.

99 Lohse, Paulus (s.o. Anm. 92) 69.

100 Jurgensen, Saint Paul (s.o. Anm. 1) passim; vgl. auch ältere und neuere Zusammenfas-
    sungen bei Harnisch, Existenz (s.o. Anm. 1) 39ff; R.F.Collins, Tradition, Redaction,
    and Exhortation in 1 Thess 4,13 - 5,11: ders., Studies on the First Letter to the Thes-
    salonians, Leuven 1984 (BEThL 66) 154-172: 157-162; Mason, Resurrection (s.o.
    Anm. 61) 90ff.

aber sämtlich urchristliche bzw. paulinische Eingriffe in das zu rekonstruierende Traditionsstück zeigen. - Eine weiterführende - gelegentlich von der
älteren Forschung angeregte - Überlegung bietet *H.Merklein*: Für ihn ist
V.15b als herkömmlicher Beginn des Zitats zugleich auch dessen Begren-
zung, »nicht die vorweggenommene Zusammenfassung, sondern der entscheidende Grundsatz«, dessen Erläuterung durch apokalyptisches Traditi-
onsgut in V.16f erfolgt.[101] Noch wichtiger ist ihm aber »die textpragmati-
sche Frage«, die sich ihm darin bündelt und beantwortet, daß Paulus den
Thessalonichern bereits Bekanntes in seiner Argumentation sagt.[102] Paulus
führt kein ›Herrenwort‹ in V.15a ein, sondern mit der Formulierung ἐν
λόγῳ κυρίου (nicht λόγος κυρίου) »beansprucht« er, »daß *seine* Rede in
der Weise des Sprechens des *Herrn* geschieht. Er spricht in der Autorität des
Herrn. Unter dieser Rücksicht wird man die Alternative ›Herrenwort‹ oder
›Prophetenwort‹ zugunsten des letzteren entscheiden, allerdings mit der prä-
zisierenden Maßgabe, daß Paulus nicht (fremdes) Prophetenwort *zitieren*,
sondern *selbst prophetisch reden* will«.[103] Dies trifft sich in Sache und
Struktur mit 1.Kor 15,50ff. Jeweils deutet Paulus unter Zuhilfenahme apokalyptischer Traditionen, mehr noch, indem er das »Credo der Gemeinde«
(Gräßer) hier wie dort als Basis hat und von ihm her »klärungsbedürftige(n)
Sachverhalte« deutet.[104] Geht es doch um die »Auferstehung der Toten« als
»eine selbstverständliche Konsequenz des Kerygmas«, wie Merklein sowohl
zu 1.Thess 4,13ff als auch zu 1.Kor 15,50ff auch an des Paulus starker Re-
duzierung jüdisch-apokalyptischer Vorstellungen zeigt.[105] Das »Ziel« solcher
prophetischer Deutung aber »wird in den paränetischen Schlußfolgerungen
von 1 Thess 4.18 und 1 Kor 15.58 dann auch textlich realisiert«[106]. Dieser
Lösungsversuch gewährt dann freilich doch die Frage, ob in diese paulinische Prophetie in 1.Thess 4,16-17a und 1.Kor 15,50f vergleichbare und
möglicherweise schon in der Tradition verbundene/sachlich benachbarte
Vorstellungen eingeschlossen sind[107], ohne daß eine ausformulierte, von

---

101 Merklein, Prophet (s.o. Anm. 89) 410f.

102 Ebd. 411f.

103 Ebd. 413 mit Anm. 39; Verweis u.a. auf v.Dobschütz, Thess (s.o. Anm. 3) 193 und
     die Belege 3.Kön 21,35 (LXX) und Sir 48,3, »wo ebenfalls ἐν λόγῳ κυρίου zur Ein-
     leitung prophetischer Rede dient«; im übrigen vgl. Jurgensen, Saint Paul (s.o. Anm. 1)
     492ff; Donfried, Theology (s.o. Anm. 75) 39ff.

104 Merklein, Prophet (s.o. Anm. 89) 423; vgl. unter anderer Fragestellung auch Th.Sö-
     ding, Die Trias Glaube, Hoffnung, Liebe bei Paulus. Eine exegetische Studie, Stuttgart
     1992 (SBS 150) 97.

105 Merklein, Prophet (s.o. Anm. 89) 423.

106 Ebd. 424.

107 Vgl. z.B. Mason, Resurrection (s.o. Anm. 61) 100ff.131ff; Gnilka, Theologie (s.o.
     Anm. 91) 21f.

Paulus redaktionell gestaltete ›Vorgabe‹ nachgewiesen werden kann.[108] - Schließlich ermöglichten Merkleins Überlegungen, 1.Thess 5,20f über die allgemeine Schlußparänese hinaus sachgemäß für die Thessalonicher-Gemeinde einzubringen.

Daß Paulus mit seiner eigenen, deutenden Prophetie urchristlicher Prophetie verbunden bleibt, zumal wenn er der Gemeinde bereits Bekanntes deutet, läßt sich - und hier ist Merkleins Ansatz weiterzuführen - auch für 1.Thess 4,15b geltend machen: Paulus stellt den deutenden Versen 16.17a eine ihm eigene - und vielleicht in der Sache auch anderen urchristlichen Zeugen -, in seinem missionarischen Dienst unabhängig von Situation und Anfrage der Thessalonicher zuteil gewordene prophetische Sicht als Leitsatz voran, die im Licht des grundlegenden Kerygmas (V.14) zugleich Erfahrungen der Urchristenheit in rund einhalb bis zwei Jahrzehnten seit Tod und Auferweckung Jesu Christi spiegelt und diese existentiell im Glauben tröstlich und zukunftsgerichtet verstehen lehrt. - Jedenfalls: 1.Thess 4,15-17a als ›Prophetenwort‹ zu interpretieren, bleibt von Merkleins wegweisendem Ansatz her der weiteren Forschung aufgetragen.

Ein Forschungsüberblick kann nicht abschließend sein, sondern immer nur den gegenwärtig erreichten Stand einer Fragestellung - und dies zumeist nur in Auswahl - aufzeigen, aber er kann auch zurücklenken zu früheren Einsichten, die theologisches Denken heute punktuell bereichern können.

In diesem Sinne sei zum Schluß auf eine Vorlesung von Martin Heidegger aus dem Winter-Semester 1920/21 verwiesen, die zu Teilen schon bekannt war, aber erst 1995 mit den ihr zugehörenden Aufzeichnungen und Entwürfen veröffentlicht wurde: *Phänomenologie des religiösen Lebens*, deren ›Zweiter Teil‹ die »Phänomenologische Explikation konkreter religiöser Phänomene im Anschluß an Paulinische Briefe« enthält.[109] Ohne eine Analyse der Ausführungen sei zur Eschatologie in 1.Thess angeführt: »Die *Hoffnung*, die die Christen haben, ist nicht einfach Unsterblichkeitsglaube, sondern im christlichen faktischen Leben gegründetes gläubiges *Durchhalten*«. »*Wenn wir glauben* (Zentraltatsache!), dann ist in diesem Glauben ein Sichverhalten zu der Frage [sc. 1.Thess 4,13ff] gegeben (Auferstehung), das weder spekuliert noch vor allem nicht in Zweifel kommt. Die Entschlafenen, sofern sie Gläubige sind, gehen nicht verloren: sie werden *dabei sein, und das ist das Entscheidende*. Wenn wir glauben, haben wir die echte Hoffnung, d.h. den genuinen Bezug zu dem in der Frage Gemeinten! (Glaube an den gestorbenen und auferstandenen (Christus) besagt in sich gehaltlich: das *Wie* des Tatsächlichen!)«. »Man muß sich hüten, die Erwartung des Paulus als in seiner Generation und ihn mitbetreffend ins Objektge-

---

[108] Vgl. zutreffend Delobel, Fate (s.o Anm. 90) 342-344.

[109] M.Heidegger, Phänomenologie des religiösen Lebens, Frankfurt a.M. 1995 (M.Heidegger, Gesamtausgabe. II. Abt. Vorlesungen 1919-1944 = Gesamtausgabe Bd. 60) (bes. 67ff.87ff.137ff.149ff).

schichtliche umzudeuten... *Paulus* hat *geglaubt* ..., er hat aber nicht ›falsch‹ geglaubt; es gibt hier kein wahr und falsch. Entsprechend ist die Frage der ›Entwicklung‹ seiner Anschauung zu behandeln«.[110]

Diese Zeilen schrieb Martin Heidegger gleichsam am Vorabend jener Epoche, die im theologisch-philosophischen Gespräch das heute ›Alte Marburg‹ werden ließ, dessen Endphase der Jubilar Erich Gräßer miterlebte und dessen Erbe er in seinem eigenen Lebenswerk und nicht zuletzt in seiner »Bibelarbeit über 1.Thess 4,13-18« theologisch-hermeneutisch in kritischer Neubesinnung weiterträgt.

---

[110] Ebd. 151ff (aus: »Aufzeichnungen und Entwürfe zur Vorlesung«).

Überlegungen zu 2Thess 2,13-17

In einer frühen Studie hat Gerhard Dautzenberg unter dem Titel "Theologie und Seelsorge aus Paulinischer Tradition" unter anderem eine "Einführung in 2Thess" vorgelegt[1] und hier die anstehenden Probleme paulinischer Verfasserschaft wie deuteropaulinischer Herkunft des 2Thess dargelegt, um sich dann für eine nicht näher einordbare und bestimmbare Abfassung dieses Schreibens mehrere Jahrzehnte nach 1Thess zu entscheiden. Eine relativ zeitliche Nähe von 2Thess zu 1Thess lasse sich nur mit den dann aber auch in Rechnung zu stellenden Schwierigkeiten konstatieren, wenn man Paulus selbst zum Autor eines zweiten und zudem sehr ähnlichen Schreibens an dieselbe Gemeinde erkläre. Die Vermutung, daß 2Thess ein früher - vielleicht der erste - 'Deuteropauline' sei, wird nicht näher erörtert.[2] Wohl aber unterstreicht Dautzenberg, "daß im Zentrum des Briefs, in den beiden mittleren Abschnitten (2,13; 3,1-5)" zweimal gezielt "ein Verweis auf die *Paradosis* bzw. auf die Anweisungen des Apostels und ein abschließender Gebetswunsch" folge[3].

I

Wenn wir uns im folgenden auf einige Randbemerkungen zu 2Thess 2,13-17 beschränken, dann ist - auch unter weiterer Einbeziehung der Ergebnisse Dautzenbergs - zunächst festzuhalten, daß in Wiederaufnahme und Weiterführung der Danksagung (1,3-12) nach der apokalyptischen Belehrung (2,1-12) und diese zumindest teilweise aufgreifend mit 2,13-17 der erste Teil des Schreibens gerundet wird. Mag dabei auch vorläufig offenbleiben, ob 2,13-14; 2,15 oder 2,13-15 und 2,16-17 jeweils eine Untereinheit bilden und ob näherhin 2,17b der Charakter einer Überleitung zu 3,1-5 zukommt, daß 3,1-5 gewisse Entsprechungen zum vorgenannten Abschnitt hat, ist seit B. Rigaux' eingehender

---

[1] G. Dautzenberg, Theologie und Seelsorge aus Paulinischer Tradition. Einführung in 2Thess, Kol, Eph, in: Gestalt und Anspruch des Neuen Testaments, hrg. v. J. Schreiner und G. Dautzenberg, 1969, S. 96-119, hier 97ff.

[2] aaO., S. 103ff.

[3] aaO., S. 98.

Analyse und u.a. auch G. Dautzenbergs Beobachtungen kaum noch bestritten worden.[4]

Elemente dieser Gliederung werden in auffallend starkem Maße in neueren Kommentaren und einschlägigen Untersuchungen zur Rhetorik eingebracht, wobei zwischen 2,17 und 3,1 ein gewisser Schnitt zwischen erstem und zweitem Teil des Briefes gemacht wird[5] (z.B. bei J. W. Bailey; K. P. Donfried; A. Plummer; J. E. Frame; R. J. Peterson; F. Laub[6]) und häufig 2,13-17 zusammengefaßt wird (etwa bei E. Best; F. F. Bruce; G. Friedrich; D. Guthrie; J. C. Hurd; E. v. Dobschütz[7]; M. Dibelius[8]). Für eine stärkere Einheit von 2,13-3,5 plädieren u.a. B. Rigaux; H.-A. Egenolf; G. G. Findlay; G. Krodel; W. Marxsen[9]; R. Jewett[10]; G. Dautzenberg[11]. Unter den Vertretern weiter differenzierender Gliederungen sind in der gegenwärtigen Forschungslage zu nennen: W. Trilling rechnet 2,13-14 als Schlußabschnitt "III. Der 'Tag des Herrn' (2,1-2.13.14)"[12] und läßt mit 2,15 den ermahnenden Teil des Briefes beginnen, der bis 3,16 reiche[13]; G. S. Holland zählt 2,1-17 zum Abschnitt "Probatio", dem die "Exhortatio" in 3,1-13 folge[14]; C. A. Wanamaker sieht den anstehenden Abschnitt ebenfalls im Bereich der "Probatio" (2,3-15) und gliedert in 2,3-12="First Proof" und 2,13-15="Second Proof"[15], um dann in 2,16-17 die "Peroratio"[16] und in 3,1-15 die "Exhortatio" folgen zu lassen[17]. Zu nahezu gleichem Ergebnis kommt F. W. Hughes[18].

---

4   B. Rigaux, Saint Paul. Les Épitres aux Thessaloniciens, ÉtB, 1956, S. 680ff.

5   Soweit nur Namen genannt sind vgl. die durchgesehene Auflistung bei R. Jewett, The Thessalonian Correspondence. Pauline Rhetoric and Millenarian Piety, 1986, S. 222f.

6   vgl. F. Laub, 1. und 2. Thessalonicherbrief, NEB 13, 1985, S. 52ff.

7   E. v. Dobschütz, Die Thessalonicher-Briefe, KEK 7, Nachdruck der Ausgabe von [7]1909. Mit einem Literaturverzeichnis v. O. Merk hrg. v. F. Hahn, 1974, S. 296ff.

8   M. Dibelius, An die Thessalonicher I II, An die Philipper, HNT 11, [3]1937, S. 51f.

9   W. Marxsen, Der zweite Thessalonicherbrief, ZüB 11.2, 1982, S. 93: "Das ganze nachfolgende 'Zwischenstück' 2,15-3,5".

10   R. Jewett, s. Anm. 5, S. 84f. (im Rahmen der "Probatio" mit weiteren Untergliederungen).

11   G. Dautzenberg, s. Anm. 1, S. 98f.

12   W. Trilling, Der zweite Brief an die Thessalonicher, EKK XIV, 1980, S. 68ff. 117ff.

13   W. Trilling, 2Thess, S. 124ff.

14   G. S. Holland, The Tradition that You Received from Us: 2Thessalonians in the Pauline Tradition, HUTh 24, 1988, S. 67ff.

15   C. A. Wanamaker, Commentary on 1 & 2 Thessalonians, NIGC, 1990, S. 237ff.

16   C. A. Wanamaker, Thess, S. 264ff.

Diese Auflistung darf jedoch nicht 'gepreßt' werden, denn Einzelargumente der genannten Autoren ergeben häufig Verbindungslinien und Anknüpfungen im einzelnen und zeigen, daß es sich um Gedankengänge innerhalb desselben Schreibens und vornehmlich in 2,13-3,5 handelt. Fast durchgängig wird dabei beobachtet: 2,13-17 ist ein Abschnitt, der durch seinen einerseits allgemeinen, andererseits verbindenden Charakter eine mehr oder weniger stark betonte Funktion als 'Überleitung' hat.

II

Die in 2,13 fortgeführte Danksagung, in deren Eingang wie in 1,3 auch sprachlich im Unterschied zu sonstigen paulinischen Danksagungen der verpflichtend geschuldete Dank zur Geltung kommt[19], wird mit adversativem δέ und e contrario gegenüber der Belehrung über die Vernichtung (vgl. 2,8b-12) der Gott gebührende Dank für die von ihm geliebten Brüder (=Gemeinde) in Worte gefaßt und im ὅτι-Satz entfaltet. Dabei wird maßgebende theologische Begrifflichkeit aus 1Thess 1,4-5; 5,9; 4,7 aufgegriffen[20], ohne daß Formulierungen aus 2Thess 2,11f. übersehen werden können. Es geht dem Verfasser, wie er mutmaßlich aus 1Thess weiß, um Gottes erwählendes und rettendes Handeln, welches διὰ τοῦ εὐαγγελίου geschehen ist. Was in 1Thess in seiner theologischen Sachaussage eindeutig ist[21], bedarf im 2Thess deutender, richtungsweisender Näherbestimmung, zunächst zugespitzt: Wie ist ἀπαρχήν zu fassen?[22] Die textkritische Bezeugung läßt gegenüber der Lesart ἀπ' ἀρχῆς ein leichtes Übergewicht für ἀπαρχήν in der äußeren Entscheidung wie nach inneren Kri-

---

17 C. A. Wanamaker, Thess, S. 270ff.273ff.

18 F. W. Hughes, Early Christian Rhetoric, JSNT.S 30, 1989, S. 68ff.; vgl. K. P. Donfried, in: ders.-I.H.Marshall, The Theology of the Shorter Pauline Letters, 1993, S. 83f.

19 vgl. Nachweise bei M. Wolter, Art. ὀφείλω, EWNT II, 1981, Sp. 1347ff., hier 1349; ebdt. auch zum möglicherweise kultisch-liturgischen Hintergrund solcher Gebetsverpflichtungen.

20 vgl. G. S. Holland, s. Anm 14, S. 22f. und die dortigen Nachweisungen.

21 vgl. J. Becker, Die Erwählung der Völker durch das Evangelium. Theologiegeschichtliche Erwägungen zum 1Thess, in: Studien zum Text und zur Ethik des Neuen Testaments. Festschrift zum 80. Geburtstag von Heinrich Greeven, hrg. v. W. Schrage, 1986, S. 82ff.; ders., Paulus. Der Apostel der Völker, 1989, S. 138ff.

22 vgl. auch G. S. Holland, s. Anm. 14, S. 47; I. H. Marshall, Election and Calling to Salvation in 1 and 2Thessalonians, in: The Thessalonian Correspondence, ed. by R. F. Collins, BEThL LXXXVII, 1990, S. 259ff.273f. (für 1Thess. bes. S. 262ff.).

terien zu[23], worin vermutlich bereits die Deutung mitgesetzt ist. Ἀπ' ἀρχῆς begegnet bei Paulus in seinen anerkannten Briefen nicht. Ἀπαρχή dagegen charakterisiert neben anderen Bedeutungen auch den Stand der Christen (Röm 8,23; vgl. Röm 16,5; 1 Kor 16,15) und kennzeichnet bzgl. vorliegender Stelle nicht einfach "das Ehrenprädikat von 'Erstbekehrten' d. h. vom Geist Geheiligten und mit dem Glauben an die Wahrheit Beschenkten"[24]; αἱρέομαι ist nur Phil 1,22 bei Paulus begegnend und dort nicht im erwählenden Sinne verwendet. Unter Vermeidung gängiger Erwählungsterminologie bringt der Verfasser des 2Thess das Sachanliegen neu ein. Das führte zu dem an sich nicht unberechtigten, allerdings unter anderer Fragestellung stehenden Versuch von W. Nauck, die ἀπαρχή mit ἐν ἁγιασμῷ πνεύματος zu verbinden und unter Berücksichtigung auch religionsgeschichtlichen Materials diese Ausdruckweise der Taufterminologie zuzuordnen.[25] Dies mußte aber darum scheitern, weil weder die herangezogenen Parallelen aus Qumran und aus anderen frühjüdischen Schriften tragfähig in einer Bezugnahme auf die christliche Taufe sind, noch weil sich aus 2,13f. eine triadische Formel rekonstruieren läßt[26]. Gleichwohl ist der Zusammenhang von Erwählung und Taufe in 2,13 vielleicht doch ein mehr tastend gesuchtes Interpretament für den Verfasser des 2Thess, grundlegende Erwählung (vgl. 1Thess) verständlich zu machen als Erwählung durch die Taufe. Es will beachtet sein, daß er nicht nur kurz darauf von der ewigen παράκλησις spricht (2,16), also auch diese Konsequenz aus der Erwählung zieht, sondern - entscheidend - Erwählung und Berufung in der Evangeliumsverkündigung als Gottes Tat einander zuordnet. In der Ermöglichung "des Christwerdens"[27] greift Gottes erwählendes Handeln für den einzelnen wie für die Gemeinde, wird ἀπαρχή richtungsweisend εἰς σωτηρίαν ἐν ἁγιασμῷ πνεύματος καὶ πίστει ἀληθείας und korrespondiert solcher Rettung die Berufung zur Erlangung der δόξα τοῦ κυρίου ἡμῶν Ἰησοῦ Χριστοῦ (2,13f)

---

23 vgl. A Textual Commentary on the Greek New Testament. A Companion Volume to the United Bible Societies' Greek Testament (third edition) by B. M. Metzger, 1971, S. 636f. z.St.

24 so A. Sand, Art. ἀπαρχή, EWNT I, 1980, Sp. 278-280 (Zitat: 279).

25 W. Nauck, Die Tradition und der Charakter des ersten Johannesbriefes, WUNT 3, 1957, S. 90.180.

26 vgl. schon - unter anderen Voraussetzungen - M. Dibelius, Thess, S. 51: "Wenn das Ganze trinitarisch klingen sollte, würde Paulus vom Glauben an Jesus Christus gesprochen haben"; E. Schweizer, Art. πνεῦμα κτλ., ThWNT VI, S. 430: "Daß kultische Terminologie vorliegt, dürfte sachlich bedeutungslos sein".

27 M. Dibelius, Thess, S. 51.10.

in deutlicher Antithese zu 2,10b-12[28]. Die Erwählungskonzeption aus 1Thess wird in 2Thess interpretiert auf das Sein der Christen zwischen Christwerden und Parusie[29], womit der Verfasser seine Ausführungen dem 1Thess theologisch zuordnen möchte. Bleibt auch das Ende einstweilen aus (2,3-12), die erwählende Berufung gilt und so auch die ausstehende Parusie, wobei hinsichtlich der περιποίησις nicht die Selbsterlangung des Heils (etwa im Unterschied zu 1Thess 5,9) gefolgert zu werden braucht[30].

Aus diesem Sachanliegen erklärt sich die Verbindung von 2,15 mit 2,13f. Mit ἄρα οὖν wird die Folgerung gezogen. Die inhaltlich-sachliche Nähe zu 1Thess 3,8 ist gegeben[31], so gewiß die eigentliche 'Korrespondenz' aus 1Thess in 2Thess nicht aufgegriffen ist[32]. Daß στήκειν hier im absoluten Sinne verwendet ist, ist nicht überzubewerten, denn "stehen" "bezieht" sich auch im einzigen deuteropaulinischen Beleg wie in den anerkannten Paulinen "auf die gegenwärtige christl.[iche] Existenz" und trifft sich ebenso darin mit dem Apostel, daß dieses Wort "fast ausschließlich" im Imperativ eingebracht wird.[33] Solches Stehen ist in der Sache im Herrn (1Thess 3,8), im Glauben (1Kor 16,13), weitgefaßt im empfangenen Evangelium (1Kor 15,1)[34] gegeben. Kann so στήκειν in seinem Aussagegehalt in 2,15 nicht auf einen enger bezogenen Sachverhalt hin begrenzt werden, so ist entsprechend auch für κρατεῖτε τὰς παραδόσεις keine spezifische Aussagebegrenzung möglich. Jedenfalls trifft für unsere Stelle die Feststellung von P. von der Osten-Sacken in dieser Form nicht: "Dem Gebrauch von κ.[ρατέω] mit folgendem Traditionsbegriff o.ä. im Akk.[usativ] in Mk, 2Thess, Kol Offb ist gemeinsam, daß es sich hier jeweils um Aussagen im polemischen Rahmen handelt"[35]. So wird man die παραδόσεις noch nicht mit dem Gewicht gebündelter apostolischer Lehrautorität verbinden dürfen, sondern im Sinne des Verfassers dieses (deuteropaulinischen) Schreibens zunächst einmal des Paulus eigene Darlegungen im 1Thess zu vermuten haben. Die darin erinnerte gemeindegründende Predigt

---

28 zum Rückbezug auf 2,10b-12 vgl. P. Müller, Anfänge der Paulusschule. Dargestellt am zweiten Thessalonicherbrief und am Kolosserbrief, AThANT 74, 1988, S.154ff.

29 vgl. passim: E. v. Dobschütz, Thess, S. 300; G. Kittel, Art. δοκέω κτλ.. ThWNT I, S. 253.

30 vgl. W. Trilling, 2Thess, S. 123; P. Müller, s. Anm. 28, S. 156.

31 vgl. G. S. Holland, s. Anm. 14, S. 23.

32 seit W. Wrede, Die Echtheit des zweiten Thessalonicherbriefs, TU II 24,2, 1903, steht dies zur Diskussion.

33 vgl. M. Wolter, Art. στήκω, EWNT III, 1983, Sp 659.

34 vgl. auch B. Rigaux, Thess, S. 686.

35 P. von der Osten-Sacken, Art. κρατέω, EWNT II, 1981, Sp. 778.

einschließlich des Vorbildes des Apostels und jener schon vom Apostel
weitergegebenen Weisungen (vgl. z.B. 1Thess 1,9f.; 2,9; 4,1f.)[36] ist in An-
schlag zu bringen, und "durch unseren Brief" ist am wahrscheinlichsten auf
1Thess zu beziehen[37], wobei die Ausdruckweise ohne Artikel auch darauf
hinweisen kann, daß der Verfasser bereits von weiteren Briefen des Apostels
im Einsatz seiner missionarischen Tätigkeit weiß[38]. Es geht um das, was Gemeinde vor Ort hat entstehen lassen, es geht um unterstützende Interpretation
des Apostels Paulus[39], in dessen Dienst sich der unbekannte Verfasser dieses
zweiten Thessalonicherbriefes weiß, nicht schon um das alleinige Kennzeichen
einer "kirchengeschichtliche(n) Epoche", in der "das Evangelium, die Verkündigung insgesamt als Paradosis, als tradierbare kirchliche Lehre" erscheint[40],
so sehr eine spätere Phase des Urchristentums an solche Aussagen wie in 2,15
in autoritativer Ausgestaltung von Verkündigung und Lehre anknüpfen
konnte[41]. Ist dies richtig gesehen, entfällt auch die weitere Möglichkeit, die z.
St. angeführte Paradosis auf die ethischen Partien des 1Thess im engeren Sinne
zu beziehen, wofür zumal in der älteren Forschung zum 2Thess vielfach einge-
treten wurde[42], oder diese überhaupt auf den paränetischen Bereich einzu-
schränken[43]. Vielmehr wird man auch heute noch B. Rigaux beipflichten:
"II,15 nous semble plus large que IIThess III,6"[44]. Das verdeutlicht zugleich:

---

36 In diesem Sinne zum 1Thess vgl. J. Eckert, Die Erstverkündigung des Apostels Paulus,
    in: Theologie im Werden. Studien zu den theologischen Konzeptionen im Neuen Te-
    stament. In Zusammenarbeit mit dem Collegium Biblicum München, hrg. v. J. Hainz,
    1992, S. 279ff. 289ff.; O. Merk, Nachahmung Christi. Zu ethischen Perspektiven in der
    paulinischen Theologie, in: Neues Testament und Ethik. Für Rudolf Schnackenburg,
    hrg. v. H. Merklein, 1989, S. 172ff.193-197.

37 vgl. z.B. W. Trilling, 2Thess, S. 128f.; E. v. Dobschütz, Thess, S. 301; anders z.B. P.
    Müller, s. Anm. 28, S. 157.

38 G. Dautzenberg, s. Anm. 1, S. 99: "Auf jeden Fall reflektiert der 2Thess zum ersten
    Mal über das Thema 'Paulusbrief'" mit Verweis auf Kol 4,16; 2Petr 3,15.

39 vgl. H. S. Hwang, Die Verwendung des Wortes πᾶς in den paulinischen Briefen, Diss.
    theol. Erlangen 1985, S. 293ff.304, und meine früheren Überlegungen in:
    E. Würthwein-O. Merk, Verantwortung, Biblische Konfrontationen, Kohlhammer Ta-
    schenbücher 1009, 1983, S. 153.178 Anm. 109; ders., s. Anm. 36, S. 196f.

40 so F. Laub, Thess. S. 53 z. St.

41 auch 2Thess 3,6 kann noch nicht im letzteren Sinne ausgewertet werden.

42 stellvertretend z.B. M. Dibelius, Thess, S. 51; W. Neil, The Epistle of Paul to the Tes-
    salonians, Moffatt, 1950, S. 184.

43 zu Möglichkeiten und Grenzen solcher Deutung vgl. W. Schrage, Ethik des Neuen Te-
    staments, GNT 4, 5=21989, S. 138.

44 B. Rigaux, Thess, S. 687.

Noch befinden wir uns nicht im paränetischen Abschnitt des 2Thess, aber die von 2,13 an fortgeführte Danksagung zielt auf diese hin und gewinnt so überleitenden wie verbindenden Charakter[45].

Wie in 1Thess wird die Danksagung und damit der erste Teil im 2Thess mit einer Fürbitte abgeschlossen, wobei eine gewisse strukturelle Ähnlichkeit von 2,16f. zu 1Thess 3,11-13 gegeben ist[46], aber die paränetische Ausrichtung in 2,17 und die Zusammenfassung der Gabe Gottes in 2,16 eine Besonderheit gegenüber 1Thess darstellen. Letzteres ist sogar ein Stück weit Zusammenfassung des (bisherigen) 2Thess, zentriert im Hinweis auf den Gott, der in Liebe gehandelt hat, gebündelt darin, daß die Gemeinde "von Gott geliebte Brüder" sind (2,13), daß Erwählung und Berufung - wie immer vom Verfasser des Schreibens interpretiert - Heilswirklichkeit in einer sich dehnenden Zeit sind. 2,16 gilt also nicht nur 2,15[47]. In diese Richtung geht auch das Verständnis von παράκλησις, die hier als 'ewige' als Gottes Trost und Gabe über die Paraklese im gemeindlichen Miteinander hinausweist[48]: "So gibt Gott Mut für die Zukunft"[49]. Das ist die Blickrichtung, die dem eschatologischen Anliegen dieses Briefes entspricht. Das Ende steht an (2,3-12), und auch mit ἐλπίδα ἀγαθὴν ἐν χάριτι, dem Hinweis auf gute Hoffnung und Gnade bleibt dieser Aspekt gewahrt[50].

Unter dieser Perspektive steht der fürbittende Wunsch (2,17), in dem gegenwärtiges aufrichtendes Zusprechen und Stärken im Zeichen der sich durchhaltenden Heilsgegenwart Gottes (2,16) erbeten wird[51] und durch den Hinweis auf ἐν παντὶ ἔργῳ καὶ λόγῳ ἀγαθῷ sich zugleich die Hinwendung zur Paränese vollzieht[52]. Genauer: 2,17b leitet zu dem zur Paränese hinführenden Abschnitt über, dessen Kernstück die Aufforderung zum Gebet ist (3,1-5). Daran schließt

---

45 vgl. bes. W. Hendriksen, New Testament Commentary. Exposition of I and II Thessalonians, 1955, S. 191 und eine Vielzahl der oben aufgelisteten Vertreter, die 2,13-17 oder auch 2,13-3,5 in diesem Sinne verstehen.

46 überbetont von P. Schubert, Form and Function in the Pauline Thanksgivings, BZNW 20, 1939, S. 30.

47 anders P. Müller, s. Anm. 28, S. 158 über den Abschnitt 2,13-17: "Sein Zentrum ist die Mahnung in V. 15. 2,13f leiten darauf hin, und 2,16f. formulieren die Mahnung um zu einer Bitte an Gott".

48 vgl. z.B. M. Dibelius, Thess, S. 51f.; O. Schmitz, Art. παρακαλέω κτλ., ThWNT V, S. 795ff.

49 so J. Thomas, Art. καρακαλέω κτλ., EWNT III, 1983, Sp. 62 z.St.

50 vgl. K. Berger, Art. χάρις, EWNT III, 1983, Sp. 1095ff., hier 1099f.

51 vgl. für vielfach ähnlich lautende Auslegung O. Schmitz, s. Anm. 48, S. 798.

52 vgl. Einzelhinweise bei E. v. Dobschütz, Thess, S. 303; G. Harder, Art. στηρίζω, ThWNT VII, S. 656; G. Schneider, Art. στηρίζω, EWNT III, 1983, Sp. 660.

sich in 3,6-15 die Paränese im engeren Sinne an[53]. Diese Gliederung gibt das Recht, von 3,1ff. an von dem zweiten Teil des Schreibens zu sprechen, dessen erster Teil mit 2,17a in der Sache endet, während 2,17b - gewiß auch zu 2,17a gehörend - Überleitungsfunktion wahrnimmt.

III

Daß 2,13-17 und 3,1-5 in manchem Einzelhinweis aufeinander zugehen, ist - wie angedeutet - oft beobachtet worden, zumal Danksagung und Fürbitte in ihrer Ausrichtung gesehen, grundsätzlich aber im Gebetsanliegen in 3,1-5 gebündelt werden[54], auch darin die Intention des Verfassers zur Geltung bringend, den Apostel Paulus zu unterstützen. "Das Rätsel der literarischen Beziehung des 2 zum 1Thess" dürfte darin seinen Grund haben: Denn "die Orientierung an der Autorität und an der Überlieferung des Paulus" zeigt sich "als die den ganzen Brief tragende und bestimmende Schicht. Sie hat sich auf literarischer Ebene in der engen Anlehnung an den Aufbau und an die Aussagen des 1Thess ausgewirkt"[55]. Ob daraus nur auf eine unbestimmt anzusetzende nachpaulinische und nicht auch eventuell auf eine nebenpaulinische Abfassung geschlossen und somit 2Thess als erster, noch zu Lebzeiten des Paulus geschriebener 'Deuteropauline' bezeichnet werden darf, steht im Raum[56]. Jedenfalls 2Thess 2,13-17 mit ihren vom Verfasser dieses Schreibens gebotenen Interpretationen theologischer Ausführungen aus 1Thess zeigt den Willen zur Deutung, zur Erklärung für Gemeindeglieder, die auch mit 1Thess und dessen Sachfragen vertraut sind, und doch kann aufgrund der Sprache, des Stils und der theologischen Weiterführung nicht Paulus selbst der Verfasser sein. Mit allem Bedacht und mit eigener Akzentsetzung wird die eschatologische Fragestellung in 2Thess anders gewendet, nicht nur in 2Thess 1,3-12; 2,3-12 mit weithin bearbeitetem und geprägten Material, sondern gerade in der fortgeführten Danksagung unseres Abschnitts wird die sich dehnende Zeit im Horizont eschatologischer Existenz allgemein und doch akzentuiert eingebracht. Die von manchen Kommentatoren beobachtete Allgemeinheit dieses Abschnitts ist dafür gerade charakteristisch.

---

[53] zu Einzelheiten O. Merk, Handeln aus Glauben. Die Motivierungen der paulinischen Ethik, MThSt 5, 1968, S. 60ff.

[54] zum Gebet und ihren Formen vgl. R. Gebauer, Das Gebet bei Paulus. Forschungsgeschichtliche und exegetische Studien, 1989, bes. S. 203f.255 Anm. 190; S. 201.266 Anm. 286 u.ö.

[55] so G. Dautzenberg, s. Anm. 1, S. 104.

[56] s. bei Anm. 39.

K. P. Donfried hat kürzlich berechtigt gefragt, ob 2Thess nicht doch tatsächlich der Gemeinde in Thessalonich gelte und damit die weitere These verbunden, Timotheus, der nach Ausweis von 1Thess 1,1; 3,2.6 die Gemeinde seit ihrer Gründung und auch in schwierigen (Verfolgungs-)Zeiten kenne, könne der (Mit-)Autor dieses Schreibens sein.[57] Diese Thesen bleiben auf Einzelheiten hin zu prüfen, doch daß in 2Thess ein Verfasser begegnet, der mit der aus 1Thess bekannten Gemeinde vertraut sein muß und daß dieser Autor in einem den Apostel Paulus unterstützenden Sinne weiterführend und interpretierend schreibt, legt sich schon anhand des kleinen behandelten Teilstücks nahe. Die Vermutung, es liege eine in briefliche Form gebrachte Predigtkonzeption vor, bleibt weiter in der Diskussion, und G. G. Findlays Beobachtung aus dem Jahre 1904 zu 2Thess als "more of a calculated homilie" ist erneut zu bedenken[58]. Dabei wird weniger eine Ergänzung[59] als vielmehr eine Interpretation von 1Thess geboten, freilich ohne die Vorlage direkt zu zitieren[60]. Haben wir es im 2Thess mit einem 'Deuteropaulinen' zu Lebzeiten des Paulus zu tun, dann wirft dies nicht nur neues Licht auf die Selbständigkeit der Mitarbeiter dieses Apostels, dann zeigt dies gewichtiger noch die Interpretationsfähigkeit paulinischer Theologie in einem sehr frühen Stadium[61]. Es bedarf von der Gründung einer Gemeinde an dessen, was στηρίζειν ausmacht, es bedarf theologisch, paränetisch, seelsorgerlich des Bewältigens der sich dehnenden Zeit, wie die bei-

---

[57] vgl. K. P. Donfried, s. Anm. 18, S. 84ff. und in Anlehnung an seine Erwägungen.

[58] G. G. Findlay, The Epistles of Paul the Apostle to the Thessalonians, 1904, S. LXXI; weitere Hinweise s.o. Anm. 39.

[59] so eine der Hauptthesen von W. Trilling, 2Thess.

[60] im Unterschied zu Eph, der Bezüge zu verschiedenen Paulusbriefen erkennen läßt (vgl. W. G. Kümmel, Einleitung in das Neue Testament, [21]1983, S. 316), bezieht sich der Verfasser des 2Thess lediglich auf 1Thess, selbst wenn er von weiteren Briefen des Apostels Paulus gewußt haben sollte.

[61] zu anderem Ergebnis gelangt F. Laub, Paulinische Autorität in nachpaulinischer Zeit (2Thess), in: The Thessalonian Correspondence, s. Anm. 22, S. 403ff., z.B. S. 408 Anm. 11: "Man darf bei der Auslegung des II keinen Augenblick außer acht lassen, daß sein Verfasser den I literarisch imitiert und seine Existenz zugleich verschweigt", d.h., so S. 405: der Verfasser des 2Thess "verschweigt nicht nur den existierenden echten Thessalonicherbrief, den er literarisch imitiert, sondern er erklärt ihn zusätzlich als Fälschung. Auf diesem Weg entledigt er sich der paulinischen Eschatologie des I, die für seine Zeit zum Problem geworden ist, und ersetzt sie in 2,1-12 durch seine eigene" (mit Hinweis auf Vorläufer dieser Sicht, z.B. A. Lindemann, Zum Abfassungszweck des zweiten Thessalonicherbriefes, ZNW 68, 1977, S. 35-47); ders., Thess, s. 39f.; F. Vouga, Geschichte des frühen Christentums, UTB 1733, 1993, S. 263: "Der 2. Thessalonicherbrief ist direkt auf den 1. Thessalonicherbrief bezogen und sollte ihn wahrscheinlich ersetzen". Gegen die Ersetzungsthese vgl. z.B. P. Müller, s. Anm. 28, S. 319 Anm. 257.

den Thessalonicherbriefe im Bereich paulinischer Gemeindegründungen beispielhaft verdeutlichen (vgl. auch 1Thess 3,3.13; 2Thess 2,17; 3,3).[62]
Unbestritten bleiben hinsichtlich der hier vorgetragenen Überlegungen einstweilen und noch immer zahlreiche Probleme offen. Aber es ist schon viel erreicht, wenn die Einordnung des 2Thess in die Geschichte des Urchristentums
wieder differenzierter gesehen wird[63] und so dieses Schreiben zu neuen exegetisch-theologischen Erwägungen Anlaß gibt.

---

[62] dazu grundsätzlich jetzt J. Becker, Das Urchristentum als gegliederte Epoche, SBS
      155, 1993, S. 96ff., bes. 97f.106. Zu 1Thess im spezielleren Sinne: O. Merk, Miteinan-
      der. Zur Sorge um den Menschen im Ersten Thessalonicherbrief, in: 'Daß allen Men-
      schen geholfen werde...'. Theologische und anthropologische Beiträge für Manfred
      Seitz zum 65. Geburtstag, hrg. v. R. Landau und G. R. Schmidt, 1993, S. 125ff., bes.
      127.131 Anm. 16. - Der eschatologischen Fragestellung kann im Rahmen dieses Bei-
      trages nicht näher nachgegangen werden; vgl. z.B. die herausfordernden Überlegungen
      bei H. Koester, From Paul's Eschatology to the Apocalyptic Schemata of
      2Thessalonians, in: The Thessalonian Correspondence, s. Anm. 22, S. 441ff.

[63] das empfindet wohl auch bei anderer Problemlösung P. Müller, s. Anm. 28, z.B.
      S. 275f. - Die Warnung des Jubilars ist auch dem Verfasser vorliegender Zeilen zentral,
      daß nicht "die alten Probleme ... durch neue ersetzt" werden dürfen (so G. Dautzen-
      berg, s. Anm. 1, S. 104).

Bibliographie 1965-1998

1965

Herausgeberschaft

Werner Georg Kümmel, Heilsgeschehen und Geschichte. Gesammelte Aufsätze 1933-1964, hrsg. v. E. Gräßer, O. Merk und A. Fritz, MThSt 3, Marburg 1965.

1968

Handeln aus Glauben. Die Motivierungen der paulinischen Ethik, MThSt 5, Marburg 1968.

1969

Der Beginn der Paränese im Galaterbrief, ZNW 60, 1969, S. 83-104.

Rudolf Bultmann und das Neue Testament, Oberhessische Presse, Nr. 191, 20. August 1969, S. 13.

1970

Abschied von Herrn Oberstudienrat i.R. Wilhelm Strippel: Predigt zur Beerdigung, Chronika ehem. Marburger Gymnasiasten, 4. Folge Nr. 20, 1970, S. 254-255.

1971

Über David Friedrich Strauß, ZRGG XXIII, 1971, S. 143-146.

1972

Biblische Theologie in ihrer Anfangszeit. Ihre methodischen Probleme bei Johann Philipp Gabler und Georg Lorenz Bauer und deren Nachwirkungen, MThSt 9, Marburg 1972.

Rezensionen

Taschenlexikon Religion und Theologie, hrsg. v. E. Fahlbusch, Göttingen 1971, ThR N.F. 37, 1972, S. 78-79.

Kraus, H.-J., Die Biblische Theologie. Ihre Geschichte und Problematik, Neukirchen-Vluyn 1970, ThR N.F. 37, 1972, S. 80-88.
Schweizer, E., Beiträge zur Theologie des Neuen Testaments. Neutestamentliche Aufsätze (1955-1970), Zürich 1970, ThR N.F. 37, 1972, S. 88-90.
Gestalt und Anspruch des Neuen Testaments, hrsg. v. J. Schreiner unter Mitwirkung v. G. Dautzenberg, Würzburg 1969, ZRGG XXIV, 1972, S. 256-257.

1973

Rezensionen
The Future of Our Religious Past. Essays in Honour of Rudolf Bultmann. Edited by James M. Robinson, New York u.a. 1971, ThR N.F. 38, 1973, S. 67-68.
Vögtle, A., Das Evangelium und die Evangelien, Düsseldorf 1971, ThR N.F. 38, 1973, S. 167-171.
Schmidt, W.H. – G. Delling, Wörterbuch zur Bibel, Hamburg/Zürich 1971, ThR N.F. 38, 1973, S. 287-288.
Die Zeit Jesu. Festschrift für Heinrich Schlier, hrsg. v. G. Bornkamm und K. Rahner, Freiburg/Basel/Wien 1970, ZRGG XXV, 1973, S. 91-92.

1974

Verzeichnis der neueren Literatur zu den Thessalonicherbriefen, in: E. v. Dobschütz, Die Thessalonicherbriefe [⁷1909]. Nachdruck der Ausgabe von 1909, hrsg. v. F. Hahn, KEK X, Göttingen 1974, S. 321-333.
Rezensionen
Schlier, H., Das Ende der Zeit. Exegetische Aufsätze und Vorträge. III, Freiburg/Basel/Wien 1971, ThLZ 99, 1974, Sp. 433-440.

1975

Das Reich Gottes in den lukanischen Schriften, in: Jesus und Paulus. Festschrift für Werner Georg Kümmel zum 70. Geburtstag, hrsg. v. E.E. Ellis und E. Gräßer, Göttingen 1975 [²1978], S. 201-220.
Glaube und Tat in den Pastoralbriefen,. ZNW 66, 1975, S. 91-102.
Albert Schweitzer – sein Denken und sein Weg (14. Januar 1875 – 4. September 1965), Nachrichten der Evangelisch-Lutherischen Kirche in Bayern 30, 1975, S. 26-29.

Von der richtigen Unterscheidung der biblischen und der dogmatischen Theologie und der rechten Bestimmung ihrer beider Ziele [= Deutsche Übersetzung übernommen aus: O. Merk, Biblische Theologie des Neuen Testaments in ihrer Anfangszeit, s.o. unter ‚1972'], in: Das Problem der Theologie des Neuen Testaments, hrsg. v. G. Strecker, WdF Band CCCLXVII, Darmstadt 1975, S. 32-44.

Rezensionen
Moule, C.F.D., La Genèse du Nouveau Testament, Paris 1971, ThLZ 100, 1975, Sp. 514.

1976

Judentum und Christentum bei Leo Baeck, in: Traditio – Krisis – Renovatio aus theologischer Sicht. Festschrift Winfried Zeller zum 65. Geburtstag, hrsg. v. B. Jaspert und R. Mohr, Marburg 1976, S. 513-528.

1977

Vorwort zur Neuausgabe von: Wilhelm Mundle, Der Glaubensbegriff des Paulus. Eine Untersuchung zur Dogmengeschichte des ältesten Christentums, [Leipzig 1932] Darmstadt 1977, S. IX-XI.

Herausgeberschaft
Rudolf Bultmann, Theologie des Neuen Testaments, 7., durchgesehene, um Vorwort und Nachträge erweiterte Auflage, Tübingen 1977 [Nachträge (1965-1976), S. 622-692].

Rezensionen
Kümmel, W.G., Römer 7 und das Bild des Menschen im Neuen Testament, ThB 53, München 1974, ThLZ 102, 1977, Sp. 821-823.
Neues Testament und Kirche. Für Rudolf Schnackenburg, hrsg. v. J. Gnilka, Freiburg/Basel/Wien 1974, ThR N.F. 42, 1977, S. 76-79.
Festschrift für Ernst Fuchs, hrsg. v. G. Ebeling, E. Jüngel, G. Schunack, Tübingen 1973, ThR N.F. 42, 1977, S. 79-80.
Das Wort und die Wörter. Festschrift Gerhard Friedrich zum 65. Geburtstag, hrsg. v. H. Balz und S. Schulz, Stuttgart/Berlin/Köln/Mainz 1973, ThR N.F. 42, 1977, S. 80-82.
Orientierung an Jesus. Zur Theologie der Synoptiker. Für Josef Schmid, hrsg. v. P. Hoffmann in Zusammenarbeit mit N. Brox und W. Pesch, Freiburg/Basel/Wien 1973, ThR N.F. 42, 1977, S. 82-85.

Lohse, E., Die Einheit des Neuen Testaments. Exegetische Studien zur Theologie des Neuen Testaments, Göttingen 1973, ThR N.F. 42, 1977, S. 85-86.

Gräßer, E., Text und Situation. Gesammelte Aufsätze zum Neuen Testament, Gütersloh 1973, ThR N.F. 42, 1977, S. 86-87.

Delling, G., Studien zum Neuen Testament und zum hellenistischen Judentum. Gesammelte Aufsätze 1950-1968, hrsg. v. F. Hahn, T. Holtz, N. Walter, Göttingen 1970, ZRGG XXIX, 1977, S. 81-83.

Theologisches Begriffslexikon zum Neuen Testament, hrsg. v. L. Coenen, E. Beyreuther und H. Bietenhard, Band I.II,1.2, Wuppertal [1967-1971] ³1972, ZRGG XXIX, 1977, S. 86-88.

1978

Herausgeberschaft

Werner Georg Kümmel, Heilsgeschehen und Geschichte, Band 2. Gesammelte Aufsätze 1965-1976, hrsg. v. E. Gräßer und O. Merk, MThSt 16, Marburg 1978.

1979

Rezensionen

Emmelius, J.-Chr., Tendenzkritik und Formengeschichte. Der Beitrag Franz Overbecks zur Auslegung der Apostelgeschichte im 19. Jahrhundert, FKDG 27, 1975, ThLZ 104, 1979, Sp. 124-129.

Genthe, H.J., Mit den Augen der Forschung. Kleine Geschichte der neutestamentlichen Wissenschaft, Berlin 1976, ThLZ 104, 1979, Sp. 359-363.

Das Neue Testament. Übersetzt und kommentiert von Ulrich Wilckens, Hamburg u.a. ²1971, ZRGG XXXI, 1979, S. 213.

Sanders, J., The New Testament Christological Hymns, SNTMS 15, London/New York 1971, ZRGG XXXI, 1979, S. 215-216.

Lentzen-Deis, F., Die Taufe nach den Synoptikern, FThSt 4, Frankfurt/M. 1970, ZRGG XXXI, 1979, S. 216-218.

Burchard, Chr., Der dreizehnte Zeuge. Traditions- und kompositionsgeschichtliche Untersuchungen zu Lukas' Darstellung der Frühzeit des Paulus, FRLANT 103, Göttingen 1970, ZRGG XXXI, 1979, S. 220-222.

Jesus und der Menschensohn. Für Anton Vögtle, hrsg. v. R. Pesch und R. Schnackenburg in Zusammenarbeit mit O.A. Kaiser, Freiburg/Basel/Wien 1975, ThR N.F. 44, 1979, S. 87-90.

1980

Anfänge neutestamentlicher Wissenschaft im 18. Jahrhundert, in: Historische Kritik in der Theologie. Beiträge zu ihrer Geschichte, hrsg. v. G. Schwaiger, SThGG 32, Göttingen 1980, S. 37-59.

Art. ,archo herrschen, beginnen', Exegetisches Wörterbuch zum Neuen Testament, Bd. I, 1980, Sp. 398-401.

Art ,archon Herrscher', Exegetisches Wörterbuch zum Neuen Testament, Bd. I, 1980, Sp. 401-404.

Art. Knopf, Rudolf, Neue Deutsche Biographie Bd. 12, 1980, S. 215.

Art. Bibelwissenschaft. II. Neues Testament, Theologische Realenzyklopädie, Bd. 6, 1980, S. 375-409.

Art. Biblische Theologie. II. Neues Testament, Theologische Realenzyklopädie, Bd. 6, 1980, S. 455-477.

Herausgeberschaft
Rudolf Bultmann, Theologie des Neuen Testaments, 8., durchgesehene, um Vorwort und Nachträge wesentlich erweiterte Auflage, UTB 630, Tübingen 1980 [Nachträge (1965-1979/80), S. 622-704].

Rezensionen
Christian, P., Jesus und seine geringsten Brüder. Mt 25,31-46 redaktionsgeschichtlich untersucht, EThS 12, Leipzig 1975, ThLZ 105, 1980, Sp. 111-112.

1981

Art. ,Kerysso verkündigen', ,Kerygma Verkündigung', ,Keryx Verkündiger', Exegetisches Wörterbuch, Bd. II, 1981, Sp. 711-720.
[ungedruckt: Hesekiel 34,1.2.10-16 (17*). 31. Predigt am 3. Mai 1981 (Misericordias Domini) im Gemeindehaus am Bohlenplatz Erlangen (Universitätsgottesdienst), in: Sammlung alttestamentlicher Predigten. Festgabe für Ernst Kutsch, hrsg. v. L. Schmidt, 1981, S. 128-134].

1982

Verantwortung im Neuen Testament, in: Ernst Würthwein – O. Merk, Verantwortung, Biblische Konfrontationen, Kohlhammer Taschenbücher Bd. 1009, Stuttgart/Berlin/Köln/Mainz 1982, S. 117-165. 170-183 [auch Übersetzung ins Koreanische: Seoul, Korea 1991].

Wilhelm (Guillaume) Baldensperger, in: Giessener Gelehrte in der ersten Hälfte des 20. Jahrhunderts, hrsg. v. H.G. Gundel, P. Moraw, V. Press, Lebensbilder aus Hessen Bd. 2, VHKH 35,2, Marburg 1982, S. 17-28.

Wilhelm Bousset, in: Giessener Gelehrte in der ersten Hälfte des 20. Jahrhunderts, hrsg. v. H.G. Gundel, P. Moraw, V. Press, Lebensbilder aus Hessen Bd. 2, VHKH 35,2, Marburg 1982, S. 105-120.

[Ungedruckt: Predigt zu 1. Mose 8,18-22 (Zum Reformationsfest 1981, am 1. November 1981 in der St. Markus-Kirche in Erlangen), in: Festgabe für A.H.J. Gunneweg zum 60. Geburtstag, hrsg. v. H.-J. Hermisson und P. Höffken, 1982].

Rezensionen

Friedrich, G., Sexualität und Ehe. Rückfragen an das Neue Testament, Stuttgart 1977, ThLZ 107, 1982, Sp. 473.

1983

Rezensionen

Ortkemper, F.-J., Leben aus dem Glauben. Christliche Grundhaltungen nach Römer 12-13, NTA N.F. 14, Münster 1980, ThLZ 108, 1983, Sp. 593-594.

Benoit, P., Exégèse et Théologie, Tome IV, Paris 1982, ThR N.F. 48, 1983, S. 389-390.

1984

Die Apostelgeschichte im Frühwerk Rudolf Bultmanns, in: Rudolf Bultmanns Werk und Wirkung, hrsg. v. B. Jaspert, Darmstadt 1984, S. 303-315.

Art. Gabler, Johann Philipp, Theologische Realenzyklopädie, Bd. 12, 1984, S. 1-3.

Herausgeberschaft

Rudolf Bultmann, Theologie des Neuen Testaments, 9. Auflage, durchgesehen und ergänzt, Neue theologische Grundrisse, Tübingen 1984 [Vorwort, S. VIII-XII; Nachträge (1965-1983/84), S. 627-742].

Rudolf Bultmann, Theologie des Neuen Testaments, 9. Auflage, durchgesehen und ergänzt, UTB 630, Tübingen 1984 [Vorwort, S. VIII-XII; Nachträge (1965-1983/84), S. 627-742].

Rezensionen

Kertelge, K. (Hrsg.), Mission im Neuen Testament, QD 93, Freiburg/Basel/Wien 1982, Zeitschrift für Mission X, 1984, 185-188.

1985

Zu Rudolf Bultmanns Auslegung des 1. Thessalonicherbriefes, in: Glaube und Eschatologie. Festschrift für Werner Georg Kümmel zum 80. Geburtstag, hrsg. v. E. Gräßer und O. Merk, Tübingen 1985, S. 189-198.

Ein Leben für die Neutestamentliche Wissenschaft. Werner Georg Kümmel – 80 Jahre, in: blick in die kirche. Informationen aus der Kirche von Kurhessen-Waldeck, Nr. 5/1985, S. 22.

Marburger Gelehrte, ZRGG XXXVII, 1985, S. 68-71.

Herausgeberschaft

Schriftauslegung als theologische Aufklärung. Aspekte gegenwärtiger Fragestellungen in der neutestamentlichen Wissenschaft mit Beiträgen von F. Bovon, G. Haufe, H. Klein, R. Morgan, K. Niederwimmer, H. Graf Reventlow, G. Strecker und A. Vögtle, Gütersloh 1985.

Glaube und Eschatologie. Festschrift für Werner Georg Kümmel zum 80. Geburtstag, hrsg. v. E. Gräßer und O. Merk, Tübingen 1985.

1986

„Einander das Zeugnis gönnen". Das Bibelwort im Kirchenkampf bei Karl Steinbauer, in: Gott mehr gehorchen. Kolloquium zum 80. Geburtstag von Karl Steinbauer, hrsg. v. F. Mildenberger und M. Seitz, München 1986, S. 94-110.

Prof. G. Friedrich †, in: FAU Unikurier. Friedrich-Alexander-Universität Erlangen-Nürnberg, 12. Jhrg., Nr. 67, Mai 1986, S. 87-88.

Karl Barths Beitrag zur Erforschung des Neuen Testamentes, in: „Theolo-gische Existenz heute". Zum 100. Geburtstag von Karl Barth, Materialien 11/1986 Akademie der Diözese Rottenburg-Stuttgart, S. 75-104.

Art. Bibelkanon. 2. Nt.licher Kanon, Evangelisches Kirchenlexikon, 3. Auflage, Bd. 1, 1986, Sp. 470-474.

Art. Ethik. 2. Neutestamentliche E., Evangelisches Kirchenlexikon, 3. Auflage, Bd. 1, 1986, Sp. 1140-1143.

Art. Holtzmann, Heinrich Julius, Theologische Realenzyklopädie, Bd. 15, 1986, S. 519-522.

Rezensionen

Weg von neuen Mythen. Besprechung von Jaspert, B., Sackgassen im Streit mit Rudolf Bultmann. Probleme der Bultmannrezeption in Theologie und Kirche, St. Ottilien 1985, Evangelische Kommentare 19, 1986, S. 288.

1987

Ethik im Neuen Testament. Zu Wolfgang Schrages Gesamtdarstellung, in: ThLZ 112, 1987, Sp. 641-650.

Rezensionen

Derrett, J.D., The Anastasis: The Resurrection of Jesus as an Historical Event, Shipston-on-Stour 1982, Gnomon 59, 1987, S. 761-763.

Nethöfel, W., Strukturen existentialer Interpretation. Bultmanns Johanneskommentar im Wechsel theologischer Paradigmen, Göttingen 1983, ThLZ 112, 1987, Sp. 892-896.

Wünsch, D., Evangelienharmonien im Reformationszeitalter. Ein Beitrag zur Geschichte der Leben-Jesu-Darstellungen, AKG 52, Berlin 1983, ZGKG 56, 1987, S. 340-344.

1988

Von Jean-Alphonse Turretini zu Johann Jacob Wettstein, in: Historische Kritik und biblischer Kanon in der deutschen Aufklärung, hrsg. v. H. Graf Reventlow, W. Sparn und J. Woodbridge, Wolfenbütteler Forschungen Band 41, Wiesbaden 1988, S. 89-112.

Das Problem des Mythos zwischen Neologie und „religionsgeschichtlicher Schule" in der neutestamentlichen Wissenschaft, in: Mythos und Rationalität, hrsg. v. H.H. Schmid, Gütersloh 1988, S. 172-194.

Paulus-Forschung 1936-1985, in: ThR 53, 1988, S. 1-81.

Gesamtbiblische Theologie. Zum Fortgang der Diskussion in den 80er Jahren, in: VuF 33, Heft 1: Neues Testament, 1988, S. 19-40.

Jesaja 55,1-5, in: Lebenswort. Erlanger Universitätspredigten. Manfred Seitz zum 60. Geburtstag, hrsg. v. W. Bub, C. Eyselein und G. Schmidt, Erlangen 1988, S. 58-64.

1989

Erwägungen zu Kol 2,6f, in: Vom Urchristentum zu Jesus. Für Joachim Gnilke, hrsg. v. H. Frankemölle und K. Kertelge, Freiburg/Basel/Wien 1989, S. 407-416.

Nachahmung Christi: Zu ethischen Perspektiven in der paulinischen Theologie, in: Neues Testament und Ethik. Für Rudolf Schnackenburg, hrsg. v. H. Merklein, Freiburg/Basel/Wien 1989, S. 172-206.

Karl Barths Beitrag zur Erforschung des Neuen Testaments, in: Wissenschaft und Kirche. Festschrift für Eduard Lohse, hrsg. v. K. Aland und S. Meurer, Bielefeld 1989, S. 149-173 [auch Übersetzung ins Koreanische, 1991].

Aus (unveröffentlichten) Aufzeichnungen Rudolf Bultmanns zur Synoptikerforschung, in: Jesu Rede von Gott und ihre Nachgeschichte im frühen Christentum. Beiträge zur Verkündigung Jesu und zum Kerygma der Kirche. Festschrift für Willi Marxsen zum 70. Geburtstag, hrsg. v. D.-A. Koch, G. Sellin und A. Lindemann, Gütersloh 1989, S. 195-207.

Art. Bousset, Johann Franz Wilhelm, Literaturlexikon. Autoren und Werke deutscher Sprache, hrsg. v. W. Killy, Bd. 2, 1989, S. 131-132.

Art. Deißmann, Gustav Adolf, Literaturlexikon. Autoren und Werke deutscher Sprache, hrsg. v. W. Killy, Bd. 3, 1989, S. 20-21.

Art. Dibelius, Martin (Franz), Literaturlexikon. Autoren und Werke deutscher Sprache, hrsg. v. W. Killy, Bd. 3, 1989, S. 35-36.

Rezensionen

Munro, W., Authority in Paul and Peter. The Identification of a Pastoral Stratum in the Pauline Corpus and 1 Peter, SNTSMS 45, London/New York u.a. 1983, ThLZ 114, 1989, Sp. 278-280.

1990

Aspekte zur diakonischen Relevanz von ‚Gerechtigkeit', ‚Barmherzigkeit' und ‚Liebe', in: Diakonie – biblische Grundlagen und Orientierungen. Ein Arbeitsbuch zur theologischen Verständigung über den diakonischen Auftrag, hrsg. v. G.K. Schäfer und Th. Strohm, Veröffentlichungen des Diakoniewissenschaftlichen Instituts an der Universität Heidelberg, Band 2, Heidelberg 1990 [²1994; ³1998], S. 144-156.

Art. Jülicher, (Gustav) Adolf, Literaturlexikon. Autoren und Werke deutscher Sprache, hrsg. v. W. Killy, Bd. 6, 1990, S. 150-151.

Rezensionen

Patrick, G., F.J.A. Hort – eminent Victorian, Sheffield 1987, ThLZ 115, 1990, Sp. 113-114.

Regner, F., „Paulus und Jesus" im neunzehnten Jahrhundert. Beiträge zur Geschichte des Themas „Paulus und Jesus" in der neutestamentlichen Theologie, SThGG 30, Göttingen 1977, ThLZ 115, 1990, Sp. 350-351.

Komplotte, Kerker, Katastrophen. Dieter Hildebrandts Doppelleben des Paulus. Besprechung von Hildebrandt, D., Saulus – Paulus. Ein Doppelleben, München/Wien 1989, Evangelische Kommentare 23, 1990, S. 300-301.

1991

Begegnen und Erkennen. Das Matthäusevangelium im Werk Anton Vögtles, in: Salz der Erde – Licht der Welt. Exegetische Studien zum Matthäusevangelium. Festschrift für Anton Vögtle, hrsg. v. L. Oberlinner und P. Fiedler, Stuttgart 1991, S. 11-29.

Zur Christologie im Ersten Thessalonicherbrief, in: Anfänge der Christologie, für Ferdinand Hahn zum 65. Geburtstag, hrsg. v. C. Breytenbach und H. Paulsen unter Mitwirkung v. C. Gerber, Göttingen 1991, S. 97-110.

Art. Paulus, Heinrich Eberhard Gottlob, Literaturlexikon. Autoren und Werke deutscher Sprache, hrsg. v. W. Killy, Bd. 9, 1991, S. 103-104.

Art. Literarkritik. II. Neues Testament, Theologische Realenzyklopädie, Bd. 21, 1991, S. 222-233.

Rezensionen

Hövelmann, H., Kernstellen der Lutherbibel. Eine Anleitung zum Schriftverständnis, TAB 5, Bielefeld 1989; ders., Tabellen zu den Kernstellen der Lutherbibel, Bielefeld 1989, ZbKG 60, 1991, S. 162-168.

Schulz, H.H.R., Johann Salomo Semlers Wesensbestimmung des Christentums. Ein Beitrag zur Erforschung der Theologie Semlers, Würzburg 1988, ZbKG 60, 1991, S. 171-172.

1992

Erwägungen zum Paulusbild in der deutschen Aufklärung. Paulusforschung bei Johann Salomo Semler und in seinem Umkreis. Festschrift für Gottfried Hornig zum 65. Geburtstag, hrsg. v. W.E. Müller und H.H.R. Schulz, Würzburg 1992, S. 134-164.

Zum 90. Geburtstag von Oscar Cullmann, in: Börsenblatt für den Deutschen Buchhandel. Theologie. Band 20, Frankfurt/M. und Leipzig 1992, S. 182-184.

Art. Wettstein, Johann Jacob, Literaturlexikon. Autoren und Werke deutscher Sprache, hrsg. v. W. Killy, Bd. 12, 1992, S. 280.

Foreword, in: D.N.J. Poole, Stages of Religious Faith in the Classical Reformation Tradition. The Covenant Approach to the Ordo Salutis, San Francisco 1992 [²1995], S. V.

Herausgeberschaft

Im Zeichen des Kreuzes. Aufsätze von Erich Dinkler, mit Beiträgen von C. Andresen, E. Dinkler-v. Schubert, E. Gräßer, G. Klein, hrsg. v. O. Merk und M. Wolter, BZNW 61, Berlin 1992.

Erich Gräßer, Aufbruch und Verheißung. Gesammelte Aufsätze zum Hebräerbrief. Zum 65. Geburtstag mit einer Bibliographie des Verfassers, hrsg. v. M. Evang und O. Merk, BZNW 65, Berlin 1992.

Rezensionen

Le siècle des Lumières et la Bible. Sous la direction de Y. Belaval et D. Bourel, Bible de Tous les Temps 7, Paris 1986, Archiv für Geschichte der Philosophie 74, 1992, S. 225-230.

1993

Miteinander. Zur Sorge um den Menschen im Ersten Thessalonicher-brief, in: „Daß allen Menschen geholfen werde..." Theologische und anthropologische Beiträge für Manfred Seitz zum 65. Geburtstag, hrsg. v. R. Landau und G.R. Schmidt, Stuttgart 1993, S. 125-133.

Theologische Einleitung in das Neue Testament. Eduard Schweizer zum 80. Geburtstag am 18. April 1993 als Dankesgruß zugeeignet, in: ThLZ 118, 1993, Sp. 195-202.

Rezensionen

Barclay, J.M., Obeying the Truth. A Study of Paul's Ethics in Galatians, Edinburgh 1988; Minneapolis ²1991, ThLZ 118, 1993, Sp. 225-227.

Niebuhr, K.-W., Gesetz und Paränese. Katechismusartige Weisungs-reihen in der frühjüdischen Literatur, WUNT 2.28, Tübingen 1987, ThLZ 118, 1993, Sp. 316-318.

Zager, W., Begriff und Wertung der Apokalyptik in der neutesta-mentlichen Forschung, Europäische Hochschulschriften Reihe XXIII, Bd. 358, Frankfurt/Bern/New York 1989, ThLZ 118, 1993, Sp. 517-520.

Le Grand Siècle de la Bible. Sous la direction de J.-R. Armogathe, Bible de Tous les Temps 6, Paris 1989, ThLZ 118, 1993, Sp. 911-913.

Strecker, G., Literaturgeschichte des Neuen Testaments, UTB 1682, Göttingen 1992, ThLZ 118, 1993, Sp. 1035-1039.

1994

Überlegungen zu 2Thess 2,13-17, in: Nach den Anfängen fragen. Herrn Prof. Dr. theol. Gerhard Dautzenberg zum 60. Geburtstag am 30. Januar 1994, hrsg. v. C. Mayer – Kh. Müller – G. Schmalenberg, Gießener Schriften zur Theologie und Religionspädagogik Bd. 8, Gießen 1994, S. 405-414.

Art. Bauer, Georg Lorenz, Lexikon für Theologie und Kirche, 3. Auflage, Bd. 2, 1994, Sp. 87.

Art. Baumgarten, Siegmund Jacob, Lexikon für Theologie und Kirche, 3. Auflage, Bd. 2, 1994, Sp. 93.

Art. Bretschneider, Karl Gottlieb, Lexikon für Theologie und Kirche, 3. Auflage, Bd. 2, 1994, Sp. 685.

Art. Credner, Karl August, Lexikon für Theologie und Kirche, 3. Auflage, Bd. 2, Sp. 1340.

1995

Theologie des Neuen Testaments und Biblische Theologie, in: Bilanz und Perspektiven gegenwärtiger Auslegung des Neuen Testaments. Symposion zum 65. Geburtstag von Georg Strecker, hrsg. v. F.W. Horn, BZNW 75, Berlin 1995, S. 112-143.

Gesamtbiblische Theologie. Eine offene Diskussion, in: Eine Bibel – zwei Testamente, hrsg. v. Chr. Dohmen und Th. Söding, UTB 1893, Paderborn/München/Wien/Zürich 1995, S. 225-236.

Dr. phil. Wilhelm Anz †. Studienrat und Professor der Philosophie, Chronika Gymnasium Philippinum, 6. Folge Nr. 2, 1995, S. 81-83.

Nestor der Neutestamentler. Professor Kümmel 90 Jahre alt / Jesus- und Paulus-Forschung, Marburger Universitäts-Zeitung Nr. 247, 1. Juni 1995, S. 4.

Art. Gabler, Johann Philipp, Lexikon für Theologie und Kirche, 3. Auflage, Bd. 4, 1995, Sp. 255.

Cullmann, Oscar, in: Heiner Schmidt, Quellenlexikon der deutschen Literaturgeschichte. Bibliography of Studies in German Literary History. Personal- und Einzelwerkbibliographien der internationalen Sekundärliteratur 1945-1990 zur deutschen Literatur von den Anfängen bis zur Gegenwart, Band 5: Coc-Ege, Duisburg 1995, S. 55-60.

Rezensionen

Weiser, A., Theologie des Neuen Testaments II. Die Theologie der

Evangelien, Kohlhammer Studienbücher Theologie 8, Stuttgart/
Berlin/Köln 1993, ThLZ 120, 1995, Sp. 889-893.

Lang, M.H. de, De opkomst van de historische en literaire kritiek in
de synoptische beschouwing van de evangelien van Calvin (1555)
tot Griesbach (1774). Proefschrift, Leiden 1993, ThLZ 120, 1995,
Sp. 903-905.

1996

Wissenschaft und Kirche, in: Weggefährten blicken zurück. Begegnungen mit Johannes Hanselmann, hrsg. v. E. Krick, [ungedruckt,
1985] München 1996, S. 46-48.

Art. Thessalonicherbriefe, Evangelisches Kirchenlexikon, 3. Auflage,
Bd. 4, 1996, Sp. 871-872.

Art. Hofmann, Johann Christian Konrad v., Lexikon für Theologie
und Kirche, 3. Auflage, Bd. 5, 1996, Sp. 209.

1997

1. Thessalonicher 4,13-18 im Lichte des gegenwärtigen Forschungsstandes, in: Eschatologie und Schöpfung. Festschrift für Erich
Gräßer zum siebzigsten Geburtstag, hrsg. v. M. Evang, H. Merklein
und M. Wolter, BZNW 89, Berlin 1997, S. 213-230.

Art. Redaktionsgeschichte/Redaktionskritik. II. Neues Testament,
Theologische Realenzyklopädie, Bd. 28, 1997, S. 378-384.

Art. Kittel, Gerhard, Lexikon für Theologie und Kirche, 3. Auflage,
Bd. 6, 1997, Sp. 107.

Art. Leben-Jesu-Forschung, Lexikon für Theologie und Kirche, 3.
Auflage, Bd. 6, 1997, Sp. 720-722.

Diskussionsbeiträge, in: Leben mit Fremden. Atzelsberger Gespräche
1996. Drei Vorträge, hrsg. v. H. Neuhaus, Erlanger Forschungen
A, Geisteswissenschaften 77, Erlangen 1997, S. 55-56.

Rezensionen

Harrisville, R.A. – W. Sundberg, The Bible in Modern Culture.
Theology and historical-critical Method from Spinoza to Käsemann, Grand Rapids 1995, ThLZ 122, 1997, Sp. 651-652.

Jaspert, B., Sachgemäße Exegese. Protokolle aus Rudolf Bultmanns
Neutestamentlichen Seminaren 1921-1951, MTSt 43, Marburg
1996, ThLZ 122, 1997, Sp. 1023-1026.

Neuer, W., Adolf Schlatter. Ein Leben für Theologie und Kirche,
Stuttgart 1996, ZbKG 66, 1997, S. 175-179.

1998

Werner Georg Kümmel als Paulusforscher. Einige Aspekte, in: Paulus, Apostel Jesu Christi. Festschrift für Günter Klein zum 70. Geburtstag, hrsg. v. M. Trowitzsch, Tübingen 1998, S. 245-246.

Die synoptische Redenquelle im Werk von Werner Georg Kümmel. – Eine Bestandsaufnahme –, in: Von Jesus zum Christus. Christologische Studien. Festgabe für Paul Hoffmann zum 65. Geburtstag, hrsg. v. R. Hoppe und U. Busse, BZNW 93, Berlin 1998, S. 191-200.

Erster Thessalonicher 5,1-11. Predigt am Drittletzten Sonntag des Kirchenjahres, 10. November 1996, in der Neustädter (Universitäts-)Kirche in Erlangen, in: ΕΠΙΤΟΑΥΤΟ. Studies in honour of Petr Pokorný on his sixty-fifth birthday, Mlýn/Praha 1998, S. 257-263.

Otto Merk und Martin Meiser, Das Leben Adams und Evas, JSHRZ II/5, 1998, S. 737-870.

[Ungedruckt: Das Magnificat. Predigt am 4. Advent, 22. Dezember 1996, in der Neustädter (Universitäts-)Kirche in Erlangen, in: Missionswissenschaftlicher Blumenstrauß". Für Niels-Peter Moritzen zum 70. Geburtstag, hrsg. v. H. Brandt, (Erlangen, 2. Februar 1998, S. 89-95].

Jülicher, Adolf, in: Heiner Schmidt, Quellenlexikon der deutschen Literaturgeschichte. Bibliography of Studies in German Literary History. Personal- und Einzelwerkbibliographien der internationalen Sekundärliteratur 1994-1996 zur deutschen Literatur von den Anfängen bis zur Gegenwart, Band 15: Jel-Kan, Duisburg 1998, S. 108-110, Teilabschnitt „Itala", S. 109-110.

Rezensionen

Essen, G., Historische Vernunft und Auferweckung Jesu. Theologie und Historik im Streit um den Begriff geschichtlicher Wirklichkeit, Tübinger Studien zur Theologie und Philosophie 9, Mainz 1995, ThLZ 123, 1998, Sp. 90-93.

Namenregister

Aalen, S. 337, 339
Abbé d'Asfeld 11
Adinolfi, M. 381f., 393, 396
Aland, B. 69
Aland, K. 69, 242
Althaus, P. 199, 203f., 239, 249, 252
Altmann, A. 145
Aner, K. 72
Anselm von Canterbury 188
Anz, M. 235f.,
Anz, W. 235-237
Asting, R. 132

Bachmann, Ph. 198
Bachofen, J. 34
Baeck, L. 143-158
Baer, H.v. 272f.
Bailey, K.E. 327f., 331
Baird, W. 99
Bakker, N.T. 188
Baldensperger, G. 159, 162f., 175-186, 231
Balz, H.R. 395
Barnikol, E. 337
Barrett, C.K. 270, 279
Barth, F. 190f., 193-195, 205
Barth, G. 333
Barth, K. 48, 62, 64, 142, 173, 187-211, 236, 409
Bartsch, H.-W. 268
Bassler, J.M. 362
Batelaan, L. 248, 255
Bauer, G.L. 10, 22f., 29-33, 35, 42, 61, 89, 97, 100f., 112, 117
Bauer, J.B. 3, 17
Bauer, W. 182, 205, 244, 251-254, 258f., 329, 352, 382, 397
Baumert, N. 396f., 399
Baumgarten, J. 404, 410f.

Baumgarten, S.J. 8-15, 76, 79-83, 86, 91f., 94
Baumgarten-Crusius, L.F.O. 39
Baur, F.C. 14, 19, 35-38, 41-44, 101f., 112, 139, 157, 189, 261
Bayle, P. 50
Bech, S.C. 86
Beck, T. 191
Becker, J. 120f., 323, 337, 346, 363-365, 368, 370, 381, 391, 411, 416, 424, 431
Behm, J. 239
Beker, J.C. 362
Ben-Chorin, S. 153
Bengel, E.G. 35
Bengel, J.A. 17, 66, 265
Benson, G. 79
Bentley, R. 58, 63
Berger, K. 37, 104-107, 240, 247, 428
Bertheau, C. 62,
Bertram, J.C. 12
Betz, H.D. 243-245, 306f., 309f., 324f., 327f., 332f., 371
Betz, W. 25
Beutler, J. 380
Beyer, H.W. 239, 249, 252, 337, 339
Beyreuther, E. 63f.
Bibra, O.S.v. 337
Billerbeck, P. 132, 251
Bjerkelund, C.J. 240f., 254
Blasche, J.C. 71
Blaß, F. 135, 242, 259, 398
Blinzler, J. 216
Blumhardt, Chr. 190
Blumhardt, J.Chr. 190
Böhl, F. 302
Böhm, Fr. 132
Bollnow, O.F. 145
Bonnard, P. 239, 245, 250

Neutestamentliches Stellenregister

2. Thessalonicherbrief

1. Timotheusbrief

Nachweis der Erstveröffentlichungen

Wissenschaftsgeschichtliche Beiträge

Anfänge neutestamentlicher Wissenschaft im 18. Jahrhundert, in: Historische Kritik in der Theologie. Beiträge zu ihrer Geschichte, hrsg. v. G. Schwaiger, Verlag Vandenhoeck & Ruprecht, Göttingen 1980, 37-59 (SThGG 32).

Das Problem des Mythos zwischen Neologie und ‚religionsgeschichtlicher Schule' in der neutestamentlichen Wissenschaft, in: Mythos und Rationalität, hrsg. v. H.H. Schmid, Gütersloher Verlagshaus R. Mohn, Gütersloh 1988, 172-194.

Von Jean-Alphonse Turretini zu Johann Jakob Wettstein, in: Historische Kritik und biblischer Kanon in der deutschen Aufklärung, hrsg. v. H. Graf Reventlow u.a., Verlag Harrassowitz, Wiesbaden 1988, 89-112 (Wolfenbütteler Forschungen 41).

Erwägungen zum Paulusbild in der deutschen Aufklärung. Paulusforschung bei Johann Salomo Semler und in seinem Umkreis, in: Theologie und Aufklärung. FS für Gottfried Hornig zum 65. Geburtstag, hrsg. v. W. Müller u. H.H.R. Schulz, Verlag Königshausen & Neumann, Würzburg 1992, 134-164.

Theologie des Neuen Testaments und Biblische Theologie, in: Bilanz und Perspektiven gegenwärtiger Auslegung des Neues Testament. Symposion zum 65. Geburtstag von Georg Strecker, hrsg. v. F.W. Horn, Verlag Walter de Gruyter, Berlin 1995, 112-143 (BZNW 75).

Aus (unveröffentlichten) Aufzeichnungen Rudolf Bultmanns zur Synoptikerforschung, in: Jesu Rede von Gott und ihre Nachgeschichte im frühen Christentum. Beiträge zur Verkündigung Jesu und zum Kerygma der Kirche. FS für Willi Marxsen zum 70. Geburtstag, hrsg. v. D.-A. Koch u.a., Gütersloher Verlagshaus G. Mohn, Gütersloh 1989, 195-207.

Prosopographische Beiträge

Judentum und Christentum bei Leo Beack, in: Traditio-Krisis-Renovatio aus theologischer Sicht. FS W. Zeller, hrsg. v. B. Jaspert u. R. Mohr, Verlag N.G. Elwert, Marburg 1976, 513-528.

Wilhelm Bousset, in: Giessener Gelehrte in der ersten Hälfte des 20. Jahrhunderts, hrsg. v. H.G. Gundel u.a., Lebensbilder aus Hessen Bd. 2, 1982, 105-120 (VHKH 35,2).

Wilhelm (Guillaume) Baldensperger, in: Giessener Gelehrte in der ersten Hälfte des 20. Jahrhunderts, hrsg. v. H.G. Gundel u.a., Lebensbilder aus Hessen Bd. 2, 1982, 17-28 (VHKH 35,2).

Karl Barths Beitrag zur Erforschung des Neuen Testaments, in: Wissenschaft und Kirche. FS für Eduard Lohse, hrsg. v. K. Aland u. S. Meurer, Luther-Verlag, Bielefeld 1989, 149-173.

Begegnen und Erkennen. Das Matthäusevangelium im Werk Anton Vögtles, in: Salz der Erde – Licht der Welt. L. Oberlinner/P. Fiedler (Hrsg.), Verlag Katholisches Bibelwerk, Stuttgart 1991, 11-29.

Zum 90. Geburtstag von Oscar Cullmann, in: Börsenblatt für den Deutschen Buchhandel. Theologie, Bd. 20, 1992, 182-184.231

Dr. phil. Wilhelm Anz †. Studienrat und Professor der Philosophie, in Chronika. Zeitschrift der Vereinigung Ehemaliger des Gymnasium Philippinum Marburg, 6. Folge Nr. 2, 1995, 81-83.

Exegetische Beiträge

Der Beginn der Paränese im Galaterbrief, ZNW 60, 1969, 83-104.

Glaube und Tat in den Pastoralbriefen, ZNW 66, 1975, 91-102.

Das Reich Gottes in den lukanischen Schriften, in: Jesus und Paulus. FS für W.G. Kümmel zum 70. Geburtstag, hrsg. v. E.E. Ellis u. E. Gräßer, Verlag Vandenhoeck & Ruprecht, Göttingen 1975, 201-220.

Erwägungen zu Kol 2,6f, in: Vom Urchristentum zu Jesus, hrsg. v. H. Frankemölle u. K. Kertelge, Verlag Herder, Freiburg 1989, 407-416.

Nachahmung Christi. Zu ethischen Perspektiven in der paulinischen Theologie, in: Neues Testament und Ethik, hrsg. v. H. Merklein, Verlag Herder, Freiburg 1989, 172-206.

Aspekte zur diakonischen Relevanz von ‚Gerechtigkeit‘, ‚Barmherzigkeit‘ und ‚Liebe‘, in: Diakonie – biblische Grundlagen und Orientierungen. Ein Arbeitsbuch zur theologischen Verständigung über den Diakonischen Auftrag, hrsg. v. G.K. Schäfer u. Th. Strohm, 1990, 144-156 (= ²1994, 144-156) (Veröffentlichungen des Diakoniewissenschaftlichen Instituts an der Universität Heidelberg 2).

Aufsätze zu den Thessalonicherbriefen

Zu Rudolf Bultmanns Auslegung des 1. Thessalonicherbriefes, in: Glaube und Eschatologie. FS für W.G. Kümmel zum 80. Geburtstag, hrsg. v. E. Gräßer u. O. Merk, Verlag J.C.B. Mohr, Tübingen 1985, 189-198.

Zur Christologie im Ersten Thessalonicherbrief, in: Anfänge der Christologie. FS für Ferdinand Hahn zum 65.Geburtstag, hrsg. v. C. Breytenbach u. H. Paulsen, Verlag Vandenhoeck & Ruprecht, Göttingen, 1991, 97-110.

Miteinander. Zur Sorge um den Menschen im Ersten Thessalonicherbrief, in: "Daß allen Menschen geholfen werde ...". Theologische und anthropologische Beiträge für Manfred Seitz zum 65. Geburtstag, hrsg. v. R. Landau u. G.R. Schmidt, Calwer Verlag, Stuttgart 1993, 125-133.

1 Thessalonicher 2,1-12: ein exegetisch-theologischer Überblick. Paper for Studiorum Novi Testamenti Societas, 51th General Meeting, Strasbourg, August 6-10, 1996.

1. Thessalonicher 4,13-18 im Lichte des gegenwärtigen Forschungsstandes, in: Eschatologie und Schöpfung. FS für Erich Gräßer zum 70. Geburtstag, hrsg. v. M. Evang, H. Merklein, M Wolter, BZNW 89, 1997, 213-230.

Überlegungen zu 2 Thess 2,13-17, in: Nach den Anfängen fragen. Herrn Prof. Dr. theol. Gerhard Dautzenberg zum 60. Geburtstag am 30. Januar 1994, hrsg. v. C. Mayer u.a., Selbstverlag des Fachbereichs Evangelische Theologie und Katholische Theologie und deren Didaktik, Gießen 1994, 405-414

Zeitschrift für Antikes Christentum
Journal of Ancient Christianity
(ZAC)

herausgegeben von

Hanns Christof Brennecke und Christoph Markschies

in Verbindung mit

*Susanna Elm · Karla Pollmann · Christoph Riedweg
Georg Schöllgen · Rowan Williams · Wolfgang Wischmeyer*

Die *Zeitschrift für Antikes Christentum / Journal of Ancient Christianity* (ZAC) ist eine akademische Zeitschrift, die den Dialog zwischen der Kirchengeschichte bzw. der historischen Religionswissenschaft und der klassischen Altertumswissenschaft in allen ihren Teildisziplinen (der klassischen und christlich-orientalischen Philologie, alten Geschichte, klassischen bzw. christlichen Archäologie sowie der antiken Philosophie- und Rechtsgeschichte) fördern will.
Die Zeitschrift will der Tatsache Rechnung tragen, daß das antike Christentum in vielfältigen Rezeptions- und Auseinandersetzungsprozessen mit seiner jüdischen und paganen Umwelt gewachsen ist und daher nur interdisziplinär erforscht und dargestellt werden kann. Die Beiträge sind in der Regel auf deutsch, englisch, französisch oder italienisch verfaßt und werden jeweils durch eine englische bzw. deutsche Zusammenfassung (Abstract) abgeschlossen.

Band 2, 1998

Zwei Hefte pro Band im Gesamtumfang von ca. 320 Seiten
Bandpreis / Complete volume
DM 148,– / öS 1.080,– / sFr 132,– / US$ 100.00
Einzelheftpreis / Single issue
DM 80,– / öS 584,– / sFr 73,–
ISSN 0949-9571

Preisänderung vorbehalten

Walter de Gruyter **Berlin · New York**

DATE DUE

Printed
in USA

HIGHSMITH #45230